资本市场涉税实务丛书 | 孙占

企业 IPO 资本运营 税收政策与 实务案例分析

孙占辉 彭蕾 著

知识产权出版社
全国百佳图书出版单位
—北京—

图书在版编目（CIP）数据

企业IPO资本运营税收政策与实务案例分析/孙占辉，彭蕾著. — 北京：知识产权出版社，2024.6. — （资本市场涉税实务丛书/孙占辉主编）. — ISBN 978-7-5130-9357-6

Ⅰ. F812.423

中国国家版本馆CIP数据核字第2024YN7308号

责任编辑：苑　菲　　　　　　　　　　　责任印制：孙婷婷
封面设计：乾达文化

资本市场涉税实务丛书/孙占辉　主编

企业IPO资本运营税收政策与实务案例分析
QIYE IPO ZIBEN YUNYING SHUISHOU ZHENGCE YU SHIWU ANLI FENXI

孙占辉　彭　蕾　著

出版发行	知识产权出版社 有限责任公司	网　　址	http://www.ippph.cn
电　　话	010-82004826		http://www.laichushu.com
社　　址	北京市海淀区气象路50号院	邮　　编	100081
责编电话	010-82000860转8769	责编邮箱	laichushu@cnipr.com
发行电话	010-82000860转8101	发行传真	010-82000893/82005070/82000270
印　　刷	北京中献拓方科技发展有限公司	经　　销	新华书店、各大网上书店及相关专业书店
开　　本	787mm×1092mm　1/16	印　　张	34.25
版　　次	2024年6月第1版	印　　次	2024年6月第1次印刷
字　　数	580千字	定　　价	178.00元
ISBN 978-7-5130-9357-6			

出版权专有　侵权必究
如有印装质量问题，本社负责调换

前　言

企业之间的竞争体现在多个方面，在市场经济中企业最稀缺的资源是资本，从一定意义上而言，企业之间的竞争也可以视为对资本的竞争，所以通过首次公开发行股票并上市（即 IPO）进入资本市场是很多企业和企业家的目标。资本市场能给企业的发展带来很多便利，首先，上市公司可以通过资本市场的融资功能获取增长所需的发展资金；其次，上市公司股票的流通性使得上市公司开展并购重组活动时可以将自身股票作为支付手段，从而有利于达到快速扩张的目的；再次，上市公司的规范化使得其相比于非上市公司更易取得上下游供应链及银行等金融机构的债务融资；最后，资本市场的聚光灯效应通过提升上市公司的知名度也有利于企业市场的快速发展。

资本市场注册制改革后，IPO 企业的数量有了明显增加，而审核机构对 IPO 企业税务的关注从原有的经营活动税收逐步向企业历史沿革中的资本交易税务延伸，如审核机构越来越多地关注企业历史沿革中股权代持涉税问题、有限责任公司整体变更为股份有限公司的涉税问题等。我们在对企业 IPO 辅导过程中，发现很多企业在资本交易时由于交易结构设计不合理或对税收政策的错误适用，导致一方面缴纳了原本可以避免缴纳的税收从而增加了上市成本，另一方面因补缴税款和滞纳金使得企业运营的合规性、内部控制的完善性等被问询，甚至可能构成企业上市的实质性障碍。正是基于上述原因，我们萌生了将企业 IPO 过程中涉及资本交易和并购重组的税收政策适用进行梳理，同时结合已上市公司招股说明书披露的涉税处理，就相关政策的实务应用进行归纳，以便于企业参考。

本书主要围绕企业 IPO 过程中常见的资本运营涉税事项进行论述，具体就以下六个专题展开分析。

专题一介绍了股东出资中的相关涉税事项。对股东出资的审核是企业 IPO 面临的最常见的问题，特别是对股东出资方式、出资时间的审核。不同出资方式的所得税待遇也不相同，股东以非货币资产出资，与非货币资产相关的内在收益在出资时就已实现，但该收益应当在何时确认，以及相关的所得税如何缴纳，在企业所得税和个人所得税中有不同的税收规范。我国关于所得确认的规则可分为即期确认规则、分期确认规则和递延确认规则三种，不同所得确认规则对股东纳税义务的影响是不同的。本书重点分析了股东不同出资方式下的所得税处理，同时也对实务中常见的因出资瑕疵而补充出资的相关涉税事项进行了分析。

专题二介绍了股权代持及代持股权还原中的涉税事项。实际股东由于特定原因委托他人代为持有所出资企业的股权，从而形成名义股东与实际股东不一致的情形；但股权结构及股权权属清晰是 IPO 过程中对企业股权的基本要求，因此当企业存在股权代持关系时必须在 IPO 之前解除股权代持。股权代持解除的方法有多种，不同解除方法的税收待遇也不相同。本书介绍了常见的通过股权转让、股权赠与及增减资方式解除代持股权交易中的涉税问题，特别是对在股权转让过程中因转让价格导致税务机关核定征收所得税的情形进行了重点分析。

专题三介绍了企业实施股权激励过程中相关当事方的涉税事项。股权激励实施过程中员工或其他被激励对象往往会以低于股票公允价值的价格获得拟上市公司的股票，根据《企业会计准则第 12 号——股份支付》（以下简称《股份支付准则》）的规定应当就上述价格直接的差额部分确认为企业的成本费用，进而对企业的净利润产生影响，所以股权激励也是 IPO 审核中的重点内容之一。企业实施股权激励计划不仅影响企业的净利润，还会影响实施企业的企业所得税及被激励对象的个人所得税；在企业所得税部分本书分析了因股权激励计划确认的成本费用在企业所得税前扣除的相关税收政策，特别是在集团股权激励计划中实施主

ii

体和激励对象所在单位不同时，股权激励的成本费用是否可以扣除及如何扣除在当期的税收规范性文件并未予以明确，本书结合股权激励的理论及不同地区的税收政策执行情况进行了分析；在个人所得税部分本书重点分析了非上市公司实施股权激励计划的个人所得税待遇，非上市公司实施股权激励计划时，被激励对象可能直接持有实施企业的股票，也可能通过设立持股平台间接持有实施企业的股票，所以本书分析了不同持股方式下被激励对象的个人所得税待遇，特别是结合已上市公司的实务案例对《财政部 国家税务总局关于完善股权激励和技术入股有关所得税政策的通知》（财税〔2016〕101号）在实务中的应用做了详细的分析。

专题四介绍了有限责任公司整体变更为股份有限公司过程中的涉税问题。根据《中华人民共和国证券法》等法律法规的规定，在境内公开发行股票的主体只能是依法设立并存续经营一定期限的股份有限公司，发行人为有限责任公司的，必须变更为股份有限公司，同时为了报告期内业绩和经营的连续计算，有限责任公司往往会选择按照账面价值整体变更为股份有限公司。在整体变更过程中，会同时涉及变更公司层面和公司股东层面的税收，整体变更在交易性质上属于企业重组类型中的一种，但我国当前的税收规范性文件并未单独对这种重组类型的税收待遇予以明确，导致实务中的税收处理方式也并不一致。本书结合企业重组的相关税收政策，对整体变更的公司层面涉税问题进行了分析；在对公司股东层面的税收问题进行分析时，结合理论中整体变更的两种不同观点分别就非货币投资的涉税政策和资本公积或留存收益转增股本的涉税政策对不同身份股东的税收待遇做了分析，同时对当前税收政策并未明确的合伙企业及合伙企业合伙人在整体变更中的税收待遇做了具体的分析。

专题五介绍了投资者不同持股方式及投资者转换持股方式的涉税问题。个人投资者持有IPO企业股权的方式有多种，如可以由个人直接持股，也可以通过投资者个人设立的法人企业或者合伙企业间接持股，还可以通过契约型的基金或者信托计划持股。在企业 IPO 过程中，为确保企业股权结构清晰，审核机构对投资者持股方式的审核也有所不同，如根据《监管规则适用指引——发行类第 4 号》的规定，对申报前引入新股东的相关信息应当进行披露，特别是通过间接持有发行人股份的股东应当披露至其实际控制人，发行人控股股东、实际控制人、第一大股东不属于资产管理产品、契约型私募投资基金。除发行审核机构关注投资者持股方式外，实际控制人基于上市后的资本运作及取得的投资收益税收成本的不同也非常关注持股方式，并且从已公开的信息而言，很多 IPO 企业的投资者在上市前会基于税收目的而变更其持股方式。本书重点分析了不同持股模式下投资者取得分红收益、限售股转让收益、流通股转让收益、取得减资和清算分配收益的税收待遇，从而为投资者确定其持有 IPO 企业股权的方式提供一种基于税收角度的参考。

专题六介绍了股权转让和红筹企业回归境内上市过程中拆除红筹架构的涉税事项。股权转让既是代持股权还原的一种常见方式，也是股东转变其持股方式的一种手段；股权转让既是企业原有投资者退出被投资企业取得投资收益的过程，也是新投资者通过受让股权进入被投资企业的过程；另外，红筹企业回归境内上市时，拆除原有的红筹架构也常常是通过股权转让实现的；所以股权转让是投资者最常见的一种资本运作方式。本书先介绍了投资者采用不同持股方式转让股权的税收待遇，并对其中国家给予的股权投资税收优惠政策及其适用做了分析；然后介绍了红筹架构拆除过程中涉及的非居民企业股权转让税收政策及间接股权转让税收政策的适用，从而为红筹企业回归交易中需要关注的税收成本提供了参考。

本书在每一个专题中都从如下三个方面展开：首先是与专题相关资本运营的法律规范内容的介绍及监管机构在 IPO 审核中对此类资本运营重点关注的内容；其次详细介绍并分析与该资本运营相关的税收政策，从应然的角度对税收政策的应用进行分析；最后通过对已上市企业招股说明书中披露的实务案例对相关涉税政策在实务中的应用及潜在的争议点进行介绍，以从实然角度对税收政策的应用进行分析。

在本书写作过程中，我们发现即使是同一项资本运营行为，上市公司披露的税收政策具体应用也有所不同。如在通过股权转让解除股权代持关系时，名义股东按照投资成本将代持股权转让给实际股东，是否属于《股权转让所得个人所得税管理办法（试行）》（国家税务总局公告2014年第67号）所规范的"转让收入明显偏低但有正当理由"的情形，金帝股份（603270）披露认为这种行为属于价格偏低的正当理由，而九州一轨（688485）、富吉瑞（688272）等则在招股说明书中披露股权代持解除并不属于股权转让收入明显偏低的正当理由，应当按照转让股权的公允价值为基础计算缴纳个人所得税；又如通过合伙企业持股平台实施股权激励时，被激励对象是否可以适用《财政部 国家税务总局关于完善股权激励和技术入股有关所得税政策的通知》（财税〔2016〕101号）的递延纳税待遇，虽然从政策自身分析而言无法适用递延纳税待遇，但也有很多上市公司披露了在IPO过程中通过合伙企业持股平台实施股权激励办理了递延纳税备案，如美芯晟（688458）、致远新能（300985）、润阳科技（300920）等。这种在实务中对税收政策理解和执行的差异还存在于集团股权激励中，如是否可以在企业所得税前扣除股权激励成本及在哪个主体扣除，有限责任公司整体变更为股份有限公司过程中增加股本时合伙企业的个人合伙人是否需要缴纳个人所得税，红筹架构企业在拆除红筹架构过程中是否适用非居民企业股权转让，特别是非居民企业间接股权转让的税收政策等。

2023年2月17日中国证券监督委员会发布了新的《监管规则适用指引》，并废止了原有的《首发业务若干问题解答》，因此本书对相关资本运营事项发行审核的分析主要以最新监管规则为主，但在具体案例中可能仍会引用当时有效的《首发业务若干问题解答》。虽然2023年12月29日审议通过的《中华人民共和国公司法》于2024年7月1日起施行，但为确保相关法律法规的及时性，本书对资本运营事项法律法规的分析是以新修订的公司法中的相关条款为依据展开的。本书中的案例全部来自近两年在上海证券交易所、深圳证券交易所上市的公司披露的招股说明书，为了便于读者通过资本市场案例进一步理解税收政策在实务中的应用，对未能在书中分析的案例我们将在微信公众号"博税"中进一步披露。

本书主要适用于从事资本市场业务的税务师、律师、证券从业人员、拟上市公司的财务总监及有意了解资本市场涉税业务的其他专业人士阅读使用。由于笔者水平有限，在写作过程中难免有对税收政策分析理解有误之处，欢迎广大读者交流指摘。

孙占辉
2024 年于泉州

目　录

● 专题一　股东出资涉税　// 1

第一章　非货币出资的涉税分析　// 3

　　一、非货币出资的法律规定及 IPO 审核　// 3

　　二、非货币投资的企业所得税分析　// 9

　　三、非货币投资的个人所得税分析　// 22

　　四、非货币投资的其他税种分析　// 30

　　五、股东投资的其他涉税问题　// 37

第二章　股东出资的实务案例分析　// 41

　　一、以技术出资案例分析　// 41

　　二、债转股案例分析　// 45

　　三、股东补足出资案例分析　// 46

● 专题二　股权代持及还原涉税　// 51

第一章　股权代持的法律规定及 IPO 审核　// 53

　　一、股权代持的法律规定　// 53

　　二、IPO 审核要求　// 57

　　三、股权代持清理　// 58

第二章　代持股权还原的涉税分析　// 62

　　一、现行所得税法对代持股权还原的规范　// 62

　　二、股权转让方式还原代持股涉税分析　// 66

三、股权赠与方式还原代持股涉税分析　// 73

四、减资方式还原代持股涉税分析　// 76

五、代持股还原实际股东涉税分析　// 78

第三章　代持股还原的实务案例分析　// 80

一、通过近亲属还原代持股——HY 股份公司　// 80

二、无对价转让净值纳税——SH 股份公司　// 86

三、无偿转让被核定征税——SJ 股份公司　// 88

四、外资代持涉税——FSL 股份公司　// 91

五、红筹回归代持还原涉税——RT 股份公司　// 98

● 专题三　股权激励涉税　// 111

第一章　股权激励的法律法规及 IPO 审核　// 113

一、股权激励的法律法规和会计核算　// 113

二、股权激励的 IPO 审核　// 123

第二章　股权激励的涉税分析　// 133

一、股权激励的企业所得税　// 133

二、非上市公司股权激励个人所得税　// 150

第三章　股权激励实务案例分析　// 173

一、间接持股递延纳税——ZY 股份公司　// 173

二、对外部顾问的激励——XYZ 股份公司　// 182

三、混合持股递延纳税——RY 股份公司　// 198

四、集团股权激励——ABC 股份公司　// 207

五、对离职人员激励——WK 股份公司　// 221

六、境外股权激励——CY 股份公司　// 235

七、科技成果转化——LG 股份公司　// 244

● 专题四　整体变更涉税　// 253

第一章　有限责任公司整体变更的涉税分析　// 255

目 录

　　一、整体变更的法律法规　　// 255

　　二、有限责任公司整体变更的税收规范　　// 259

　　三、整体变更中有限责任公司层面的涉税分析　　// 261

　　四、整体变更股东层面的税收——非货币投资　　// 264

　　五、整体变更股东层面的税收——资本公积转增　　// 265

　　六、整体变更股东层面的税收——留存收益转增　　// 273

　　七、有限责任公司整体变更税收政策汇总　　// 281

　　八、整体变更中的其他涉税问题　　// 283

第二章　有限责任公司整体变更实务案例分析　　// 285

　　一、个人分期缴税——CN 股份公司　　// 285

　　二、合伙股东纳税——RT 股份公司　　// 291

　　三、合伙股东未纳税——RD 股份公司　　// 301

　　四、其他整体变更案例　　// 307

专题五　持股方式及其转换涉税　　// 319

第一章　不同持股方式及其转换的涉税分析　　// 321

　　一、持股方式类型及 IPO 审核　　// 321

　　二、不同持股方式涉税分析　　// 326

　　三、利润分配的涉税分析　　// 327

　　四、公司减资的涉税分析　　// 350

　　五、公司清算的涉税分析　　// 353

　　六、转让上市公司股票涉税分析　　// 355

　　七、不同持股主体涉税分析　　// 363

　　八、持股方式转换及其涉税分析　　// 364

第二章　持股方式转换实务案例分析　　// 370

　　一、境外持股转换——CY 科技公司　　// 370

　　二、拆分重组转换持股——RC 股份公司　　// 375

专题六 股权转让及红筹拆除的涉税 // 381

第一章 股权转让及红筹架构的法律规范 // 383
一、有限责任公司的股权转让 // 383

二、股份有限公司的股权转让 // 386

三、国有企业股权转让的特殊规定 // 387

四、外资企业股权转让的特殊规定 // 391

五、红筹搭建及拆除的相关规定 // 393

第二章 股权转让的涉税分析 // 397
一、自然人股东转让股权涉税分析 // 397

二、法人股东转让股权涉税分析 // 420

三、合伙企业股东转让股权涉税分析 // 426

四、非居民企业转让股权涉税分析 // 433

第三章 股权转让及红筹拆除实务案例分析 // 446
一、新三板股权转让——KH 股份公司 // 446

二、外籍个人转让股权——RD 科技公司 // 449

三、境外间接转让——JL 电子公司 // 454

四、红筹回归——GL 信息公司 // 458

五、红筹回归分步交易一次纳税——YX 安全公司 // 464

六、红筹回归——WT 科技公司 // 471

七、红筹回归——SW 科技公司 // 481

八、海外上市回归——HP 科技公司 // 488

九、红筹 VIE 拆除回归——BX 传媒公司 // 500

十、红筹 VIE 拆除回归——RT 动力公司 // 509

参考文献 // 536

专题一

股东出资涉税

企业首次公开发行股票（以下简称 IPO）对企业历史沿革中的股东出资审查是审核的重要内容之一。《中华人民共和国公司法》（以下简称《公司法》）及外商投资的法律法规对企业设立的注册资本金额及出资方式作了较为明确的规定，其中投资者以非货币资产出资会涉及非货币投资的相关税收，本专题将对企业投资者以非货币资产进行投资的税收问题予以分析。

本专题主要包括两章内容：

第一章　非货币出资的涉税分析

第二章　股东出资的实务案例分析

第一章　非货币出资的涉税分析

一、非货币出资的法律规定及 IPO 审核

（一）非货币出资的法律规定

1. 基本规定

《公司法》于 1993 年 12 月 29 日经全国人民代表大会常务委员会审议通过，分别于 1999 年、2004 年、2005 年、2013 年、2018 年和 2023 年进行修改或者修正。根据《公司法》的规定，股东可以用非货币财产作为对公司的出资，1993 年、2005 年、2013 年、2023 年《公司法》中关于非货币财产出资的规定如表 1-1-1 所示。

2. 股权出资的规定

2005 年修订的《公司法》未明确股东是否可以以股权作为出资方式，直至 2009 年《股权出资登记管理办法》（国家工商行政管理总局令第 39 号）（以下简称"39 号令"）出台，规范了股东以股权出资的具体内容，后于 2014 年 3 月 1 日被《公司注册资本登记管理规定》（国家工商行政管理总局令第 64 号）（以下简称"64 号令"）废止，两者对股权出资的主要规定如表 1-1-2 所示。

表 1-1-1　历年《公司法》中关于非货币财产出资的规定

项目	1993年	2005年	2013年	2023年
出资方式	股东可以用货币出资，也可以用实物、工业产权、非专利技术、土地使用权作价出资	股东可以用货币出资，也可以用实物、知识产权、土地使用权等可以用货币估价并可以依法转让的非货币财产作价出资；但是，法律、行政法规规定不得作为出资的财产除外	股东可以用货币出资，也可以用实物、知识产权、土地使用权等可以用货币估价并可以依法转让的非货币财产作价出资；但是，法律、行政法规规定不得作为出资的财产除外	股东可以用货币出资，也可以用实物、知识产权、土地使用权、股权、债权等可以用货币估价并可以依法转让的非货币财产出资；但是，法律、行政法规规定不得作为出资的财产除外
非货币出资的比例	以工业产权、非专利技术作价出资的金额不得超过有限责任公司注册资本的百分之二十，国家对采用高新技术成果有特别规定的除外	全体股东的货币出资金额不得低于有限责任公司注册资本的百分之三十	—	—
非货币出资的评估	对作为出资的实物、工业产权、非专利技术或者土地使用权，必须进行评估作价，核实财产，不得高估或者低估作价。土地使用权的评估作价，依照法律、行政法规的规定办理	对作为出资的非货币财产应当评估作价，核实财产，不得高估或者低估作价。法律、行政法规对评估作价有规定的，从其规定	对作为出资的非货币财产应当评估作价，核实财产，不得高估或者低估作价。法律、行政法规对评估作价有规定的，从其规定	对作为出资的非货币财产应当评估作价，核实财产，不得高估或者低估作价。法律、行政法规对评估作价有规定的，从其规定。
非货币财产的产权转移	以实物、工业产权、非专利技术或者土地使用权出资的，应当依法办理其财产权的转移手续	以非货币财产出资的，应当依法办理其财产权的转移手续	以非货币财产出资的，应当依法办理其财产权的转移手续	以非货币财产出资的，应当依法办理其财产权的转移手续

续表

项目	1993年	2005年	2013年	2023年
非货币出资的其他规定	公司设立登记，以实物、工业产权、非专利技术、土地使用权出资的，公司章程应当就上述出资的转移事宜作出规定，并于公司成立后六个月内依照有关规定办理转移过户手续，报公司登记机关备案。注册资本中以工业产权、非专利技术作价出资的，其所占注册资本的比例应当符合国家有关规定。工业产权、非专利技术中属于国家规定的高新技术成果，其作价金额超过公司注册资本20%的，应当经省级以上科技主管部门认定①	股东或者发起人以货币、实物、知识产权、土地使用权以外的其他财产出资的，应当符合国家工商行政管理总局会同国务院有关部门制定的有关规定。股东或者发起人不得以劳务、信用、自然人姓名、商誉、特许经营权或者设定担保的财产等作价出资②	股东或者发起人不得以劳务、信用、自然人姓名、商誉、特许经营权或者设定担保的财产等作价出资。股东或者发起人可以以其持有的在中国境内设立的公司股权出资。债权人可以将其依法享有的对在中国境内设立的公司的债权，转为公司股权③	—

注：①国家工商行政管理总局于2004年6月14日发布的《公司注册资本登记管理规定》（国家工商行政管理总局令第11号）第九条、第十条。

②国家工商行政管理总局于2005年发布的《公司注册资本登记管理规定》（国家工商行政管理总局令第22号）对非货币财产出资的相关事项作了明确的规范；2009年1月14日国家工商行政管理总局发布了《股权出资登记管理办法》、2011年11月23日国家工商行政管理总局发布了《公司债权转股权登记管理办法》；上述规定于2014年3月1日被修订后的《公司注册资本登记管理规定》（国家工商行政管理总局令第64号）替代。

③《公司注册资本登记管理规定》（国家工商行政管理总局令第64号）第五条、第六条、第七条。

表1-1-2　两者对股权出资的主要规定

项目	39号令	64号令
用于出资的股权	投资人以其持有的在中国境内设立的有限责任公司或者股份有限公司的股权作为出资投资于境内其他有限责任公司或者股份有限公司的管理登记，适用本办法。用作出资的股权应当权属清楚、权能完整、依法可以转让	股东或者发起人可以以其持有的在中国境内设立的公司股权出资。以股权出资的，该股权应当权属清楚、权能完整、依法可以转让

续表

不得用于出资的股权	（一）股权公司的注册资本尚未缴足； （二）已被设立质权； （三）已被依法冻结； （四）股权公司章程约定不得转让； （五）法律、行政法规或者国务院决定规定，股权公司股东转让股权应当报经批准而未经批准； （六）法律、行政法规或者国务院决定规定不得转让的其他情形	（一）已被设立质权； （二）股权所在公司章程约定不得转让； （三）法律、行政法规或者国务院决定规定，股权所在公司股东转让股权应当报经批准而未经批准； （四）法律、行政法规或者国务院决定规定不得转让的其他情形
办理变更登记	公司设立时，投资人以股权出资的，自被投资公司成立之日起一年内，投资人应当实际缴纳，被投资公司应当办理实收资本变更登记。 公司增加注册资本时，投资人以股权出资的，应当在被投资公司申请办理增加注册资本变更登记前实际缴纳	—

投资者可以用持有的境内有限责任公司和股份有限公司的股权在公司设立环节及增资环节出资。在2014年3月1日之前，股东对被投资企业的认缴出资尚未缴足之前不得用该股权对外出资，但64号令已不再要求用于出资的股权必须为实缴到位的股权。

3.债权转股权出资的规定

债权转股权是指公司以其持有的境内其他公司的债权转为对债务公司的股权，也是债务公司以其所增发的股份偿还债权人债权的一种行为。与股权出资相同，在2005年修订的《公司法》中并未明确债权是否可以被转为公司股权，国家工商行政管理总局于2011年发布了《公司债权转股权登记管理办法》（国家工商行政管理总局令第57号）（以下简称"57号令"）对公司债权转股权的程序性事项作了规范，该规范同样已被64号令废止。表1-1-3是57号令和64号令关于债权转股权的相关内容。

表1-1-3 57号令和64号令债权转股权相关内容

项目	57号令	64号令
债权转股权的概念	指债权人以其依法享有的对在中国境内设立的有限责任公司或者股份有限公司的债权，转为公司股权增加公司注册资本的行为	债权人可以将其依法享有的对在中国境内设立的公司的债权，转为公司股权
债权性质	债权转股权的登记管理，属于下列情形之一的，适用本办法： （一）公司经营中债权人与公司之间产生的合同之债转为公司股权，债权人已经履行债权所对应的合同义务，且不违反法律、行政法规、国务院决定或者公司章程的禁止性规定； （二）人民法院生效裁判确认的债权转为公司股权； （三）公司破产重整或者和解期间，列入经人民法院批准的重整计划或者裁定认可的和解协议的债权转为公司股权	转为公司股权的债权应当符合下列情形之一： （一）债权人已经履行债权所对应的合同义务，且不违反法律、行政法规、国务院决定或者公司章程的禁止性规定； （二）经人民法院生效裁判或者仲裁机构裁决确认； （三）公司破产重整或者和解期间，列入经人民法院批准的重整计划或者裁定认可的和解协议
债权评估	用以转为股权的债权，应当经依法设立的资产评估机构评估。 债权转股权的作价出资金额不得高于该债权的评估值	—

57号令是自2012年1月1日起实施的，对在此之前以债权转股权方式出资的，也应属于合法的出资方式。如锡装股份（001332）在其《招股说明书》中披露，发行人2009年改制时，股东以1140万元的债权转为股权，根据《最高人民法院关于审理与企业改制相关的民事纠纷案件若干问题的规定》第十四条"债权人与债务人自愿达成债权转股权协议，且不违反法律和行政法规强制性规定的，人民法院在审理相关的民事纠纷案件中，应当确认债权转股权协议有效"，同时根据当时有效的《公司法》《中华人民共和国公司登记管理条例》（以下简称《公司登记管理条例》）的规定，保荐机构及发行人律师认为：2009年改制当时，债权出资属合法出资方式，并已依法履行股东会决议、评估、验资、工商登记等程序，本次债权出资符合当时有效的法律法规的规定。

（二）IPO 审核的重点

中国证券监督管理委员会（以下简称"证监会"）对股东出资审核的重点是出资的非货币资产的权属纠纷及出资价格的公允性；股东以技术入股的，审核的重点还包括是否涉及职务成果出资、所出资技术与发行人主营业务的相关性等内容。

1. 出资瑕疵审查

《监管规则适用指引——发行类第 4 号》规定，发行人的注册资本应依法足额缴纳。发起人或者股东用作出资的资产的财产权转移手续已办理完毕。保荐机构和发行人律师应关注发行人是否存在股东未全面履行出资义务、抽逃出资、出资方式等存在瑕疵，或者发行人历史上涉及国有企业、集体企业改制存在瑕疵的情形。

（1）历史上存在出资瑕疵

历史上存在出资瑕疵的，应当在申报前依法采取补救措施。保荐机构和发行人律师应当对出资瑕疵事项的影响及发行人或相关股东是否因出资瑕疵受到过行政处罚、是否构成重大违法行为及本次发行的法律障碍，是否存在纠纷或潜在纠纷进行核查并发表明确意见。发行人应当充分披露存在的出资瑕疵事项、采取的补救措施，以及中介机构的核查意见。

（2）历史上涉及国有或集体企业业务的

对于发行人是国有或集体企业改制而来，或发行人主要资产来自国有或集体企业，或历史上存在挂靠集体组织经营的企业，若改制或取得资产过程中法律依据不明确、相关程序存在瑕疵或与有关法律法规存在明显冲突，原则上发行人应在招股说明书中披露有权部门关于改制或取得资产程序的合法性、是否造成国有或集体资产流失的意见。国有企业、集体企业改制过程不存在上述情况的，保荐机构、发行人律师应结合当时有效的法律法规等，分析说明有关改制行为是否经有权机关批准、法律依据是否充分、履行的程序是否合法及对发行人的影响等。发行人应在招股说明书中披露相关中介机构的核查意见。

2. 出资价格公允性的审核

证监会在 2021 年 2 月 9 日发布的《监管规则适用指引——关于申请首发上市企业股东信息披露》（以下简称《监管指引》）中对首发上市企业股东信息的核

查、披露、新增股东的新增股份锁定等事项作了规范，2021年2月18日上海证券交易所科创板上市审核中心对科创板适用该指引发布了《关于科创板落实首发上市企业股东信息披露监管相关事项的通知》。

《监管指引》在第四条、第五条对企业入股价格异常情况的审核作了规定："发行人的自然人股东入股交易价格明显异常的，中介机构应当核查该股东基本情况、入股背景等信息，说明是否存在本指引第一项、第二项的情形。发行人应当说明该自然人股东基本情况。发行人股东的股权架构为两层以上且为无实际经营业务的公司或有限合伙企业的，如该股东入股交易价格明显异常，中介机构应当对该股东层层穿透核查到最终持有人，说明是否存在本指引第一项、第二项的情形。最终持有人为自然人的，发行人应当说明自然人基本情况。"

二、非货币投资的企业所得税分析

（一）非货币性资产投资的所得税待遇

企业以非货币性资产对外投资，由于非货币性资产的所有权权属已经发生转移，因此与该非货币性资产相关的内在收益已经得以实现。根据对已经实现的非货币性资产所得和损失如何确认，可以将其所得税待遇分为即期确认、分期确认、递延确认三类。

1.即期确认待遇

即期确认待遇，是指在非货币性资产投资中，用于投资的非货币性资产的资产转让所得或者损失在交易发生当期一次性确认。

2.分期确认待遇

分期确认待遇，是指在非货币性资产投资中，用于投资的非货币性资产的资产转让所得或者损失，并不在当前一次性确认，而是在一定的期间内分期确认。根据对所得分期确认方式的不同，又可以分为等额确认和非等额确认两种。

3.递延确认待遇

递延确认待遇，是指非货币性资产投资交易中的资产转让所得或者损失，在投资交易发生当期不予确认，而是递延至以后年度确认。

示例 1-1-1

企业 A 以其持有的账面价值为 300.00，计税基础为 300.00，公允价值为 600.00 的非货币性资产作为出资设立全资子公司 B 企业。

涉税分析：不考虑流转税的影响，上述企业 A 以非货币性资产出资设立企业 B 的行为，会计上和企业所得税上确认的资产处置所得为 300.00（600.00-300.00）。

假定企业 A 在分期纳税待遇下按照 5 年期等额分期确认所得，在不同所得税待遇下，企业 A 在交易发生当年度应确认的应纳税所得额及纳税调整金额如表 1-1-4 所示。

表 1-1-4　非货币性投资所得税待遇表

所得税待遇	会计损益	应纳税所得额	纳税调整金额
即期确认待遇	300.00	300.00	0
分期确认待遇	300.00	60.00	-240.00
递延确认待遇	300.00	0	-300.00

4. 非货币性资产投资企业所得税政策

财政部及国家税务总局对企业非货币性资产投资的企业所得税待遇发布了多个文件，分别对应前述所得税待遇的分类，具体如图 1-1-1 所示。

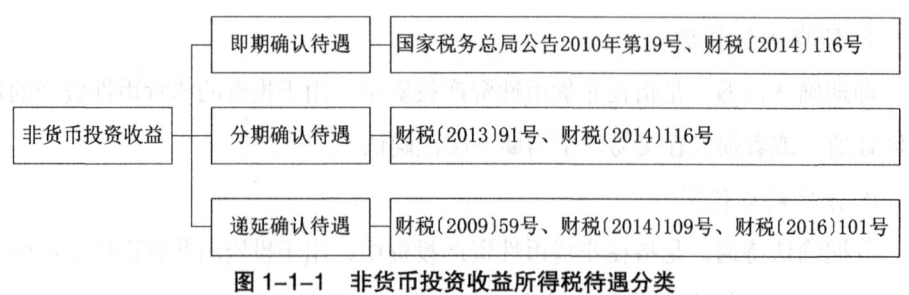

图 1-1-1　非货币投资收益所得税待遇分类

（二）即期确认待遇

1. 基本规定

《国家税务总局关于企业取得财产转让等所得企业所得税处理问题的公告》

（国家税务总局公告 2010 年第 19 号）第一条规定："企业取得财产（包括各类资产、股权、债权等）转让收入、债务重组收入、接受捐赠收入、无法偿付的应付款收入等，不论是以货币形式、还是以非货币性形式体现，除另有规定外，均应一次性计入确认收入的年度计算缴纳企业所得税。"

所以，企业以非货币性资产对外投资的，除另有规定外，应当一次性确认资产转让收入并计算资产转让所得。

2. 收入确认

企业以非货币性资产对外投资，资产转让收入的确认时间在《中华人民共和国企业所得税法实施条例》（以下简称《企业所得税法实施条例》）中并未予以明确，根据《财政部 国家税务总局关于非货币性资产投资企业所得税政策问题的通知》（财税〔2014〕116 号）第二条第二款规定："企业以非货币性资产对外投资，应于投资协议生效并办理股权登记手续时，确认非货币性资产转让收入的实现。同时根据《国家税务总局关于非货币性资产投资企业所得税有关征管问题的公告》（国家税务总局公告 2015 年第 33 号）的规定，关联企业之间发生的非货币性资产投资行为，投资协议生效后 12 个月内尚未完成股权变更登记手续的，于投资协议生效时，确认非货币性资产转让收入的实现。"

对于上述的股权登记手续，财税〔2014〕116 号文件没有予以明确。本书认为应当理解为办理工商登记手续的时间：对于新设企业，应当是指办理设立登记手续的时间；对于以非货币性资产进行增资的，应当是指办理工商变更登记手续的时间。

（三）分期确认待遇

1. 适用要件

财政部和国家税务总局于 2014 年 12 月 31 日发布财税〔2014〕116 号文件，规定自 2014 年 1 月 1 日起，对企业以非货币性资产进行投资而确认的资产转让所得，可采用分期确认的方法进行所得税处理。

根据财税〔2014〕116 号文件的规定，非货币性资产投资所得分期确认待遇的应当同时符合如下的要件。

（1）适用期限

该政策适用于 2014 年 1 月 1 日后发生的非货币性资产投资，但是根据财税〔2014〕116 号文件第七条规定，在文件发布前尚未处理的非货币性资产投资业务，符合分期确认待遇条件的可以适用分期确认待遇。

（2）交易类型

财税〔2014〕116 号文件第五条规定："本通知所称非货币性资产投资，限于以非货币性资产出资设立新的居民企业，或将非货币性资产注入现存的居民企业。"所以财税〔2014〕116 号文件的非货币性资产投资，既包括公司设立过程中的非货币性资产投资，也包括企业增资过程中的非货币资产投资。

（3）投资主体

国家税务总局公告 2015 年第 33 号规定，可以适用分期确认所得待遇的企业是指实行查账征收的居民企业，对于非居民企业及实行核定征收的居民企业并不能适用财税〔2014〕116 号文件的分期确认待遇。

（4）被投资企业

适用分期确认待遇的非货币性资产投资，仅限于企业以非货币性资产向居民企业投资，并不包括向非居民企业投资的情况。

此处的居民企业是否包括依据《国家税务总局关于境外注册中资控股企业依据实际管理机构标准认定为居民企业有关问题的通知》（国税发〔2009〕82 号）及《境外注册中资控股居民企业所得税管理办法（试行）》（国家税务总局公告 2011 年第 45 号）认定的非境内注册居民企业，财税〔2014〕116 号文件并未予以规范，本书认为应当包括非境内注册居民企业。主要理由是财税〔2014〕116 号文件主要是为了落实《国务院关于进一步优化企业兼并重组市场环境的意见》（国发〔2014〕14 号），而国发〔2014〕14 号文件中曾明确提出其制定目的之一为引导企业开展跨国并购，并且在财税〔2014〕116 号文件中并未对作为被投资企业的居民企业设定其他限定条件；同时对比企业以技术投资入股的财税〔2016〕101 号文件所要求的以技术成果投资入股到"境内居民企业"的要求，此处的居民企业应当同时包括境内注册居民企业和非境内注册居民企业两类。

2. 分期确认的期限和方法

财税〔2014〕116号文件第一条规定："居民企业以非货币性资产对外投资确认的非货币性资产转让所得，可在不超过5年期限内，分期均匀计入相应年度的应纳税所得额，按规定计算缴纳企业所得税。"

其一，分期确认的期限为不超过5年，并非固定的要求按照5年分期，并且国家税务总局公告2015年第33号进一步明确，此处的不超过5年是指不超过连续5个纳税年度。

其二，在纳税人确定的分期确认的期限内，应当将非货币性资产转让所得均匀计入每一个年度。

3. 收入确认时间

非货币资产投资采用分期确认待遇时，非货币资产转让收入也应当于投资协议生效并办理股权登记手续时确认。

4. 取得股权计税基础

居民企业在非货币性资产投资中取得被投资企业股权的计税基础，采用的是一种动态调整的方法，即以该非货币性资产原有的计税基础加上累计已经确认的非货币性资产转让所得，以此逐年进行调整，即

股权在某年度的计税基础＝非货币性资产原有计税基础＋累计已确认的非货币性资产转让所得　　　　　　　　　　　　　　　　（1-1-1）

5. 被投资企业取得非货币性资产计税基础

在非货币性资产投资中，被投资企业取得的非货币性资产的计税基础以该非货币性资产的公允价值确定。

6. 取得补价的处理

企业以非货币性资产投资，被投资企业除以自身增发的股份作为对价外，也可能存在货币补价的情况。例如，企业A以计税基础为300万元，公允价值为600万元的非货币性资产对企业B进行投资，根据投资协议的约定，其中500万元作为双方的投资价款，超过的100万元作为被投资企业B对投资企业A的欠款，这种情形即属于企业A在非货币性资产投资中取得了被投资企业的现金补价。

对投资方取得被投资企业补价的情况如何进行所得税处理，财税〔2014〕116号文件并未予以明确。财税〔2014〕116号文件第五条第二款规定："本通知所称非货币性资产投资，限于以非货币性资产出资设立新的居民企业，或将非货币性资产注入现存的居民企业。"所以，本书认为在非货币性资产投资存在现金补价的，不能适用财税〔2014〕116号文件的分期确认待遇。但是财税〔2014〕116号文件第六条规定，如果非货币性资产投资可以满足《财政部 国家税务总局关于企业重组业务企业所得税处理若干问题的通知》（财税〔2009〕59号）规定的，可以适用其相关规定。

7. 纳税申报

国家税务总局公告2015年第33号规定，企业选择适用分期确认待遇进行所得税处理的，应当在非货币性资产转让所得递延确认期间每年企业所得税汇算清缴时，填报《中华人民共和国企业所得税年度纳税申报表》（A类，2014年版）中"A105100企业重组纳税调整明细表"第13行"其中：以非货币性资产对外投资"的相关项目，并向主管税务机关报送《非货币性资产投资递延纳税调整明细表》。

8. 留存备查资料

国家税务总局公告2015年第33号规定，纳税人对非货币性资产投资选择适用分期确认待遇的，无须经主管税务机关审批，也无须向主管税务机关进行报备，而仅需要将符合特殊性税务处理的资料进行留存备查。这些资料包括：①股权投资合同或协议；②对外投资的非货币性资产（明细）公允价值评估确认报告；③非货币性资产（明细）计税基础的情况说明；④被投资企业设立或变更的工商部门证明材料等。

纳税人在留存上述资料的同时，还应当对非货币性资产投资交易中的税法与会计差异的情况进行单独准确核算。

9. 分期所得提前确认情形

财税〔2014〕116号文件规定，非货币性资产投资适用分期确认待遇的，企业在对外投资的5年内转让取得的股权或者收回投资的，应当在行为发生当年度企业所得税汇算清缴时一次性将递延期限内尚未确认的非货币性资产转让所得予以确认，同时其持有的被投资企业股权计税基础可以一次性调整到非货币性资产的公允价值。

（1）转让股权

纳税人在分期确认期间转让该股权的，应当在转让当年度一次性确认尚未确认的财产转让所得。

但是财税〔2014〕116号文件对股权转让的内涵并未予以明确，如以该股权再对外进行投资或者以该股权参与企业重组并且适用特殊性税务处理的，是否需要一次性确认相应的所得；以及在企业部分转让股权的情况应当如何处理尚未确认的资产转让所得。

示例1-1-2

企业A以其持有的计税基础为200，公允价值为600的非货币性资产对企业B进行增资。

涉税分析：若企业A对于该非货币性资产投资过程中的资产转让所得400（600-200）选择适用分5年确认的税收待遇，则企业A每年度应当确认的资产转让所得为80。

企业A在取得股权后发生如下交易，应如何进行所得税处理，财税〔2014〕116号文件并未予以明确：

①在交易的第二年企业A以其持有的上述股权出资设立100%控股子公司；

②在交易的第二年企业A在股权收购交易中将持有的上述股权转让给收购方并取得收购方100%的股权支付，且整个股权收购交易满足特殊性税务处理的其他要件；

③在交易的第二年企业A将其持有的上述股权中的50%转让给无关联的第三方，股权转让价格为350。

对于上述的各项交易，企业A是否应当一次性确认其尚未确认的资产转让所得240（400-80×2），财税〔2014〕116号文件及国家税务总局公告2015年第33号并未予以明确。

本书认为，对于上述第①种情形，企业A可以继续适用分期确认待遇，但在第二次对外投资时，应当以该非货币性资产第一次投资时的公允价值作为其计算股权转让所得的计税基础，而第二次投资是否可以适用分期确认待遇，则应当单独进行判断；对于第②种情形，企业A可以继续采用分期确认待遇，对于收购方企业取得该股权的计税基础，应当以分期确认收益全额确认后的金额作为其计税基础；对于第③种情形，对转让的股权50%部分应当在当期确认资产转让所得，对于未转让的部分则可以继续适用分期确认待遇。

（2）收回投资

财税〔2014〕116号文件规定，企业在对外投资的5年内投资收回的，应停止执行递延纳税政策，并就递延期内尚未确认的非货币性资产转让所得，在投资收回当年的企业所得税年度汇算清缴时，一次性计算缴纳企业所得税。

此处的投资收回，未明确是指投资收益的收回还是投资本金的收回，在投资本金收回的情况下是全部的投资本金收回还是部分的投资本金收回，财税〔2014〕116号文件也并未予以明确。

在示例1-1-2的情况下，若企业A在取得投资的第二年收到被投资单位分配的现金股利120，对于该现金股利是否属于投资收回？若被投资单位由于资本剩余的原因进行减资，企业A所持股权的50%由被投资单位予以回购，对于该情况是确认全额的尚未确认的资产转让所得，还是仅按照收回投资的比例来确认尚未确认的资产转让所得？财税〔2014〕116号文件并未予以明确。

本书认为，企业非货币性资产投资分期确认待遇分期的是资产转让所得，并非企业应当缴纳的企业所得税款，所以对于在投资期间取得被投资单位分配的股息等投资收益的情形不影响企业分期确认待遇；对于部分投资收回情况，如前述股权转让，应当按照收回的比例对尚未确认的资产转让所得进行提前确认。

（3）投资企业注销

投资企业注销，其最终效果与投资方投资收回是一样的，所以财税〔2014〕116号文件规定，企业在对外投资5年内注销的，应停止执行递延纳税政策，并就递延期内尚未确认的非货币性资产转让所得，在注销当年的企业所得税汇算清缴时，一次性计算缴纳企业所得税。

（四）递延确认待遇

1. 适用要件

为支持国家"大众创业、万众创新"战略的实施，促进经济结构转型升级，财政部和国家税务总局于 2016 年 9 月 20 日联合发布了《关于完善股权激励和技术入股有关所得税政策的通知》（财税〔2016〕101 号），对企业以技术投资入股的所得税政策在原有分期确认待遇基础上调整为可选择适用递延确认。

根据财税〔2016〕101 号的规定，适用递延确认待遇的非货币性资产投资应当同时满足如下要件。

（1）适用期限

递延确认待遇适用于 2016 年 9 月 1 日以后发生的技术投资入股行为。

（2）非货币性资产类型

适用递延纳税待遇的非货币性资产，是指企业拥有的技术成果，具体包括专利技术（含国防专利）、计算机软件著作权、集成电路布图设计专有权、植物新品种权、生物医药新品种，以及科技部、财政部、国家税务总局确定的其他技术成果。

（3）投资企业类型

对技术入股适用递延纳税待遇的企业，应当是实行查账征收的居民企业。

（4）被投资企业类型

企业对于非货币性资产投资适用递延纳税待遇的，仅限于投资入股到境内居民企业，并不包括境外注册居民企业及非居民企业。

（5）股权支付比例

选择适用递延纳税优惠政策的技术入股，要求被投资企业支付的对价全部为股票（权），所以被投资企业的股权支付比例为 100%。

（6）技术入股的类型

技术成果投资入股，是指纳税人将技术成果所有权让渡给被投资企业、取得该企业股票（权）的行为。所以对于技术成果的使用权，包括独占许可使用权让渡给被投资单位的，不得适用技术成果投资入股的递延纳税待遇。

2. 递延纳税的待遇

财税〔2016〕101号文件规定,选择技术成果投资入股递延纳税政策的,经向主管税务机关备案,投资入股当期可暂不纳税,允许递延至转让股权时,按股权转让收入减去技术成果原值和合理税费后的差额计算缴纳所得税。

所以,企业以技术成果投资入股选择适用递延纳税待遇的,具体如下。

(1)投资时的所得确认

对于投资企业而言,在投资入股当期可暂不确认技术转让所得。

(2)取得股权的计税基础

财税〔2016〕101号文件并未明确在技术入股选择递延纳税时,投资企业取得被投资企业股权计税基础如何确定,但是从其后期转让股权时股权计税基础扣除可知,投资企业应当以该技术成果原有的计税基础确定其取得股权的计税基础。

(3)被投资企业取得技术成果的计税基础

技术成果投资入股递延纳税待遇,被投资企业取得的技术成果,允许按照技术成果投资入股时的评估价值入账并在企业所得税前摊销扣除。

(4)股权转让时的所得确认

适用递延纳税待遇的技术成果投资入股,投资企业在转让股权时应按如下公式计算股权转让所得:

股权转让所得 = 股权转让收入 – 技术成果原有的计税基础 – 合理税费　　(1-1-2)

3. 当期纳税的情形

企业以技术成果投资入股选择适用递延纳税待遇的,投入入股当期可暂不纳税,允许递延至转让股权时。但根据财税〔2016〕101号文件第四条第(四)项的规定,发生如下情形的,虽然投资企业并未直接转让取得的股权,但是也应当在交易或事项发生当期缴纳税款。

(1)取得转增股本收入

企业持有递延纳税的股权期间,因该股权产生的转增股本收入,应在当期缴纳税款。

在这种情况下,企业应当就取得的转增股本收入确认为资产转让收入,并按照前述的方法计算当期的资产转让所得。

（2）非货币资产投资

企业持有递延纳税的股权期间，以该递延纳税的股权再进行非货币性资产投资的，应当在当期缴纳税款。

此处企业以股权进行的投资应当被视为股权转让，在投资入股当期确认递延的技术转让所得。

4. 递延纳税的税务管理

财税〔2016〕101号第五条规定，对技术成果投资入股选择适用递延纳税政策的，企业应在规定期限内到主管税务机关办理备案手续，未办理备案手续的，不得享受本通知规定的递延纳税优惠政策。国家税务总局公告2016年第62号规定，企业适用递延纳税政策的，应在投资完成后首次预缴申报时，将相关内容填入《技术成果投资入股企业所得税递延纳税备案表》。

5. 技术入股递延纳税的其他税务问题

（1）技术入股的现行税收政策

财税〔2016〕101号规定企业以技术成果投资入股既可以选择按现行有关税收政策执行，也可以选择适用递延纳税优惠政策。

《企业所得税法实施条例》第九十条规定："企业所得税法二十七条第（四）项所称符合条件的技术转让所得免征、减征企业所得税，是指一个纳税年度内，居民企业技术转让所得不超过500万元的部分，免征企业所得税；超过500万元的部分，减半征收企业所得税。"

《财政部 国家税务总局关于居民企业技术转让有关企业所得税政策问题的通知》（财税〔2010〕111号）规定，技术转让的范围包括居民企业转让专利技术、计算机软件著作权、集成电路布图设计权、植物新品种、生物医药新品种，以及财政部和国家税务总局确定的其他技术。其中，专利技术是指法律授予独占权的发明、实用新型和非简单改变产品图案的外观设计。技术转让是指居民企业转让其拥有符合上述规定的技术的所有权或5年以上（含5年）全球独占许可使用权的行为。居民企业从直接或间接持有股权之和达到100%的关联方取得的技术转让所得，不享受技术转让减免企业所得税优惠政策。

企业以技术成果投资入股到被投资企业，根据技术成果类型的不同，其具体的税收待遇如表 1-1-5 所示。

表 1-1-5 非货币性资产投资税收待遇表

技术成果	减免税	分期确认	递延确认
专利（含国防专利）	■	■	■
计算机软件著作权	■	■	■
集成电路布图设计专有权	■	■	■
植物新品种	■	■	■
生物医药新品种	■	■	■
其他技术成果		■	

（2）递延纳税后的所得性质

企业以技术成果投资入股，除可以适用递延纳税待遇外，根据现行的企业所得税政策还可以享受所得减免待遇和分期确认待遇。对于此类可以享受所得减免待遇的技术成果，在投资入股采用分期确认待遇时，其所得性质并不会发生改变，而仅仅是所得的确认方式有所不同，对于分期确认的技术转让所得应当还是可以享受减免企业所得税待遇；但适用递延纳税待遇的，纳税人后期转让标的已不再是技术成果，所以纳税人转让股权时按照财税〔2016〕101 号所确认的应纳税所得额是否还可以享受技术转让所得的减免税待遇，财税〔2016〕101 号和国家税务总局公告 2016 年第 62 号并未予以明确。

本书认为技术成果投资入股适用递延纳税待遇后，其在后期股权转让时所确认的所得不能再适用技术转让的减免税待遇。其主要的理由：一方面此时的转让标的已不再是技术成果，而是被投资企业股权；另一方面此时确认应纳税所得额是以所转让股权的公允价值扣除股权的计税基础，而股权的公允价值已不再简单地由原来的技术成果所决定。所以，此时的所得与原来的技术转让所得有着一定的区别，不能再适用税收减免的税收待遇。

（五）与企业重组行为竞合时的处理

国家税务总局公告 2015 年第 33 号规定："符合财税〔2014〕116 号文件规定的企业非货币性资产投资行为，同时又符合《财政部 国家税务总局关于企业重组业务企业所得税处理若干问题的通知》(财税〔2009〕59号)、《财政部 国家税务总局关于促进企业重组有关企业所得税处理问题的通知》(财税〔2014〕109号)等文件规定的特殊性税务处理条件的，可由企业选择其中一项政策执行，且一经选择，不得改变。"

例如，恩威医药（301331）在《招股说明书》中披露，2016年12月恩威医药的股东恩威集团、成都杰威、成都瑞进恒、成都泽洪以各自所持有的四川恩威73.967%的股权实缴恩威医药4301.69万元的注册资本，根据相关方向主管税务机关报送的企业重组所得税处理报告表，相关主体已向主管税务机关申报适用企业重组所得税业务特殊性税务处理。

（六）2008年1月1日前的非货币资产投资

上述是对2008年1月1日后非货币性资产投资企业所得税政策的分析，对于企业在这之前的非货币性资产投资行为，主要规范性文件为《财政部 国家税务总局关于外商投资企业从事投资业务若干税收问题的通知》(财税字〔1994〕83号)、《国家税务总局关于企业股权投资业务若干所得税问题的通知》(国税发〔2000〕118号)和《国家税务总局关于做好已取消和下放管理的企业所得税审批项目后续管理工作的通知》(国税发〔2004〕82号)。其中关于非货币性资产投资企业所得税的主要内容如表1-1-6所示。

表1-1-6 2008年1月1日前的非货币资产投资所得税政策

项目	内资企业－国税发〔2000〕118号	外资企业－财税字〔1994〕83号
发文日期	2000年6月21日	1994年1月13日
交易性质	将非货币性资产投资分解为按公允价值销售有关非货币性资产和投资两项经济业务进行所得税处理，并按规定计算确认资产转让所得或损失	—
投资方所得确认	资产转让所得数额较大，在一个纳税年度确认实现缴纳企业所得税确有困难的，报经税务机关批准，可作为递延所得，在投资交易发生当期及随后不超过5个纳税年度内平均摊转到各年度的应纳税所得中	以实物或无形资产及其他非货币资产向其他企业投资的，其投资资产经投资合同认定的价值与原账面净值之间的差额，应视为财产转让收益，计入企业当期应纳税所得额

续表

分期确认标准	非货币性资产投资所得如数额较大[①],在一个纳税年度确认实现缴纳企业所得税确有困难的,报经税务机关批准,可作为递延所得,在投资交易发生当期及随后不超过5个纳税年度内平均摊转到各年度的应纳税所得中	如为净收益,且数额较大,计入当期应纳税所得额计算纳税有困难,经企业申请和主管税务机关批准,可在不超过五年的期限内平均分期转为应纳税所得额计算缴纳企业所得税
被投资企业取得资产计税基础	被投资企业接受的上述非货币性资产,可按经评估确认后的价值确定有关资产的成本	—

注：①根据《国家税务总局关于做好已取消和下放管理的企业所得税审批项目后续管理工作的通知》(国税发〔2004〕82号)的规定,取消上述审批项目后,"纳税人在一个纳税年度发生的非货币性资产投资转让所得、债务重组所得、捐赠收入,占应纳税所得50%及以上的,才可以在不超过5年的期间均匀计入各年度的应纳税所得"。

三、非货币投资的个人所得税分析

(一)非货币投资个人所得税待遇

与非货币性资产投资企业所得税待遇相似,非货币性资产投资的个人所得税待遇也可以被分为即期确认待遇、分期确认待遇和递延确认待遇三种类型。由于与企业所得税在税收计算及征管方式的不同,个人所得税的分期确认待遇本质上属于分期缴税的待遇。

与个人以非货币性资产投资有关的税收政策如图1-1-2所示。

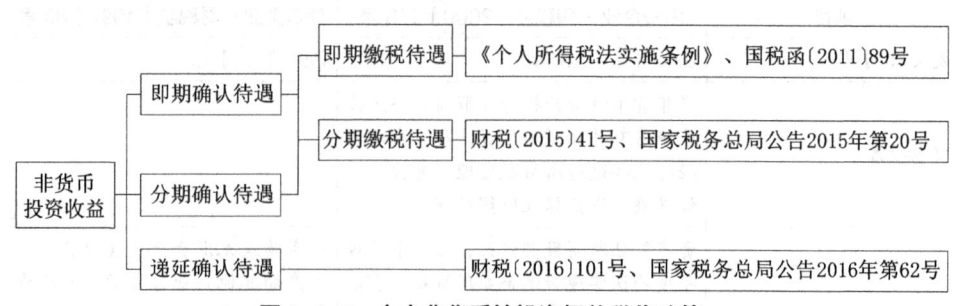

图1-1-2　个人非货币性投资相关税收政策

为了对比分析非货币资产投资个人所得税待遇变化,下面以财税〔2015〕41号文件实施日期作为分割点对个人所得税待遇进行分析。

（二）分期缴税待遇

1.非货币性资产投资概念

财税〔2015〕41号第五条第二款规定，非货币性资产投资，包括以非货币性资产出资设立新的企业，以及以非货币性资产出资参与企业增资扩股、定向增发股票、股权置换、重组改制等投资行为。

个人非货币性资产投资的概念要大于企业非货币性资产投资的概念。主要包括如下三个方面的行为。

首先，以非货币性资产投入新设或现存的企业，包括以非货币性资产参与企业增资扩股、定向增发股票。

其次，以非货币性资产参与股权置换，财税〔2015〕41号文件对于"股权置换"概念的内涵并未予以明确，如个人以其持有的非货币性资产置换另一个企业持有的其他企业的股权，是否符合适用个人所得税分期缴税的待遇的"股权置换"的定义，并未有明确的内容。

最后，以非货币性资产参与改制重组，财税〔2015〕41号文件对重组改制的概念也没有予以明确或者限制。

2.分期缴税待遇的内容

财税〔2015〕41号规定，个人以非货币性资产投资，一次性缴税有困难的，可合理确定分期缴纳计划并报主管税务机关备案后，自发生上述应税行为之日起不超过5个公历年度内（含）分期缴纳个人所得税。

所以，对于个人非货币性资产投资的分期缴税待遇，其主要内容如下。

首先，非货币性资产的财产转让所得仍然是一次性确认的，只是在所得一次性确认并计算缴纳个人所得税的情况下，对个人应当缴纳的税款采取分期缴纳待遇。

其次，个人所得税的分期缴纳期限由纳税人自行确定，并不要求纳税人均匀分期。

再次，个人取得被投资企业股权的计税基础如何确定，财税〔2015〕41号和国家税务总局公告2015年第20号都没有予以明确。本书认为应当以所投资资产的公允价值作为取得股权的计税基础，主要理由在于个人非货币性资产投资并非对所得的分期确认，而是在对所得一次性确认的基础上，对个人应当缴纳的个人所得税分期缴纳，所以在所得一次性确认的情况下，个人取得股权的计税基础应当以该资产的公允价值确认。

最后，被投资企业取得非货币性资产计税基础应当如何确定，财税〔2015〕41号和国家税务总局公告2015年第20号也未予以说明。本书认为被投资企业取得非货币性资产应当以其评估后的公允价值作为其计税基础，具体理由如前述个人取得股权计税基础相同。

3. 资产转让收入确认时间

个人以非货币性资产投资的，资产转让收入应于非货币性资产转让、取得被投资企业股权时予以确认，但是对于取得被投资企业股权的具体时间并未予以明确。本书认为可以参照非货币性资产投资企业所得税中的"投资协议生效并办理股权登记手续时"予以确定。

4. 资产转让所得的计量

个人以非货币性资产投资，应按评估后的公允价值确认非货币性资产转让收入，非货币性资产转让收入减除该资产原值及合理税费后的余额为应纳税所得额。

个人非货币性资产转让所得计算公式如下：

非货币性资产转让所得 = 评估后的公允价值 – 非货币性资产原值 – 合理税费

(1-1-3)

上述评估后的公允价值并非直接等于评估金额；非货币性资产原值为纳税人取得该项资产时实际发生的支出；合理税费是指纳税人在非货币性资产投资过程中发生的与资产转移相关的税金及合理费用。

个人以非货币性资产投资的，若无法提供准确、完整的非货币性资产原值凭证，不能正确计算非货币性资产原值的，主管税务机关可依法核定其非货币性资产原值。

5. 取得补价时的所得税处理

个人以非货币性资产投资时取得被投资企业支付的现金补价，根据财税〔2015〕41号的规定，现金部分应优先用于缴税；现金不足以缴纳的部分，可分期缴纳。

示例 1-1-3

自然人甲以其持有的计税基础为 200，评估后公允价值为 800 的非货币性资产对境内的居民企业 A 进行投资，双方签订的投资协议约定，企业 A 以其增发的公允价值为 700 的股份作为对价，差额的部分以现金 100 补足。

涉税分析：在该案例中，自然人甲以非货币性资产对境内的居民企业投资的行为可适用分期缴税的待遇。

自然人甲在非货币性资产投资过程中应当确认的资产转让所得为 600（800-200），应当缴纳的个人所得税金额为 120（600×20%）。由于甲取得了被投资企业支付的现金补价 100，所以该现金补价应当首先用于缴纳自然人甲应当缴纳的个人所得税，不足部分的 20（120-100）可选择分期缴税。

6. 分期缴税的税收征管

（1）资料报备

财税〔2015〕41 号规定，个人非货币性资产投资选择适用分期缴税待遇的，应当合理确定分期缴纳计划并报主管税务机关备案。

国家税务总局公告 2015 年第 20 号第八条规定，纳税人选择分期缴税待遇的，应于取得被投资企业股权之日的次月 15 日内，自行制定缴税计划并向主管税务机关报送资料进行备案。若纳税人变更其原制定的分期缴税计划，应重新制定分期缴税计划并向主管税务机关重新报送《非货币性资产投资分期缴纳个人所得税备案表》。

纳税人需要报送的资料包括：《非货币性资产投资分期缴纳个人所得税备案表》、纳税人身份证明、投资协议、非货币性资产评估价格证明材料、能够证明非货币性资产原值及合理税费的相关资料。

（2）纳税申报方式

个人以非货币性资产投资，应当以发生非货币性资产投资行为并取得被投资企业股权的个人为纳税人，并且由纳税人自行向税务机关进行备案并进行后期的纳税申报。

（3）主管税务机关

个人以非货币性资产投资的，其税款缴纳及申请分期缴纳税款的主管税务机关根据非货币性资产性质的不同有所不同，具体如图 1-1-3 所示。

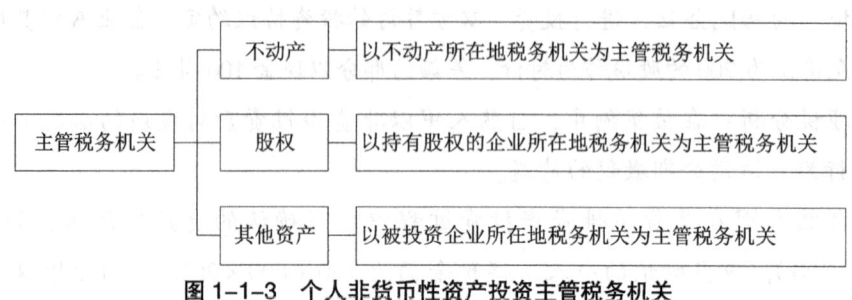

图 1-1-3　个人非货币性资产投资主管税务机关

（4）纳税申报

纳税人按照其制定的分期缴税计划向主管税务机关办理纳税申报时，应当提供已在税务机关备案的《非货币性资产投资分期缴纳个人所得税备案表》和本期之前各期已缴纳个人所得税的完税凭证。

（5）被投资企业征管义务

国家税务总局公告 2015 年第 20 号规定，被投资企业应将纳税人以非货币性资产投入本企业取得股权和分期缴税期间纳税人股权变动情况，分别于相关事项发生后 15 日内向主管税务机关报告，并协助税务机关执行公务。

7. 即期纳税的情形

财税〔2015〕41 号第四条第二款规定，个人在分期缴税期间转让其持有的适用分期缴税的全部或者部分股权并取得现金收入的，该现金收入应优先用于缴纳尚未缴清的税款；国家税务总局公告 2015 年第 20 号规定，纳税人应当在转让股权之日的次月 15 日内向主管税务机关申报纳税。

只有纳税人转让股权并取得现金收入时，才需要当期缴纳其尚未缴清的税款，并且以其收取的现金为限；若转让股权所收取的现金不足以缴纳其尚未缴清的税款，对于尚未缴清的部分仍然适用原有的分期缴税计划。

8. 以股权对外投资的税收征管

《股权转让所得个人所得税管理办法（试行）》（国家税务总局公告 2014 年

第67号)(以下简称"67号公告")规定,自然人以股权对外投资也属于股权转让范畴,其对个人所得税的征管相比国家税务总局公告2015年第20号存在表1-1-7所示的区别。

表1-1-7 股权投资个人所得税征管的区别

项目	67号公告	国家税务总局公告2015年第20号
纳税义务人	以股权转让方为纳税人	以发生非货币性资产投资行为并取得被投资企业股权的个人为纳税人
税收征管方式	以受让方为扣缴义务人	由纳税人向主管税务机关自行申报缴纳
纳税义务发生时间	具有下列情形之一的,扣缴义务人、纳税人应当依法在次月15日内向主管税务机关申报纳税: (一)受让方已支付或部分支付股权转让价款的; (二)股权转让协议已签订生效的; (三)受让方已经实际履行股东职责或者享受股东权益的	于非货币性资产转让、取得被投资企业股权的次月15日内向主管税务机关申报纳税
主管税务机关	以被投资企业所在地税务机关为主管税务机关	以被投资企业所在地税务机关为主管税务机关
原值核定	个人转让股权未提供完整、准确的股权原值凭证,不能正确计算股权原值的,由主管税务机关核定其股权原值	纳税人无法提供完整、准确的非货币性资产原值凭证,不能正确计算非货币性资产原值的,主管税务机关可依法核定其非货币性资产原值

(三)递延纳税待遇

与企业以技术成果投资入股可适用递延纳税待遇相同,个人以技术成果投资入股的,也可以选择适用递延纳税待遇,即经向主管税务机关备案,投资入股当期可暂不纳税,允许递延至转让股权时。

1.个人所得税征管方式

财税〔2016〕101号第五条规定,个人以技术成果投资入股,以取得技术成果的企业为个人所得税的扣缴义务人。由于个人以技术成果投资入股适用递延纳税待遇的,在投资入股时不确认相应的所得,因此这里的扣缴义务人并非扣缴税款的主体，而是对个人的递延纳税待遇进行后续报备管理的主体。

2. 税务备案管理

财税〔2016〕101号规定，个人以技术成果投资入股选择适用递延纳税待遇的，应当向主管税务机关进行备案。

（1）备案主体

国家税务总局公告2016年第62号规定，个人选择递延纳税待遇的，应当由扣缴义务人办理相关的税务备案手续。

（2）备案时间

国家税务总局公告2016年第62号规定，扣缴义务人应当于取得技术成果并支付股权之次月15日内，向主管税务机关报送相关资料。

（3）备案资料

扣缴义务人应当向主管税务机关报送如下的资料：《技术成果投资入股个人所得税递延纳税备案表》、技术成果相关证书或证明材料、技术成果投资入股协议、技术成果评估报告等资料。

（4）年度报告

除在非货币资产投资交易发生时的资料备案外，在递延纳税期间内，扣缴义务人还应当于每个纳税年度终了后30日内，向主管税务机关报送《个人所得税递延纳税情况年度报告表》。

3. 即期纳税情形

个人以非货币性资产投资选择递延纳税待遇的，在其持有递延纳税的股权期间，该股权产生的转增收入以及以该股权再进行非货币性资产投资的，都应当在当期缴纳个人所得税税款。

4. 股权转让成本流转

财税〔2016〕101号第四条第（三）项规定，个人转让股权时，视同享受递延纳税优惠政策的股权优先转让。67号公告第十八条规定，对个人多次取得同一被投资企业股权的，转让部分股权时，采用"加权平均法"确定其股权原值。

个人通过多种方式取得被投资企业股权的，应先区分递延纳税方式取得和其他方式取得，对于两者的成本应当单独进行核算；在转让股权时，应当假定递延纳税待遇的股权先转让，且在计算其成本时，应当采用"加权平均法"确定。

（四）2015年4月1日前个人非货币性投资所得税待遇

2015年4月1日前发生的个人以非货币性资产进行投资，其投资资产评估增值的部分是否需要缴纳个人所得税，在不同时期有着不同的税收规范。

1. 递延纳税待遇

2005年4月13日，国家税务总局印发《关于非货币性资产评估增值暂不征收个人所得税的批复》（国税函〔2005〕319号）对福建省地方税务局《关于房地产等非货币性资产评估增值征收个人所得税问题的请示》（闽地税发〔2005〕37号）进行了批复：考虑到个人所得税的特点和目前个人所得税征收管理的实际情况，对个人将非货币性资产进行评估后投资于企业，其评估增值取得的所得在投资取得企业股权时，暂不征收个人所得税。在投资收回、转让或清算股权时如有所得，再按规定征收个人所得税，其"财产原值"为资产评估前的价值。

国税函〔2005〕319号的税收待遇与财税〔2016〕101号的税收待遇是相同的，都对个人非货币性资产投资给予了递延纳税待遇；但国税函〔2005〕319号比财税〔2016〕101号的适用范围更加宽泛，其对个人用于投资的非货币性资产的范围并未加以限制。

国税函〔2005〕319号文件在《国家税务总局关于公布全文失效废止 部分条款失效废止的税收规范性文件目录的公告》（国家税务总局公告2011年第2号）中予以全文废止。

2. 政策模糊期

国税函〔2005〕319号发布后，国家税务总局在2008年发布了《国家税务总局关于资产评估增值计征个人所得税问题的通知》（国税发〔2008〕115号），规定个人在非货币性资产投资过程中，应当就非货币性资产评估增值的部分按照"财产转让所得"项目征收个人所得税。

该文件曾经被青岛市地方税务局《关于转发〈国家税务总局关于资产评估增值计征个人所得税问题的通知〉的通知》（青地税发〔2009〕24号）转发，但在国家税务总局的政策法规库中并无该文件，因此其有效性在实务中是存在争议的，对此期间个人以非货币性资产投资是否应当征收个人所得税属于一个政策模糊期。

3. 即期征税待遇

国家税务总局在2011年2月14日印发了《关于个人以股权参与上市公司定向增发征收个人所得税问题的批复》（国税函〔2011〕89号），该文件规定："根据《中华人民共和国个人所得税法》及其实施条例等规定，南京浦东建设发展有限公司自然人以其所持该公司股权评估增值后，参与苏宁环球股份有限公司定向增发股票，属于股权转让行为，其取得所得，应按照'财产转让所得'项目缴纳个人所得税。"

虽然国税函〔2011〕89号仅规范了个人以股权参与股份有限公司定向增发股票的税收待遇，但对个人投资者而言，其本质即为非货币性资产投资。对于以股权参与股票的定向增发是否可以扩展适用于一般意义上的非货币性资产投资的个人所得税待遇，应当在实际执行过程中与主管税务机关进行充分的沟通。

四、非货币投资的其他税种分析

企业或者个人以非货币性资产进行投资，除涉及所得税之外，根据非货币性资产的类型，还可能涉及其他的税种。

（一）增值税

《中华人民共和国增值税暂行条例实施细则》第四条第（六）项规定，"将自产、委托加工或者购进的货物作为投资，提供给其他单位或者个体工商户"的行为，视同销售货物。

所以，纳税人以货物对外进行投资，增值税应当视同销售；同时根据《中华人民共和国增值税暂行条例实施细则》第十六条的规定，纳税人应当按照如下的顺序确定销售额："（一）按纳税人最近时期同类货物的平均销售价格确定；（二）按其他纳税人最近时期同类货物的平均销售价格确定；（三）按组成计税价格确定。"

（二）土地增值税

《中华人民共和国土地增值税暂行条例》及其实施细则规定，转让国有土地使用权、地上的建筑物及其附着物（以下简称"转让房地产"）并取得收入的单位和个人，为土地增值税的纳税义务人，应当依法缴纳土地增值税，其中转让房地产所取得的收入包括货币收入、实物收入和其他收入。

纳税人以房地产投资到其他企业，属于取得了其他收入，应当依法征收土地增值税，但为了鼓励企业的投资及改制重组行为，国家对以房地产投资入股的土地增值税作了不同的规范，主要有以下内容。

1. 2006年3月2日前

根据《财政部 国家税务总局关于土地增值税一些具体问题规定的通知》（财税字〔1995〕48号）的规定，企业以房地产进行投资、联营的，以土地（房地产）作价入股进行投资或作为联营条件，将房地产转让到所投资、联营的企业中时，暂免征收土地增值税。所以，此阶段企业以房地产进行投资的，暂免征收土地增值税。

2. 2006年3月2日后

财政部、国家税务总局于2006年3月2日发布了《关于土地增值税若干问题的通知》（财税〔2006〕21号），该文件对企业以房地产投资入股行为中土地增值税的政策进行了调整：对于以土地（房地产）作价入股进行投资或联营的，凡所投资、联营的企业从事房地产开发的，或者房地产开发企业以其建造的商品房进行投资和联营的，均不适用《财政部 国家税务总局关于土地增值税一些具体问题规定的通知》（财税字〔1995〕48号）第一条暂免征收土地增值税的规定。

财税〔2006〕21号仅限制房地产开发企业以其建造的商品房进行投资和联营不适用土地增值税暂免征税；但是房地产开发企业以其他的房地产进行投资的，不受该条款的约束。

3. 2015年1月1日后

财政部、国家税务总局在2015年2月2日印发了《财政部 国家税务总局关于企业改制重组有关土地增值税政策的通知》（财税〔2015〕5号），废止了财税字〔1995〕48号和财税〔2006〕21号关于房地产投资入股的土地增值税政策，对企业改制重组过程中以房地产进行投资行为的土地增值税适用问题作了统一的规范，并且每隔三年发文对原文件予以延续，具体如表 1-1-8 所示。

表 1-1-8　房地产投资入股土地增值税政策对照表

文件	主要内容
《财政部　国家税务总局关于企业改制重组有关土地增值税政策的通知》（财税〔2015〕5 号）（已废止）	四、单位、个人在改制重组时以国有土地、房屋进行投资，对其将国有土地、房屋权属转移、变更到被投资的企业，暂不征收土地增值税。 五、上述改制重组有关土地增值税政策不适用于房地产开发企业。 六、企业改制重组后再转让国有土地使用权并申报缴纳土地增值税时，应以改制前取得该宗国有土地使用权所支付的地价款和按国家统一规定缴纳的有关费用，作为该企业"取得土地使用权所支付的金额"扣除
《财政部　税务总局关于继续实施企业改制重组有关土地增值税政策的通知》（财税〔2018〕57 号）	四、单位、个人在改制重组时以房地产作价入股进行投资，对其将房地产转移、变更到被投资的企业，暂不征土地增值税。 五、上述改制重组有关土地增值税政策不适用于房地产转移任意一方为房地产开发企业的情形。 六、企业改制重组后再转让国有土地使用权并申报缴纳土地增值税时，应以改制前取得该宗国有土地使用权所支付的地价款和按国家统一规定缴纳的有关费用，作为该企业"取得土地使用权所支付的金额"扣除
《财政部　税务总局关于继续实施企业改制重组有关土地增值税政策的公告》（财政部　税务总局公告 2021 年第 21 号）	四、单位、个人在改制重组时以房地产作价入股进行投资，对其将房地产转移、变更到被投资的企业，暂不征土地增值税。 五、上述改制重组有关土地增值税政策不适用于房地产转移任意一方为房地产开发企业的情形。 六、改制重组后再转让房地产并申报缴纳土地增值税时，对"取得土地使用权所支付的金额"，按照改制重组前取得该宗国有土地使用权所支付的地价款和按国家统一规定缴纳的有关费用确定

从 2015 年 1 月 1 日起，财政部和国家税务总局对纳税人以房地产投资入股适用的土地增值税政策作了一定的调整。

（1）明确了土地增值税的政策待遇

原有政策中以房地产投资入股暂免征收土地增值税，但是对投资、联营企业再次转让房地产时扣除项目如何确定，文件并未予以规范。2015 年修改后的政策对房地产投资入股的行为暂不征收土地增值税，同时对再次转让房地产时"取得土地使用权所支付的金额"给予了政策上的明确，即以改制重组前取得国有土地使用权所支付的土地价款和按国家统一规定缴纳的有关费用确定。

（2）明确政策不适用主体范围

财税〔2006〕21 号和财税〔2015〕5 号，对房地产开发企业不适用土地增值税暂免或者暂不征税的政策时，并未明确适用于"投资双方同为房地产开发企业"还是"投资一方为房地产开发企业"；财税〔2018〕57号对该问题作了明确，只要房地产转移任意一方为房地产开发企业的，则不能适用暂不征收土地增值税的政策。

（3）改制重组概念的争议

2015年1月1日后暂不征收土地增值税政策均要求为"改制重组时"，但单纯以房地产投资入股是否可以适用暂不征税政策，在实务中企业与税务机关的争议较大。本书认为单纯以房地产投资入股，若交易任意一方并非房地产开发企业的，应可以适用暂不征收土地增值税政策，其主要的理由如下。

其一，财税〔2015〕5号的制定背景主要是《国务院关于进一步优化企业兼并重组市场环境的意见》（国发〔2014〕14号），根据国发〔2014〕14号规定，"兼并重组是企业加强资源整合、实现快速发展、提高竞争力的有效措施，是化解产能严重过剩矛盾、调整优化产业结构、提高发展质量效益的重要途径"。而纳税人以非货币性资产投资，无论是投资入股到非关联企业还是关联企业，都是企业进行资源整合、提高竞争力的一种方式，其本质上是符合国发〔2014〕14号关于兼并重组概念的。

其二，财税〔2015〕5号发布之后，财政部税政司和国家税务总局财产行为税司对财税〔2015〕5号涉及的政策进行了解读，其中就新政策与以往企业投资、兼并相关的土地增值税政策相比的变化时提及：此次出台的企业改制重组土地增值税政策，主要是对原有企业改制重组土地增值税优惠政策的规范与整合。具体而言，一是延续了企业以房地产作价投资、企业兼并相关土地增值税优惠政策；二是规范了企业兼并相关土地增值税政策表述，将兼并纳入合并；三是增加了享受土地增值税优惠的企业改制重组形式，将企业公司制改造、企业分立两种形式纳入优惠范围。

所以，本书认为此处的"改制重组"应当侧重于企业层面的行为，而不要求"资产层面"需要构成"改制重组"。

（三）契税

根据《中华人民共和国契税暂行条例》和《中华人民共和国契税法》的规

定,对以土地、房屋进行投资的方式转移土地、房屋权属的,都属于契税的征税范围,被投资单位应当依法缴纳契税。但财政部和国家税务总局印发了多个文件对房地产投资行为的契税给予了特殊的政策,具体如表1-1-9所示。

表1-1-9 土地、房屋投资契税主要政策

文件	主要内容
《关于企业改制重组若干契税政策的通知》（财税〔2003〕184号）	七、其他 企业改制重组过程中,同一投资主体内部所属企业之间土地、房屋权属的无偿划转,不征收契税。 本通知自2003年10月1日起至2005年12月31日止执行
《关于延长企业改制重组若干契税政策执行期限的通知》（财税〔2006〕41号）	为继续支持企业改革,加快建立现代企业制度,企业改制重组涉及的契税政策,继续按照财税〔2003〕184号文件的有关规定执行,执行期限为2006年1月1日至2008年12月31日
《关于企业改制重组若干契税政策的通知》（财税〔2008〕175号）	七、其他 企业改制重组过程中,同一投资主体内部所属企业之间土地、房屋权属的无偿划转,包括母公司与其全资子公司之间,同一公司所属全资子公司之间,同一自然人与其设立的个人独资企业、一人有限责任公司之间土地、房屋权属的无偿划转,不征收契税。 本通知执行期限为2009年1月1日至2011年12月31日
《关于企业事业单位改制重组契税政策的通知》（财税〔2012〕4号）	八、资产划转 对同一投资主体内部所属企业之间土地、房屋权属的划转,包括母公司与其全资子公司之间,同一公司所属全资子公司之间,同一自然人与其设立的个人独资企业、一人有限公司之间土地、房屋权属的划转,免征契税。 十、其他 本通知所称企业、公司是指依照中华人民共和国有关法律法规设立并在中国境内注册的企业、公司。 本通知执行期限为2012年1月1日至2014年12月31日
《关于进一步支持企业事业单位改制重组有关契税政策的通知》（财税〔2015〕37号）	六、资产划转 同一投资主体内部所属企业之间土地、房屋权属的划转,包括母公司与其全资子公司之间,同一公司所属全资子公司之间,同一自然人与其设立的个人独资企业、一人有限公司之间土地、房屋权属的划转,免征契税。 十、有关用语含义 本通知所称企业、公司,是指依照我国有关法律法规设立并在中国境内注册的企业、公司。 本通知自2015年1月1日至2017年12月31日执行

续表

文件	主要内容
《关于继续支持企业 事业单位改制重组有关契税政策的通知》（财税〔2018〕17号）	六、资产划转 同一投资主体内部所属企业之间土地、房屋权属的划转，包括母公司与其全资子公司之间，同一公司所属全资子公司之间，同一自然人与其设立的个人独资企业、一人有限公司之间土地、房屋权属的划转，免征契税。 母公司以土地、房屋权属向其全资子公司增资，视同划转，免征契税。 十、有关用语含义 本通知所称企业、公司，是指依照我国有关法律法规设立并在中国境内注册的企业、公司。 本通知自2018年1月1日起至2020年12月31日执行
《关于继续执行企业 事业单位改制重组有关契税政策的公告》（财政部 税务总局公告2021年第17号）	六、资产划转 同一投资主体内部所属企业之间土地、房屋权属的划转，包括母公司与其全资子公司之间，同一公司所属全资子公司之间，同一自然人与其设立的个人独资企业、一人有限公司之间土地、房屋权属的划转，免征契税。 母公司以土地、房屋权属向其全资子公司增资，视同划转，免征契税。 十、有关用语含义 本公告所称企业、公司，是指依照我国有关法律法规设立并在中国境内注册的企业、公司。 十一、本公告自2021年1月1日起至2023年12月31日执行

由表1-1-9可知，纳税人以土地、房屋出资契税的税收待遇主要如下。

1. 2018年1月1日前

在2018年1月1日前，财政部和国家税务总局仅明确资产划转过程中契税的税收待遇，即同一投资主体内部所属企业之间土地、房屋权属的划转，免征契税。但是对划转的概念则没有予以明确，特别是在2012年之前，可以适用免征契税政策的划转仅限于无偿划转。

2. 2018年1月1日后

在2018年1月1日后，财税〔2018〕17号文件中明确了母公司以土地、房屋权属向其全资子公司增资的，视同划转，免征契税。

其一，适用免征契税政策的投资行为仅限于"增资"行为，对以土地、房屋出资设立全资子公司的，不适用该条款。

其二，适用免征契税的被投资单位必须为"全资子公司"，对于向"控股子公司"投资的行为并不能适用免征契税待遇。

3. 以其他资产投资

《财政部 国家税务总局关于企业以售后回租方式进行融资等有关契税政策的通知》（财税〔2012〕82号）规定："单位、个人以房屋、土地以外的资产增资，相应扩大其在被投资公司的股权持有比例，无论被投资公司是否变更工商登记，其房屋、土地权属不发生转移，不征收契税。"

（四）印花税

《中华人民共和国印花税暂行条例》（1988年8月6日国务院令第11号发布，2011年1月8日国务院令第588号修改，2022年7月1日起废止）（以下简称《印花税暂行条例》）规定："在中华人民共和国境内书立、领受本条例所列凭证的单位和个人，都是印花税的纳税义务人，应当按照本条例规定缴纳印花税。"2022年7月1日起实施的《中华人民共和国印花税法》（以下简称《印花税法》）第一条规定："在中华人民共和国境内书立应税凭证、进行证券交易的单位和个人，为印花税的纳税人，应当依照本法规定缴纳印花税。"

1. 财产权转移书据的印花税

《公司法》规定，股东可以用货币出资，也可以用实物、知识产权、土地使用权、股权、债权等可以用货币估价并可以依法转让的非货币性财产作价出资。以非货币财产出资的，应当依法办理其财产权的转移手续。根据《印花税暂行条例》和《印花税法》的规定，股东以非货币性资产出资，应当按照"产权转移书据"税目缴纳印花税，印花税的计税依据和适用税率如表1-1-10所示。

表1-1-10 非货币性投资印花税税率表

出资方式	《印花税暂行条例》	《印花税法》
土地使用权	按产权转移书据所载金额的万分之五贴花	产权转移书据所列金额的万分之五
房屋建筑物		产权转移书据所列金额的万分之五
股权		产权转移书据所列金额的万分之五
知识产权		产权转移书据所列金额的万分之三

2. 实收资本的印花税

（1）《印花税暂行条例》的规定

《印花税暂行条例》规定，营业账簿属于印花税的征税范围，营业账簿包括记载资金的账簿和其他账簿。其中记载资金的账簿按照计税金额的万分之五贴花，其他账簿按件贴花五元。

《国家税务总局关于资金账簿印花税问题的通知》（国税发〔1994〕25号，自2022年7月起全文废止）规定，生产经营单位执行《企业会计准则》《企业财务通则》后，其"记载资金的账簿"的印花税计税依据改为"实收资本"与"资本公积"两项的合计金额。《财政部 税务总局关于对营业账簿减免印花税的通知》（财税〔2018〕50号）规定，自2018年5月1日起，对按万分之五税率贴花的资金账簿减半征收印花税。

所以在2018年4月30日及以前，企业记载资金的账簿应当按照"实收资本"（股本）和"资本公积"两项合计金额的万分之五贴花；在2018年5月1日至《印花税法》施行前，对于记载资金的账簿可减半征收印花税，即其实际税率变为万分之二点五。

（2）《印花税法》的规定

2022年7月1日起施行的《印花税法》规定，营业账簿属于印花税的征税范围，应税营业账簿的计税依据为账簿记载的实收资本（股本）、资本公积合计金额，按照上述合计金额的万分之二点五贴花。

2022年7月1日起实施的《印花税法》不再将记载资金账簿之外的账簿作为计税营业账簿；同时，对于记载资金账簿的印花税率也由原来的万分之五调整为万分之二点五。

五、股东投资的其他涉税问题

（一）补足出资的涉税分析

补足出资指在企业IPO过程中，因为历史出资瑕疵或者因为无法验证投资者出资金额是否足额到位等原因，由企业的控股股东或者实际控制人向企业再次进行出资以补足原有出资，从而避免因历史出资问题而给IPO造成实质性障碍。

对企业接受股东补足出资的所得税处理，可适用下列《国家税务总局关于企业所得税应纳税所得额若干问题的公告》（国家税务总局公告 2014 年第 29 号）中"企业接收股东划入资产的企业所得税处理"的相关规定。

1. 作为资本金处理

企业接收股东划入资产（包括股东赠与资产、上市公司在股权分置改革过程中接收原非流通股股东和新非流通股股东赠予的资产、股东放弃本企业的股权，下同），凡合同、协议约定作为资本金（包括资本公积）且在会计上已做实际处理的，不计入企业的收入总额，企业应按公允价值确定该项资产的计税基础。

企业接收股东划入资产适用上述税收待遇应当同时满足如下条件。

首先，划入方应为股东，对于非股东的实际控制人划入资产并不能满足该要件。

其次，合同、协议约定将划入资产作为资本金处理，包括计入企业的实收资本、股本或者资本公积。

最后，接收的企业在账面上已经进行会计处理，将相应的资产对应科目计入资本金科目。

2. 作为收入处理

企业接收股东划入资产，并没有约定作为资本金处理的，接收企业应当作为收入处理，此时应当按照接收资产的公允价值计为收入总额，计算缴纳企业所得税，同时按照接收资产的公允价值确定其计税基础。

（二）置换出资的涉税分析

1. 置换出资的情形

置换出资指股东的出资方式由原来约定的方式转变为另一种方式。常见于股东以实物出资，但是未能在规定期限内办理产权变更手续或者由于客观原因无法办理产权变更手续，导致企业在 IPO 过程中需要以货币出资替换原有的实物资产出资。

例如，福元医药（601089）在其《招股说明书》中披露：福元医药前身为北京万生药业有限责任公司（以下简称万生药业），在公司设立时的股东之一生化厂以实物（房屋建筑物、土地使用权、机器设备等构成）方式出资2303.00万元，该实物出资已于万生药业设立之初实际移交万生药业使用，但未能在万生药业设立后及时办理实物出资所涉过户手续。因房屋建筑物、土地使用权未能办理权属过户，2001年9月生化厂退出合资，由新股东北综投、北高新分别直接向万生药业现金方式缴付900.00万元和1403.00万元，同时以股权受让方式分别取得万生药业股权，生化厂原转移万生药业实际使用的全部实物出资退还该厂。

置换出资与补足出资的主要差异如表1-1-11所示。

表1-1-11　置换出资与补足出资对比表

项目	补足出资	置换出资
常见情形	货币出资或非货币财产出资	实物资产出资，特别是不动产出资
产生原因	出资的财产未经评估且当前已无法评估，或者出资的手续不齐全从而无法验证出资真实性	用于出资的财产未能办理或者无法办理产权变更手续
解决问题	股东出资不实的问题	股东出资财产无法办理产权过户问题
原有出资的资产	不需退还股东	往往需要退还股东

2.置换出资的涉税分析

置换出资包括股东以货币资金或非货币资产投入公司替换原有的出资和公司将股东原来用于出资的实物资产交还股东两个行为。

股东将资金投入公司的行为，仍然是股东履行原有的认缴出资义务，所以并不涉及税收问题。对股东以未能办理权属变更登记手续的资产出资及公司将该资产在置换出资过程中交还股东的行为，本书认为，由于并不涉及资产所有权的转移，因此也并不涉及税收问题。

实务中，一种观点认为资产置换应当适用《国家税务总局关于未办理土地使用权证转让土地有关税收问题的批复》（国税函〔2007〕645号）征收相应的税收。国税函〔2007〕645号规定："土地使用者转让、抵押或置换土地，无论是否取得了该土地的使用权证书，无论其在转让、抵押或置换土地过程中是否与对方当事人办理了土地使用权属证书变更登记手续，只要土地使用者享有占有、使用、收益或处分该土地的权利,且有合同等证据表明其实质转让、抵押或置换了土地并取得了相应的经济利益,土地使用者及其对方当事人应当依照税法规定缴纳营业税、土地增值税和契税等相关税收。"

本书认为,国税函〔2007〕645号并不适用于置换出资行为。其原因一是国税函〔2007〕645号仅规范转让方"未取得该土地使用权证书"的情形,而置换出资往往是已取得土地使用权证书但在出资环节未能办理资产权属变更登记,所以在适用情形上并不相同;二是国税函〔2007〕645号与《中华人民共和国民法典》(以下简称《民法典》)物权编的相关内容存在冲突,根据《民法典》的规定,对于不动产未能办理产权变更登记的,并不能发生物权变动效力,使用人并不能取得"处分"权能。

第二章　股东出资的实务案例分析

一、以技术出资案例分析

（一）以专有技术出资——SLSW 股份公司

1. 基本情况

根据 SLSW 股份公司《首次公开发行股票并在科创板上市招股说明书》的披露，发行人前身 SLSW 有限公司的股东 YJS 有限公司 2010 年以 7 个产品的专有技术入股。

2010 年 12 月 16 日，资产评估有限公司出具了《资产评估报告书》，以 2010 年 11 月 30 日为评估基准日，对股东用作出资的 7 个产品专有技术及生产批文的市场价值进行了评估，评估价值为 857.00 万元。

2011 年 3 月 20 日，SLSW 有限公司召开股东大会并作出决议，同意公司注册资本由 300.00 万元增至 2857.00 万元。其中，股东 YJS 有限公司以无形资产出资 857.00 万元；其他股东以货币出资 2000.00 万元。2011 年 3 月 21 日会计师事务所出具了验资报告，对本次增资予以确认；2011 年 3 月 23 日，SLSW 股份公司取得工商行政管理局变更后的营业执照。

2. 涉税分析

（1）投资方应纳税所得额

根据 SLSW 股份公司《补充法律意见书（一）》的描述，股东 YJS 有限公司用于出资的前述 7 个产品均为专有技术，并未取得专利许可。根据《财政部 国家税务总局关于居民企业技术转让有关企业所得税政策问题的通知》（财税〔2010〕

111号)的规定,可以享受减免企业所得税待遇的技术转让的范围包括居民企业转让专利技术、计算机软件著作权、集成电路布图设计权、植物新品种、生物医药新品种,以及财政部和国家税务总局规定的其他技术。由于YJS有限公司用于投资的专有技术并非专利技术,所以不能享受技术转让的企业所得税减免税待遇。

对YJS有限公司2011年以专有技术出资,若尚未对其进行处理的,可以适用《财政部 国家税务总局关于非货币性资产投资企业所得税政策问题的通知》(财税〔2014〕116号)的分期确认规则进行处理;但不能适用《财政部 国家税务总局关于完善股权激励和技术入股有关所得税政策的通知》(财税〔2016〕101号)的递延纳税待遇。

YJS有限公司应当以评估金额确定的公允价值确认其资产转让收入,确认专有技术的转让所得,在当年度计入当期的应纳税所得额计算缴纳企业所得税;同时取得SLSW股份公司股权的计税基础以该专有技术的公允价值确定。

(2) SLSW股份公司的所得税

SLSW股份公司取得的用作出资的专有技术,应当作为无形资产核算,同时以该专有技术的公允价值作为其计税基础在企业所得税前计算摊销金额。

(二) 以专利出资缴纳个人所得税——XDW股份公司

1. 基本情况

XDW股份公司首次公开发行人民币普通股(A股)并在科创板上市的申请经上海证券交易所科创板股票上市委员会审议通过,并经中国证券监督管理委员会批复同意,于2022年1月21日在上海证券交易所科创板上市。

根据《招股说明书》和《补充法律意见书(一)》的披露,XDW股份公司前身XDW有限公司在后期增资过程中存在股东以技术入股的情况。

2013年XDW有限公司的实收资本由200.00万元增加至240.00万元,其中股东唐某和郝某认缴新增注册资本;2013年6月10日,XDW有限公司股东大会作出决议,同意变更唐某和郝某的出资方式,其中同意唐某将未出资的余额24.00万元由货币出资变更为以知识产权出资,同意郝某将未出资的余额16.00

万元由货币出资变更为以知识产权出资。2013年6月10日，唐某、郝某分别与XDW有限公司签署《专利技术入股协议书》，约定唐某以5项与郝某共有的实用新型专利作为专利技术折合人民币40.00万元入股XDW有限公司，其中唐某出资金额为24.00万元，郝某出资金额为16.00万元。此次用于出资的专利已于2012年10月8日经JH资产评估房地产土地估价有限公司以2012年9月15日作为基准日进行了评估。

2014年6月15日，XDW有限公司股东大会作出决议，同意XDW有限公司实收资本增加至1000.00万元并相应变更股东出资方式。其中，戴某以无形资产出资人民币420.00万元，何某以无形资产出资人民币240.00万元。2014年6月5日，戴某、何某分别与XDW有限公司签署《专利技术入股协议书》，2014年6月11日，JH资产评估房地产土地估价有限公司以2014年4月30日为基准日对用于出资的资产进行了评估。

2. 涉税披露

根据《补充法律意见书（一）》的披露：根据国家税务总局FS市NH区税务局第一税务分局出具的《中华人民共和国税收完税证明》，股东戴某、何某已就2014年专利出资事项于2020年向主管税务机关进行了纳税申报，并于2020年5月缴纳完毕上述专利出资涉及的相关税款及滞纳金，并取得了主管税务机关出具的《中华人民共和国税收完税证明》。

根据《个人所得税自行纳税申报表》、国家税务总局FS市NH区税务局第一税务分局出具的《中华人民共和国税收完税证明》，股东唐某、郝某已就2013年专利出资事项于2020年10月30日向主管税务机关进行了纳税申报，并于2020年11月3日缴纳完毕上述专利出资涉及的相关税款及滞纳金，并取得了主管税务机关出具的《中华人民共和国税收完税证明》。

3. 涉税分析

（1）是否应当缴纳个人所得税

XDW有限公司股东以技术出资的行为分别发生在2013年和2014年，该期间其可参照适用的税收规范性文件主要是《国家税务总局关于个人以股权参与上市公司定向增发征收个人所得税问题的批复》（国税函〔2011〕89号），根据该税收规范性文件,个人以非货币性资产投资的,应当按照"财产转让所得"项目缴纳个人所得税。

所以,对于2013年和2014年XDW有限公司的股东以技术投资入股的行为应当依法征收个人所得税。

(2)未缴税款的追征期限

根据《招股说明书》及《补充法律意见书(一)》的披露,XDW有限公司的上述投资者在以技术成果投资入股时并未申报缴纳个人所得税,被投资企业也并未代扣代缴其应当缴纳的个人所得税。对于此种情况主管税务机关是否可无限期追征投资未缴纳的个人所得税?

《中华人民共和国税收征收管理法》(以下简称《税收征管法》)及税收规范性文件对纳税人未缴纳税款的追征期限作了规范,如表1-2-1所示。

表1-2-1 关于税款追征期的法律法规

条款	主要内容
《税收征管法》第五十二条	因税务机关的责任,致使纳税人、扣缴义务人未缴或者少缴税款的,税务机关在三年内可以要求纳税人、扣缴义务人补缴税款,但是不得加收滞纳金。 因纳税人、扣缴义务人计算错误等失误,未缴或者少缴税款的,税务机关在三年内可以追征税款、滞纳金;有特殊情况的,追征期可以延长到五年。 对偷税、抗税、骗税的,税务机关追征其未缴或者少缴的税款、滞纳金或者所骗取的税款,不受前款规定期限的限制
《税收征管法》第六十四条	纳税人、扣缴义务人编造虚假计税依据的,由税务机关责令限期改正,并处五万元以下的罚款。 纳税人不进行纳税申报,不缴或者少缴应纳税款的,由税务机关追缴其不缴或者少缴的税款、滞纳金,并处不缴或者少缴的税款百分之五十以上五倍以下的罚款
《国家税务总局关于未申报税款追缴期限问题的批复》(国税函〔2009〕326号)	《税收征管法》第六十四条第二款规定的纳税人不进行纳税申报造成不缴或少缴应纳税款的情形不属于偷税、抗税、骗税,其追征期按照税收征管法第五十二条规定的精神,一般为三年,特殊情况可以延长至五年
《国家税务总局办公厅关于税收征管法有关条款规定的复函》(国税办函〔2007〕647号)	《税收征管法》六十四条第二款仅适用第六十三条规定之外的未办理税务登记的纳税人在发生纳税义务以后不进行纳税申报,从而造成不缴或少缴税款结果的情形

在本案例中，XDW 股份公司股东以技术出资入股未进行纳税申报，由于自然人并非办理税务登记的主体，其未进行纳税申报的追征期不适用无限期，而应当适用三年的追征期限，特殊情况下适用五年的追征期限。

二、债转股案例分析

（一）RC 股份公司

1. 基本情况

RC 股份公司 2022 年 1 月 11 日经中国证券监督管理委员会批复同意，于 2022 年 3 月 31 日在上海证券交易所科创板上市。

根据《招股说明书》的披露，发行人前身 RC 有限公司于 2019 年 6 月 28 日作出股东决定：同意 RC 有限公司注册资本由 7000.00 万元变更为 16 591.29 万元，本次增加的 9 591.29 万元由其股东 RC 制药公司出资。同日 RC 有限公司与其股东 RC 制药公司签署《债权转股权增资协议》，RC 制药公司以其对 RC 有限公司债权中的 60 000.00 万元作为对 RC 有限公司的增资，其中 9 591.29 万元计入注册资本，50 408.71 万元计入资本公积。

上述债转股的出资已经北京天圆开资产评估有限公司出具的《资产评估报告》评估，RC 有限公司已于 2019 年 7 月 23 日换发了新的《营业执照》。

2. 涉税分析

RC 有限公司的债转股，双方应当按照《企业会计准则第 12 号——债务重组》的进行会计处理。根据《财政部　国家税务总局关于企业重组业务企业所得税处理若干问题的通知》（财税〔2009〕59 号）的规定，债务重组是指在债务人发生财务困难的情况下，债权人按照其与债务人达成的书面协议或者法院裁定书，就其债务人的债务作出让步的事项。

在本案例中，作为债务人的 RC 有限公司并未发生财务困难，在债务重组前后也并不存在债权人 RC 制药公司对其的让步，所以本案例中双方所得税的处理不能适用财税〔2009〕59 号文件的规范，而应该直接适用企业投资的税收规范。对 RC 制药公司而言，应当以所增资的债权经双方确认的金额增加其对 RC 有限公司股权的计税基础；而 RC 有限公司在重组前后并没有实现债务重组收益，其资产也并没有发生变化，所以在该债转股过程中并无应纳税所得额的确认事项。

（二）SY 股份公司

1. 基本情况

SY 股份公司 2022 年 4 月 15 日经中国证券监督管理委员会批复同意，于 2022 年 6 月 2 日在上海证券交易所科创板上市。

根据《招股说明书》的披露，2020 年 8 月 5 日，SY 股份公司前身 SY 有限公司召开股东大会并作出决议，同意 SY 有限公司注册资本及实收资本由 128 000.00 万元增加至 308 000.00 万元。新增注册资本由 15 名自然人股东以截至 2020 年 7 月 31 日对 SY 有限公司享有的债权转股权出资 180 000.00 万元；同日，15 名自然人股东与 SY 有限公司签署《债权转股权协议》。

上述用于转增资本的债权系由 15 名自然人股东受让与 SY 集团公司对 SY 有限公司享有的债权，根据 SY 有限公司与 15 名自然人股东签署的《债权转让协议》，SY 有限公司将标的债权以 180 000.00 万元让渡给 15 名自然人股东。

2020 年 8 月 5 日，北京中锋资产评估有限责任公司对该次出资的债权进行评估，并出具了《资产评估报告》，确定评估值为 180 000.00 万元。

2020 年 8 月 9 日，安永华明会计师事务所出具《验资报告》，经审验，截至 2020 年 8 月 6 日，已收到股东以债权转股权的转增注册资本（实收资本）180 000.00 万元。

2. 涉税分析

SY 股份公司以债权转股权的涉税事项与前述 RC 股份公司的涉税分析相同。

三、股东补足出资案例分析

（一）SR 股份公司

1. 基本情况

SR 股份公司首次公开发行人民币普通股（A 股）的申请经上海证券交易所科创板股票上市委员会审核同意，并经中国证券监督管理委员会批复同意，于

2022年3月16日在上海证券交易所科创板上市。

根据国浩律师（西安）事务所关于SR股份公司首次公开发行股票并在科创板上市《补充法律意见书（一）》披露，SR股份公司的股东对SR股份公司前身SR有限公司进行了两次补足出资，具体情况如下。

（1）实物及货币出资的补足

SR有限公司设立时以机器设备出资48.10万元，该实物出资未履行评估手续，不符合当时《公司法》第二十四条的规定；另外，公司设立时的货币出资19.00万元的凭证遗失。

因公司实物出资比较久远且多数已转销报废，无法履行追溯评估程序，货币出资原始凭证遗失，为了保证公司注册资本充实且可追溯验证、核实，经公司2020年第一次临时股东大会审议同意，实际控制人王某某自愿出资50.00万元进行补足，补足的程序合法合规，符合《公司法》等相关法律法规。致同会计事务所对该补足出资情况进行了复核，经复核确认上述补足出资已到位。

公司对实际控制人补足出资事宜的会计处理如下：

借：银行存款　　　　50.00万元
　　贷：资本公积　　　　50.00万元

（2）债转股的补足

1998年以来，股东王某某等6人先后借给公司流动资金，形成公司对股东的债务合计300.00万元；2002年7月以来，股东王某某和配偶先后借给公司流动资金，形成公司对其债务合计600.00万元；上述股东与公司签署债务重组协议，豁免公司上述债务，债务转入资本公积，后转增注册资本。上述债务真实、合理，但由于年代久远，上述债权债务来源的原始凭证存在一定瑕疵，包括：股东以现金方式为公司提供借款凭证仅有现金收据；股东代公司偿还货款的凭证缺少股东代为偿还的银行转账或者现金支付凭证。中介机构认为上述转增资本公积的债权存在一定瑕疵，为了保证公司注册资本充实且可追溯验证、核实，中介机构要求发行人股东对上述出资进行补足。2020年第一次临时股东大会审议同意，王某某等8人自愿出资900.00万元进行补足；致同会计师事务所对上述补足出资的情况进行了复核，经复核确认上述补足出资已到位。

公司对实际控制人补足出资事宜的会计处理如下：

借：银行存款　　　900.00 万元

　　贷：资本公积　　　900.00 万元

2. 涉税分析

根据所披露的内容，SR 股份公司用于补足出资的出资人均为公司的股东，并且根据股东会决议的内容，用于补足出资的款项均计入 SR 股份公司的资本金（资本公积科目），而且企业也已经对其进行了会计处理，所以可以适用国家税务总局公告 2014 年第 29 号的规定，对于取得补足出资的 SR 股份公司而言，无须因收到上述款项而确认收入。

（二）其他案例

除上述股东补足出资的案例外，其他上市公司《招股说明书》披露的在 IPO 前因出资瑕疵而由股东补足前期瑕疵出资的案例如表 1-2-2 所示。

表 1-2-2　股东补足出资的案例分析

公司	出资及补足情况
WL 股份公司	WL 股份公司前身设立时，两名自然人股东以焊接机、挤出机等与公司生产经营相关的实物资产出资 26.52 万元，并未根据当时有效的《公司法》的规定进行资产评估，存在瑕疵。为规范出资行为，2016 年 6 月 1 日，WL 股份公司有限召开股东大会，同意由公司控股股东、实际控制人在 2016 年 6 月 30 日之前以货币形式出资 265 154.00 元补正上述出资瑕疵，补正后公司注册资本及实收资本不变，补正款计入资本公积，由全体股东共享
XDW 股份公司	2013 年 6 月 10 日，XDW 股份公司前身 XDW 有限公司的发起人将共有的实用新型专利分别折合人民币 24.00 万元、16.00 万元入股 XDW 有限公司，后因 XDW 有限公司未及时缴纳专利年费，该等实用新型专利权已于 2015 年 10 月全部终止，上述发起人于 2020 年 8 月 27 日将对应等额现金投入公司
DJD 股份公司	DJD 股份公司前身 DJD 有限公司设立时股东出资的土地使用权评估的事务所不具备证券期货业务资格，经证券期货业务资格的事务所复核后，与原有的评估金额相差 191.43 万元；为进一步夯实出资，2018 年 5 月 29 日，张某某、许某某针对两次评估价值差异金额以货币资金方式向 DJD 有限公司补缴 97.63 万元和 93.80 万元出资款

续表

公司	出资及补足情况
JA 股份公司	JA 股份公司前身设立时实物出资虽已聘请资产评估机构进行资产评估，但由于年代久远，实物清单遗失无法进行核对。为更好地保护公司股东利益，出于谨慎性原则，控股股东于 2017 年 12 月 31 日召开股东大会，确认其对公司历史沿革中的实物出资事项进行夯实补足
FT 股份公司	FT 股份公司前身 FT 有限公司 2007 年向第三方借款 490.00 万元增资后再由股东借出偿还借款，后续过程中以垫付费用和银行转账合计 490.00 万元的方式偿还借款。2019 年 12 月，FT 股份公司实际控制人通过现金方式向公司支付 490.00 万元并计入资本公积，以进一步夯实 2007 年 7 月各股东对 FT 有限公司的出资款

专题二

股权代持及还原涉税

股权代持是指实际投资者将其所拥有的对被投资企业的股权委托第三方代为持有的一种持股方式，这种持股方式在企业发展中较为常见。由于这种持股方式将会使企业股权稳定性存在一定的风险，给企业后续的经营带来潜在的纠纷，所以 IPO 审核要求企业存在股权代持的应当予以解除。

本专题主要从股权代持的原因及代持股权还原涉税两个部分对代持股权进行分析，包括如下章节。

第一章 股权代持的法律规定及 IPO 审核

第二章 代持股权还原的涉税分析

第三章 代持股还原的实务案例分析

第一章　股权代持的法律规定及 IPO 审核

一、股权代持的法律规定

《公司法》第五十六条第一款规定："有限责任公司应当置备股东名册，记载下列事项：（一）股东的姓名或者名称及住所；（二）股东认缴和实缴的出资额、出资方式和出资日期；（三）出资证明书编号；（四）取得和丧失股东资格的日期。"《公司登记管理条例》（2022年3月1日废止）第九条规定的公司登记事项包括有限责任公司股东或者股份有限公司发起人的姓名或者名称。《中华人民共和国市场主体登记管理条例》（国务院令第746号，2022年3月1日起施行）第八条规定，有限责任公司股东、股份有限公司发起人为公司的一般登记事项。在公司相关文件或者工商登记资料中记名的人为名义股东（又称显名股东），而对应的实际出资人为实际股东（又称隐名股东）。

实务中由于各种原因，名义股东与实际股东相分离的情形较为常见，两者通常会约定由名义股东出面行使股权，但由实际股东享受股权收益，这种法律关系即构成股权代持关系。

（一）股权代持的原因

实际投资者将股权委托第三方代持的原因有多种，根据资本市场披露的信息，股权代持的原因包括以下8种。

1. 规避《公司法》人数限制

《公司法》（1993年）规定设立有限责任公司应当有两个以上五十个以下的

股东；2006年1月1日起生效的《公司法》对允许设立一人有限责任公司，但同时规定一个自然人只能投资设立一个一人有限责任公司，该一人有限责任公司不能投资设立新的一人有限责任公司。

不同阶段设立的公司对股东人数的要求不同，可能会出现股权代持的行为，既有为达到《公司法》规定的最低人数要求的目的，也有规避《公司法》对一人有限公司对外投资的限制的目的。

采纳股份（301122）、宏英智能（001266）在 IPO 过程中存在为规避有限责任公司最低人数要求的股权代持：其中采纳股份（301122）和宏英智能（001266）设立时要求股东人数最少为两个，所以其投资者委托第三方代持股权从而满足股东人数的要求。

纽泰格（301229）、美好医疗（301363）在 IPO 过程中均存在为规避一人有限公司设立限制要求的股权代持：纽泰格（301229）有限公司设立时为一人有限责任公司，无法再投资设立一人有限责任公司，所以在设立子公司时委托第三方代持子公司的股份从而满足《公司法》对一人有限责任公司再投资的限制。

2. 树立公司对外形象

有限责任公司设立之初，投资者往往也是公司的管理人员，部分的投资者在对外代表企业进行业务接洽或者谈判时不想让对方知晓自己为公司的投资者，从而为商务谈判预留一定的缓冲空间，此时便有了股权代持的需求。

宏英智能（001266）在 IPO 过程中便存在这类股权代持的情况。

3. 出于税收筹划目的

《国家税务总局关于股权转让所得个人所得税计税依据核定问题的公告》（国家税务总局公告2010年第27号）、67号公告对个人之间股权转让价格明显偏低的正当理由作了明确规范。为了降低代持股权还原过程中的税收成本，可以在还原过程中利用特定关系的临时代持来满足前述股权转让价格明显偏低的正当理由。

宏英智能（001266）在 IPO 过程中便存在这类股权代持的情况。

4. 便于公司日常运营

当企业需要对外办理多种手续、签订较多合同时，实际股东可能由于自身精力的原因无法将过多的时间和精力用于此类事务上，实际投资人为了公司设立之初运营的便利性便将公司股权委托第三方持有。

纽泰格（301229）的实际控制人张某于2010年先后出资设立上海宏涵实业有限公司和江苏纽泰格有限公司，2010年至2012年其工作重心主要在上海宏涵实业有限公司，大部分时间在上海，为便于江苏纽泰格有限公司初创阶段相关法律文件的签署，于2010年12月起委托其母亲代为持有股权。百诚医药（301096）股东陈某弘看好公司发展，但由于其计划前往海外定居，因此将其在百诚医药（301096）前身杭州百诚医药科技有限公司的股权委托邵某能代持。软通动力（301236）在设立境外红筹架构时为便于红筹上市过程中特殊目的载体（SPV）的设立，在其境外股东 Tekventure Limited 和 United Innovation 设立时委托名义股东代持。

5. 规避股权的法律风险

股权作为股东的一项财产，在股东个人发生法律纠纷或者其他事项时可能存在被执行的风险，实际股东为规避财产上可能潜在的法律纠纷或者风险而将被投资公司的股权委托其他人代持。

6. 规避监管要求

由于目前的监管政策，契约型私募基金、资产管理计划、信托计划三类股东不利于对IPO企业的核查要求，所以存在这三类股东委托其他股东代持的情况。

软通动力（301236）在IPO过程中曾存在中航信托股份有限公司委托上海仁建企业发展集团有限公司代持股权的情况，在IPO过程中通过股权转让方式还原了该股权代持关系；同时中航信托股份有限公司通过股权出售的方式退出了北京软通动力信息技术有限公司。

7. 便于投后管理

如果对被投资单位与作为投资者企业的战略契合度存在一定疑问，则可以通过第三方短期代为持股的方式，一方面解决被投资企业经营前景的不确定性给公司带来的影响；另一方面缓解投资方的资金问题。

中汽股份（301215）在IPO过程中曾存在实际投资者江苏悦达集团有限公司将持有的股份委托中韩一号基金代为持有的现象，原因为：其一，当时对中汽股份（301215）的经营前景尚无法明确判断，如短时期内江苏悦达集团有限公司对中汽股份（301215）的投资出现亏损，可能会对其自身经营造成负面影响。

其二，江苏悦达集团有限公司选择基金公司实施代持，主要目的是实现借助社会资本实施对中汽股份（301215）的收购，避免自有资金收购带来自身短期内资金压力较大的情况。因此 2017 年 3 月 18 日中汽股份（301215）、江苏悦达集团有限公司、中韩产业园、中韩一号基金签订四方协议，约定盐城东方投资开发集团有限公司将其持有中国汽车技术研究中心有限公司（发行人前身）39% 的股权以 2.05 亿元价格转让给中韩一号基金，同时约定三年后由江苏悦达集团有限公司回购中韩一号基金持有的上述股权；2020 年 4 月 12 日中韩一号基金将持有的中国汽车技术研究中心有限公司 38 680.00 万元股权（占公司注册资本的 39%，含新增的 19 180.00 万元出资额）以 46 493.67 万元转让给江苏悦达集团有限公司，从而解除了股权代持。

8. 其他原因

除上述原因外，实务中实际股东可能会基于投资保密性或者其他原因而委托第三方代持。

例如，在软通动力（301236）红筹架构拆除过程中，其员工持股平台曾经因部分管理层员工出于持股数量保密性及变更便利性的需求，由名义股东代持部分北京软通动力信息技术有限公司的部分股权。和元生物（688238）在全国中小企业股份转让系统（以下称"新三板"）挂牌期间曾因为被代持股东新三板账户尚未开立，以及出于手续便捷等原因而由名义股东代持新三板股票。仁度生物（688193）由于前身上海仁度生物科技有限公司设立时，公司发展前景尚不明朗，且实际股东居某良、刘某富均为外籍自然人，其对当时国内的投资流程、投资环境及投资政策不了解，因此担心外资比例过高会对公司前期筹办等相关程序有所影响，故决定由上海仁达生物科技有限公司代为持股。

（二）股权代持协议的效力

《最高人民法院关于适用〈中华人民共和国公司法〉若干问题的规定（三）》（2020 年修正）第二十五条规定："有限责任公司的实际出资人与名义出资人订

立合同，约定由实际出资人出资并享有投资权益，以名义出资人为名义股东，实际出资人与名义股东对该合同效力发生争议的，如无合同法第五十二条规定的情形，人民法院应当认定该合同有效。"第二十六条规定："名义股东将登记于其名下的股权转让、质押或者以其他方式处分，实际出资人以其对于股权享有实际权利为由，请求认定处分股权行为无效的，人民法院可以参照物权法第一百零六条的规定处理。名义股东处分股权造成实际出资人损失，实际出资人请求名义股东承担赔偿责任的，人民法院应予支持。"

所以，名义股东与实际股东之间的代持协议对内是有效的，对外则无对抗善意第三人的效力，即股权代持协议若无合同无效情形，对合同当事方是有约束力的；而当名义股东将其所持有的股权对外处置时，实际股东并不能以其与名义股东之间的代持协议对抗取得股权的善意第三人。

二、IPO 审核要求

（一）基本要求

目前 IPO 法律法规对股权代持要求的规定如表 2-1-1 所示。

表 2-1-1　股权代持处理的法律法规

法律法规	主要内容
《首次公开发行股票注册管理办法》（证监会令第 205 号）	发行人的股份权属清晰，不存在导致控制权可能变更的重大权属纠纷，首次公开发行股票并在主板上市的，最近三年实际控制人没有发生变更；首次公开发行股票并在科创板、创业板上市的，最近二年实际控制人没有发生变更
《监管规则适用指引——关于申请首发上市企业股东信息披露》	一、发行人应当真实、准确、完整地披露股东信息，发行人历史沿革中存在股份代持等情形的，应当在提交申请前依法解除，并在招股说明书中披露形成原因、演变情况、解除过程、是否存在纠纷或潜在纠纷等

由于上市公司会涉及社会公众利益，而代持股份的存在将致使企业股权结构不稳定，因股权结构原因给企业后期的经营带来潜在纠纷，所以证监会不仅要求企业在 IPO 前解除股权代持关系，还要求企业详尽地披露股权代持的形成、演变

及解除过程。

(二) IPO 审核关注

除上述法律法规对委托持股的要求外，证监会在《监管指引》《监管规则适用指引——发行类第 4 号》中对发行人委托持股的事项也进行了规范，主要内容如下。

1. 历史上自然人股东人数较多时股权代持核查

对于历史沿革涉及较多自然人股东的发行人，保荐机构、发行人律师应当核查历史上自然人股东入股、退股（含工会、职工持股会清理等事项）是否按照当时有效的法律法规履行了相应程序，入股或股权转让协议、款项收付凭证、工商登记资料等法律文件是否齐备，并抽取一定比例的股东进行访谈，就相关自然人股东股权变动的真实性、所履行程序的合法性、是否存在委托持股或信托持股情形、是否存在争议或潜在纠纷发表明确意见。

2. 申报前引入新股东时股权代持核查

对 IPO 申报前 12 个月通过增资或股权转让产生的新股东，保荐机构、发行人律师应按照规定核查，发行人在招股说明书中披露是否存在股份代持情形。

3. 自然人股东入股价格异常时股权代持核查

发行人自然人股东入股交易价格明显异常的，中介机构应当核查该股东基本情况、入股背景等信息，说明是否存在股权代持情形。

4. 多层架构持股时股权代持核查

发行人股东的股权架构为两层以上且为无实际经营业务的公司或有限合伙企业，如该股东入股交易价格明显异常，中介机构应当对该股东层层穿透核查到最终持有人，说明是否存在股权代持情形；最终持有人为自然人的，发行人应当说明自然人基本情况。

三、股权代持清理

由于法律法规禁止 IPO 企业存在股权代持关系，所以企业在 IPO 过程中需要对历史上的股权代持关系进行清理，股权代持清理方式不同导致其最终的股权关系也有所不同，实务中股权代持清理的方式主要包括代持股权还原和代持股权清理两种。

（一）代持股权还原

代持股权还原，又被称为隐名股东显名化，是指实际出资人取代名义出资人成为被投资企业的显名股东。代持股权还原的方式又可以细分为以下五种。

1. 股权转让

股权转让是指由名义股东通过转让的方式将其代持的股权交还给实际股东的一种代持股还原方式。《公司法》第八十四条第一款、第二款规定："有限责任公司的股东之间可以相互转让其全部或者部分股权。股东向股东以外的人转让股权的，应当将股权转让的数量、价格、支付方式和期限等事项书面通知其他股东，其他股东在同等条件下有优先购买权。股东自接到书面通知之日起三十日内未答复的，视为放弃优先购买权。"《最高人民法院关于适用〈中华人民共和国公司法〉若干问题的规定（三）》第二十五条第三款规定："实际出资人未经公司其他股东过半数以上同意，请求公司变更股东、签发出资证明书、记载于股东名册、记载于公司章程并办理公司登记机关登记的，人民法院不予支持。"

在已上市公司披露的代持股权还原的方式中，多数采用的方式都是股权转让。

2. 股权置换

股权置换是指名义股东将一定的其他对价支付给实际股东，从而取得其所代持股权的所有权，这种方式实质上属于名义股东实际化。这种情况下由于名义股东本身即公司股东名册和工商登记机关登记的股东，所以不需要办理股权变更手续。

松井股份（688157）在代持股权解除时，名义股东将其持有的合伙企业的财产份额转让给实际股东，从而置换其原为实际股东代持的股权。

3. 股权赠与

股权赠与是指名义股东将其所代持的股权通过赠与的方式转让给实际股东，

从而实现代持股权还原。企业在 IPO 中还原代持股权的赠与通常是由名义股东将所代持的股权直接赠送给实际股东，从而解除双方的股权代持关系。

4. 增资

通过增资还原代持股权，是指实际股东通过向公司增资的方式予以显名，实际股东增资的款项往往来源于名义股东。

三元生物（301206）在股权代持关系还原中采用了增资模式，公司在 2015 年 5 月注册资本由 2000.00 万元增加至 3000.00 万元，增资价格为 1.25 元/股，该次增资过程中，部分人员系 2011 年 10 月产生的被代持人员，该部分被代持人员的股份由名义股东聂某建按照 1.25 元/股受让并支付价款（但并不需要办理工商变更登记手续），相关人员再以 1.25 元/股的价格增资，成为公司股东。

5. 诉讼

诉讼是实际股东向人民法院就其对被投资单位享有的实际权益提起确权之诉，通过人民法院的判决或者裁定来确定股权的实际归属。通过诉讼方式来确定代持股权归属，一种情况是实际股东与名义股东就股权的归属存在争议，从而需要人民法院根据各项证据判定股权的实际归属；另一种情况是股东之间对股权的归属本无争议，但为了确认股权代持的真实性并保证代持股权合法还原，从而向人民法院提起诉讼，这种情况通常以调解的方式结案。

天岳先进（688234）在《招股说明书》中披露：为确认代持股权的真实性并保证代持股权得以合法还原，宗某民向人民法院提起了确权之诉，鉴于宗某民与窦某涛、高某青之间就前述代持股权情况及其真实归属并不存在任何争议或纠纷，因而各方以调解方式确认了前述代持股权的真实情况。

（二）代持股权清理

代持股权清理是指名义股东和实际股东均退出被投资企业，从而清理股权代持关系的一种方式。其具体包括如下两种方式。

1. 股权出售

股权出售是指实际股东将名义股东代持的股权转让给第三方从而退出被投资企业。严格而言股权出售并非股权代持还原，但是股权出售仍然是企业在 IPO 过程中解除股权代持关系的一种方式，两者在实现企业股权规范结果上是相同的，但仍然有如表 2-1-2 所示的差异点。

表 2-1-2　股权出售与股权代持还原差异点

事项	股权代持还原	股权出售
交易结果	名义股东退出被投资企业，转由实际股东持有股权	名义股东和实际股东均退出被投资企业
交易对象	名义股东与实际股东之间的交易	名义股东、实际股东与第三方之间的交易
交易价格	一般为平价转让或者无偿转让	按公允价格转让
价款支付	一般无股权转让价款支付	存在股权转让价款支付

软通动力（301236）在清理员工持股平台的股权代持关系时采用的是股权出售方式。

2. 减资

减资方式解除股权代持关系是指由名义股东通过减资的方式退出被投资企业，然后再将减资所得价款支付给实际股东。与股权出售相似，减资也是实际股东实质上退出被投资企业从而清理股权代持的一种方法。

软通动力（301236）在清理员工持股平台的股权代持关系时采用的是股权出售和减资相结合的方式。

第二章 代持股权还原的涉税分析

一、现行所得税法对代持股权还原的规范

（一）代持股权还原纳税义务人

代持股权还原从形式上而言是名义股东将股权转让给实际股东，实质上是名义股东将其代实际股东持有的股权交还给实际股东的过程，在这个过程中名义股东往往不取得对价。若依据形式重于实质的原则，在代持股权还原过程中名义股东应当依据相关的税收法律法规缴纳所得税；若依据实质重于形式的原则，在代持股权还原过程中名义股东并未实际转让股权，也并未因形式上的股权转让而取得任何形式的经济利益流入，所以不应当对其征税。

在 IPO 实务中常常是以名义股东作为股权转让所得的纳税义务人，本书认为主要原因可能有以下三点。

第一，便于税收征管。将名义股东作为股权转让所得税的纳税义务人，可以通过形式上的《股权转让协议》及工商行政管理机关的登记信息对纳税人进行判断，较为容易；若将实际股东作为纳税义务人，则需要就其《股权代持协议》的真实性等进行判断，这一过程会加大税收征管的成本，从而降低税收征管的效率。

第二，符合相关所得税法的规定。《中华人民共和国企业所得税法》（以下简称《企业所得税法》）和《中华人民共和国个人所得税法》（以下简称《个人所得税法》）都将取得收入方（即股权的转让方）作为纳税义务人，所以将名义股东

作为纳税义务人符合相关税收法律法规的规定。

第三，国家税务总局的规范性文件也曾明确股权代持的纳税义务人为代持股东。《国家税务总局稽查局关于2017年股权转让检查工作的指导意见》（税总稽便函〔2017〕165号）第五条规定："对代持股票转让的营业税征收及企业之间代持股票转让的企业所得税征收，应按其法定形式确认纳税主体，以代持方为纳税人征收营业税及所得税，如果委托方已将收到的转让款缴纳了营业税及所得税，且两方所得税又无实际税负差别的，可以不再向代持方追征税款。"虽然该文件仅仅是规范2017年度股权转让税收检查工作的，但是其所隐含的税收征管理念可以表明，在股权代持关系中应当以法律形式上的股东作为纳税义务人。

宏英智能（001266）在《招股说明书》中曾就实际投资人委托第三方代持股权进行还原时的所得税纳税义务走访了主管税务机关，主管税务机关的答复为"应当按照工商行政管理部门登记的名义股东作为股权转让方认定缴纳个人所得税，而不按照历次股权变动的交易实质情况（包括但不限于股权代持的形成、还原及股权赠与）对隐名股东征收个人所得税"。创耀科技（688259）在《补充法律意见书（二）》中也披露了股权代持及其还原情况的税务观点：根据保荐机构、发行人律师电话及现场咨询苏州工业园区税务局工作人员了解到，在税务征收实践中，一般不认可股权代持情形，税务部门通常以签订股权转让协议或股权转让办理工商变更时点作为纳税申报时点，即税务部门在实际税务征收过程中一般依据《股权转让所得个人所得税管理办法（试行）》第二十条"（二）股权转让协议已签订生效的"及"（四）国家有关部门判决、登记或公告生效的"等两种情形认定股权转让的纳税申报时点。

（二）企业所得税规范

《国家税务总局关于企业转让上市公司限售股有关所得税问题的公告》（国家税务总局公告2011年第39号，以下简称"39号公告"）对限售股代持的部分税收政策进行了明确。根据39号公告的规定，将代持限售股根据其形成的原因分为股改代持限售股和解禁代持限售股两类。

1. 股改代持限售股涉税

（1）股改代持限售股的概念

39号公告规范的股改代持限售股是指股权分置改革代持限售股，具体是指股权分置改革造成的原由个人出资而由企业代持有的限售股。此类股权具有如下的特征：首先，该类股权产生的原因是股权分置改革；其次，该类股权是指限售股的代持；再次，该类股权的实际出资人为个人，对个人之外的其他主体作为实际出资人的并不能直接适用39号公告；最后，该类股权的名义股东是企业，对个人委托其他自然人代持的，也不能直接适用39号公告的规定。

（2）股改代持限售股转让的纳税义务人

39号公告第二条第（一）项第一款规定："企业转让上述限售股取得的收入，应作为企业应税收入计算纳税。上述限售股转让收入扣除限售股原值和合理税费后的余额为该限售股转让所得。企业未能提供完整、真实的限售股原值凭证，不能准确计算该限售股原值的，主管税务机关一律按该限售股转让收入的15%，核定为该限售股原值和合理税费。"

所以，股改革代持限售股的转让，应当以名义股东作为股权转让所得纳税义务人并计算缴纳企业所得税。

（3）转付股改代持限售股所得的涉税

39号公告第二条第（一）项第二款规定："依照本条规定完成纳税义务后的限售股转让收入余额转付给实际所有人时不再纳税。"

对于股权分置改革形成的代持限售股，名义股东按照39号公告的规定缴纳企业所得税后，将税后的所得转付给实际股东时，实际股东就取得的该部分所得不再缴纳个人所得税。

（4）股改代持限售股司法解除涉税

39号公告第二条第（二）项规定："依法院判决、裁定等原因，通过证券登记结算公司，企业将代持的个人限售股直接变更到实际所有人名下的，不视同转让限售股。"

该条款首次确认了股改代持限售股由名义股东直接变更到实际股东名下时不视同股权转让，但是此处的直接变更并非协议转让，而是通过法院判决、裁定等司法行为进行的转让，对于名义股东与实际股东通过协议等方式转让股改代持限售股的，仍然需要按照股权转让交易申报缴纳企业所得税。

2. 解禁代持限售股涉税

（1）解禁代持限售股的概念

限售股是指在特定的期限内无法上市流通的股票，限售股在解禁期满前转让的，证券登记结算机构无法对该类限售股办理股票过户手续，从而会形成股票代持的情形，即转让方为名义股东，而受让方为实际股东，此类限售股本书称之为解禁代持限售股。

39号公告并未对解禁前限售股的概念作出明确的规范，但根据39号公告所规范的整体内容"企业转让上市公司限售股有关所得税问题"进行分析，本书认为解禁前限售股应当是指广义的限售股，这里的限售股没有限定限售股形成的原因，也没有对实际股东的身份作出要求。

（2）解禁限售股转让纳税义务人

39号公告第三条第（一）项规定："企业在限售股解禁前将其持有的限售股转让给其他企业或个人（以下简称受让方），企业应按减持在证券登记结算机构登记的限售股取得的全部收入，计入企业当年度应税收入计算纳税。"

所以对于此类代持限售股应以名义股东作为纳税义务人。

（3）转付代持股处置收益的涉税

39号公告第三条第（二）项规定："企业持有的限售股在解禁前已签订协议转让给受让方，但未变更股权登记、仍由企业持有的，企业实际减持该限售股取得的收入，依照本条第一项规定纳税后，其余额转付给受让方的，受让方不再纳税。"

所以，对于此类转付代持股处置收益，实际股东也无须纳税。

3. 39号公告不适用于IPO过程中代持股权的涉税

企业在IPO过程中代持股权还原的标的往往是有限责任公司的股权，而39号公告规范的代持股权特指上市公司的限售股，所以39号公告不能直接适用于企业IPO过程中的代持股权还原。

（三）个人所得税规范

目前的个人所得税税收法律法规及税收规范性文件并未对个人股东代持股权的涉税事项作出规范。

二、股权转让方式还原代持股涉税分析

股权转让是解除股权代持关系最常用的一种方式。在股权转让过程中由于转让方作为名义股东通常会以名义价格（1元）或者平价（与转让股权的成本等金额）转让给实际股东，股权转让的价格低于转让股权对应的公允价值，所以可能会导致股权转让收入被纳税调整的风险。

（一）个人股权转让收入的调整

规范个人股权转让的税收法律法规主要包括《个人所得税法》《个人所得税法实施条例》和67号公告。

上述文件对个人在转让股权过程中收入明显偏低的情形、明显偏低的正当理由及税务机关对股权转让收入核定的方法作了较为详尽的规定，以下结合67号公告对股权转让收入的核定予以介绍。

1.可核定股权转让收入的情形

67号公告第十一条规定，符合下列情形之一的，主管税务机关可以核定股权转让收入。

①申报的股权转让收入明显偏低且无正当理由的。

②未按照规定期限办理纳税申报，经税务机关责令限期申报，逾期仍不申报的。

③转让方无法提供或拒不提供股权转让收入的有关资料。

④其他应核定股权转让收入的情形。

所以，纳税人申报的股权转让收入明显偏低且无正当理由属于税务机关可以核定股权转让收入的情形之一。

2. 股权转让收入明显偏低的情形

67号公告第十二条规定，符合下列六种情形之一的，可视为股权转让收入明显偏低。

①申报的股权转让收入低于股权对应的净资产份额的。其中，被投资企业拥有土地使用权、房屋、房地产企业未销售房产、知识产权、探矿权、采矿权、股权等资产的，申报的股权转让收入低于股权对应的净资产公允价值份额的。

②申报的股权转让收入低于初始投资成本或低于取得该股权所支付的价款及相关税费的。

③申报的股权转让收入低于相同或类似条件下同一企业同一股东或其他股东股权转让收入的。

④申报的股权转让收入低于相同或类似条件下同类行业的企业股权转让收入的。

⑤不具合理性的无偿让渡股权或股份。

⑥主管税务机关认定的其他情形。

名义股东以名义价格或者成本金额作为股权转让收入，属于67号公告规定的股权转让收入明显偏低情形。

3. 股权转让收入明显偏低的正当理由

对于个人将股权以较低价格对外转让，67号公告第十三条规定了四种股权转让收入明显偏低的理由。

（1）受合理的外部因素影响

67号公告第十三条第（一）项规定："能出具有效文件，证明被投资企业因国家政策调整，生产经营受到重大影响，导致低价转让股权。"

合理的外部因素是指国家的政策调整，并且该调整致使企业的生产经营受到了重大影响。

（2）三代以内直系亲属间转让

67号公告第十三条第（二）项规定："继承或将股权转让给其能提供具有法律效力身份关系证明的配偶、父母、子女、祖父母、外祖父母、孙子女、外孙子女、兄弟姐妹以及对转让人承担直接抚养或者赡养义务的抚养人或者赡养人。"

《民法典》第二十六条规定："父母对未成年子女负有抚养、教育和保护的义务。成年子女对父母有赡养、扶助和保护的义务。"《中华人民共和国民法典婚姻家庭编继承编理解与适用》❶第一千一百零七条的条文理解中提及，《民法典》中规定的抚养包括三种类型：一是父母对子女的抚养；二是由有负担能力的祖父母、外祖父母对孤儿或父母无力抚养的孙子女、外孙子女的抚养；三是生父母的其他亲属、朋友对孤儿或生父母无力抚养的子女的抚养。其中前两者为法定义务，第三种并非法定义务。《中华人民共和国老年人权益保障法》第十四条第二款、第三款规定："赡养人是指老年人的子女以及其他依法负有赡养义务的人。赡养人的配偶应当协助赡养人履行赡养义务。"

企业在 IPO 代持股权还原过程中，如果作为股权代持人的名义股东与实际股东具有前述的亲属关系，或者无法直接满足前述的亲属关系但是通过两步或者多步交易能够使每一次的股权转让双方满足前述亲属关系的，则其按照初始投资成本转让代持股权，可以被视为股权转让收入明显偏低的正当理由。

（3）部分限制性的股权转让

67 号公告第十三条第（三）项规定："相关法律、政府文件或企业章程规定，并有相关资料充分证明转让价格合理且真实的本企业员工持有的不能对外转让股权的内部转让。"

对于这一正当理由，首先，对股权转让限制要有一定的依据，可以是相关法律的规定，也可以是政府文件的规定，还可以是公司章程的规定；其次，对于股权转让价格仍然需要合理且真实；再次，所转让的股权仅仅是由本企业员工持有；最后，员工持有的股权不能对外转让，而只能在企业内部进行转让。

这一情形往往适用于企业股权激励情形下的股权转让，根据股权激励方案，激励对象持有的激励标的股权通常不得对外转让，而只能在企业内部的激励对象之间进行转让，并且在股权激励计划中对激励标的转让价格会事先作出约定，尽管在这种情况下不满足该要件中的文件性质（法律、政府文件及企业章程）要

---

❶ 最高人民法院民法典贯彻实施工作领导小组．中华人民共和国民法典婚姻家庭编继承编理解与适用[M]．北京：人民法院出版社，2020．

求，但是应当将该种情况视为股权转让价格明显偏低的正当理由。

（4）其他理由

67号公告第十三条第（四）项规定："股权转让双方能够提供有效证据证明其合理性的其他合理情形。"

在IPO股权代持中，名义股东与实际股东在股权代持时会签署《股权代持协议》，而在还原所代持的股权时也会签订《股权代持协议之解除协议》。但这些相关的资料是否能够满足该理由中的"有效证据"并进而能够达到"证明其合理性"的要件，需要与主管税务机关进行充分的沟通。

4. 股权转让收入核定的方法

代持股权还原时，若名义股东与实际股东所约定的股权转让价格属于67号公告中明显偏低的情形，且无法满足正当理由的，税务机关可对其申报的股权转让收入进行核定，并根据核定后的股权转让收入重新计算纳税人申报的个人所得税应纳税所得额及应纳税额。

67号公告第十四条规定了三种股权转让收入核定的方法。

（1）净资产核定法

净资产核定法是指股权转让收入按照每股净资产或股权对应的净资产份额核定；被投资企业的土地使用权、房屋、房地产企业未销售房产、知识产权、探矿权、采矿权、股权等资产占企业总资产比例超过20%的，主管税务机关可参照纳税人提供的具有法定资质的中介机构出具的资产评估报告核定股权转让收入；6个月内再次发生股权转让且被投资企业净资产未发生重大变化的，主管税务机关可参照上一次股权转让时被投资企业的净资产评估报告核定此次股权转让收入。

对于IPO企业，在采用此种方法时需要以评估价格来确定所转让股权对应的净资产份额。

（2）类比法

类比法是指股权转让收入参照相同或类似条件下同一企业同一股东或其他股东股权转让收入核定，或者参照相同或类似条件下同类行业企业股权转让收入核定。

在 IPO 过程中,往往会多次引入外部投资者,但是能否以在股权转让前后引入外部投资者的价格作为核定股权转让收入的类比价格,本书认为并不能简单地使用,因为 67 号公告明确的是"相同或类似条件下"的类比,企业在引入不同的投资者时双方所考量的因素是不同的,所以并不能简单地以转让前后引入外部投资者的价格作为类比价格。

(3)其他合理方法

主管税务机关采用以上方法核定股权转让收入存在困难的,可以采取其他合理方法核定。

5.股权转让收入核定方法的选择

67 号公告规定,税务机关在选择上述核定方法时应当按照三种方法的先后顺序进行确定。被投资企业账证健全或能够对资产进行评估核算的,应当采用净资产核定法进行核定;被投资企业净资产难以核实的,如其股东存在其他符合公平交易原则的股权转让或类似情况的股权转让,主管税务机关可以采用类比法核定股权转让收入;以上方法都无法适用的,可采用其他合理方法。

6. 2014 年 12 月 31 日前代持股权还原的个人所得税

67 号公告自 2015 年 1 月 1 日起施行,若企业股权代持还原发生在此之前,应当区分如下的情况进行所得税处理。

(1)2009 年 6 月 12 日前

在 2009 年 6 月 12 日之前,国家税务总局没有独立的税收规范性文件对个人股权转让行为进行规范,而当时有效的《个人所得税法》及其实施条例也并未对股权转让过程中股权转让收入偏低及税务机关核定的问题进行规范,所以本书认为此阶段的代持股权还原若以初始投资金额转让的,并无单独的实体法文件予以规范。

(2)2009 年 6 月 12 日至 2011 年 1 月 13 日

此期间国家税务总局发布了《国家税务总局关于加强股权转让所得征收个人所得税管理的通知》(国税函〔2009〕285 号),国税函〔2009〕285 号第四条第二款规定:"对申报的计税依据明显偏低(如平价和低价转让等)且无正当理由的,主管税务机关可参照每股净资产或个人股东享有的股权比例所对应的净资产份额确定。"

此阶段若名义股东将所代持的股权以初始投资金额转让给实际股东的，属于国税函〔2009〕285号规定的计税依据明显偏低的情形，主管税务机关可以参照每股净资产或者个人股东享有的股权比例所对应的净资产份额确定。

相比于67号公告，国税函〔2009〕285号也提及股权转让价格明显偏低的正当理由，但没有对正当理由的情形作出规定；同时在核定方法上采用了净资产份额，却没有明确以账面净资产还是评估后的净资产进行确定。

（3）2011年1月14日至2014年12月31日

国家税务总局在2010年12月14日发布了《国家税务总局关于股权转让所得个人所得税计税依据核定问题的公告》（国家税务总局公告2010年第27号）（以下简称"27号公告"）并且明确自发布之日起30日后实施，27号公告对个人股权转让过程中的计税依据作了较为详细的规定。

首先，27号公告对个人股权转让过程中计税依据明显偏低的情形作了列举规定，其所列举的内容与67号公告基本相同，对于个人平价转让股权仍然属于计税依据明显偏低的情形。其次，相比于国税函〔2009〕285号，27号公告对计税依据明显偏低的正当理由作了规范，与67号公告规范的正当理由相比，27号公告将"被投资企业连续三年以上（含三年）亏损"作为计税依据明显偏低的正当理由。最后，27号公告对税务机关核定计税依据的方法和顺序进行了明确，相比国税函〔2009〕285号的净资产核定法，其提出特定情形下的净资产必须经中介机构评估核实。

7. 结论

综上，除了2009年6月12日之前无特定的税收规范性文件对股权转让过程中平价转让行为进行规范外，2009年6月12日及之后国家税务总局分别通过国税函〔2009〕285号、2010年第27号公告和2014年第67号公告对股权转让中的平价转让进行了规范。

企业在IPO过程中往往存在着较高的未分配利润，且资产中存在土地使用权、房屋、无形资产及股权，所以名义股东以初始投资额将其所代持的股权转让给实际股东的，属于股权转让收入（或计税依据）明显偏低的情形，在没有正当理由的情况下，主管税务机关可以对纳税人的股权转让收入（或计税依据）按照净资产法进行核定，而且需要以净资产的评估价值确定所转让股权的收入。

（二）企业所得税

根据《企业所得税法》及其实施条例的规定，企业转让股权应当以转让股权取得的收入总额扣除所转让股权的计税基础后的余额作为应纳税所得额。

与个人所得税不同，企业所得税体系下没有单独的规范性文件就企业股权转让收入金额明显偏低、股权转让收入金额明显偏低的正当理由及股权转让收入核定的方法进行规范。但《企业所得税法》对企业与关联方之间的交易及由此的避税行为在第六章"特别纳税调整"进行了规范，其中与股权代持还原相关的内容如下。

1. 独立交易原则

（1）基本规定

《企业所得税法》第四十一条第一款规定："企业与其关联方之间的业务往来，不符合独立交易原则而减少企业或者其关联方应纳税收入或者所得额的，税务机关有权按照合理方法调整。"

根据《企业所得税法实施条例》第一百零九条，其中关联方是指与企业有下列关系之一的企业、其他组织或者个人：①在资金、经营、购销等方面存在直接或者间接的控制关系；②直接或者间接地同为第三者控制；③在利益上具有相关联的其他关系。

独立交易原则，是指没有关联关系的交易各方，按照公平成交价格和营业常规进行业务往来遵循的原则。

（2）对 IPO 股权代持还原的应用

企业 IPO 过程中名义股东将其所代持的股权转让给关联方（包括关联的企业或者个人）时，应当遵循独立交易原则，即按照所转让股权的公允价格计算股权转让方的应纳税所得额。当名义股东与实际股东之间不存在《企业所得税法实施条例》第一百零九条规范的关联关系时，则可以不适用独立交易原则进行纳税调整。

2. 一般反避税原则

（1）基本规定

《企业所得税法》第四十七条规定："企业实施其他不具有合理商业目的的安排而减少其应纳税收入或者所得额的，税务机关有权按照合理方法调整。"《企业所得税法实施条例》第一百二十条规定："企业所得税法第四十七条所称不具有合理商业目的，是指以减少、免除或者推迟缴纳税款为主要目的。"

该条款为《企业所得税法》的一般反避税条款，在其他特别纳税调整方法无法适用时应当根据该条款确定的原则判断企业的交易行为是否需要进行纳税调整。

（2）IPO股权代持还原是否适用

《一般反避税管理办法（试行）》（国家税务总局令2014年第32号）规定，避税安排具有以下特征：①以获取税收利益为唯一目的或者主要目的；②以形式符合税法规定、但与其经济实质不符的方式获取税收利益。

企业在IPO过程中的代持股权还原从行为特征上并不满足一般反避税管理办法中的避税安排：其一，IPO过程中的代持股权还原的主要目的是符合股票公开发行的法律要件，其并非以税收为唯一目的或者主要目的，甚至其代持股还原与税收安排并没有关系；其二，代持股权还原的形式为股权转让，该股权所代表的经济利益由名义股东转变为实际股东，这一交易使得股权利益与其实际所有者相符，并且在该过程中无论是名义股东还是实际股东均未获取税收利益。

所以，本书认为IPO过程中的代持股权还原交易行为不适用一般反避税规则进行纳税调整。

三、股权赠与方式还原代持股涉税分析

股权赠与是指在代持股权还原中，名义股东将代持的股权赠与实际股东的一种行为。

（一）个人所得税

1. 股权赠与的个人所得税分析

（1）股权赠与是否适用67号公告

67号公告是规范股权转让个人所得税的规范性文件，对于个人赠与股权的行为是否适用该公告，有两种观点。

一种观点认为，个人股权赠与不适用67号公告。理由为国家税务总局对该

公告"哪些行为属于股权转让行为"的解读中明确，67号公告第三条规定的七类情形，股权已经发生实质上的转移，而且转让方也相应获取了报酬或免除了责任，因此都应当属于股权转让行为，个人取得所得应按规定缴纳个人所得税。股权赠与行为属于无偿的行为，对于转让方而言并没有取得相应的报酬，也没有免除责任，即使在附义务的赠与合同中，所附义务也属于受赠方的义务，因此一般意义上的股权赠与并不适用67号公告。

另一种观点认为，个人股权赠与适用67号公告。理由是67号公告第十二条第（五）项将"不具有合理性的无偿让渡股权或股份"视为股权转让收入明显偏低的情形，而赠与本身属于无偿行为，所以个人赠与股权可适用67号公告。

本书认为，尽管67号公告规定了不具合理性的无偿让渡股权或股份属于股权转让价格明显偏低的情形，但是这并不能说明个人赠与股权属于个人所得税的征税范围，个人所得税是对个人取得的《个人所得税法》所列明的各项所得征收的一种税，在纳税人未能取得所得时不应当对其征税，所以个人赠与股权不应当适用67号公告。

（2）股权赠与是否属于视同销售

企业所得税和个人所得税都没有明确视同销售的定义，但从其字面理解，视同销售是指将一项非销售行为在税收上视为销售予以评价，即将该行为拆分为一项销售行为和一项其他行为。

财政部和国家税务总局在2018年10月20日发布的《中华人民共和国个人所得税法实施条例（修订草案征求意见稿）》第十六条规定："个人发生非货币性资产交换，以及将财产用于捐赠、偿债、赞助、投资等用途的，应当视同转让财产并缴纳个人所得税，但国务院财政、税务主管部门另有规定的除外。"

上述意见稿将个人捐赠财产视同销售计算缴纳个人所得税，2018年12月18日通过并以国务院令第707号公布的《中华人民共和国个人所得税法实施条例》（以下简称《个人所得税法实施条例》）删除了第十六条的视同销售条款。其可能的理由是：第一，对于个人发生的非货币性资产交换、偿债、投资等行为，个人在本质上取得了其他形式的经济利益，所以无须通过视同销售予以规范；第二，对于个人发生的捐赠、赞助等，个人并未取得所得，依据《个人所得税法》无须缴纳个人所得税；第三，除非视同销售第二个行为中的扣除金额受到限制，否则并不会给企业带来额外所得，但个人所得税中应纳税所得额的计算方法会使得视同销售产生应纳税所得额。

因此，本书认为个人将股权赠与他人的，不能适用视同销售的政策。

（3）股权赠与方的纳税义务

根据前述的分析，在股权赠与过程中，赠与方并未取得所得，也不能视同转让，所以若不存在通过赠与实施避税行为的，对于赠与方无须缴纳个人所得税。

2.企业IPO中股权赠与的个人所得税分析

企业在IPO过程中因代持股权还原而由名义股东将股权赠与实际股东，虽然其基础法律关系适用《民法典》的赠与合同，但是在股权代持还原前，实际股东与名义股东往往会签订股权代持协议，在该协议中约定名义股东的一系列义务，这些义务以财产性义务为主。在股权代持还原时，名义股东将股权赠与实际股东，也会约定其在股权代持协议中一系列义务的转移，因此本书认为在这种情况下其符合67号公告中"免除了责任"的要件，所以这种情况下的股权赠与应当适用67号规定计算征收个人所得税，但其是否可以属于计税依据明显偏低正当理由中的"其他合理情形"，是需要与主管税务机关进行沟通的。

（二）企业所得税

《企业所得税法实施条例》第二十五条规定："企业发生非货币性资产交换，以及将货物、财产、劳务用于捐赠、偿债、赞助、集资、广告、样品、职工福利或者利润分配等用途的，应当视同销售货物、转让财产或者提供劳务，但国务院财政、税务主管部门另有规定的除外。"

《财政部 国家税务总局关于公益股权捐赠企业所得税政策问题的通知》（财税〔2016〕45号）第一条规定："企业向公益性社会团体实施的股权捐赠，应按规定视同转让股权，股权转让收入额以企业所捐赠股权取得时的历史成本确定。前款所称股权，是指企业持有的其他企业的股权、上市公司股票等。"

所以，对于企业发生的股权赠与行为应当按照视同销售处理，除公益捐赠以捐赠股权的历史成本确定股权转让收入外，其他情况下的股权转让收入应当以所捐赠股权的公允价格确定。

四、减资方式还原代持股涉税分析

（一）个人股东减资

1. 税收规范性文件

规范个人从被投资企业减资的税收规范性文件主要有《国家税务总局关于个人终止投资经营收回款项征收个人所得税问题的公告》（国家税务总局公告2011年第41号）（以下简称"41号公告"）和67号公告。

41号公告规定："个人因各种原因终止投资、联营、合营合作等行为，从被投资企业或合作项目、被投资企业的其他投资者以及合作项目的经营合作人取得股权转让收入、违约金、补偿金、赔偿金及以其他名目收回的款项等，均属于个人所得税应税收入，应按照"财产转让所得"项目适用的规定计算缴纳个人所得税。"67号公告规定，公司回购股权属于股权转让，应按照"财产转让所得"项目征收个人所得税。

所以，个人在减资过程中从被投资单位或者被投资单位的关联方以各种名目取得的所得应作为"财产转让所得"项目征收个人所得税。

2. 应纳税所得额及应纳税额计算

根据《个人所得税法》及其实施条例、41号公告和67号公告的规定，个人从被投资企业减资的所得应按如下公式计算：

应纳税所得额 = 个人减资取得的收入 − 个人持有股权的计税基础 − 相关交易税费

（2-2-1）

其中个人减资取得的收入包括货币形式和非货币性形式的经济利益；既包括从被投资单位取得的价款，也包括从被投资单位的关联单位取得的价款；不仅包括以减资款名义支付的款项，还包括以违约金、补偿金、赔偿金等名目支付的款项。

（二）法人股东减资

1. 税收规范性文件

企业从被投资单位减资的规范性文件主要为《国家税务总局关于企业所得

税若干问题的公告》（国家税务总局公告 2011 年第 34 号）（以下简称"34 号公告"）、《国家税务总局关于企业混合性投资业务企业所得税处理问题的公告》（国家税务总局公告 2013 年第 41 号）和《国家税务总局关于企业所得税若干政策征管口径问题的公告》（国家税务总局公告 2021 年第 17 号）。

由于国家税务总局公告 2013 年第 41 号和国家税务总局公告 2021 年第 17 号主要用于规范企业混合投资业务中投资者退出的所得税事项，企业 IPO 中股权代持不存在混合性投资行为，所以企业 IPO 过程中代持股权清理的减资主要适用 34 号公告。

2.应纳税所得额及应纳税额的计算

34 号公告规定："投资企业从被投资企业撤回或减少投资，其取得的资产中，相当于初始出资的部分，应确认为投资收回；相当于被投资企业累计未分配利润和累积盈余公积按减少实收资本比例计算的部分，应确认为股息所得；其余部分确认为投资资产转让所得。"

企业从被投资企业因减资取得的款项在所得性质上按照如下的顺序区分为三类。

（1）投资成本

企业从被投资单位收回的款项中，首先应当确认投资成本的收回，投资成本收回是非应税行为，所以这部分款项无须缴纳企业所得税。这里的投资成本应当是指企业所投入的全部成本，而非仅仅指减资股权比例所对应的投资成本。

（2）股息所得

企业减资取得的超出投资成本部分的款项，若被投资单位存在累计留存收益（包括累计未分配利润和累计盈余公积）的，企业按减少实收资本比例对应的该部分的金额确认为股息所得。

股息所得如果满足《企业所得税法》第二十六条及《企业所得税法实施条例》第八十三条关于免税收入条件的，可以被作为免税收入免征企业所得税。

（3）投资转让所得

企业减资取得的款项超出上述两部分金额的部分，应当被确认为投资转让所得。

五、代持股还原实际股东涉税分析

股权代持还原不仅涉及名义股东纳税的问题，还涉及实际股东纳税的问题。实际股东通过不同的方式取得代持股权的，其涉税情况也有所不同。

（一）股权转让中实际股东涉税

名义股东与实际股东通过股权转让解除股权代持的，对实际股东而言其主要的涉税事项是如何确定所取得股权的计税基础。

1. 自然人股东

实际股东为自然人的，应当按照 67 号公告的规定确定所取得股权的计税基础。

67 号公告规定，以现金出资方式取得的股权，按照实际支付的价款与取得股权直接相关的合理税费之和确认股权原值。如果在股权转让过程中，转让方已被主管税务机关核定征收个人所得税的，根据 67 号公告第十六条规定，该应当以取得股权时发生的合理税费与股权转让人被主管税务机关核定的股权转让收入之和确认股权原值。

2. 法人股东

法人股东通过股权转让方式取得被代持股权，应当以支付的现金作为取得股权的计税基础；但转让方已被主管税务机关核定征收个人所得税或者企业所得税的，与自然人股东计税基础确定方法不同，法人股东不能调整其取得股权的计税基础。

（二）股权赠与中实际股东涉税

1. 自然人股东

自然人股东取得赠与股权的，其税收问题主要为是否应当就取得的赠与所得缴纳个人所得税及如何确定取得赠与股权的计税基础。

《个人所得税法》规定，个人取得的下列所得应当缴纳个人所得税：①工资、薪金所得；②劳务报酬所得；③稿酬所得；④特许权使用费所得；⑤经营所得；

⑥利息、股息、红利所得；⑦财产租赁所得；⑧财产转让所得；⑨偶然所得。《个人所得税法实施条例》第六条第（九）项规定："偶然所得，是指个人得奖、中奖、中彩以及其他偶然性质的所得。个人取得的所得，难以界定应纳税所得项目的，由国务院税务主管部门确定。"

个人取得受赠股权所得并非《个人所得税法》及其实施条例规定的所得，不应当缴纳个人所得税。对于个人股东取得赠与股权，根据 67 号公告的规定，应当以零作为其计税基础；但是若赠与双方符合 67 号公告第十三条第（二）项所列情形的，按取得股权发生的合理税费与原持有人的股权原值之和确认股权原值；同时若转让方因赠与股权被税务机关核定征收个人所得税的，以取得股权时发生的合理税费与股权转让人被主管税务机关核定的股权转让收入之和确认取得股权的计税基础。

2. 法人股东

《企业所得税法》第六条规定，企业以货币形式和非货币性形式从各种来源取得的收入为收入总额，包括：①销售货物收入；②提供劳务收入；③转让财产收入；④股息、红利等权益性投资收益；⑤利息收入；⑥租金收入；⑦特许权使用费收入；⑧接受捐赠收入；⑨其他收入。《企业所得税法实施条例》第二十一条规定："企业所得税法第六条第（八）项所称接受捐赠收入，是指企业接受的来自其他企业、组织或者个人无偿给予的货币性资产、非货币性资产。"《企业所得税法实施条例》第七十一条第（二）项规定："通过支付现金以外的方式取得的投资资产，以该资产的公允价值和支付的相关税费为成本。"

实际股东取得名义股东赠与的代持股权，应当并入企业的收入总额中，由于其不符合不征税收入和免税收入的概念，所以应在实际收到的当年度申报缴纳企业所得税。以接受赠与股权的公允价值及接受赠与过程中支付的相关税费之和为取得股权的计税基础。

第三章 代持股还原的实务案例分析

一、通过近亲属还原代持股——HY 股份公司

（一）发行人基本情况

上海 HY 科技股份有限公司（以下简称"HY 股份公司"）前身为上海 HY 科技有限公司（以下简称"HY 有限公司"），是一家以药学研究为核心的综合性医药技术研发企业，主要为各类制药企业、医药研发投资企业提供药物研发服务及研发技术成果转化。HY 股份公司经证监会同意，于 2022 年 2 月在深圳证券交易所上市。

（二）发行人股权代持情况

HY 股份公司在《招股说明书》中对其 IPO 过程中股权代持及其解除事项作了详细的说明。

1. HY 有限公司设立时的代持

HY 有限公司设立时，由曾某 100% 实际投资并持有其 100% 股权，但出于当时《公司法》对有限责任公司股东人数限制的要求，曾某将其中 49% 的股权委托其同学陈某代为持有，所以 HY 有限公司设立时其股权结构如图 2-3-1 所示。

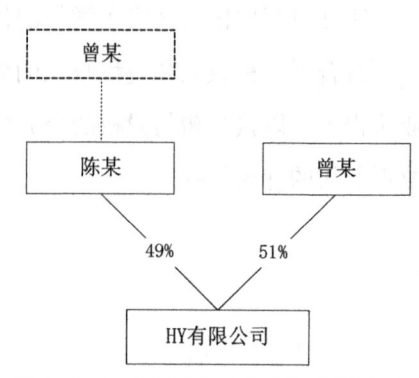

图 2-3-1 HY 有限公司股权代持关系 1

2.股权还原前的代持

在HY有限公司设立后被代持股权还原前的股权代持情况主要如下。

（1）曾某将其原由个人名义持有HY有限公司的51%股权委托张乙代持

曾某对外承担公司的相关事务，出于公司对外形象的要求，2007年6月曾某将其直接持有的HY有限公司剩余51%的股权（对应25.50万元出资额）以25.50万元的价格转让给张乙，张乙为曾某配偶张甲的弟弟。

经过此次股权转让后HY有限公司的股权结构如图2-3-2所示。

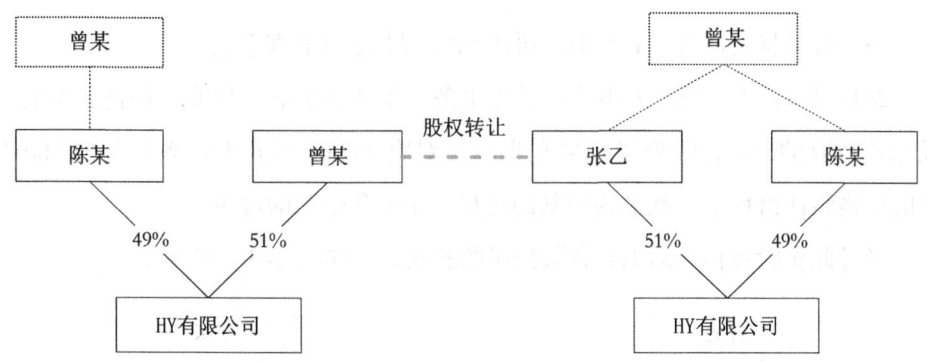

图2-3-2　HY有限公司股权代持关系2

（2）曾某将其委托陈某持有HY有限公司49%的股权委托张丙代持

2011年7月陈某由于个人创业无法代曾某持有HY有限公司的股权，因此曾某将委托陈某代为持有的HY有限公司49%的股权（对应24.50万元出资额）以24.50万元的价格转让给张丙。张丙为曾某的岳父，张甲和张乙的父亲。

同时HY有限公司的注册资本及实收资本由50.00万元增加至500.00万元，增资金额实际仍由曾某出资，但以当时工商登记有效的名义股东出资。

经过此次股权转让及增资后HY有限公司的股权结构如图2-3-3所示。

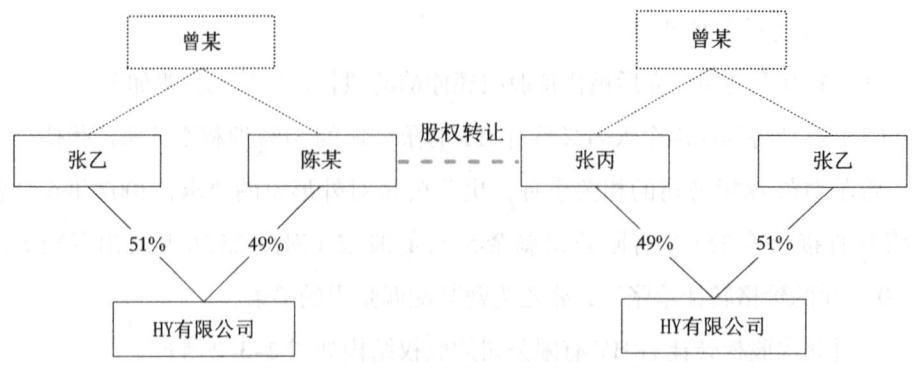

图 2-3-3　HY 有限公司股权代持关系 3

（3）曾某将其持有 HY 有限公司的 51% 股权委托秋某代持

2013 年 11 月，张乙承担公司对外事务，不便作为名义股东，因此曾某将委托张乙持有的 HY 有限公司 51% 的股权（对应 255.00 万元出资额）以 255.00 万元的价格转让给秋某。秋某为曾某的岳母，张甲和张乙的母亲。

经过此次股权转让后 HY 有限公司的股权结构如图 2-3-4 所示。

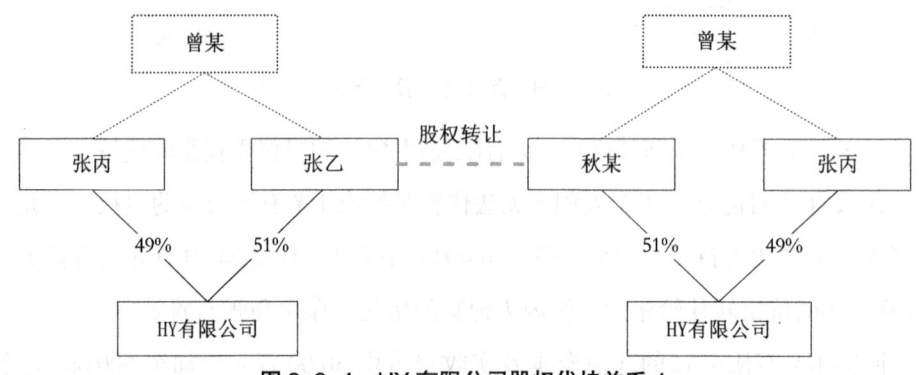

图 2-3-4　HY 有限公司股权代持关系 4

（三）发行人代持股权还原

在代持股权还原前，曾某持有 HY 有限公司 100% 的股权，其中 51% 委托秋某持有，49% 委托张丙持有。根据《招股说明书》的披露，上述代持股权还原的具体情况如下。

1. 股权赠与

2017 年 12 月，曾某将委托张丙持有的 19% 的股权（对应 95.00 万元出资额)、委托秋某持有的 11% 的股权(对应 55.00 万元出资额)无偿赠与张甲,并签订了《股权转让协议》;将委托张丙代持的 30% 的股权(对应 150.00 万元出资额)无偿赠与张乙。

在完成上述股权赠与后,HY 有限公司的股权结构如图 2-3-5 所示。

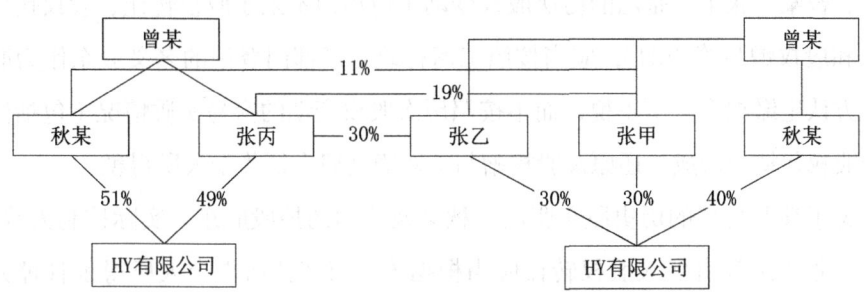

图 2-3-5　HY 有限公司赠与股权结构

2.股权代持还原

经过上述股权赠与后,曾某持有 HY 有限公司的股权仍由秋某代持,为了将秋某代持的股权还原到曾某名下,其采用了如下两个步骤:第一步在 2017 年 12 月,曾某将秋某持有的 40% 的股权委托张甲代持,解除了与秋某的股权代持关系;第二步在 2018 年 2 月张甲将其代曾某持有的股权转让给曾某,从而解除了双方的股权代持关系。至此整个股权代持还原过程完成,具体的过程如图 2-3-6 所示。

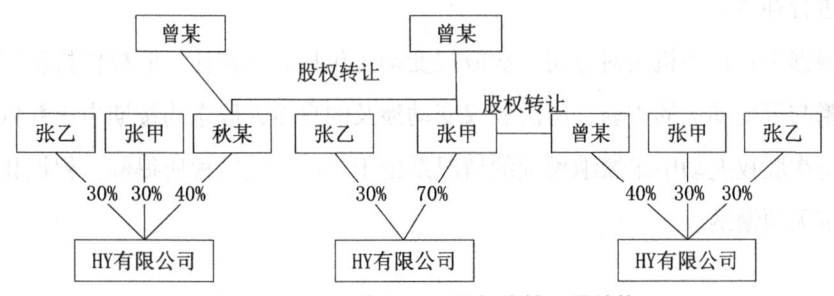

图 2-3-6　HY 有限公司股权代持还原结构

(四)发行人股权代持还原税收披露

《招股说明书》对 HY 有限公司股权代持过程中多次股权转让及股权代持关

企业 IPO 资本运营税收政策与实务案例分析

系还原中的个人所得税作了如下的详细披露。

保荐机构及发行人律师走访了公司注册地的主管税务机关，主管税务机关确认如下。

自 2005 年 11 月设立之日至 2018 年 3 月，涉及公司自然人股东陈某、张丙、秋某、曾某、张甲、张乙的历次股权变动（包括但不限于股权转让、股权代持及还原和股权赠与等变动），应当按照工商行政管理部门登记的名义股东作为股权转让方认定缴纳个人所得税，而不按照历次股权变动的交易实质情况（包括但不限于股权代持的形成、还原及股权赠与）对隐名股东征收个人所得税。

关于涉及公司的历史股东张丙、秋某及公司的控股股东、实际控制人曾某、张甲、张乙之间自然人股权转让应当根据《股权转让所得个人所得税管理办法（试行）》等相关法律法规的规定，如工商行政管理部门登记的转让方和受让方之间存在配偶、父母、子女、祖父母、外祖父母、孙子女、外孙子女、兄弟姐妹关系的，转让股权的价格如果偏低视为正当理由，未产生应纳税所得额，因此无须缴纳个人所得税。公司股东张丙曾以 1 元 / 出资额的价格向张乙转让其所持有的公司 30% 股权，虽然实际上系曾某委托张丙将公司 30% 股权无偿赠与张乙，但工商行政管理部门登记的转让方张丙和受让方张乙为父子关系，属于《股权转让所得个人所得税管理办法（试行）》所规定的股权转让收入明显偏低但具有正当理由的情形，本次股权转让未产生应纳税所得额，因此无须缴纳个人所得税，亦无须进行补缴。

根据主管税务机关对公司历次股权变动（包括股权转让、股权代持及还原和股权赠与等变动）的查验，历次股权变动涉及的自然人股东均按期申报并依法纳税，历次股权变动中未缴纳税款的情况系由于未产生应纳税所得额，根据相关法律规定无须缴纳。

（五）发行人代持股权还原中的筹划思路

《招股说明书》披露，曾某在 2017 年 12 月委托张甲代持 HY 有限公司 40% 股权的主要目的是税收筹划，这是为什么呢？

对于曾某委托秋某代持 HY 有限公司 40% 的股权，如果不通过张甲代持后还原，而是直接由秋某将股权转让给曾某以解除股权代持关系，那么其个人所得税会是多少呢？下面根据《招股说明书》所披露的信息进行简单的测算。

1. 转让股权的计税基础

《招股说明书》披露：主管税务机关对公司历次股权变动（包括股权转让、股权代持及还原和股权赠与等变动）的查验，历次股权变动涉及的自然人股东均按期申报并依法纳税，历次股权变动中未缴纳税款的情况系由于未产生应纳税所得额，根据相关法律规定无须缴纳。所以该被代持的 HY 有限公司 40% 的股权计税基础仍为对应的出资额，即 200 万元。

2. 转让股权的公允价值

曾某委托其他人代持股权的代持关系解除时间是 2018 年 2 月，而在此之后的 2018 年 3 月，HY 有限公司引入投资者 HT 创投公司，双方约定：HT 创投公司增资金额为 900 万元，占 HY 有限公司 6% 的股权。由此计算 HY 有限公司在增资后 100% 股权的公允价值为 15 000 万元；增资前 100% 股权的公允价值为 14 100 万元，以此计算曾某持有 HY 有限公司 40% 的股权的公允价值为 5 640 万元。

3. 应纳个人所得税税额

不考虑股权转让过程中的相关税费，根据前述的股权转让收入与计税基础确定的应纳税所得额及应纳税额分别为：

应纳税所得额 =5640−200=5440（万元）

应纳个人所得税额 =5440×20%=1088（万元）

4. 总结

曾某通过张甲代持股权后再进行代持股权还原的过程，相比于直接进行代持股权还原节省了近 1088 万元的个人所得税。

由于股权代持还原过程往往是无偿或者平价转让股权的，所以直接转让很可能由于转让价格低于公允价值而被税务机关对股权转让收入进行核定，从而产生较大金额的个人所得税。如果在还原过程中能够充分利用税收政策，往往可以节省较大金额的个人所得税。

二、无对价转让净值纳税——SH 股份公司

（一）发行人基本情况

SH 科技股份有限公司（以下简称"SH 股份公司"）前身为 SH 科技有限公司（以下简称"SH 有限公司"），成立于 2010 年 4 月 14 日，是一家以药学研究为核心的综合性医药技术研发企业。经证监会核准，并经上海证券交易所科创板股票上市委员会审议通过，SH 股份公司于 2020 年 9 月在上海证券交易所科创板上市。

（二）发行人股权代持情况

SH 股份公司在《招股说明书》中对其 IPO 过程中股权代持及其解除事项作了详细的说明。

1. 设立时的股权结构

SH 有限公司于 2010 年 4 月 14 日由左某、右某和朱甲共同出资设立，设立时的注册资本为 200 万元，实收资本为 200 万元，股权结构如图 2-3-7 所示。

2. 股权代持结构

2014 年 4 月，SH 有限公司因生产经营需要资金，决定将注册资本由 200 万元增加至 1500 万元。鉴于 SH 有限公司成立后，各股东在企业实际生产经营和管理中的贡献和作用不同，全体股东同意根据 SH 有限公司成立后各股东对 SH 有限公司发展的贡献及作用调整 SH 有限公司的股权结构。同时，考虑 SH 有限公司正处于发展期，为避免股权结构变动、法定代表人变动等因素对公司业务发展的影响，且三名创始股东之间信任度较高，因此决定名义上仍由三名股东按原出资比例认缴本次新增的注册资本，其中左某新增的 20% 股权暂时继续登记在朱甲名下，即本次增资中朱甲认缴 390 万元，其中 300 万元（占本次新增后 SH 有限公司注册资本的 20%）由左某实际缴纳出资。

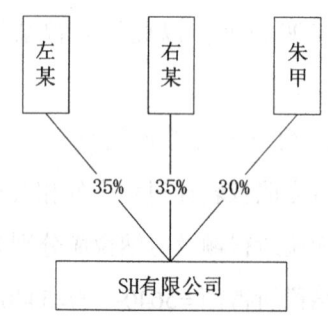

图 2-3-7　SH 有限公司设立时股权结构

本次增资后发行人股权结构如图 2-3-8 所示。

（三）发行人股权代持还原

2017 年 5 月 31 日，SH 有限公司召开股东大会并作出决议，同意朱甲将其持有的公司 20% 的股权转让给 YFY 投资公司。YFY 投资公司系左某、朱乙出资设立的企业，左某和朱乙为夫妻关系，其中左某和朱乙分别持有 YFY 投资公司 60% 和 40% 的股权。本次投资系规范公司治理，保证公司股权清晰，公司股东朱甲与委托方左某解除代持关系的行为。

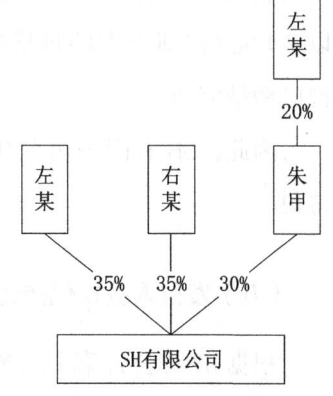

图 2-3-8　SH 有限公司股权结构

由于此次股权转让系代持股权还原的关系，所以在此次转让过程中朱甲并未实际获得对价，其还原过程如图 2-3-9 所示。

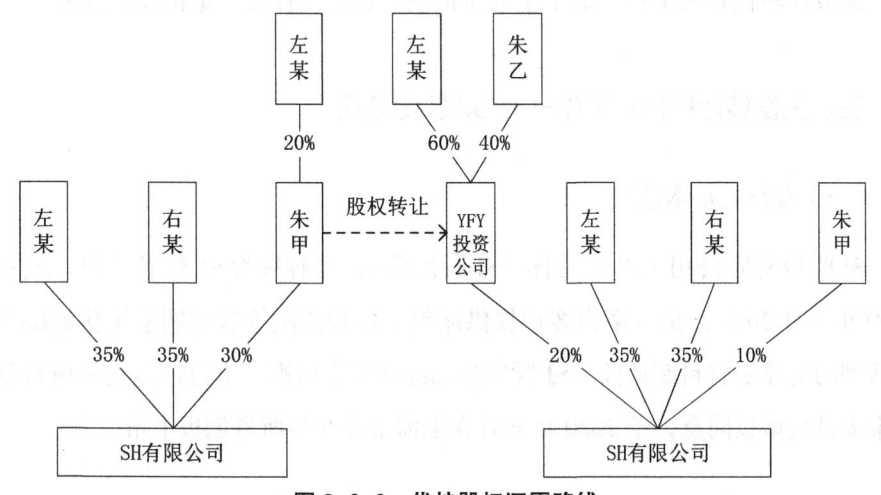

图 2-3-9　代持股权还原路线

（四）发行人股权代持还原税收披露

《补充法律意见书（一）》披露：根据本所律师对左某、朱甲访谈确认并经查验本次股权转让的支付凭证、纳税凭证及相关人员的银行流水，本次股权代持还原过程中朱甲实际未获得对价，但本次股权转让参照《股权转让所得个人所得税管理办法（试行）》的规定及 SH 有限公司 2017 年 3 月末的账面净资产以 2.1 元/注册资本的价格进行了纳税申报，且本次股权转让的相关个人所得税已缴纳完毕。

因此，SH 有限公司在 IPO 过程中股权代持关系的解除已申报缴纳了个人所得税。

（五）发行人股权代持还原税收分析

根据 67 号公告第十二条的规定，被投资企业拥有土地使用权、房屋、房地产企业未销售房产、知识产权、探矿权、采矿权、股权等资产的，申报的股权转让收入低于股权对应的净资产公允价值份额的，也视为股权转让收入明显偏低。

本案例中，根据 SH 股份公司《招股说明书》和《补充法律意见书（一）》的披露，在代持股权还原时，股权转让方按照 SH 有限公司 2017 年 3 月末账面净资产为股权转让收入申报缴纳了个人所得税，仍然是存在一定税收风险的。

三、无偿转让被核定征税——SJ 股份公司

（一）发行人基本情况

SJ 股份有限公司（以下简称"SJ 股份公司"）前身为 SJ 有限公司，成立于 2009 年 3 月 20 日，是一家为客户提供涂料、特种油墨等多类别系统化解决方案的新型功能涂层材料制造商。SJ 股份公司经证监会核准，上海证券交易所科创板上市委员会审核同意，于 2020 年 6 月在上海证券交易所科创板上市。

（二）发行人股权代持情况

SJ 股份公司在《招股说明书》中对其 IPO 过程中股权代持及其解除事项作了详细的说明。

1.第一次股权代持

2011 年 7 月，股东金某将其所持 SJ 有限公司 40 万元出资额（出资比例 4%）转让给刘某，由刘某代持该部分股权。代持关系及股权结构如图 2-3-10 所示。

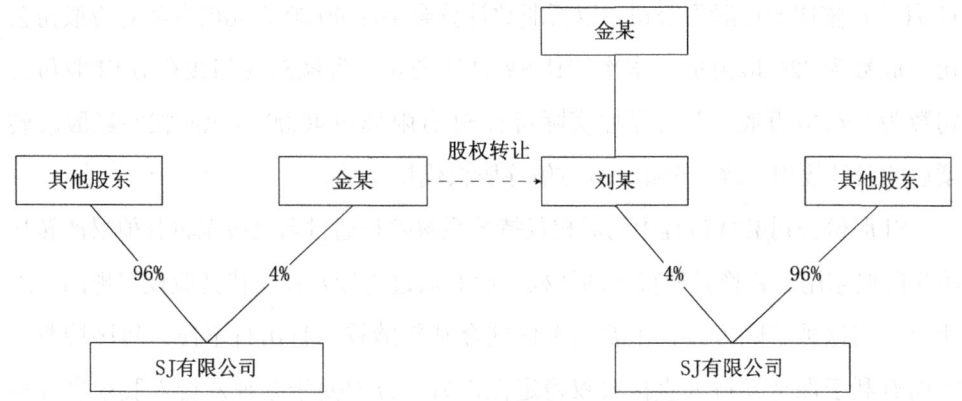

图 2-3-10　SJ 有限公司股权代持关系 1

2. 第二次股权代持

2013 年 10 月，刘某将其持有的 SJ 有限公司 40 万元的出资额（出资比例 4%）转让给凌某，此次股权转让是刘某将其代金某持有的 SJ 有限公司的股权转由凌某代为持有，股权转让路径及股权结构如图 2-3-11 所示。

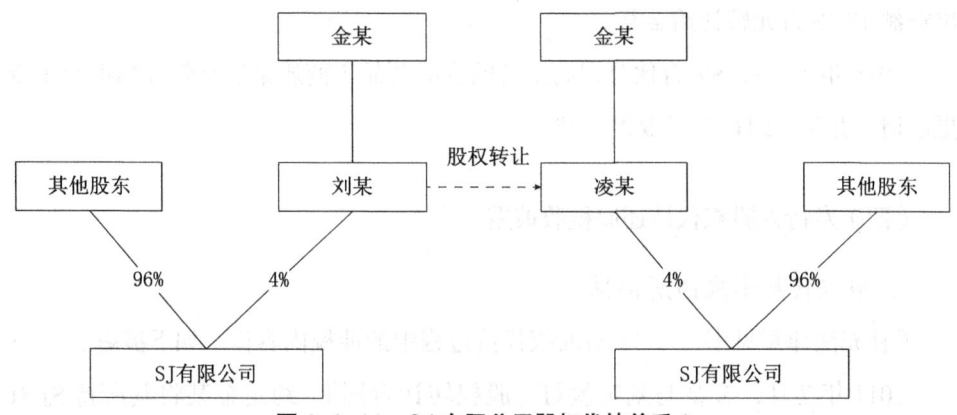

图 2-3-11　SJ 有限公司股权代持关系 2

（三）发行人股权代持解除

1. 股权代持解除的方式

2018 年 12 月，凌某与金某签订《财产份额转让协议书》约定：凌某将其所持 SY 合伙公司 18.18 万元的出资额转让给金某，用以还原置换凌某为金某代持的股份。金某在股权代持前，一直持有 SJ 有限公司 40.00 万元出资额；2017 年

12月公司整体变更股份公司,以折股数计算金某原40.00万元出资额对应股份公司持股数为226.40万股。本次转让SY合伙公司出资额对应间接持有SJ股份公司数为226.40万股,与金某原实际持有SJ有限公司40.00万元股权并经股改转增后的股份数相一致,至此,双方解除股权代持关系。

SJ股份公司IPO过程中的股权代持关系解除是通过名义股东将其他财产转让给实际股东用于置换其所代持的股权,而非通过直接转让所代持股权实现的。之所以采用这种解除方式,主要是考虑到金某年龄较高且出行不便,间接持股一方面有利于保持发行人直接股权稳定性,另一方面便于办理发行人股东事务和手续。

2. 股权代持解除的程序

2018年12月,凌某与金某签订《财产份额转让协议书》,约定凌某将其所持SY合伙公司的出资额转让给金某,用以还原置换凌某为金某代持的股份。

2018年12月,SY合伙公司召开合伙人会议,同意凌某将持有的合伙企业的出资额18.18万元转让给金某。

2018年12月,SY合伙公司向主管的食品药品工商质量监督管理局提交了变更申请,并于12月27日取得核准。

(四)发行人股权代持还原税收披露

1. 股权代持形成的所得税

《补充法律意见书(一)》对股权代持过程中的涉税内容作了如下披露。

2011年7月,金某与刘某签订《股权转让合同》,约定金某将其所持SJ有限公司4%的股权(对应出资额40万元)转让给刘某。本次股权转让中,金某将其所持股权无偿转让给刘某系金某通过股权转让的方式委托刘某代持股权,刘某当时系金某儿媳。根据主管税务机关出具的《中华人民共和国税收完税证明》,本次转让核定征收个人所得税,已由纳税义务人缴纳完毕。

2013年10月,刘某和凌某签订《股权转让协议》,约定刘某将所持公司4%股权(对应出资额40万元)转让给凌某。本次转让系金某变更股权代持人的股权代持转让行为,实际上为无偿转让。根据主管税务机关出具的《中华人民共和国税收完税证明》，本次转让核定征收个人所得税，已由纳税义务人缴纳完毕。

2.股权代持解除的所得税

《补充法律意见书（一）》对前述代持股权还原过程中的涉税事项作了如下披露。

2017年11月25日，凌某与SY合伙公司签订了《股权转让协议书》，凌某将其所持有SJ有限公司11.00%的股权（对应SJ有限公司100万元注册资本）转让给SY合伙公司，SY合伙公司中金某持有36.36%财产份额。本次股权调整后，金某通过SY合伙公司间接持有SJ股份公司4.00%的股权，实际为凌某将代持金某股权还原给金某，未发生实际股权溢价交易，不存在个人所得税纳税义务。

四、外资代持涉税——FSL股份公司

（一）发行人基本情况

FSL股份有限公司（以下简称"FSL股份公司"）前身为FSL有限公司，成立于2001年11月27日，是一家主要从事医药中间体、原料药及保健品原料的研发、生产与销售的企业。FSL股份公司IPO申请经证监会注册同意，深圳证券交易所创业板上市委员会审核同意，于2022年3月在深圳证券交易所创业板上市。

（二）发行人股权代持情况

根据《招股说明书》披露，2001年6月3日，FSL化工厂（普通合伙）与美国甲公司签订合资合同及公司章程，共同出资设立FSL有限公司，投资总额17.50万美元，注册资本12.50万美元，其中：FSL化工厂以土地使用权、技术使用权、人民币形式合计认缴出资额8.50万美元，美国甲公司以美元现汇形式认缴出资额4.00万美元。

FSL有限公司设立时，美国甲公司出资4.00万美元实际为白某委托何某以其控制的美国甲公司代为出资，美国甲公司仅为FSL有限公司的名义股东，不享有FSL有限公司的任何股东权益，其持有的FSL有限公司股权实际为白某所有。

FSL有限公司设立时的股权代持关系如图2-3-12所示。

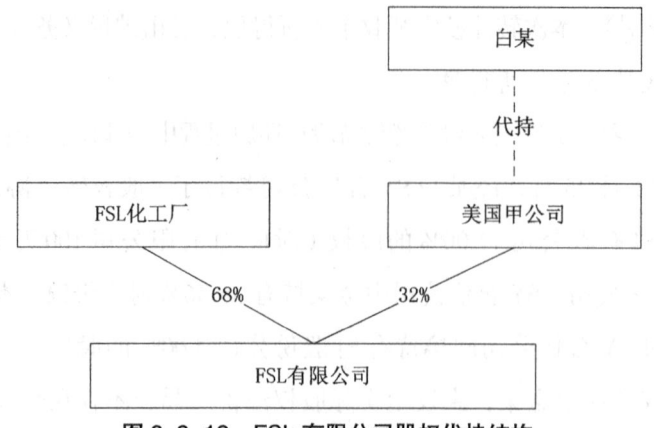

图 2-3-12 FSL 有限公司股权代持结构

(三) 发行人股权代持解除

2012 年 4 月 16 日,美国甲公司与 FSL 化工厂签订了《股权转让协议》,约定美国甲公司将其所持 FSL 有限公司 32% 的股权转让给 FSL 化工厂。2012 年 4 月 18 日,商务局同意上述股权转让。2012 年 8 月 23 日,经税务局价格核定并完税后,FSL 化工厂因受让美国甲公司所持 FSL 有限公司 32% 的股权,对外支付股权转让价款 905 608.28 美元 (折合人民币 5 804 043.47 元)。

2016 年 7 月,何某出具确认函并经公证处公证:何某确认,"该中外合资实际上是白某以美国甲公司名义的投资行为,美国甲公司委派的外方董事,实际都是挂名董事,未参与经营管理,合资期间白某代为签署了董事会决议、章程修正案等应当由外方董事授权签署的所有文件,我对其所有的代签署行为无任何异议;现在 FSL 有限公司的资产权益及经营活动与我及美国甲公司无关,我和美国甲公司在 FSL 有限公司不拥有任何权益"。

至此,FSL 有限公司的股权代持关系是通过股权转让方式予以解除的。

(四) 发行人股权代持还原税收披露

根据《补充法律意见书 (一)》的披露,2012 年 4 月,美国甲公司退出代持股权时按照净资产作价,FSL 化工厂向美国甲公司支付股权转让价款 964 775.20 美元,扣除投资成本后按照 10% 税率代扣代缴所得税,企业计算应纳税所得额为 378.51 万元人民币，缴纳预提所得税 37.85 万元人民币，于 2012 年 5 月 25 日缴纳。

（五）股权代持对外商投资企业所得税优惠的影响

《招股说明书》披露，对于 FSL 有限公司，外国企业美国甲公司的出资比例达到 32%，超过了 25%，可以享受外商投资企业所得税的相关优惠政策。《补充法律意见书（一）》通过如下几个方面对该问题进行了分析，并认为不存在被税务部门追缴中外合资企业阶段享受的税收优惠。

（1）前身系依法设立的中外合资企业

《中华人民共和国中外合资经营企业法》（以下简称《中外合资经营企业法》）第一条规定："中华人民共和国为了扩大国际经济合作和技术交流，允许外国公司、企业和其他经济组织或个人（以下简称外国合营者），按照平等互利的原则，经中国政府批准，在中华人民共和国境内，同中国的公司、企业或其他经济组织（以下简称中国合营者）共同举办合营企业。"美国甲公司是在美国依法设立的公司，符合外国投资者的定义。

根据《中华人民共和国外汇管理条例》（1997 年修正版）第二十条，境内机构的资本项目外汇收入，应当按照国家有关规定在外汇指定银行开立外汇账户。2001 年 12 月 6 日，FSL 股份公司所在地国家外汇管理局同意 FSL 有限公司在中国银行开具资本金专户。2002 年 2 月，美国甲公司向 FSL 有限公司开立的中国银行账户出资 4.00 万美元。

2001 年 6 月 3 日，FSL 化工厂与美国甲公司签订合资合同及公司章程。2001 年 8 月 31 日，对外经济贸易委员会同意 FSL 化工厂与美国甲公司设立 FSL 有限公司。2001 年 8 月 31 日，江苏省人民政府签发《中华人民共和国外商投资企业批准证书》。2001 年 11 月 27 日，FSL 有限公司取得《企业法人营业执照》。

综上，FSL 有限公司设立时，美国甲公司符合《中外合资经营企业法》中规定的关于外国投资者的定义，且以美元出资，并经有权审批机关的批准，符合外商投资及外汇管理的相关规定，系依法设立的中外合资企业。

（2）发行人作为中外合资企业经营期限满 10 年

根据《外商投资企业和外国企业所得税法》（现已失效）第八条规定，对生产性外商投资企业，经营期在十年以上的，从开始获利的年度起，第一年和第二年免征企业所得税，第三年至第五年减半征收企业所得税。外商投资企业实际经营期不满十年的，应当补缴已免征、减征的企业所得税税款。

《企业所得税法》第五十七条规定："本法公布前已经批准设立的企业，依照当时的税收法律、行政法规规定，享受低税率优惠的，按照国务院规定，可以在本法施行后五年内，逐步过渡到本法规定的税率；享受定期减免税优惠的，按照国务院规定，可以在本法施行后继续享受到期满为止，因未获利而尚未享受优惠的，优惠期限从本法施行年度起计算。"

FSL有限公司设立于2001年11月，2012年5月变更为内资企业，至变更为内资企业时经营期限已满10年。作为外商投资企业存续期间，FSL有限公司存在享受税收优惠的情形。自成立以来，FSL有限公司的主营业务为原料药及中间体、保健品原料的研发、生产和销售，属于生产性外商投资企业。

（3）作为外商投资企业的设立及存续期间，相关法律法规不存在对股权代持关系的限制性要求

根据1990年4月4日颁布的《中华人民共和国中外合资经营企业法》（1990年修正版）、2001年3月15日颁布的《中华人民共和国中外合资经营企业法》（2001年修正版）及相应的实施条例，相关法律法规不存在对外方股东的控制关系、股权代持关系进行披露或穿透核查的要求，故白某通过美国甲公司代持股权与FSL化工厂设立FSL有限公司，不影响FSL有限公司外商投资企业的身份认定。

（4）主管部门的意见

2021年10月，FSL股份公司所在地企业上市工作领导小组召集市地方金融监管局、中国人民银行市支行（国家外汇管理局市支局）、市商务局、镇相关负责人对FSL股份公司涉汇问题进行了专题研究，形成一致意见（以下简称《上市工作领导小组会议纪要》），会议认为，FSL有限公司设立及历次变更均由商务部门依法核准，符合相关规定。

综上，FSL有限公司设立及历次变更均由商务部门依法核准，符合相关规定，作为外商投资企业存续期间，FSL有限公司存在享受税收优惠的情形，至变更为内资企业时经营期限已满10年，不存在被税务部门追缴中外合作阶段享受

的税收优惠或被给予行政处罚的风险。

（六）发行人股权代持期间相关事项的所得税分析

FSL有限公司在股权代持期间针对名义股东发生如下的相关事项。

1. 未分配利润转增资本

2006年6月，FSL有限公司注册资本由12.50万美元增加至120.00万美元，FSL有限公司以未分配利润8 897 237.50元人民币转增注册资本，其中美国甲公司转增2 847 116.00元人民币，FSL化工厂转增6 050 121.50元人民币。

（1）美国甲公司的应纳所得税额

《外商投资企业和外国企业所得税法》（现已失效）规定："外国投资者从外商投资企业取得的利润，免征所得税。"

所以，对于美国甲公司取得的FSL有限公司以未分配利润转增注册资本的所得，免征企业所得税。

（2）美国甲公司股权计税基础

美国甲公司取得FSL有限公司以未分配利润转增注册资本的所得，根据《外商投资企业和外国企业所得税法》（现已失效）的规定免征企业所得税，但应当增加美国甲公司持有FSL有限公司股权的计税基础，所以美国甲公司持有FSL有限公司股权的计税基础在原有4.00万美元的基础上增加2 847 116.00元人民币。

2. 利润分配

2012年3月，FSL有限公司对2001年至2009年的利润进行分配，公司分配利润93 555 176.41元人民币，其中FSL化工厂分配利润金额为63 617 519.96元人民币，美国甲公司分配29 937 656.45元人民币。

《财政部 国家税务总局关于企业所得税若干优惠政策的通知》（财税〔2008〕1号）第四条规定："2008年1月1日之前外商投资企业形成的累积未分配利润，在2008年以后分配给外国投资者的，免征企业所得税；2008年及以后年度外商投资企业新增利润分配给外国投资者的，依法缴纳企业所得税。"

根据《法律意见书（一）》的披露，对于FSL有限公司2012年3月的利润分配，对以2008年1月1日后的利润进行分配的，代扣代缴了美国甲公司的所得税。此次利润分配美国甲公司确认的应纳税所得额为2993.77万元人民币，2012年5月18日缴纳预提所得税99.39万元人民币。

（七）外资股权代持的其他问题

《招股说明书》对境内个人于委托外国企业代持被投资企业股权相关的外汇管理事项也作了详细的披露。

1. 是否需要办理返程投资备案

根据《国家外汇管理局关于境内居民通过境外特殊目的公司融资及返程投资外汇管理有关问题的通知》（汇发〔2005〕75号）（以下简称"75号文"，2005年10月21日生效，2014年7月废止）相关规定，"特殊目的公司"是指境内居民法人或境内居民自然人以其持有的境内企业资产或权益在境外进行股权融资（包括可转换债融资）为目的而直接设立或间接控制的境外企业。"返程投资"是指境内居民通过特殊目的公司对境内开展的直接投资活动，包括但不限于以下方式：购买或置换境内企业中方股权、在境内设立外商投资企业及通过该企业购买或协议控制境内资产、协议购买境内资产及以该项资产投资设立外商投资企业、向境内企业增资。

根据《国家外汇管理局关于境内居民通过特殊目的公司境外投融资及返程投资外汇管理有关问题的通知》（汇发〔2014〕37号）（以下简称"37号文"，2014年7月4日实施）相关规定，"特殊目的公司"是指境内居民（含境内机构和境内居民个人）以投融资为目的，以其合法持有的境内企业资产或权益，或者以其合法持有的境外资产或权益，在境外直接设立或间接控制的境外企业。"返程投资"是指境内居民直接或间接通过特殊目的公司对境内开展的直接投资活动，即通过新设、并购等方式在境内设立外商投资企业或项目（以下简称外商投资企业），并取得所有权、控制权、经营管理权等权益的行为。

根据"75号文"和"37号文"的规定，"特殊目的公司"的要件之一是境内个人直接或间接控制的境外企业。美国甲公司的唯一股东、实际控制人为何某，白某委托美国甲公司代为出资，与美国甲公司及何某不存在关联关系，白某无法对美国甲公司进行控制。因此，白某委托美国甲公司向FSL有限公司出资无须办理境内居民返程投资外汇登记。

2.代持期间及股权转让的境外付汇

鉴于美国甲公司是代白某持有FSL有限公司32%的股权，因此该部分股权对应的前述分红款、股权转让款均汇往境内自然人白某控制的境外账户。前述行为属于违反规定将境内外汇转移境外的行为。2021年9月，国家外汇管理局市支局根据《中华人民共和国外汇管理条例》第三十九条作出行政处罚决定书，分别对FSL股份公司、FSL技术服务发展中心（有限合伙）（以下简称"FSL发展"）违反规定将境内外汇转移境外的逃汇行为作出处罚决定：责令限期调回外汇，对发行人罚款人民币261.00万元、对控股股东FSL发展罚款41.00万元。

2021年9月，国家外汇管理局市支局对FSL股份公司及其控股股东作出前述行政处罚决定书，责令限期调回外汇金额共计6 737 617.58美元，其中FSL股份公司汇出的利润分配金额为5 832 009.30美元，控股股东FSL发展支付的股权转让价款905 608.28美元。

2021年5月7日，国家外汇管理局市支局出具书面确认文件："鉴于JIA INTERNATIONAL LIMITED账户资金已处理结束，且JIA INTERNATIONAL LIMITED已于2016年3月撤销注册，账户注销，经我支局研究，对FSL有限公司、FSL发展不再要求执行行政处罚决定书中责令限期调回外汇的行政措施。"

3.代持期间的非法买卖外汇

2012年3月至2012年7月，白某通过境外支付美元、境内收取人民币的方式处置外汇资金670.64万美元，上述行为构成非法买卖外汇。其中，借予他人的260.97万美元对应的人民币债务最终被予以豁免，剩余的409.67万美元换汇折合人民币2592.89万元被调回境内白某银行账户。

根据法律意见书的披露，上述分红款、股权转让款汇至境外银行账户后采用境外汇款境内收取人民币的方式进行处置，构成非法买卖外汇的行为，但行为终了之日距今已超过二年，根据《中华人民共和国行政处罚法》（以下简称《行政处罚法》）的规定，不会再受到行政处罚。

2021年6月，针对该涉嫌逃汇案，市公安局出具《不予立案通知书》，"我局经审查认为因犯罪事实显著轻微，不需要追究刑事责任，根据《中华人民共和国刑事诉讼法》第一百一十二条之规定，决定不予立案"。

2021年8月，市地方金融监管局、市公安局、市检察院、市法院召开专题会议，对发行人外汇汇出及调回事项形成《专题会议纪要（二）》：参会部门对市公安局就 FSL 股份公司涉嫌逃汇案出具的《不予立案通知书》予以认可，不会就上述案由对相关人员刑事立案或追究刑事责任。

4. 公司性质变更时的折算汇率

2011年4月，FSL 有限公司变更为内资企业时，按照变更当时的汇率将注册资本 120.00 万美元折算成 782.09 万元人民币（1美元 =6.52 元人民币）。实际上，120.00 万美元中，4.00 万美元系美国甲公司 2002 年 2 月以美元现汇出资，其余 116.00 万美元系合营方以自有资金、未分配利润共计人民币 960.09 万元折合成美元出资。

《关于外商投资的公司审批登记管理法律适用若干问题的执行意见》（工商外企字〔2006〕81号）第八条规定："外商投资的公司的注册资本可以用人民币表示，也可以用其他可自由兑换的外币表示。作为公司注册资本的外币与人民币或者外币与外币之间的折算，应按发生（缴款）当日中国人民银行公布的汇率的中间价计算。"

所以美国甲公司 2002 年 2 月出资的 4.00 万美元应按出资时的汇率折算为人民币 33.11 万元（1美元 = 人民币 8.28 元）。变更为内资企业时，FSL 有限公司注册资本 120.00 万美元应折算为人民币 993.20 万元（注：33.11 万元 +960.09 万元）。

五、红筹回归代持还原涉税——RT 股份公司

（一）发行人基本情况

RT 股份有限公司（以下简称"RT 股份公司"），前身为 RT 技术有限公司（以下简称"RT 有限公司"），成立于 2006 年 11 月 4 日。RT 股份公司 IPO 申请经深圳证券交易所创业板上市委员会审议通过，并经证监会同意注册，于 2022 年 3 月在深圳证券交易所创业板上市。

（二）发行人股权代持

RT 股份公司在 IPO 前曾通过红筹架构在美国纽约证券交易所上市，并于 2015 年拆除红筹架构后在境内上市，其在纽约证券交易所上市交易之前及在红筹架构拆除后均存在股权代持的行为。

1. RT 开曼公司股东的代持

RT 有限公司于 2006 年 11 月 4 日由 RT 开曼公司全资设立，RT 开曼公司的股东为 Rek Limited 和 OT Innovation，RT 开曼公司的股东在设立时均存在股权代持的关系。

（1）Rek Limited 的代持情况

Rek Limited 于 2006 年 8 月 31 日在英属维尔京群岛注册设立，设立时刘某、陈某、张某、王某、马某、周某为持股主体。因 Xingwen Wei 为外籍人士，为境外 SPV 设立便利之目的，Rek Limited 设立时由 Xingwen Wei 代前述各股东持有 Rek Limited 股份。

2006 年 8 月 17 日，Rek Limited 将每股股份拆细为 10 000 股，每股面值 0.0001 美元，由此 Xingwen Wei 持有 Rek Limited 普通股数量由 1 股增加至 10 000 股。同日，Rek Limited 向 Xingwen Wei 增发 62 990 000 股，每股面值 0.0001 美元，加上之前持有的 10 000 股股份，合计持有 Rek Limited 6300 万股股份。其中 Xingwen Wei 代各股东持有股份的情况如表 2-3-1 所示。

表 2-3-1 Rek Limited 股权代持表

代持人	被代持人	代持股份数量	代持股份比例 /%
Xingwen Wei	刘某	45 000 000.00	71.4286
	陈某	4 500 000.00	7.1429
	张某	2 000 000.00	3.1746
	王某	2 000 000.00	3.1746
	马某	1 500 000.00	2.3810
	周某	8 000 000.00	12.6983
合计		63 000 000.00	100.0000

（2）OT Innovation 的代持情况

OT Innovation 于 2005 年 10 月 11 日在英属维尔京群岛注册设立，设立时股东为马某、张某、赵某、王某。因 Xiaomi Zhang 为外籍人士，为境外 SPV 设立便利之目的，OT Innovation 设立时由 Xiaomi Zhang 代前述各股东持有 OT Innovation 的股份。

所以在 RT 有限公司设立时，RT 开曼公司的股权代持关系如图 2-3-13 所示。

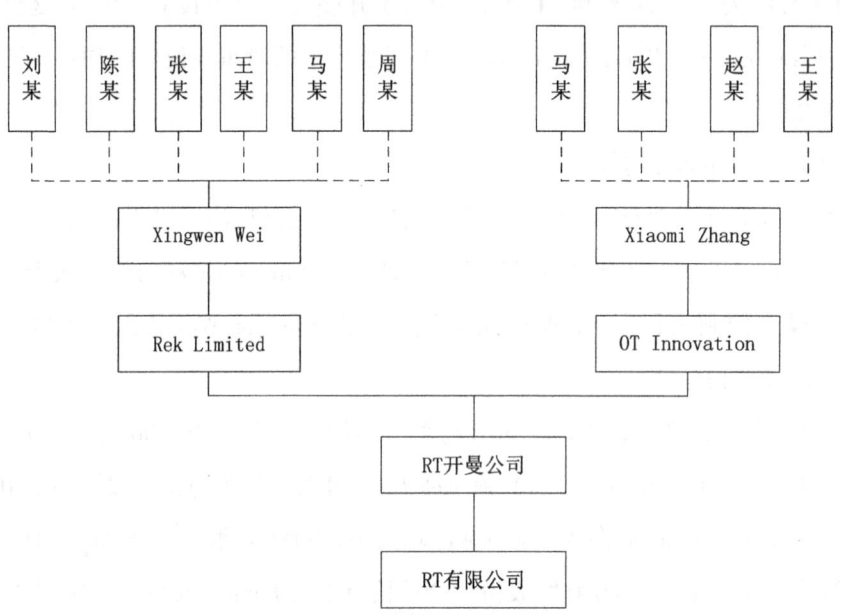

图 2-3-13　RT 开曼公司股东代持股权关系

2. 私有化完成后至红筹回归前的股权代持

RT 有限公司为在境内实施 IPO，对通过红筹架构方式在美国纽约证券交易所的上市公司实施了私有化，在 RT 开曼公司私有化后也出现股权代持的情况。

New Rek 于 2014 年 1 月 17 日在英属维尔京群岛注册设立，其设立时为 RT 有限公司的管理层和员工持股平台，以持有管理层及员工翻转至 Hold 的股份（具体包括 RS SoftTech、Benz、Bend 和 QINLAN）。为加快完成股份翻转以促成 RT 开曼公司私有化，刘某作为 New Rek 唯一登记股东持有其 100% 的股权。刘某通过 New Rek 间接持有 Hold 股份，实际包括翻转至 Hold 持股的管理层及员工持有的股份。

所以在 RT 开曼公司私有化后至红筹回归前的股权代持关系如图 2-3-14 所示。

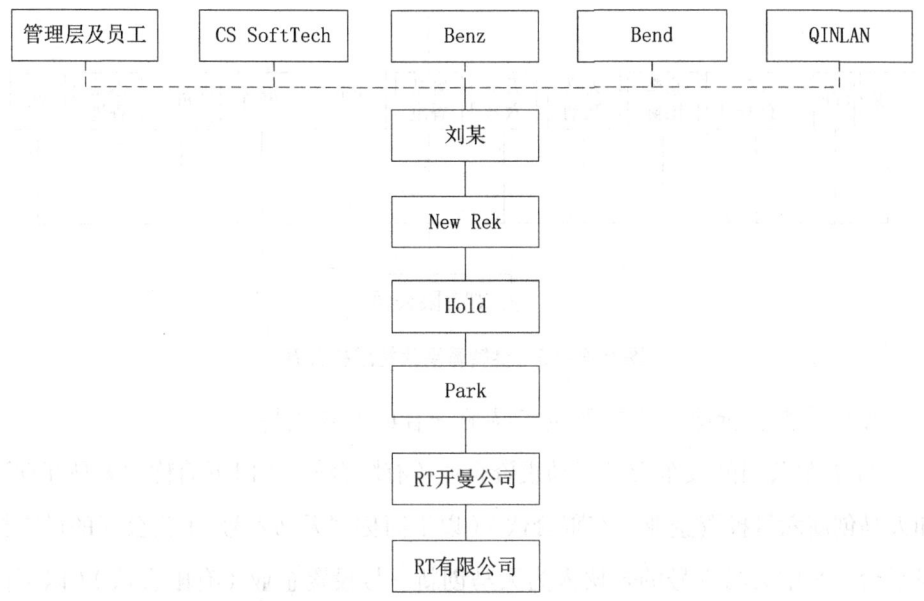

图 2-3-14　私有化后红筹回归前的股权代持关系

3. 红筹架构拆除后睿智香港股权代持

2016 年 10 月，RT 有限公司拆除红筹架构时，刘某拟保留部分境外主体持股，因刘某持股的境外主体与红筹架构有关，为彻底拆除红筹架构，刘某未使用该等境外主体持股。睿智香港有限公司（以下简称"睿智香港"）的实际控制人希亚原为 RT 有限公司员工，因具有美国国籍，刘某与其具有良好的私人关系，基于香港持股平台在管理费用、税负成本、代理人语言沟通、资金结算等方面的优势，在拆除红筹架构时，刘某拟保留的境外主体持股暂由睿智香港代持。股权结构如图 2-3-15 所示。

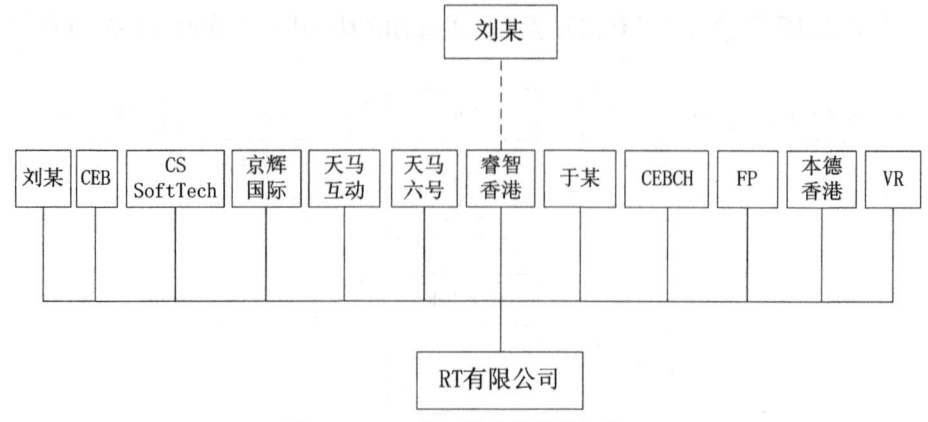

图 2-3-15　睿智香港代持股权关系

4. 红筹架构拆除后于某及员工持股平台的股权代持

RT 有限公司的股东天马互动投资企业（有限合伙）（以下简称"天马互动"）和天马创新六号投资企业（有限合伙）（以下简称"天马六号"）为公司的员工持股平台。其中天马六号的合伙人为天马创新一号投资企业（有限合伙）（以下简称"天马一号"）、天马创新二号投资企业（有限合伙）（以下简称"天马二号"）和天马创新三号投资企业（有限合伙）（以下简称"天马三号"），员工作为天马一号、天马二号、天马三号和天马互动的合伙人，间接持有公司股份。

在 RT 有限公司红筹架构拆除时，于某及员工持股平台上的部分员工存在代公司员工持有 RT 有限公司股权的情况。其代持的原因主要为：①在 RT 开曼公司私有化之前，公司部分员工参加 RT 开曼公司股权激励计划取得 RT 开曼公司激励性权益，因在 RT 有限公司拆除红筹架构时，该等激励性权益尚未满足行权或转化条件，对应的 RT 有限公司股权暂由于某等员工代为持有；②部分管理层员工出于股权持股数量保密性及变更便利性的需求，由其他人代持部分 RT 有限公司股权。

RT 有限公司的部分高管及员工委托在天马一号、天马二号、天马三号及天马互动的 14 位合伙人代持其间接持有的 RT 有限公司的股权；而 Deng Liang、陈某、张某、马某及林某持有的 RT 有限的股权则委托于某代持，其具体的股权代持关系如图 2-3-16 所示。

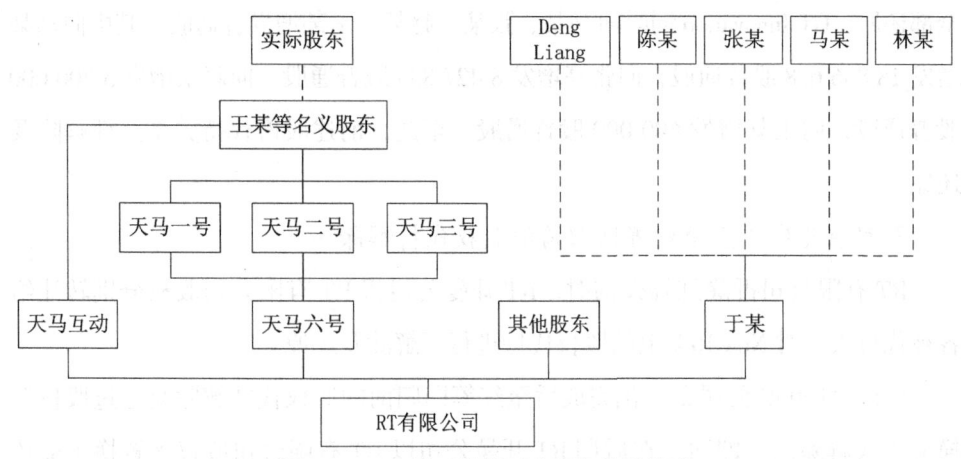

图 2-3-16 员工持股平台股权代持关系

5. 上海人合公司代持情况

2016年12月，ZH信托股份有限公司（以下简称"ZH信托公司"）取得RT有限公司股权，其资金来源为信托计划募集，因信托计划属于三类股东，不符合当时RT有限公司引入符合上市要求的投资者，ZH信托公司于是委托上海人合投资有限公司（以下简称"上海人合公司"）代持。上海人合公司代持股权结构如图2-3-17所示。

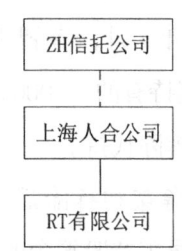

图 2-3-17 上海人合公司股权代持结构

（三）发行人股权代持解除

1. RT开曼股东代持解除

2007年12月，Xingwen Wei将其所代持的股份分别转让给被代持股东。至此，Rek Limited的股份代持全部解除及还原。

2008年10月17日，OT Innovation将每股股份拆细为10 000股，每股面值0.0001美元。由此，Xiaomi Zhang持有的OT Innovation普通股数量由1股增加至10 000股，2008年10月，Xiaomi Zhang将其持有的1万股OT Innovation普通股转让给马某。本次股份转让系股份代持的解除及还原。为保证各被代持人的比例全部还原，OT Innovation 同时向马某、张某、赵某、王某增发普通股，其中向马某增发 18 866 678 股普通股，向张亮增发 8 427 833 股普通股，向赵某增发 3 700 000 股普通股，向王某增发 600 000 股普通股。至此，前述股份代持关系全部解除及还原。

2. 私有化完成后至红筹回归前的股权代持解除

RT 有限公司拆除红筹架构时，RT 开曼公司将 RT 有限公司股权分别转让给各被代持人，对 New Rek 上的股权代持进行了解除及还原。

所以 RT 开曼公司私有化完成后至红筹回归前的股权代持解除是通过股权置换的方式解除的，即通过在后期 RT 开曼公司以 RT 有限公司股权来置换了前述各个实际股东委托刘某代持 New Rek 及通过其持有的 Hold 的股权。

3. 红筹架构拆除后睿智香港股权代持解除

2017 年 1 月，睿智香港作为转让方与刘某签订《RT 有限公司股权转让协议》，将其持有的 77.0005 万美元出资额转让给刘某，其中转让的 60.4916 万美元出资额为解除代持。

4. 红筹架构拆除后于某及员工持股平台的股权代持

（1）员工持股平台的代持清理

由于大部分员工在公司工作年限较长，有进行变现的需求，出于变更便利性的考虑，公司将所有代持均以出售而非还原至相关人员的方式进行了清理。

2016 年 12 月 30 日，天马六号分别与上海人合公司、天时地利投资有限公司（以下简称"天时地利"）签订 RT 有限公司股权转让协议，将其所持 RT 有限公司 75.6250 万美元、14.3136 万美元的出资额分别转让给上海人合、天时地利。2017 年 11 月，天马六号上代持员工分别通过减持天马一号、天马二号、天马三号份额，并将减持所代持股份后取得的对价扣除相应税费成本后的余额支付给被代持人的方式解除代持。

2017 年 1 月 19 日，天马互动与天时地利签订 RT 有限公司股权转让协议，将其所持 RT 有限公司 16.9382 万美元的出资额转让给天时地利。2017 年 11 月，天马互动代持员工通过减持天马互动份额，并将减持所代持份额后取得的对价扣除相应税费成本后的余额支付给被代持人的方式解除了代持。

（2）于某代持清理

2016年1月，于某分别与天时二号投资企业（有限合伙）（以下简称"天时二号"）、丰调高凤投资企业（有限合伙）（以下简称"丰调高凤"）签订《股权转让协议》，于某将所持共计54.3806万美元的出资额对外转让，并将转让所代持的RT有限公司出资额所取得的价款，扣除相应税费成本后的余额分别支付给各被代持人。至此，于某与王某、Deng Liang、陈某、张某、马某的股权代持关系全部解除。

5.上海人合公司股权代持解除

2019年11月，上海人合公司将其持有的RT有限公司75.6250万美元出资额作价1元人民币转让给ZH信托，系股权代持关系解除与还原。

（四）发行人股权代持清理税收披露

1.RT开曼公司股东代持涉税

《招股说明书》并未单独披露RT开曼公司股东代持关系解除过程中的税收。

2.私有化完成后至红筹回归前的股权代持解除涉税

RT开曼公司在私有化后至红筹回归前的股权代持是通过股权置换的方式解除的，根据《招股说明书》的披露，RT开曼公司在拆除红筹架构的过程中已足额缴纳了股权转让涉及的全部税款。

3.红筹架构拆除后睿智香港股权代持解除涉税

根据《招股说明书》的披露，截至2017年10月，睿智香港已将所代持RT有限公司出资额的转让对价扣除相关税费后余额支付至刘某指定账户。但并未披露其股权转让过程中的税收缴纳情况。

4.红筹架构拆除后于某及员工持股平台的股权代持解除涉税

《招股说明书》并未单独披露红筹架构拆除后于某及员工持股平台的股权代持清理涉税。

5.上海人合股权代持解除涉税

《招股说明书》并未单独披露上海人合股权代持还原过程中的涉税信息。

(五)发行人股权代持清理所得税分析

1. RT 开曼公司股东代持涉税分析

RT 开曼公司设立时的股东 Rek Limited 和 OT Innovation 存在的股权代持关系是由名义股东 Xingwen Wei 和 Xiaomi Zhang 通过股权转让的方式及 OT Innovation 向实际股东增发股票的方式实现股权代持还原的。

由于 OT Innovation 向实际股东增发股票的行为并非应税事件,所以相应主体不产生纳税义务。

由于 Xingwen Wei 和 Xiaomi Zhang 为外籍人士,其转让标的股权为英属维尔京群岛公司的股权,所以不适用《个人所得税法》及67号公告的规定,在中国不具有纳税义务。

2. 私有化完成后至红筹回归前的股权代持解除的所得税

因为此次的股权代持是通过类似股权置换的方式解除的,其所涉及的所得税事项将在后续的红筹架构拆除专题中予以分析。

3. 红筹架构拆除后睿智香港股权代持解除涉税分析

睿智香港代刘某持有 RT 有限公司股权是通过股权转让方式退出的,应当适用当时有效的《国家税务总局关于加强非居民企业股权转让所得企业所得税管理的通知》(国税函〔2009〕698号)(2017年已废止)。

国税函〔2009〕698号对于股权转让收入并未作类似于个人所得税股权转让收入的详细指导性要求,所以睿智香港应当以其实际收取的股权转让价款扣除所转让股权的计税基础后的余额按照10%的税率计算缴纳企业所得税。

对于该部分所得税的具体计算可见后续持股方式转换专题中的分析。

4. 红筹架构拆除后于某及员工持股平台的股权代持解除涉税分析

于某为 Deng Liang 等代持的股权是通过股权出售的方式清理的,根据《招股说明书》披露,交易的对象为非关联方,所以其应当按照67号公告的规定计算缴纳个人所得税。

RT 有限公司在红筹架构拆除后员工持股平台的股权代持清理也是通过股权出售的方式,但是其与于某的股权出售并不相同,其代持股权的清理经历了如下两个过程。

（1）持股平台的股权转让

在代持股权清理过程中，首先是由作为持股平台的天马六号和天马互动将持有的RT有限公司的股权按照102亿元人民币的估值转让给外部的投资者上海人合公司、天时地利。下面结合RT股份公司招股说明书披露的信息对持股平台天马六号转让RT有限公司股权的应纳税所得额作简单的分析。

①股权转让收入。

根据招股说明书披露的信息，天马六号转让的RT有限公司的出资额为89.9386万美元，其中转让给上海人合公司的出资额为75.6250万美元，转让给天时地利的出资额为14.3136万美元。

由于天马六号转让RT有限公司股权的时间为2016年12月30日，根据RT有限公司的审计报告披露，RT有限公司在2016年9月第九次增资后其实收资本总金额为3856.8758万美元，其中天马六号持有133.7125万美元。

若按照该数据及RT有限公司估值102亿元人民币计算的此次股权转让的收入金额为

股权转让收入 =89.9385÷3856.8758×10 200 000 000.0000

=237 853 834.9614元（人民币）

②股权转让计税基础。

天马六号取得RT有限公司133.7125万美元的出资额是于2015年10月RT开曼公司拆除红筹架构时受让所得。

根据《招股说明书》披露信息，天马六号因受让RT开曼公司持有RT有限公司133.7125万美元的出资额应支付的受让款为5495.7500万元人民币。但是RT开曼公司已豁免了天马六号的支付义务。

对于该豁免义务，本书认为并不能简单理解为天马六号通过无偿转让取得RT有限公司的股权从而认定天马六号持有RT有限公司股权的计税基础为零。由于RT开曼公司豁免天马六号上述的支付义务主要原因是天马六号本身为RT开曼公司在拆除红筹架构中为解决历史员工持股问题而设立的持股平台，所以在红筹拆除架构中RT开曼公司免除了天马六号的支付义务与天马六号免除了RT开曼公司对其支付义务相对应,也即该支付义务的豁免并非无偿取得股权,而仅仅是天马六号取得股权后与 RT 开曼公司之间就债权债务的相互抵销。所以若 RT 开曼公司在红筹架构拆除过程中已支付了非居民企业的预提所得税,那么天马六号取得 RT 有限公司股权的计税基础仍然为 5495.7500 万元。

由此计算确定天马六号此次转让股权的计税基础为

转让股权的计税基础 = 89.9385 ÷ 133.7125 × 54 957 500.0000

= 36 965 841.7402(元人民币)

③股权转让应纳税所得额。

依据上述分析,天马六号在转让 RT 有限公司股权时应确认的所得为

股权转让所得 = 237 853 834.96−36 965 841.74=200 887 993.22(元人民币)

④股权转让应纳所得税额。

对于上述的股权转让所得,根据《关于个人独资企业和合伙企业投资者征收个人所得税的规定》(财税〔2000〕91 号)的规定,应当按照 RT 有限公司的合伙协议及相关的约定分配至合伙人,并由合伙人按照"个体工商户生产经营所得"项目,适用"5%~35%"的税率分别计算缴纳个人所得税。由于天马六号的合伙人为天马一号、天马二号、天马三号,存在个人通过多层合伙企业间接持有 RT 有限公司股权,根据财税〔2000〕91 号的规定,对于个人从多个合伙企业取得的所得应当合并计算缴纳个人所得税。

(2)实际股东减资退出

2017 年 11 月,天马六号上代持员工分别减持天马一号、天马二号、天马三号份额,并将减持所代持份额后取得的对价扣除相应税费成本后的余额支付给被代持人。

目前的税收规范性文件并未对合伙企业的合伙人从合伙企业退伙行为的税收作出明确的规范。根据合伙企业所得税的相关理论,合伙人从合伙企业退伙时,其退伙金额未超过其持有合伙企业财产份额计税基础的部分不缴纳所得税,超过合伙企业财产份额计税基础的部分应作为财产转让所得计算缴纳个人所得税。由于员工持股平台在转让 RT 有限公司股权时应当确认所得并计算缴纳个人所得税,而其确认的所得应当计入其对合伙企业财产份额的计税基础,所以在天马六号上

代持员工通过减持退出 RT 有限公司的股权时，不再需要申报缴纳个人所得税。

5.上海人合公司股权代持解除涉税分析

上海人合公司将其持有 RT 有限公司 75.6250 万美元出资额以 1 元人民币的对价转让给 ZH 信托，属于代持股权解除的行为。

《企业所得税法》及其实施条例并未对企业股权转让过程中的价格明显偏低的情况作出规范，而是在第六章"特别纳税调整"中对关联方之间的交易价格及其他避税行为进行了规范。上海人合公司将其持有的股权以 1 元人民币的价格转让给 ZH 信托的行为实质上是解除其股权代持的行为，两者并非关联方，所以其交易也并非关联交易，上海人合公司应当将 1 元作为股权转让的收入，ZH 信托应当将 1 元作为取得 RT 有限公司股权的计税基础。

专题三

股权激励涉税

股权激励可以让员工获得公司长期价值增长带来的好处，从而使员工与公司的利益相一致。特别是 IPO 企业，股权激励成为对高级管理人员、核心技术人员及对公司贡献较大人员的一种常用的激励方式。股权激励的授予方是发行人，获得方是企业的员工。在这一过程中员工的所得是否需要缴纳个人所得税、实施主体如何确认股权激励的费用及该费用是否可以在企业所得税前扣除，是股权激励各方关注的重点。

本专题分如下三章对该问题进行展开分析：

第一章　股权激励的法律法规及 IPO 审核

第二章　股权激励的涉税分析

第三章　股权激励实务案例分析

第一章　股权激励的法律法规及 IPO 审核

一、股权激励的法律法规和会计核算

（一）股权激励的法律法规

股权激励是指企业授予员工的一项长期激励，由于股权激励涉及当事各方的利益，所以国家根据实施股权激励公司性质的不同，制定了相应的法律法规用于规范企业实施的股权激励行为。

1. 上市公司

规范上市公司股权激励法律法规主要有：《公司法》《中华人民共和国证券法》（以下简称《证券法》）、《上市公司股权激励管理办法》（证监会令第 148 号）及《关于上市公司实施员工持股计划试点的指导意见》（证监会公告〔2014〕33 号）。

规范国有控股上市公司股权激励的法律法规有：《企业国有资产监督管理暂行条例》（国务院令第 378 号）、《国有控股上市公司（境外）实施股权激励试行办法》（国资发分配〔2006〕8 号）、《国有控股上市公司（境内）实施股权激励试行办法》（国资发分配〔2006〕175 号）和《关于规范国有控股上市公司实施股权激励制度有关问题的通知》（国资发分配〔2008〕171 号）。

规范中央企业控股上市公司股权激励的法律法规有：《关于进一步做好中央企业控股上市公司股权激励工作有关事项的通知》（国资发考分规〔2019〕102 号）。

2. 国有非上市企业

规范国有非上市企业股权激励的法律法规主要有：《国务院办公厅转发〈财政部　科技部关于国有高新技术企业开展股权激励试点工作指导意见的通知〉》（国办发〔2002〕48号）（2016年6月25日起失效）、《财政部　科技部关于实施〈关于国有高新技术企业开展股权激励试点工作的指导意见〉有关问题的通知》（财企〔2002〕508号）（2022年11月11日起失效）、《国务院国有资产监督管理委员会办公厅　科学技术部办公厅关于高新技术中央企业开展股权激励试点工作的通知》（国资厅发分配〔2004〕23号）（2017年12月29日起失效）、《国务院国有资产监督管理委员会　财政部关于印发〈企业国有产权向管理层转让暂行规定〉的通知》（国资发产权〔2005〕78号）（2015年12月31日起失效）、《国务院办公厅转发国资委关于进一步规范国有企业改制工作实施意见的通知》（国办发〔2005〕60号）、《国务院国有资产监督管理委员会办公厅　科学技术部办公厅　北京市人民政府办公厅关于组织北京市中关村科技园区国有高新技术企业和企业化转制科研院所开展股权激励试点工作的通知》（国资厅发分配〔2006〕1号）、《国务院国有资产监督管理委员会关于规范国有企业职工持股、投资的意见》（国资发改革〔2008〕139号）、《国务院国有资产监督管理委员会关于实施〈关于规范国有企业职工持股、投资的意见〉有关问题的通知》（国资发改革〔2009〕49号）、《财政部　科技部关于印发〈中关村国家自主创新示范区企业股权和分红激励实施办法〉的通知》（财企〔2010〕8号）、《国务院国有资产监督管理委员会关于在部分中央企业开展分红权激励试点工作的通知》（国资发改革〔2010〕148号）、《国有科技型企业股权和分红激励暂行办法》（财资〔2016〕4号）和《关于国有控股混合所有制企业开展员工持股试点的意见》（国资发改革〔2016〕133号）。

其中财资〔2016〕4号对国有企业实施股权激励的实施主体、激励对象、股权来源、实施方式、股权激励对象持股方式等作了详细的规定，是国有企业实施股权激励的主要法律规范。例如，振华风光（688439）在其《招股说明书》中披露了其实施股权激励所对应的法律法规要件，具体如表3-1-1所示。

表 3-1-1　振华风光股权激励主要内容表

基本条件	
财资〔2016〕4号规定	发行人情形
第二条 本办法所称国有科技型企业，是指中国境内具有公司法人资格的国有及国有控股未上市科技企业（含全国中小企业股份转让系统挂牌的国有企业），具体包括： （一）转制院所企业、国家认定的高新技术企业。 （二）高等院校和科研院所投资的科技企业。 （三）国家和省级认定的科技服务机构	发行人为国家认可的高新技术企业，持有《高新技术企业证书》，符合本条规定
第六条 实施股权和分红激励的国有科技型企业应当产权明晰、发展战略明确、管理规范、内部治理结构健全并有效运转	股权激励方案实施前，发行人前身为国有控股公司，股权清晰，权属明确，建立了完善的内部财务管理制度、员工绩效考核评价制度
第七条 激励对象为与本企业签订劳动合同的重要技术人员和经营管理人员。 企业不得面向全体员工实施股权或者分红激励。 企业监事、独立董事不得参与企业股权或者分红激励	发行人实际股权激励对象为95人，均为高级、核心管理类岗位人员及核心技术类岗位人员。根据发行人提供的持股平台各合伙人填写的调查表并经律师核查，发行人前身未向全体员工实施股权激励，且股权激励对象不包括监事和独立董事
第十条 大型企业的股权激励总额不超过企业总股本的5%；中型企业的股权激励总额不超过企业总股本的10%；小、微型企业的股权激励总额不超过企业总股本的30%，且单个激励对象获得的激励股权不得超过企业总股本的3%。 企业不能因实施股权激励而改变国有控股地位	根据《国家统计局关于印发统计上大中小微型企业划分办法的通知》（国统字〔2011〕75号）（2017年12月28日起失效）及《统计上大中小微型企业划分办法（2017）》的规定，公司为中型企业，员工股权激励总额不得超过企业股本总额的10%，根据中国电子信息产业集团有限公司《关于贵州振华风光半导体有限公司实施国有科技型企业股权激励计划的批复》，股权激励总额不超过376.36万股，即不超过企业股本总额的7%。实际上，贵州振华风光半导体有限公司员工股权激励计划的股权激励总额占当时其总股本的6.9982%，单个激励对象的持股比例均未超过总股本的3%，且未因实施股权激励改变国有控股地位，符合本条规定

续表

基本条件	
财资〔2016〕4 号规定	发行人情形
第十一条 企业实施股权出售，应按不低于资产评估结果的价格，以协议方式将企业股权有偿出售给激励对象。资产评估结果，应当根据国有资产评估的管理规定，报相关部门、机构或者企业核准或者备案	2018 年 10 月 15 日，针对发行人前身的股权激励项目，北京中天华资产评估有限责任公司出具了《贵州振华风光半导体有限公司拟股权激励所涉及的其股东全部权益价值资产评估报告》（中天华资评报字〔2018〕第 1048 号），前述资产评估报告已报中国电子备案，并取得《国有资产评估项目备案表》（备案编号：4975ZGDZ2018092），经律师核查，发行人前身每股出售价格为 5.00 元，不低于资产评估结果，股权激励对象共同签署了《合伙协议》，符合本条规定
第三十四条 企业内部决策机构应当将股权激励方案及听取职工意见情况，先行报履行出资人职责或国有资产监管职责的部门、机构、企业（以下简称审核单位）批准。 中央企业集团公司相关材料报履行出资人职责的部门或机构批准；中央企业集团公司所属子企业，相关材料报中央企业集团公司批准。 中央部门及事业单位所属企业，按国有资产管理权属，相关材料报中央主管部门或机构批准。 地方国有企业相关材料，按现行国有资产管理体制，报同级履行国有资产监管职责的部门或机构批准	2019 年 1 月 22 日，中国电子向中国振华电子集团有限公司（以下简称"中国振华"）出具《关于贵州振华风光半导体有限公司实施国有科技型企业股权激励计划的批复》（中电人〔2019〕28 号），原则同意公司实施国有科技型企业股权出售激励计划
程序性事项	
立项	2018 年 9 月 1 日，中国振华向发行人前身出具《关于贵州振华风光半导体有限公司股权激励项目评估立项的批复》（振华司资〔2018〕205 号），同意其股权激励项目评估立项
评估	2018 年 10 月 15 日，针对发行人前身股权激励项目，北京中天华资产评估有限责任公司出具了《贵州振华风光半导体有限公司拟股权激励所涉及的其股东全部权益价值资产评估报告》（中天华资评报字〔2018〕黔第 1048 号），截至 2018 年 7 月 31 日，发行人前身的所有者权益评估价值为 250 017 300.00 元

续表

基本条件	
财资〔2016〕4号规定	发行人情形
评估备案	2018年11月30日，中国振华将《贵州振华风光半导体有限公司拟股权激励所涉及的其股东全部权益价值资产评估报告》（中天华资评报字〔2018〕黔第1048号）报中国电子备案，并取得了《国有资产评估项目备案表》（备案编号：4975ZGDZ2018092）
职工大会审议	2018年12月5日，发行人前身召开第四届第二次职工代表大会，审议通过了《贵州振华风光半导体有限公司股权激励》方案
方案审批	2019年1月22日，中国电子向中国振华出具《关于贵州振华风光半导体有限公司实施国有科技型企业股权激励计划的批复》（中电人〔2019〕28号），原则同意公司实施国有科技型企业股权出售激励计划；同意激励对象范围包含公司高级管理人员、核心技术人员和管理骨干，共计95人；同意激励的股权数量控制在376.36万股以内（约占公司总股本的7%），每股出售价格为5.00元，其中向激励对象个人出售股权的最高份额为9.422万股，股权来源为公司向激励对象增发股份
控股股东大会决议	2019年3月29日，中国振华召开第十二次临时股东大会，审议通过了《中国振华电子集团有限公司关于贵州振华风光半导体有限公司国有科技型企业股权激励方案的议案》，同意发行人前身对其核心技术人员、管理人员（95人）实施股权激励
发行人股东大会决议	2019年5月28日，召开2019年第三次临时股东大会，审议通过了《贵州振华风光半导体有限公司关于实施股权激励增资扩股的议案》，同意实施股权激励方案，由贵州风光芯管理咨询合伙企业（有限合伙）和贵州风光智管理咨询合伙企业（有限合伙）作为员工股权激励平台对其进行增资
股权激励实施	2019年5月29日，发行人前身及其全体股东与风光芯、风光智签署《增资协议》；风光芯、风光智缴纳货币出资合计人民币16 448 400.00元；其中注册资本（实收资本）人民币3 289 680.00元，资本公积人民币13 158 720.00元

3. 金融企业股权激励

规范金融企业股权激励的法律法规主要有《财政部 中国人民银行 银监会 证监会 保监会关于规范金融企业内部职工持股的通知》（财金〔2010〕79号）。

4. 其他非上市公司的股权激励

除了上述股权激励法律法规外，对于其他非上市公司没有单独的法律法规就其股权激励事项作出规范。

为了规范试点创新企业上市前实施股权激励，证监会在2018年6月6日发布了《关于试点创新企业实施员工持股计划和期权激励的指引》（证监会公告〔2018〕17号），其中试点创新企业是指《国务院办公厅转发证监会关于开展创新企业境内发行股票或存托凭证试点若干意见的通知》（国办发〔2018〕21号）所规范的符合国家战略、掌握核心技术、市场认可度高，属于互联网、大数据、云计算、人工智能、软件和集成电路、高端装备制造、生物医药等高新技术产业和战略性新兴产业，且达到相当规模的创新企业。

（二）股权激励的常见类型

根据上述有关股权激励的法律法规，涉及的股权激励类型如表3-1-2所示。

表3-1-2　股权激励常见类型

序号	类型	主要内容
1	股票期权	本办法所称股票期权是指上市公司授予激励对象在未来一定期限内以预先确定的条件购买本公司一定数量股份的权利。 ——《上市公司股权激励管理办法》
2	限制性股票	本办法所称限制性股票是指激励对象按照股权激励计划规定的条件，获得的转让等部分权利受到限制的本公司股票。 ——《上市公司股权激励管理办法》
3	员工持股计划	上市公司实施员工持股计划试点，有利于建立和完善劳动者与所有者的利益共享机制，改善公司治理水平，提高职工的凝聚力和公司竞争力，使社会资金通过资本市场实现优化配置。 ——《关于上市公司实施员工持股计划试点的指导意见》

续表

序号	类型	主要内容
4	股票增值权	股票增值权是指上市公司授予激励对象在一定的时期和条件下，获得规定数量的股票价格上升所带来的收益的权利。股权激励对象不拥有这些股票的所有权，也不拥有股东表决权、配股权。 ——《国有控股上市公司（境外）实施股权激励试行办法》
5	股权出售	股权出售是指根据对企业贡献的大小，按一定价格系数将企业股权出售给有关人员的一种股权激励方式。 ——由《国有科技型企业股权和分红激励暂行办法》整理而得
6	股权奖励	股权奖励又称奖励股权，是指公司将税后利润中的一部分（通常是净资产的增值额）以股权方式奖励给对企业发展作出突出贡献的科技人员。 ——由《国有科技型企业股权和分红激励暂行办法》整理而得
7	股权期权	股权期权是非上市公司常用的一种股权激励方式，是指授予激励对象在未来某一时间以特定的价格购买公司一定数量股权的权利。 ——由《国有科技型企业股权和分红激励暂行办法》整理而得
8	技术折股	技术折股是指允许科技人员个人拥有的专利技术或非专利技术（非职务发明），作价折合为一定数量的股权（份）。 ——《国务院办公厅转发〈财政部 科技部关于国有高新技术企业开展股权激励试点工作指导意见的通知〉》
9	分红奖励	分红奖励是指国有科技型企业以科技成果转化收益为标的，采取项目收益分红方式；或者以企业经营收益为标的，采取岗位分红方式，对企业重要技术人员和经营管理人员实施激励的行为。 ——由《国有科技型企业股权和分红激励暂行办法》整理而得

（三）股权激励的会计核算

企业实施股权激励，应当按照《企业会计准则第11号——股份支付》（以下简称《股份支付准则》）的规定进行核算。根据股份支付中企业结算方式的不同，股份支付可分为以权益结算的股份支付和以现金结算的股份支付。

1. 以权益结算的股份支付

（1）以权益结算股份支付的概念

根据《股份支付准则》的规定，以权益结算的股份支付包括如下两类股份支付交易。

①换取职工或其他方提供的服务并以股份或其他权益工具为对价，常见的

为换取职工服务的以权益结算的股份支付包括股票（权）期权和限制性股票（权）。

②换取职工或其他方提供的服务但没有义务就该交易与职工或其他方进行结算，常见的是集团内的股权激励，母公司将子公司职工作为激励对象时，对子公司而言其取得职工服务属于权益结算的股份支付。

（2）以权益结算股份支付的确认和计量

《股份支付准则》规定，以权益结算的股份支付应当在整个交易过程中按如下方式确认和计量。

①授予日。

授予日，若授予的权益工具立即可行权的，企业应当在授予日按照授予的权益工具的公允价值计入相关成本或费用，同时增加资本公积（其他资本公积）；若授予的权益工具不可以立即行权，而是需要完成等待期的服务或者业绩条件的，在授予日不予确认。

②等待期。

存在等待期的股份支付，企业获取职工或第三方服务的"价格"是已经确定的，职工或第三方服务的"数量"需要在等待期结束后才能最终确定，但与股份支付相关的成本或费用需要在每个资产负债表日予以确认，所以需要在等待期内每个资产负债表日预计服务的"最佳估计数量"，并以此计量所确认的成本和费用。

《股份支付准则》规定，完成等待期内的服务或者达到规定业绩条件才可以行权的以权益结算的股份支付，在等待期内的每个资产负债表日，应当以对可行权权益工具数量的最佳估计为基础，按照权益工具授予日的公允价值，将当期取得的服务计入相关成本或费用和资本公积（其他资本公积）；在资产负债表日，后续信息表明可行权权益工具的数量与以前估计不同的，应当进行调整，并在可行权日调整至实际可行权的权益工具数量。

③可行权日。

在可行权日，企业获取职工或第三方服务的"数量"已确定，所以企业取得服务的成本也是确定的；授予的权益工具价格的变动并不影响企业的财务状况，所以无须对股权支付进行处理，也无须对所确认的成本或费用和所有者权益进行调整。

《股份支付准则》规定，企业在可行权日之后不再对已确认的相关成本或费用和所有者权益总额进行调整。

④实际行权日。

实际行权日是指职工行使股票期权以特定价格购买公司股票的日期。在实际行权日，公司应当根据行权情况，确认股本和资本公积（股本溢价），同时结转等待期内因股份支付确认的资本公积（其他资本公积）。

2. 以现金结算的股份支付

（1）以现金计算股份支付的概念

《股份支付准则》规定，以现金结算的股份支付，是指企业为获取服务承担以股份或其他权益工具为基础确认的交付现金或其他资产义务的交易。

以现金结算的股份支付，其结算的方式为企业支付现金或其他资产，在结算之前企业需要因该项股份支付而确认一项负债。

（2）以现金结算股份支付的确认和计量

以现金结算的股份支付与以权益结算的股份支付都是为换取职工或其他方的服务，但两者的结算方式不同，这种不同可分为两者贷方科目的不同和计量日的不同。

①授予日。

授予后立即可行权的以现金结算的股份支付，应当在授予日以企业承担的负债的公允价值计入相关成本费用，相应增加负债；若授予的权益工具不可以立即行权，而是需要完成等待期的服务或者业绩条件的，在授予日不予确认。

②等待期。

以现金结算的股份支付，在等待期内的每一个资产负债表日，其取得职工服务的单价取决于所授予权益工具的公允价值，所以对于以现金结算的股份支付，不仅服务的"数量"在变动，而且计量服务的单价也在变动。

《股份支付准则》及其应用指南规定："完成等待期内的服务或达到规定业绩条件以后才可行权的以现金结算的股份支付，在等待期内的每个资产负债表日，应当以对可行权情况的最佳估计为基础,按照企业承担负债的公允价值金额,将当期取得的服务计入成本或费用和相应的负债;在资产负债表日,后续信息表明企业当期承担债务的公允价值与以前估计不同的,应当进行调整,并在可行权日调整至实际可行权水平。"

③可行权日。

以现金结算的股份支付,在可行权日应当将负债的公允价值调整至实际可行权水平。除此之外,不再进行会计处理。

④结算日。

对企业因股份支付确认的债务,在结算日应按照负债公允价值结算给职工或其他方,对于可行权日与结算日之间每个资产负债表日公允价值的变动不再被视为取得职工或其他方的服务,而将其视为金融负债公允价值变动计入当期损益。

3. 员工持股计划

员工持股计划是否属于股份支付,我国的会计准则对此并未予以明确,根据《上市公司执行企业会计准则案例解析(2020)》❶的示例:在非公开发行的情况下,上市公司制定的定向增发方案及发行价格往往是上市公司、员工持股计划及外部投资者等各方商讨博弈的结果。除非存在明确相反证据,股票增发价格一般可以代表其公允价值。员工持股计划参与认购上市公司定向增发的股票,如果认购条件和发行价格与其他投资者并无区别,员工并没有获得额外的好处,上市公司也没有为获取员工服务付出对价,不存在对员工的激励,则不构成股份支付。

所以,员工持股计划是否构成股份支付交易,主要取决于其是否符合股份支付定义,即是否为获取员工服务而付出了对价,这类对价主要是员工持股计划参与企业股票的增发价格是否与其他投资者的价格或者公司股票的公允价值存在明显的差异。

4. 非控股股东授予股份

我国的股份支付准则对于控股股东实施的股权激励在《企业会计准则解释第

---

❶ 中国证券监督管理委员会会计部.上市公司执行企业会计准则案例解析(2020)[M].北京:中国财政经济出版社,2020.

4号》(财会〔2010〕15号)中的集团股份支付作了规范,但是财会〔2010〕15号也将集团股份支付限定为母公司和全部子公司,对于非母公司股东(即非控股股东)及非法人股东(自然人股东)以其所拥有的企业股份实施的股权激励是否属股份支付并未予以明确。《上市公司执行企业会计准则案例解析(2020)》中,证监会认为:国际财务报告准则关于集团内股份支付,包括集团内任何主体的任何股东,并未限定支付的主体为控股股东。非控股股东授予职工公司的权益工具,也应当被视为集团内的股份支付安排。考虑到中国会计准则与国际财务报告准则趋同的原则,国际财务报告准则的前述规定也适用于《企业会计准则——股份支付》及相关规定。

所以若非控股股东授予职工股份符合股份支付定义的,也应当将其纳入股份支付核算。

二、股权激励的 IPO 审核

(一)首发申报前制定、上市后实施的期权激励计划

《〈首次公开发行股票注册管理办法〉第十二条、第十三条、第三十一条、第四十四条、第四十五条和〈公开发行证券的公司信息披露内容与格式准则第57号——招股说明书〉第七条有关规定的适用意见》(证券期货法律适用意见第17号,以下简称"法律适用意见第17号")对发行人首发申请前制定、上市后实施的期权激励计划应当符合的要求及中介机构核查内容作了规范。

1. 期权激励计划应当符合的要求

法律适用意见第17号第五条规定,发行人存在首发申报前制定、上市后实施的股权激励计划的,应当体现增强公司凝聚力、维护公司长期稳定发展的导向。期权激励计划原则上应当符合下列要求:

(1)激励对象应当符合相关上市板块的规定;

(2)激励计划的必备内容与基本要求,激励工具的定义与权利限制,行权安排,回购或者终止行权,实施程序等内容,应当参考《上市公司股权激励管理办法》的相关规定执行;

（3）期权的行权价格由股东自行商定确定，但原则上不应低于最近一年经审计的净资产或者评估值；

（4）发行人全部在有效期内的期权激励计划所对应股票数量占上市前总股本的比例原则上不得超过百分之十五，且不得设置预留权益；

（5）在审期间，发行人不应新增期权激励计划，相关激励对象不得行权；最近一期末资产负债表日后行权的，申报前须增加一期审计；

（6）在制定期权激励计划时应当充分考虑实际控制人稳定，避免上市后期权行权导致实际控制人发生变化；

（7）激励对象在发行人上市后行权认购的股票，应当承诺自行权日起三十六个月内不减持，同时承诺上述期限届满后比照董事、监事及高级管理人员的相关减持规定执行。

2. 核查要求

保荐机构及申报会计师应当对发行人期权激励计划的下述事项进行核查并发表核查意见：

（1）期权激励计划的制定和执行情况是否符合以上要求；

（2）发行人是否在招股说明书中充分披露期权激励计划的有关信息；

（3）股份支付相关权益工具公允价值的计量方法及结果是否合理；

（4）发行人报告期内股份支付相关会计处理是否符合《企业会计准则》相关规定。

（二）首发申报前实施员工持股计划

1. 员工持股计划应当符合的要求

法律适用意见第 17 号对发行人首发申报前实施员工持股计划的相关事项也进行了明确的规范，发行人首发申报前实施员工持股计划的，原则上应当全部由公司员工构成，体现增强公司凝聚力、维护公司长期稳定发展的导向，建立健全激励约束长效机制，有利于兼顾员工与公司长远利益，为公司持续发展夯实基础。员工持股计划应当符合下列要求：

（1）发行人应当严格按照法律、行政法规、规章及规范性文件要求履行决策程序，并遵循公司自主决定、员工自愿参加的原则，不得以摊派、强行分配等方式强制实施员工持股计划。

（2）参与持股计划的员工，与其他投资者权益平等，盈亏自负，风险自担，不得利用知悉公司相关信息的优势，侵害其他投资者合法权益。

员工入股应当主要以货币出资，并按约定及时足额缴纳。按照国家有关法律法规，员工以科技成果出资入股的，应当提供所有权属证明并依法评估作价，及时办理财产权转移手续。

（3）发行人实施员工持股计划，可以通过公司制企业、合伙制企业、资产管理计划等持股平台间接持股，并建立健全持股在平台内部的流转、退出机制，以及所持发行人股权的管理机制。

参与持股计划的员工因离职、退休、死亡等原因离开公司的，其所持股份权益应当按照员工持股计划章程或者协议约定的方式处置。

2. 员工持股计划计算股东人数的规则

发行人在申报前实施员工持股计划的，在计算发行人股东人数时应当按照如下原则计算：

（1）依法以公司制企业、合伙制企业、资产管理计划等持股平台实施的员工持股计划，在计算公司股东人数时，员工人数不计算在内；

（2）参与员工持股计划时为公司员工，离职后按照员工持股计划章程或者协议约定仍持有员工持股计划权益的人员，可不视为外部人员；

（3）新《证券法》施行之前（即2020年3月1日之前）设立的员工持股计划，参与人包括少量外部人员的，可不做清理。在计算公司股东人数时，公司员工人数不计算在内，外部人员按实际人数穿透计算。

3. 核查要求

保荐机构及发行人律师应当对员工持股计划的设立背景、具体人员构成、价格公允性、员工持股计划章程或者协议约定情况、员工减持承诺情况、规范运行情况及备案情况进行充分核查，并就员工持股计划是否合法合规实施，是否存在损害发行人利益的情形发表明确意见。

（三）IPO 申报前新增员工持股审核

1. 股权激励的模式

对于未上市企业，特别是准备 IPO 的企业也会在 IPO 前通过增资或者转让股份的方式实现高管、核心技术人员、员工甚至主要业务合作伙伴持股的情况；并且往往由实际控制人与激励对象成立合伙企业作为持股平台，其中实际控制人为合伙企业的普通合伙人，而激励对象为合伙企业的有限合伙人。

这种情形下作为持股平台的合伙企业取得发行人股份的模式有以下三种。

（1）实际控制人转让模式

实际控制人转让模式，通常是先由实际控制人设立合伙企业，合伙企业设立后实际控制人将其持有发行人的股份以名义价格转让给合伙企业持有，再由作为普通合伙人的实际控制人将其持有的合伙企业份额转让给员工或者由员工入伙合伙企业，从而实现员工对发行人股份的间接持有。

例如，采纳股份（301122）、华康医疗（301235）、比依股份（603215）采用了这种模式。其中采纳股份（301112）和华康医疗（301235）是由实际控制人设立作为持股平台的合伙企业，再由实际控制人将其持有的发行人的股份以名义价格（1元/股）或者较低的价格转让给合伙企业，最后由实际控制人将合伙企业的合伙份额转让给员工。比依股份（603215）则直接由激励对象自行成立作为持股平台的合伙企业，再由实际控制人将其持有的发行人的股份以较低价格转让给合伙企业。

（2）发行人回购模式

发行人回购模式，是指先由发行人按照特定的价格向特定的股东（一般为实际控制人或者拟退出的其他股东）回购其持有的发行人的股份，再由发行人将回购的股份以协议的价格转让给持股平台。

例如，诚达药业（301201）采用了这种方式。先由诚达药业（301201）以6元/股的价格回购拟退出股东浙江大有化工有限公司和上海诺艾尔生物医药有限公司持有的发行人的股份，然后再将回购的股份以5元/股的价格转让给持股平台。

（3）发行人定向增发模式

发行人定向增发模式，是由作为持股平台的企业认购发行人增发的股份，从而实现激励对象对发行人的间接持股。

例如，宏英智能（001266）、康冠科技（001308）采用定向增发的模式，在IPO前由发行人的实际控制人先设立了作为持股平台的合伙企业，再由合伙企业以低于或等于公允价值的金额认缴发行人新增注册资本。

2. 对新股东的审核

这种在IPO申报前员工和业务合作伙伴持股的情况，是IPO审核中的重点内容之一。

根据《监管规则适用指引——发行类第4号》的规定，对IPO申报前12个月通过增资或股权转让产生的新股东，保荐机构、发行人律师应按照《监管指引》《监管规则适用指引——发行类第2号》的相关要求进行核查。发行人在招股说明书信息披露时，除满足招股说明书信息披露准则的要求外，如新股东为法人，应披露其股权结构及实际控制人；如为自然人，应披露其基本信息；如为合伙企业，应披露合伙企业的普通合伙人及其实际控制人、有限合伙人的基本信息。

（四）IPO前股份支付的处理

1. 股份支付情形的判断

《监管规则适用指引——发行类第5号》规定，发行人向职工（含持股平台）、顾问、客户、供应商及其他利益相关方等新增股份，以及主要股东及其关联方向职工（含持股平台）、客户、供应商及其他利益相关方等转让股份，发行人应根据重要性水平，依据实质重于形式原则，对相关协议、交易安排及实际执行情况进行综合判断，并进行相应会计处理。有充分证据支持属于同一次股权激励方案、决策程序、相关协议而实施的股份支付，原则上一并考虑适用。

《监管规则适用指引——发行类第5号》针对不同主体取得股份的情形是否适用《股份支付准则》作了规定，具体如表3-1-3所示。

表 3-1-3　股份支付适用情形

主体	主要内容
实际控制人／老股东	1. 解决规范性等 解决股份代持等规范措施导致股份变动，家族内部财产分割、继承、赠与等非交易行为导致股份变动，资产重组、业务并购、转换持股方式、向老股东同比例配售新股等导致股份变动，有充分证据支持相关股份获取与发行人获得其服务无关的，不适用《企业会计准则第11号——股份支付》。 2. 非公允增资 为发行人提供服务的实际控制人／老股东以低于股份公允价值的价格增资入股，且超过其原持股比例而获得的新增股份，应属于股份支付。 3. 转让新增股份受让权 如果增资协议约定，所有股东均有权按各自原持股比例获得新增股份，但股东之间转让新增股份受让权且构成集团内股份支付，导致实际控制人／老股东超过其原持股比例获得的新增股份，也属于股份支付。 4. 原持股比例计算 上述实际控制人／老股东原持股比例，应按照相关股东直接持有与穿透控股平台后间接持有的股份比例合并计算
顾问或实际控制人／老股东亲友	1. 提供服务 发行人的顾问或实际控制人／老股东亲友（以下简称当事人）以低于股份公允价值的价格取得股份，发行人获取当事人及其关联方服务的，应构成股份支付。 2. 未提供服务 实际控制人／老股东亲友未向发行人提供服务，但通过增资取得发行人股份的，应考虑是否实际构成发行人或其他股东向实际控制人／老股东亲友让予利益，从而构成对实际控制人／老股东的股权激励
客户、供应商	1. 判断因素 发行人客户、供应商入股的，应综合考虑购销交易公允性、入股价格公允性等因素判断。 2. 购销交易价格不存在重大差异 购销交易价格与第三方交易价格、同类商品市场价等相比不存在重大差异，且发行人从未从该类客户、供应商获取其他利益的，一般不构成股份支付。 3. 购销交易价格存在显著差异 购销交易价格显著低于／高于第三方交易价格、同类商品市场价等可比价格，而客户、供应商入股价格未显著低于同期财务投资者入股价格的，一般不构成股份支付。 购销交易价格显著低于／高于第三方交易价格、同类商品市场价等可比价格，客户、供应商入股价格显著低于同期财务投资者入股价格的，需要考虑此类情形是否构成股份支付；是否低于同期财务投资者入股价格，应综合考虑与价格公允性相关的各项因素

2. 确定公允价值应考虑因素

上述情形构成股份支付的，发行人应当确定权益的公允价值，在确定权益的公允价值时,《监管规则适用指引——发行类第 5 号》规定应综合考虑以下因素：①入股时期,业绩基础与变动预期,市场环境变化；②行业特点,同行业并购重组市盈率、市净率水平；③股份支付实施或发生当年市盈率、市净率等指标；④熟悉情况并按公平原则自愿交易的各方最近达成的入股价格或股权转让价格,如近期合理的外部投资者入股价,但要避免采用难以证明公允性的外部投资者入股价；⑤采用恰当的估值技术确定公允价值,但要避免采取有争议的、结果显失公平的估值技术或公允价值确定方法,如明显增长预期下按照成本法评估的净资产或账面净资产。

判断价格是否公允应当考虑与某次交易价格是否一致,是否处于股权公允价值的合理区间范围。

3.股份支付费用的核算

股份立即授予或转让完成且没有明确约定等待期等限制条件的,股份支付费用原则上应一次性计入发生当期,并作为偶发事项计入当期非经常性损益。设定等待期的股份支付,股份支付费用应采用恰当方法在等待期内分摊,并计入经常性损益。

4.确定等待期应考虑因素

发行人应当结合股权激励方案及相关决议、入股协议、服务合同、发行人回购权的期限、回购价格等有关等待期的约定及实际执行情况,综合判断相关约定是否实质上构成隐含的可行权条件,即职工是否必须完成一段时间的服务或完成相关业绩方可真正获得股权激励对应的经济利益。

发行人在股权激励方案中没有明确约定等待期,但约定一旦职工离职或存在其他情形（如职工考核不达标等非市场业绩条件）,发行人、实际控制人或其指定人员有权回购其所持股份或在职工持股平台所持有财产份额的,应考虑此类条款或实际执行情况是否构成实质性的等待期,尤其关注回购价格影响。回购价格公允,回购仅是股权归属安排的,职工在授予日已获得相关利益,原则上不认定存在等待期,股份支付费用无须分摊。回购价格不公允或尚未明确约定的,表明职工在授予日不能确定获得相关利益,只有满足特定条件后才能获得相关利益,应考虑是否构成等待期。

（1）发行人的回购权存在特定期限

发行人对职工离职时相关股份的回购权存在特定期限，如固定期限届满前、公司上市前或上市后一定期间等，无证据支持相关回购价格公允的，一般应将回购权存续期间认定为等待期。

（2）发行人的回购权没有特定期限，且回购价格不公允

发行人的回购权没有特定期限或约定职工任意时间离职时发行人均有权回购其权益，且回购价格与公允价值存在较大差异的，如职工仅享有持有期间的分红权、回购价格是原始出资额或原始出资额加定期利息等，发行人应结合回购价格等分析职工实际取得的经济利益，判断该事项应适用职工薪酬准则还是股份支付准则。

（3）发行人的回购权没有特定期限，且回购价格及定价基础均未明确约定

发行人的回购权没有特定期限，且回购价格及定价基础均未明确约定的，应考虑相关安排的商业合理性。发行人应在申报前根据股权激励的目的和商业实质对相关条款予以规范，明确回购权期限及回购价格。

5. 以首次公开发行并上市为条件的股权激励

如果发行人的实际控制人作为持股平台的普通合伙人将其持有的部分发行人股票以名义价格转让给持股平台，员工作为该持股平台的有限合伙人以约定价格（认购价）认购持股平台份额，从而间接持有发行人股份的，且约定如果自授予日至IPO完成时员工主动离职，员工不得继续持有持股平台份额，实际控制人将以自有资金按照员工认购价回购员工持有的股份平台份额的，属于股份支付。

（1）股份支付类型

实际控制人通过持股平台将其持有的发行人股份授予公司员工，属于集团股份支付，由于接受服务的发行人没有结算义务，所以属于以权益结算的股份支付交易。

（2）会计处理

由于员工必须服务至发行人IPO完成，否则持有的股份将以原认购价由实际控制人回购，所以其属于存在服务期限条件的股权激励计划，发行人成功IPO属

于可行权条件中的非市场业绩条件。因此,发行人应当将授予日至预计成功IPO之间的期间作为等待期,并在等待期内每个资产负债表日对预计可行权数量作出估计,确认相应的股权激励费用。如果因IPO实际变化导致等待期发生变化的,应当根据重估IPO时点确定新的等待期,截至当期累计应确认的股份激励费用扣减前期累计已确认金额,作为当期应确认的股权激励费用。

6. 实际控制人受让退出员工的股份

在上述员工持股中,往往会存在实际控制人作为普通合伙人受让发行人股份的情形,并且在合伙企业内部会约定员工因特定原因退出合伙企业的应当由作为普通合伙人的实际控制人受让该员工的股份,而受让价格与当初的授予价格相同或较为接近且与股票的市场价格存在差异。对于这种情况下的实际控制人受让股份是否构成了新的股份支付交易,财政部会计司在其发布的《股份支付准则应用案例——实际控制人受让股份是否构成新的股份支付》认为,若作为普通合伙人的实际控制人受让有限合伙人股份后,不享有受让股份对应的投票权和股利分配等收益权,且必须在约定的时间、以受让价格将受让股份再次分配给员工持股平台的合伙人,则在这种情况下表明普通合伙人并未从受让股份中获得收益,仅以代持身份暂时持有受让股份,不符合股份支付的定义,所以该受让股份并不构成新的股份支付。

实务中,判断普通合伙人受让股份是否属于代持行为通常需要考虑下列证据:①受让前应当明确约定受让股份将再次授予其他激励对象;②对再次授予其他激励对象有明确合理的时间安排;③在再次授予其他激励对象之前的持有期间,受让股份所形成合伙份额相关的利益安排(如股利等)与代持未形成明显冲突。

(五)IPO前股份支付核查

《监管规则适用指引——发行类第5号》规定,保荐机构及申报会计师应对发行人的股份变动是否适用《企业会计准则第11号——股份支付》进行核查,并对以下问题发表明确意见:股份支付相关安排是否具有商业合理性;股份支付相关权益工具公允价值的计量方法及结果是否合理,与同期可比公司估值是否存在重大差异；与股权所有权或收益权等相关的限制条件是否真实、可行，相关约定是否实质上构成隐含的可行权条件，等待期的判断是否准确，等待期各年/期确认的职工服务成本或费用是否准确；发行人股份支付相关会计处理是否符合规定。

第二章 股权激励的涉税分析

股权激励本质是企业以自身或者集团内其他主体的股份为标的换取职工服务，企业因实施股权激励而产生了一项费用，员工因股权激励而获取了一定的经济利益。股权激励的涉税处理，对企业而言，需要确定因为实施股权激励而形成的成本或者费用如何在缴纳企业所得税前扣除；对员工而言，则需要考虑因实施股权激励而取得的所得如何申报缴纳个人所得税。

一、股权激励的企业所得税

规范企业股权激励所得税事项的税收规范性文件主要是《国家税务总局关于我国居民企业实行股权激励计划有关企业所得税处理问题的公告》（国家税务总局公告2012年第18号）（以下简称"18号公告"）。

（一）上市公司股权激励

1. 税前扣除应符合的要件

18号公告规定，上市公司实施股权激励计划的费用在所得税税前扣除的，应当同时满足如下的条件。

（1）实施主体为居民企业

《企业所得税法》第二条规定："企业分为居民企业和非居民企业。本法所称居民企业，是指依法在中国境内设立，或者依照外国（地区）法律成立但实际管理机构在中国境内的企业。"《企业所得税法实施条例》第四条规定："企业所得税法第二条所称实际管理机构，是指对企业的生产经营、人员、账务、财产等实施实质性全面管理和控制的机构。"

《国家税务总局关于境外注册中资控股企业依据实际管理机构标准认定为居民企业有关问题的通知》（国税发〔2009〕82号）规定："境外中资企业同时符合以下条件的，根据企业所得税法第二条第二款和实施条例第四条的规定，应判定其为实际管理机构在中国境内的居民企业（以下简称非境内注册居民企业），并实施相应的税收管理，就其来源于中国境内、境外的所得征收企业所得税。（一）企业负责实施日常生产经营管理运作的高层管理人员及其高层管理部门履行职责的场所主要位于中国境内；（二）企业的财务决策（如借款、放款、融资、财务风险管理等）和人事决策（如任命、解聘和薪酬等）由位于中国境内的机构或人员决定，或需要得到位于中国境内的机构或人员批准；（三）企业的主要财产、会计账簿、公司印章、董事会和股东会议纪要档案等位于或存放于中国境内；（四）企业1/2（含1/2）以上有投票权的董事或高层管理人员经常居住于中国境内。"

适用于18号公告的居民企业既包括境内注册的居民企业，也包括非境内注册的居民企业。

（2）实施主体为境内上市公司

境内上市公司是指股票在上海证券交易所、深圳证券交易所上市交易的公司。18号公告第三条规定，在我国境外上市的居民企业，符合相关条件的也可以按照18号公告规定进行。

《财政部 国家税务总局关于北京证券交易所税收政策适用问题的公告》（财政部 国家税务总局公告2021年第33号）规定："新三板精选层公司转为北交所上市公司，以及创新层挂牌公司通过公开发行股票进入北交所上市后，投资北交所上市公司涉及的个人所得税、印花税相关政策，暂按照现行新三板适用的税收规定执行。涉及企业所得税、增值税相关政策，按企业所得税法及其实施条例、《财政部 国家税务总局关于全面推开营业税改征增值税试点的通知》（财税〔2016〕36号）及有关规定执行。"

不仅境内的上市公司适用18号公告，在境外上市的居民企业在满足其他条件时，也可以适用18号公告的相关规定；但是，在北京证券交易所上市的公司是否适用18号公告的规定，并未予以明确。但是，根据18号公告第三条将其适用范围扩展到境外上市的居民企业和非上市公司，在北京证券交易所上市的公司依法实施股权激励计划的也可以适用18号公告的内容。

（3）按要求建立股权激励计划

上市公司应当按照《上市公司股权激励管理办法》（证监会令第148号）的要求建立职工股权激励计划。

（4）本公司股票为激励标的

18号公告第一条规定："本公告所称股权激励，是指《上市公司股权激励管理办法（试行）》（证监公司字〔2015〕151号）中规定的上市公司以本公司股票为标的，对其董事、监事、高级管理人员及其他员工（以下简称激励对象）进行的长期性激励。"

所以，18号公告的激励标的股票仅限于实施主体以"本公司股票"为标的，对"其"激励对象实施的股权激励，并不包含以集团内其他主体的股票为标的实施的股权激励。

2. 股权激励的类型

18号公告规定，股权激励实行方式包括授予限制性股票、股票期权及其他法律法规规定的方式。

限制性股票，是指《上市公司股权激励管理办法（试行）》中规定的激励对象按照股权激励计划规定的条件，从上市公司获得的一定数量的本公司股票。股票期权，是指《上市公司股权激励管理办法（试行）》中规定的上市公司按照股权激励计划授予激励对象在未来一定期限内，以预先确定的价格和条件购买本公司一定数量股票的权利。

上市公司实施股权激励的类型并不仅限于限制性股票和股票期权两种方式，按照其他法律法规实施的股权激励也可以适用18号公告的相关内容。

3. 股权激励费用的性质

18号公告第二条规定，上市公司实施股权激励计划按规定计算的费用，应当作为上市公司工资薪金支出。

3. 股权激励费用扣除时间

企业股权激励费用在性质上属于工资薪金支出，《企业所得税法实施条例》第三十四条规定："企业发生的合理的工资薪金支出，准予扣除。前款所称工资薪金，是指企业每一纳税年度支付给在本企业任职或者受雇的员工的所有现金形式或者非现金形式的劳动报酬。"

18号公告第二条规定："（一）对股权激励计划实行后立即可以行权的，上市公司可以根据实际行权时该股票的公允价格与激励对象实际行权支付价格的差额和数量，计算确定作为当年上市公司工资薪金支出，依照税法规定进行税前扣除。（二）对股权激励计划实行后，需待一定服务年限或者达到规定业绩条件（以下简称等待期）方可行权的，上市公司等待期内会计上计算确认的相关成本费用，不得在对应年度计算缴纳企业所得税时扣除。在股权激励计划可行权后，上市公司方可根据该股票实际行权时的公允价格与当年激励对象实际行权支付价格和差额及数量，计算确定作为当年上市公司工资薪金支出，依照税法规定进行税前扣除。"

所以股权激励费在性质上属于工资薪金，而工资薪金的扣除时间为"支付"时，所以18号公告将上市公司实施股权激励计划而确认的费用在员工实际行权时作为上市公司当年度的费用进行扣除，在授予日和等待期内不允许计算扣除。

示例 3-2-1

上市公司A在2020年实施股票期权计划，2020年1月1日为其50名管理人员每人授予10 000股的股票期权，要求管理人员的服务年限为3年，服务期满仍在职的管理人员可按6元/股的价格购买上市公司股票。股票期权在授予日的公允价格为12元/股。上市公司第一年有3人离开公司，公司预测总共会有7人离开公司；第二年又有2人离开公司，公司预测总共会有6人离开公司；第三年没有人员离职。所有员工于2024年6月30日行权。

案例分析：根据18号公告，上市公司在授予日及等待期内均不得在缴纳所得税前扣除因实施股权激励而产生的费用；在可行权日2023年1月1日所属年度因为没有实际行权，所以也不在缴纳所得税前扣除股权激励费用。员工实际行权时间为 2024 年，所以上市公司应当在实际行权日所属的年度即 2024 年度扣除股权激励费用。

4. 股权激励费用扣除金额

18 号公告第二条规定，上市公司实施股权激励计划，在员工行权时应当根据该股票实际行权时的公允价格与当年激励对象实际行权支付价格的差额和数量，计算确定作为当年上市公司工资薪金支出。其中股票实际行权时的公允价格，以实际行权日该股票的收盘价格确定。

上市公司应当按照如下公式计算当年可扣除的股权激励费用：

当年可扣除的股权激励费用 =（行权日股票的收盘价 − 实际行权价格）× 行权数量 　　　　　　　　　　　（3-2-1）

示例 3-2-2

具体内容同示例 3-2-1，员工实际行权日上市公司开盘价为 10.00 元，收盘价为 10.80 元。

案例分析：根据 18 号公告的规定，上市公司在 2024 年度可在所得税前扣除的股权激励费用为

可扣除的股权激励费用 =（行权日股票的收盘价 − 实际行权价格）× 行权数量
　　　　　　　　　　=（10.80−6.00）×10000×45
　　　　　　　　　　=2 160 000.00（元）

5. 税收与会计核算的对比

以示例 3-2-1 为基础，根据《股份支付准则》该股票期权属于以权益结算的股份支付，上市公司应当在股票期权等待期内的每一个资产负债表日确认因股份支付而确认的员工服务费用，同时计入资本公积，在可行权日后不再对股份支付所对应的资本公积的公允价值进行调整。

表3-2-1是上市公司各年度会计确认的股份支付费用与可在所得税前扣除的股权激励费用对比。

表3-2-1 股权激励费用计算表　　　　　　　　　单位：元

年度	会计确认金额	所得税前扣除金额	差额
2020年度	1 720 000.00①	0	1 720 000.00
2021年度	1 800 000.00②	0	1 800 000.00
2022年度	1 880 000.00③	0	1 880 000.00
2023年度	0	0	0
2024年度	0	2 160 000.00④	-2 160 000.00
合计	5 400 000.00	2 160 000.00	3 240 000.00

注：①第一年确认的费用=（50-7）×10 000×12×1/3=1 720 000.00（元）
②第二年确认的费用=（50-6）×10 000×12×2/3-1 720 000.00=1 800 000.00（元）
③第三年确认的费用=（50-5）×10 000×12-3 520 000.00=1 880 000.00（元）
④所得税前扣除的费用=（10.80-6.00）×10 000×45=2 160 000.00（元）

会计准则对股权激励费用确认是基于上市公司以股票期权这一金融工具作为支付方式交换员工所提供的服务这一假设，由于员工所提供服务的公允价值无法直接计量，因此采用作为支付对价的股票期权的公允价值计量，但是根据权责发生制的核算基础，需在等待期内的每个资产负债表日确认由此产生的费用；员工在实际行权日所支付的价格与所确认费用的之间的差额仅仅属于企业所有者权益的内部调整，并不影响企业已确认的费用，也不影响企业当年度的费用。而在所得税中，认为员工实际行权日股票的公允价格与实际行权价格之间的差额为企业因实施股权激励计划而丧失的经济利益（否则按照公允价格发行股票可以获得更多的经济利益），所以仅将该部分损失的经济利益作为费用在所得税前扣除。

6.集团股权激励的扣除

集团内如果有一家公司是上市公司，这家上市公司的股票或者期权是一种比较好的股权激励工具。为集团内非上市主体提供服务的员工，被授予集团内上市公司的股份或期权，即属于集团股权激励。集团股权激励中结算单位（授予股票期权或者限制性股票的单位）与接受员工提供劳务的单位（员工提供服务的单位）是不相同的，对于这种情形下的股权激励费用如何进行所得税前扣除，18号公告没有予以明确。

（1）18号公告股权激励的定义

18号公告将股权激励定义为：本公告所称股权激励，是指《上市公司股权激励管理办法（试行）》中规定的上市公司以本公司股票为标的，对其董事、监事、高级管理人员及其他员工（以下简称激励对象）进行的长期性激励。该定义与《上市公司股权激励管理办法》（证监会令第148号）中的股权激励的概念是相同的，而证监会制定的《股权激励有关事项备忘录1、2、3》（已废止）中对股权激励对象资格、激励对象范围及激励对象范围合理性进行了规定，均未限制上市公司所控制的非上市主体员工作为激励对象。证监会会计部编制的《上市公司执行企业会计准则案例解析（2020）》的示例也对集团股份支付问题作了规定。

从上述规定中可以看出，无论是18号公告制定时有效的《上市公司股权激励管理办法（试行）》还是后续修改的《上市公司股权激励管理办法》，对股权激励的定义并没有修改，也没有限制集团股权激励，所以从定义上，本书认为股权激励的定义是包含集团股权激励的。

（2）18号公告的适用

对于集团股权激励是否可以适用18号公告中企业所得税扣除的政策，国家税务总局并没有后续的规范性文件予以说明。本书认为应当允许适用18号公告的相关扣除规定，主要理由如下。

第一，18号公告中股权激励的定义与《上市公司股权激励管理办法（试行）》中股权激励的定义相同，无论是《上市公司股权激励管理办法（试行）》还是后续修订的《上市公司股权激励管理办法》都允许集团实施股权激励，《上市公司股权激励管理办法（试行）》之所以规范"本公司股票为标的"，是由于该文件是用于规范上市公司实施股权激励的行为，但未限制上市公司以本公司股票为标的对集团内其他主体的员工实施股权激励。

第二，就接受员工服务的主体而言，在会计处理上，集团实施股权激励与上市公司自身实施股权激励的会计处理是相同的，对接受服务企业的财务状况和经营成果的影响也是相同的。

第三,《企业所得税法实施条例》允许企业支付的合理的工资薪金在企业所得税前扣除,若在集团股权激励中不允许接受方进行税前扣除,不符合交易的经济实质;而且在集团股权激励中仅限定接受主体按照18号公告的规定在所得税前扣除,并不会发生费用的重复扣除。

第四,在集团股权激励方式下,作为上市公司的母公司与子公司之间的交易可以参考《国家税务总局关于资产(股权)划转企业所得税征管问题的公告》(国家税务总局公告2015年第40号,以下简称"40号公告")的规定,作为权益性交易增加结算方持有服务方股权的计税基础,即:若作为激励对象的员工是上市公司的子公司员工的,可以将子公司在所得税前扣除的股权激励费用作为上市公司对子公司股权投资计税基础的增加;若作为激励对象的员工是上市公司的母公司员工的,可以将母公司在所得税前扣除的股权激励费用冲减母公司持有的上市公司股票的计税基础,或者将其视为上市公司对母公司的股息分配。

(3)实务中的规范

实务中集团股权激励的所得税处理,税务机关的答复也是不同的,部分税务机关对此问题的答复如表3-2-2所示。

表3-2-2　股权激励实务问答

地区	主要内容
北京 (2018)	问:母公司为上市公司,将股票期权和限制性股票授予管理层,激励对象既有母公司员工,又有非上市的子公司员工,对于激励子公司员工的部分,子公司增加资本公积金,当年并未向母公司支付对价。对于子公司(非上市公司)用母公司(上市公司)的股权来激励子公司员工且行权时,子公司未向母公司支付对价,是由母公司作为工资薪金在税前扣除,还是由子公司在税前扣除? 北京市税务局回复:我国企业所得税制度施行法人税制,母公司与子公司从税法层面来看是两个独立的法人。《国家税务总局关于我国居民企业实行股权激励计划有关企业所得税处理问题的公告》(国家税务总局公告2012年第18号)规定的是一个法人向其员工进行股权激励的税务处理问题。母公司对子公司员工的股权激励不适用18号公告的相关规定。母公司和子公司都不得扣除

续表

地区	主要内容
北京（2020）	以母公司股票进行股权激励的税务处理 境外上市公司向其中国子公司员工授予股票期权，书面协议约定，三年后实际行权时，由母公司发行1000股股票期权，子公司部分员工可以每股30元的价格购买母公司股票。此外，母公司将向子公司收取所发行股票的相关成本费用。 问：18号公告仅适用于上市公司本身的股权激励计划，未说明其是否适用于上市集团内子公司的股权激励计划的情形。对于境外上市母公司授予境内子公司员工的股权激励，在子公司承担相应成本的前提下，子公司层面能否在所得税税前扣除？ 答：企业股权激励支出是属于工资薪金支出。根据《企业所得税法实施条例》第三十四条的规定："工资薪金，是指企业每一纳税年度支付给在本企业任职或者受雇的员工的所有现金形式或者非现金形式的劳动报酬，包括基本工资、奖金、津贴、补贴、年终加薪、加班工资，以及与员工任职或者受雇有关的其他支出。"对于用母公司股票向员工进行股权激励的，属于子公司向员工支付的非现金形式的劳动报酬，应作为企业发生的工资薪金支出，在激励对象实际行权时按照有关规定税前扣除
宁波	问：母公司为注册地在上海的非上市公司，子公司为注册地在宁波的非上市公司，将股权期权和限制性股票授予管理层，激励对象既有母公司员工，又有子公司员工，对于激励子公司员工的部分，子公司增加资本公积及成本费用。对于子公司用母公司股权来激励公司员工，子公司员工行权时，已经由母公司按照工资薪金代扣代缴个人所得税，请问以下情况，企业所得税如何扣除？宁波税务局如何理解：①员工行权时，子公司未向母公司支付对价，是由母公司作为工资薪金在税前扣除，还是由子公司在税前扣除？②员工行权时，子公司向母公司支付对价，是由母公司作为工资薪金在税前扣除，还是由子公司在税前扣除？ 宁波税务局回复：企业股权激励支出实质属于工资薪金支出。根据《中华人民共和国企业所得税法实施条例》（中华人民共和国国务院令第512号）第三十四条的规定：工资薪金，是指企业为每一纳税年度支付给在本企业任职或者受雇的员工的所有现金形式或者非现金形式的劳动报酬，包括基本工资、奖金、津贴、补贴、年终加薪、加班工资，以及与员工任职或者受雇有关的其他支出。对于用母公司股票向员工进行股权激励的，属于子公司向员工支付的非现金形式的劳务报酬，应作为企业发生的工资薪金支出，在激励对象实际行权时按照有关规定税前扣除。作为股权激励在子公司扣除的工资薪金对应的个人所得税要由子公司代扣代缴

地区	主要内容
厦门	问：我公司系A上市公司的控股子公司，A上市公司2017年度对A公司及其控股子公司的核心骨干员工进行股权激励。我公司有7名员工被激励，授予股票数量为1万股，授予价为100元/股，实际行权日收盘价为200元/股。我公司已按照企业会计准则的有关规定，就该股权激励行为进行相应的会计处理。问题：就上述股权激励计划，我公司确认的股权激励的有关成本费用，由我公司进行企业所得税税前扣除或者由A上市公司税前扣除？ 厦门税务局2019年回复：根据国务院证券监督管理委员会发布的《上市公司股权激励管理办法（试行）》（证监公司字〔2005〕151号）的规定，及根据国家税务总局公告2012年第18号公告，本公告所称股权激励，是指《上市公司股权激励管理办法（试行）》中规定的上市公司以本公司股票为标的，对其董事、监事、高级管理人员及其他员工（以下简称激励对象）进行的长期性激励。股权激励的股票不是控股子公司的股票，不符合文件规定，不能被确认为控股子公司的成本费用。对于控股子公司的员工进行股权激励也不符合文件规定，不能被确认为A上市公司的成本费用
深圳	问：母公司A（上市公司）授予母公司A及其子公司B的骨干人员限制性股票激励，2018年解禁，那么请问，解禁时这部分成本费用是否可以在骨干人员所在的子公司B扣除，还是只能在母公司（上市公司）进行企业所得税税前扣除？ 深圳税务局2019年回复：B公司员工不是A公司员工，相关支出不能在A公司税前扣除。A公司用本公司股票对B公司员工的股权激励，不属于B公司的支出，B公司不能进行税前扣除

7. 激励对象对所得税扣除的影响

《上市公司股权激励管理办法（试行）》于2006年1月1日起实行，证监会为执行《上市公司股权激励管理办法（试行）》分别发布了《股权激励有关事项备忘录》1号、2号、3号对《上市公司股权激励管理办法（试行）》的相关内容予以明确；证监会在2016年发布了《上市公司股权激励管理办法》（2016年证监会令第126号）替代了《上市公司股权激励管理办法（试行）》并于2018年以证监会令148号对2016年的办法予以修订，上述相关文件对股权激励对象的范围作了一定的变动，具体如表3-2-3所示。

表3-2-3　股权激励对象对比表

事项	上市公司股权激励管理办法（试行）	上市公司股权激励管理办法（2016/2018）
定义	本办法所称股权激励是指上市公司以本公司股票为标的，对其董事、监事、高级管理人员及其他员工进行的长期性激励	本办法所称股权激励是指上市公司以本公司股票为标的，对其董事、高级管理人员及其他员工进行的长期性激励

续表

事项	上市公司股权激励管理办法（试行）	上市公司股权激励管理办法（2016/2018）
激励对象	股权激励计划的激励对象可以包括上市公司的董事、监事、高级管理人员、核心技术（业务）人员，以及公司认为应当激励的其他人员，但不应当包括独立董事	激励对象可以包括上市公司的董事、高级管理人员、核心技术人员或者核心业务人员，以及公司认为应当激励的对公司经营业绩和未来发展有直接影响的其他员工，但不应当包括独立董事和监事。在境内工作的外籍员工任职上市公司董事、高级管理人员、核心技术人员或者核心业务人员的，可以成为激励对象
监事	上市公司监事会应当对激励对象名单予以核实，并将核实情况在股东大会上予以说明。为确保上市公司监事独立性，充分发挥其监督作用，上市公司监事不得成为股权激励对象①	激励对象不应当包括独立董事和监事
主要股东和实际控制人及其近亲属	持股5%以上的主要股东或实际控制人原则上不得成为激励对象。除非经股东大会表决通过，且股东大会对该事项进行投票表决时，关联股东须回避表决。 持股5%以上的主要股东或实际控制人的配偶及直系近亲属若符合成为激励对象的条件，可以成为激励对象，但其所获授权益应关注是否与其所任职务相匹配。同时股东大会对该事项进行投票表决时，关联股东须回避表决②	单独或合计持有上市公司5%以上股份的股东或实际控制人及其配偶、父母、子女，不得成为激励对象

注：①《股权激励有关事项备忘录》2号问题一。
②《股权激励有关事项备忘录》1号问题二。

对比修订前后的《上市公司股权激励管理办法》和《上市公司股权激励管理办法（试行）》，虽然《上市公司股权激励管理办法（试行）》的股权激励定义中包含了监事，但是根据证监会后续发布的《上市公司股权激励有关事项备忘录》2号的相关规定，监事不能作为股权激励对象。而对于上市公司的主要股东、实际控制人及其相关联的近亲属是否可以成为激励对象，相关规定前后是存在差异的，《上市公司股权激励管理办法（试行）》及有关事项备忘录并不禁止其作为激励对象，而《上市公司股权激励管理办法》则将其排除在股权激励对象范围外。

虽然18号公告在定义中将监事作为股权激励对象，但是由于证监会在后续的文件中对股权激励对象作了更加明确的规范，所以上市公司按照《上市公司股权激励管理办法（试行）》建立职工股权激励计划的，不能将监事作为股权激励对象。

（二）非上市公司股权激励

1. 非上市公司股权激励政策适用

18号公告第三条规定："在我国境外上市的居民企业和非上市公司，凡比照《上市公司股权激励管理办法》的规定建立职工股权激励计划，且在企业会计处理上，也按我国会计准则的有关规定处理的，其股权激励计划有关企业所得税处理问题，可以按照上述规定执行。"

因此非上市公司实施股权激励，在满足规定条件时，也是可以按照18号公告的规定进行企业所得税处理。

2. 非上市公司股权激励费用的确定

虽然18号公告对非上市公司建立职工股权激励计划可以按照上市公司的规定执行，但是由于非上市公司股权流动性问题，不存在公开的交易市场，如何确定其公允价值18号公告未予以明确。

（1）股权激励费用的确定方法

计算确定可在企业所得税前扣除的股权激励费用时需要以激励标的股权（票）公允价值为基础，但18号公告并未对非上市公司股权公允价值的确定方法予以明确。国家税务总局在18号公告的解读"企业实行职工股权激励计划，其费用支出如何计算确定，并在税前扣除"中规定："在税务处理上，由于税法规定的企业工资福利费，是按实际支付日确定作为成本费用，同时不考虑市场波动等因素，因此，在确认企业建立的职工股权激励计划作为工资薪金扣除时，是按职工实际行权时该股票的公允价格与职工实际支付价格的差额和行权数量确定；这种确认方式与个人所得税保持一致。"

本书认为在确定非上市公司股权激励企业所得税前扣除金额时，公允价格的确定方法与股权激励个人所得税的应纳税所得额中公允价格的确定方法是一致的。根据财税〔2016〕101号和国家税务总局公告2016年第62号的规定,非上市公司员工以低于公平市场价格取得股票(权)的,凡不符合递延纳税条件,应在获得股票(权)时,对实际出资额低于公平市场价格的差额,按照"工资、薪金所得"项目计算缴纳个人所得税,其中公平市场价格,依次按照净资产法、类比法和其他合理方法确定;净资产法按照取得股票(权)的上年末净资产确定。

所以,非上市公司实施股权激励,用以确认可在企业所得税前扣除的股权激励费用的股票(权)公允价值应当依次按照净资产法、类比法和其他合理方法确定,这与会计准则确认股份支付金额的方法是不同的。

(2)递延纳税待遇时股权激励费用的确定

上述公平市场价格确定方法是非上市公司股权给激励计划不符合递延纳税待遇时适用的,对于股权激励个人所得税适用递延纳税待遇的,实施主体在确定可在税前扣除的股权激励费用时,应当与不适用递延纳税的情形一致,依次按照净资产法、类比法和其他合理方法确定股票的公平市场价格。

(三)非上市公司股权激励递延纳税时的所得税扣除

递延纳税,是指非上市公司实施股权激励满足《财政部 国家税务总局关于完善股权激励和技术入股有关所得税政策的通知》(财税〔2016〕101号)规定的要件后,其员工就取得的股权激励所得可适用个人所得税递延纳税待遇。与一般意义上的股权激励个人所得税待遇相比,递延纳税待遇的特点如表3-2-4所示。

表3-2-4 递延纳税待遇对比表

项目	递延纳税待遇	一般税收待遇
所得性质	财产转让所得	工资薪金所得
适用税率	20%	3%~45%
纳税时间	转让取得的股票(权)时	行权时、取得股票(权)时

与一般税收待遇相比,递延纳税待遇下,激励对象取得所得的性质为"财产转让所得",而一般税收待遇中,激励对象取得所得的性质为"工资薪金所得",

且两者在缴纳个人所得税的时间上也有所不同。

非上市公司实施股权激励计划并且适用递延纳税待遇的，就该项股权激励计划发生的支出是否可以在非上市公司的企业所得税税前扣除，实务中有两种不同的观点。

1.不得在企业所得税税前扣除

该观点认为非上市公司实施股权激励适用个人所得税递延纳税待遇的，非上市公司不得在企业所得税税前扣除该股权激励计划的费用，主要理由有以下两点。

（1）行权时未代扣代缴个人所得税

《国家税务总局关于企业工资薪金及职工福利费扣除问题的通知》（国税函〔2009〕3号）规定，税务机关在对工资薪金进行合理性确认时，可以按以下原则掌握："（四）企业对实际发放的工资薪金，已依法履行了代扣代缴个人所得税义务。"

非上市公司实施股权激励适用递延纳税待遇的，在激励对象行权时并未代扣代缴个人所得税，因此其发生的支出不得作为合理的工资薪金在企业所得税前扣除。

（2）转让时并非工资薪金所得

非上市公司实施股权激励适用递延纳税待遇的，激励对象转让取得的股票（权）时，其所得性质为"财产转让所得"，而非"工资薪金所得"，因此实施主体不得将其作为工资薪金在企业所得税前扣除。

2.可以在企业所得税前扣除

该观点认为非上市公司实施股权激励适用个人所得税递延纳税待遇的，激励对象在行权时计算的工资薪金可以在实施主体企业所得税前扣除，主要理由有以下两点。

（1）股权激励支出的性质

①企业所得税法的规定。

《企业所得税法实施条例》第三十四条规定："前款所称工资薪金，是指企业每一纳税年度支付给在本企业任职或者受雇的员工的所有现金形式或者非现金形式的劳动报酬,包括基本工资、奖金、津贴、补贴、年终加薪、加班工资,以及与员工任职或者受雇有关的其他支出。"《企业所得税法实施条例释义及适用指南》❶对该条款解释:"工资薪金的形式多种多样,但主要可分为现金和非现金形式,虽然,目前占有主要地位的工资薪金发放形式是现金,但也存在许多以非现金形式发放的工资薪金;对于这些非现金形式的工资薪金,也允许扣除,只不过应通过一定的方式,将其换算成等额现金的形式予以税前扣除。"

②企业会计准则的规定。

《企业会计准则第11号——股份支付》规定:"股份支付,是指企业为获取职工和其他方提供服务而授予权益工具或者承担以权益工具为基础确定的负债的交易。"《上市公司执行企业会计准则案例解析(2020)》❷对股份支付的解释为:"股份支付交易的实质是企业以股份或者期权作为代价,接受了职工的服务。人们很容易理解公司对支付现金而获取的职工服务(如以现金支付工资、奖金)确认相应的职工费用,其实同样的道理,通过发行股份或期权而获取的职工服务也应当确认相应的费用。从公司支付的对价来看,如果公司发行股份或期权,也可以收取相应的现金,因此公司让渡的现金部分可能就是公司因接受职工服务而放弃的经济资源。简而言之,如果将股权激励交易分为两个步骤来看,一是发行股份或期权并收取现金,二是以现金支付自职工取得的服务,在财务报表中确认相应的职工费用和权益工具的增加就不难理解了。"

③股权激励个人所得税的规范。

对于员工从公司因实施股权激励而取得所得的性质,《财政部 国家税务总局关于个人股票期权所得征收个人所得税问题的通知》(财税〔2005〕35号)对其作了较为详尽的说明,《财政部税政司 国家税务总局所得税司有关负责人就完善股权激励和技术入股税收政策答记者问》对股权激励所得的性质也进行了说明:按照调整前的税收政策,企业给予员工的股票(权)期权、限制性股票、股

---

❶ 《中华人民共和国企业所得税法实施条例》立法起草小组. 中华人民共和国企业所得税法实施条例释义及适用指南[M]. 北京:中国财政经济出版社,2007:131.

❷ 中国证券监督管理委员会会计部. 上市公司执行企业会计准则案例解析(2020)[M]. 北京:中国财政经济出版社,2020.

权奖励等，员工应在行权等环节，按照"工资薪金所得"项目，适用3%~45%的7级累进税率征税；对员工之后转让该股权获得的增值收益，则按"财产转让所得"项目，适用20%的税率征税。为减轻股权激励获得者的税收负担，解决其当期纳税现金流不足问题，此次政策调整，对非上市公司符合条件的股票（权）期权、限制性股票、股权奖励，在转让环节一次性征税，统一适用20%的税率，有效降低纳税人税收负担。

所以员工取得股权激励适用递延纳税，在转让股权时实际隐含了两类所得（如图3-2-1的下半部分所示）：一类所得是因员工为股权激励计划实施主体提供服务而取得的所得，该类所得在员工行权时即已实现，该部分所得实质为"工资、薪金所得"；第二类所得是员工因持有股权激励标的股票（权）而形成的价格变动利得，该部分所得实质为"财产转让所得"。财税〔2016〕101号文件虽然给予了激励对象递延纳税待遇，并且将两类所得合并为"财产转让所得"（如图3-2-1的上半部分所示），但这并不能改变员工在这一过程中取得两类所得的本质。

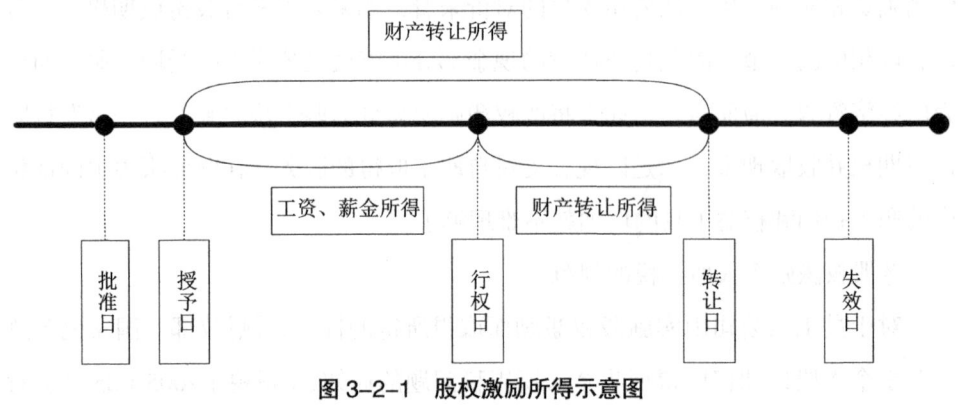

图 3-2-1　股权激励所得示意图

④股权激励企业所得税的规范。

《国家税务总局关于〈我国居民企业实行股权激励计划有关企业所得税处理问题公告〉的解读》第四条规定："会计准则将上市公司实施股权激励计划换取激励对象的支出，认定为企业的营业成本。"我们考虑，由于股权激励计划的对象是企业员工，其所发生的支出，应属于企业职工工资薪金范畴。

综上，对于企业实施股权激励而发生的支出，属于企业支付给职工的非现金形式的工资薪金。国税函〔2009〕3号规定了判断工资薪金合理性的原则，但这些原则并非工资薪金合理性的必要条件，所以单从未"依法履行了代扣代缴个人所得税义务"判断企业实施股权激励发生的支出不得在行权时扣除是不恰当的。18号公告第三条规定："在我国境外上市的居民企业和非上市公司，凡比照《上市公司股权激励管理办法（试行）》的规定建立职工股权激励计划，且在会计处理上，也按我国会计准则的有关规定处理的，其股权激励计划有关企业所得税处理问题，可以按照上述规定执行。"所以，18号公告规定，非上市公司实施股权激励发生的费用在所得税前扣除，需要同时满足：比照《上市公司股权激励管理办法（试行）》的规定建立职工股权激励计划和按我国会计准则的有关规定进行处理，并未限定激励对象取得所得的个人所得税待遇。

（2）扣除时间规定

1.18号公告规定的扣除时间

18号公告第二条对上市公司股权激励支出的所得税前扣除作了详尽的规定，第三条明确非上市公司在符合条件时可按照上市公司规定执行。

国家税务总局对18号公告的解读第五条规定："根据税法实施条例第34条规定，企业工资薪金支出，必须是每年度'支付'的。而上市公司实施股权激励计划，是设定一定条件的，在实施过程中，有可能满足不了；况且股市发生变化，也可能影响行权（如授予价高于行权时的股票市场价格，现实中有许多公司出现这种情况），这种不确定性的成本费用，税法不允许当时就给予扣除。因此，根据税法规定，这种费用，应在激励对象行权时给予扣除。"

所以，18号公告认为激励对象在行权日即取得了"所得"，企业发生的相关支出可以在企业所得税前扣除。

2.递延纳税仅仅是改变了征税的时间

《财政部 税务总局有关负责人就完善股权激励和技术入股税收政策答问》第四条"此次调整后股权激励税收政策有何变化"时提及：为减轻股权激励获得者的税收负担，解决其当期纳税现金流不足问题，此次政策调整，一是对非上市公司符合条件的股票（权）期权、限制性股票、股权奖励，由分别按"工资薪金所得"和"财产转让所得"两个环节征税，合并为只在一个环节征税，即纳税人在股票（权）期权行权、限制性股票解禁以及获得股权奖励时暂不征税，待今后该股权转让时一次性征税，以解决在行权等环节纳税现金流不足问题。

所以递延纳税待遇仍然是区分两个阶段的，一个阶段是股票（权）期权行权时，另一个阶段是股权转让时，对于第一个环节仅仅是暂不征税，而非不征税，政策仅改变了"工资薪金所得"的个人所得税征税时间，并不影响股权激励对象对所得确认的时间。

本书偏向于第二种观点，认为个人就取得的所得递延缴纳个人所得税与企业税前扣除相应的成本之间并无必然的联系，如财税〔2016〕101号文件对于企业或个人以技术成果投资入股到境内居民企业纳税人可选择递延纳税政策，但同时允许取得技术成果的境内居民企业按该技术成果投资入股时的评估价值入账并在企业所得税前摊销扣除。这一政策本身所隐含的是纳税人选择所得递延确认，而对于取得相应资产的企业则可以在企业所得税前摊销扣除该项所得，因此对于非上市公司实施股权激励适用递延纳税待遇的，应允许实施主体在企业所得税前扣除股权激励费用，并在股权激励对象行权时予以扣除。

二、非上市公司股权激励个人所得税

股权激励计划中激励对象因股权激励计划取得了经济利益（激励标的股票的价格差或者现金流入），对于取得的上述经济利益流入，是否需要缴纳个人所得税，以及如何缴纳个人所得税是股权激励个人所得税需要解决的问题。

由于上市公司是实施股权激励的主要主体，所以税收规范性文件较为全面，我国目前规范上市公司股权激励的税收规范性文件主要有：《财政部　国家税务总局关于个人股票期权所得征收个人所得税问题的通知》（财税〔2005〕35号）、《国家税务总局关于个人股票期权所得缴纳个人所得税有关问题的补充通知》（国税函〔2006〕902号）、《财政部　国家税务总局关于股票增值权所得和限制性股票所得征收个人所得税有关问题的通知》（财税〔2009〕5号）、《国家税务总局关于股权激励有关个人所得税问题的通知》（国税函〔2009〕461号）和《财政部　国家税务总局关于将国家自主创新示范区有关税收试点政策推广到全国范围实施的通知》(财税〔2015〕116号)。

与上市公司相比,由于非上市公司股权(票)的流动性较差,并且非上市公司信息披露并不受《证券法》等法律法规的限制,所以其在股权激励计划的具体实施上与上市公司相比是有差异的,规范非上市公司股权激励的法律法规主要为财税〔2016〕101号文件。

(一)非上市公司的含义

财税〔2016〕101号规定,上市公司是指其股票在上海证券交易所、深圳证券交易所上市交易的股份有限公司。全国中小企业股份转让系统挂牌公司(以下简称"新三板公司")按照非上市公司规定执行。财政部、税务总局公告2021年第33号规定:"新三板精选层公司转为北交所上市公司,以及创新层挂牌公司通过公开发行股票进入北交所上市后,投资北交所上市公司涉及的个人所得税、印花税相关政策,暂按照现行新三板适用的税收规定执行。"

所以,非上市公司是指股票不在上海证券交易所、深圳证券交易所上市交易的股份有限公司、有限责任公司。

(二)股权激励及税收待遇的类型

1. 股权激励的类型

根据非上市公司股权激励方案的不同,其股权激励的类型主要包括以下四种。

(1)股票期权

股票期权的概念与上市公司股票期权的概念是相似的,该类股权激励类型适用于如下两种情况。

第一种,非上市的股份有限公司以本公司的股票(包括新三板公司实施的股票期权)为标的,授予员工在未来某一特定日期以特定价格购买本公司一定数量股票的股权激励方式。

第二种,非上市的有限责任公司或者股份有限公司实施的以其他上市公司(包括集团内的上市公司或者集团外的上市公司)股票为标的实施的股权激励方案。

(2) 限制性股票

限制性股票的概念与上市公司限制性股票的概念相类似，由于限制性股票存在一定的限售期，所以通常是以本公司股票为标的实施，即非上市的股份有限公司（包括新三板公司）按照预先确定的条件授予激励对象一定数量的本公司股票，激励对象只有工作年限或业绩目标符合股权激励计划规定条件的才可以处置该股票。

(3) 股权期权

股权期权是非上市的有限责任公司以本公司的股权为标的实施的股权激励计划，具体的操作方法与上市公司的股票期权相类似。

(4) 股权奖励

股权奖励的实施主体包括非上市的股份有限公司和有限责任公司，是指实施主体无偿授予激励对象一定份额的股权或者一定数量的股份的股权激励方式，具体的实施类似于上市公司的股权奖励。

2. 股权激励税收待遇类型

根据激励对象取得股权激励所得申报缴纳个人所得税方法的不同，当前的税收规范性文件将股权激励个人所得税的税收待遇分为如表3-2-5所示的类型。

表3-2-5　股权激励税收待遇类型表

序号	税收待遇	主要内容
1	递延纳税待遇	是指在获得股权激励所得时不缴纳个人所得税，而是递延至转让所取得的激励股权时再申报缴纳个人所得税
2	分期纳税待遇	是指员工就取得的股权激励所得，在一定的期限内分期缴纳个人所得税
3	即期纳税待遇	是指员工在确认股权激励所得时即申报缴纳个人所得税

(三) 递延纳税待遇

1. 政策具体内容

财税〔2016〕101号规定，实行递延纳税政策的，员工在取得股权激励时可暂不纳税，递延至转让该股权时纳税。

股权激励递延纳税政策本质上与企业重组特殊性税务处理的递延纳税待遇相

似，都是在所得实现时暂不予确认，而是在转让取得的股权时再确认相应的应纳税所得额并计算缴纳所得税。

2. 股权激励类型

财税〔2016〕101号规定，非上市公司授予本公司员工的股票期权、股权期权、限制性股票和股权奖励，符合规定条件的，经向主管税务机关备案，可实行递延纳税政策。

所以实施股权激励计划适用递延纳税待遇的股权激励类型仅限于上述四种。

3. 应当满足的条件

根据财税〔2016〕101号规定，纳税人适用递延纳税待遇，应当同时满足如下条件。

（1）股权激励类型

股权激励类型仅限于股票期权、股权期权、限制性股票和股权奖励。其中：股票（权）期权是指公司给予激励对象在一定期限内以事先约定的价格购买本公司股票（权）的权利。限制性股票是指公司按照预先约定的条件授予激励对象一定数量的本公司股权，激励对象只有工作年限或业绩目标符合股权激励计划规定条件的才可以处置该股权。股权奖励是指企业无偿授予激励对象一定份额的股权或一定数量的股份。

（2）实施主体

股权激励计划实施主体是境内居民企业，不包括按照国税发〔2009〕82号和国家税务总局公告2011年第45号认定的非境内注册居民企业。

（3）实施程序

股权激励计划应当经过公司内部决策机构审议通过。一般为公司董事会、股东（大）会审议通过。未设股东（大）会的国有单位，经上级主管部门审核批准。

审议通过的股权激励计划应当列明激励目的、对象、标的、有效期、各类价格的确定方法、激励对象获得权益的条件、程序等。

（4）标的股权

股权激励计划的激励标的为境内居民企业的本公司股权。

在股权激励计划中授予关联单位股权的，不得享受递延纳税待遇，但是存在如下情况的例外：首先，需要以股权奖励的方式实施股权激励计划；其次，关联单位的股权必须是以技术成果投资入股到其他企业的股权；最后，关联单位必须是境内居民企业。

（5）标的股权授予方式

用于激励的标的股权（票）可以通过增发、大股东直接让渡及法律法规允许的其他合理方式授予。

文件对于大股东的概念并没有予以明确，对于非大股东让渡方式授予的标的股权是否符合该要件，文明没有予以明确，但是由于文件规定"法律法规允许的其他合理方式授予"的股权也属于符合条件的授予方式，因此对于非大股东将自身持有的激励计划实施主体的股权让渡给激励对象的，也属于本条款规定的授予方式。

（6）激励对象

财税〔2016〕101号规定"激励对象应为公司董事会或股东（大）会决定的技术骨干和高级管理人员"。

首先，激励对象应当经公司董事会或股东（大）会决议产生。

其次，激励对象的具体范围应当为公司的技术骨干和高级管理人员。《公司法》规定，高级管理人员是指公司的经理、副经理、财务负责人，以及上市公司董事会秘书和公司章程规定的其他人员。技术骨干的具体范围文件并未予以明确。

最后，激励对象应当以单个的股权激励计划为标准。但如何确定单个股权激励计划文件也并未予以明确，如果公司在一个总体的股权激励计划下分期实施各个股权激励计划，那么对激励对象的要求应当是以分期实施的股权激励计划为准还是以总体的股权激励计划为准并不得知。

（7）激励对象比例

激励对象人数累计不得超过本公司最近6个月在职职工平均人数的30%。

根据国家税务总局公告2016年第62号，公司最近6个月在职职工平均人数，按照股票（权）期权行权、限制性股票解禁、股权奖励获得之上月起前6个月"工资薪金所得"项目全员全额扣缴明细申报的平均人数确定。

在计算人数时，时间上是以行权日、解禁日或者获得日之上月起开始计算的，而非股权激励计划的实施日；人员的认定上以个人所得税中的申报人数为基数，未申报个人所得税的不计算在30%的范围内；但该比例以此次所实施的股权激励计划为标准还是以企业已经实施的尚在有效期的股权激励计划的总激励对象人数为标准计算，文件并未予以明确。

（8）标的股权的持有期限

为实现员工与企业长期共同发展的目标，鼓励员工从企业的成长和发展中获利，而不是短期套利，激励对象持有标的股票（权）的时间应不少于3年，且该持股时间必须在股权激励计划中列明。但是对不同的激励方案其持有股权的时间要求是不同的：股票（权）期权自授予日起应持有满3年，且自行权日起持有满1年；限制性股票自授予日起应持有满3年，且解禁后持有满1年；股权奖励自获得奖励之日起应持有满3年。

（9）股权激励计划的有效期

股票（权）期权激励计划的有效期（自授予日至行权日的时间）不得超过10年。

（10）实施主体的行业限制

考虑到股权奖励这一方式较为灵活，为避免企业通过这种方式避税，真正体现对企业因科技成果转化而实施股权奖励的优惠，财政部和国家税务总局制定了《股权奖励税收优惠政策限制性行业目录》。实施股权奖励的公司及其奖励股权标的公司所属行业均不在《股权奖励税收优惠政策限制性行业目录》范围内，公司所属行业按公司上一纳税年度主营业务收入占比最高的行业确定。

（11）税务备案

股权激励选择适用递延纳税待遇的，企业应在规定期限内到主管税务机关办理备案手续，未办理备案手续的，不得享受规定的递延纳税优惠政策。

4. 股权激励所得性质

上市公司股权激励所得适用"工资薪金所得"项目，按照3%~45%的税率计算缴纳个人所得税；非上市公司股权激励选择适用递延纳税政策的，在转让取得标的股权时适用"财产转让所得"项目，按照20%的税率计算缴纳个人所得税。

5. 纳税义务发生时间

财税〔2016〕101号规定，适用递延纳税政策的股权激励所得纳税义务发生时间由"取得股权激励时"递延至"转让该股权时",具体应当按照 67 号公告的规定确定。

6.应纳税所得额计量

适用递延纳税政策的,在转让股权时应当按照股权转让收入减除股权取得成本及合理税费后的差额计算应纳税所得额。其中股权取得成本按照如下原则确定:①股票(权)期权,取得成本按照行权价确定;②限制性股票,取得成本按实际出资额确定;③股权奖励取得成本为零。

7.税收征管

(1)扣缴义务人

企业实施股权激励,以实施股权激励的企业为个人所得税扣缴义务人。

(2)报送资料

适用递延纳税政策的,应当按照财税〔2016〕101 号和国家税务总局公告 2016 年第 62 号的规定办理税务备案,同时扣缴义务人应在每个纳税年度终了后向主管税务机关报告递延纳税有关情况,具体如表 3-2-6 所示。

表 3-2-6 股权激励递延纳税备案事项表

报送实际	事项	内容
行权时	报送主体	实施股权激励计划的公司
	报送时间	股票(权)期权行权、限制性股票解禁、股权奖励获得之次月 15 日内
	报送资料	①《非上市公司股权激励个人所得税递延纳税备案表》;②股权激励计划;③董事会或股东(大)会决议;④激励对象任职或从事技术工作情况说明等;⑤实施股权奖励的企业同时报送本企业及其奖励股权标的企业上一纳税年度主营业务收入构成情况说明
递延期间	报送主体	扣缴义务人
	报送时间	每个纳税年度终了后 30 日内
	报送资料	《个人所得税递延纳税情况年度报告表》
办理纳税申报时	报送主体	扣缴义务人、个人
	报送时间	股票(权)转让、办理纳税申报时
	报送资料	证明股票(权)转让价格、递延纳税股票(权)原值、合理税费的有关资料,包括:①转让协议;②评估报告;③相关票据

（3）情况变化

在递延纳税期间，公司情况发生变化，不符合激励对象构成、激励对象比例、持股期限及股票（权）期权有效期的，不能再继续享受递延纳税待遇，应按规定计算缴纳个人所得税，税款应及时结清。

递延纳税期间，企业主营业务所属行业发生变化，进入负面清单行业的，已经实施的股权激励计划可继续享受递延纳税政策，自行业变化之日起新实施的股权激励计划不得享受递延纳税优惠政策。

8. 即期纳税情形

财税〔2016〕101号规定："持有递延纳税的股权期间，因该股权产生的转增股本收入，以及以该递延纳税的股权再进行非货币性资产投资的，应在当期缴纳税款。"

此处的当期缴纳税款是指在当期结清税款，但这一条款适用于股权激励递延纳税政策具有一定的不合理性。

首先，公司转增股本并非股权激励对象可控制的事项，且转增过程中个人并未取得现金流入，此时要求个人结清税款并不符合税收公平原则。

其次，个人以持有的递延纳税的股权进行非货币性资产投资，与财税〔2015〕41号的规定相竞合，财税〔2015〕41号对个人非货币性资产投资所得可以选择5个公历年度内分期缴纳，财税〔2016〕101号要求个人当期缴纳，也不符合税收公平原则。

最后，财税〔2016〕101号并未要求个人持有递延纳税的股权取得现金分红优先用于缴纳个人所得税，但对于其他未取得现金收入的情形反而要求当期缴纳个人所得税，也不符合税收公平原则。

9. 递延纳税股权转让

当个人既持有非递延纳税的股权，又持有递延纳税股权时，财税〔2016〕101号规定个人在股权转让时，视同享受递延纳税优惠政策的股权优先转让。

如果个人还存在通过其他方式取得递延纳税股权或者在不同的股权激励政策中取得递延纳税股权的，取得递延纳税股权的成本是不同的，转让股权时递延纳税股权的成本应按照加权平均法计算。

10. 公司上市

如果非上市公司实施股权激励计划，员工取得的股权适用递延纳税政策，该非上市公司在境内上市的，个人处置递延纳税的股权时，按照现行限售股有关征税规定执行。

非上市公司在境内上市的，不同于前述的转增股本和非货币性资产投资税收待遇，即企业在境内上市这一行为并不影响其股权激励递延纳税的待遇。

11. 激励对象存在技术骨干和高级管理人员以外人员时的待遇

财税〔2016〕101号规定，享受递延纳税的股权激励要求激励对象应为公司董事会或股东（大）会决定的技术骨干和高级管理人员。若公司股权激励的激励对象存在除技术骨干和高级管理人员之外的员工，甚至存在公司外部人员（如企业的顾问等）的，是否可以享受递延纳税待遇？

对于这种情况，是仅对激励对象中的技术骨干和高级管理人员适用递延纳税待遇，还是所有股权激励对象都不得适用递延纳税待遇？实务中存在两种观点。

观点一：股权激励计划仍然可以适用递延纳税待遇，但仅对其中符合规定条件的激励对象适用递延纳税待遇。主要的理由是财税〔2016〕101号第四条第（一）项规定："个人从任职受雇企业以低于市场公平价格取得股票（权）的，凡不符合递延纳税条件，应在获得股票（权）时，对实际出资额低于公平市场价格的差额，按照"工资、薪金所得"项目，参照财税〔2005〕35号有关规定计算缴纳个人所得税。"所以文件对不符合递延纳税的对象仅限于"个人"，而非"股权激励计划"，对股权激励对象应当区分为"适用递延纳税的激励对象"和"不适用递延纳税的激励对象"，分别进行不同的税务处理。

观点二：如果股权激励计划中的激励对象不符合技术骨干和高级管理人员要件，那么所有的激励对象均不得适用递延纳税待遇。其理由主要是财税〔2016〕101号针对的是股权激励计划，而非针对股权激励中的个人。

本书认同观点二，主要理由如下：

第一，财税〔2016〕101号第一条第（二）项规定："享受递延纳税政策的'非上市公司股权激励'须同时满足以下条件。"该文件规范的是"非上市公司股权激励"而非"非上市公司股权激励中的激励对象"，而后续的7个要件均是以

"非上市公司股权激励计划"为主体的,其中激励对象是"非上市公司股权激励"的激励对象,并非是享受"递延纳税待遇"的激励对象。

第二,《财政部 税务总局有关负责人就完善股权激励和技术入股税收政策答问》在第3点"此次调整和完善股权激励税收政策的主要考虑是什么"中对财税〔2016〕101号税收政策的制定背景介绍为:为深入贯彻国家科技创新大会精神,充分调动广大科研人员的积极性,促进国家创业创新战略的实施,使科技成果最大程度转化为现实生产力,财税部门在参考借鉴国际经验的基础上,结合我国科技成果转化的具体情况和问题,对现行股权激励税收政策进行调整和完善。其中在优惠方式上,对符合条件的股权激励实施递延纳税政策,同时降低适用税率。所以从文件制定的背景而言,递延纳税针对的是科技成果转化,而技术骨干和高级管理人员都是与科技成果转化相关的人员。

第三,财税〔2016〕101号第一条第(二)款规定"享受递延纳税政策的非上市公司股权激励须同时满足以下条件";《财政部、税务总局有关负责人就完善股权激励和技术入股税收政策答问》第六条对"实施递延纳税优惠政策的股权激励政策规定要'符合条件'"的问题中提及:为体现对企业从事创新创业的支持,避免企业将股权激励变相为一般员工福利,规定激励对象应为企业的技术骨干和高级管理人员,具体人员由公司董事会或股东(大)会决定。所以,享受递延纳税政策的激励对象是股权激励计划应当满足的条件,而非是享受递延纳税政策的纳税人个人应当满足的条件。

第四,财税〔2016〕101号第一条第(四)款规定"股权激励计划所列内容不同时满足第一条第(二)款规定的全部条件,或递延纳税期间公司情况发生变化,不再符合第一条第(二)款第4至6项条件的,不得享受递延纳税优惠,应按规定计算缴纳个人所得税";《财政部、税务总局有关负责人就完善股权激励和技术入股税收政策答问》对该条款中的第一条第(二)款的变动具体规定为:企业有关情况发生变化,不再符合政策文件中所列的可享受递延纳税优惠政策的条件第4项(激励对象范围)、第5项(股权持有时间)或第6项(行权时间),该股权激励计划不能继续享受递延纳税政策,税款应及时结清。所以只要股权激励对象范围的变动致使其不符合文件规定的要件,则整个股权激励计划不能继续适用递延纳税政策。

综上,本书认为对于企业在 IPO 过程中实施股权激励计划,若激励对象含有公司技术骨干和高级管理人员以外的人员的,则整个股权激励计划都无法适用递延纳税待遇。

(四)分期缴税待遇

分期缴税是指个人取得的股权激励所得,并非在取得所得当前一次性缴纳个人所得税,而是在一定的期限内分期缴纳个人所得税。

财税〔2015〕116 号规定,自 2016 年 1 月 1 日起,全国范围内的高新技术企业转化科技成果,给予本企业相关技术人员的股权奖励,个人一次缴纳税款有困难的,可根据实际情况自行制定分期缴税计划,在不超过 5 个公历年度内(含)分期缴纳,并将有关资料报主管税务机关备案。

个人取得的股权奖励所得,在无法适用递延纳税待遇时,符合规定要件的可以适用分期缴税待遇。

1. 分期缴税的条件

财税〔2015〕116 号规定,适用分期缴税政策的股权奖励应同时满足如下条件。

(1)实施主体

实施主体仅限于全国范围内的高新技术企业,此处的高新技术企业,是指实行查账征收、经省级高新技术企业认定管理机构认定的高新技术企业。

(2)激励对象

财税〔2015〕116 号规定,股权奖励是指给予"本企业相关技术人员"的股权奖励,所以激励对象:第一为实施主体员工,第二为相关技术人员。

相关技术人员,是指经公司董事会和股东大会决议批准获得股权奖励的以下两类人员:①对企业科技成果研发和产业化作出突出贡献的技术人员,包括企业内关键职务科技成果的主要完成人、重大开发项目的负责人、对主导产品或者核心技术、工艺流程作出重大创新或者改进的主要技术人员;②对企业发展作出突出贡献的经营管理人员,包括主持企业全面生产经营工作的高级管理人员,负责企业主要产品(服务)生产经营合计占主营业务收入(或主营业务利润)50% 以上的中、高级经营管理人员。

（3）奖励股份性质

财税〔2015〕116号和国家税务总局公告2015年第80号均未对标的股份作出规定和限制，但是从国家税务总局公告2015年第80号后附的《个人所得税分期缴纳备案表（股票激励）》及财税〔2015〕116号文件制定前关于股权奖励的相关历史涉税文件财税〔2013〕15号、财税〔2014〕63号和财税〔2015〕62号分析，此处的股份应当是指实施主体自身的股份。对于以实施主体之外的其他主体的股票为标的股份的，如非上市公司实施的以从二级市场购入的股票作为股权奖励计划的，并不能适用该税收待遇。

（4）激励股份来源

财税〔2015〕116号未对股权奖励的股份来源作出限制性规定，但要求为"无偿授予"；所以对于以折价方式授予相关技术人员标的股份的，不符合财税〔2015〕116号规范的股权奖励要件。

（5）税务备案

财税〔2015〕116号要求企业实施股权奖励计划的，应当将有关资料报主管税务机关备案；国家税务总局公告2015年第80号对实施股权奖励计划的企业资料备案作了规范，但是未对实施主体和纳税人未按照规定进行备案的税收后果予以明确。

2. 分期缴税的具体内容

对于符合条件的股权奖励，纳税人可以选择分期缴纳个人所得税，具体内容如下。

（1）分期缴税期限

对于一次性缴纳税款有困难的，可以在不超过5个公历年度内（含）分期缴纳税款，此处的5个公历年度包括股权奖励给予的年度。但是技术人员在5个公历年度内转让奖励股权（含奖励股权孳生的送、转股）并取得现金收入的，该现金收入应优先用于缴纳尚未缴清的税款。

（2）分期缴税的方式

财税〔2015〕116号对纳税人在5个公历年度内每个年度缴纳多少税额并没有限制，所以纳税人选择在第5个公历年度末缴纳所有应当缴纳的税款也符合文件的分期缴纳要求。

（3）分期缴税的计划制订

纳税人选择分期缴税计划，由纳税人根据实际情况自行制订；并不需要经过税务机关审核或者确认。

3. 所得性质

财税〔2015〕116号规定，个人获得股权奖励时，按照"工资薪金所得"项目计算缴纳个人所得税。

4. 所得计量

财税〔2015〕116号规定，个人获得股权奖励时，股权奖励的计税价格参照获得股权时的公平市场价格确定。

国家税务总局公告2015年第80号规定，上市公司股票的公平市场价格，按照取得股票当日的收盘价确定；取得股票当日为非交易时间的，按照上一个交易日收盘价确定。非上市公司股权的公平市场价格，依次按照净资产法、类比法和其他合理方法确定。

5. 应纳税额计算

个人取得分期缴税的股权奖励所得，其应纳税额的计算与上市公司股票期权所得应纳税额的计算方法相同。

（1）2019年1月1日前

根据财税〔2005〕35号及国税函〔2006〕902号关于上市公司股权激励应纳税额的计算，在2019年1月1日前应按如下公式计算应缴纳的个人所得税：

应纳税额 =（股权奖励形式的工资薪金应纳税所得额 / 规定月份数 ×

适用税率 - 速算扣除数）× 规定月份数　　　　　　　　　　（3-2-1）

其中规定月份数，是指员工的工作月份数，长于12个月的，按12个月计算；公式中的适用税率和速算扣除数，以股票奖励形式的工资薪金应纳税所得额除以规定月份数后的商数确定。

（2）2023年12月31日前

根据《财政部　税务总局关于个人所得税法修改后有关税收优惠政策衔接问题的通知》（财税〔2018〕164号）、《财政部　税务总局关于延续实施全年一次性奖金等个人所得税优惠政策的公告》（财政部 税务总局公告 2021 年第 42 号）和《财政部 税务总局关于延续实施有关个人所得税优惠政策的公告》（财政部 税务总局公告 2023 年第 2 号）的规定，个人取得上市公司符合条件的股权激励所得，在 2023 年 12 月 31 日前不并入当年综合所得，全额单独适用综合所得税率表，计算纳税。计算公式为：

$$应纳税额 = 股权激励收入 \times 适用税率 - 速算扣除数 \qquad (3-2-2)$$

（3）2024 年 1 月 1 日后

对于 2024 年 1 月 1 日后取得的股权奖励所得，其计算应当缴纳的个人所得税政策，若无特殊规定应当并入当年度的综合所得计算缴纳个人所得税，但是如何区分分期缴税的应纳税额和即期缴税的应纳税额，应当以税务机关的后续税收规范性文件为准。

6.税收征管

（1）扣缴义务人

财税〔2015〕116 号和国家税务总局公告 2015 年第 80 号规定，相关技术人员取得的股权奖励所得，应当以实施股权奖励的单位为个人所得税的扣缴义务人。

纳税人在分期缴税期间取得分红或转让股权的，企业应及时代扣股权奖励或转增股本尚未缴清的个人所得税，并于次月 15 日内向主管税务机关申报纳税。

企业填写《扣缴个人所得税报告表》时，应将纳税人取得股权奖励或转增股本情况单独填列，并在"备注"栏中注明"股权奖励"或"转增股本"字样。

（2）资料备案

国家税务总局公告 2015 年第 80 号规定，纳税人股权奖励分期缴税的，应按表 3-2-7 进行税务备案。

表 3-2-7　股权奖励分期缴税备案事项表

事项	内容
备案主体	实施股权激励计划的企业
备案时间	发生股权奖励的次月 15 日内

续表

事项	内容
备案资料	①高新技术企业证书；②股东大会或董事会决议；③《个人所得税分期缴纳备案表（股权奖励）》；④相关技术人员参与技术活动的说明材料；⑤企业股权奖励计划；⑥能够证明股权或股票价格的有关材料；⑦企业转化科技成果的说明；⑧最近一期企业财务报表等。 高新技术企业认定证书、股东大会或董事会决议的原件，主管税务机关进行形式审核后退还企业，复印件及其他有关资料税务机关留存。
备案变更	纳税人分期缴税期间需要变更原分期缴税计划的，应重新制订分期缴税计划，由企业向主管税务机关重新报送《个人所得税分期缴纳备案表（股权激励）》

6. 税款缴纳义务的提前与免除

财税〔2015〕116 对股权奖励分期缴税待遇规定了提前缴纳与免除的例外情形。

（1）提前缴纳

财税〔2015〕116 号规定，如果在 5 个公历年度内，技术人员转让奖励的股权（含奖励股权孳生的送、转股）并取得现金收入的，该现金收入应优先用于缴纳尚未缴清的税款。

分期缴税的股权激励税款提前缴纳限于如下情况：首先，转让奖励的股权，国家税务总局公告 2015 年第 80 号将取得分红也纳入提前缴税的情形；其次，要取得现金收入，对于未能取得现金收入的不需要提前缴纳个人所得税，如发生重组行为并取得股权对价，或者取得股票股息分红，又或者取得以资本公积转增资本的分配，均不需要提前缴纳个人所得税；最后，提前缴纳个人所得税的金额仅限于取得现金的部分，若取得的现金收入不足以缴纳股权奖励个人所得税的，剩余的部分仍然可以按照原有的分期缴税计划缴税。

（2）义务免除

财税〔2015〕116 号规定，技术人员在转让奖励的股权之前企业依法宣告破产，技术人员进行相关权益处置后没有取得收益或资产，或取得的收益和资产不足以缴纳其取得股权尚未缴纳的应纳税款的部分，税务机关可不予追征。

这里的免除仅限于破产中技术人员处置相关权益取得的所得小于应当缴纳的个人所得税税款的的情形，不包括其他情形下的处置行为。

(五) 即期纳税待遇

财税〔2016〕101号规定："个人从任职受雇企业以低于公平市场价格取得股票（权）的，凡不符合递延纳税条件，应在获得股票（权）时，对实际出资额低于公平市场价格的差额，按照'工资、薪金所得'项目，参照《财政部 国家税务总局关于个人股票期权所得征收个人所得税问题的通知》（财税〔2005〕35号）有关规定计算缴纳个人所得税。"

1. 适用范围

即期纳税待遇适用于如下情形。

①非上市公司实施股权激励计划不符合递延纳税待遇。

②非上市公司实施股权激励计划在递延纳税待遇期间由于情况变化不再适用递延纳税待遇的。

③非上市公司实施股权奖励计划不符合分期缴税条件。

④个人从非上市公司非股权激励计划中取得的不符合递延纳税条件的股权。

2. 所得性质

非上市公司实施股权激励计划不符合递延纳税条件的，激励对象取得的股权激励所得性质为"工资薪金所得"。

3. 所得计量

非上市公司员工从任职受雇单位以低于市场价格取得股票（权），"工资薪金所得"应按如下公式计算：

股票形式的工资薪金所得 =（公平市场单价 – 实际取得价格）× 取得的股票数量　　　　　　　　　　　　　　（3-2-3）

或者

股权形式的工资薪金所得 = 取得股权的公平市场价格 – 实际取得价格（3-2-4）

其中：非上市公司股票（权）的公平市场价格，依次按照净资产法、类比法和其他合理方法确定。

4. 所得确认

财税〔2016〕101号和国家税务总局公告2016年第62号均未明确非上市

公司实施股权激励计划不符合递延纳税待遇时所得确认的时间，仅要求参考财税〔2005〕35号有关规定计算缴纳个人所得税，本书认为非上市公司实施的股权激励计划所得确认应当按如下原则：①股票（权）期权，在行权时确认所得；②限制性股票，在解禁时确认所得；③股权奖励，在获得股权奖励时确认所得。

5.税额计算

财税〔2016〕101号规定，对于适用即期纳税待遇的股权激励所得，参照财税〔2005〕35号的有关规定计算缴纳个人所得税。根据财税〔2018〕164号，财政部、税务总局公告2021年第42号和财政部、税务总局公告2023年第2号的规定，居民个人取得股票期权、股票增值权、限制性股票、股权奖励符合财税〔2016〕101号第四条第（一）项规定的相关条件，在2023年12月31日前可单独计算缴纳个人所得税，具体的税额计算方法可见前述分期纳税待遇下应纳税额的计算。

6.无住所个人取得股权激励所得

财政部、国家税务总局公告2019年第35号（以下简称"35号公告"）对无住所居民个人在中国境内的纳税义务进行了规范，其中包括取得的股权激励所得。35号公告规定，股权激励包括股票期权、股权期权、限制性股票、股权增值权、股权奖励及其他因认购股票等有价证券而从雇主取得的折扣或者补贴。所以，对无住所个人在中国境内取得的股权激励所得不区分实施主体。

（1）所得确认

35号公告将纳税人中的非居民个人、无住所居民个人，根据激励对象的职务区分高管人员和非高管人员，其中高管人员是指担任境内居民企业的董事、监事、（总）经理、副（总）经理、各职能总师、总监及其他类似公司管理层的职务。同时根据激励对象取得所得时的工作地点及支付所得主体的不同，将所得按表3-2-8分类。

表 3-2-8 无住所个人收入计算表

身份	非居民个人					无住所居民	
	非高管人员				高管人员		
居住时间	$X \leq 90$ 天		90 天 < X < 183 天		$X \leq 90$ 天		90 天 < X < 183 天		183 天 ≤ X < 6 年		$X \geq 6$ 年	
工作地点/支付主体	境内支付	境外支付	境内支付	境外支付	境内支付	境外支付	境内支付	境外支付	境内支付	境外支付	境内支付	境外支付
境内工作	√		√	√	√		√	√	√	√	√	√
境外工作				√				√		√		

注：√代表取得的当月境内外工资薪金总额中的该部分应当计入激励对象当月的工资薪金收入额中。

（2）股权激励所得应纳税额计算

①无住所居民个人。

35 号公告规定，无住所居民个人取得综合所得，年度终了后，应按年计算个人所得税，年度综合所得应纳税额计算公式如下：

年度综合所得应纳税额 =（年度工资薪金收入额 + 年度劳务报酬额 +

年度稿酬收入额 + 年度特许权使用费收入额 −

减除费用 − 专项扣除 − 专项附加扣除 −

依法确定的其他扣除）× 适用税率 − 速算扣除数

（3-2-5）

无住所居民个人为外籍个人的，2022 年 1 月 1 日前计算工资薪金收入额时，已经按规定减除住房补贴、子女教育费、语言培训费等八项津贴补贴的，不能同时享受专项附加扣除。

②非居民个人。

35 号公告规定，非居民个人一个月内取得股权激励所得，按前述规定计算当月收入额后不与当月其他工资薪金合并，按 6 个月分摊计税，一个公历年度内的股权激励所得应合并计算，且不减除费用，适用月度税率表计算应纳税额，计算公式如下：

当月股权激励所得应纳税额 =[（本公历年度内股权激励所得合计额 ÷ 6）×

适用税率 - 速算扣除数] × 6 -

本公历年度内股权激励所得已纳税额 （3-2-6）

7. 公平市场价格中计量属性选择等问题

财税〔2016〕101 号规定，个人从任职受雇企业以低于公平市场价格取得股票（权）的，凡不符合递延纳税条件，应在获得股票（权）时，对实际出资额低于公平市场价格的差额，按照"工资、薪金所得"项目，计算缴纳个人所得税。国家税务总局公告 2016 年第 62 号规定，非上市公司股票（权）的公平市场价格，依次按照净资产法、类比法和其他合理方法确定。净资产法按照取得股票（权）的上年末净资产确定。

国家税务总局公告 2016 年第 62 号未就上年末净资产的确定方法予以规范，特别是企业在 IPO 时由于企业资产结构、后期价值预测等方面的原因导致存在较高的净资产溢价，此时应以账面价值还是评估价值确定上年末净资产，并未予以规范，这较容易引起税企之间的争议。

本书认为虽然国家税务总局公告 2016 年第 62 号未对净资产法下的计量属性做出说明，但在应用时应当参照 67 号公告的规定执行。67 号公告规定，股权转让收入按照每股净资产或股权对应的净资产份额核定。被投资企业的土地使用权、房屋、房地产企业未销售房产、知识产权、探矿权、采矿权、股权等资产占企业总资产比例超过 20% 的，主管税务机关可参照纳税人提供的具有法定资质的中介机构出具的资产评估报告核定股权转让收入。所以在采用净资产法时，并非一定是按照账面价值确定的。

8. 不同税收待遇的对比

个人取得股权激励所得，适用不同税收待遇的主要差异如表 3-2-9 所示。

表 3-2-9　股权激励个人所得税待遇差异分析表

项目	递延纳税	分期缴税	即期纳税
适用情形	股票期权、股权期权、限制性股票、股权奖励	股权奖励	—
所得性质	财产转让所得	工资、薪金所得	工资、薪金所得

续表

项目	递延纳税	分期缴税	即期纳税
适用税率	20%	3%~45%	3%~45%
所得确认	授予时不确认，转让授予股票时确认	获得股权奖励时	股票激励行权时、限制性股票解禁时、股权奖励获得时
纳税申报	股权：股权以发生转移次月15日内；限售股：按限售股规定	发生股权奖励次月15日内	所得确认次月15日内
税款缴纳	一次性缴纳	一次性缴纳有困难的，可在5个纳税年度内分期缴纳	一次性缴纳
后续转增	应在当期缴纳税款	未作规定①	按转增的税收法律法规确定
后续分红	未作规定	取得现金的，应优先用于缴纳尚未缴清的税款	按"利息、股息、红利所得"缴纳个人所得税
后续转让	应在当期缴纳税款	取得现金的，应优先用于缴纳尚未缴清的税款	财产转让所得
上市后	按限售股规定执行	未作规定	未作规定

注：①未作规定是指在对应的税收规范性文件中并未对其作明确的规定，应当参考一般情况下的税收规范性文件执行。

（六）间接持股模式下的股权激励

1. 激励对象的持股模式

财税〔2016〕101号对非上市公司实施股权激励计划适用个人所得税递延纳税待遇应当满足的实体条件和程序性条件进行了详细的规范，其中对于激励标的股票（权）、激励标的股票（权）授予方式、激励对象和激励对象的结构和比例均作了说明，但对于激励对象持有实施主体激励标的股票的方式并未予以明确，在实务中激励对象持有激励标的股票的方式有直接持股和间接持股两种。

直接持股是指由激励对象直接持有实施主体的股份，在这种模式下，实施主体将激励标的股票直接授予激励对象。间接持股是指激励对象并不直接持有实施主体的股票，而是通过持股平台间接持有标的股票，根据持股平台的法律主体类型，又可以分为通过合伙企业持有和通过有限公司持有两种模式，在这两种模式下，实施主体通过将激励标的股票授予持股平台从而间接授予激励对象。具体持股模式如图 3-2-2 所示。

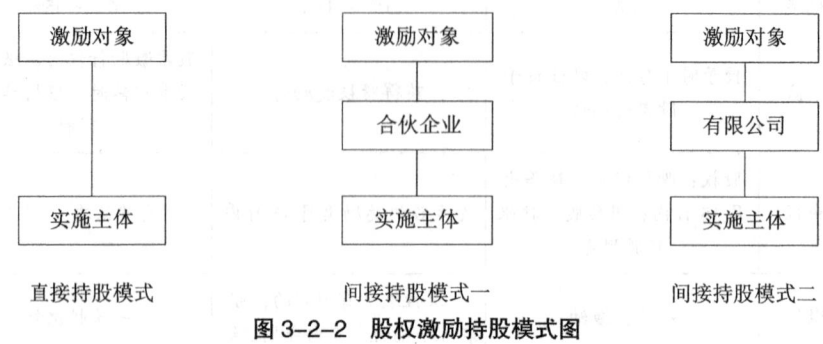

图 3-2-2　股权激励持股模式图

2. 从财税〔2016〕101 号看间接持股下的递延纳税

激励对象直接持股时满足财税〔2016〕101 号文件其他要件的，适用递延纳税待遇是没有争议的，而如果激励对象通过持股平台间接持有实施主体股份，是否可以适用递延纳税待遇，在实务中存在争议。

本书认为，从财税〔2016〕101 号文件的字面理解，激励对象间接持股不能适用递延纳税待遇，主要原因如下。

（1）纳税义务时间的规定

财税〔2016〕101 号规定享受递延纳税待遇的股权激励，在取得股权激励时可暂不纳税，而是递延至转让该股权时纳税。

在递延纳税待遇下，员工缴纳个人所得税的时间是转让激励股权时，若员工通过合伙企业间接持有标的股权，其实现激励股权收益的方式有两种，一种是合伙人转让合伙企业的财产份额，另一种是合伙企业转让上市公司股票并将转让股票的收益分配给激励对象。但是无论哪种情形都不满足财税〔2016〕101 号中的纳税义务时间要件。

（2）适用税目和税率

财税〔2016〕101 号规定，适用递延纳税待遇，激励对象转让股权时，适用"财产转让所得"项目，按照 20% 的税率计算缴纳个人所得税。

企业在 IPO 过程制订的股权激励计划，对后期激励对象转让上市公司股票的方式会作出限制，如百诚医药（301096）在股权激励计划中规定："在禁售期满后，员工转让股份时将转让意向交给公司有关管理部门，根据市场行情统一减持，并将持股平台减持股票所获收益向持股对象进行分配。"这种情况下根据财税〔2000〕91号和相关文件的规范，个人合伙人需要适用"经营所得"项目，按照5%~35%的税率计算缴纳个人所得税，与财税〔2016〕101号的内容相冲突。

（3）激励标的股权授予方式

财税〔2016〕101号规定适用递延纳税待遇的标的股票为境内居民企业自身的股票，激励标的股票可以通过增发、大股东直接让渡及法律法规允许的其他合理方式授予激励对象。

企业在IPO中授予持股平台股票往往有两种方式：一种是激励对象向合伙企业缴纳资金，然后再由合伙企业认购实施主体的股票；另一种是实施主体先通过定向增发或者大股东转让的方式将主体的股票转让给合伙企业，再由合伙企业的普通合伙人将其持有的合伙企业财产份额转让给激励对象。在这两种方式下，激励对象取得的都是合伙企业的财产份额，并不是实施主体的股票，所以也不符合财税〔2016〕101号的规定。

3.间接持股享受递延纳税待遇的分析

通过上面的分析可知通过合伙企业间接持股的方式无法满足财税〔2016〕101号规定的递延纳税待遇要件，但企业在IPO过程通过合伙企业实施股权激励已经是一种常态，本书对近一年来在上海证券交易所和深圳证券交易所上市企业的招股说明书进行分析，有超过90%的企业是通过合伙企业持股平台实施股权激励的。

虽然从财税〔2016〕101号字面的理解间接持股无法满足递延纳税待遇的要件，但本书认为只要满足财税〔2016〕101号其他要件时，应允许其适用递延纳税待遇，主要理由如下。

（1）财税〔2016〕101号并未禁止间接持股

财税〔2016〕101号规定了未上市公司授予本公司员工激励标的股票的方式包括增发、大股东直接让渡及法律法规允许的其他合理方式。

财税〔2016〕101号并未禁止通过合伙企业持股平台取得实施主体的股票，

所以激励对象取得激励标的股票的方式有直接和间接两种方式。

（2）间接持股属于允许的持股方式

《国有科技型企业股权和分红激励暂行办法》（财资〔2016〕4号）对于国有科技型企业实施股权激励时明确：激励对象可以采用直接或间接方式持有激励股权；采用间接方式的，持股单位不得与企业存在同业竞争关系或发生关联交易。对于其他非上市公司相关的法律法规也并未禁止采用间接持股模式。

所以通过合伙企业持股平台间接持股，属于股权激励实施方案中允许的一种持股方式。

（3）激励标的并非合伙企业财产份额

财税〔2016〕101号要求非上市公司实施股权激励计划，应当经过公司董事会、股东（大）会审议通过，股权激励计划应当列明激励目的、对象、标的、有效期等内容。实务中企业实施股权激励计划时，股权激励计划中对股权激励标的的描述均是实施主体自身的股票，不存在以合伙企业财产份额为标的实施股权激励计划的。

所以通过合伙企业持股平台实施股权激励，激励标的仍为实施主体股票，而非合伙财产份额。

（4）通过间接持股方式也符合财税〔2016〕101号的激励类型

实务中认为间接持股不应当享受递延纳税待遇的理由之一是：财税〔2016〕101号规定的股权激励方式仅限于股票期权、股权期权、限制性股票和股权奖励四种，而通过持股平台间接持股属于员工持股计划，所以不能享受递延纳税待遇。

本书认为直接持股还是间接持股并不是区分员工持股计划和股权激励的标准。《关于上市公司实施员工持股计划试点的指导意见》（证监会公告〔2014〕33号）和《关于国有控股混合所有制企业开展员工持股试点的意见》（国资发改革〔2016〕133号）明确员工持股计划可以采用直接持股或者间接持股的方式，所以持股方式并非区别员工持股计划与股权激励的标准。

员工持股计划与股权激励的区别在于持股对象的差异，员工持股计划对授予股票的对象没有严格的限制，员工持股目的是为了让所有的员工能够参与到公司的成长中来；而股权激励是对公司的董事、高级管理人员及对公司的发展具有重大贡献的技术和业务人员实施的。

第三章 股权激励实务案例分析

一、间接持股递延纳税——ZY 股份公司

（一）发行人基本情况

ZY 股份有限公司（以下简称"ZY 股份公司"）前身为 ZY 有限责任公司（以下简称"ZY 有限公司"）成立于 2014 年 3 月，主营业务为车用液化天然气（LNG）供气系统模块总成，金属容器类产品的设计、制造、销售和相关技术服务等。

ZY 股份公司经证监会同意注册，并经深圳证券交易所同意，于 2021 年 4 月在深圳证券交易所创业板市场上市。

ZY 股份公司在 IPO 前的股权结构如图 3-3-1 所示。

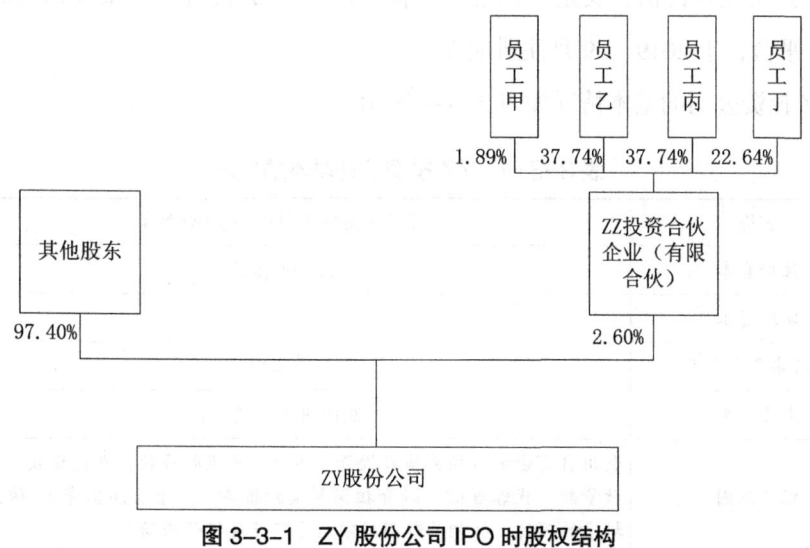

图 3-3-1　ZY 股份公司 IPO 时股权结构

（二）发行人股权激励实施情况

1. 股权激励实施路径

图 3-3-1 中的 ZZ 投资合伙企业（有限合伙）（以下简称"ZZ 投资公司"）是 ZY 股份公司实施股权激励的持股平台。

根据《招股说明书》披露，ZY 股份公司实施股权激励的路径如图 3-3-2 所示。

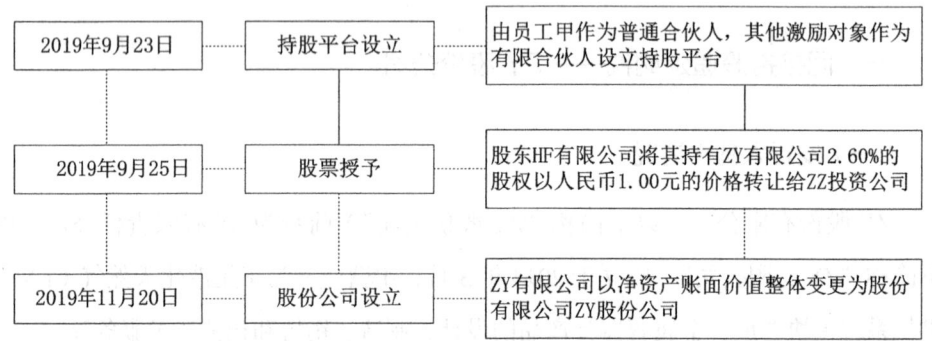

图 3-3-2　股权激励实施路径

2. 持股平台的设立情况

为保障公司持续稳定发展，ZY 股份公司考虑与核心员工个人利益绑定，共同分享公司成长价值，决定向核心员工授予股份，ZZ 投资公司系公司核心员工的持股平台，于 2019 年 9 月注册成立。

ZZ 投资公司的基本情况如表 3-3-1 所示。

表 3-3-1　ZZ 投资公司基本情况表

名称	ZZ 投资合伙企业（有限合伙）
注册资本	530.00 万元
实缴资本	—
执行事务合伙人	员工甲
成立日期	2019 年 9 月 23 日
经营范围	利用自有资金对相关项目投资（不得从事吸收存款、发放贷款、受托发放贷款、代客理财、融资担保等金融服务、严禁非法集资）（依法须经批准的项目，经相关部门批准后方可开展经营活动）

根据员工甲、乙、丙、丁签署的《ZZ投资合伙企业（有限合伙）合伙协议》，各合伙人认缴的合伙企业份额如表3-3-2所示。

表3-3-2　ZZ投资公司合伙人出资明细表

序号	合伙人姓名	合伙人性质	认缴出资额/万元	认缴出资比例/%	在发行人处任职情况
1	员工甲	普通合伙人	10.00	1.89	董事、董事会秘书
2	员工乙	有限合伙人	200.00	37.74	董事、财务总监
3	员工丙	有限合伙人	200.00	37.74	董事、总经理
4	员工丁	有限合伙人	120.00	22.64	董事、副总经理
合计			530.00	100.00	

ZZ投资公司在选定合伙人时，根据自愿原则，综合考虑了员工岗位职责、工作能力、工作年限及对公司的贡献度，合伙人全部为公司高级管理人员。

3. 激励标的的授予情况

2019年9月25日，ZY有限公司形成出资人决定，同意ZY股份公司股东HF有限公司将其持有的ZY股份公司2.60%的股权以人民币1.00元的价格转让给ZZ投资公司，同日，HF有限公司与ZZ投资公司签订了《股权转让协议》，约定HF有限公司将其持有ZY有限公司208.26万元出资额（占注册资本2.60%的股权）转让给ZZ投资公司，转让对价为名义价格1.00元。转让完成后，ZZ投资公司持有ZY有限公司2.60%的股权。

以1.00元的名义价格向ZZ投资公司转让股权系ZY股份公司考虑到受让出资人的工作岗位及对公司的贡献程度所作的股权激励。

4. 股权激励的会计处理

（1）股权转让基本情况

2019年9月25日，ZY有限公司形成出资人决定，同意ZY股份公司股东HF有限公司将其持有ZY股份公司2.60%的股权以人民币1.00元的价格转让给ZZ投资公司，将其持有ZY股份公司25.00%的股权以人民币1.00元的价格转让给自然人A，将其持有ZY股份公司3.00%的股权以人民币600.00万元的价格转让给自然人B。同日，HF有限公司与ZZ投资公司、自然人A、自然人B签订了

《股权转让协议》。

（2）股份支付的确认

根据《招股说明书》对股权激励费用确认的披露，自然人B系ZY股份公司实际控制人多年的朋友，并非公司员工，与ZY股份公司及其关联方无关联关系，本次转让股权不构成股份支付。

员工甲和自然人A为ZY股份公司的实际控制人之一，在本次股权转让前与其他实际控制人通过HF有限公司间接持有ZY股份公司98.48%股权，在本次股权转让后，共同控制人直接和间接持有ZY股份公司股份94.47%，持股比例下降，因此，自然人A不构成股份支付。

ZZ投资公司系因实施股权激励而设立的持股平台，出资人均系致ZY有限公司的高级管理人员和核心技术人员。其中员工甲不构成股份支付；员工乙、员工丙2人新增的通过ZZ投资公司间接持有ZY股份公司的股权构成股份支付。

员工丁在本次股权转让前通过HF有限公司间接持有ZY股份公司股份0.76%，在本次转让后仅直接持有ZY股份公司股份0.98%，对于新增的0.22%股权应确认为股份支付。

（3）股份支付金额的确认

因ZY有限公司股权未进行公开交易，公司聘请资产评估有限公司对ZY股份公司权益价值进行评估，经评估，截至2018年12月31日，ZY股份公司股东权益的账面价值为18 619.95万元，评估值为42 945.36万元，本次股权激励以评估值作为公允价值的确认依据。

股份支付金额计算过程如表3-3-3所示。

表3-3-3　股份支付金额计算表

姓名	转让前 持有方式	出资额/万元	出资比例/%	转让后 持有方式	出资额/万元	出资比例/%	应确认股份支付费用之股权激励授予股份份额/%
员工丁	通过HF有限公司间接持有	60.876	0.76	通过ZZ投资公司间接持有	78.597324	0.98124	0.22124
员工乙				通过ZZ投资公司间接持有	78.597324	0.98124	0.98124

续表

姓名	转让前			转让后			应确认股份支付费用之股权激励授予股份份额 /%
	持有方式	出资额/万元	出资比例/%	持有方式	出资额/万元	出资比例/%	
员工丙				通过ZZ投资公司间接持有	47.150064	0.58864	0.58864

激励对象合计持有应确认股份支付的股权份额①＝1.79112%

激励对象取得股份支付的对价②＝0

公司权益的公允价值③＝42 945.36 万元

激励对象取得股权的公允价值④＝①×③＝769.20 万元

应确认股份支付费用⑤＝④－②＝769.20 万元

（三）发行人股权激励涉税披露

《招股说明书》披露了 ZY 股份公司股权激励的个人所得税涉税情况：根据《财政部 国家税务总局关于完善股权激励和技术入股有关所得税政策的通知》（财税〔2016〕101 号），非上市公司授予本公司员工的股票期权、股权期权、限制性股票和股权奖励，符合规定条件的，经向主管税务机关备案，可实行递延纳税政策，即员工在取得股权激励时可暂不纳税，递延至转让该股权时纳税。2020年 3 月 12 日，ZY 股份公司就上述股权激励对相关激励对象的个人所得税递延纳税事项进行备案，并取得主管税务机关出具的《非上市公司股权激励个人所得税递延纳税备案表》，确认相关人员可暂不纳税。

（四）发行人股权激励涉税分析

1. 股权激励个人所得税分析

ZY 股份公司在 IPO 过程中实施的股权激励享受了个人所得税递延纳税的税收待遇，下面对其税涉税信息结合《招股说明书》披露信息进行分析。

（1）适用递延纳税的条件

根据 ZY 股份公司披露的信息，对比财税〔2016〕101 号文件的各项要件如表 3-3-4 所示。

表 3-3-4　股权激励递延纳税要件分析表

项目	具体内容
1. 股权激励类型	此次股权激励计划实施的类型应当是股权奖励或可立即行权的股权期权，满足递延纳税待遇要件[1]
2. 股权激励计划实施主体	股权激励计划实施主体是ZY有限公司，满足境内居民企业的要件
3. 股权激励计划实施程序	本次股权转让已经ZY有限公司投资者决定审议通过，明确股权激励持股平台的投资协议，满足股权激励计划经过董事会、股东（大）会审议通过要件
4. 股权激励计划标的股权	股权激励计划的标的股票为ZY有限公司自身的股权，满足激励标的为境内居民企业的本公司股权要件
5. 股权激励计划标的股权授予方式	标的股权由ZY有限公司股东HF有限公司以股权转让方式授予持股平台，属于大股东直接让渡的方式
6. 股权激励计划的激励对象	持股平台ZZ投资公司的合伙人均为ZY有限公司的高级管理人员，满足激励对象为技术骨干和高级管理人员的要件
7. 股权激励计划的激励对象比例	持股平台ZZ投资公司的合伙人为4人，满足激励对象人数累计不超过最近6个月在职职工平均人数的30%的要件[2]
8. 标的股权的持有期限	未披露
9. 股权激励计划的有效期	未披露
10. 股权奖励计划实施主体行业	ZY有限公司行业属于"金属制品业（C33）"，并非《股权奖励税收优惠政策限制性行业目录》中的限制性行业
11. 办理税务登记	取得主管税务机关出具的《非上市公司股权激励个人所得税递延纳税备案表》

注：[1]根据招股说明书披露的信息，ZY有限公司的原投资人HF有限公司将持有公司2.60%的股权以名义价格1.00元转让给持股平台ZZ投资公司，后续在计算股份支付应确认的金额时又提及股权激励对象取得股份支付的对价为0；ZZ投资公司的工商信息显示合伙人认缴出资日期为2020年12月31日。所以员工通过无偿方式取得标的股票，符合股权奖励的定义。

若认定激励对象并非无偿取得（名义价格1.00元），由于股权期权可以不设置业绩条件，且可立即可行权，所以ZY有限公司股权激励的方式又可以被称为股权期权。

[2]根据ZY股份公司《招股说明书》披露的报告期各期末员工人数，ZY股份公司2019年年初的员工人数是403人，年末员工人数是612人，实施股权激励的对象最多为4人，远低于在职职工平均人数的30%。

（2）激励股权的计税基础

股权激励对象取得激励标的股权（票）的计税基础为0。

2. 递延纳税备案的涉税风险

根据《招股说明书》披露，2020年3月12日，ZY股份公司就上述股权激励对相关激励对象的个人所得税递延纳税事项进行备案，并取得主管税务机关出具的《非上市公司股权激励个人所得税递延纳税备案表》，确认相关人员可暂不纳税。

财税〔2016〕101号规定："企业应在规定期限内到主管税务机关办理备案手续，未办理备案手续的，不得享受本通知规定的递延纳税优惠政策。"国家税务总局公告2016年第62号规定，非上市公司实施符合条件的股权激励，个人选择递延纳税的，非上市公司应于股票（权）期权行权、限制性股票解禁、股权奖励获得之次月15日内，向主管税务机关报送相关资料。

ZY有限公司投资者HF有限公司与持股平台ZZ投资公司签订股权转让协议的时间为2019年9月25日，取得换发的《营业执照》时间为2019年9月29日。所以ZY有限公司实施股权激励计划中，激励对象取得股权的时间应当为2019年9月25日；根据国家税务总局公告2016年第62号，ZY有限公司应当在10月15日前向主管税务机关办理递延纳税备案。

3. 员工甲是否可以适用递延纳税待遇

员工甲为实际控制人之子，在股权转让前未持有ZY股份公司股份，在股权转让后通过ZZ投资公司间接持有ZY股份公司股份，但由于实际控制人持股比例下降，所以员工甲持有股份的变动并不构成股份支付。但是否可以适用递延纳税待遇？

《股份支付准则》用于规范企业股份支付的确认、计量和报告，由于股权支付是企业以权益工具换取职工服务的交易，所以若在交易前后职工持有企业权益下降的，由于其并未获得权益支付，所以不应当确认股份支付费用。

但对纳税义务的确定应以纳税人的单项交易行为进行判断，所以对员工甲是否可以适用递延纳税应根据财税〔2016〕101号进行判定；递延纳税待遇适用于非上市公司股权激励的激励对象，所以员工甲是否可以适用递延纳税待遇应根据其是否属于股权激励对象进行判断，若属于股权激励对象的则可以适用递延纳税，否则不得适用。

4. 自然人 A 是否应当缴纳个人所得税

ZY 有限公司股东 HF 有限公司将其持有的公司 25% 的股权以人民币 1.00 元的价格转让给自然人 A，对于 A 以名义价格取得 ZY 有限公司股权的行为是否应当缴纳个人所得税？

财税〔2016〕101 号规定："个人从任职受雇企业以低于公平市场价格取得股票（权）的，凡不符合递延纳税条件，应在获得股票（权）时，对实际出资额低于公平市场价格的差额，按照"工资、薪金所得"项目，参照《财政部 国家税务总局关于个人股票期权所得征收个人所得税问题的通知》（财税〔2005〕35 号）有关规定计算缴纳个人所得税。"

以低于公平市场价格取得股权应当缴纳个人所得税的情形仅限于员工从该其任职或受雇的单位取得的股权，对于非员工通过上述行为取得的股权不应当依据财税〔2016〕101 号的规定征收个人所得税。根据 ZY 股份公司《招股说明书》的披露，自然人 A 为 ZY 股份公司实际控制人的配偶，但并未在公司任职，因此其以名义价格取得的上述股权所得无须按照财税〔2016〕101 号及财税〔2005〕35 号的规定申报缴纳个人所得税。

5. 后续整体变更对递延纳税的影响

财税〔2016〕101 号规定，持有递延纳税的股权期间，因该股权产生的转增股本收入，以及以该递延纳税的股权再进行非货币性资产投资的，应在当期缴纳税款。

2019 年 11 月 20 日，ZY 有限公司召开股东会并形成股东会决议，一致同意将 ZY 有限公司整体变更为股份有限公司。全体发起人以其所持股权对应的净资产同比例认购，超过注册资本金的净资产计入资本公积。ZY 有限公司截至 2019 年 9 月 30 日经审计的账面净资产金额为 18 232.75 万元，其中实收资本为 8010.00 万元；净资产按 1∶0.5485 的比例折股为 10 000.00 万股，折合股本 10 000.00 万元，其余 8232.75 万元计入资本公积。

所以，ZY 有限公司在整体变更过程中存在以未分配利润和留存收益转增股本的情形，但《招股说明书》中就整体变更对递延纳税待遇的影响并未予以披露。

6. 股权激励企业所得税分析

18 号公告规定，非上市公司，凡比照《上市公司股权激励管理办法（试行)》的规定建立职工股权激励计划,且在企业会计处理上,也按我国会计准则的有关规定处理的,其股权激励计划有关企业所得税处理问题,可以按以下规定执行:对股权激励计划实行后立即可以行权的,可以根据实际行权时该股票的公允价格与激励对象实际行权时支付价格的差额和数量,计算确定作为当年非上市公司工资薪金支出,依照税法规定税前扣除。

(1)ZY股份公司所得税信息披露

ZY股份公司在《招股说明书》中披露了如下与企业所得税有关的信息(以合并报表口径)。

①适用税率。

ZY股份公司于2018年9月14日取得了《高新技术企业证书》,有效期3年,2018年至2020年公司享受高新技术企业15.00%的优惠税率;ZY股份公司成都分公司及纳入合并报表的子公司适用25.00%的企业所得税税率。

②2019年度的利润数据。

ZY股份公司2019年度的利润总额为15 736.39万元,当期所得税费用为2556.17万元,所得税费用率为16.23%。

③2019年度递延所得税资产。

ZY股份公司披露报告期内的递延所得税资产主要构成有应收款项坏账准备、存货跌价准备、内部交易未实现利润及三包费用的预计负债,具体如表3-3-5所示。

表3-3-5 递延所得税资产明细表

单位:万元

项目	2020-12-31 可抵扣暂时性差异	2020-12-31 递延所得税资产	2019-12-31 可抵扣暂时性差异	2019-12-31 递延所得税资产	2018-12-31 可抵扣暂时性差异	2018-12-31 递延所得税资产
资产减值准备	1956.59	334.48	1660.10	297.20	1722.61	259.40
内部交易未实现利润	731.63	112.18	706.30	111.12	—	—
预计负债	4065.10	615.24	2165.82	326.52	1099.09	164.86
合计	6753.32	1061.90	4532.23	734.84	2821.70	424.26

④报告期各年度缴纳的企业所得税。

报告期内 ZY 股份公司实际缴纳的企业所得税金额如表 3-3-6 所示。

表 3-3-6 报告期缴纳企业所得税

单位：万元

期间	期初未交数	本期应交数	本期已交数	期末未交数
2020 年度	1141.73	4933.23	5208.14	866.82
2019 年度	865.20	2740.82	2464.19	1141.73
2018 年度	504.56	1110.42	749.78	865.20

从披露的信息看，ZY 股份公司已将股权激励费用在当年度的企业所得税前予以扣除。

二、对外部顾问的激励——XYZ 股份公司

（一）发行人基本情况

XYZ 股份有限公司（以下简称"XYZ 股份公司"）前身为 XYZ 有限公司，成立于 2005 年 10 月 28 日，主营业务为医疗器械的技术研发、生产、销售、售后服务及维修保养等，XYZ 有限公司于 2018 年 7 月 31 日整体变更设立 XYZ 股份公司。

XYZ 股份公司 2019 年 9 月 20 日经证监会注册同意，并经上海证券交易所批准，股票在上海证券交易所科创板市场上市交易。

（二）发行人股权激励实施情况

1. 股权激励实施路径

根据 XYZ 股份公司《招股说明书》披露，其实施股权激励的路径如图 3-3-3 所示。

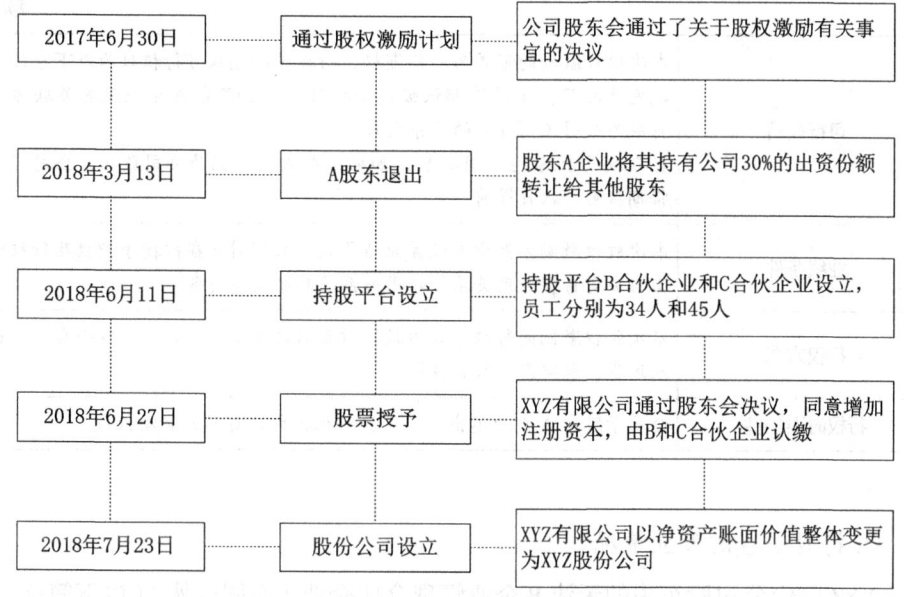

图 3-3-3　XYZ 有限公司股权激励实施路径

2. 发行人股权激励计划

为了激发公司管理人员、核心技术人员、骨干人员的工作积极性，实现股东目标、公司目标与员工目标的统一，提升公司经营效率，2017 年 6 月 30 日，XYZ 有限公司股东会通过了关于股权激励有关事宜的决议，审议同意在不超过公司总股本 10% 的范围内向公司核心人员实施股权激励，行权价格按照 2017 年 6 月 30 日经审计的每股净资产价值确定，并批准《XYZ 有限公司股权激励方案》。根据该方案，本次股权激励可采用直接或间接股权激励方式，间接持股平台的组织形式、持股方式等方案由公司管理层共同制定。2018 年 5 月，公司管理层决定采取间接股权激励方式。

股权激励计划的主要内容如表 3-3-7 所示。

表 3-3-7　股权激励计划主要内容

股权激励对象	激励对象被授予期权时及行权时均需与公司存在劳动关系、聘用关系或其他服务关系。激励对象的具体范围为公司管理层认定的核心人员，并提交股东会审议批准
期权授予日	股东会审议通过之日

续表

可行权日	本次股权激励的形式为股票期权，所授予的期权可行权日为以下事件较晚发生之日：①该等期权被授予之日，或②股东A企业及其关联方不再成为公司工商注册的股东之日。 在期权授予满12个月之后，如果股东A企业仍为公司股东，公司可以将期权可行权日提前
业绩条件	本次股权激励方案中未设置业绩条款。激励对象在被授予期权及行权时需与公司存在劳动关系、聘用关系或其他服务关系
行权方式	本次股权激励的行权方式为激励对象通过有限合伙企业持股平台对发行人增资，取得发行人的股权
行权时限条件	公司于股东A企业退出工商变更登记完成之日开始启动行权

3. 持股平台的设立情况

XYZ股份公司股东中的天津B企业管理合伙企业（有限合伙）（以下简称"B企业"）和天津C企业管理合伙企业（有限合伙）（以下简称"C企业"）是为XYZ股份公司实施股权激励而设立的持股平台；两个持股平台均采用有限合伙方式，其中普通合伙人为专业技术人员甲设立的100%控股的天津D企业管理咨询有限公司（以下简称"D企业"）。

B企业和C企业签订了有效的合伙协议，两平台合伙协议就利润分配、亏损分担方式、合伙事务的执行、入伙与退伙、转让和退出机制、纳税安排等事项作了约定。激励对象通过B企业和C企业间接持有XYZ股份公司股份，持股方式如图3-3-4所示。

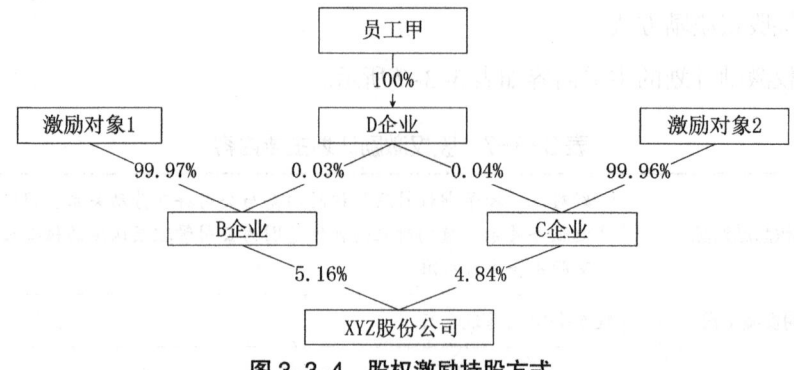

图3-3-4　股权激励持股方式

4.股权激励对象及持股信息

《招股说明书》披露,股权激励的对象包括 XYZ 股份公司的员工及外部顾问。XYZ 股份公司对相关顾问进行股权激励,系基于其个人为 XYZ 股份公司提供咨询服务进行的补偿,与其任职单位不存在关系,不属于为关联公司承担成本费用的情形。

B 企业和 C 企业设立时各合伙人均已完成对平台的出资,出资来源为自有资金或以个人名义向其他单位的借款,其中向其他单位的借款签署了借款协议,借款期限三年。

截至招股说明书披露之日,在 B 企业和 C 企业持股平台间接持股的激励对象信息如表 3-3-8 和 3-3-9 所示:

表 3-3-8 B 企业激励对象明细表

序号	姓名	性质	出资额/万元	出资比例/%	职务	承担的工作内容
1	员工001	有限合伙人	28.08	0.94	战略推进	战略推进
2	员工002	有限合伙人	25.80	0.86	采购经理	采购管理、供应商管理
3	员工003	有限合伙人	25.74	0.86	生物安全柜产品经理	生物安全柜产品推广
4	员工004	有限合伙人	25.74	0.86	销售经理	产品与方案推广
5	员工005	有限合伙人	25.70	0.86	大客户销售经理	产品与方案推广
6	员工006	有限合伙人	24.71	0.83	销售经理	产品与方案推广
7	员工007	有限合伙人	24.71	0.83	销售经理	产品与方案推广
8	员工008	有限合伙人	24.57	0.82	企划总监	全产业链企划、产品设计
9	员工009	有限合伙人	24.57	0.82	售后主管	售后关键项目推进、售后模式优化
10	员工010	有限合伙人	23.59	0.79	超低温架构工程师	超低温产品规划、推广与全流程协同
11	员工011	有限合伙人	21.55	0.72	大客户销售经理	产品与方案推广

续表

序号	姓名	性质	出资额/万元	出资比例/%	职务	承担的工作内容
12	员工012	有限合伙人	21.55	0.72	自动化产品架构工程师	自动化产技术研发、改善、迭代
13	员工013	有限合伙人	20.59	0.69	自动化产品经理	自动化产品开发与推广
14	员工014	有限合伙人	18.81	0.63	海外销售经理	海外市场推广
15	员工015	有限合伙人	18.81	0.63	海外大客户销售	海外大客户营销
16	员工016	有限合伙人	18.81	0.63	物联网药品方案经理	药品网产品开发与市场推广
17	员工017	有限合伙人	18.06	0.60	销售经理	产品与方案推广
18	员工018	有限合伙人	17.96	0.60	生产主管	液氮罐产品生产与运营管理
19	员工019	有限合伙人	17.96	0.60	低温产品项目经理	低温产品的规划、发展与推广
20	员工020	有限合伙人	17.96	0.60	结构开发工程师	产品结构设计与优化
21	员工021	有限合伙人	17.96	0.60	产品技术工程师	产品技术管理与优化
22	员工022	有限合伙人	17.96	0.60	软件开发工程师	软件方案设计与实施
23	员工023	有限合伙人	17.96	0.60	物联网疫苗项目经理	疫苗产品的推广
24	员工024	有限合伙人	17.96	0.60	产品注册工程师	产品注册
25	员工025	有限合伙人	17.96	0.60	财务分析	财务数据分析
26	员工026	有限合伙人	17.24	0.58	培养箱产品经理	培养箱产品开发与推广
27	员工027	有限合伙人	17.24	0.58	物联网药品方案结构工程师	物联网药品方案开发与市场推广

续表

序号	姓名	性质	出资额/万元	出资比例/%	职务	承担的工作内容
28	员工028	有限合伙人	17.24	0.58	样本库产品经理	样本库解决方案设计
29	员工029	有限合伙人	17.24	0.58	系统研发工程师	产品系统模块设计与研发
30	员工030	有限合伙人	17.10	0.57	质量经理	质量体系优化管理
31	员工031	有限合伙人	15.05	0.50	海外销售经理	海外市场推广
32	员工032	有限合伙人	12.29	0.41	财务运营主管	预算管理、绩效分析
33	员工033	有限合伙人	8.98	0.30	电控工程师	产品电控模块设计与研发
34	员工034	有限合伙人	2333.47	77.99	董事、总经理	全面负责公司的战略规划及公司运营、管理及业务发展工作
	合计		2990.92	99.98[①]		

注：①出资比例相差0.02%为作为普通合伙人的D企业的出资比例，其出资金额为1万元，表3-3-9中C企业与此情况相同。

表3-3-9　C企业激励对象明细表

序号	姓名	性质	出资额/万元	出资比例/%	职务	承担的工作内容
发行人员工							
1	员工035	有限合伙人	229.52	8.17	总工程师	产品开发、各类研发技术指导、技术攻关
2	员工036	有限合伙人	208.66	7.42	副总经理、前沿研发高级总监	超前研发技术研究
3	员工037	有限合伙人	229.52	8.17	副总经理、海外项目总监	海外市场运营管理、海外大项目运营

续表

序号	姓名	性质	出资额/万元	出资比例/%	职务	承担的工作内容
4	员工038	有限合伙人	86.07	3.06	物联网血液解决方案开发总监	物联网血液产品开发与市场推广
5	员工039	有限合伙人	81.97	2.92	物联网生物样本库产品高级经理	物联网样本库方案开发与市场推广
6	员工040	有限合伙人	78.25	2.78	开发平台高级经理	开发流程优化、专利、模块化设计
7	员工041	有限合伙人	71.73	2.55	国内市场总监	国内市场运营管理
8	员工042	有限合伙人	65.21	2.32	人力资源总监	人力资源战略规划、体系搭建、优化及实施
9	员工043	有限合伙人	81.97	2.92	物联网疫苗产品研发总监	物联网疫苗产品开发与市场推广
10	员工044	有限合伙人	81.97	2.92	整合产品高级经理	液氮罐、冷库等产品开发整合及市场推广
11	员工045	有限合伙人	78.25	2.78	品牌营销总监	品牌认识传播、品牌口碑建设、用户交互
12	员工046	有限合伙人	68.31	2.43	美洲大区销售高级经理	海外市场开发与拓展
13	员工047	有限合伙人	65.21	2.32	售后经理	售后服务体系搭建与优化
14	员工048	有限合伙人	52.16	1.86	财务运营主管	研发、生产、采购等财务指标运营分析等
15	员工049	有限合伙人	26.93	0.96	数据生态方案高级经理	样本数据平台搭建及平台管理、市场推广
16	员工050	有限合伙人	40.39	1.44	物联网血液方案销售经理	物联网血液解决方案市场推广
17	员工051	有限合伙人	38.56	1.37	太阳能疫苗研发工程师	太阳能疫苗产品开发

续表

序号	姓名	性质	出资额/万元	出资比例/%	职务	承担的工作内容
18	员工052	有限合伙人	38.56	1.37	物联网疫苗项目经理	物联网疫苗方案复制推广、产品升级
19	员工053	有限合伙人	38.56	1.37	国内订单管理主管	国内订单预测、订单交付
20	员工054	有限合伙人	36.72	1.31	实验室主管	实验室管理、新品试制、测试等
21	员工055	有限合伙人	36.72	1.31	综合部经理	行政管理、后勤管理
22	员工056	有限合伙人	32.31	1.15	欧洲大区销售高级经理	欧洲市场开拓及销售目标达成
23	员工057	有限合伙人	38.56	1.37	太阳能疫苗企划工程师	太阳能疫苗产品及方案企划
24	员工058	有限合伙人	33.74	1.20	国内用户管理经理	市场营销与产品推广
25	员工059	有限合伙人	38.56	1.37	战略高级经理	战略规划、战略落地推进
26	员工060	有限合伙人	25.74	0.92	销售经理	市场营销及产品推广
27	员工061	有限合伙人	24.57	0.87	系统研发工程师	产品系统模块设计与开发
28	员工062	有限合伙人	24.57	0.87	安全柜产品高级经理	安全柜产品开发与推广
29	员工063	有限合伙人	24.57	0.87	系统研发工程师	产品系统模块设计与开发
30	员工064	有限合伙人	30.89	1.10	物联网药品项目高级经理	物联网试剂产品开发与推广
31	员工065	有限合伙人	30.89	1.10	销售经理	市场影响与产品推广
32	员工066	有限合伙人	26.59	0.95	董事会秘书	信息披露管理、资本运作管理、投资者关系管理
33	员工068	有限合伙人	29.01	1.03	首席财务官	财务会计、投融资有关工作

续表

序号	姓名	性质	出资额/万元	出资比例/%	职务	承担的工作内容
发行人顾问							
34	员工067	有限合伙人	53.19	1.89	董事	通过董事会参与制定公司业务规划、策略及主要决策；管理咨询
35	员工069	有限合伙人	92.84	3.30	董事	通过董事会参与制定公司业务规划、策略及主要决策；提供管理咨询
36	顾问001	有限合伙人	243.43	8.66	顾问	财务战略运营及投融资咨询
37	顾问002	有限合伙人	62.10	2.21	顾问	投融资咨询
38	顾问003	有限合伙人	24.18	0.86	顾问	人力资源体系咨询
39	顾问004	有限合伙人	23.21	0.83	顾问	资本运作咨询
40	顾问005	有限合伙人	43.52	1.55	顾问	合法、合规体系咨询
41	顾问006	有限合伙人	43.52	1.55	顾问	合法、合规体系咨询
42	顾问007	有限合伙人	26.59	0.95	顾问	品牌增值咨询
43	顾问008	有限合伙人	24.18	0.86	顾问	人力资源管理中长期激励咨询
44	顾问009	有限合伙人	48.35	1.72	顾问	人力资源战略规划及体系咨询
45	顾问010	有限合伙人	29.01	1.03	顾问	投资运作咨询
	合计		2809.36	99.96		

5. 激励标的授予情况

2018年6月27日，XYZ有限公司通过股东会决议，同意注册资本由21 402.4390万元增加至23 780.3818万元，由系公司员工持股平台的B企业和C企业认缴，其中，由B企业认缴出资1226.1689万元，由C企业认缴出资

1151.7739万元，出资方式为货币出资。

本次股权激励计划采用股票期权的方式，期权的行权价格按照2017年6月30日经审计的每注册资本净资产值确定，根据会计师事务所出具的《审计报告》，截至2017年6月30日，公司净资产账面价值为521 484 179.59元，即2.44元/注册资本。

6.股权激励的会计处理

（1）股票期权的公允价值

公司实施股权激励所使用的权益工具为股票期权。在达到激励方案约定的行权条件后，激励对象按约定价格进行增资以取得公司新增的股份。本次股权激励采用Black-Scholes模型计算期权的公允价值，2018年6月8日，评估公司出具股票期权价值评估报告，以2017年6月30日作为评估基准日，每份股票期权价值为5.45元。根据期权评估报告的评估说明，截至2017年6月30日公司股票公允价值为7.81元/注册资本。公司本次授予期权系为进一步激发员工积极性、提升公司未来经营业绩而进行的股权激励，因此期权行权价格低于截至2017年6月30日经评估的每注册资本净资产的公允价值。

（2）股份支付费用确认

本次股权激励共授予股票期权23 780 488份，根据约定的行权条件，2018年4月A股东退出，上述股权达到可行权条件。公司按照授予日至可行权日之间的天数，在2017年和2018年之间分摊因股权激励形成的期间费用，并根据激励对象所属职能部门将上述期间费用分配至销售费用、管理费用和研发费用。其中在不同年度划分期间费用如表3-3-10所示，同一年度内在不同职能部门之间划分股权激励费用如表3-3-11所示。

表3-3-10　股权激励费用按年度划分表

授予日	可行权日	等待期天数/天	期权成本/元
2017/06/30	2018/04/11	285	129 603 659.60①
其中：2017年分摊		184	83 673 941.64
2018年分摊		101	45 929 717.96

注：①股权激励计划授予的股权23 780 488份，每份股权期权的价格为5.45元，以此计算股权激励计划授予股权期权的成本为129 603 659.60元。

表 3-3-11 期权费用在职能部门间的划分

项目	2017 年	2018 年	合计
待摊费用 / 元①	83 673 941.64	45 929 717.96	129 603 659.60
被授予期权总数 / 份②		23 780 488	
其中：管理类人员被授予期权数③ / 份		14 612 253	
销售类人员被授予期权数④ / 份		3 514 910	
研发类人员被授予期权数⑤ / 份		5 653 325	
分摊：管理费用⑥ = ③ × ① / ② / 元	51 414 622.14	28 222 156.71	79 636 778.85
销售费用⑦ = ④ × ① / ② / 元	12 367 549.99	6 788 709.51	19 156 259.50
研发研发⑧ = ⑤ × ① / ② / 元	19 891 769.51	10 918 851.74	30 810 621.25

7. 股权激励符合《审核问答》文件要求

《法律意见书》披露：公司实施股权激励的事项符合《上海证券交易所科创板股票发行上市审核问答》相关文件的要求。

①公司于 2017 年 6 月 30 日通过股东会决议，审议通过了本次股权激励方案，公司按照《公司法》和公司章程的约定履行了决策程序。公司与激励对象签署授予协议，并在协议中明确约定行权条件成熟时，被激励对象可自行决定是否在约定的行权期限内以约定的价格行权；符合公司自主决定、员工自愿参加的原则，不存在以摊派、强行分配等方式强制实施员工股权激励计划的情形。

②本次股权激励计划行权时，员工持股平台 B 企业和 C 企业以货币资金出资，并按约定及时足额缴纳。

③根据 B 企业和 C 企业的合伙协议及期权授予协议书，授予对象通过有限合伙形式的员工持股平台对公司增资，进而间接持有公司股份，并在合伙协议中约定在平台内部流转、退出机制，以及股权管理机制。

④B 企业和 C 企业为合伙企业，未在基金业协会备案，根据其出具的承诺，自 XYZ 股份公司股票在上海证券交易所上市交易之日起十二个月内，B 企业和

C企业不转让或者委托他人管理本合伙企业持有的首发前股份，也不由公司回购该部分股份；因此，B企业和C企业未按照"闭环原则"计算股东人数。截至本招股说明书签署之日，B企业共计35名合伙人，C企业共计46名合伙人；B企业和C企业的普通合伙人均为员工甲一人独资的天津D企业管理咨询有限公司，同时甲亦为B企业的有限合伙人，合计最终权益持有人为79人。

（三）发行期股权激励涉税情况

XYZ股份公司在《招股说明书》中并未披露IPO过程中实施股权激励计划是否适用财税〔2016〕101号的递延纳税待遇，同时也未披露公司实施股权激励费用在所得税税前扣除的相关内容。

（四）发行人股权激励涉税分析

XYZ股份公司在《招股说明书》中未披露实施股权激励个人所得税是否可以享受递延纳税待遇，下面结合其披露的信息对股权激励相关的所得税事项进行分析。

1. 股权激励个人所得税分析

（1）递延纳税待遇分析

财税〔2016〕101号文件要求非上市公司实施股权激励适用递延纳税待遇需要满足一系列条件，根据XYZ股份公司《招股说明书》披露的信息对其各项要件进行如表3-3-12的分析。

表3-3-12 股权激励递延纳税要件分析表

项目	具体内容
1. 股权激励类型	此次股权激励计划实施的类型为股权期权
2. 股权激励计划实施主体	股权激励计划实施主体是XYZ股份公司前身XYZ有限公司，满足境内居民企业的要件
3. 股权激励计划实施程序	本次股权激励计划已经XYZ有限公司股东会审议通过，明确根据股权激励持股平台的投资协议，满足股权激励计划经过董事会、股东（大）会审议通过要件

续表

项目	具体内容
4. 股权激励计划标的股权	股权激励计划的标的股票为 XYZ 有限公司自身的股权，满足激励标的为境内居民企业的本公司股权要件
5. 股权激励计划标的股权授予方式	标的股权由 XYZ 有限公司在增资环节授予持股平台 B 企业和 C 企业，满足实施主体以增发方式授予激励对象股权的要件
6. 股权激励计划的激励对象	股权激励计划的对象包括 XYZ 有限公司的高级管理人员、核心技术人员、骨干人员以及外部顾问，不满足激励对象为公司的技术骨干和高新技术人员[1]
7. 股权激励计划的激励对象比例	持股平台的合伙人合计为 79 人，其中 XYZ 有限公司员工 69 人，外部顾问 10 人。XYZ 有限公司员工人数满足激励对象人数累计不超过最近 6 个月在职职工平均人数的 30% 的要件[2]
8. 标的股权的持有期限	未披露
9. 股权激励计划的有效期	未披露
10. 股权奖励计划实施主体行业	由于股权激励方式为股权期权，所以不受《股权奖励税收优惠政策限制性行业目录》中的限制性行业
11. 办理税务登记	未披露

注： [1]根据《招股说明书》披露，根据《公司章程》的规定，XYZ 有限公司的高级管理人员包括总经理、副总经理、首席财务官及董事会秘书；截至招股说明书签署之日，高级管理人员有 5 人，由公司董事会聘任。XYZ 有限公司的核心技术人员为 6 人。

[2] XYZ 有限公司披露的在报告期各期末包含子公司在内的员工人数分别为 450 人、633 人、784 人和 802 人。

根据表 3-3-12 的分析，XYZ 有限公司股权激励计划中的激励对象结构不符合财税〔2016〕101 号文件的要求，但对于其中技术骨干和高级管理人员是否可以单独适用递延纳税待遇，实务中是存在不同观点的。

（2）应纳税所得额计算分析

若 XYZ 有限公司实施的股权激励不能享受递延纳税待遇的或者不符合条件的部分员工不能适用递延纳税待遇，则该部分员工的个人所得税分析如下。

财税〔2016〕101 号规定，个人从任职受雇企业以低于市场公平价格取得股票（权）的，对于不符合递延纳税条件的，应当按照财税〔2005〕35 号的规定计

算缴纳个人所得税,即:

股票折扣形式的工资薪金所得 = 取得股票(权)的公平市场价格 −

取得股票(权)的实际出资额　　　(3-3-1)

①取得股权的公平市场价格。

根据国家税务总局公告2016年第62号的规定,应当按净资产法确定股票(权)的公平市场价格,净资产按取得股票(权)的上年末净资产确定。

根据《招股说明书》披露,XYZ股份公司在实施股权激励过程股权的评估价格如表3-3-13所示。

表3-3-13　股权激励相关价格表

时间	事项	公司估值/亿元	价格/元	评估基准日
2017年6月	确定股票期权的公允价值	16.72	7.81	2017年6月30日
2018年4月	股东A向其他投资者转让持有公司股权	22.95	10.72	2017年12月31日
2018年6月	新旧投资者之间转让股权	22.95	10.71	2017年12月31日
2018年6月	现有股东之间转让股权	22.96	10.71	2017年12月31日
2018年6月	现有股东之间转让股权	22.96	10.71	2017年12月31日

所以,计算不符合递延纳税待遇的所得时,股权的公平市场价值应按照评估后的价格确定。

②取得股权的实际成本。

本次股权期权的行权价格即是取得股权的实际成本,按照2017年6月30日经审计的每注册资本净资产值确定,根据会计师事务所出具的《审计报告》,截至2017年6月30日,公司净资产账面价值为521 484 179.59元,即2.44元/注册资本。

③所得性质。

对于不符合递延纳税条件的股权激励所得,员工应当作为"工资薪金所得"项目计算缴纳个人所得税。

④应纳个人所得税额计算。

根据国家税务总局公告2016年第62号及财税〔2005〕35号的规定,员工取得的上述股权激励所得应纳税额应按如下公式计算计算：

应纳税额 =（本纳税年度内取得的股票期权形式工资薪金所得累计

应纳税所得额 ÷ 规定月份数 × 适用税率 – 速算扣除数 ）×

规定月份数 – 本纳税年度内股票期权形式的工资薪金

所得累计已纳税款 　　　　　　　　　　　　　　（3-3-2）

其中，规定月份数是激励对象取得 XYZ 有限公司股权期权形式工资薪金所得时在 XYZ 有限公司的工作月份数，工作月份数长于 12 个月的，按 12 个月计算。

2. 股权激励企业所得税分析

18 号公告规定，非上市公司比照《上市公司股权激励管理办法（试行）》的规定建立职工股权激励计划，且在会计处理上，也按照我国会计准则的有关规定处理的，其股权激励计划有关企业所得税处理问题，可以按照上市公司的规定处理。XYZ 有限公司在 IPO 过程中通过股权期权的方式实施股权激励，并且按照《股份支付准则》的要求进行了会计处理，所以其股权激励费用可以在企业所得税前扣除。

（1）扣除时间

《招股说明书》披露，XYZ 有限公司股权激励计划授予日是 2017 年 6 月 30 日，可行权日是 2018 年 4 月 11 日，实际行权日是 2018 年 6 月 27 日。

根据 18 号公告规定："对股权激励计划实行后，需待一定服务年限或者达到规定业绩条件（以下简称等待期）方可行权的，公司等待期内会计上计算确认的相关成本费用，不得在对应年度计算缴纳企业所得税时扣除。在股权激励计划实际可行权时计算确定作为当年上市公司工资薪金支出，依照税法规定进行税前扣除。"

所以 XYZ 有限公司 2017 年度按照《股份支付准则》核算的股权激励费用不得在企业所得税前扣除，2018 年实际行权时按照规定计算的股权激励费用可以在所得税前扣除。

（2）扣除金额

18 号公告规定，在股权激励计划可行权后，公司根据该股票实际行权时的公允价格与当年激励对象实际行权支出价格的差额和数量,计算确定作为当年上市公司工资薪金支出,依照税法规定进行税前扣除。

其中实际行权时的公允价格应当按照取得股票上年末净资产的公允价值确定,具体参照前述个人所得税的相关方法。

3. 顾问人员的所得税分析

XYZ 有限公司股权激励计划中的激励对象不仅包括自身的员工,还包括为 XYZ 有限公司提供顾问服务的 12 名外部单位的人员,XYZ 有限公司将外部顾问作为股权激励对象系基于其个人为发行人提供咨询服务进行的补偿。针对 12 名顾问确认的股份支付费用合计 1036.82 万元,人均 86.40 万元,与其为 XYZ 有限公司提供的咨询服务情况相匹配。

对于 12 名顾问以低于公平市场价格取得的股权,在获得股权时,实际出资额低于股权公平市场价格差额部分是否应当计入其提供服务的所得按照"劳务报酬"项目计算缴纳个人所得税?XYZ 有限公司对于该部分的股权激励费用在外部顾问行权时是否可以在企业所得税前扣除?

本书认为对于外部顾问取得的该部分所得不需要缴纳个人所得税,企业就其股权激励费用不能在企业所得税前扣除。

第一,《个人所得税法实施条例》规定,劳务报酬所得,属于一次性收入的,以取得该项收入为一次;属于同一项目连续性收入的,以一个月内取得的收入为一次。对通过股权激励方式进行咨询服务的补偿,除非在合同中就该补偿的方式、计算方法、取得时间等做明确的约定,否则不构成咨询服务的收入。

第二,员工通过股权激励方式或者以低于公平市场价格的方式取得股票(权)所得,是由国务院财政税务主管部门单独通过规范性文件明确的,对于外部顾问取得的此类所得,并无相应的税收规范性文件对其予以明确征税。

第三,在无特别法对该交易的税收后果进行规范时,该项交易对于外部顾问而言是通过合伙企业对 XYZ 有限公司的增资,尽管这种增资是非公允性的,但是目前的税收规范性文件并未将非公允增资作为一项应税行为进行评价,所以也不应对其征收个人所得税。

第四,根据 18 号公告的规定,其适用范围仅限于公司依照《上市公司股权激励管理办法（试行）》对其员工（包括董事、监事、高级管理人员及其他员工）实施的股权激励，并不包括外部人员，所以其计算的股权激励费用不得在企业所得税前扣除。

第五，根据18号公告的解读，企业计算可在税前扣除的费用时应当与个人所得税保持一致，若外部顾问就该股权激励无须缴纳个人所得税，则实施主体也无法计算费用在企业所得税前扣除。

所以，XYZ有限公司在股权激励计划中将外部顾问作为激励对象，外部顾问无须就该股权激励所得缴纳个人所得税，XYZ有限公司也不能在税前扣除对外部顾问的股权激励费用。

三、混合持股递延纳税——RY股份公司

（一）发行人基本情况

RY科技股份有限公司（以下简称"RY股份公司"）前身为RY科技有限公司（以下简称"RY有限公司"），成立于2012年10月31日，专业从事无毒环保高分子泡沫塑料的研发、生产和销售，2014年10月31日通过整体变更设立股份有限公司。

RY股份公司经证监会同意注册，并经深圳证券交易所同意，于2020年12月在深圳证券交易所创业板市场上市。

（二）发行人股权激励实施情况

1. 股权激励实施路径

RY股份公司在《招股说明书》及《补充法律意见书（一）》中对其历史上股权激励实施情况作了详细的说明，主要情况如图3-3-5所示。

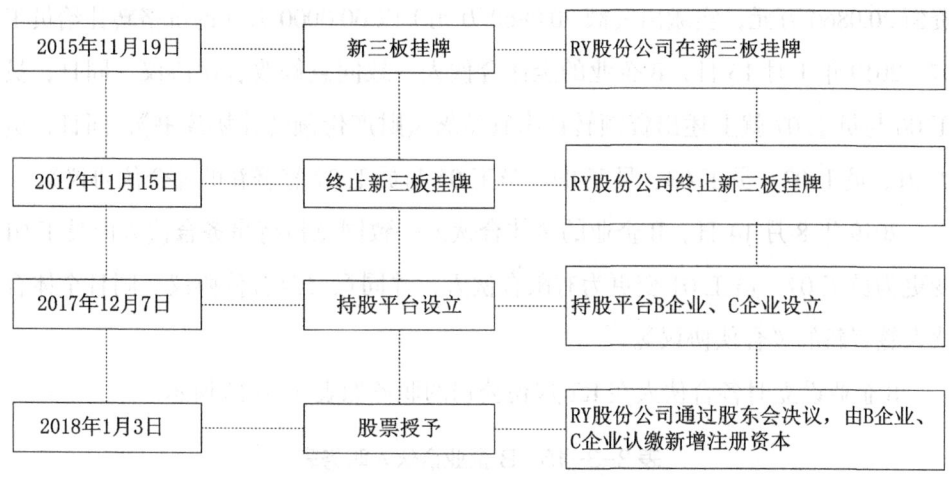

图 3-3-5　RY 股份公司股权激励路径

2.持股平台的设立情况

（1）B 企业的设立情况

2017 年 12 月 4 日，员工 01、员工 02、员工 03、员工 04、员工 05 与员工 06 签署《合伙协议》，约定共同出资设立宁波 B 投资管理合伙企业（有限合伙）（以下简称"B 企业"），全体合伙人认缴出资总额为 498.8033 万元。

设立时，B 企业的出资情况如表 3-3-14 所示。

表 3-3-14　B 企业合伙人出资明细表

序号	合伙人姓名	出资额 / 万元	出资比例 /%	合伙人类型
1	员工 01	195.3403	39.16	普通合伙人
2	员工 02	108.8656	21.83	有限合伙人
3	员工 03	86.0038	17.24	有限合伙人
4	员工 04	59.8759	12.00	有限合伙人
5	员工 05	28.6317	5.74	有限合伙人
6	员工 06	20.0860	4.03	有限合伙人
	合计	498.8033	100.00	

2019 年 1 月 15 日，B 企业全体合伙人一致同意员工 06 将其出资额（认缴出

资额 20.0860 万元，实缴出资额 20.0860 万元）以 60.0000 万元的价格转让给员工07。2019 年 1 月 16 日，B 企业的全体合伙人一致同意修改合伙协议。同日，员工 06 与员工 07 就上述出资额转让事宜签署《财产份额转让协议书》；同日，员工 01、员工 02、员工 03、员工 04、员工 05 与员工 07 签署新的《合伙协议》。

2019 年 8 月 14 日，B 企业的全体合伙人一致同意执行事务合伙人由员工 01 变更为员工 07，员工 01 变更为有限合伙人，并同意修改合伙协议，同日全体合伙人签署新的《合伙协议》。

B 企业设立时各合伙人在 RY 股份公司的职务如表 3-3-15 所示。

表 3-3-15　B 企业合伙人职务表

序号	合伙人姓名	担任职务
1	员工 07	副总经理、财务总监、董事会秘书，属于公司高级管理人员
2	员工 01	董事，属于公司高级管理人员
3	员工 02	销售内务助理、运营管理部经理
4	员工 03	车间主任、质检部长
5	员工 04	技术部经理、生产副厂长、技术研发中心总监
6	员工 05	内审总监

（2）C 企业的设立情况

2017 年 12 月 7 日，员工 08、员工 09 及员工 10 签署《合伙协议》，约定共同出资设立宁波 C 投资管理合伙企业（有限合伙）（以下简称"C 企业"），全体合伙人认缴出资总额为 483.2895 万元。

设立时，C 企业的出资情况如表 3-3-16 所示。

表 3-3-16　C 企业合伙人出资明细表

序号	合伙人姓名	出资额/万元	出资比例/%	合伙人类型
1	员工 08	428.6895	88.70	普通合伙人
2	员工 09	28.6000	5.92	有限合伙人
3	员工 10	26.0000	5.38	有限合伙人
	合计	483.2895	100.00	

C企业设立时各合伙人在RY股份公司的职务分别如表3-3-17所示。

表3-3-17　C企业合伙人职务表

序号	合伙人姓名	担任职务
1	员工08	董事、总经理，属于公司高级管理人员
2	员工09	董事长，属于公司高级管理人员
3	员工10	财务副总监

3.股权激励对象及持股信息

RY股份公司《招股说明书》并未对股权激励对象名单及其持股信息予以详细披露，仅披露了激励对象如图3-3-6所示的持股方式。

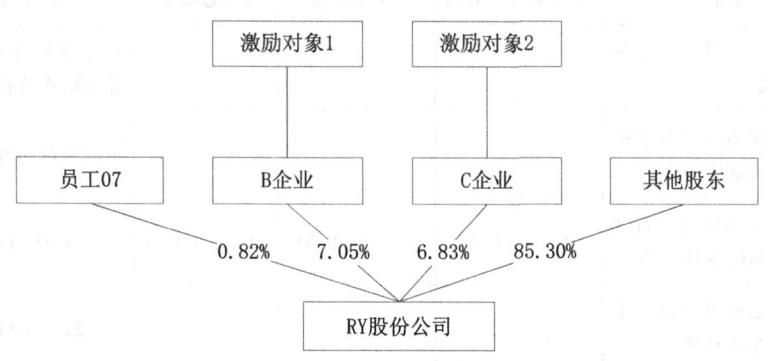

图3-3-6　股权激励对象持股结构

4.激励标的授予情况

2017年12月23日，RY股份公司召开2017年第七次临时股东大会，审议同意公司增加注册资本至2720.0000万元、总股本至2720.0000万股，其中新增的400.0000万股由B企业认购191.8474万股、C企业认购185.8806万股、员工07认购22.2720万股，增资以货币方式投入，每股价格为2.6000元。2018年1月3日，B企业、C企业、员工07缴纳货币出资共1040.0000万元，其中400.0000万元折合成股本，其余640.0000万元作为股本溢价计入资本公积。

RY股份公司股权激励的标的股票以向激励对象定向增发的方式授予，激励对象持股方式包括直接持股和通过合伙企业持股平台间接持股两种方式。

5. 股权激励的会计处理

2017年公司申请增加注册资本人民币4 000 000.0000元，由B企业、C企业、员工07认缴，其中涉及股份支付的数量为171.1200万股，认购价格为2.6000元/股。

公司2018年增加注册资本人民币2 590 476.0000元，由外部投资者认缴，认购价格为15.4410元/股。股权激励权益工具公允价值的确认方法参考此次外部投资者的认购价格，所以资本公积中以权益结算的股份支付的累积金额为21 973 488.5100元，具体如表3-3-18所示。

表3-3-18 RY股份公司股权支付计算表

单位：元

项目	2020年1～6月	2019年度	2018年度	2017年度
授予日权益工具公允价值的确定方法				按近期外部财务投资者的增资价格确定
对可行权权益工具数量的最佳估计的确定方法				实际取得的数量
以权益结算的股份支付计入资本公积的累计金额	21 973 448.51	21 973 448.51	21 973 448.51	21 973 448.51
本期以权益结算的股份支付确认的费用总额				21 973 448.51

（三）发行人股权激励涉税情况

1. 股权激励个人所得税

《招股说明书》披露：部分员工通过持股平台B企业和C企业获得了相应的股权激励，截至本招股说明书签署日，RY股份公司已按照相关法律法规的要求向主管税务机关对所有获得股权激励的员工（包括通过员工持股平台获得股权激励的员工）进行了非上市公司股权激励个人所得税递延纳税备案登记。2020年9月14日，主管税务机关出具了相关证明，截至本证明出具日，RY股份公司已对上述获得股权激励的员工进行了非上市公司股权激励个人所得税递延纳税备案登记，相关手续完备，所有获得股权激励的员工的递延纳税情况符合相关规定，未发现涉税违法违规行为。2020年9月14日，实际控制人出具了如下承诺："若因股权激励涉及的个人所得税递延纳税备案被相关部门认定为无效或存在任何违法违规行为，导致 RY 股份公司受到相关处罚，本人将无条件全额承担相关费用。"

RY 股份公司实施股权激励的个人所得税适用了递延纳税待遇。

2. 股权激励企业所得税

RY 股份公司并未在招股说明书中披露股权激励费用企业所得税扣除的信息。

（四）发行人股权激励涉税分析

1. 股权激励个人所得税分析

本书根据《招股说明书》披露的信息对 RY 股份公司实施股权激励的相关个人所得税涉税情况进行如下分析。

（1）适用递延纳税的条件

根据财税〔2016〕101 号的规定，对比 RY 股份公司《招股说明书》披露的信息，对递延纳税的各要件作如表 3-3-19 所示的对比分析。

表 3-3-19　股权激励递延纳税要件分析表

项目	具体内容
1. 股权激励类型	此次股权激励计划实施的类型可归属于可立即行权的股票期权，满足递延纳税待遇要件[①]
2. 股权激励计划实施主体	股权激励计划实施主体是 RY 股份公司，满足境内居民企业的要件
3. 股权激励计划实施程序	未披露，但 2017 年 12 月增资已依法履行了法定的程序
4. 股权激励计划标的股权	股权激励计划的标的股权为 RY 股份公司自身的股权，满足激励标的为境内居民企业的本公司股权要件
5. 股权激励计划标的股权授予方式	激励标的股权由 RY 股份公司于 2017 年 12 月通过定向增发的方式授予员工 07 和作为持股平台的 B 企业和 C 企业，属于定向增发的方式授予激励对象股权
6. 股权激励计划的激励对象	未披露[②]
7. 股权激励计划的激励对象比例	未披露，但满足激励对象人数累计不超过最近 6 个月在职职工平均人数的 30% 的要件[③]
8. 标的股权的持有期限	未披露
9. 股权激励计划的有效期	未披露

续表

项目	具体内容
10. 股权奖励计划实施主体行业	由于股权激励方式并非股权奖励，所以不适用该要件
11. 办理税务登记	RY 股份公司已对上述获得股权激励的员工进行了非上市公司股权激励个人所得税递延纳税备案登记

注：①对股权激励类型的理解可参照前述 XYZ 有限公司的股权激励方式。

②招股说明书披露 2017 年因实施股权激励计划授予骨干员工 171.12 万股，而 2017 年 RY 股份公司因实施股权激励计划增资股票数量为 400.00 万股，所以无法确定具体的股权激励对象。

③2017 年因实施股权激励计划设立的持股平台穿透后合伙人为 9 人，所以包括直接授予股票的人员在内激励对象人数最多为 10 人；《招股说明书》披露 2017 年 12 月 31 日的人员数量为 223 人，所以激励对象人数比例满足比例要求。

（2）激励股权的计税基础

股权激励对象取得股权（票）的计税基础为 2.60 元/股，若在以后期间因其他交易事项调整股票计税基础的，应当按照税法的规定予以调整。

2. 递延纳税备案

RY 股份公司股权激励标的股票于 2017 年 12 月授予，作为持股平台的 B 企业和 C 企业于 2018 年 1 月完成定向增发股票的投资款缴纳，根据财税〔2016〕101 号和国家税务总局公告 2016 年第 62 号的规定，RY 股份公司应于 2018 年 2 月 15 日前向主管税务机关办理递延纳税的备案。

3. 递延纳税转增的涉税分析

RY 股份公司《招股说明书》披露，2017 年股权激励计划实施后至招股说明书签署日前，RY 股份公司曾进行过两次的资本公积转增注册资本的情况。

①2018 年 2 月 23 日，RY 股份公司召开 2018 年第二次临时股东大会，审议同意公司以总股本 2979.0476 万股为基数进行资本公积转增股本，向全体股东每 10 股转增 8.4623 股（每股面值 1.00 元），合计转增 2520.9524 万股（每股面值 1.00 元）。2018 年 3 月 2 日，公司完成了本次资本公积转增股本的工商变更登记手续。此次资本公积转增股本根据《国家税务总局关于股份制企业转增股本和派发红股征免个人所得税的通知》（国税发〔1997〕198 号）和《国家税务总局关于原城市信用社在转制为城市合作银行过程中个人股增值所得应纳个人所得税的批

复》(国税函〔1998〕289号)的规定,股本溢价形成的资本公积转增股本不缴纳个人所得税。本次增资的资本公积是以2018年1月增资的股本溢价形成的,转增股本部分不涉及缴纳个人所得税的情况。

② 2019年3月11日,RY股份公司召开2019年第一次临时股东大会,审议同意公司以总股本5744.9900万股为基数进行资本公积转转增股本,向全体股东每10股转增2.9870股(每股面值1.00元),合计转增1725.0100万股(每股面值1.00元)。此次资本公积转增股本根据《国家税务总局关于股份制企业转增股本和派发红股征免个人所得税的通知》(国税发〔1997〕198号)和《国家税务总局关于原城市信用社在转制为城市合作银行过程中个人股增值所得应纳个人所得税的批复》(国税函〔1998〕289号)的规定,股本溢价形成的资本公积转增股本不缴纳个人所得税。本次增资的资本公积是以2018年12月增资的股本溢价形成的,转增股本部分不涉及缴纳个人所得税的情况。

财税〔2016〕101号第四条第(四)项规定:"持有递延纳税的股权期间,因该股权产生的转增股本收入,以及以该递延纳税的股权再进行非货币性资产投资的,应在当期缴纳税款。"因此RY股份公司应当关注2018年2月和2019年3月两次资本公积转增股本对股权激励递延纳税待遇的影响。

4. 股权激励企业所得税分析

(1)应纳税所得额调整表

RY股份公司在《招股说明书》中未单独披露2017年因实施股权激励产生的费用在企业所得税前扣除的情况,仅在招股说明书第八节"财务会计信息与管理层分析"中的"十三、经营成果分析"中披露了"利润总额与应纳税所得额的关系",如表3-3-20所示。

表3-3-20 利润总额与应纳税所得额关系表

单位:万元

项目	2020年1~6月	2019年度	2018年度	2017年度
(一)利润总额	7254.86	13 895.33	10 386.03	2445.00
加:纳税调整金额(调减为"-")	-385.83	1469.14	-720.85	-311.57
其中:业务招待费	25.60	133.44	140.19	83.05

续表

项目	2020 年 1～6 月	2019 年度	2018 年度	2017 年度
计提减值准备	180.64	125.14	393.75	96.18
权益法核算投资收益	—	—	—	13.74
递延收益纳税			2 231.70	
技术开发费用加计扣除	—	−880.36	−735.55	−481.77
固定资产折旧一次性扣除	−594.54	−231.70	−558.33	—
其他	2.47	90.91	39.10	−22.77
减：弥补以前年度亏损	188.43	288.34	—	—
加：子公司当期税前未弥补亏损	251.36	260.46	651.94	—
加：内部利润	96.79	−37.53	264.97	—
（二）应纳税所得额	7028.75	15 299.06	10 582.09	2133.43
其中：适用 15% 税率应纳税所得额	5739.70	12 758.70	9063.45	2133.33
适用 25% 税率应纳税所得额	1289.06	2540.36	1518.64	—
（三）当期应纳所得税额	1183.22	2548.89	1739.18	320.01
加：计入本期的上年所得税清算补退税	—	—	—	−8.51
（四）当期所得税费用	1183.22	2548.89	1729.18	311.51
（五）利润表当期所得税费用	1183.22	2548.89	1729.18	311.51
（六）差额	—	—	—	—

（2）股权激励费用扣除年度

根据 18 号公告的规定，非上市公司实施股权激励计划的费用，应当在员工实际行权时扣除，RY 股份公司 2017 年以定向增发方式实施的股权激励，12 月 23 日股东会审议通过，12 月 25 日办理工商变更登记手续，12 月 29 日收到增资方的增资款。所以此次股权激励的行权时间为 2017 年 12 月，股权激励的费用应当在 2017 年度扣除。

根据上述表格中 2017 年度利润总额与应纳税所得的调整明细，纳税调整增加中并没有将实施股权激励确认的股份支付费用作为纳税调整事项，即股权激励相关的费用已在 2017 年的所得税前予以扣除，且扣除金额为股权支付所确认的金额 21 973 448.51 元。

四、集团股权激励——ABC 股份公司

（一）发行人基本情况

ABC 医药科技股份有限公司（以下简称"ABC 股份公司"）前身为 ABC 医药科技有限公司（以下简称"ABC 有限公司"），成立于 2011 年 6 月 28 日，是一家以药学研究为核心的综合性医药技术研发企业，采取"受托研发服务＋研发技术成果转化"双线发展战略，主要为各类制药企业、医药研发投资企业提供药物研发服务及研发技术成果转化。

ABC 股份公司经中国证监会注册同意，并经深圳证券交易所同意，于 2021 年 12 月在深圳证券交易所创业板市场上市。

（二）发行人股权激励实施情况

1. 股权激励实施路径

ABC 股份公司在《招股说明书》及《补充法律意见书（一）》中披露了实施股权激励的具体内容，其实施励路径如图 3-3-7 所示。

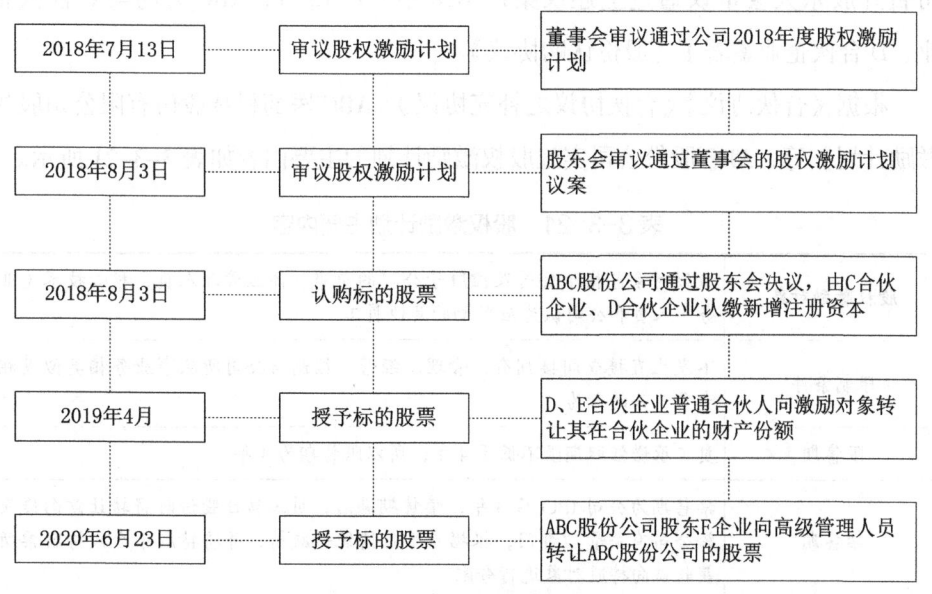

图 3-3-7　股权激励计划路径

2. 发行人股权激励计划

根据 ABC 股份公司《招股说明书》披露，其在 IPO 过程中实施过两次股权激励计划。

（1）2018 年股权激励

2018 年 5 月 25 日，公司总经理办公会就拟订股权激励方案等相关事宜作出《ABC 医药科技股份有限公司关于实施股权激励计划的会议纪要》，公司拟对管理人员及核心技术（业务）人员实施 2018 年股权激励计划，方案要点包括持股方式、股权来源、授予价格及数量、实施期限等，并确定由公司证券事务部根据以上方案拟订具体股权激励计划，并履行相应的公司内部决策程序。

2018 年 7 月 13 日，公司召开第一届董事会第二十七次会议，审议通过《关于实施 ABC 医药科技股份有限公司 2018 年度股权激励计划的草案》《关于制定〈ABC 医药科技股份有限公司股权激励管理制度〉的议案》等议案，同意 C 投资管理合伙企业（以下简称"C 合伙企业"）与 D 投资管理合伙企业（以下简称"D 合伙企业"）作为未来拟对公司员工进行激励的股权激励平台，以 3.45 元/股的价格分别认购公司 55 万股和 35 万股，共计 90 万股股份。2018 年 8 月 13 日，公司召开股东大会审议通过上述议案；2018 年 8 月 13 日，ABC 医药与 C 合伙企业、D 合伙企业签署了《股份认购协议》。

根据《合伙协议》《合伙协议之补充协议》《ABC 医药科技股份有限公司股权激励计划》等，ABC 股份公司实施股权激励计划的主要内容如表 3-3-21 所示。

表 3-3-21 股权激励计划主要内容

股权激励对象	激励对象包括子公司及控股子公司的董事、高级管理人员、核心技术（业务）人员和公司认为应激励的其他员工
限制条件	不发生直接或间接拥有、管理、经营、控制与公司所从事业务相类似或相竞争业务的行为
限售期	员工承诺任职期限不低于 4 年，所以限售期为 4 年
禁售期	禁售期为公司 IPO 后 3 年，禁售期满后，员工转让股份时将转让意向提交给公司有关管理部门，根据市场行情统一减持，并将持股平台减持股票所获收益向持股对象进行分配

续表

锁定期内处置	在锁定期内，如有员工离职，则需要将激励份额以协议价格转让给公司的其他股东或公司根据新的股权激励计划新增的激励对象；或由实际控制人以协议价格回购。 有以下情形之一的，激励对象可按原购买价格进行转让：①激励对象与公司的聘用合同到期，本人不愿与公司续约的；②激励对象与公司的聘用合同未到期，激励对象因个人绩效等原因被辞退的；③激励对象与公司的聘用合同未到期向公司提出辞职。 如有员工因公司原因离职（如激励对象与公司的聘用合同到期，公司不再与之续约的，或者激励对象与公司的聘用合同未到期，因公司经营性原因等原因被辞退的），或非因工伤身故的，执行事务合伙人或其指定的其他合伙人按照不低于其原实际出资金额加年化8%的利息和ABC股份公司上年度经审计的每股净资产价值孰高的原则协商确定的价格受让；激励对象身故被认定为工伤的，其获授的份额将由其指定的财产继承人或法定继承人代为持有
股份回购	同禁售期内的股份处置

（2）2020年股权激励

2020年6月23日，ABC股份公司的股东E企业与公司董事、副总经理、董事会秘书甲签订《股份转让协议》，约定E企业将其持有发行人的120万股股份以810万元的价格转让给甲。本次股权转让系对公司董事、高级管理人员进行的股权激励。

3. 持股平台的设立情况

C合伙企业、D合伙企业系2018年7月2日成立的有限合伙企业，因成立时公司尚未确定员工激励对象，其合伙人为实际控制人及其关联方。2019年4月，合伙企业的原合伙人分别向激励对象转让其在合伙企业的出资份额。

（1）C合伙企业

截至招股说明书签署之日，C合伙企业的合伙人均为ABC股份公司及控股子公司员工，其具体出资情况如表3-3-22所示。

表3-3-22　C合伙企业合伙人出资情况表

序号	合伙人姓名	合伙人类型	职位/部门	出资额/万元	出资比例/%
1	合伙人001	普通合伙人	副董事长	3.45	1.82

续表

序号	合伙人姓名	合伙人类型	职位/部门	出资额/万元	出资比例/%
2	合伙人002	有限合伙人	外用制剂部	12.77	6.73
3	合伙人003	有限合伙人	副总经理	12.42	6.55
4	合伙人004	有限合伙人	副总经理	12.08	6.36
5	合伙人005	有限合伙人	董事、财务总监	12.08	6.36
6	合伙人006	有限合伙人	董事长、总经理	10.39	5.48
7	合伙人007	有限合伙人	董事、副总经理	10.35	5.45
8	合伙人008	有限合伙人	全资子公司总经理	10.35	5.45
9	合伙人009	有限合伙人	固体制剂一部	9.95	5.24
10	合伙人010	有限合伙人	业务发展一部	9.32	4.91
11	合伙人011	有限合伙人	固体制剂一部	9.32	4.91
12	合伙人012	有限合伙人	注册部	9.32	4.91
13	合伙人013	有限合伙人	质量保证部	8.28	4.36
14	合伙人014	有限合伙人	液体制剂三部	8.28	4.36
15	合伙人015	有限合伙人	监事、医学部	8.28	4.36
16	合伙人016	有限合伙人	监事、固体制剂一部	8.28	4.36
17	合伙人017	有限合伙人	液体制剂一部	7.66	4.04
18	合伙人018	有限合伙人	业务发展二部	7.25	3.82
19	合伙人019	有限合伙人	业务发展一部	4.80	2.53
20	合伙人020	有限合伙人	固体制剂一部	4.80	2.53
21	合伙人021	有限合伙人	原料生产部	3.45	1.82
22	合伙人022	有限合伙人	全资子公司分析部	3.45	1.82
23	合伙人023	有限合伙人	经理室	1.73	0.91
24	合伙人024	有限合伙人	注册部	1.73	0.91
合计				189.79	100.00

（2）D 合伙企业

截至招股说明书签署之日，D 合伙企业的合伙人均为 ABC 股份公司及控股子公司员工，其具体出资情况如表 3-3-23 所示。

表 3-3-23　D 合伙企业合伙人出资情况表

序号	合伙人姓名	合伙人类型	职位/部门	出资额/万元	出资比例/%
1	合伙人 001	普通合伙人	副董事长	6.03	4.99
2	合伙人 002	有限合伙人	行政事务部	17.27	14.30
3	合伙人 003	有限合伙人	外用制剂部	10.46	8.67
4	合伙人 004	有限合伙人	液体制剂一部	7.25	6.00
5	合伙人 005	有限合伙人	原料药一部	7.04	5.83
6	合伙人 006	有限合伙人	原料药三部	7.04	5.83
7	合伙人 007	有限合伙人	固体制剂一部	6.90	5.71
8	合伙人 008	有限合伙人	监事、液体制剂三部	6.09	5.04
9	合伙人 009	有限合伙人	生物分析部	5.51	4.56
10	合伙人 010	有限合伙人	副总经理	5.37	4.45
11	合伙人 011	有限合伙人	外用制剂部	4.43	3.67
12	合伙人 012	有限合伙人	固体制剂二部	4.35	3.60
13	合伙人 013	有限合伙人	固体制剂二部	4.35	3.60
14	合伙人 014	有限合伙人	物料部	4.14	3.43
15	合伙人 015	有限合伙人	实验室管理部	3.85	3.19
16	合伙人 016	有限合伙人	外用制剂部	3.45	2.86
17	合伙人 017	有限合伙人	原料药一部	1.57	1.30
18	合伙人 018	有限合伙人	医学部	1.41	1.17
19	合伙人 019	有限合伙人	质量保证部	1.41	1.17
20	合伙人 020	有限合伙人	固体制剂二部	1.24	1.03
21	合伙人 021	有限合伙人	固体制剂二部	1.17	0.97
22	合伙人 022	有限合伙人	原料药四部	1.06	0.87

续表

序号	合伙人姓名	合伙人类型	职位/部门	出资额/万元	出资比例/%
23	合伙人023	有限合伙人	液体制剂一部	1.05	0.87
24	合伙人024	有限合伙人	原料药二部	1.01	0.84
25	合伙人025	有限合伙人	原料药二部	0.99	0.82
26	合伙人026	有限合伙人	液体制剂三部	0.99	0.82
27	合伙人027	有限合伙人	证券事务部	0.90	0.74
28	合伙人028	有限合伙人	CRC基地	0.87	0.72
29	合伙人029	有限合伙人	液体制剂三部	0.82	0.68
30	合伙人030	有限合伙人	固体制剂一部	0.77	0.64
31	合伙人031	有限合伙人	行政事务部	0.68	0.56
32	合伙人032	有限合伙人	固体制剂一部	0.67	0.56
33	合伙人033	有限合伙人	行政事务部	0.62	0.51
合计				120.76	100.00

4. 激励标的股票授予情况

（1）2018年股权激励

2018年7月13日，公司召开第一届董事会第二十七次会议，审议通过《关于实施ABC医药科技股份有限公司2018年度股权激励计划的草案》《关于制定〈ABC医药科技股份有限公司股权激励管理制度〉的议案》等议案，同意C合伙企业与D合伙企业未来作为员工股权激励平台，以3.45元/股的价格分别认购公司新增股份55万股和35万股。2018年8月3日，公司召开2017年年度股东大会，审议通过上述事项。同日，ABC股份公司与上述认购对象签署《股份认购协议》，根据增资各方签署的《股份认购协议》，C合伙企业与D合伙企业向ABC股份公司增资时尚未确定最终激励对象，因此协议约定C合伙企业与D合伙企业应于2019年4月30日前缴纳出资，2018年8月31日，市场监督管理局对上述事项准予变更登记。

2018年股权激励形式上是由实际控制人通过转让持股平台的合伙份额实施，

实质上是通过实施主体定向增发实施的。

（2）2020年股权激励

2020年6月23日，ABC股份公司的股东E企业与员工甲签订《股份转让协议》，约定E企业将其持有ABC股份公司的股份转让给员工甲。

2020年的股权激励，是通过大股东直接让渡方式实施的。

5.股权激励的会计处理

（1）会计处理的规则

《股份支付准则》规定，完成等待期内的服务或达到规定业绩条件才可行权的换取职工服务的以权益结算的股份支付，在等待期内的每个资产负债表日，应当以对可行权权益工具数量的最佳估计为基础，按照权益工具授予日的公允价值，将当期取得的服务计入相关成本或费用和资本公积。对于可行权条件为规定服务期间的股份支付，等待期为授予日至可行权日的期间。

根据《首发业务若干问题解答》，确认股份支付费用时，对增资或受让的股份立即授予或转让完成且没有明确约定服务期等限制条件的，原则上应当一次性计入发生当期，并作为偶发事项计入非经常性损益。对设定服务期等限制条件的股份支付，股份支付费用可采用恰当的方法在服务期限内进行分摊，并计入经常性损益。

对于2018年实施的股权激励，根据《ABC医药科技股份有限公司股权激励计划》《合伙协议之补充协议》、员工声明与承诺等规定，员工承诺任职期限不低于4年，因此公司对除实际控制人外的员工的股权激励费用在等待期4年内每个资产负债表日按照最新取得的职工人数变动等信息作出最佳估计并予以分摊。

对2020年实施的股权激励，董事、高级管理人员甲系公司2020年6月引入的专业人才，具有多年上市公司董事会秘书任职经历，根据甲与E企业签订的股权转让协议，在甲足额支付第一期股份转让价款后，即办理股东名册变更登记，享有公司相应的所有者权益，且没有设置服务期，在授予日按照权益工具的公允价值计入相关成本费用。

（2）公允价值确定

2019年4月，公司通过员工持股平台C合伙企业与D合伙企业分别授予员工 55 万股、35 万股股份，入股价格为 3.45 元 / 股。本次股权的公允价值为 20.25 元 / 股，系根据 2019 年 5 月引进外部机构投资者的入股价格确定 13.50 元 / 股及 2019 年 4 月的资本公积转增比例换算确定。

2020 年 6 月 23 日，E 企业与员工甲签订《股份转让协议》，约定 E 企业将其持有 ABC 股份公司的 120 万股股份转让给员工甲，转让价格为 6.75 万元，本次股权转让对应的每股公允价值为 13.50 元 / 股，系结合 2020 年 1 ~ 6 月经营情况，并参照最近一次外部投资者增资入股价格确定。

（3）股权激励费用的计算

ABC 股份公司在 IPO 过程中实施两次股权激励的激励费用计算过程如表 3-3-24 所示。

表 3-3-24　股权激励费用计算表

项目	计算过程	2020 年 6 月股权激励	2019 年 4 月股权激励
股权转让或增资涉及股份数量 / 股	A	1 200 000.00	900 000.00
股权转让或增资价格 / 元	B	6.75	3.45
公司股份每股公允价值 / 元	C	13.50	20.25①
公司股份每股差价 / 元	D=C-B	6.75	16.80
股份支付费用总额 / 元	E=D×A	8 100 000.00	15 120 000.00
服务期限		—	除实际控制人外的员工 4 年
2021 年 1 ~ 6 月份支付金额 / 元		—	1 769 019.00
2020 年股份支付金额 / 元		8 100 000.00	3 538 038.00
2019 年股份支付金额 / 元		—	3 621 376.50

注：① ABC 股份公司 2019 年 5 月引进外部机构投资者的入股价格为 13.50 元 / 股，折合成 2019 年的资本公积转增股本前的股权激励公允价格为 20.25 元 / 股。

（4）2019 年股权激励费用摊销

对于上述 2019 年计算的股份支付总金额在报告期内的分摊计算如表 3-3-25 所示。

表 3-3-25 股份支付费用分摊表

项目		计算过程	2019年4月股权激励	备注
股份支付费用总额/元		A	15 120 000.00	
2019年立即行权的股份支付费用/元	初始授予股份	B_1	842 184.00	实际控制人
	后续受让离职人员股份	B_2	125 664.00	
	小计	$B=B_1+B_2$	967 848.00	
在服务期限内摊销的股份支付费用/元		C=A−B	14 152 152.00	
服务期限/月		D	48	
2019年度	应分摊月份/月	E	9	
	应分摊确认股份支付费用/元	F=C/D×E	2 653 528.50	
	当年应确认股份支付费用/元	G=B+F	3 621 376.50	
2020年度	应分摊月份/月	H	12	
	应分摊确认股份支付费用/元	I=C/D×H	3 538 038.00	
2021年1~6月	应分摊月份/月	J	6	
	应分摊确认股份支付费用/元	K=C/D×J	1 769 019.00	

（5）对于离职人员的股权激励费用会计处理

《股份支付准则》规定："在等待期内的每个资产负债表日，应当以对可行权权益工具数量的最佳估计为基础，按照权益工具授予日的公允价值，将当期取得的服务计入相关成本或费用和资本公积。"

所以，对于离职人员退还持股平台份额时，应当冲回之前已经确认的股权激励费用，而受让者是基于公司为获取其未来的服务而指定其接受离职员工的合伙份额，因此作为新的股权激励确认股份支付费用，实际控制人受让份额部分一次性确认，其他员工受让份额部分在原服务期限内分摊确认。

（三）发行人股权激励涉税披露

1. 股权激励个人所得税

《招股说明书》对2019年和2020年实施的股权激励纳税情况分别披露如下。

2018年8月，C合伙企业、D合伙企业参与增资，公司于2019年4月实施股权激励，根据财税〔2016〕101号文件，已经向主管税务机关备案，实行递延纳税，扣缴义务人已办理递延纳税。2020年6月，E企业将其持有的120万股股份转让给员工甲，不涉及扣缴义务人代扣代缴情况，其所得缴纳情况披露为"已完税"。

2. 股权激励企业所得税

《招股说明书》和《法律意见书》均未对ABC股份公司实施股权激励计划的企业所得税税前扣除事项予以披露，但是从其披露的财务信息分析报告期内并未在企业所得税前扣除。

（四）发行人股权激励涉税分析

1. 股权激励个人所得税分析

根据《招股说明书》的披露，ABC股份公司实施股权激励享受了递延纳税的税收待遇，下面根据已披露的信息对ABC医药股权激励的个人所得税进行分析。

（1）2019年实施股权激励

根据财税〔2016〕101号的规定，结合ABC股份公司披露的信息，对递延纳税待遇各要件分析如表3-3-26所示。

表3-3-26　股权激励递延纳税要件分析表

项目	具体内容
1. 股权激励类型	此次股权激励计划实施的类型可归属于限制性股票，满足递延纳税待遇要件
2. 股权激励计划实施主体	股权激励计划实施主体是ABC股份公司，满足境内居民企业的要件
3. 股权激励计划实施程序	2019年和2020年实施的股权激励计划均履行了内部的程序，满足股权激励计划经过董事会、股东（大）会审议通过要件
4. 股权激励计划标的股权	股权激励计划的标的股票为ABC股份公司自身的股票，满足激励标的为境内居民企业的本公司股权要件
5. 股权激励计划标的股权授予方式	2019年实施的股权激励计划股票授予方式为增发，2020年实施的股权激励计划股票授予方式为大股东直接让渡
6. 股权激励计划的激励对象	已披露，但可能存在涉税风险[①]

216

续表

项目	具体内容
7. 股权激励计划的激励对象比例	未披露，但满足激励对象人数累计不超过最近6个月在职职工平均人数的30%的要件②
8. 标的股权的持有期限	禁售期为IPO后三年，满足自授予日起应持有满3年，且解禁后持有满1年的期限要件
9. 股权激励计划的有效期	未披露
10. 股权奖励计划实施主体行业	由于股权激励方式并非股权奖励，所以不适用该要件
11. 办理税务登记	ABC股份公司已对上述获得股权激励的员工进行了非上市公司股权激励个人所得税递延纳税备案登记

注：①涉税风险详见后续分析。

②由于对激励对象比例的限制是以限制性股票解禁日上月起6个月，而ABC股份公司的股权激励在招股说明书签署之日尚未到解禁日，因此无法就其是否符合比例进行直接判断，但是根据招股说明书披露的报告期内人数结构，实施股权激励计划的激励对象满足不超过30%的要件。

（2）2020年实施股权激励

由于2020年股权激励对象仅为员工甲一人，且为公司高级管理人员，所以根据上述表格内容的分析，其满足个人所得税递延纳税的待遇。

2. 激励对象要件的涉税分析

财税〔2016〕101号规定，非上市公司实施股权激励计划享受个人所得税递延纳税待遇的，首先授予对象为本公司员工，其次股权激励对象应当为公司董事会或股东（大）会决定的技术骨干和高级管理人员，最后若在递延纳税期间因企业有关情况变化，不再符合激励对象范围的要求的，该股权激励计划不能继续享受递延纳税待遇。

ABC股份公司《招股说明书》披露，2019年股权激励计划的激励对象包括ABC股份公司及控股子公司的董事、高级管理人员、核心技术（业务）人员和公司认为应当激励的其他人员。激励对象除了财税〔2016〕101号规定的技术骨干和高级管理人员外，还包括了核心业务人员，同时激励对象除了ABC股份公司自身的员工之外，还包括控股子公司的高级管理人员和技术人员。

实务中ABC股份公司应当关注因激励对象不符合财税〔2016〕101号文件的

要件而可能给股权激励计划个人所得税递延纳税造成的涉税风险。

3. 禁售期内财产份额转让涉税分析

ABC 股份公司《招股说明书》披露，C 合伙企业和 D 合伙企业在锁定期内存在激励对象退出的情形，其退出方式为按照股权激励计划约定的价格将其持有 C 合伙企业和 D 合伙企业的合伙份额转让给其他员工，包括实际控制人。对于激励对象在锁定期内转让财产份额存在如下涉税问题。

（1）财产份额转让的个人所得税

激励对象将其持有合伙企业的财产份额按照约定的价格转让给其他激励对象的行为，根据《个人所得税法》及其实施条例的规定应当按照"财产转让所得"项目，适用 20% 的税率缴纳个人所得税。

（2）递延纳税股权的计税基础

财税〔2016〕101 号规定，享受递延纳税待遇的股权激励，取得激励股权时不缴纳个人所得税，而是在转让股权时按照股权转让收入减除股权取得成本及合理税费后的差额，适用"财产转让所得"项目，按照 20% 的税率计算缴纳个人所得税。

激励股权在锁定期内转让给其他激励对象的，对于新激励对象取得的激励股权，其计税基础应当如何确定？由于在这种情况下合伙企业存在内部计税基础（合伙企业持有激励股票的计税基础）与外部计税基础（合伙人持有合伙企业财产份额的计税基础）的不一致，这种不一致可能会导致在股权转让时出现重复征税，如何协调这种重复征税是纳税人需要关注的风险。

4. 递延纳税股权减持涉税风险分析

《招股说明书》披露，激励对象通过持有合伙企业财产份额而间接持有激励股权，在禁售期满后，员工转让股份时将转让意向交给公司有关管理部门，根据市场行情统一减持，并将持股平台减持股票所获收益向持股对象进行分配。所以 ABC 股份公司对股权激励标的股票减持的方式是通过持股平台在二级市场上操作的，然后持股平台再将减持获得的收益分配给激励对象。但与此相关的个人所得税政策主要如表 3-3-27 所示。

表 3-3-27　合伙企业个人所得税主要政策

序号	政策	内容
1	《个人所得税法》《个人所得税法实施条例》	经营所得，适用百分之五至百分之三十五的超额累进税率。经营所得，是指个体工商户从事生产、经营活动取得的所得，个人独资企业投资人、合伙企业的个人合伙人来源于境内注册的个人独资企业、合伙企业生产、经营的所得
2	《国家税务总局关于切实加强高收入者个人所得税征管的通知》（国税发〔2011〕50 号）	对个人独资企业和合伙企业从事股权（票）、期货、基金、债券、外汇、贵重金属、资源开采权及其他投资品交易取得的所得，应全部纳入生产经营所得，依法征收个人所得税
3	《国家税务总局稽查局关于2018 年股权转让检查工作的指导意见》（税总稽便函〔2018〕88 号）	关于合伙企业转让股票收益分配给自然人合伙人（有限合伙人）征收个人所得税的意见 检查中发现有些地方政府为发展地方经济，引进投资类企业，自行规定投资类合伙企业的自然人合伙人，按照"利息、股息、红利所得"或"财产转让所得"项目征收个人所得税，税率适用 20%。现行个人所得税法规定，合伙企业的投资者为其纳税人，合伙企业转让股票所得，应按照"先分后税"的原则，按照合伙企业的全部生产经营所得和合伙协议约定的分配比例确定合伙企业投资者的应纳税所得额，比照"个体工商户生产经营所得"项目，适用 5%~35% 的超额累进税率征税。地方政府的规定违背了《征管法》第三条的规定，应予以纠正
4	《财政部 税务总局 发展改革委 证监会关于创业投资企业个人合伙人所得税政策问题的通知》（财税〔2019〕8 号）	创投企业选择按单一投资基金核算的，其个人合伙人从该基金应分得的股权转让所得和股息红利所得，按照 20% 的税率计算缴纳个人所得税。创投企业选择按年度所得整体核算的，其个人合伙人应从创投企业取得的所得，按照"经营所得"项目、5%~35% 的超额累进税率计算缴纳个人所得税

目前的税收政策对于个人合伙人从合伙企业取得的合伙企业转让股票所得，按照"经营所得"项目，适用 5%~35% 的超额累进税率计算缴纳个人所得税，这与财税〔2016〕101 号规定的递延纳税后在转让股权时适用"财产转让所得"项目，按照 20% 的税率缴纳个人所得税是相冲突的，需要扣缴义务人在后期关注与此相应的涉税风险。

5. 股权激励企业所得税分析

（1）企业所得税的扣除

ABC 股份公司在《招股说明书》及《法律意见书》中未就股权激励的费用在企业所得税前扣除是否适用 18 号公告进行披露，但是通过对其已披露的相关信息的分析可以得知其适用了 18 号公告的相关规定。

根据已披露的信息，ABC 股份公司在报告期内的递延所得税资产的信息如表 3-3-28 所示。

表 3-3-28 递延所得税资产结构表

单位：万元

项目	2021 年 6 月 30 日		2020 年 12 月 31 日	
	可抵扣暂时性差异	递延所得税资产	可代扣暂时性差异	递延所得税资产
资产减值准备	491.25	74.19	342.55	51.50
折旧年限差异	1610.01	264.05	1215.14	193.78
可抵扣亏损	390.45	87.23	326.72	72.09
预计负债	4963.91	744.59	4270.93	640.64
股权激励	825.42	123.81	648.52	97.28
合计	8281.04	1293.87	6803.87	1055.29

项目	2019 年 12 月 30 日		2018 年 12 月 31 日	
	可抵扣暂时性差异	递延所得税资产	可代扣暂时性差异	递延所得税资产
资产减值准备	163.36	24.99	76.20	14.06
折旧年限差异	977.69	168.79	530.79	90.49
可抵扣亏损	296.12	64.68	176.66	37.42
预计负债	2557.87	386.43	1295.96	195.79
股权激励	362.14	54.32	—	—
合计	4357.19	699.22	2079.61	337.76

从 ABC 股份公司披露的上述信息可知，首先，在 IPO 报告期内实施的股权激励因为尚在锁定期内，不符合 18 号公告扣除的时间要求，所以并未在企业所得税前扣除，而是形成了当年度可抵扣的暂时性差异，从而确认了递延所得税资产。其次，ABC 股份公司确认可抵扣暂时性差异的金额与会计上确认的股份支付金额是相同的。最后，未来激励股权解锁日可按照相关规定计算在企业所得税前扣除的股权激励费用。

（2）企业所得税前扣除的涉税风险

根据 18 号公告规定："非上市公司，凡比照《上市公司股权激励管理办法（试行）》的规定建立职工股权激励计划，且在企业会计处理上，也按我国会计准则的有关规定处理的，其股权激励计划有关企业所得税处理问题，可以按照上市公司股权激励的规定执行。"

《上市公司股权激励管理办法》第八条规定："激励对象可以包括上市公司的董事、高级管理人员、核心技术人员或者核心业务人员，以及公司认为应当激励的对公司经营业绩和未来发展有直接影响的其他员工，但不应当包括独立董事和监事。在境内工作的外籍员工任职上市公司董事、高级管理人员、核心技术人员或者核心业务人员的，可以成为激励对象。单独或合计持有上市公司 5% 以上股份的股东或实际控制人及其配偶、父母、子女，不得成为激励对象。"

ABC 股份公司在《招股说明书》中披露的激励对象包括其实际控制人，也包括 ABC 股份公司的监事，所以从激励对象的范围上，ABC 股份公司的股权激励计划并不符合《上市公司股权激励管理办法》对股权激励对象的要求。

（3）集团股权激励下所得税费用的扣除

ABC 股份公司对股权激励费用确认相应的递延所得税资产，在确认递延所得税资产时将全部的股权激励费用确认为可抵扣暂时性差异且适用的税率为 25%。

从《招股说明书》的披露可知，ABC 股份公司实施股权激励时，激励对象不仅包括 ABC 股份公司自身的员工，还包括其控股子公司的员工，所以属于集团股权激励。根据专题三第二章对集团股权激励企业所得税的分析，部分税务机关认为其无法适用 18 号公告的规定，所以与此相关的股权激励费用不得在企业所得税前扣除，ABC 股份公司在后续确定可税前扣除的金额应当关注此方面的涉税风险。

五、对离职人员激励——WK 股份公司

（一）发行人基本情况

WK 科技股份有限公司（以下简称"WK 股份公司"）前身为 WK 科技有限公司（以下简称"WK 有限公司"），成立于 2005 年 4 月 4 日，主要从事精密注塑

模具、注塑件及健康产品的研发、设计、制造和销售业务。

WK股份公司经深圳证券交易所创业板上市委员会审议通过，并经中国证监会同意注册，于2022年1月11日在深圳证券交易所创业板上市。

（二）发行人股权激励实施情况

1. 员工股权激励基本情况

为建立健全公司长效激励机制，充分调动公司中高层员工的积极性和创造性，同时也为了回报中高层员工对公司做出的贡献，WK股份公司在报告期内多次以增资或间接持股转让等方式安排中高层员工直接或间接持有公司股权，对其进行股权激励，其中A投资合伙企业（有限合伙）（以下简称"A企业"）、B管理咨询合伙企业（有限合伙）（以下简称"B企业"）和C管理咨询合伙企业（有限合伙）（以下简称"C企业"）为WK股份公司实施股权激励的持股平台，WK股份公司股权激励实施的具体情况如图3-3-8所示。

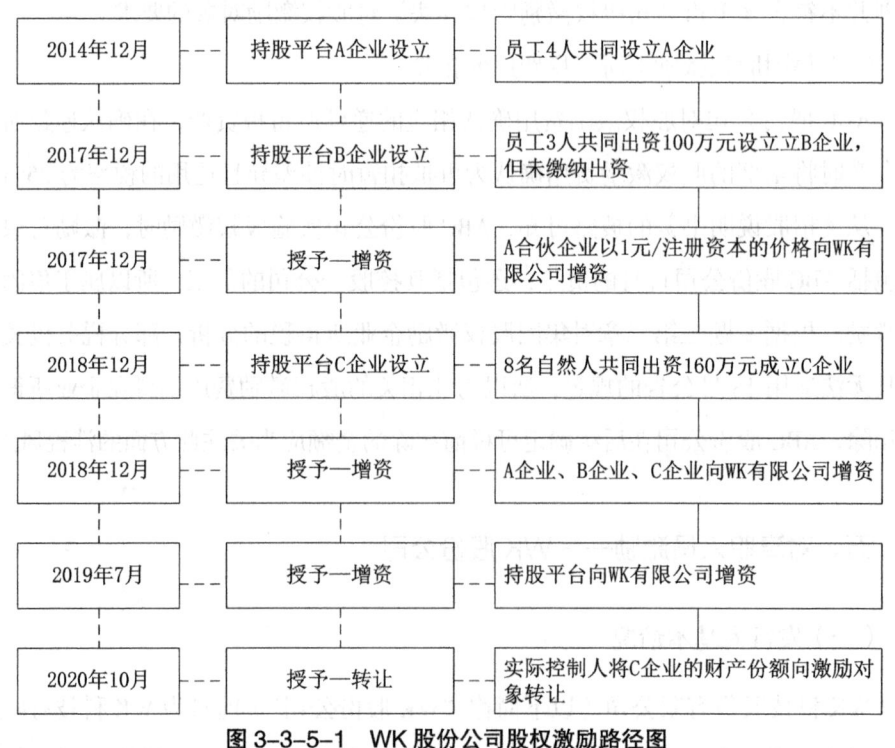

图3-3-5-1　WK股份公司股权激励路径图

可见 WK 股份公司股权激励的实施，既有激励对象直接持股的方式，也有通过持股平台间接持股的方式。

2. 发行人股权激励计划

《招股说明书》并未披露 WK 股份公司股权激励计划的具体内容，但对 WK 股份公司员工持股的合伙协议内容做了披露，具体如表 3-3-29 所示。

表 3-3-29　股权激励计划主要内容

事项	具体内容
合伙人选定依据	全体合伙人必须为发行人（含其控股子公司）的管理人员或技术人员，与发行人签署合法有效的《劳动合同》，且《劳动合同》正在履行期内
上市前的限售期	合伙人自成为合伙企业合伙人后 5 年内（以下简称"限售期"），其所持有的合伙企业份额未经发行人实际控制人书面同意不得转让（包括通过直接或者间接方式转让、让渡合伙企业的份额及其上的任何全部或部分权利、权益）。任何违反该约定而进行的股权转让无效，受让人不能享受直接或间接作为公司股东的任何权利，公司也不应将其视为股东
上市前限售期内的退出	限售期内按如下的条款进行：①合伙人因发生违法行为、违反合伙协议及补充协议以及自成为合伙企业合伙人一年内辞职而丧失 WK 有限公司员工身份或因严重不能胜任其职务给 WK 有限公司造成较大损失而被 WK 有限公司辞退，与 WK 有限公司的《劳动合同》终止或解除的，该合伙人应将其持有的合伙企业份额按照原始出资额转让给 WK 有限公司实际控制人指定人员，其他合伙人无优先受让权；②合伙人因存在为他人代持有合伙企业出资份额或其他与合伙人享有的合伙企业出资份额相关的纠纷或潜在争议的，应将其持有的合伙企业出资份额按照原始出资份额转让给 WK 有限公司实际控制人指定人员，其他合伙人无优先受让权；③合伙人死亡的，应将其持有的合伙企业份额按照上年度末 WK 有限公司经审计的单体报表每股净资产的价格转让给 WK 有限公司实际控制人指定人员，其他合伙人无优先受让权，如合伙人退伙时，WK 有限公司上年度报表尚未经外部机构审计，则按倒推再上一年度审计报告确定每股净资产价格；④合伙人因公司人员调整或合同到期双方友好协商不再续约，可继续持有合伙企业份额，也可将其持有的合伙企业份额按照第③款的价格转让给 WK 有限公司实际控制人指定人员，其他合伙人无优先受让权；⑤合伙人因自身特殊情况需要，可以申请将其持有的合伙企业全部或部分份额按照第③款的价格转让给 WK 有限公司实际控制人指定人员，其他合伙人无优先受让权
上市前限售期后的退出	合伙人一致同意，自限售期满且 WK 有限公司未能成功上市情况下，合伙人可以转让合伙权益，但受让人只能为合伙企业内部合伙人；如无合伙人愿意受让该合伙权益，则由 WK 有限实际控制人按照第③款的价格进行受让

续表

事项	具体内容
上市后的退出	WK有限公司上市后，员工股份需锁定限售期依照现有法律法规执行。 合伙人限售期满后，合伙人如需转让合伙份额，需在每季度结束前向普通合伙人提出申请，普通合伙人在每季度结束后适格工作日内择机间接出售合伙企业持有的WK股份公司股票，但在出售时间和股份数量上需遵守有关国家法律法规的规定。 普通合伙人将出售所得价款扣除必要税收等费用后支付给该合伙人，该合伙人则办理相应的消减出资额（转让部分份额时）或退伙（转让全部份额时）手续

3. 持股平台的设立情况

（1）A企业

A企业自成立后历次合伙份额变动情况如表3-3-30所示。

表3-3-30　A企业历次合伙份额变动表

序号	时间	变动性质	变动内容	业务背景
1	2018年1月	增资	7名员工合计增资500万元	员工持股
2	2018年9月	转让	合伙人将其35万元财产份额转让给新合伙人后退伙	员工离职退伙
3	2018年12月	增资	18名员工合计增资146.3万元	员工持股
4	2019年6月	增资	6名员工合计增资41.6万元	员工持股

（2）B企业

B企业自成立后历次合伙份额变动情况如表3-3-31所示。

表3-3-31　B企业历次合伙份额变动表

序号	时间	变动性质	变动内容	业务背景
1	2017年12月	设立	员工3人共同出资100万元设立立B合伙企业	员工持股
2	2018年12月	增资+转让	5人合计增资10万元； 3人分别将所持财产份额转让给其他人	员工持股
3	2019年6月	增资+转让	3人合计增资4.7万元； 合伙人将其所持2.36%财产份额转让给其他人	增资系员工持股；转让系员工离职退伙

续表

序号	时间	变动性质	变动内容	业务背景
4	2020 年 7 月	转让	合伙人将 1.57% 的财产份额转让给其他人	员工离职退伙
5	2020 年 10 月	转让	将 2.62% 的财产份额转让给其他人	员工离职退伙

（3）C 企业

C 企业自成立后历次合伙份额变动情况如表 3-3-32 所示。

表 3-3-32　C 企业历次合伙份额变动表

序号	时间	变动性质	变动内容	业务背景
1	2018 年 12 月	设立	8 名自然人共同出资 160 万元成立 C 企业	员工持股
2	2020 年 10 月	转让	合伙人将其所持 C 企业财产份额转让给其他 7 人	员工持股
3	2020 年 11 月	转让	合伙人将其所持 C 企业财产份额转让给其他人	转让系员工离职退伙

4. 股权激励对象及持股信息

（1）员工甲持股分析

员工甲因长期担任 WK 有限公司上海子公司的董事兼经理，对上海子公司的设立及筹备确有一定的历史贡献，且 WK 股份公司实际控制人过往曾答应其可参与员工持股，因此 2018 年 12 月甲虽已卸任离职但仍得到参与 WK 股份公司增资的机会，并经全体股东协商一致，以员工持股价格 4.25 元/注册资本增资持有 WK 股份公司 350 万元注册资本的股权。

（2）股权激励对象分类

根据已披露的信息，WK 有限公司股权激励对象类别如表 3-3-33 所示。

表 3-3-33　股权激励对象分类表

所在主体	分类	说明
WK 有限公司	董事	4 人
	监事	3 人
	高级管理人员	5 人

续表

所在主体	分类	说明
WK 股份公司	核心技术人员	5 人
	核心销售人员	3 人
	其他在职人员	招股说明书签署日仍在发行人任职的人员
	已离职人员	实施激励时在职，后期离职人员
控股公司	厦门子公司	包括厂长、总经理助理、监事、生产主管、项目工程师
	上海子公司	包括董事、技术经理、销售经理、质量经理等
	泉州子公司	监事
	其他子公司	总经办主管
外部人员		如员工甲，后转让给其他人员

（3）股权激励对象授予股票数量

WK 有限公司在 2018 年、2019 年和 2020 年通过激励对象或持股平台对 WK 有限公司的增资或持股平台合伙人对持股平台财产份额转让的方式授予激励对象标的股权（票）信息如表 3-3-34 所示。

表 3-3-34 股权激励实施情况表

时间	方式	持股平台/员工姓名	持股数量/万股	增资/转让价格/(元/股)	备注
2018 年 12 月	增资	员工乙	60.70	4.25	健康产业董事，泉州子公司执行董事兼经理
		员工丙	40.00	4.25	原董事，2019 年 12 月卸任
		员工甲	350.00	4.25	原上海子公司董事兼经理，2019 年 5 月转让给其子
		A 合伙企业	146.30	4.25	
		B 合伙企业	110.00	4.25	
		C 合伙企业	40.00	4.25	
2018 年合计			747.00	4.25	

续表

时间	方式	持股平台/员工姓名	持股数量/万股	增资/转让价格/(元/股)	备注
2019年7月	增资	员工乙	55.70	4.25	
		A合伙企业	41.60	4.25	
		B合伙企业	4.70	4.25	
2019年合计			102.00	4.25	
2020年10月	转让①	C合伙企业	18.00	7.09	
2020合计			18.00	7.09	

注：① 2020年10月股权激励实施是由实际控制人向股权激励对象转让C企业的部分财产份额实现的。

5. 股权激励的会计处理

（1）员工甲的会计处理

员工甲2018年增资时已不是WK股份公司的员工，严格意义上说不属于员工持股，但鉴于其曾担任上海子公司董事兼经理，且与A企业、B企业、C企业等员工持股平台及时任健康产业董事的员工乙、时任WK有限公司董事的员工丙同次同价格入股，出于会计处理的谨慎性原则，将其增资视为员工持股进而作股份支付处理。

（2）员工离职退出的会计处理

持股平台的合伙人根据合伙协议，在离职时将持有的合伙企业份额转让给指定的人员，因该转让并非为了获得受让方额外的服务，且股份支付费用已经进行了确认，因此在后续份额发生转让时，未再纳入计算股份支付费用的范围。

（3）转让持股平台份额的会计处理

2020年10月实际控制人向员工7人转让C企业的财产份额是在原有的员工持股基础上进行增补，涉及股份支付，7名员工均系WK股份公司的骨干员工，该次的财产份额转让价格是根据WK有限公司上一年末净资产经协商确定的，WK股份公司已将其作为股份支付进行财务处理。

（4）股权（票）公允价值确定方法

2019年，WK股份公司聘请资产评估机构出具的《WK有限公司拟核实股权价值所涉及的股东全部权益价值资产评估报告》以收益法评定的截至2018年12月31日的公司评估价值108 163.62万元，评估结论有效期至2019年12月31日，WK股份公司以2018年年末股份数量计算每股公允价值为12.32元。

2018年净资产对2017年净资产的增值率为26.21%，计算2017年全部股权公允价值为108 163.62÷（1+26.21%）=85 701.23万元，公允价值为10.67元/股。由于2017年、2018年和2019年经营情况未发生重大变化，出于谨慎性和公允性等考虑，2017年采用孰高的原则计算，即采用10.67元/股和12.32元/股中的最高值。

由于2019年7月发生股份支付时间距离2018年12月31日的评估报告基准日时间较短，WK股份公司业绩预期和所在的市场环境未发生重大变化，评估报告使用尚在有效期内，因此2019年7月计算股份支付的每股公允价值直接采用12.32元/股。

WK股份公司在确定2020年10月份股份支付中股权公允价值时，综合考虑2018年12月、2019年7月员工持股平台增资入股的每股公允价值及相应市盈率，2020年1月外部投资者增资入股价格及相应市盈率，以及最近三年业绩成长、净资产增值等情况，基于重要性原则和谨慎性原则，采用孰高的原则计算确定股份支付股票公允价值，即采用三年中最高的市盈率倍数计算，2020年10月股份支付的公允价值为18.68元/股（当年度扣除非经常性损益后的归属于母公司所有者的净利润/期末股份数量×市盈率倍数）。

最近三年的市盈率如表3-3-35所示。

表3-3-35　最年三年市盈率计算表

项目	2020年1月	2019年7月	2018年12月
每股公允价格/入股价格/（元/股）	12.33	12.32	12.32
价格类型	外部投资者入股价格	评估值/每股公允价值	评估值/每股公允价值
市盈率①	12.01②	11.38	12.85

注：①市盈率＝每股公允价值×期末股份数量/当年扣除非经常性损益后的归属于母公司所

有者的净利润。

②2020年1月自然人入股系于2019年12月经董事会审议通过，其定价基础年度为2019年度，根据2019年度扣除非经常性损益后的归属于母公司所有者的净利润计算的市盈率为12.01倍。

（5）各年度构成股份支付的股份数量

根据《首发业务若干问题解答（2020年6月修订）》问题26：对于为发行人提供服务的实际控制人/老股东以低于股份公允价值的价格增资入股事宜，如果根据增资协议，并非所有股东均有权按各自原持股比例获得新增股份，对于实际控制人/老股东超过其原持股比例而获得的新增股份，应属于股份支付。对于实际控制人/老股东原持股比例，应按照相关股东直接持有与穿透持股平台后间接持有的股份比例合并计算。

所以，报告期内各年度构成股份支付的股份数量计算依据及过程如下。

① 2018年股份支付股票数量。

2018年12月通过增资涉及股份支付的股票数量计算如表3-3-36所示。

表3-3-36 股份支付股票数量计算表

2018年12月第八次增资	增资前注册资本/万股	本次增加注册资本/万股	按原持股比例计算可增加的注册资本/万股	超过其原持股比例而获得的新增注册资本/万股
实际控制人	5690.00	—	—	—
A企业	1500.00	146.30	—	146.30
其他投资者	686.00	—	—	—
B企业	—	110.00	—	110.00
C企业	—	40.00	18.70①	21.30
其他自然人股东	155.00	450.70	—	450.70
合计	8031.00	747.00	18.70	728.30

注：①C企业本期新增40.00万股，其中包含实际控制人18.70万股，按照相关规定属于按原持股比例计算可增加的注册资本。

② 2019年度股份支付股票数量。

2019年7月通过增资涉及股份支付的股票数量计算如表3-3-37所示。

表 3-3-37　股份支付股票数量计算表

2019 年 7 月第八次增资	增资前注册资本／万股	本次增加注册资本／万股	按原持股比例计算可增加的注册资本／万股	超过其原持股比例而获得的新增注册资本／万股
实际控制人	5690.00	—	—	—
A 企业	1646.30	41.60	—	41.60
其他投资者	686.00	—	—	—
B 企业	110.00	4.70	—	4.70
C 企业	40.00	—	—	—
其他自然人股东	605.70	55.70	—	55.70
合计	8778.00	102.00	—	102.00

③ 2020 年股份支付股票数量。

2020 年 10 月份实际控制人转让其持有的 C 企业出资份额至公司员工，折合 WK 有限公司股权合计为 18.00 万股。

（6）各年度确认的股份支付费用

WK 股份公司在 2018 年度、2019 年度和 2020 年度确认的股份支付费用如表 3-3-38 所示。

表 3-3-38　股份支付费用计算表

项目	2018 年度	2019 年度	2020 年度	合计
股份支付股票数量／万股	728.30	102.00	18.00	848.30
股票公允价格／（元／股）	12.32	12.32	18.68	
实际支付价格／（元／股）	4.25	4.25	7.09	
股份支付金额／万元	5877.38	823.14	208.67	6909.19

WK 股份公司对于股份支付费用均是在当期一次性计入损益，主要的原因如下。

其一，公司实施股权激励的目的，主要是奖励给在公司执业多年或过往对公司存在较大贡献的员工并鼓励其长期持有，激励股权已办理工商变更登记至相应员工名下。

其二，合伙协议约定的限售期条款，并不要求获取股权激励的员工在未来限售期内继续为本企业服务或者达到业绩条件，即服务期限的不确定性使得股份支付之后的限售期成为非可行权条件。

（三）发行人股权激励涉税情况披露

1. 个人所得税披露

WK股份公司未在《招股说明书》《法律意见书》中披露其因实施股权激励的相关个人所得税及企业所得税情况，而仅仅在《招股说明书》中披露：发行人历次股权转让、增资及整体变更等事项均不涉及控股股东及实际控制人缴纳所得税、发行人代扣代缴情况，控股股东、实际控制人及发行人均不存在因股权变动违反税收法律法规等情形。

2. 企业所得税披露

WK股份公司《招股说明书》也未披露股权激励费用企业所得税的处理，根据《招股说明书》披露，WK股份公司在2018年度、2019年度和2020年度分别确认的股份支付费用为5877.38万元、823.14万元和208.67万元。

WK股份公司利润表数据调整为所得税费用的过程如表3-3-39所示。

表3-3-39　所得税费用与会计利润关系表

单位：万元

项目	2020年度	2019年度	2018年度
利润总额	19 322.93	11 121.60	5322.47
按法定/适用税率计算的所得税费用	2898.44	1668.24	798.37
子公司适用不同税率的影响	99.68	−20.89	228.42
非应税收入的影响	−96.95	−56.74	−9.77
不可抵扣的成本、费用和损失影响	128.13	429.07	979.76
使用前期未确认递延所得税资产的可抵扣亏损的影响	−137.90	−24.58	−0.15
本期未确认递延所得税资产的可抵扣暂时性差异或可抵扣亏损的影响	148.70	142.23	94.61
税率调整导致期初递延所得税资产/负债余额的变化	—	−121.06	1.88
税法规定的额外可扣除费用	−395.70	−355.28	−392.59

续表

项目	2020 年度	2019 年度	2018 年度
所得税费用	2644.39	1660.98	1700.53

根据披露的信息，WK 股份公司在 2018 年至 2020 年期间因实施股权激励而确认的股份支付费用并未作为纳税调整事项在企业所得税前进行调整，可推知 WK 股份公司已将因实施股权激励而产生的费用在企业所得税前扣除❶。

中国证监会在《2013 年上市公司年报会计监管报告》指出：根据相关税法规定，对于带有业绩条件或服务条件的股权激励计划，企业按照会计准则的相关规定确认的成本费用在等待期内不得税前抵扣，待股权激励计划可行权时方可抵扣，可抵扣的金额为实际行权时的股票公允价格与激励对象支付的行权价格之间的差额。因此，上市公司未来可以在税前抵扣的金额与等待期内确认的成本费用金额很可能存在差异。根据会计准则的相关规定，上市公司应根据期末存在的信息估计未来可以抵扣的金额，以未来期间很可能取得的应纳税所得额为限确认递延所得税资产。此外，如果预计未来期间可抵扣的金额超过等待期内确认的成本费用，超出部分形成的递延所得税资产应直接计入所有者权益，而不是计入当期损益。

WK 股份公司 2018 年、2019 年和 2020 年的递延所得税资产结构如表 3-3-40 所示。

表 3-3-40　递延所得税明细表

单位：万元

项目	2020 年 12 月 31 日		2019 年 12 月 31 日		2018 年 12 月 31 日	
	可抵扣暂时性差异	递延所得税资产	可抵扣暂时性差异	递延所得税资产	可抵扣暂时性差异	递延所得税资产
资产减值准备	1538.90	247.13	1106.27	181.77	1092.68	179.24
内部交易未实现利润	178.66	37.50	87.53	19.38	208.26	36.92

---

❶ 由于《招股说明书》并未对不可扣除的成本、费用和损失影响进行进一步详细披露，而且其所披露的数据与对应年度确认的股份支付费用金额并不一致，所以根据披露的数据只能得出股份支付费用并未全额作为调整事项进行纳税调整的结论。

续表

项目	2020年12月31日		2019年12月31日		2018年12月31日	
	可抵扣暂时性差异	递延所得税资产	可抵扣暂时性差异	递延所得税资产	可抵扣暂时性差异	递延所得税资产
公允价值变动	69.49	10.42	—	—	—	—
递延收益	220.04	55.01	—	—	—	—
合计	1007.09	350.06	1193.80	201.16	1300.95	216.16

从WK股份公司在2018年度、2019年度和2020年度确认的可抵扣暂时性差异和递延所得税资产的结构也可以印证，其并未将实施股权激励计划而确认的股份支付费用作为可抵扣暂时性差异进行调整。

综上可知，WK股份公司因实施股权激励计划而确认的股份支付费用已在企业所得税前扣除了，并且是在股份支付费用确认的当年度税前扣除的。

（四）发行人股权激励涉税分析

1.股权激励个人所得税分析

依据财税〔2016〕101号文件对WK股份公司股权激励各项要件进行的对比分析如表3-3-41所示。

表3-3-41 股权激励递延纳税要件分析表

项目	具体内容
1.股权激励类型	尽管招股说明书将股权激励类型描述为员工持股，但仍可归属于无锁定期限的限制性股权，满足递延纳税待遇要件
2.股权激励计划实施主体	股权激励计划实施主体是WK股份公司，满足境内居民企业的要件
3.股权激励计划实施程序	未披露股权激励计划的实施程序
4.股权激励计划标的股权	股权激励计划的标的股票为WK股份公司自身的股票，满足激励标的为境内居民企业的本公司股权要件
5.股权激励计划标的股权授予方式	激励对象直接增资或者通过持股平台对WK股份公司增资授予标的股权
6.股权激励计划的激励对象	已披露，包括公司内部员工和外部人员，包括在职人员和已离职人员

续表

项目	具体内容
7. 股权激励计划的激励对象比例	未披露,但满足激励对象人数累计不超过最近6个月在职职工平均人数的30%的要件
8. 标的股权的持有期限	合伙人自成为合伙企业合伙人后5年内未经实际控制人书面同意不得转让;上市后限售期为12个月,满足标的股权持有期限的要件
9. 股权激励计划的有效期	未披露
10. 股权奖励计划实施主体行业	由于股权激励方式并非股权奖励,所以不适用该要件

其一,从上述的各要件可知,WK股份公司在《招股说明书》中将股权激励类型披露为员工持股,但员工在取得股权后仅存在限售期的要求,并不存在服务期限要求,所以股权激励类型也可以理解为无锁定期的限制性股票或者可立即行权的股权期权,股权激励类型满足递延纳税要件。

其二,WK股份公司的激励对象与财税〔2006〕101号文件的要求相差较大,财税〔2016〕101号文件要求激励对象为公司的技术骨干和高级管理人员,而WK股份公司的激励对象不仅包括高级管理人员,还包括了技术人员、销售人员,甚至是WK股份公司外部人员,所以在股权激励对象上并不能满足财税〔2016〕101号文件的要求。

综上,本书认为WK股份公司股权激励计划不能适用财税〔2016〕101号文件的递延纳税待遇,而应当适用财税〔2016〕101号第四条第(一)项的规定,按照财税〔2005〕35号文件的规定计算缴纳个人所得税。

2. 员工甲等人员的个人所得税分析

激励对象为公司员工(包括在职人员和招股说明书披露时已离职而实施股权激励计划时在职的人员)的,财税〔2016〕101号文件对其个人所得税的征管进行了规范,但对于股权激励计划实施时非公司聘任或者雇佣人员(包括公司外部服务商或者已离职人员)的,其个人所得税应当如何缴纳,现行的税收规范性文件并未予以规范。

《个人所得税法》规定,个人纳税人取得的下列所得应当缴纳个人所得税:①工资薪金所得;②劳务报酬所得;③稿酬所得;④特许权使用费所得;⑤经营所得；⑥利息、股息、红利所得；⑦财产租赁所得；⑧财产转让所得；⑨偶然所得。

所以激励兑现不是实施主体员工的，在财政部、国家税务总局未能明确其所得性质前，不应当对其征收个人所得税。

3. 股权激励企业所得税分析

（1）股权激励费用是否在企业所得税前扣除

18号公告规定，非上市公司凡比照《上市公司股权激励管理办法（试行）》的规定建立职工股权激励计划，且在企业会计处理上，也按照我国企业会计准则的有关规定处理的，其股权激励计划的企业所得税可在员工行权的当年度计算作为工资薪金支出，依照税法规定进行税前扣除。

根据《招股说明书》披露的 WK 股份公司股权激励对象，存在不符合《上市公司股权激励管理办法》规定人员的情况，所以股权激励费用是否可以在企业所得税前扣除在实务中是有争议的。

（2）股权激励费用扣除金额

如果 WK 股份公司实施股权激励计划而确认的相关费用可以在所得税前扣除，那么其可扣除的金额应当如何计算确定呢？

如第二章的分析，18号公告并未对非上市公司的公允价格作出明确规范，若依据18号公告解读对企业因实施股权激励计划而在企业所得税前扣除的费用应当与个人因实施股权激励计划而取得的所得相一致的规定，那么对于非上市公司而言，其公允价格应当采用净资产法、类比法和其他合理方法确定，所以其可以在企业所得税前扣除的股权激励费用与按照股份支付准则确认的股份支付费用是存在差异的。

六、境外股权激励——CY 股份公司

（一）发行人基本情况

CY 科技股份有限公司（以下简称"CY 股份公司"）前身为 CY 科技有限责任公司（以下简称"CY 有限公司"），是由开曼 CY 公司于 2006 年 8 月投资设立

的外商独资企业，2020年6月4日经全体股东一致同意整体变更设立为股份有限公司。

CY股份公司经上海证券交易所科创板股票上市委员会审议通过，并经证监会同意注册，于2022年1月在上海证券交易所科创板上市交易。

（二）发行人境外股权激励实施情况

CY股份公司的前身为CY有限公司，CY有限公司在拆除境外持股之前的股权100%被开曼CY公司持有，股权结构如图3-3-9所示。

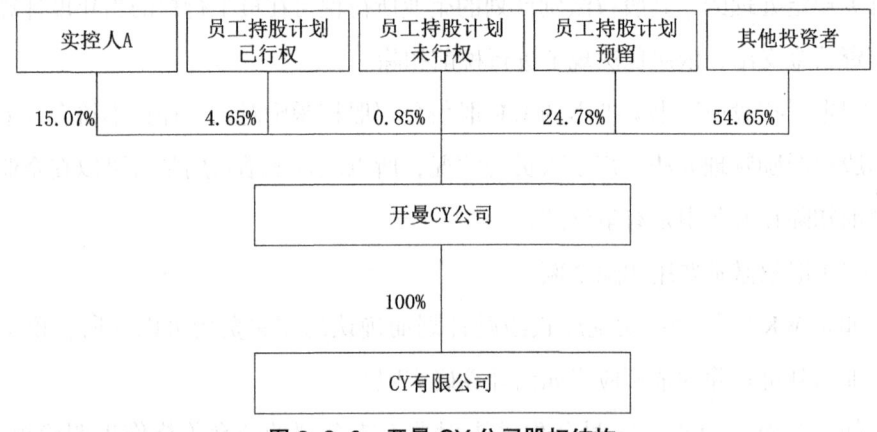

图3-3-9 开曼CY公司股权结构

开曼CY公司在2006年和2011年实施了海外期权激励计划，向激励对象授予了开曼CY公司的普通股，根据《2006 STOCK OPTION PLAN》和《2011 STOCK OPTION PLAN》，其海外期权计划的具体内容如表3-3-42所示。

表3-3-42 开曼CY公司海外期权激励计划

事项	2006年员工持股计划	2011年员工持股计划
激励对象及要求	有资格参与本计划的人员包括由委员会确定的员工、顾问和所有董事[①]其中，委员会由一个或多个董事组成，由董事会根据期权计划的规定向其授权	
职务	无职务要求	
服务期限	至少24个月或根据董事会批准授予	
业绩条款	无业绩条件约定	

续表

事项	2006 年员工持股计划	2011 年员工持股计划
员工转让及离职规定	1. 关于转让的规定 董事会可自行决定对期权可转让性施加限制。在董事会没有作出相反决定的情况下，将适用以下对期权可转让性的限制： 1.1 转让限制。除非根据遗嘱或根据血统和分配法律（并根据以下第 2 和 3 项规定的情形），否则该期权不得转让，并且期权只能由激励对象在其有生之年内行使。董事会可以以适用税法和证券法未禁止的其他方式转让期权。 1.2 经董事会或授权人员批准，可以根据符合美国财政部条例规定的家庭关系证明、正式的婚姻关系解除协议、或其他相关司法管辖区类似条例允许的其他离婚或分居文书的条款来转让期权。 1.3 经董事会或授权人员批准，激励对象可以公司批准的形式指定受益人行使期权；若未指定受益人的，则由激励对象遗产管理人行使期权；董事会可以该等指定不符合相关法律为由禁止指定受益人。 2. 关于员工离职的期权处理规定 2.1 除非适用的期权协议另有规定，否则（非死亡或残疾）激励对象有权在其连续终止服务后三个月内或期权协议中规定的该期权行权有效期到期之日（以较早者为准）行使已经被释放可行权部分的期权。 2.2 除非适用的期权协议另有规定，否则激励对象有权在其因残疾连续终止服务十二个月内或期权协议中规定的该期权行权有效期到期之日（以较早者为准）行使已经被释放可行权部分的期权。 2.3 除非适用的期权协议另有规定，否则激励对象（继承人）有权在其死亡后十八个月内或期权协议中规定的该期权行权有效期到期之日（以较早者为准）行使已经被释放可行权部分的期权。 2.4 除非适用的期权协议或公司与参与者之间的其他个人书面协议中另有规定，否则激励对象因故终止连续服务的，则该期权将在其终止连续服务后立即终止，并且激励对象将禁止在持续服务终止之时和之后行权	
授予条件	董事会根据公司发展需要在前述有资格参与本计划的人员中决定具体授予人员	
员工持股计划对应股份数量	4 223 079 股，其中 2 723 079 股由开曼 CY 公司发普通股[②]；1 500 000 股由开曼 CY 公司以零对价回购实控人 A 所持的普通股	9 100 000 股，均为开曼 CY 公司增发的普通股
行权条件	未明确规定行权条件，但根据期权协议，激励对象获授期权根据授予时间不同按如下安排逐步释放用于行权： （1）自释放开始之日起 24 个月后可释放 50%，之后每个月可增加释放 1/48 的期权（2006 年、2007 年、2008 年、2009 年授予的）； （2）自释放开始后 4 年内全部释放完（仅部分 2008 年授予的）； （3）自释放开始日起每月可释放 1/24 的期权（仅部分 2009 年授予的）	

续表

事项	2006年员工持股计划	2011年员工持股计划
价格	（1）0.04美元/股； （2）0.001美元/股（系开曼CY公司设立早期确定的行权价格）； （3）根据员工01等17名当时在职员工与开曼CY公司签署的《SHARE REDEMPTION AGREEMENT》及开曼CY公司董事会决议的确定，该等人员的行权价格为零③	
期限	自授予之日起十年或期权协议中指定的较短期限届满后，将无法行使任何期权。期权协议中规定的较短期限包括： （1）激励对象（非死亡或残疾）连续终止服务后三个月内； （2）激励对象因残疾或死亡的原因连续终止服务六个月	
失效情况	（1）超过10年行权有效期未行权而失效； （2）因某种原因连续终止服务后未在规定的期限内行权而失效； （3）授予的期权以现金结算而非股权的失效	

注：①开曼CY公司的员工持股计划具体行权人员包括了32名公司员工及3名公司顾问。

②2006年12月，开曼CY公司发行的股份总数变更为22 900 000股，其中发行不超过11 000 000股A轮优先股，实际发行8 276 921股A轮优先股，剩余部分2 723 079股均作为员工持股计划转为普通股。

③员工01等17名员工以零对价行权原因系因境外架构拆除时，公司基于该等员工对公司业务的贡献程度、工作年限等多重因素考虑，并结合公司当时的业务发展和财务状况决定员工01等17名员工以零对价行权获得开曼CY公司股份，然后由开曼CY公司以零对价回购该部分行权股份，对应权益平移至企业A，该等员工行权总数为22.46万股，占当时开曼CY公司已发行总股份的0.48%，占比较小。

（三）发行人境外股权激励涉税情况披露

1. 授予股票期权的公允价值

开曼CY公司在2006年和2011年实施的股权激励计划中，股票期权的行权价格分别为0.001美元/股和0.04美元/股，而同时期的股票公允价格如表3-3-43所示。

表3-3-43　开曼CY公司股权激励公允价格对比表

年份	行权价格	可参考公允价格
2008	0.001美元/股；0.04美元/股	0.35美元/股①
2009	0.04美元/股	0.35美元/股

续表

年份	行权价格	可参考公允价格
2010	0.04 美元/股	0.35 美元/股
2011	0.04 美元/股	0.35 美元/股
2013	零对价	0.27 美元/股[2]

注：[1] 2008—2011 年可参考公允价格为开曼 CY 公司在 A 轮融资的价格。
[2] 2013 年可参考公允价格为开曼 CY 公司股东 2012 年进行股份转让的价格。

2. 实施股权激励计划的个人所得税披露

《补充法律意见书（一）》对开曼 CY 公司实施股权激励计划的个人所得税申报缴纳情况进行了披露。

开曼 CY 公司历史上设立了 2006 年、2011 年两次期权计划，2006 年至 2013 年陆续有员工或外部顾问行权认购了开曼 CY 公司股份，行权时被激励对象按照约定的价格购买开曼 CY 公司股份，该等股权激励的激励对象均未缴纳个人所得税。

当时有效的《国家税务总局关于个人认购股票等有价证券而从雇主取得折扣或补贴收入有关征收个人所得税问题的通知》（国税发〔1998〕9 号，2018 年 12 月废止）规定："在中国负有纳税义务的个人（包括在中国境内有住所和无住所个人）认购股票等有价证券，因其受雇期间的表现或业绩，从其雇主以不同形式取得的折扣或补贴（指雇员实际支付的股票等有价证券的认购价格低于当期发行价格或市场价格的数额），属于该个人因受雇而取得的工资、薪金所得，应在雇员实际认购股票等有价证券时，按照《个人所得税法》及其实施条例和其他有关规定计算缴纳个人所得税。"

当时有效的《个人所得税法》（2011 年修订）规定："在中国境内有住所，或者无住所而在境内居住满一年的个人，从中国境内和境外取得的所得，依照本法规定缴纳个人所得税。在中国境内无住所又不居住或者无住所而在境内居住不满一年的个人，从中国境内取得的所得，依照本法规定缴纳个人所得税。"

开曼 CY 公司股权激励对象共计 35 人行权，其中外籍个人 A、外籍个人 B、外籍个人 C、外籍个人 D 为公司外部顾问，系定居在境外的自然人，不属于上述规定的"在中国负有纳税义务的个人"，其在中国境外取得的所得亦无需按照上述规定缴纳个人所得税。

根据律师事务所访谈员工 YAO，2008 年 5 月，其通过开曼 CY 公司期权行权分别以 0.001 美元/股和 0.04 美元/股的价格合计获得开曼 CY 公司 557 292 股普通股股份。当时，其在中国境内有住所，系上述规定的"在中国负有纳税义务的个人"，且其已经就其上述期权行权缴纳了个人所得税。

根据员工 01 等其他 30 名境内自然人认购激励股份数量及行权价格，相关纳税义务人因前述期权行权事宜每人对应的应税所得在 955.73～6291.00 美元之间，金额较小，上述自然人未按照规定的期限办理纳税申报。

根据《个人所得税代扣代缴暂行办法》（国税发〔1995〕65 号，2016 年 5 月废止）第四条规定："扣缴义务人向个人支付下列所得，应代扣代缴个人所得税：（一）工资、薪金所得；……"对于激励对象获得激励股份属于工资、薪金所得，发行人存在代扣代缴义务。

当时有效的《中华人民共和国税收征收管理法》（2013 年修订）规定，纳税人未按照规定的期限办理纳税申报和报送纳税资料的，或者扣缴义务人未按照规定的期限向税务机关报送代扣代缴、代收代缴税款报告表和有关资料的，由税务机关责令限期改正，可以处二千元以下的罚款；情节严重的，可以处二千元以上一万元以下的罚款。

根据《中华人共和国税收征收管理法》（2015 年修订）第八十六条："违反税收法律、行政法规应当给予行政处罚的行为，在五年内未被发现的，不再给予行政处罚。"根据《中华人民共和国行政处罚法》（2021 年修订）规定，该期限应从违法行为发生之日起计算。该等境内自然人通过期权行权认购开曼 CY 公司股权，未按照规定期限办理纳税申报，至今已超过五年期限。同时，截至法律意见书出具之日，相关股东及发行人尚未收到税务机关就上述激励股权要求补缴或代扣代缴个人所得税及相应滞纳金的任何通知。

据此，CY 股份公司未履行上述扣缴申报及 CY 股份公司现任董事、监事及高级管理人员、员工 01 等未履行上述纳税申报义务的情形已超过了法定追缴时效，不存在被税务机关给予行政处罚的风险，对于 CY 股份公司本次发行上市无重大不利影响。

（四）发行人境外股权激励涉税分析

下面结合 CY 股份公司公开披露信息对开曼 CY 公司实施股权激励的相关个人所得税作如下分析。

1. 是否适用国税发〔1998〕9 号文件

国税发〔1998〕9 号（2019 年 1 月起废止）文件规定如下。

"一些中国境内的公司、企业作为吸收、稳定人才的手段，按照有关法律规定及本公司规定，向其雇员发放（内部职工）认股权证，并承诺雇员在公司达到一定工作年限或满足其他条件，可凭该认股权证按事先约定价格（一般低于当期股票发行价格或市场价格）认购公司股票；或者向达到一定工作年限或满足其他条件的雇员，按当期市场价格的一定折价转让本企业持有的其他公司（包括外国公司）的股票等有价证券；或者按一定比例为该雇员负担其进行股票等有价证券的投资。"现将雇员以上述不同方式认购股票等有价证券而从雇主取得的各类折扣或补贴有关征收个人所得税的问题通知如下：

一、关于所得性质认定问题

在中国负有纳税义务的个人（包括在中国境内有住所和无住所的个人）认购股票等有价证券，因其受雇期间的表现或业绩，从其雇主以不同形式取得的折扣或补贴（指雇员实际支付的股票等有价证券的认购价格低于当期发行价格或市场价格的数额），属于该个人因受雇而取得的工资、薪金所得，应在雇员实际认购股票等有价证券时，按照《中华人民共和国个人所得税法》及其实施条例和其他有关规定计算缴纳个人所得税。

国税发〔1998〕9 号文件的主要内容如表 3-3-44 所示。

表 3-3-44 国税发〔1998〕9 号文件的主要内容

项目	主要内容
适用范围	观点一：适用于境内的公司、企业；观点二：适用于所有企业

续表

项目	主要内容
适用情形	①非公允增资：按照事先约定价格（一般低于当期股票发行价格或市场价格）认购公司股票； ②低价转让证券：按照市场价格的一定折价转让本企业持有的其他公司（包括外国公司）的股票等有价证券； ③证券投资补贴：按一定比例为雇员负担其进行股票等有价证券的投资
所得性质	工资、薪金所得
所得确认时间	雇员实际认购股票等有价证券时
所得税缴纳	视为取得数月的工资、薪金所得

对于国税发〔1998〕9号文件的适用范围，有两种不同的观点：一种观点认为国税发〔1998〕9号文件仅适用于境内企业从事的类似股权激励方式，因为在国税发〔1998〕9号文件制定的背景中曾明确"一些中国境内的公司、企业作为吸收、稳定人才的手段，按照有关法律规定及本公司规定"，所以国税发〔1998〕9号文件应当仅适用于"中国境内的公司、企业"；另一种观点认为国税发〔1998〕9号文件适用于所有的企业，包括境内的公司、企业，也包括境外的公司和企业，因为尽管国税发〔1998〕9号文件的制定背景中提及了"中国境内的公司、企业"，但是其规范的内容是"雇员以上述不同方式认购股票等有价证券而从雇主取得的各类折扣或补贴有关征收个人所得税的问题"，其规范的仅仅是"以上述不同方式认购股票等有价证券而从雇主取得的折扣或补贴"的行为，所以只要是国税发〔1998〕9号文件规定交易情形，并且从雇主取得有价证券时存在折扣或补贴的，都应当适用该文件。

本书认为，国税发〔1998〕9号文件中对文件的制定背景作了较为详尽的阐述，所以对于文件的适用范围应当受到文件制定背景的影响，本书更倾向于开曼CY公司在境外实施的股权激励计划并不适用国税发〔1998〕9号文件的观点。

2.是否适用财税〔2005〕35号

《财政部 国家税务总局关于个人股票期权所得征收个人所得税问题的通知》（财税〔2005〕35号）规定如下。

为适应企业（包括内资企业、外商投资企业和外国企业在中国境内设立的机构场所）薪酬制度改革，加强个人所得税征管，现对企业员工（包括在中国境内有住所和无住所的个人）参与企业股票期权计划而取得的所得征收个人所得税问题通知如下：

一、关于员工股票期权所得征税问题

实施股票期权计划企业授予该企业员工的股票期权所得，应按《中华人民共和国个人所得税法》及其实施条例有关规定征收个人所得税。

《国家税务总局关于股权激励有关个人所得税问题的通知》（国税函〔2009〕461号）规定如下。

为适应上市公司（含境内、境外上市公司，下同）薪酬制度改革和实施股权激励计划，根据《中华人民共和国个人所得税法》《中华人民共和国个人所得税法实施条例》有关精神，财政部、国家税务总局先后下发了《关于个人股票期权所得征收个人所得税问题的通知》（财税〔2005〕35号）和《关于股票增值权所得和限制性股票所得征收个人所得税有关问题的通知》（财税〔2009〕5号）等文件。现就执行上述文件有关事项通知如下：

…………

七、其他有关问题的规定

（一）财税〔2005〕35号、国税函〔2006〕902号和财税〔2009〕5号以及本通知有关股权激励个人所得税政策，适用于上市公司（含所属分支机构）和上市公司控股企业的员工，其中上市公司占控股企业的股份比例最低为30%（间接控股限于上市公司对二级子公司的持股）。

根据国税函〔2009〕461号的规定，财税〔2005〕35号文件的适用范围如表3-3-45所示。

表3-3-45　财税〔2005〕35号适用范围

主体类型	具体适用企业类型
未上市公司	1. 内资企业
	2. 外商投资企业
	3. 外国企业在中国境内设立的机构场所
上市公司	1. 境内上市公司
	2. 境外上市公司
	3. 上市公司的控股企业——持股比例最低为30%

财税〔2005〕35号文件自2005年7月1日起执行；国税函〔2009〕461号规定自发布之日（2009年8月24日）起执行，文件下发前已发生尚未处理的事项，按国税函〔2009〕461号文件的规定执行。根据CY股份公司披露的信息，开曼CY公司虽然进行了A轮和B轮的融资，但其并未在境外上市，所以开曼CY公司实施的股权激励也不适用财税〔2005〕35号文件的规范。

3.是否适用财税〔2016〕101号文件

财税〔2016〕101号第四条第（一）款规定："个人从任职受雇企业以低于公平市场价格取得股票（权）的，凡不符合递延纳税条件，应在获得股票（权）时，对实际出资额低于公平市场价格的差额，按照"工资、薪金所得"项目，参照《财政部 国家税务总局关于个人股票期权所得征收个人所得税问题的通知》（财税〔2005〕35号）有关规定计算缴纳个人所得税。"

虽然财税〔2016〕101号文件第一条明确了非上市公司股权激励的相关税收政策，但第一条主要是对可享受递延纳税的股权激励满足要件的规范，所以第四条的情形并不受第一条适用范围的限制，也即第四条的"个人从任职受雇企业以低于公平市场价格取得股票（权）"的行为包括从境内外上市公司和非上市公司取得股票（权）的情形。

但财税〔2016〕101号文件是自2016年9月1日起开始施行的，而开曼CY公司的股权激励计划是在2003年和2011年实施的，因此其并不适用财税〔2016〕101号文件。

七、科技成果转化——LG股份公司

（一）发行人基本情况

LG科技股份有限公司（以下简称"LG股份公司"）是由LG科技有限公司（以下简称"LG有限公司"）于2020年5月整体变更设立的股份有限公司，LG股份公司主要从事惯性导航系统及其核心部件的研发、生产和销售，并基于自有技术为客户提供导航、制导与控制系统相关技术服务。

LG股份公司经上海证券交易所科创板股票上市委员会审议通过，并经证监会同意注册，于 2022 年 3 月在上海证券交易所科创板上市交易。

（二）发行人股权激励实施情况

1. 股权激励的类型

2017 年 9 月，A 大学印发《A 大学关于同意 LG 科技有限公司股权奖励方案的意见》，经 A 大学科学技术成果转化领导小组审核，同意 A 大学以无形资产对 LG 有限公司出资，并将 A 大学持有 LG 有限 30% 股权中的 60%（即 LG 有限公司 18% 股权）奖励给自然人 B、自然人 C、自然人 D、自然人 E、自然人 F、自然人 G、自然人 H。

所以，LG 有限公司是通过股权奖励实施股权激励的。

2. 股权激励的对象

根据《招股说明书》的披露，2017 年 LG 有限公司实施股权激励的具体情况如表 3-3-46 所示。

表 3-3-46 股权激励情况表

序号	激励对象	奖励无形资产/万元	占注册资本总额比例/%	职务
1	自然人 B	129.00	3.04	董事长、核心技术人员
2	自然人 C	110.00	2.59	董事
3	自然人 D	108.00	2.54	董事、总经理、核心技术人员
4	自然人 E	106.00	2.49	副总经理、核心技术人员
5	自然人 F	106.00	2.49	副总经理、董事会秘书、核心技术人员
6	自然人 G	105.00	2.47	副总经理、核心技术人员
7	自然人 H	101.00	2.38	监事会主席
合计		765.00	18.00	

3. 股权奖励的方式

2017 年 11 月，LG 有限公司召开股东会，同意股东 A 大学将其持有 LG 有限公司30%股权中的60%分别转让给自然人B等7名股东。针对上述股权奖励，A大学分别与自然人B等7名股东签署了《产权交易合同》，A大学将其持有的LG有限公司18%的股权分别奖励给自然人B等7名股东，自然人B等7名股东无须为此向A大学另行支付任何对价。产权交易所出具的《企业国有产权交易凭证》就上述股权奖励履行了产权交易程序予以确认。2018年1月，LG有限公司就上述股权转让办理了工商变更登记。

LG有限公司对于所实施的股权奖励是采用大股东将其持有的发行人的股权无偿转让给奖励对象，奖励对象无须就该股权转让支付任何对价。

4.股权奖励的审批程序

《招股说明书》充分披露了LG有限公司实施此次股权奖励的具体审批决策程序。

根据《中华人民共和国促进科技成果转化法》第二条：本法所称科技成果，是指通过科学研究与技术开发所产生的具有实用价值的成果；职务科技成果，是指执行研究开发机构、高等院校和企业等单位的工作任务，或者主要是利用上述单位的物质技术条件所完成的科技成果。A大学用以出资的科技成果符合《中华人民共和国促进科技成果转化法》中关于"职务科技成果"的规定，自然人B等7人属于职务技术成果完成人和为成果转化作出重要贡献的其他人员。根据《中华人民共和国促进科技成果转化法》第四十四条：职务科技成果转化后，由科技成果完成单位对完成、转化该项科技成果作出重要贡献的人员给予奖励和报酬；科技成果完成单位可以规定或者与科技人员约定奖励和报酬的方式、数额和时限；单位制定相关规定，应当充分听取本单位科技人员的意见，并在本单位公开相关规定。所以，根据上述规定，A大学作为科技成果完成单位对相关科技人员进行科技成果转化奖励应按照内部制度或约定执行，其履行的内部审批程序如下。

①A大学已经根据《中华人民共和国促进科技成果转化法》的规定制定了《A大学促进科技成果转化实施办法》《A大学科技成果转化、许可管理规则（暂定）》等制度，对科技成果转化过程、组织和实施、收益分配与奖励等事项进行规定。

②A大学将所持股份奖励给自然人B等7人由A大学科技成果转化领导小组按照《A大学促进科技成果转化实施办法》的规定审核并由A大学作出《A大学同意LG科技有限公司股权奖励方案的意见》同意，无需单独就股权奖励事宜取得A大学主管单位的审批或备案，已完成履行股权奖励相关的国资审批程序。

根据A大学向工业和信息化部提交的《研究开发机构和高等院校科技成果转化年度报告（2017年）》、A大学技术转移中心的书面说明，A大学已根据《国务院关于印发实施〈中华人民共和国促进科技成果转化法〉若干规定的通知》第一条第（五）款的规定就向LG有限公司进行科技成果转化事宜向工业和信息化部进行年度汇报，其中，所汇报的科技成果转化情况包括对LG有限公司的科技成果转化，所汇报的成果转化收入及分配情况包括对自然人B等7人的股权奖励。

③自然人B等7人不属于"担任领导职务的科技人员"，无需履行公示程序。

《国务院关于印发实施〈中华人民共和国促进科技成果转化法〉若干规定的通知》第二条第八款规定如下。

对于担任领导职务的科技人员获得科技成果转化奖励，按照分类管理的原则执行：

1.国务院部门、单位和各地方所属研究开发机构、高等院校等事业单位（不含内设机构）正职领导，以及上述事业单位所属具有独立法人资格单位的正职领导，是科技成果的主要完成人或者对科技成果转化作出重要贡献的，可以按照促进科技成果转化法的规定获得现金奖励，原则上不得获取股权激励。其他担任领导职务的科技人员，是科技成果的主要完成人或者对科技成果转化作出重要贡献的，可以按照促进科技成果转化法的规定获得现金、股份或者出资比例等奖励和报酬。

2.对担任领导职务的科技人员的科技成果转化收益分配实行公开公示制度，不得利用职权侵占他人科技成果转化收益。

④自然人B等7名科技成果转化人员未因科技成果转化领取现金奖励，但依据《A大学关于同意LG科技有限公司股权奖励方案的意见》获授A大学股权奖励且通过产权交易所完成产权交易。

（三）发行人股权激励会计处理

《招股说明书》披露，根据《A 大学促进科技成果转化实施办法》，学校科技成果转化可以采用该科技成果作价投资折算股份或出资比例的方式，以科技成果作价投资实施转化的，学校从作价投资取得的股份或者出资比例中奖励给科技成果完成人及转化工作中作出重要贡献的人员 60%。2017 年 9 月经 A 大学科技成果转化领导小组审核，同意 A 大学以无形资产（六项发明专利和四个产品专有技术）对 LG 有限公司出资，并将其持有 LG 有限公司 30% 股权中的 60% 奖励给自然人 B 等 7 名股东。因此该股权奖励事项属于 A 大学将上述无形资产进行科技成果转化过程的一个步骤。

此次股权奖励并不属于股份支付，其主要的原因如下。

其一，根据《A 大学促进科技成果转化实施办法》，科技成果是执行学校的工作任务或者利用学校的物质条件完成的具有实用价值的职务科技成果。自然人 B 等 7 名自然人是原在 A 大学从事研发和生产的核心团队人员，六项发明专利和四个产品专有技术是自然人 B 等 7 名自然人作为核心人员在 A 大学工作期间因执行学校的工作任务或者利用学校的物质条件完成。六项发明专利和四个产品专有技术在完成本次科技成果转化涉及的无形资产作价出资至发行人前属于 A 大学，其后 A 大学通过科技成果转化将上述无形资产评估作价为 LG 有限公司 30% 股权，并将其中的 60% 奖励给自然人 B 等七名自然人。因此上述股份奖励是因为自然人 B 等 7 名自然人在过去为 A 大学工作期间所作出的贡献，并非是相关人员过去对发行人的贡献作出的奖励，也并非基于自然人 B 等 7 名自然人为发行人提供服务为目的。根据《企业会计准则第 11 号——股份支付》，股份支付是指企业为获取职工和其他方提供服务而授予权益工具或者承担以权益工具为基础确定的负债的交易。如上所述，A 大学对自然人 B 等 7 名自然人的股份奖励并非发行人为获取自然人 B 等 7 名自然人为其提供服务为目的，因此不涉及股份支付。

其二，发行人对照《首发业务若干问题解答》中股份支付适用情形进行逐条对比，A 大学对自然人 B 等 7 名自然人的股份奖励也不属于《首发业务若干问题解答》规定的股份支付情形，具体对比情况如表 3-3-47 所示。

表3-3-47 股份支付对比情况表

序号	具体规定	对比情况
1	对于报告期内发行人向职工（含持股平台）、客户、供应商等新增股份，以及主要股东及其关联方向职工（含持股平台）、客户、供应商等转让股份，均应考虑是否适用《企业会计准则第11号——股份支付》。对于报告期前的股份支付事项，如对期初未分配利润造成重大影响，也应考虑是否适用《企业会计准则第11号——股份支付》。有充分证据支持属于同一次股权激励方案、决策程序、相关协议而实施的股份支付事项的，原则上一并考虑适用	1. 不属于公司向职工（含持股平台）、客户、供应商等新增股份。 2. 虽然转让方A大学为主要股东，但股权转让并非公司以获取自然人B等7名自然人为其提供服务为目的
2	通常情况下，解决股份代持等规范措施导致股份变动，家族内部财产分割、继承、赠与等非交易行为导致股权变动，资产重组、业务并购、持股方式转换、向老股东同比例配售新股等导致股权变动等，在有充分证据支持相关股份获取与发行人获得其服务无关的情况下，一般无需作为股份支付处理	1. 不属于解决股权代持、不属于家族内部财产分割、继承、赠与等，不属于资产重组、业务并购、持股方式转换、向老股东同比例配售新股。 2. 股权奖励属于A大学科技成果转化，相关科技成果是自然人B等7名自然人在A大学工作期间完成，与发行人获得相关人士服务无关
3	对于为发行人提供服务的实际控制人/老股东以低于股份公允价值的价格增资入股事宜，如果根据增资协议，并非所有股东均有权按各自原持股比例获得新增股份，对于实际控制人/老股东超过其原持股比例而获得的新增股份，应属于股份支付；如果增资协议约定，所有股东均有权按各自原持股比例获得新增股份，但股东之间转让新增股份受让权且构成集团内股份支付，导致实际控制人/老股东超过其原持股比例获得的新增股份，也属于股份支付。对于实际控制人/老股东原持股比例，应按照相关股东直接持有与穿透控股平台后间接持有的股份比例合并计算	不属于该条款规定的增值入股事宜

所以，上述股权奖励是A大学对相关人员在学校工作期间贡献的奖励，不是因为相关人员过去对发行人所作的贡献，且其目的并不是发行人为获取自然人B等7名自然人为公司提供服务而给予的奖励，不属于《首发业务若干问题解答》及企业会计准则规定的股份支付情形。

（四）发行人股权激励涉税披露

《招股说明书》披露，根据《国家税务总局关于 3 项个人所得税事项取消审批实施后续管理的公告》（国家税务总局公告 2016 年第 5 号）、《国家税务总局关于促进科技成果转化有关个人所得税问题的通知》（国税发〔1999〕125 号）和《国家税务总局关于取消促进科技成果转化暂不征收个人所得税审核权有关问题的通知》（国税函〔2007〕833 号）的相关规定，科研机构、高等院校转化职务科技成果以股份出资比例等股权形式给个人奖励，获奖人在取得股份、出资比例时，暂不缴纳个人所得税；取得按股份、出资比例分红或转让股权、出资比例所得时，应依法缴纳个人所得税。因此，自然人 B 等 7 名自然人已就科技成果转化股权奖励在税务局系统完成申报备案，未就本次股权奖励缴纳个人所得税，存在商业合理性，不存在税收法律风险。

（五）发行人股权激励涉税分析

1. 个人所得税政策适用

LG 有限公司在 2017 年实施的股权奖励，从形式上看既符合《财政部 国家税务总局关于促进科技成果转化有关税收政策的通知》（财税字〔1999〕45 号）的规定，也符合《财政部 国家税务总局关于将国家自主创新示范区有关税收试点政策推广到全国范围实施的通知》（财税〔2015〕116 号）的规定，同时还符合《财政部 国家税务总局关于完善股权激励和技术入股有关所得税政策的通知》（财税〔2016〕101 号）的规定，所以对于其交易的性质界定是判定其涉税事项的关键。

财税字〔1999〕45 号第三条规定："自 1999 年 7 月 1 日起，科研机构、高等学校转化职务科技成果以股份或出资比例等股权形式给予个人奖励，获奖人在取得股份、出资比例时，暂不缴纳个人所得税；取得按股份、出资比例分红或转让股权、出资比例所得时，应依法缴纳个人所得税。"财税〔2016〕101 号第一条规定："非上市公司授予本公司员工的股票期权、股权期权、限制性股票和股权奖励，符合规定条件的，经向主管税务机关备案，可实行递延纳税政策。"

财税字〔1999〕45号的主要目的是落实《中华人民共和国科学技术进步法》和《中华人民共和国促进科技成果转化法》，鼓励高新技术企业发展，并在这种背景下对科研机构、高等学校研究开发高新技术，转化科技成果事项的税收待遇予以明确；适用范围为科研机构和高等院校，其中科研机构是指按中央机构编制委员会和国家科学技术委员会《关于可研事业单位机构设置审批事项的通知》（中编办发〔1997〕14号）的规定设置审批的自然科学研究事业单位机构，高等学校是指全日制普通高等学校（包括大学、专门学院和高等专科学校）。

财税〔2015〕116号适用于高新技术企业和科技型中小企业转化科技成果，以股份或出资比例等股权形式给予本企业相关人员的奖励。财税〔2016〕101号适用企业股权激励，股权激励的主要目的是企业为获取员工过去或者将来提供服务而给予的一种价值转移，所以其主要目的获取员工提供的服务。

LG有限公司在2017年实施的股权奖励，被奖励对象是A大学的职工，而非LG有限公司自身员工，所以并不能适用财税〔2015〕116号文件和财税〔2016〕101号文件的股权奖励，而应当适用财税字〔1999〕45号的规定。

2.个人所得税待遇分析

根据财税〔1999〕45号的规定，前述7人取得的股权奖励在各环节的所得税待遇分别如下。

（1）取得股权奖励时

对于个人取得股权奖励时，根据财税〔1999〕45号的规定，获得股权奖励时暂不缴纳个人所得税。

同时根据国家税务总局公告2016年第5号的规定，将职务科技成果转化为股份、投资比例的科研机构、高等学校或者获奖人员，应该在授（获）奖的次月15日内向主管税务机关备案，报送《科技成果转化暂不征收个人所得税备案表》；科技成果价值评估报告、股权奖励文件及其他证明材料由奖励单位留存备查。

（2）持股期间取得的股息、红利所得

对于个人在取得股权奖励后，持有股权期间取得的股息、红利所得，应当按照"利息、股息、红利所得"项目，适用20%的税率计算缴纳个人所得税；在

LG股份公司上市后,其取得的股息、红利所得,应当按照《财政部 国家税务总局 证监会关于实施上市公司股息红利差变化个人所得税政策有关问题的通知》(财税〔2012〕85号)缴纳个人所得税。

(3) 转让激励股权

国税发〔1999〕125号规定,获奖人转让股权、出资比例,对其所得按"财产转让所得"应税项目征收个人所得税,但由于LG股份公司已在上海证券交易所科创板上市,所以上述7人转让其所持有的LG股份公司股票时,应适用《财政部 国家税务总局 证监会关于个人转让上市公司限售股所得征收个人所得税有关问题的通知》(财税〔2009〕167号)的规定,以每次限售股转让收入,减除股票原值和合理税费后的余额,为应纳税所得额。由于激励对象是通过无偿方式取得激励股权,所以股票原值应为0,但若在其持股期间发生调整股票计税基础事件的,应当按规定调整其所持股票的计税基础。

专题四

整体变更涉税

《证券法》及《首次公开发行股票注册管理办法》(证监会令第205号,以下简称《首发注册管理办法》)要求公开发行股票的公司类型应为股份有限公司,但基于有限责任公司经营的灵活性,公司在设立时常会采用有限责任公司;有限责任公司为实施IPO必须变更为股份有限公司,这一过程被称为有限责任公司的整体变更过程或者股改过程;在这个过程中股东及有限责任公司是否会涉及所得税是各方较为关心的,本专题将分如下两部分进行分析:

第一章 有限责任公司整体变更的涉税分析

第二章 有限责任公司整体变更实务案例分析

第一章　有限责任公司整体变更的涉税分析

一、整体变更的法律法规

（一）整体变更的法律法规

《公司法》第二条规定："本法所称公司是指依照本法在中国境内设立的有限责任公司和股份有限公司。"根据《证券法》《首发注册管理办法》的规定，在中国境内公开发行股票的主体只能是股份有限公司，有限责任公司需要整体变更为股份有限公司后才可以公开发行股票。

《公司法》对有限责任公司整体变更为股份有限公司的相关事项作了如下规范。

1. 基本要求

《公司法》第九条规定："有限责任公司变更为股份有限公司，应当符合本法规定的股份有限公司的条件。"

《公司法》第九十二条、九十四条及九十六条的规定，设立股份有限公司的基本要求包括：（1）应当有一人以上二百人以下为发起人，其中应当有半数以上的发起人在中华人民共和国境内有住所；（2）应当由发起人共同制订公司章程；（3）发起人应当认足公司章程规定的公司设立时应发行的股份。

2.整体变更的资本

《公司法》第一百零八条规定:"有限责任公司变更为股份有限公司时,折合的实收股本总额不得高于公司净资产额。有限责任公司变更为股份有限公司,为增加注册资本公开发行股份时,应当依法办理。"

《首发注册管理办法》第九条规定:"在有限责任公司整体变更设立股份有限公司时,若以有限责任公司原账面净资产值折股的,股份有限公司的设立时间可以从有限公司设立之日起计算,即股份有限公司的经营可以持续计算,否则应当重新计算股份有限公司的经营时间。"

所以,有限责任公司在整体变更为股份有限公司时,变更后股份有限公司的股本总额不得高于有限责任公司净资产额,这里的净资产额应当是指净资产的账面金额;但相比于有限责任公司原有的注册资本,在变更过程中注册资本可以不变,也可以办理增资,同时还可以办理减资。

3.整体变更的债权债务

《公司法》第十二条第二款规定:"有限责任公司变更为股份有限公司的,或者股份有限公司变更为有限责任公司的,公司变更前的债权、债务由变更后的公司承继。"

所以有限责任公司整体变更为股份有限公司,并更前有限责任公司的债权、债务由变更后的股份有限公司概括承受。

4.整体变更的程序

有限责任公司整体变更为股份有限公司,应当按照如下程序办理。

(1) 董事会制定公司整体变更的方案

《公司法》第六十七条规定,董事会对股东会负责,行使下列职权:制订公司合并、分立、解散或者变更公司形式的方案。

有限责任公司整体变更为股份有限公司,应当首先由公司董事会制订公司整体变更的方案,包括:公司整体变更后的公司名称和经营范围;公司变更后的股份有限公司的股本总额及公司股东的持股份额;变更后公司章程等相关事项。

《公司法》规定,有限责任公司董事会的议事方式和表决程序,除公司法另有规定的外,由公司章程规定,董事会决议的表决,实行一人一票。所以有限责任公司董事会的议事方式不同于股份有限公司"董事会作出决议须经全体董事的过半数通过",而是由有限责任公司的章程予以规定。

(2)股东会审议公司整体变更的方案

《公司法》第五十九条规定,股东会行使下列职权:对公司合并、分立、解散、清算或者变更公司形式作出决议。《公司法》第六十六条规定:"股东会会议作出修改公司章程、增加或减少注册资本的决议,以及公司合并、分立、解散或者变更公司形式的决议,必须经代表三分之二以上表决权的股东通过。"

有限责任公司整体变更为股份有限公司,应当经代表有限责任公司三分之二以上表决权的股东通过。

(3)变更公司章程

《公司法》第九十五条规定:"公司名称属于公司章程记载事项之一,所以有限责任公司整体变更为股份有限公司的,应同时变更公司章程。"

(4)办理公司变更登记

《市场主体登记管理条例》第二十四条规定:"市场主体变更登记事项,应当自做出变更决议、决定或者法定变更事项发生之日起30日内向登记机关申请变更登记。市场主体变更登记事项属于依法须经批准的,申请人应当在批准文件有效期内向登记机关申请变更登记。"《中华人民共和国市场主体登记管理条例实施细则》(国家市场监督管理总局令第52号)第三十七条规定:"公司变更类型,应当按照拟变更公司类型的设立条件,在规定的期限内申请变更登记,并提交有关材料。"

(二)整体变更的会计处理

企业会计准则对有限责任公司整体变更为股份有限公司的会计处理未作规范,《企业会计准则解释第1号》(财会〔2007〕14号)在"企业改制过程中的资产、负债,应当如何进行确认和计量"中明确:企业引入新股东改制为股份有限公司,相关资产、负债应当按照公允价值计量,并以改制时确定的公允价值为基础持续核算的结果并入控股股东的合并财务报表。改制企业的控股股东在确认对股份有限公司的长期股权投资时,初始投资成本为投出资产的公允价值及相关费用之和。

这一规定并不完全适用于有限责任公司整体改制为股份有限公司，较为适用在引入投资者时控股股东对其长期股权投资的相关确认和计量，但该答复对有限责任公司整体变更为股份有限公司时采用公允价值计量相关的资产和负债提供了核算依据。

1. 按公允价值折股变更

有限责任公司整体变更为股份有限公司，若变更后的股份有限公司按照整体变更过程中有限责任公司资产的公允价值进行确认和计量的，对于股份有限公司而言应当按照资产评估后的金额重新进行确认计量，同时股份有限公司的持续时间从整体变更完成的时间开始计算。

2. 按账面净资产折股变更

在企业 IPO 过程中，为了使整体变更后股份有限公司经营时间持续计算从而缩短企业上市的时间，均会采用按有限责任公司原账面净资产值进行折股的方式，在这种方式下，由于有限责任公司的资产和负债并没有发生计量属性上的变更，所以此时仅仅需要将有限责任公司的净资产进行会计处理，即按照有限责任公司账面净资产的金额借记"实收资本""资本公积""盈余公积"和"未分配利润"科目，按整体变更中折股的金额贷记"股本"科目，若整体变更过程中有需要保留的其他净资产科目的，可保留相应科目的余额，差额贷记"资本公积（股本溢价）"科目。

3. 其他综合收益是否可以转增股本或资本公积

有限责任公司按账面价值整体变更为股份有限公司实质上是有限责任公司净资产资本化的过程。(《企业会计准则第 30 号——财务报表列报应用指南》规定："资产负债表中的所有者权益类应当按照实收资本（或股本）、资本公积、其他综合收益、盈余公积、未分配利润等项目分项列示。")《企业会计准则解释第 3 号》（财会〔2009〕8 号）第七条规定："'其他综合收益'项目，反映企业根据企业会计准则规定未在损益中确认的各项利得和损失扣除所得税影响后的净额。"对于有限责任公司的其他综合收益是否可以转增股本或资本公积，《公司法》并未予以明确。

《中国证券监督管理委员会对"会计问题征询函"的复函》(会计部函〔2008〕50号)规定:"可供出售金融资产公允价值变动形成的利得或损失,除减值损失和外币货币性金融资产形成的汇兑差额外,应当直接计入所有者权益(其他资本公积)。在相关法律法规有明确规定前,上述计入其他资本公积的公允价值变动部分,暂不得用于转增股份;以公允价值计量的相关资产,其公允价值变动形成的收益,暂不得用于利润分配。"

虽然会计部函〔2008〕50号对于限制转增资本及用于利润分配的项目仅规范了可供出售金融资产公允价值变动损益,但是其本质是与直接计入所有者权益的利得和损失相关的损益并未实现,在该部分损益未实现前并非公司真正意义上的损益,不应将其资本化用于增加公司的股本,同时由于该部分的损益并未实现,也不能用于企业的利润分配。

例如,软通动力(301236)在有限公司整体变更为股份有限公司时,其净资产中原有的其他综合收益在变更后的股份有限公司中予以保留,并未将其用于转增资本或者转增资本公积;鸿铭股份(301105)在有限责任整体变更为股份有限公司时,净资产中的专项储备并未用于转增资本,而是在整体变更后仍计入专项储备。

二、有限责任公司整体变更的税收规范

(一)有限责任整体变更的涉税问题

有限责任公司整体变更设立股份有限公司,在税收上分为两个层面的税收问题,第一个层面的税收问题是有限责任公司自身层面的税收,主要是由于整体变更中资产在不同组织形式公司之间的转移涉及的增值税及有限责任公司因整体变更涉及的企业所得税;第二个层面的税收问题是有限责任公司股东层面的税收,由于有限责任公司股东持有的权益方式由原来的股权转变为股票,所以有限责任公司股东层面的税收仅仅是所得税,根据股东身份的不同分为企业所得税和个人所得税。

（二）有限责任公司整体变更的行为性质

为了更加清晰地了解有限责任公司整体变更过程中的涉税问题，必须对整体变更的行为性质进行分析。整体变更的行为性质在学术界及实务中有以下两种不同的观点。

1. 组织形式转换说

组织形式转换说认为，有限责任公司整体变更为股份有限公司，仅仅是公司组织形式的一种转换，在该转换过程中公司的法人资格不受影响，公司的债权、债务也不发生转移，公司无须经历解散、清算和设立的程序，所以变更后公司的法律人格具有统一性，即变更前和变更后的公司法律人格保持统一，所有的权利义务均在同一个主体内存续。例如，《最高人民法院关于企业改制司法解释条文精释及案例解析》[1]中提及：公司类型转变，是指公司在存续期间，由一种公司类型变更为另一种公司类型，不中断公司的法人资格，而实现公司种类变换的法律行为。

2. 净资产出资说

净资产出资说认为，公司由有限责任公司变更为股份有限公司是有限责任公司股东以其净资产投资设立股份有限公司，所以整体变更行为实质上是股份有限公司设立的行为。变更后的股份有限公司与变更前的有限责任公司在法律人格上是不统一的，两者并非同一个法律主体。例如，锡装股份（001332）在其整体变更设立股份有限公司的出资来源中注明为"本次出资以各股东持有的锡装有限折股所对应的经审计的净资产进行认购"；萤石网络（688475）在其整体变更设立股份有限公司时披露"各发起人以其在萤石有限中的全部净资产投入股份公司，不再另行增资，本次发起设立股份公司后各股东持股比例不变"。

还有一种净资产出资说认为，有限责任公司整体变更为股份有限公司的行为包括如下三个过程，第一步是有限责任公司以其净资产投资设立股份有限公司，

---

[1] 最高人民法院民事审判庭第二庭. 最高人民法院关于企业改制司法解释条文精释及案例解析 [M]. 北京：中国法院出版社，2015：43.

用于交换股份有限公司的股票；第二步是有限责任公司以其持有的股份有限公司的股票交换原股东持有的股权，该步骤完成后有限责任公司将仅持有自身的股权；第三步，有限责任公司注销。整个的交易过程如图 4-1-1 所示。

注：①有限责任公司以其所有的资产和负债投资设立股份有限公司，用于交换股份有限公司增发的股票。

②有限责任公司将其获得的股份有限公司股票用于交换有限责任公司股东持有的有限责任公司股权，交换完成后，有限责任公司股东持有股份有限公司的股票，而有限责任公司仅持有自身的股权。

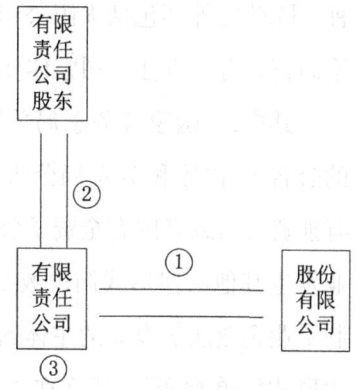

图 4-1-1　整体变更业务结构

③有限责任公司办理注销解散。

三、整体变更中有限责任公司层面的涉税分析

我国当前没有单独规范有限责任公司整体变更为股份有限公司的税收政策，与之相关的政策主要体现在企业重组与企业改制的税收规范性文件中。

（一）整体变更中的所得税分析

1. 整体变更的性质分析

《财政部　国家税务总局关于企业重组业务企业所得税处理若干问题的通知》（财税〔2009〕59号）规定企业重组是指企业在日常经营活动以外发生的法律结构或经济结构重大改变的交易，包括企业法律形式改变、债务重组、股权收购、资产收购、合并、分立等。其中法律形式改变是指企业注册名称、住所及企业组织形式等的简单改变，但符合该文件规定其他重组类型的除外。

本书认为虽然财税〔2009〕59号文件并没有进一步明确法律形式改变中企业组织形式的简单改变的具体内容，但有限责任公司整体变更为股份有限公司属于企业组织形式的简单改变。

首先，在企业法律理论中有限责任公司和股份有限公司是公司组织形式的两种，除此之外还包括无限公司、两合公司、股份两合公司等，所以从公司法律理论而言，有限责任公司整体变更为股份有限公司属于公司形式的变更。

其次，《国家税务总局关于全民所有制企业公司制改制企业所得税处理问题的公告》（国家税务总局公告2017年第34号）规定，全民所有制企业改制为国有独资公司或者国有全资子公司，属于财税〔2009〕59号文件第四条规定的"企业发生其他法律形式简单改变"。从法律解释的角度而言，如果依据《全民所有制工业企业法》设立的主体通过整体改制变更为《公司法》规范的主体属于"法律形式简单改变"，那么在《公司法》内部规范的企业组织形式的改变也应当属于"法律形式简单改变"。

最后，财税〔2009〕59号文件对法律形式改变的税收待遇进行规范时，将企业由法人转变为个人独资企业、合伙企业等非法人组织的视为组织形式的改变，那么对于都是法人组织形式的有限责任公司与股份有限公司之间的改变也应当属于法律形式的改变。

2.整体变更的税收待遇

财税〔2009〕59号文件规定："企业由法人转变为个人独资企业、合伙企业等非法人组织，或将登记注册地转移至中华人民共和国境外（包括港澳台地区），应视同企业进行清算、分配，股东重新投资成立新企业。企业的全部资产以及股东投资的计税基础均以公允价值为基础确定。企业发生其他法律形式简单改变的，可直接变更税务登记，除另有规定外，有关企业所得税纳税事项（包括亏损结转、税收优惠等权益和义务）由变更后企业承继，但因住所发生变化而不符合税收优惠条件的除外。"

所以，企业法律形式改变的税收待遇有如下两种。

（1）一般税收待遇

一般税收待遇发生于法人转变为非法人组织及注册地转移至境外两种情形，前一种情形下无论是企业主体还是企业的投资者，其所承担的法律风险是完全不同的，在法律人格上也是不同的，所以需要按照一般性税务处理进行所得税的处理；后一种情形下，注册地的变更导致税收管辖权在不同国家之间发生转移，为了保护国家的税收利益，也应按照一般性税务处理进行所得税处理。

在一般性税收待遇下，企业法律形式的改变被认为是企业进行清算、向投资者进行财产分配及投资者以所分配的财产进行再投资三个过程。所以需要确认相应的资产处置所得，同时对于变更后的公司重新取得的资产及股东重新取得的权益投资资产应当按照公允价值确定其计税基础。

（2）特殊税务待遇

特殊税务待遇是相对于一般税务待遇而言的，在一般性税务待遇下，企业及股东均应当确认资产处置所得，也即企业和股东所持财产蕴含的收益或损失在法律形式变更的同时是予以确认的。

在特殊税务待遇下，企业持有资产的内在损益、股东持有企业股权的内在损益都不在事项发生当期确认，而是在处置因法律形式改变取得的对价时予以确认，也即所得税中的递延确认待遇。同时在特殊税务待遇下，发生法律形式变更的企业的所得税事项由变更后的企业承继。

3. 有限责任公司整体变更的税收分析

根据前述分析，本书认为有限责任公司整体变更为股份有限公司属于财税〔2009〕59号文件中的"法律形式改变"，而且属于"其他法律形式简单改变"，应适用特殊性税务处理，具体如下。

（1）不确认所得

有限责任公司在整体变更过程中并不确认有限责任公司自身层面的财产处置所得或损失。

（2）资产计税基础

有限责任整体变更为股份有限公司后，股份有限公司取得有限责任公司资产的计税基础应当采用结转计税基础规则，即以该资产在有限责任公司中的计税基础作为其在股份有限公司中的计税基础。

（3）其他税收属性

除资产计税基础之外的有限责任公司其他的税收属性也应当由变更后的股份有限公司承继，该计税基础应当包括有限责任公司亏损结转、税收优惠的享受、资产计税基础当期结转或者分期摊销的规则及收入的分期确认、减计收入等。

（二）整体变更中的增值税分析

《公司法》规定，有限责任公司整体变更为股份有限公司，有限责任公司全部的资产和负债由股份有限公司概括承受，其中包括有限责任公司的货币性资产和非货币性资产，也包括流动资产和非流动资产等。

《国家税务总局关于纳税人资产重组有关增值税问题的公告》（国家税务总局公告 2011 年第 13 号）规定："纳税人在资产重组过程中，通过合并、分立、出售、置换等方式，将全部或者部分实物资产以及与其相关联的债权、负债和劳动力一并转让给其他单位和个人，不属于增值税的征税范围，其中涉及的货物转让，不征收增值。"《财政部 国家税务总局关于全面推开营业税改征增值税试点的通知》（财税〔2016〕36 号）规定："在资产重组过程中，通过合并、分立、出售、置换等方式，将全部或者部分实物资产以及与其相关联的债权、负债和劳动力一并转让给其他单位和个人，其中涉及的不动产、土地使用权转让行为不征收增值税。"

本书认为，有限责任公司整体变更为股份有限公司并非对有限责任公司整体资产、负债和劳动力的转移，并不涉及"转让"交易，所以不能适用前述关于资产重组的增值税规范性文件，整体变更的性质仅属于企业组织形式的改变，在这一改变过程中法人资格是延续的，因此不涉及增值税的应税行为，也无增值税的相关涉税事项发生。

四、整体变更股东层面的税收——非货币投资

按照净资产出资说，有限责任公司整体变更为股份有限公司是有限责任公司股东以有限责任公司的净资产出资设立股份有限公司的过程，因此其涉及的税收政策主要为非货币性资产出资。例如，证监会对东南电子（301359）IPO 过程整体变更的问询中提及：请发行人补充说明发行人整体变更为股份有限公司时，相关发起人股东是否存在涉税事项，是否已完成纳税义务，如为分期缴纳的，是否符合《关于个人非货币性资产投资有关个人所得税政策的通知》的相关要求。

对于非货币资产出资中投资者的相关税收处理可参见专题一中的相关内容，在此不再赘述。

五、整体变更股东层面的税收——资本公积转增

按照组织形式转换说，有限责任公司整体变更为股份有限公司仅仅是公司组织形式的变化，在这一变化过程如果涉及企业净资产内部的变动，可能导致企业的投资者存在一定的纳税义务。

（一）净资产内部变动的方式

根据《公司法》的规定，有限责任公司在整体变更为股份有限公司时，折合的实收股本总额不得高于公司净资产额。对于拟 IPO 的企业，为了确保经营的连续性，往往按照净资产的账面价值折股，由此就会出现有限责任公司整体变更过程中核算净资产的不同科目转化。

有限责任公司整体变更为股份有限公司的，折股后的净资产通常只有"股本"和"资本公积（股本溢价）"两个会计科目，从会计核算而言有限责任公司整体变更是留存收益资本化的过程，但在留存收益资本化的同时，根据有限责任公司资本公积的变动又可以分为三种形式的变更：注册资本不变式的整体变更、增资式的整体变更和减资式的整体变更。企业 IPO 过程中较少出现减资式的整体变更，在前两种变更方式下，变更前后净资产的具体关系如图 4-1-2 所示。

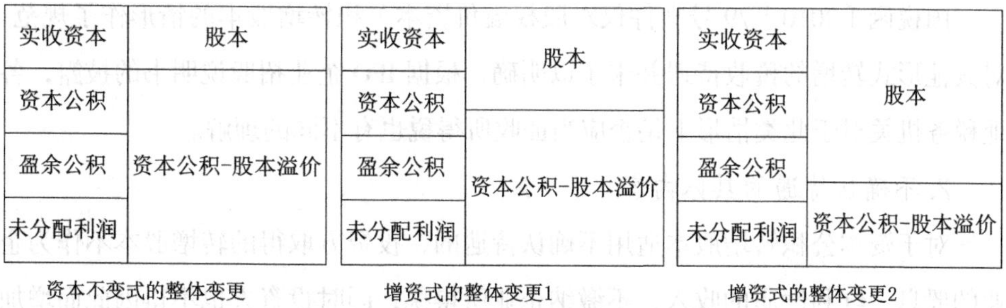

实收资本	股本	实收资本	股本	实收资本	股本
资本公积		资本公积		资本公积	
盈余公积	资本公积-股本溢价	盈余公积	资本公积-股本溢价	盈余公积	资本公积-股本溢价
未分配利润		未分配利润		未分配利润	
资本不变式的整体变更		增资式的整体变更1		增资式的整体变更2	

图 4-1-2　有限责任公司整体变更模式

在有限责任公司整体变更过程中，存在资本公积转增和留存收益转增两种情况，而留存收益转增又可以分为转增实收股本和转增资本公积两种情况。接下来介绍资本公积转增资本的税收政策和留存收益转增资本的税收政策。

（二）资本公积转增股本的企业所得税

当有限责任公司的股东或投资者为企业所得税纳税人时，资本公积转增将涉及股东的企业所得税。资本公积转增股本的企业所得税规范性文件主要为《国家税务总局关于贯彻落实企业所得税法若干税收问题的通知》（国税函〔2010〕79号），该文件第四条第二款规定："被投资企业将股权（票）溢价所形成的资本公积转为股本的，不作为投资方企业的股息、红利收入，投资方企业也不得增加该项长期投资的计税基础。"

根据国税函〔2010〕79号文件，资本公积转增股本的企业所得税税收待遇如下。

1. 不确认待遇的适用情形

资本公积转增股本不确认为投资方的股息、红利收入，仅限于被投资企业将股权（票）溢价形成的资本公积转为股本的情形。具体如表4-1-1所示。

表4-1-1 资本公积转增股本的企业所得税分析表

项目股本		资本公积类型	
		股本	股票溢价资本公积
资本公积类型	股权溢价资本公积	不确认	未明确
	其他资本公积	未明确	未明确

国税函〔2010〕79号文件仅对股权溢价资本公积转增股本的情形作了规范，对其他形式转增的税收待遇并未予以明确，根据IPO企业招股说明书的披露，各地税务机关对于此类情形下是否应当征收所得税也有不同的理解。

2. 不确认待遇的具体内容

对于资本公积转增股本适用不确认待遇的，投资方取得的转增股本不作为企业的股息、红利性质的收入，不缴纳企业所得税，同时投资方也不得因此而增加对被投资企业长期股权投资的计税基础。

(三) 资本公积转增股本的个人所得税

1. 税收政策基本规定

有限责任公司的股东为个人所得税纳税人时，资本公积转增股本涉及投资者的个人所得税。我国目前针对有限责任公司或股份有限公司资本公积转增资本的个人所得税政策主要如表 4-1-2 所示。

表 4-1-2　资本公积转增资本个人所得税涉税政策

序号	文件名称	主要内容
1	国家税务总局关于股份制企业转增股本和派发红股征免个人所得税的通知 (国税发〔1997〕198 号)	股份制企业用资本公积转增股本不属于股息、红利性质的分配，对个人取得的转增股本数额，不作为个人所得，不征收个人所得税
2	国家税务总局关于原城市信用社在转制为城市合作银行过程中个人股增值所得应纳个人所得税的批复 (国税函〔1998〕289 号)	《国家税务总局关于股份制企业转增股本和派发红股征免个人所得税的通知》(国税发〔1997〕198 号) 中所表述的"资本公积金"是指股份制企业股票溢价发行收入所形成的资本公积金。将此转增股本由个人取得的数额，不作为应税所得征收个人所得税。而与此不相符合的其他资本公积金分配个人所得部分，应当依法征收个人所得税
3	国家税务总局关于进一步加强高收入者个人所得税征收管理的通知 (国税发〔2010〕54 号)	二、切实加强高收入者主要所得项目的征收管理 (二) 加强利息、股息、红利所得征收管理 1. 加强股息、红利所得征收管理。重点加强股份有限公司分配股息、红利时的扣缴税款管理，对在境外上市公司分配股息红利，要严格执行现行有关免个人所得税的规定。加强企业转增注册资本和股本管理，对以未分配利润、盈余公积和除股票溢价发行外的其他资本公积转增注册资本和股本的，要按照"利息、股息、红利所得"项目，依据现行政策规定计征个人所得税
4	财政部、国家税务总局关于推广中关村国家自主创新示范区税收试点政策有关问题的通知 (财税〔2015〕62 号)	四、关于企业转增股本个人所得税政策 1. 示范地区内中小高新技术企业，以未分配利润、盈余公积、资本公积向个人股东转增股本时，个人股东应按照"利息、股息、红利所得"项目，适用 20% 税率征收个人所得税。个人股东一次缴纳个人所得税确有困难的，经主管税务机关审核，可分期缴纳，但最长不得超过 5 年

续表

序号	文件名称	主要内容
5	财政部、国家税务总局关于将国家自主创新示范区有关税收试点政策推广到全国范围实施的通知（财税〔2015〕116号）	三、关于企业转增股本个人所得税政策 1. 自2016年1月1日起，全国范围内的中小高新技术企业以未分配利润、盈余公积、资本公积向个人股东转增股本时，个人股东一次缴纳个人所得税确有困难的，可根据实际情况自行制定分期缴税计划，在不超过5个公历年度内（含）分期缴纳，并将有关资料报主管税务机关备案
6	国家税务总局关于股权奖励和转增股本个人所得税征管问题的公告（国家税务总局公告2015年第80号）	二、关于转增股本 （一）非上市及未在全国中小企业股份转让系统挂牌的中小高新技术企业以未分配利润、盈余公积、资本公积向个人股东转增股本，并符合财税〔2015〕116号文件有关规定的，纳税人可分期缴纳个人所得税；非上市及未在全国中小企业股份转让系统挂牌的其他企业转增股本，应及时代扣代缴个人所得税

从前述规范性文件中可知，企业以资本公积转增注册资本或者股本，税收上认定为公司对投资者个人的分配，需要区分不同的情况进行相应的涉税处理。

2. 不征税待遇

国税发〔1997〕198号规定："股份制企业用资本公积金转增股本不属于股息、红利性质的分配，对个人取得的转增股本数额，不作为个人所得，不征收个人所得税。"

适用资本公积转增股本不征收个人所得税政策的，应当同时满足如下条件。

（1）企业性质

转增股本的企业仅限于股份制企业，实务中对于股份制企业概念的理解有以下两种不同的观点。

一种观点认为，此处的股份制企业包括股份有限公司和有限责任公司。其依据是财税〔1997〕198号文件制定时，当时有效的《股份制企业试点办法》（体改生〔1992〕30号）规定："股份制企业是全部注册资本由全体股东共同出资，并以股份形式构成的企业，股东依在股份制企业中所拥有的股份参加管理、享受权益、承担风险，股份可在规定条件下或范围内转让，但不得退股。我国的股份制企业主要有股份有限公司和有限责任公司两种组织形式。股份有限公司、有限责任公司的组建必须依据国家体改委颁发的《股份有限公司规范意见》和《有限责任公司规范意见》执行。"1994年7月1日施行的《公司法》第二百二十九条规定:"本法施行前依照法律、行政法规,地方性法规和国务院有关主管部门制定的《有限责任公司规范意见》《股份有限公司规范意见》登记成立的公司,继续保留。"所以国税函〔1997〕198号文件中的"股份制企业"包括有限责任公司和股份有限公司。

另一种观认为,此处的股份制企业专指股份有限公司。其一,国税函〔1997〕198号文件制定时,《公司法》已施行3年以上,根据当时的公司法规定,公司是指有限责任公司和股份有限公司,所以股份制企业应当是指股份有限公司;其二,国税函〔1998〕289号规定,前述的"资本公积金"是指股份制企业股票溢价发行收入,而根据《有限责任公司规范意见》《股份有限公司规范意见》和《公司法》的规定,只有股份有限公司的股份被称为股票,有限责任公司的股份被称为股权或出资。

(2) 资本公积的性质

适用不征收个人所得税的资本公积仅仅是指股份制企业的股票溢价发行收入。对这一概念的理解应当从如下两个角度考虑。

其一,这里的资本公积不含资本溢价之外的其他资本公积,如按照《企业会计准则》核算的因长期股权投资、金融工具、股份支付等事项而确认的资本公积。

其二,对于资本溢价部分也仅限于股票溢价发行收入,而不含股权溢价的部分。所以,这从另一个角度说明了前述的公司类型仅限于股份有限公司。

3. 分期缴税待遇

股票溢价的资本公积转增股本不征收个人所得税,除此之外的资本公积(以下称"非适格资本公积")应当按照"利息、股息、红利所得"项目征收个人所得税。对满足特定条件的非适格资本公积转增股本,财税〔2015〕116号给予了分期缴税待遇,即:自2016年1月1日起,全国范围内的中小高新技术企业以未分配利润、盈余公积、资本公积向个人股东转增股本时,个人股东一次缴纳个人所得税确有困难的,可根据实际情况自行制定分期缴税计划,在不超过5个公历年度内（含）分期缴纳，并将有关资料报主管税务机关备案。

(1) 适用的主体范围

分期缴税待遇只适用于中小高新技术企业，中小高新技术企业是指注册在中国境内实行查账征收的、经认定取得高新技术企业资格，且年销售额和资产总额均不超过2亿元、从业人数不超过500人的企业。

所以，中小高新技术企业是指同时满足如下条件的企业：

①注册地。公司注册地应当在中国境内，对于注册在境外的非居民企业或者注册在境外被认定为居民企业的境外企业不得适用该政策。

②所得税征收方式。公司的所得税应当采用查账征收，核定征收企业所得税的企业不得适用该政策。

③企业性质。公司应当取得高新技术企业资格。

④企业规模。公司的年销售额和资产总额均不超过2亿元。

⑤人员数量。公司的从业人员不超过500人。

根据国家税务总局公告2015年第80号的附件《个人所得税分期缴纳备案表（转增股本）》的填报说明，上述销售额是指企业上一个会计年度的主营业务收入；资产总额、员工人数是指企业转增股本当月的相关数据。

(2) 公司类型

适用分期缴税待遇的公司包括有限责任公司和股份有限公司，尽管财税〔2015〕116号文件中提及的是"转增股本"，但这里的股本不应被狭义地理解为企业会计准则中的"股本"。同时根据国家税务总局公告2015年第80号的规定，此处的公司不包括上市公司和已经在新三板挂牌的股份有限公司。

(3) 资本公积的范围

满足公司类型和主体类型的，享受分期缴税待遇的资本公积的性质，财税〔2015〕116号和国家税务总局公告2015年第80号均未予以限制，所以不仅包括股本溢价性质的资本公积，也包括按照企业会计准则核算的其他性质的可以转增资本的资本公积。

(4) 税收待遇

满足前述条件的，资本公积转增注册资本时需要缴纳的个人所得税，如果股东个人一次性缴税有困难的，可在不超过 5 个公历年度内（含）分期缴纳，且分期缴税的计划由纳税人自行确定。

首先，在确定分期缴税计划的应纳税额时，股东获得转增的股本按照"利息、股息、红利所得"项目，适用 20% 的税率计算缴纳个人所得税。

其次，股东在 5 个公历年度内分期缴税的，对于各期缴税的金额由股东个人自行确定，并未要求在 5 个公历年度内平均分期缴税，也并未要求在 5 个公历年度内每个公历年度都必须缴税。

再次，缴税的期限为 5 个公历年度，而非 60 个月，所以应当从有限责任公司股东会作出资本公积转增股本的当年度开始计算缴税的期限。

最后，如果股东取得的资本公积转增股本所得适用财税〔1997〕198 号文件的不征税待遇的，应适用不征税待遇。

（5）即期缴税情形

财税〔2015〕116 号文件规定，股东在分期缴税期间转让股权并取得现金收入的，该现金收入应当优先用于缴纳尚未缴清的税款。

国家税务总局公告 2015 年第 80 号规定，纳税人在分期缴税期间取得分红的，企业应及时代扣转增股本尚未缴清的个人所得税，并于次月 15 日内向主管税务机关申报纳税。

（6）纳税义务免除

适用分期缴税计划的股权，如果在股东转让之前企业依法宣告破产的，股东在进行相关权益处置后没有取得收益或者取得的收益小于初始投资额，主管税务机关对其尚未缴纳的个人所得税可不予追征。

（7）税收征管

其一，资本公积转增股本的个人所得税应当由转增的企业代扣代缴。

其二，根据财税〔2015〕116 号和国家税务总局公告 2015 年第 80 号公告的规定，企业转增股本涉及的股东需要分期缴纳个人所得税的，应自行制定分期缴税计划，由企业于转增股本的次月 15 日内，向主管税务机关办理分期缴税备案手续。企业应当向主管税务机关备案如下材料：高新技术企业认定证书、股东大会或董事会决定、《个人所得税分期缴纳备案表（转增股本）》、上年度及转增股本当月企业财务报表、转增股本有关情况说明等。

4.即期纳税待遇

除上述不征税待遇、分期缴税待遇和差别化股息红利待遇外，个人从公司取得的资本公积转增股本收入，应当按照"利息、股息、红利所得"项目，适用20%的税率征收个人所得税。

资本公积转增股本的个人所得税税收待遇可总结如表4-1-3所示。

表4-1-3　资本公积转增股本个人所得税税收待遇表

公司类型			资本溢价	其他资本公积
股份有限公司	上市公司		不征税待遇	差别化股息红利待遇
	新三板公司			分期缴税待遇
	其他股份公司	中小高新技术企业		
		非中小高新技术企业		一般税收待遇
有限责任公司	中小高新技术企业			分期缴税待遇
	非中小高新技术企业			一般税收待遇

（四）其他税收问题

1.合伙企业股东的税收问题

企业的股东类型，除法人股东及自然人股东外，还有合伙企业股东，如企业在IPO时为实施股权激励而设立的有限合伙性质的持股平台，或者企业引入合伙企业形式的私募股权投资基金等。

《财政部　国家税务总局关于合伙企业合伙人所得税问题的通知》（财税〔2008〕159号）规定，合伙企业以每一个合伙人为纳税义务人，合伙企业合伙人是自然人的，缴纳个人所得税；合伙人是法人和其他组织的，缴纳企业所得税。所以，合伙企业自身并非所得税的纳税主体，合伙企业取得的所得应分配到合伙人并由合伙人申报缴纳所得税。

财税〔2008〕159号第三条规定，合伙企业生产经营所得和其他所得，包括合伙企业分配给所有合伙人的所得和企业当年留存的所得（利润），具体应纳税所得额的计算按照《关于个人独资企业和合伙企业投资者征收个人所得税的规定》(财税〔2000〕91号)及《财政部 国家税务总局关于调整个体工商户个人独资企业和合伙企业个人所得税税前扣除标准有关问题的通知》(财税〔2008〕65号)的有关规定执行。

财税〔2000〕91号及后续规范合伙企业合伙人所得税的税收规范性文件均未对合伙企业取得的股息红利所得确认时间予以明确,并且也没有与自然人相似的视同股息、红利的相关税收规则,所以本书认为,在公司以资本公积转增股本时,合伙企业并未实现所得,对于企业的合伙企业股东,其取得的资本公积转增股本所得,并不需要并入合伙人的所得额中申报缴纳所得税。

2. 外籍自然人的税收问题

《财政部 国家税务总局关于个人所得税若干政策问题的通知》(财税字〔1994〕20号)第二条第八项规定:"外籍个人从外商投资企业取得的股息、红利所得,暂免征收个人所得税。"

企业以资本公积转增资本的所得性质为"利息、股息、红利所得",因此对于外籍个人取得的该类所得可以免征个人所得税。

六、整体变更股东层面的税收——留存收益转增

有限责任公司整体变更为股份有限公司,还可能存在以留存收益转增实收资本的情形。企业以留存收益转增实收资本在本质上是企业以留存收益派发红股的行为,即公司在现金不足以发放股利时,以盈余公积或者未分配利润发放股利的情形。

(一)留存收益转增资本的居民企业所得税

企业取得被投资单位以留存收益转增注册资本的所得,本质上属于利润分配,所以应当适用利润分配的税收政策。

1. 所得确认

国税函〔2010〕79号规定,企业权益性投资取得股息、红利等收入,应以被

投资企业股东会或股东大会作出利润分配或转股决定的日期,确定收入的实现。

对企业取得的留存收益转股收入,应当以被投资企业股东会或股东大会作出利润分配决定的日期予以确认。

2. 居民企业税收待遇

《企业所得税法》(2018年修订)第二十六条第(二)项规定,符合条件的居民企业之间的股息、红利等权益性投资收益,为免税收入。《企业所得税法实施条例》(2019年修订)第八十三条规定:"企业所得税法第二十六条第(二)项所称符合条件的居民企业之间的股息、红利等权益性投资收益,是指居民企业直接投资于其他居民企业取得的投资收益;企业所得税法第二十六条第(二)项和第(三)项所称股息、红利等权益性投资收益,不包括连续持有居民企业公开发行并上市流通的股票不足12个月取得的投资收益。"所以,对于企业取得的转股收益,若满足条件的,可以作为免税收入不征收企业所得税。

有限责任公司整体变更为股份有限公司时,由于并不属于公开发行并上市流通股票,并且转股方属于居民企业,所以其取得的转股收益属于免税收入。

(二)留存收益转增股本的非居民企业所得税

1. 一般税收待遇

《财政部 国家税务总局关于企业所得税若干优惠政策的通知》(财税〔2008〕1号)第四条规定:"2008年1月1日之前外商投资企业形成的累积未分配利润,在2008年以后分配给外国投资者的,免征企业所得税;2008年及以后年度外商投资企业新增利润分配给外国投资者的,依法缴纳企业所得税。"

《企业所得税法》(2018年修订)第三条规定:"非居民企业在中国境内设立机构、场所的,应当就其所设机构、场所取得的来源于中国境内的所得,以及发生在中国境外但与其所设机构、场所有实际联系的所得,缴纳企业所得税;非居民企业在中国境内未设立机构、场所的,或者虽设立机构、场所但取得的所得与其所设机构、场所没有实际联系的,应当就其来源于中国境内的所得缴纳企业所得税。"

《企业所得税法》(2018年修订)第四条规定:"企业所得税的税率为25%;非居民企业取得本法第三条第三款规定的所得,适用税率为20%。"

《企业所得税法》(2018年修订)第二十六条第(三)项规定,在中国境内设立机构、场所的非居民企业从居民企业取得的与该机构、场所有实际联系的股息、红利等权益性投资收益为免税收入。

《企业所得税法实施条例》(2019年修订)第七条第(四)项规定,股息、红利等权益性投资所得,按照分配所得的企业所在地确定来源于中国境内、境外的所得。

所以非居民企业取得的以留存收益转增股本所得的税收待遇如表4-1-4所示。

表4-1-4 非居民企业转股收益税收待遇

所得时间	设立机构、场所		未设立机构、场所
	所得与机构、场所有关	所得与机构、场所无关	
2008年1月1日前	免征企业所得税		
2008年1月1日后	免税收入	10%	

2. 递延缴税待遇

(1) 基本规定

《财政部 税务总局 国家发展改革委 商务部关于境外投资者以分配利润直接投资暂不征收预提所得税政策问题的通知》(财税〔2017〕88号)规定:"对境外投资者从中国境内居民企业分配的利润,直接投资于鼓励类投资项目,凡符合规定条件的,实行递延纳税政策,暂不征收预提所得税。"《财政部 税务总局 国家发展改革委 商务部关于扩大境外投资者以分配利润直接投资暂不征收预提所得税政策适用范围的通知》(财税〔2018〕102号)规定:"对境外投资者从中国境内居民企业分配的利润,用于境内直接投资暂不征收预提所得税政策的适用范围,由外商投资鼓励类项目扩大至所有非禁止外商投资的项目和领域。"

财税〔2017〕88号和财税〔2018〕102号规定的"境外投资者"是指适用《企业所得税法》第三条第三款规定的非居民企业。

因此非居民企业以利润再投资,可不按照前述的一般税收待遇在分配利润时缴纳预提所得税,而是在以后处置再投资的股权时申报缴纳预提所得税。

（2）递延纳税应满足的要件

境外投资者来分配利润再投资暂不征收预提所得税需要同时满足以下三个条件。

第一，境外投资者以分得利润进行的直接投资，包括境外投资者以分得利润进行的增资、新建、股权收购等权益性投资行为，但不包括新增、转增、收购上市公司股份（符合条件的战略投资除外）。具体是指：

①新增或转增中国境内居民企业实收资本或者资本公积；其中境外投资者以分得的利润用于补缴其在境内居民企业已经认缴的注册资本，增加实收资本或资本公积的，属于符合"新增或转增中国境内居民企业实收资本或者资本公积"情形。

②在中国境内新建居民企业。

③从非关联方收购中国居民企业股权。

④财政部、国家税务总局规定的其他方式。

第二，境外投资者分得的利润属于中国居民企业向投资者实际分配已经实现的留存收益而形成的股息、红利等权益性投资收益。

第三，境外投资者用于直接投资的利润以现金方式支付的，相关款项从利润分配企业的账户直接转入被投资企业或股权转让方账户，在直接投资前不得在境内其他账户周转；境外投资者用于直接投资的利润以实物、有价证券等非现金形式支付的，相关资产所有权直接从利润分配企业转入被投资企业或股权转让方，在直接投资前不得由其他企业、个人代为持有或临时持有。

（3）追补享受政策

财税〔2017〕88号和财税〔2018〕102号均规定："境外投资者按照本通知规定可以享受暂不征收预提所得税政策但未实际享受的，可在实际缴纳相关税款之日起三年内申请追补享受该政策，退还已缴纳的税款。"

境外投资者按照规定追补享受暂不征税政策时，应向利润分配企业主管税务机关提交《非居民企业递延缴纳预提所得税信息报告表》及相关合同、支付凭证等办理退税的其他资料。

（4）递延税款缴纳

财税〔2017〕88号和财税〔2018〕102号规定，境外投资者通过股权转让、回购、清算等方式实际收回享受暂不征收预提所得税政策待遇的直接投资，在实际收取相应款项后7日内，按规定程序向税务部门申报补缴递延的税款；境外投资者持有的同一项中国境内居民企业投资包含已享受暂不征税政策和未享受暂不征税政策的投资，境外投资者部分处置该项投资的，视为先行处置已享受暂不征税政策的投资。

递延缴纳的税款应当在境外投资者实际收回直接投资并收取相应款项后7日内申报补缴税款，结合后续重组行为对递延纳税待遇的影响，这里的收取款项不仅包括现金形式的收取款项，还包括非货币形式的经济利益收取款项的情形。

（5）后续重组对递延纳税的影响

财税〔2017〕88号和财税〔2018〕102号规定，境外投资者享受本通知规定的暂不征收预提所得税政策待遇后，被投资企业发生重组符合特殊性重组条件，并实际按照特殊性重组进行税务处理的，可继续享受暂不征收预提所得税政策待遇，不按前述规定补缴递延的税款。

（6）税收管理

境外投资者享受递延缴税待遇的，应当按照税收管理要求进行申报并如实向利润分配企业提供其符合政策条件的资料。利润分配企业经适当审核后认为境外投资者符合规定条件的，可暂不按照《企业所得税法》第三十七条规定扣缴预提所得税，并向其主管税务机关履行备案手续。

境外投资者享受暂不征税政策时，应当填写《非居民企业递延缴纳预提所得税信息报告表》并提交给利润分配企业；利润分配企业按规定执行暂不征税政策的，应在实际支付利润之日起7日内，向主管税务机关提交由利润分配企业填写的《中华人民共和国扣缴企业所得税报告表》及由境外投资者提交并经利润分配企业补填信息后的《非居民企业递延缴纳预提所得税信息报告表》。

境外投资者已享受暂不征收预提所得税待遇，经税务部门后续管理核实不符合规定条件的，除属于利润分配企业责任外，视为境外投资者未按照规定申报缴纳预提所得税，依法追究延迟纳税责任，税款延迟缴纳期限自相关利润支付之日起计算。

所以，对于享受递延缴税待遇的非居民企业，应当由非居民企业向作出利润分配的企业提供符合政策条件的资料，利润分配企业对如下信息审核无误后执行暂不征税政策：①境外投资者填报的信息完整，没有缺项；②利润实际支付过程与境外投资者填报信息吻合；③境外投资者填报信息涉及利润分配企业的内容真实、准确。对于符合递延纳税待遇的，应当由作出利润分配的居民企业向其主管税务机关进行备案。

（7）整体变更时的政策适用

有限责任公司整体变更为股份有限公司，虽然其形式上没有经过有限责任公司股东会对利润分配事项作出表决，但其表现形式及一般税收待遇上都适用利润分配的相关税收政策，所以有限责任公司整体变更为股份有限公司的情形应当属于"转增中国居民企业实收资本或者资本公积的情形"，在满足其他条件的情况下应当允许适用暂不征收预提所得税的待遇。

综上，有限责任公司整体改制为股份有限公司，非居民企业取得的以留存收益转增股本和资本公积的税收待遇如表 4-1-5 所示。

表 4-1-5　非居民企业转股收益税收待遇

所得时间	设立机构、场所		未设立机构、场所
	所得与机构、场所有关	所得与机构、场所无关	
2008 年 1 月 1 日前	免征企业所得税		
2008 年 1 月 1 日（含）后	免税收入		10%
2017 年 1 月 1 日（含）后①	免税收入		递延纳税

注：① 2017 年 1 月 1 日与前述的时间有两个区别：前述的 2008 年 1 月 1 日前后分别是指用于转增股本的利润归属时间，即利润的形成时间；此处的 2017 年 1 月 1 日是指作出利润分配的时间，而非利润形成的时间。

（三）留存收益转增的个人所得税

1. 留存收益转增股本的个人所得税政策规定

当前我国对企业以留存收益转增实收资本或者股本涉及的个人所得税税收规范性文件主要如表 4-1-6 所示。

表4-1-6 留存收益转增股本的个人所得税税收规范性文件

序号	文件名称	主要内容
1	国家税务总局关于股份制企业转增股本和派发红股征免个人所得税的通知（国税发〔1997〕198号）	二、股份制企业用盈余公积金派发红股属于股息、红利性质的分配，对个人取得的红股数额，应作为个人所得征税
2	国家税务总局关于盈余公积金转增注册资本征收个人所得税问题的批复（国税函〔1998〕333号）	青岛路邦石油化工有限公司将从税后利润中提取的法定公积金和任意公积金转增注册资本，实际上是该公司将盈余公积金向股东分配了股息、红利，股东再以分得的股息、红利增加注册资本。因此，依据《国家税务总局关于股份制企业转增股本和派发红股征免个人所得税的通知》（国税发〔1997〕198号）精神，对属于个人股东分得并再投入公司（转增注册资本）的部分应按照"利息、股息、红利所得"项目征收个人所得税，税款由股份有限公司在有关部门批准增资、公司股东会决议通过后代扣代缴
3	国家税务总局关于进一步加强高收入者个人所得税征收管理的通知（国税发〔2010〕54号）	二、切实加强高收入者主要所得项目的征收管理 （二）加强利息、股息、红利所得征收管理 1.加强股息、红利所得征收管理。加强企业转增注册资本和股本管理，对以未分配利润、盈余公积和除股票溢价发行外的其他资本公积转增注册资本和股本的，要按照"利息、股息、红利所得"项目，依据现行政策规定计征个人所得税
4	国家税务总局关于切实加强高收入者个人所得税征管的通知（国税发〔2011〕50号）	二、不断完善高收入者主要所得项目的个人所得税征管 （二）深化利息、股息、红利所得征管 1.加强企业分配股息、红利的扣缴税款管理，重点关注以未分配利润、盈余公积和资产评估增值转增注册资本和股本的征管，堵塞征管漏洞
5	国家税务总局关于个人投资者收购企业股权后将原盈余积累转增股本个人所得税问题的公告（国家税务总局公告2013年第23号）	一、1名或多名个人投资者以股权收购方式取得被收购企业100%股权，股权收购前，被收购企业原账面金额中的"资本公积、盈余公积、未分配利润"等盈余积累未转增股本，而在股权交易时将其一并计入股权转让价格并履行了所得税纳税义务。股权收购后，企业将原账面金额中的盈余积累向个人投资者（新股东，下同）转增股本，有关个人所得税问题区分以下情形处理： （一）新股东以不低于净资产价格收购股权的，企业原盈余积累已全部计入股权交易价格，新股东取得盈余积累转增股本的部分，不征收个人所得税。 （二）新股东以低于净资产价格收购股权的，企业原盈余积累中，对于股权收购价格减去原股本的差额部分已经计入股权交易价格，新股东取得盈余积累转增股本的部分，不征收个人所得税；对于股权收购价格低于原所有者权益的差额部分未计入股权交易价格，新股东取得盈余积累转增股本的部分，应按照"利息、股息、红利所得"项目征收个人所得税

续表

序号	文件名称	主要内容
6	财政部 国家税务总局关于推广中关村国家自主创新示范区税收试点政策有关问题的通知（财税〔2015〕62号）	四、关于企业转增股本个人所得税政策 1. 示范地区内中小高新技术企业，以未分配利润、盈余公积、资本公积向个人股东转增股本时，个人股东应按照"利息、股息、红利所得"项目，适用20%税率征收个人所得税。个人股东一次缴纳个人所得税确有困难的，经主管税务机关审核，可分期缴纳，但最长不得超过5年
7	财政部 国家税务总局关于将国家自主创新示范区有关税收试点政策推广到全国范围实施的通知（财税〔2015〕116号）	三、关于企业转增股本个人所得税政策 1. 自2016年1月1日起，全国范围内的中小高新技术企业以未分配利润、盈余公积、资本公积向个人转增股本时，个人股东一次缴纳个人所得税确有困难的，可根据实际情况自行制定分期缴税计划，在不超过5个公历年度内（含）分期缴纳，并将有关资料报主管税务机关备案
8	国家税务总局关于股权奖励和转增股本个人所得税征管问题的公告（国家税务总局公告2015年第80号）	二、关于转增股本 （一）非上市及未在全国中小企业股份转让系统挂牌的中小高新技术企业以未分配利润、盈余公积、资本公积向个人股东转增股本，并符合财税〔2015〕116号文件有关规定的，纳税人可分期缴纳个人所得税；非上市及未在全国中小企业股份转让系统挂牌的其他企业转增股本，应及时代扣代缴个人所得税

2. 一般税收待遇

企业以留存收益转增股本，除另有规定外，个人股东取得的转增所得税收待遇如下。

（1）交易的性质

企业以留存收益转增注册资本，在税收上被拆分为企业以留存收益对个人投资者进行分配，然后个人投资者再以分配的股息、红利增加注册资本。

（2）所得性质

财税〔2015〕116号第三条第2项规定："个人股东获得转增的股本，应按照'利息、股息、红利所得'项目，适用20%的税率征收个人所得税。"

（3）所得确认时间

对于企业以留存收益转增股本的，应当在有关部门批准增资，公司股东会决议通过后确认。

（4）税收征管

对于个人取得的留存收益转增股本的所得，应当由作出转增决定的企业代扣代缴。

3. 免税待遇

财税字〔1994〕20号规定，外籍个人从外商投资企业取得的股息、红利所得暂免征收个人所得税，所以如果企业以留存收益转增股本，对外籍个人取得的该部分所得，可以免征个人所得税。

4. 分期缴税待遇

个人股东取得企业以留存收益转增股本所得的分期缴税待遇与取得资本公积转增股本所得的分期缴税待遇是相同的，具体可见前述部分内容。

（四）留存收益转增股本合伙企业的税收待遇

企业以留存收益转增股本，对合伙企业股东取得的该项所得是否应当作为合伙企业合伙人的所得申报缴纳所得税，与前述取得资本公积转增相同，即在当前的税收规范性文件下，并没有文件明确合伙企业取得的该类转增所得属于其经营所得和其他所得，对其是否应当征收所得税在理论和实务中是存在争议的，本书认为其税收待遇与资本公积转增资本待遇是相同的，不应当对合伙企业的合伙人征收所得税。

七、有限责任公司整体变更税收政策汇总

根据有限责任公司整体变更为股份有限公司两种不同的观点，其股东层面的税收待遇是不同的，在组织形式转换说下，其所得税的税收规范主要为公司组织形式变更前后股东以变更前的资本公积或者留存收益转增注册资本的税收待遇；在净资产出资说的观点下，其所得税的税收规范主要为非货币性投资所得税的税收待遇，具体如表4-1-7所示。

表 4-1-7　有限责任公司整体变更税收政策汇总表

股东身份			资本公积转增资本		留存收益转增资本
			股票溢价	其他	
组织形式转换说					
法人股东	居民企业		不确认待遇	未明确	免税股息、红利
	非居民企业	2008年1月1日前收益			免征
		2008年1月1日后收益			10%或协定税率或递延纳税①
个人股东	境外个人		免税		
	境内个人	中小高新技术企业	分期缴纳待遇		
		其他企业	利息、股息、红利项目所得，税率为20%		
合伙企业股东	法人合伙人		未明确		
	个人合伙人				
净资产出资说					
法人股东	居民企业		未明确②		
	非居民企业				
个人股东			个人以非货币性资产投资，属于个人转让非货币性资产和投资同时发生。对个人转让非货币性资产的，应按照"财产转让所得"项目，依法计算缴纳个人所得税。纳税人一次性缴税有困难的，可合理确定分期缴纳计划并报主管税务机关备案后，自发生上述应税行为之日起不超过5个公历年度内（含）分期缴纳个人所得税③		
合伙企业股东	法人合伙人		未明确		
	个人合伙人				

注：①对于非居民企业将所投资的外商投资企业分配利润进行再投资的，根据《财政部　税务总局　国家发展改革委　商务部关于扩大境外投资者以分配利润直接投资暂不征收预提所得税政策适用范围的通知》（财税〔2018〕102号）的规定，对应当征收的预提所得税可以适用递延纳税的税收待遇。

②在净资产出资说的情形下,目前的税收规范性文件并未就有限责任公司整体变更股份有限公司政策适用作出规范。《财政部 国家税务总局关于非货币性资产投资企业所得税政策问题的通知》(财税〔2014〕116号)的规定,所称非货币性资产投资,限于以非货币性资产出资设立新的居民企业,或将非货币性资产注入现存的居民企业。对有限责任公司整体变更是否属于"设立新的居民企业",在理论和实务中都存在争议;财税〔2014〕116号仅限于居民企业,对非居民企业则没有对应的税收规范性文件予以明确。

③《财政部 国家税务总局关于个人非货币性资产投资有关个人所得税政策的通知》(财税〔2015〕41号)规定,非货币性资产投资,包括以非货币性资产出资设立新的企业,以及以非货币性资产出资参与企业增资扩股、定向增发股票、股权置换、重组改制等投资行为。所以实务中的一种观点认为有限责任公司整体变更为股份有限公司属于财税〔2015〕41号文件中的"重组改制",所以个人股东可适用财税〔2015〕41号文件的税收待遇。

从IPO企业披露的《招股说明书》分析,实务中多数企业将有限责任公司整体变更设立股份有限公司的涉税事项采用组织形式转换说,仅就整体变更过程中涉及的资本公积和留存收益转增资本的事项进行相应的税务处理。

八、整体变更中的其他涉税问题

根据上述分析,当前的税收规范性文件对资本公积转增股本和留存收益转增股本过程中法人股东和自然人股东的涉税事项进行了明确,但在实务中,有限责任公司整体变更为股份有限公司时,根据图4-1-2所示,不仅存在以资本公积和留存收益转增股本的情况,还存在以资本公积(股权溢价、其他资本公积)和留存收益转增资本公积(股票溢价)的情况,对企业整体变更过程中净资产的这种转变是否应当征收所得税,目前的税收法律法规及税收规范性文件并没有予以规范。

本书认为,有限责任公司整体变更过程中净资产发生此种情形的内部调整,不应当作为投资者取得的应税所得,同时投资者持有的股份有限公司股票的计税基础应当以投资者持有有限责任公司股权的计税基础经过其他转增收益调整后的金额确定,主要理由如下。

首先,目前的税收法律法规及规范性文件仅在财税〔2017〕88号和财税

〔2018〕102 中明确了境外投资机构取得的境内居民企业以未分配利润转增资本公积视同利润分配，除此之外对于其他主体以未分配利润转增资本公积及以资本公积转增资本公积的情形并未予以明确，所以在税收法规没有明确规定的情况下不应当对其征收所得税。

其次，虽然前述转增股本的文件中并未对"转增股本"的具体含义作出具体内涵说明，但国家税务总局公告 2015 年第 80 号文件附件《个人所得税分期缴纳备案表（转增股本）》的填写内容中是以股本（实收资本）为准的，所以此处的转增股本应当仅仅指公司注册资本的部分，而不包括资本公积的部分。

再次，在这种转增的情况下，投资者持有公司股权（票）的公允价值并没有增加，即投资者的财富并没有增加；而作出转增决策的公司也并没有因为该转增行为导致经济利益的流出，所以不应当视为投资者取得了收入。

最后，在不确认收入的情况下，可以通过计税基础不变的方式，即采用结转计税基础规则，将此部分的收益留待投资者再次转让股权时予以征收，并不会导致国家税收的流失。

所以，在 IPO 披露的招股说明书中，对于有限责任公司整体变更为股份有限公司，若变更前后的注册资本和股本并没有增加的，投资者并没有产生纳税义务。

第二章 有限责任公司整体变更实务案例分析

一、个人分期缴税——CN 股份公司

（一）整体变更基本情况

1.企业基本情况

CN 股份有限公司（以下简称"CN 股份公司"）前身为 CN 科技有限公司（以下简称"CN 有限公司"），成立于 2004 年 7 月，主要从事注射穿刺器械及实验室耗材的研发、生产和销售。

CN 股份公司 2021 年 12 月取得中国证监会关于同意公司首次公开发行股票注册的批复，并于 2022 年 1 月在深圳证券交易所创业板上市。

2.整体变更前的股权结构

根据《招股说明书》披露，CN 有限公司在整体变更为股份有限公司前的股权结构如表 4-2-1 所示。

表 4-2-1　整体变更前股权结构明细表

序号	股东姓名或名称	出资金额/元	出资比例/%
1	自然人 01	30 600 000.00	51.00
2	自然人 02	16 200 000.00	27.00
3	自然人 03	6 000 000.00	10.00
4	合伙企业 01	3 600 000.00	6.00
5	合伙企业 02	3 600 000.00	6.00
	合计	60 000 000.00	100.00

CN 有限公司在整体变更前的股东包括自然人股东和合伙企业股东，其中合伙企业 01 和合伙企业 02 在整体变更日的合伙人均是自然人 01 和自然人 02，持有合伙份额的比例均为 70% 和 30%。

3. 企业整体变更程序

根据《招股说明书》披露，CN 有限公司以 2017 年 3 月 31 日为基准日由有限责任公司变更为股份有限公司，整体变更中的主要流程如下。

（1）净资产审计

CN 有限公司截至 2017 年 3 月 31 日净资产的账面价值为 83 794 134.41 元，于 2017 年 6 月 23 日经会计师事务所审计并出具审计报告。

（2）净资产评估

CN 有限公司截至 2017 年 3 月 31 日账面净资产评估值为 10 032.07 万元，于 2017 年 7 月 3 日经资产评估有限公司评估并出具了评估报告。

（3）整体变更决议

2017 年 7 月 3 日，CN 有限公司召开股东会，全体股东一致同意作为发起人，将 CN 有限公司整体变更为股份有限公司。以截至 2017 年 3 月 31 日经审计的账面净资产值 83 794 134.41 元，折合股本 6000 万股，其余 23 794 134.41 元计入资本公积；同日，全体股东签署了《发起人协议书》。

（4）召开创立大会

2017 年 9 月 20 日，CN 有限公司召开创立大会，通过了 CN 股份公司成立事宜。

（5）验资

2017 年 9 月 20 日，会计师事务所对上述情况进行了审验并出具验资报告确认：发起人已按约定足额缴纳相应出资。

（6）办理工商变更登记

2017 年 9 月 27 日，公司在工商行政管理局办理了工商变更登记，并领取了变更后的营业执照。

CN 有限公司整体变更为股份有限公司前后，公司注册资本（股本）明细如表 4-2-2 所示。

表 4-2-2 整体变更前后资本结构明细表

序号	股东	变更前		变更后	
		出资金额/万元	出资比例/%	出资金额/万元	出资比例/%
1	自然人 01	3060.00	51.00	3060.00	51.00
2	自然人 02	1620.00	27.00	1620.00	27.00
3	自然人 03	600.00	10.00	600.00	10.00
4	合伙企业 01	360.00	6.00	360.00	6.00
5	合伙企业 02	360.00	6.00	360.00	6.00
	合计	6000.00	100.00	6000.00	100.00

CN 有限公司整体变更为 CN 股份公司前后，公司的股本并未增加，公司的整体变更属于资本不变式的整体变更。

（二）整体变更的涉税信息披露

《招股说明书》对 CN 有限公司整体变更过程中投资者的涉税事项进行了披露：针对股份公司设立所涉及的个人所得税相关事项，公司已于 2020 年 9 月 21 日向主管税务机关进行了分期缴纳备案，上述个人所得税税款将在 2022 年 9 月一次性予以缴纳。

《财政部　国家税务总局关于将国家自主创新示范区有关税收试点政策推广到全国范围实施的通知》（财税〔2015〕116 号）规定："自 2016 年 1 月 1 日起，全国范围内的中小高新技术企业以未分配利润、盈余公积、资本公积向个人股东转增股本时，个人股东一次性缴纳个人所得税确有困难的，可根据实际情况自行制定分期缴税计划，在不超过 5 个公历年度内（含）分期缴纳，并将有关资料报主管税务机关备案。"出于个人资金规划考虑，并根据财税〔2015〕116 号的规定，公司实际控制人自然人 01、自然人 02、自然人 03，申请了个人所得税缓缴并取得了主管税务机关出具的备案证明文件。

（三）整体变更的涉税分析

1.分期缴税待遇要件分析

CN 股份公司对有限责任公司整体变更为股份有限公司个人所得税适用了分期缴税的待遇，下面结合《招股说明书》披露的信息对其是否符合财税〔2015〕116 号的要件进行分析。

财税〔2015〕116 号文件规定，适用分期缴税待遇的中小高新技术企业，是指注册在中国境内实行查账征收的、经认定取得高新技术企业资格，且年销售额和资产总额均不超过 2 亿元、从业人数不超过 500 人的企业，CN 股份公司在整体变更时的相关数据如表 4-2-3 所示。

表 4-2-3　分期缴税要件分析表

项目	是否符合	说明
高新技术企业	符合	CN 有限公司于 2016 年 11 月 30 日被省科技厅等单位联合认定为高新技术企业
年销售额	未披露	整体变更年度未在报告期内，根据报告期的营业收入呈逐年增加趋势，2018 年的主营业务收入仅为 1.0756 亿元，所以推定 2016 年的主营业务收入不超过 2 亿元
资产总额	未披露	整体变更年度未在报告期内，根据报告期内资产总额呈逐年增加的趋势，2018 年 12 月 31 日的资产总额仅为 2.0339 亿元，所以推定 2017 年 3 月 31 日的资产总额不超过 2 亿元
从业人数	未披露	由于报告期内 2018 年、2019 年的人数呈上升趋势，且均未超过 500 人，所以推定 2017 年的员工人数未超过 500 人

2.分期缴税的股东情况

CN 有限公司整体变更为 CN 股份公司时，股东数量为 5 个，其中个人股东 3 个，合伙企业股东 2 个。根据《招股说明书》的披露，3 个自然人股东申请了个人所得税缓缴。

3.整体变更税收待遇分析

《招股说明书》在不同的部分对 CN 有限公司整体变更的税收待遇进行了描

述，其所使用的词语包括"缓缴"，也包括"分期缴纳"，下面对两种税收待遇的差别进行对比分析。

《税收征管法》(2015年修订)第三十一条第二款规定："纳税人因有特殊困难，不能按期缴纳税款的，经省、自治区、直辖市国家税务局、地方税务局批准，可以延期缴纳税款，但是最长不得超过三个月。"

财税〔2015〕116号文件规定的整体变更分期缴纳与《税收征管法》规定的延期缴纳并不相同，两者的比较如表4-2-4所示。

表4-2-4 整体变更分期缴税与延期缴税的对比分析

项目	整体变更分期缴纳	延期缴纳
适用依据	财税〔2015〕116号	《税收征管法》及其实施细则
适用情形	以资本公积、留存收益转增股本	不限
具体情形	一次缴纳确有困难	纳税人因有特殊困难，具体为：(1)因不可抗力，导致纳税人发生较大损失，正常生产经营活动受到较大影响的；(2)当期货币资金在扣除应付职工工资、社会保险费后，不足以缴纳税款的
适用管理	备案管理	审批管理
管理机关	主管税务机关	省、自治区、直辖市税务局
适用期限	自行制定，但不超过5个公历年度(含)	最长不超过3个月

CN有限公司在整体变更过程中，自然人股东适用的是分期缴税待遇而非延期缴税待遇。

4.分期缴税的时间

财税〔2015〕116号规定，个人股东可自行制订分期缴税计划，在不超过5个公历年度内(含)分期缴纳。根据《招股说明书》的披露，CN有限公司整体变更为CN股份公司时，个人股东备案分期缴税计划，于2022年9月一次性予以缴纳。

根据CN股份公司《招股说明书》的披露，CN有限公司于2017年7月2日召开股东会审议通过了有限责任公司整体变更为股份有限公司的决议，并于9月份召开了创立大会并办理了工商变更登记，领取了新的营业执照，所以CN股份公司的个人股东可以自 2017 年开始的 5 个公历年度内缴纳个人所得税,因此其第五个年度应为 2021 年度,而非 2022 年 9 月份;CN 股份公司将 2022 年 9 月作为分期缴税的最后时间是将财税〔2015〕116 号文件中的"5 个公历年度"理解为"60 个月"。

5. 分期缴税备案分析

根据财税〔2015〕116 号和国家税务总局公告 2015 年第 80 号的规定,企业转增股本需要分期缴纳个人所得税的,应自行制定分期缴税计划,由企业于转增股本的次月 15 日内,向主管税务机关办理分期缴税备案手续。

CN 股份公司对有限责任公司整体变更为股份有限公司过程中股东分期缴税待遇,是于 2020 年 9 月向主管税务机关进行备案的。在备案时间上并不符合前述文件的要求,但财税〔2015〕116 号和国家税务总局公告 2015 年第 80 号均未对企业未及时办理备案的法律后果作出规范,由此分析,CN 股份公司的备案虽然存在延迟,但并不影响其享受分期缴税的待遇。

6. 后期转让事件的涉税分析

根据《招股说明书》披露,2020 年 6 月 30 日,CN 股份公司为搭建员工持股平台,自然人 01、自然人 02 和合伙企业 01 签署了《股份转让协议》,约定由自然人 01 向合伙企业 01 转让其所持有的发行人股份 400 万股,由自然人 02 向合伙企业 01 转让其所持有的发行人股份 100 万股;转让作价均为 1 元/股。

财税〔2015〕116 号第三条第 3 项规定:"股东转让股权并取得现金收入的,该现金收入应优先用于缴纳尚未缴清的税款。"国家税务总局公告 2015 年第 80 号第四条第(二)项规定,纳税人在分期缴税期间取得分红或转让股权的,企业应及时代扣股权奖励或转增股本尚未缴清的个人所得税,并于次月 15 日内向主管税务机关申报纳税。

所以自然人 01 和自然人 02 在上述股权转让过程中若取得了现金收入的,应就其取得的现金收入优先缴纳在有限责任公司整体变更过程中应缴纳的个人所得税,对缴税后仍有未缴纳税款的,剩余部分仍可适用分期缴税待遇。

7. CN 有限公司整体变更的涉税分析

CN 有限公司《招股说明书》披露的有限责任公司整体变更股份有限公司信

息，在变更前后公司的注册资本或股本并未发生变化，具体如表4-2-5所示。

表4-2-5 净资产变更前后明细表　　　　　　　　　　单位：元

项目	变更前	变更后
注册资本/股本	60 000 000.00	60 000 000.00
资本公积		23 794 134.41
留存收益	23 794 134.41①	
合计	83 794 134.41	83 794 134.41

注：①根据CN股份公司披露的信息，变更前经审计的净资产账面价值为83 794 134.41元，实收资本为60 000 000.00元，其余部分的性质并未披露，考虑到在变更前CN有限的股权结构以及《审计报告》对CN有限公司历史沿革中注册资本的形成过程分析，在变更前并不存在资本公积，所以剩余的23 794 134.41元应当全部为留存收益。

从CN有限公司整体变更前后净资产的结构来看，并不存在以资本公积或者留存收益转增股本的情况，如前述内容分析，本书认为CN有限公司这一整体变更过程并不涉及个人所得税的缴纳，所以也不存在适用分期缴税的税收待遇。

二、合伙股东纳税——RT股份公司

（一）整体变更基本情况

1. 企业基本情况

RT动力股份有限公司（以下简称"RT股份公司"）前身为RT动力有限公司（以下简称"RT有限公司"），成立于2005年11月，于2020年9月11日整体变更为股份有限公司。

RT股份公司首次公开发行股票申请经深圳证券交易所创业板上市委员会审议通过，并经中国证监会同意注册，于2022年3月在深圳证券交易所创业板上市。

2. 企业整体变更程序

（1）RT有限公司净资产的审计评估

2020年7月，会计师事务所对RT有限公司全部资产进行审计，并出具了《审计报告》，截至2020年5月31日，RT有限公司经审计的账面净资产为242 656.19万元。

2020年7月28日，评估师事务所对RT有限公司改制基准日的整体资产状况进行评估，并出具了《资产评估报告》，确认截至评估基准日2020年5月31日，RT有限公司经评估的净资产为395 500.84万元。

（2）RT有限公司整体变更的审议程序

2020年8月31日，RT有限公司召开董事会并作出决议，全体董事一致同意整体变更为股份有限公司，由公司现有42名股东作为股份公司的发起人；RT有限公司以截至2020年5月31日经审计的净资产值2 426 561 876.02元折股，股份公司成立后的股本36 000万元，股份总数为36 000万股，每股面值人民币1元，剩余净资产人民币2 066 561 876.02元计入股份公司的资本公积。

2020年8月31日，RT有限公司全体股东召开股东会议，同意RT有限公司整体变更为股份有限公司。同日，RT有限公司全体股东作为发起人签订《RT股份有限公司发起人协议》，对RT有限公司整体变更为股份公司的主要事项进行了约定。

（3）RT股份公司的发起设立

2020年9月2日，RT股份公司召开创立大会暨2020年第一次临时股东大会，同意整体变更设立为股份有限公司，公司注册资本为36 000万元。

2020年9月3日，会计师事务所出具了《验资报告》，对本次整体变更的净资产折股情况予以审验。

2020年9月11日，RT股份公司取得市场监督管理局核发的变更后的营业执照，注册资本为36 000万元，正式成立。

（4）股改净资产复核调整

2020年12月24日，会计师事务所出具了《审计报告》，对原整体变更会计师事务所出具的《审计报告》进行了复核。经复核，RT股份公司截至2020年5月31日净资产调整为2 497 054 227.88元。2020年12月24日，评估师事务所出具了《资产评估报告》，对RT有限公司股份制改制涉及的净资产在评估基准日的市场价值进行了追溯调整，按照资产基础法评估的RT有限公司2020年5月31日净资产评估值为377 925.15万元。

2020年12月24日，RT股份公司召开2020年第二次临时股东大会，审议通过了《关于调整RT股份有限公司整体变更设立方案的议案》，此次调整后，RT

有限公司截至 2020 年 5 月 31 日的经审计账面净资产由 2 426 561 876.02 元调整为 2 497 054 227.88 元；RT 有限公司各发起人以截至 2020 年 5 月 31 日的 RT 有限公司经审计账面净资产 2 497 054 227.88 元折股整体变更为股份公司，变更后的股份公司股份总额为 36 000 万股，每股面值人民币 1 元，资本公积为人民币 2 144 694 690.01 元，同时保留其他综合收益 –7 640 462.13 元；上述调整事项不影响有限公司变更为股份有限公司时登记的注册资本及各发起人在股份公司中的持股数量及其持股比例，不存在损害股东和债权人利益的情形。

2020 年 12 月 24 日，会计师事务所出具了"验资报告"，验证截至 2020 年 8 月 31 日 RT 股份公司已收到全体股东拥有的 RT 股份公司截至 2020 年 5 月 31 日经审计的净资产人民币 2 497 054 227.88 元，缴纳注册资本 36 000.00 万元。

3. 整体变更的获批情况

《中华人民共和国外商投资法》（2019 年颁布）第三十四条规定："国家建立外商投资信息报告制度。外国投资者或者外商投资企业应当通过企业登记系统以及企业信用信息公示系统向商务主管部门报送投资信息。外商投资信息报告的内容和范围按照确有必要的原则确定；通过部门信息共享能够获得的投资信息，不得再行要求报送。"根据《外商投资信息报告办法》《商务部关于外商投资信息报告有关事项的公告》等相关规范性文件的规定，自 2020 年 1 月 1 日起设立或发生变更的外商投资企业，无须办理外商投资企业设立或备案变更，相关信息由工商部门向商务部门共享并在商务部业务系统统一平台公示，外国投资者或者外商投资企业无须另行报送。

基于上述规定，RT 有限公司股份改制不涉及商务委员会等相关有权部门的审批事项。公司已按照有关法律法规规定，向市场监督管理局提交了全套股份改制相关资料，完成工商信息变更登记，股份改制相关信息已同步至商务部门，公司已按照相关法律法规完成 RT 有限公司股份改制的外商投资信息报送。

4. RT 股份公司整体变更时的股东类型

RT 有限公司在整体变更时的股东类型包括境内自然人股东、居民企业股东、非居民企业股东及合伙企业股东，以整体变更后的持股数量为基础，股东的具体信息如表 4–2–6 所示。

表 4-2-6　RT 有限公司股东结构表

序号	股东类型	持股数量/股	持股比例/%
1	自然人股东	100 602 111.00	27.9450
2	居民企业股东	5 085 329.00	1.4215
3	非居民企业股东	94 150 432.00	26.1528
4	合伙企业股东	160 162 128.00	44.4807
	合计	360 000 000.00	100.0000

（二）整体变更的涉税信息披露

根据经审计后的财务报表，RT 有限公司截至 2020 年 5 月 31 日的净资产为 2 497 054 227.88 元，其中，36 000 万元折合为 RT 股份公司实收资本，2 144 694 690.01 元计入 RT 股份公司资本公积，同时保留其他综合收益 -7 640 462.13 元。

RT 股份公司《招股说明书》及《法律意见书》对 RT 有限公司整体变更的涉税事项进行了披露。

1. 居民企业股东无需缴纳所得税

《国家税务总局关于贯彻落实企业所得税法若干税收问题的通知》（国税函〔2010〕79 号）第四条规定："被投资企业将股权（票）溢价所形成的资本公积转为股本的，不作为投资方企业的股息、红利收入，投资方企业也不得增加该项长期投资的计税基础。"

《企业所得税法》（2018 年修订）第二十六条规定："企业的下列收入为免税收入：（二）符合条件的居民企业之间的股息、红利等权益性投资收益。"《企业所得税法实施条例》（2019 年修订）第八十三条规定："企业所得税法第二十六条第（二）项所称符合条件的居民企业之间的股息、红利等权益性投资收益，是指居民企业直接投资于其他居民企业的投资收益。"

综上，RT 股份公司共计 3 个居民企业股东，就 RT 有限公司股改事项无需缴纳所得税。

2. 非居民企业股东无需缴纳所得税

根据《财政部 税务总局 国家发展改革委 商务部关于扩大境外投资者以分配

利润直接投资暂不征收预提所得税政策适用范围的通知》(财税〔2018〕102号)的相关规定,对境外投资者从中国境内居民企业取得的分红,新增或转增中国境内居民企业实收资本或者资本公积,暂不征收预提所得税。

综上,RT股份公司共计8个非居民企业股东,就RT有限公司股改事项无需缴纳所得税。

3.自然人股东缴纳个人所得税情况

根据《国家税务总局关于切实加强高收入者个人所得税征管的通知》(国税发〔2011〕50号)的相关规定,为加强企业转增注册资本和股本的管理,对以未分配利润、盈余公积和除股票溢价发行外的其他资本公积转增注册资本和股本的,按照"利息、股息、红利所得"项目,依据现行政策规定计征个人所得税。

根据自然人股东A的《个人所得税扣缴申报表》及电子缴税付款凭证,RT股份公司共计1个自然人股东A已按照相关税法要求就RT有限公司整体变更为股份有限公司缴纳了个人所得税。

4.合伙企业股东缴纳个人所得税情况

根据《关于个人独资企业和合伙企业投资者征收个人所得税的规定》(财税〔2000〕91号)、《财政部 国家税务总局关于合伙企业合伙人所得税问题的通知》(财税〔2008〕159号)等相关规定,合伙企业生产经营所得和其他所得采取"先分后税"的原则,合伙企业以每一个合伙人为纳税人,合伙企业合伙人是自然人的,缴纳个人所得税。自然人合伙人从合伙企业取得的生产经营所得,由合伙企业向企业实际经营管理所在地主管税务机关申报缴纳自然人合伙人应纳的个人所得税。就RT股份公司股改事宜,其合伙企业股东的自然人合伙人取得实际收益后由合伙企业或其自然人合伙人申报缴纳个人所得税,合伙企业或其自然人合伙人自行履行纳税义务和承担相应责任,不涉及RT股份公司的代扣代缴义务。

RT股份公司合伙企业中有4个合伙企业为RT股份公司员工持股平台,根据其提供的纳税凭证,4个持股平台合伙企业已就该次整体变更为其自然人合伙人向当地税务局进行了纳税申报并缴纳了税款。RT股份公司其他外部合伙企业股东均已作出承诺:"就本企业持有RT股份公司股权相关的所得(包括但不限于RT有限公司进行股份制改造、分红、资本公积转增股本、留存收益转增股本等所得），本企业将根据法律规定，为本企业的自然人合伙人申报缴纳个人所得税，并要求本企业的法人和其他组织合伙人缴纳相关税款。如因有关税务主管部门或上市审核部门依法要求本企业合伙人补缴该等所得应缴纳的所得税及由此产生的任何税务负担，本企业将依法律法规的规定及届时主管部门的要求，自主管部门或 RT 股份公司通知之日起五个工作日内，无条件为本企业的自然人合伙人申报缴纳个人所得税，并要求本企业的法人和其他组织合伙人履行由此产生的包括所得税在内的所有税收负担；或取得税务机关出具的就本企业持有 RT 股份公司股权相关的所得税豁免、延期或分期纳税的确认函。若因本企业合伙人未在前述承诺时间内缴纳所得税及由此产生的任何税务负担而导致 RT 股份公司承担责任或遭受损失的，本企业将按时、足额向 RT 股份公司赔偿其所发生的与此有关的任何损失。"

经走访发行人主管税务机关，RT 股份公司报告期内不存在违反相关税法规定而受到行政处罚的情况，就股改事项，RT 股份公司不存在应缴未缴的拖欠税款，针对 RT 股份公司股改所涉及的合伙企业股东中的自然人合伙人个人所得税，RT 股份公司无代扣代缴义务。RT 股份公司的合伙企业股东上层自然人合伙人就 RT 股份公司股改的个人所得税缴纳情况，不影响 RT 股份公司股改事项的税务合规。

综上，发行人股改的税收缴纳情况如表 4-2-7 所示。

表 4-2-7　RT 股份公司股改各股东税收缴纳汇总表

序号	股东性质	股改事宜纳税情况
1	自然人股东	已申报缴纳
2	居民企业股东	无须缴纳
3	非居民企业股东	无须缴纳
4	合伙企业股东	合伙企业本身不是所得税的纳税义务人，其取得的收益由合伙人缴纳个人所得税或企业所得税。对于员工持股平台，涉及发行人董监高，且没有业务经营，不存在其他收益，因此发行人督促持股平台合伙企业完成了纳税申报和缴纳义务；发行人其他合伙企业股东的自然人合伙人取得实际收益后由合伙企业或其自然人合伙人自行申缴纳个人所得税，不涉及 RT 股份公司代扣代缴义务，且该等合伙企业股东均已作出纳税承诺，承诺"任何税务负担而导致 RT 股份公司承诺责任或遭受损失的，本企业按时、足额向 RT 股份公司赔偿其所发生的与此有关的所有损失"

（三）整体变更的涉税分析

RT 股份公司在整体变更过程中，根据不同的股东类型已分别按照税收法律法规缴纳了所得税，下面结合现行有效的税收政策对其税收缴纳情况进行分析。

1. 整体变更的类型

（1）整体变更基准日的净资产结构

根据《审计报告》的信息整理，RT 有限公司 2020 年 5 月 31 日的净资产结构如表 4-2-8 所示：

表 4-2-8　RT 有限公司股改基准日净资产结构表

单位：元

项目	2020 年 1 月 1 日	增减变动	2020 年 5 月 31 日
实收资本	263 634 990.20	−282 243.89[①]	263 352 746.31
资本公积	2 685 031 973.30	−448 853 883.44[②]	2 236 178 089.86
其他综合收益	−6 457 153.34	−943 429.49[③]	−7 640 462.13
未分配利润	−600 480 797.23	605 404 771.44	5 163 853.84[④]
合计	2 341 729 012.93	155 325 214.95	2 497 054 227.88

①数据来源于《审计报告》中的"母公司所有者权益变动表"中实收资本项目下的"股东投入的普通股"变动金额。

②数据来源于《审计报告》中的"母公司所有者权益变动表"中资本公积项目下的"股东投入的普通股"变动金额。

③数据根据最终的综合收益金额和期初的综合收益金额的差额推导，未在招股说明书中披露该金额构成。

④根据招股说明书披露的经审计后的净资产和其他净资产项目下的"实收资本""资本公积"和"其他综合收益"金额推导计算，但是该金额与母公司所有者权益变动表中项下未分配利润和资本公积的"其他"项目列示金额相符。

（2）整体变更前后净资产变动

根据 RT 有限公司《招股说明书》《审计报告》披露数据，RT 有限公司整体变更前后的净资产结构信息如表 4-2-9 所示。

表 4-2-9　RT 有限公司整体变更前后净资产明细

单位：元

项目	整体变更前	变动金额	整体变更后
实收资本	263 352 746.31	96 647 253.69	360 000 000.00
资本公积	2 236 178 089.86	-91 483 399.85	2 144 694 690.01
其他综合收益	-7 640 462.13	0.00	-7 640 462.13
未分配利润	5 163 853.84	-5 163 853.84	0.00
合计	2 497 054 227.88	0.00	2 497 054 227.88

根据《审计报告》中母公司所有者权益变动表披露数据，RT 有限公司整体变更为股份有限公司过程中，净资产各项目的来源如表 4-2-10 所示。

表 4-2-10　整体变更净资产数据来源明细表

项目	数据来源
实收资本	实收资本的增加金额全部来自资本公积转增
资本公积	资本公积减少的金额由两部分构成：(1) 资本公积转增股本致使其减少 96 647 253.69 元；(2) 未分配利润转资本公积致使其增加 5 163 853.84 元
未分配利润	未分配利润全部用于增加变更后股份有限公司的资本公积

从 RT 有限公司整体变更前后净资产的变动情况分析，RT 有限公司整体变更属于增资型的整体变更，且属于图 4-1-2 中第一种类型的增资型整体变更。

2. 自然人股东的涉税分析

RT 有限公司的股东中，只有 A 一个自然人股东，其在 RT 有限公司整体变更过程中增加的股本总金额为 27 008 887.41 元，来源全部为 RT 有限公司的资本公积。

（1）资本公积转增股本的涉税分析

根据财税〔2015〕116 号的规定，自然人股东 A 应当缴纳的个人所得税金额为

应纳税额 =27 008 887.41×20%=5 401 777.48（元）

财税〔2015〕116 号规定，中小高新技术企业以资本公积转增股本的可以分期缴纳个人所得税，RT 有限公司在整体变更前的资产总额已超过 2 亿元，所以

不符合分期缴税的待遇，纳税人应当在整体变更当期缴纳个人所得税。

（2）未分配利润转增资本公积的涉税分析

由于目前的税收规范性文件并未对企业以未分配利润转增资本公积的涉税予以规范，所以本书认为 RT 有限公司在以未分配利润转增资本公积的行为中，自然人股东 A 取得的所得无需缴纳个人所得税。

3. 居民企业股东的涉税分析

（1）资本公积转增股本的涉税分析

根据国税函〔2010〕79 号的规定，被投资企业以股权（票）溢价所形成的资本公积转为股本的，不作为投资方企业的股息、红利收入，投资方企业也不得增加该项长期股权投资的计税基础。

RT 有限公司整体变更中，居民企业取得的 RT 有限公司以资本公积转增股本的部分，不确认所得，同时也不得增加股东持有 RT 股份公司股票的计税基础。

（2）以未分配利润转增资本公积的涉税分析

被投资企业以未分配利润转增资本公积的，根据国税函〔2010〕79 号的规定，企业没有取得股息性质的所得，也没有取得转增资本的所得，所以 RT 有限公司的居民企业股东无需确认收入，同时也不得增加其对 RT 股份公司股票投资的计税基础。

4. 非居民企业股东的涉税分析

根据《招股说明书》披露，RT 有限公司非居民企业股东的持股比例为 26.1528%，RT 有限公司整体变更中以资本公积转增股本的金额为 96 647 253.69 元，以未分配利润转增资本公积的金额为 5 163 853.84 元，对应非居民企业股东取得的各项所得如表 4-2-11 所示。

表 4-2-11 非居民企业股东所得明细表

项目	转增金额/元	比例/%	非居民股东金额/元
资本公积转增股本	96 647 253.69	26.1528	25 275 962.96
未分配利润转增资本公积	5 163 853.84		1 350 492.37
合计	101 811 107.53		26 626 455.33

（1）资本公积转增股本涉税分析

对于非居民企业取得的 RT 有限公司以资本公积转增股本的 25 275 962.96 元，根据国税函〔2010〕79 号的规定，不作为非居民企业股东取得的所得，同时也不增加非居民企业股东持有 RT 股份公司股票投资的计税基础。

（2）未分配利润转增资本公积涉税分析

对于 RT 有限公司以未分配利润转增资本公积的 1 350 492.37 元的所得，根据财税〔2018〕102 号的规定，境外投资者从中国境内居民企业分配的利润用于转增中国境内居民企业实收资本或者资本公积的，可暂不征收预提所得税，而待处置该转增股权时补缴预提所得税。

所以，RT 有限公司非居民企业股东取得的以未分配利润转增资本公积的所得，其税收处理如下。

首先，对于该部分所得，应当确认为 RT 有限公司对其的分配，计入其当期的应纳税所得的计算预提所得税，预提所得税金额为 135 049.24 元，若非居民企业所在国家（或地区）与我国签订双边税收协定的，可按税收协定的税率计算预提所得税。

其次，该部分计算的预提所得税可不在 RT 有限公司整体变更时缴纳，而是在 RT 股份公司上市后处置其股票时缴纳。

再次，非居民企业股东持有的整体变更后的 RT 股份公司股票投资的计税基础，应当增加 1 350 492.37 元。

最后，由于该部分的转增并未形成对 RT 股份公司的股票投资，所以当非居民企业股东在 RT 股份公司上市后处置其股票时，应当先补缴该部分递延缴纳的税款。

5.合伙企业股东的涉税分析

RT 有限公司整体变更时，合伙企业股东持股比例为 44.4807%，以此计算其在整体变更过程中取得的所得如表 4-2-12 所示。

表 4-2-12 合伙企业股东所得明细表

项目	转增金额/元	比例/%	合伙企业股东金额/元
资本公积转增股本	96 647 253.69	44.4807	42 989 374.97
未分配利润转增资本公积	5 163 853.84		2 296 918.34
合计	101 811 107.53		45 286 293.31

如前所述，本书认为对于有限合伙企业取得的 RT 有限公司以资本公积转增股本及以未分配利润转增资本公积的所得，在财税〔2000〕91 号文件中并未明确将该部分所得视为合伙企业取得的所得，因此其并不构成 RT 有限公司整体变更当年度的所得，由此合伙人也无需在 RT 有限公司整体变更时申报缴纳所得税。

三、合伙股东未纳税——RD 股份公司

（一）整体变更基本情况

1. 企业基本情况

RD 生物科技股份有限公司（以下简称"RD 股份公司"）前身为 RD 生物科技有限公司（以下简称"RD 有限公司"），成立于 2007 年 4 月 28 日，是国内最早一批专注于 RNA 恒温扩增技术和产品的生命科学企业之一，公司主营业务为研发、生产和销售以该技术平台为基础的分子诊断试剂和设备一体化产品。

RD 股份公司首次公开发行人民币普通股（A 股）并在科创板上市的申请经上海证券交易所科创板股票上市委员会审议通过，并经中国证监会同意注册，于 2022 年 3 月在上海证券交易所科创板上市。

2. 企业整体变更情况

根据《招股说明书》披露，RD 有限公司以 2020 年 5 月 31 日为基准日由有限责任公司整体变更为股份有限公司，整体变更的主要流程如下。

（1）董事会决议

2020 年 6 月 15 日，RD 有限公司召开董事会会议，决议同意以 2020 年 5 月 31 日为审计和评估基准日，将 RD 有限公司整体变更为股份有限公司。

（2）净资产审计

2020年8月8日，会计师事务所对RD有限公司进行审计并出具《审计报告》，根据《审计报告》，截至2020年5月31日RD有限公司经审计的净资产值为人民币154 968 336.92元。

（3）净资产评估

2020年8月8日，评估机构对RD有限公司进行资产评估并出具了《RD生物科技有限公司整体改建为股份有限公司资产评估报告》，根据资产评估报告，截至2020年5月31日RD有限公司经评估净资产值为人民币17 242.27万元。

（4）董事会对审计、评估确认

2020年8月13日，RD有限公司召开董事会会议，决议同意RD有限公司以发起设立方式整体变更为股份有限公司，并对上述审计、评估结果予以确认。

（5）签署发起人协议

2020年8月28日，RD有限公司全体股东暨RD股份公司全体发起人签署了《RD生物科技股份有限公司发起人协议》。全体发起人一致同意，以RD有限公司截至2020年5月31日经审计确认的净资产值人民币154 968 336.92元，按5.165611231∶1的比例全部折为RD股份公司的股本，其中，人民币3 000.00万元作为RD股份公司的注册资本，折股溢价为人民币124 968 336.92元计入RD股份公司的资本公积。

（6）召开创立大会

2020年8月28日，RD有限公司的全体股东作为发起人召开创立大会暨第一次股东大会，审议通过了《关于RD生物科技股份有限公司筹办情况报告的议案》《关于整体变更设立RD生物科技股份有限公司的议案》等一系列议案。

（7）换发营业执照

2020年10月21日，市场监督管理局向RD有限公司换发了营业执照。

3. 整体变更获批情况

与RT股份公司相同，RD有限公司为外商投资企业，但由于RD有限公司的整体变更发生于2020年1月1日之后，所以不涉及整体变更需事先获得审批的情形。

4.RD 有限公司整体变更时的股东类型

RD 有限公司在整体变更为股份有限公司时的股东类型包括境内自然人股东、境外自然人股东、境内居民企业股东、境外非居民企业股东和合伙企业股东五种类型，具体如表 4-2-13 所示。

表 4-2-13　RD 有限公司整体变前股权结构

序号	股东类型	持股数量 / 股	持股比例 /%
1	境外自然人股东	2 610 237	28.9508
2	境内自然人股东	671 300	7.4456
3	居民企业股东	883 385	9.7979
4	非居民企业股东	2 921 454	32.4026
5	合伙企业股东	1 929 738	21.4031
	合计	9 016 114.00	100.0000

（二）整体变更的涉税信息披露

《RD 生物科技股份有限公司首次公开发行股票并在科创板上市之补充法律意见书（一）》对 RD 有限公司整体变更过程的涉税信息作了披露。

1. 境内自然人股东纳税情况

根据国家税务总局核发的《关于股权激励和转增股本个人所得税递延征管问题的公告》（国家税务总局公告 2015 年第 80 号）的相关规定，境内自然人股东须就未分配利润、盈余公积、资本公积转增股本所得缴纳个人所得税，符合条件的纳税人可分期缴纳个人所得税。根据上述规定及 2020 年 10 月自然人电子税务局个人所得税分期缴纳备案表，境内自然人股东在 RD 有限公司整体变更时涉及的个人所得税可延期缴纳，待股改完成五年后一次性缴纳，RD 股份公司已完成个人所得税延期缴纳的税务系统备案，延期至股改后的五年后一次性缴纳。

2. 境外自然人股东纳税情况

根据《财政部　国家税务总局关于个人所得税若干政策问题的通知》（财税字〔1994〕20 号）相关规定，外籍个人从外商投资企业取得的股息、红利所得暂免征收个人所得税。因此,发行人境外自然人股东针对本次股改免征个人所得税。

3.居民企业股东纳税情况

根据《企业所得税法》(2018年修订)规定,"符合条件的居民企业之间的股息、红利等权益性投资收益"属于免税收入。另外,根据《国家税务总局关于贯彻落实企业所得税法若干税收问题的通知》(国税函〔2010〕79号)规定,被投资企业将股权(票)溢价所形成的资本公积转为股本的,不作为投资方企业的股息、红利收入。故发行人境内法人股东就本次股改不涉及企业所得税纳税义务。

4.非居民企业股东纳税情况

根据《财政部 税务总局 国家发展改革委 商务部关于扩大境外投资者以分配利润直接投资暂不征收预提所得税政策适用范围的通知》(财税〔2018〕102号)的相关规定,境外投资者以中国居民企业向投资者实际分配已经实现的留存收益而形成的股息、红利等权益性投资收益,进行增资或转增中国境内居民企业实收资本或者资本公积的,暂不征收预提所得税。因此,发行人境外法人股东暂无需缴纳预提所得税。

5.合伙企业股东纳税情况

根据《关于个人独资企业和合伙企业投资者征收个人所得税的规定》(财税〔2000〕91号)、《财政部 国家税务总局关于合伙企业合伙人所得税问题的通知》(财税〔2008〕159号)等相关规定,合伙企业生产经营所得和其他所得采取"先分后税"的原则,合伙企业以每一个合伙人为纳税义务人,合伙企业合伙人是自然人的,缴纳个人所得税。合伙人应向企业实际经营管理所在地主管税务机关申报缴纳个人所得税。合伙人从合伙企业取得的生产经营所得,由合伙企业向企业实际经营管理所在地主管税务机关申报缴纳投资者应纳的个人所得税。按照上述规定合伙企业合伙人为纳税义务人,由合伙企业向主管税务机关申报纳税,不涉及发行人的代扣代缴义务。

根据发行人股东的说明,发行人合伙企业股东就发行人整体变更为股份公司事宜尚未进行纳税申报。发行人所有合伙企业股东均已出具承诺,承诺其未因RD股份公司整体变更纳税事宜受到过税务部门的催缴或处罚。若未来因前述纳税事宜该等股东或该等股东的出资人收到税务部门催缴或代扣代缴通知的,该等股东承诺将根据相关法律法规和税务部门的要求及时进行纳税或代扣代缴（如需），并及时督促合伙人及时履行纳税义务。

（三）整体变更的涉税分析

1. 整体变更的类型

根据《招股说明书》的披露，RD有限公司在整体变更为股份有限公司前的未分配利润为负数，即存在未弥补亏损的情况，而其整体变更的会计分录为：

借：实收资本：9 016 114.00

　　资本公积：267 769 432.38

　　未分配利润：-121 817 209.46

贷：股本：30 000 000.00

　　资本公积——股本溢价：12 498 336.92

从上述会计分录可以看出，RD有限公司在整体变更为股份有限公司时，主要是以股权溢价所形成的资本公积转增股本，不涉及盈余公积、未分配利润转增股本的情形。

根据《招股说明书》的信息，RD有限公司在整体变更前的资本公积都是在新股东入股过程中的溢价形成的，都属于股权溢价。RD有限公司整体变更为RD股份公司前后各股东的出资额变化如表4-2-14所示。

表4-2-14　RD有限公司整体变更前后股东出资变动表

单位：元

序号	股东类型	股东姓名或名称	变更前	变动额	变更后
1	境外自然人股东		2 610 237.00	6 075 003.00	8 685 240.00
2	境内自然人股东		671 300.00	1 562 268.00	2 233 668.00
3	居民企业股东		883 385.00	2 055 969.00	2 939 354.00
4	非居民企业股东		2 921 454.00	6 799 321.00	9 720 775.00
5	合伙企业股东		1 929 738.00	4 491 225.00	6 420 963.00
	合计		9 016 114.00	20 983 886.00	30 000 000.00

2.境内自然人股东涉税分析

根据财税〔2015〕116号的规定,中小高新技术企业以资本公积转增股本的可以分期缴纳个人所得税,中小高新技术企业要求资产总额和年营业额未超过2亿元,员工人数未超过500人。

根据RD股份公司《招股说明书》披露的信息,RD有限公司在整体变更前一年的2019年主营业务收入未超过2亿元,员工人数未超过500人,所以若RD有限公司在整体变更时的资产总额未超过2亿元的即可享受分期缴纳个人所得税的待遇。

3.境外自然人股东涉税分析

RD有限公司股东中包括外籍个人,根据财税字〔1994〕20号第二条第(八)项的规定:"外籍个人从外商投资企业取得的股息、红利所得,暂免征收个人所得税。"RD有限公司境外个人和组织的持股比例已超过25%,属于外商投资企业,所以境外的个人股东就RD有限公司整体变更过程中取得的以资本公积转增股本的部分可以暂免征收个人所得税。

虽然境外个人取得的该部分所得可免征个人所得税,但对于该部分所得可以增加境外个人持有的RD股份公司股票的计税基础。

4.居民企业股东涉税分析

根据国税函〔2010〕79号的规定,被投资企业以股权(票)溢价形成的资本公积转为股本的,不作为投资方企业的股息、红利收入,投资方企业也不得增加该项长期股权投资的计税基础。

RD有限公司整体变更中,居民企业取得RD有限公司以资本公积转增股本的部分,不确认所得,同时也不得增加各股东持有RD股份公司股票的计税基础。

5.非居民企业股东涉税分析

对于非居民企业取得RD有限公司以资本公积转增股本的部分,根据国税函〔2010〕79号的规定,不作为非居民企业股东取得的所得,同时也不增加非居民企业股东持有RD股份公司股票的计税基础。

因此,RD有限公司整体变更过程中,非居民企业股东取得的所得并不作为其所得,无须缴纳预提所得税,在税收政策的适用上并非《补充法律意见书

(一)》所述的递延纳税待遇。

6.合伙企业股东涉税分析

对于合伙企业作为股东的涉税分析同前述 RT 股份公司合伙企业股东的分析。

四、其他整体变更案例

(一)整体变更中个人股东涉税案例

有限责任公司整体变更为股份有限公司的涉税已是企业 IPO 审核中的常见内容之一,根据 IPO 企业披露的《招股说明书》分析,有限责任公司整体变更涉及所得税时,是以组织形式转换说为主的,但是也有一些企业在《招股说明书》中对该问题选择净资产出资说。

对有限责任公司整体变更涉及的个人所得税问题,IPO 企业《招股说明书》披露的涉税观点如图 4-2-1 所示。

针对图 4-2-1,可将自然人股东涉及的个人所得税分为如下六种税收待遇:①适用非货币投资说并且依据财税〔2015〕41 号享受 5 年内分期缴税待遇(以下简称"非货币性投资分期缴税待遇");②有限责任公司资本溢价转增股本依据国税函〔1997〕198 号和国税函〔1998〕289 号适用不征收个人所得税的待遇(以下简称"资本溢价转增不征税待遇");③资本公积和留存收益转增股本依据财税〔2015〕116 号适用 5 年分期纳税的待遇(以下简称"转增资本分期纳税待遇");④资本公积和留存收益转增股本依据国税发〔2010〕54 号适用即期纳税待遇(以下简称"转增资本即期纳税待遇");⑤资本公积和留存收益转增资本公积依据财税〔2015〕41 号规定适用 5 年分期纳税待遇(以下简称"转增资本公积纳税待遇");⑥有限责任公司整体变更不增加股本且明确转增资本公积不征收个人所得税(以下简称"转增资本公积不纳税待遇");⑦有限责任整体变更依据一些地方性的文件享受延期纳税或暂缓缴税待遇(以下简称"延期纳税待遇")。

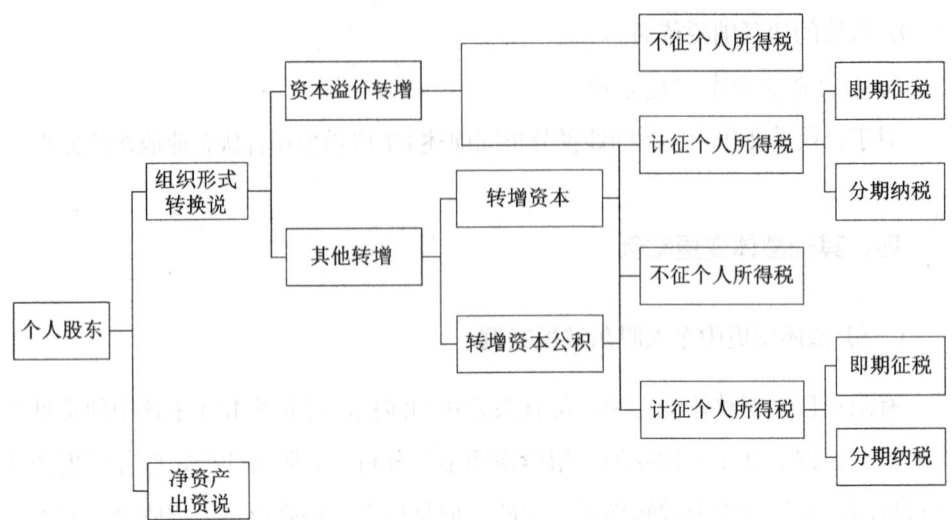

图 4-2-1　IPO 披露整体变更个人股东税收待遇

本书根据部分已上市公司《招股说明书》披露内容整理了关于上述不同观点的案例，具体如表 4-2-15 所示。

表 4-2-15　整体变更个人所得税待遇分类表

税收待遇	公司名称	具体内容
非货币投资分期纳税待遇	紫建电子（301121）	公司整体变更时的自然人股东及通过维都利投资、富翔盛瑞和富翔兴悦间接持有公司股份的股东已于 2020 年 4 月 27 日依据《关于个人非货币性资产投资有关个人所得税政策的通知》（财税〔2015〕41号）规定完成分期缴纳备案，将按照《非货币性资产投资分期缴纳个人所得税备案表》计划的缴纳时间和金额履行股改纳税义务
资本溢价转增不征税待遇	和元生物（688238）	和元有限整体变更为股份有限公司前的注册资本为 526.3150 万元，和元有限在整体变更过程中以净资产 1 835.5543 万元作为基础进行溢价折股。根据国家税务总局于 2010 年 5 月 31 日发布的《关于进一步加强高收入者个人所得税征收管理的通知》（国税发〔2010〕54 号）的规定，以未分配利润、盈余公积和除股票溢价发行外的其他资本公积转增注册资本和股本，应缴纳个人所得税。根据天健会计师事务所（特殊普通合伙）上海分所出具的《和元生物技术（上海）有限公司截至 2015 年 10 月 31 日止净资产审计报告》（天健沪审〔2015〕272 号），和元有限整体变更为股份有限公司前的资本公积为 19 821 460.00 元，其构成均为资本溢价；且根据发行人的书面确认，在和元有限整体变更为股份有限公司过程中，系以资本溢价产生的资本公积进行溢价折股，不涉及以未分配利润、盈余公积和除股票溢价发行外的其他资本公积转增股本。因此，发行人的自然人发起人在整体变更过程中无需缴纳相关个人所得税

续表

税收待遇	公司名称	具体内容
资本溢价转增不征税待遇	万朗磁塑（603150）	2017年9月11日，合肥市地方税务局经济技术开发区分局就万朗有限2016年6月整体变更为股份公司自然人股东履行纳税义务问题，出具了《关于安徽万朗磁塑股份有限公司资本公积转增股本免征个人所得税的函》，载明"安徽万朗磁塑股份有限公司（前身为安徽万朗磁塑集团有限公司）成立于1999年10月，现为一家股份有限公司。2016年6月公司进行了股改，股改之前安徽万朗磁塑股份有限公司的实收资本为23 987 840.00元。股改时，安徽万朗磁塑股份有限公司全体股东作为发起人，将资本公积—资本溢价中人民币叁仟陆佰零壹万贰仟壹佰陆拾元（36 012 160.00元）转为股本，转增后公司的股本总额6000万元。根据国税发〔1997〕198号、国税函〔1998〕289号文件的相关规定，安徽万朗磁塑股份有限公司全体自然人股东上述股本溢价转增股本免于缴纳个人所得税"
	信德新材（301349）	整体变更时，发行人的注册资本由信德化工的12 433 333.00元变更为股份公司时的51 000 000元，增加的注册资本源自信德化工股东溢价增资形成的资本公积。 国家税务总局辽阳市宏伟区税务局于2021年2月5日出具证明，内容如下：信德化工整体变更为股份有限公司时，以信德化工阶段股东溢价增资形成的资本公积增加了注册资本，根据《国家税务总局关于股份制企业转增股本和派发红股征免个人所得税的通知》（国税发〔1997〕198号）的规定"股份制企业用资本公积转增股本不属于股息、红利性质的分配，对个人取得的转增股本数额，不作为个人所得，不征收个人所得税"，信德化工整体变更为股份有限公司时发起人股东无需缴纳个人所得税
转增资本分期纳税待遇	纬德信息（688171）	发行人自然人发起人已根据财税〔2015〕116号文件规定就整体变更涉税事宜向国家税务局广州市黄埔区税务局办理了5年分期缴纳备案手续。 根据《财政部 国家税务总局关于合伙企业合伙人所得税问题的通知》（财税〔2008〕159号）的规定，合伙企业不缴纳企业所得税，而由每一个合伙人就其所得自行缴纳所得税
	鸿日达（301285）	2020年10月，整体变更中注册资本由14 500万元变更为15 000万元，经税务等主管部门确认，个人所得税在5年内分期缴纳

续表

税收待遇	公司名称	具体内容
转增资本即期纳税待遇	西点药业（301130）	2001年12月完成整体变更设立股份有限公司，各发起人的出资额因整体变更合计增加了245 505.65元，由于当时发行人财务人员对税法理解不透彻及没有明确的需要缴纳个人所得税的规定，对于因整体变更增加的245 505.65元出资额，发起人股东没有缴纳个人所得税。未缴纳的个人所得税涉及的金额为4.91万元，由于整体变更发生在2001年，距今已接近20年，相关个人所得税无法申报缴纳，根据《国家税务总局关于欠税追缴期限有关问题的批复》（国税〔2005〕813号）规定已过追征期。发行人主管税务机关国家税务总局磐石市税务局证明：发行人2001年整体变更设立股份有限公司时，西点药业出资额因整体变更合计增加了24.55万元，西点药业及相关股东不存在因个人所得税问题而被处罚的风险
	维峰电子（301328）	公司整体变更为股份有限公司时，公司自然人股东、合伙企业股东的自然人合伙人因转增股本涉及的个人所得税均已依法缴纳
	天新药业（603235）	根据国家税务总局乐平市税务局于2020年7月29日出具的《税收完税证明（200729）36证明60001543》，自然人股东许××、许×、王××、邱××已缴纳本次股改涉及的个人所得税111 583 721.05元
	云从科技（688327）	云从有限整体变更为股份公司时发起人股东共49人，其中自然人股东4名、法人股东8名、合伙企业股东37名。截至本招股说明书签署日，发行人自然人股东均已缴纳云从科技整体变更事宜涉及的个人所得税；合伙企业股东中，除员工持股平台中担任发行人董事、监事、高级管理人员和核心技术人员的自然人合伙人已足额缴纳整体变更所涉及的个人所得税外，其余自然人合伙人暂未就云从有限整体变更事宜缴纳个人所得税
	浩瀚深度（688292）	发行人于2013年整体变更为股份有限公司，股份数由股改前的1 989.07万股增加至10 000.00万股，整体变更时涉及发起人股东为15名自然人股东及2名合伙企业股东。 针对本次转增股本事项，发起人已根据《国家税务总局关于股份制企业转增股本和派发红股征免个人所得税的通知》的相关规定为张×、雷××等15位自然人股东完成个人缴纳事项。 两名合伙企业股东中，智诚广宜已于2022年1月向国家税务总局北京市海淀区税务局代扣代缴发行人整体变更涉及的合伙人个人所得税共计43.75万元，并已取得国家税务总局北京市海淀区国家税务局盖章确认的税收完税证明
	圣晖集成（603163）	圣晖国际属于境外投资者以分配利润直接投资，暂不征收所得税；苏州崇辉于2019年12月16日缴纳（代扣境内）个人所得税15.06万元（境外个人免税）；苏州圣展2019年12月16日缴纳（代扣境内）个人所得税21.42万元（境外个人免征）①

续表

税收待遇	公司名称	具体内容
转增资本即期纳税待遇	利仁科技（001259）	有限公司整体变更为股份有限公司时，个人股东宋××、齐××分别缴纳了个人所得税359.38万元、171.34万元
	宇邦新材（301266）	净资产折股，其中未分配利润转增3 500.00万元（聚信源3250.00万元，肖×192.50万元，林×157.50万元）。实际控制人肖×、林×按照股权比例对应的未分配利润转增注册资本金额缴纳了20%的个人所得税，其中：肖×38.50万元，林×31.50万元。控股股东聚信源无需缴税
	松井股份（688157）	本次改制由有限公司注册资本1000万元净资产折股增加至股份公司5660万元注册资本，根据宁乡市税务局出具的《中华人民共和国税收完税证明》，本次转增股本中自然人股东已缴纳了个人所得税；非自然人股东中：1）茂松有限系境内自然人设立的居民企业，根据《企业所得税法》规定，符合条件的居民企业之间的股息、红利等权益性投资收益为免税收入，无需就本次转增缴纳所得税；2）松茂合伙、松源合伙系合伙企业，其合伙人已针对本次股改进行纳税
转增资本公积纳税待遇	北路智控（301195）	2020年8月，整体变更为股份有限公司，变更前后注册资本及实收资本均为6050.00万元。此次整体变更尚未完税，但控股股东及实际控制人已取得国家税务总局南京市江宁区税务局第二税务所出具的《个人所得税分期缴纳备案表（留存收益转资本公积）》，同意控股股东及实际控制人在整体变更过程中依法应缴纳的所得税递延至2024年12月缴纳
	腾亚精工（301125）	1. 本次公司整体变更，资本公积转增股本部分，相关主体无需缴纳个人所得税； 2. 本次公司整体变更，存在盈余公积、未分配利润转增资本公积情形，其中法人股东无需缴纳所得税，个人股东及合伙企业股东已于南京市江宁区税务办理个人所得税分期缴纳备案（截止日为2023.12.31）
转增资本公积不纳税待	唯科科技（301196）	针对股改所涉及的个人所得税事项，厦门市火炬高新区税务局书面答复，发行人股改不涉及资本公积、盈余公积及未分配利润转增股本事项，自然人股东不涉及个人所得税事项
	格灵深瞳（688207）	发行人整体变更为股份有限公司前为外商投资企业，发行人整体变更前后注册资本数额变化系注册资本币种的变化，实收资本未发生变化，不存在以盈余公积、未分配利润和扣除股票溢价发行外的其他资本公积转增股本等情况，发行人相关股东不存在根据税收法律法规应当缴纳个人所得税的情形

续表

税收待遇	公司名称	具体内容
转增资本公积不纳税待	坤恒顺维（688283）	2016年2月29日，坤恒有限股东会作出决议，同意以坤恒有限全体股东为发起人，将有限公司整体变更为股份公司，以2015年12月31日经审计的净资产16 597 178.23元为基数，折合股本3 183 728股，差额部分计入资本公积。本次折股后的注册资本与股份制改制前的注册资本相同，不存在以未分配利润、资本公积或盈余公积转增股本的情形，无需缴纳个人所得税
	亚信安全（688225）	亚信安全有限整体变更为股份有限公司前后各股东的股本未发生变化，不涉及以亚信安全有限的未分配利润、盈余公积和除股票溢价发行外的其他资本公积转增股本的情形，因此，全体发起人未产生应纳税所得额，全体发起人股东不涉及缴纳所得税
	常润股份（603201）	通润有限整体变更为常润股份前后的注册资本或股本均为6000万元，股本未发生变化，不涉及以资本公积、盈余公积、未分配利润转增股本的情况。因此，发行人整体变更前后的相关股东无需进行纳税申报，符合相关税收法律法规的规定
	南方路机（603280）	根据《国家税务总局关于进一步加强高收入者个人所得税征收管理的通知》（国税发〔2010〕54号）等相关规定，有限责任公司整体变更为股份有限公司涉及以未分配利润、盈余公积和资本公积转增股本情形的，应当依法征收个人所得税。2020年3月南方有限整体变更为股份有限公司，整体变更前后发行人的注册资本保持8130.50万元不变，不涉及以未分配利润、盈余公积和资本公积转增股本的情形，故发行人相关股东无需依据前述规定缴纳所得税
	博菲电气（001255）	发行人整体变更不存在未分配利润、盈余公积和资本公积转增股本的情形，变更前后注册资本未发生变化，股东未取得实际股份权益，无需缴纳个税
	凯格精机（301338）	公司整体变更前注册资本为5000.00万元，整体变更后公司注册资本为5000.00万股，各股东的持股数及持股比例均没有发生变化，且发行人在整体变更过程中未对盈余公积、未分配利润及其他途径形成的资本公积进行实质性的分配或转增股本处理。根据2010年11月30日《国税总局纳税服务司税务问题解答汇集》关于股改个人所得税的问题答复："盈余公积和未分配利润转增股本应当按'利息、股息、红利所得'项目计征个人所得税，转增资本公积不计征个人所得税。"发行人在整体变更为股份有限公司前后注册资本未发生变动，不存在以未分配利润、盈余公积、资本公积向股东转增股本的情形。 发行人整体变更完成后，已依法办理了税务登记备案变更，税务主管部门对发行人的整体变更事项知晓，办理过程中税务主管部门未要求缴纳相关个人所得税，或要求发行人履行个人所得税代扣代缴义务

续表

税收待遇	公司名称	具体内容
转增资本公积不纳税待遇	邦彦技术（688132）	发行人整体改制前后注册资本未发生变化，不涉及以未分配利润、盈余公积和除股票溢价发行外的其他资本公积转增注册资本和股本的情形，因此不涉及自然人股东应当缴纳个人所得税的问题
	川宁生物（301301）	国家税务总局伊宁市税务局就贵公司整体变更所涉个人所得税事项出具了专项说明："川宁有限整体变更设立股份有限公司过程中，川宁有限的未分配利润、盈余公积计入川宁生物的资本公积科目，整体变更后的注册资本未发生变化，因此，股份变更过程中其自然人和合伙企业股东未取得收益和所得，不存在纳税义务。公司股改过程有关股改的各项业务依法依规办理，没有欠缴税款情况，符合《国家税务总局关于进一步加强高收入者个人所得税征收管理的通知》（国税发〔2010〕54号）、《财政部、国家税务总局关于个人非货币性资产投资有关个人所得税政策的通知》（财税〔2015〕41号）等法律法规、规范性文件的规定。"
延期纳税（缓缴）待遇	万控智造（603070）	整体变更设立股份公司时，法人股东无需缴纳企业所得税，自然人股东、合伙企业股东的合伙人为自然人的需缴纳个人所得税。发行人主管税务部门已出具书面证明同意暂缓缴纳相关个人所得税②
	菲菱科思（301191）	2016年9月14日，公司就本次整体变更涉及的股东应缴纳个人所得税向深圳市宝安区地方税务局申请缓缴，并出具《代扣代缴税款承诺书》，承诺向负有纳税义务的股东支付股息红利、或者向转增股本的持股员工支付年度考核奖金时，除正常扣缴应缴个人所得税外，支付剩余款项时优先补扣补缴转增股本应缴个人所得税，扣缴不足部分在以下3个时间节点中最先发生的时间节点缴清：1.企业上市的次月15日内；2.转增股本的个人再转让股权的次月15日内；3.转增股本满3年（税款10万元以下），或者在转增股本满5年（税款10万元以上）时。 2016年9月14日，深圳市宝安区地方税务局向公司出具编号为深地税宝福永受执〔2016〕1110号《税务事项通知书》，同意对公司的上述申请进行备案登记。 2021年4月1日，公司已按照向深圳市宝安区地方税务局出具的《代扣代缴税款承诺书》，为整体变更所涉及股东代扣代缴了个人所得税，该等税款金额与申请缓缴税款金额一致，因此，公司整体变更所涉股东均已足额缴纳个人所得税

续表

税收待遇	公司名称	具体内容
延期纳税（缓缴）待遇	唯万密封（301161）	发行人2020年7月1日由有限公司整体变更设立股份公司涉及所得税缴纳事项，所涉所得税均已完成缴纳或已按当地税务局规定申请缓缴。具体为： （1）自然人股东 截至2020年年底，发行人已申报代扣代缴个税17.84万元（含董×、薛××、王××、郭××、孙××、张××），其中董×、薛××整体变更所涉个税向当地税务局申请了五年缓缴，董×、薛××本次代扣代缴金额为其第一期缴纳金额，其余4人均完成全部涉税金额的缴纳

注：①《补充法律意见书（一）》披露：圣晖国际涉税已取得苏州高新区税务局2019年9月24日出具的《非居民企业递延缴纳预提所得税信息报告表》；苏州崇辉取得No.620010810028290847的税收完税证明；苏州圣展取得No.620010810028322530的税收完税证明。

苏州崇辉和苏州圣展为公司员工的持股平台，其中苏州崇辉合伙人22名，15名为台湾籍自然人，7名为大陆籍自然人；苏州圣展合伙人38名，6名为台湾籍自然人，32名为大陆籍自然人。

②《补充法律意见书（一）》披露：国家税务总局乐清市税务局北白象税务分局于2020年7月11日出具的《证明》：根据《温州市人民政府关于加快建立现代企业制度推进区域资本市场建设的指导意见》（温政发〔2012〕87号）及《温州市人民政府金融工作办公室关于公布第一批重点拟上市企业名单的通知》（温上市办〔2019〕1号）文件精神，对万控智造折股过程中产生的应缴个人所得税暂缓征收。

（二）整体变更过程中合伙企业涉税分析

有限责任公司整体变更为股份有限公司发生转增股本行为，对于合伙企业股东的合伙人是否需要缴纳所得税，实务中有不同的观点，企业IPO《招股说明书》披露的观点主要为两种：①合伙人需要就取得的转增所得缴纳所得税，且已缴纳了相应的所得税（以下简称"合伙人纳税待遇"）；②合伙企业合伙人的所得税由合伙人自行缴纳或者由合伙企业支付时代扣代缴，发行人并无代扣代缴义务（以下简称"无扣缴义务待遇"）。本书根据部分IPO企业《招股说明书》披露信息对其做了分类整理，具体如表4-2-16所示。

表 4-2-16　有限责任整体变更中合伙企业合伙人涉税案例

税收待遇	公司名称	具体内容
合伙人纳税待遇	富士莱 （301258）	2011 年 12 月，富士莱有限整体变更为富士莱股份，公司注册资本从 5437.78 万元增加值 6000 万元，增加 565.22 万元。苏州市富士莱化工厂（有限合伙）净增 517.24 万元，按照 20% 税率纳税，2019 年 6 月 1 日缴纳税款 104.00 万元
	创耀科技 （688259）	根据《企业所得税法》的有关规定，符合条件的居民企业之间的股息、红利等权益性投资收益为企业的免税收入。因此，企业类型为有限责任公司的中新创投、江宁创投无需就发行人整体变更事项缴纳相关企业所得税。根据《财政部 国家税务总局关于合伙企业合伙人所得税问题的通知》（财税〔2008〕159 号）的有关规定，合伙企业以每一个合伙人为纳税义务人。合伙企业合伙人是自然人的，缴纳个人所得税；合伙人是法人和其他组织的，缴纳企业所得税。企业类型为有限合伙企业的中以英飞、英飞投资无需就发行人整体变更事项缴纳相关企业所得税。根据《个人所得税法》规定，个人所得税以所得人为纳税人，以支付所得的单位或者个人为扣缴义务人。就发行人整体变更事项，发行人合伙企业股东中的自然人合伙人应当申报缴纳个人所得税，向该自然人支付个人应税所得的主体为个人所得税的扣缴义务人。因此，发行人就上述整体变更事项无纳税扣缴义务，发行人股东亦无纳税义务
	万控智造 （603070）	整体变更设立股份公司时，法人股东更无需缴纳企业所得税，自然人股东、合伙企业股东的合伙人为自然人的需缴纳个人所得税。发行人主管税务部门已出具书面证明同意暂缓缴纳相关个人所得税①
	云从科技 （688327）	云从有限整体变更为股份公司时发起人股东共 49 人，其中自然人股东 4 名、法人股东 8 名，合伙企业股东 37 名。截至本招股说明书签署日，发行人自然人股东均已缴纳云从科技整体变更事宜涉及的个人所得税；合伙企业股东中，除员工持股平台中担任发行人董事、监事、高级管理人员和核心技术人员的自然人合伙人已足额缴纳整体变更所涉及的个人所得税外，其余自然人合伙人暂未就云从有限整体变更事宜缴纳个人所得税
	浩瀚深度 （688292）	发行人于 2013 年整体变更为股份有限公司，股份数由股改前的 1989.07 万股增加至 10 000.00 万股，整体变更时涉及发起人股东为 15 名自然人股东及 2 名合伙企业股东。 针对本次转增股本事项，发起人已根据《国家税务总局关于股份制企业转增股本和派发红股征免个人所得税的通知》的相关规定为张××、雷×× 等 15 位自然人股东完成个人缴纳事项。 两名合伙企业股东中，智诚广宜已于 2022 年 1 月向国家税务总局北京市海淀区税务局代扣代缴发行人整体变更涉及的合伙人个人所得税共计 43.75 万元，并已取得国家税务总局北京市海淀区税务局盖章确认的税收完税证明

续表

税收待遇	公司名称	具体内容
合伙人纳税待遇	圣晖集成（603163）	圣晖国际属于境外投资者以分配利润直接投资暂不征收所得税；苏州崇辉企业管理咨询合伙企业（有限合伙）于2019年12月16日缴纳（代扣境内）个人所得税15.06万元（境外个人免税）；苏州圣展企业管理咨询合伙企业（有限合伙）于2019年12月16日缴纳（代扣境内）个人所得税21.42万元（境外个人免征）[②]
	腾亚精工（301125）	1. 本次公司整体变更，资本公积转增股本部分，相关主体无需缴纳个人所得税； 2. 本次公司整体变更，存在盈余公积、未分配利润转增资本公积情形，其中法人股东无需缴纳所得税，个人股东及合伙企业股东已于南京市江宁区税务办理个人所得税分期缴纳备案（截止日为2023.12.31）
	紫建电子（301121）	公司整体变更时的自然人股东及通过重庆市维都利投资合伙企业（有限合伙）、重庆市富翔盛瑞企业管理咨询合伙企业（有限合伙）和重庆市富翔兴悦企业管理咨询合伙企业（有限合伙）间接持有公司股份的股东已于2020年4月27日依据《关于个人非货币性资产投资有关个人所得税政策的通知》（财税〔2015〕41号）规定完成分期缴纳备案，将按照《非货币性资产投资分期缴纳个人所得税备案表》计划的缴纳时间和金额履行股改纳税义务
	唯万密封（301161）	发行人2020年7月1日由有限公司整体变更设立股份公司涉及所得税缴纳事项，所涉所得税均已完成缴纳或已按当地税务局规定申请缓缴。具体情况如下： （2）高管/员工持股平台 上海临都申报代扣代缴个税5.49万元、上海方谊申报代扣代缴个税4.72万元，发行人高管持股平台及员工持股个平台上海临都、上海方谊均完成全部涉税金额的缴纳。 （3）投资机构 金浦新兴、华融瑞泽、紫竹小苗（均为合伙企业，本书注）已向主管税务机关申报代扣代缴个税，并提供了完税凭证；华轩基金（有限公司，本书注）已完成年度汇算清缴并提供年度纳税申报
	维峰电子（301328）	公司整体变更为股份有限公司时，公司自然人股东、合伙企业股东的自然人合伙人因转增股本涉及的个人所得税均已依法缴纳
	宏景科技（301396）	根据公司提供的税收完税证明，慧景投资的合伙人已就本次送股及资本公积转增股本缴纳个人所得税

续表

税收待遇	公司名称	具体内容
无扣缴义务待遇	纬德信息（688171）	发行人自然人发起人已根据财税〔2015〕116号文件规定就整体变更涉税事宜向国家税务总局广州市黄埔区税务局办理了5年分期缴纳备案手续。根据《财政部 国家税务总局关于合伙企业合伙人所得税问题的通知》（财税〔2008〕159号）的规定，合伙企业不缴纳企业所得税，而由每一个合伙人就其所得自行缴纳所得税
	松井股份（688157）	本次改制由有限公司注册资本1000万元净资产折股增加至股份公司5660万元注册资本，根据宁乡市税务局出具的《中华人民共和国税收完税证明》，本次转增股本中自然人股东已缴纳了个人所得税；非自然人股东中：1）茂松有限系境内自然人设立的居民企业，根据《企业所得税法》规定，符合条件的居民企业之间的股息、红利等权益性投资收益为免税收入，无需就本次转增缴纳所得税；2）松茂合伙、松源合伙系合伙企业，其合伙人已针对本次股改进行纳税

注：①《补充法律意见书（一）》的信息披露：国家税务总局乐清市税务局北白象税务分局于2020年7月11日出具证明：根据《温州市人民政府关于加快建立现代企业制度推进区域资本市场建设的指导意见》（温政发〔2012〕87号）及《温州市人民政府金融工作办公室关于公布第一批重点拟上市企业名单的通知》（温上市办〔2019〕1号）文件精神，对万控智造折股过程中产生的应缴个人所得税暂缓征收。

②《补充法律意见书（一）》的信息披露：圣晖国际涉税已取得苏州高新区税务局2019年9月24日出具的《非居民企业递延缴纳预提所得税信息报表》；苏州崇辉取得NO.620010810028290847税收完税证明；苏州圣展取得No.620010810028322530税收完税证明。

苏州崇辉和苏州圣展为公司员工的持股平台，其中苏州崇辉合伙人22名，15名为中国台湾籍自然人，7名为中国大陆籍自然人；苏州圣展合伙人38名，6名为中国台湾籍自然人，32名为中国大陆籍自然人。

专题五

持股方式及其转换涉税

持股方式是指 IPO 企业的控制人或者股东以何种方式持有企业的股权或股份，由于不同的持股方式在股权持有阶段及退出阶段税收待遇是不同的，所以持股方式的确定是 IPO 企业实际控制人考虑的重要因素之一。多层架构的持股方式也是监管机构对 IPO 企业股权变动关注的重点内容，所以无论是从税收角度考虑还是从监管需求考虑，IPO 企业的股东都应当选择符合自身实际情况的持股方式。

本专题将从如下两方面展开：

第一章　不同持股方式及其转换的涉税分析

第二章　持股方式转换实务案例分析

第一章 不同持股方式及其转换的涉税分析

所谓持股方式是指企业在 IPO 前，实际控制人或投资者以何种方式持有拟 IPO 企业股票。由于本专题讨论的持股方式主要围绕拟 IPO 企业展开，所以上市公司及非 IPO 企业的一些持股方式将不作为本专题讨论的重点。

一、持股方式类型及 IPO 审核

（一）IPO 企业持股方式

根据投资者是直接持有拟 IPO 企业股份还是通过中间法律主体持有拟 IPO 企业股份，其持股方式如图 5-1-1 所示。

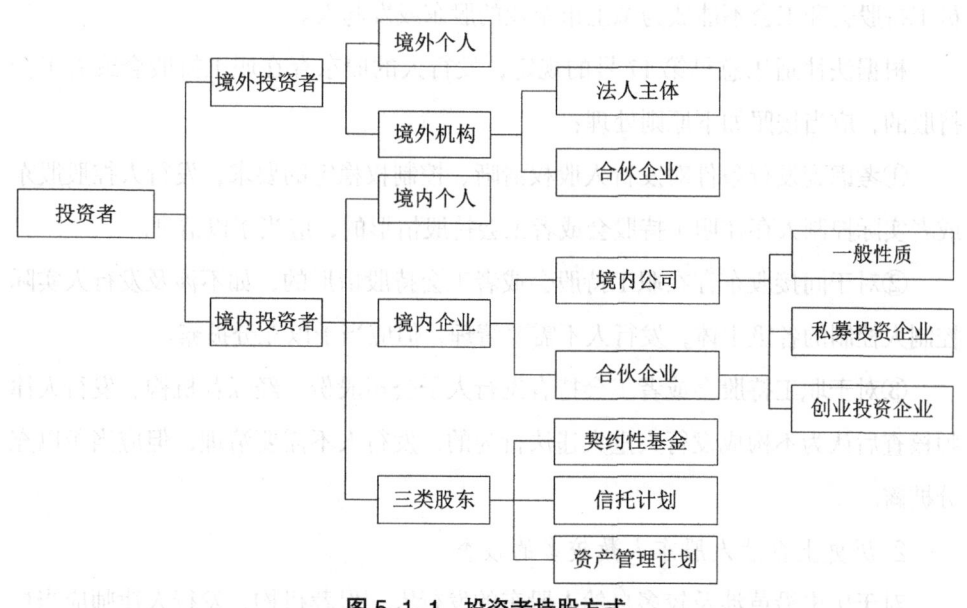

图 5-1-1　投资者持股方式

在企业 IPO 过程中，投资者基于不同目的，其持股方式是不同的：投资者可能采用单一方式持股，也可能会采用组合方式持有拟 IPO 企业股份。例如，外部的投资者通常会采用有限公司或者合伙企业方式持股，而且其中的财务投资者会以创投企业或者私募股权投资基金为持股主体；实施股权激励的员工持股平台采用有限合伙持股方式。实际控制人的持股方式则多种多样，如百奥泰（688177）、实朴检测（301228）、比依股份（603215）的实际控制人以有限责任公司持股；百诚医药（301096）则以合伙企业持股；何氏眼科（301103）、富士莱（301258）等则采用自然人和有限公司混合持股方式；华融化学（301256）、松井股份（688157）则以有限公司和合伙企业持有发行人股份。

（二）IPO 审核中对股东资格核查及信息披露要求

1. 对工会、员工持股会持股的审核

工会持股是指由公司依法成立的工会代员工持有发行人股份的一种持股方式；员工持股会持股是指由公司的内部员工成立员工持股会并经民政部门登记为社团法人，由其持有发行人股份的一种持股方式。根据证监会《关于职工持股会及工会能否作为上市公司股东的复函》（证监会法律部〔2000〕24 号）的规定，员工持股会和工会不能成为拟上市企业的股东或发起人。

根据法律适用意见第 17 号的规定，发行人的股东存在职工持股会或者工会持股的，应当按照如下原则处理：

①考虑到发行条件对发行人股权清晰、控制权稳定的要求，发行人控股股东或者实际控制人存在职工持股会或者工会持股情形的，应当予以清理。

②对于间接股东存在职工持股会或者工会持股情形的，如不涉及发行人实际控制人控制的各级主体，发行人不需要清理，但应当予以充分披露。

③对于职工持股会或工会持有发行人子公司股份，经保荐机构、发行人律师核查后认为不构成发行人重大违法行为的，发行人不需要清理，但应当予以充分披露。

2. 历史上自然人股东人数较多的核查

对于历史沿革涉及较多自然人股东的发行人，保荐机构、发行人律师应当核查历史上自然人股东入股，退股（含工会、职工持股会清理等事项）是否按照当时有效的法律法规履行了相应程序，入股或股权转让协议、款项收付凭证、工商登记资料等法律文件是否齐备，并抽取一定比例的股东进行访谈，就相关自然人股东股权变动的真实性、所履行程序的合法性，是否存在委托持股或信托持股情形，是否存在争议或潜在纠纷发表明确意见。对于存在争议或潜在纠纷的，保荐机构、发行人律师应当对相关纠纷对发行人股权清晰稳定的影响发表明确意见。发行人以定向募集方式设立股份公司的，中介机构应以有关部门就发行人历史沿革的合规性、是否存在争议或潜在纠纷等事项的意见作为其发表意见的依据。

3. 股份代持的核查及披露

《监管指引》规定，发行人应当真实、准确、完整地披露股东信息，发行人历史沿革中存在股份代持等情形的，应当在提交申请前依法解除，并在招股说明书中披露形成的原因、演变情况、解除过程、是否存在纠纷或潜在纠纷等。

发行人提交申请前12个月内新增股东的，应当在招股说明书中披露新增股东是否存在股份代持情形。

4. 申报前引入新股东的核查

《监管规则适用指引——发行类第4号》规定，对IPO申报前12个月通过增资或股权转让产生的新股东，保荐机构、发行人律师应按照《监管指引》《监管规则适用指引——发行类第2号》的相关要求进行核查。发行人在招股说明书信息披露时，除满足招股说明书信息披露准则的要求外，如新股东为法人，应披露其股权结构及实际控制人；如为自然人，应披露其基本信息；如为合伙企业，应披露合伙企业的普通合伙人及其实际控制人、有限合伙人的基本信息。最近一年末资产负债表日后增资扩股引入新股东的，申报前须增加一期审计。

如下两种情形下引入的股东不视为新股东：①红筹企业（是指注册地在境外、主要经营活动在境内的企业）拆除红筹架构以境内企业为主体申请上市，如该境内企业直接股东原持有红筹企业股权、持有境内企业股权比例为根据红筹企业持股比例转换而来，且该股东自持有红筹企业股权之日至IPO申报时点满12个月，原则上不视为新股东；②发行人直接股东如以持有发行人重要子公司（置换时资产、营业收入或利润占比超过50%）股权置换为发行人股权的，如该股东自持有子公司股权之日至 IPO 申报时点满 12 个月，原则上不视为新股东。

根据《监管指引》规定，发行人提交申请前 12 个月内新增股东的，应当在招股说明书中充分披露新增股东的基本情况、入股原因、入股价格及定价依据，新股东与发行人其他股东、董事、监事、高级管理人员是否存在关联关系，新股东与本次发行的中介机构及其负责人、高级管理人员、经办人员是否存在关联关系，新增股东是否存在股份代持情形。

5. 多层持股的核查

发行人股东的股权架构为两层以上且为无实际经营业务的公司或有限合伙企业的，如该股东入股交易价格明显异常，中介机构应当对该股东层层穿透核查到最终持有人，说明是否存在如下情形：①股份代持；②法律法规规定禁止持股的主体直接或间接持有发行人股份；③本次发行的中介机构或其负责人、高级管理人员、经办人员直接或间接持有发行人股份；④以发行人股权进行不当利益输送。

最终持有人为自然人的，发行人应当说明自然人基本情况。

6. 入股价格异常的核查

发行人的自然人股东入股交易价格明显异常的，中介机构应当核查该股东基本情况、入股背景等信息，说明是否存在股权代持、法律法规规定禁止持股主体直接或间接持股、利用股权进行不当利益输送的情形。

7. 对资产管理产品和契约型私募投资基金持股的核查及披露

资产管理产品是指银行非保本理财产品，资金信托，证券公司、证券公司子公司、基金管理公司、基金管理子公司、期货公司、期货公司子公司、保险资产管理机构、金融资产投资公司发行的资产管理产品等《中国人民银行 中国银行保险监督管理委员会 中国证券监督管理委员会 国家外汇管理局关于规范金融机构资产管理业务的指导意见》（银发〔2018〕106 号）规定的产品。资产管理产品和契约型基金依法不需要在工商管理部门或者其他部门办理商事主体登记，而且其资金来源均属于依法向特定对象或不特定对象募集，所以在对股东穿透审查时会存在一定的障碍，在确定发行人的真实投资者方面产生一定的阻碍。

《监管规则适用指引——发行类第 4 号》《监管指引》规定，资产管理产品及契约型私募投资基金直接持有发行人股份的，中介机构和发行人应从以下五个方面核查披露相关信息。

①中介机构应核查确认公司控股股东、实际控制人、第一大股东不属于资产管理产品、契约型私募投资基金。

②资产管理产品、契约型私募投资基金为发行人股东的，中介机构应核查确认该股东依法设立并有效存续，已纳入国家金融监管部门有效监管，并已按照规定履行审批、备案或报告程序，其管理人也已依法注册登记。

③发行人应当按照首发信息披露准则的要求对资产管理产品、契约型私募投资基金股东进行信息披露，通过协议转让、特定事项协议转让和大宗交易方式形成的资产管理产品、契约型私募投资基金股东，中介机构应对控股股东、实际控制人、董事、监事、高级管理人员及其近亲属，本次发行的中介机构及其负责人、高级管理人员、经办人员是否直接或间接在该等资产管理产品、契约型私募投资基金中持有权益进行核查并发表明确意见。

④中介机构应核查确认资产管理产品、契约型私募投资基金已作出合理安排，可确保符合现行锁定期和减持规则要求。

⑤私募股权投资基金等金融产品持有发行人股份的，发行人应当披露金融产品纳入监管情况。

8. 境外控制架构核查

实际控制人实现控制的条线存在境外控制架构的，保荐机构和发行人律师应当对发行人设置此类架构的原因、合法性及合理性、持股的真实性、是否存在委托持股、信托持股、是否有各种影响控股权的约定、股东的出资来源等问题进行核查，说明发行人控股股东和受控股股东、实际控制人支配的股东所持发行人的股份权属是否清晰，以及发行人如何确保其公司治理和内控的有效性，并发表明确意见。

证监会在 2020 年 6 月修订的《首发业务若干问题解答》中在"工会、职工持股会及历史上自然人股东人数较多的核查要求"中对该问题进行了明确：考虑到发行条件对发行人股权清晰、控制权稳定的要求，发行人控股股东或实际控制人存在职工持股会或工会持股情形的，应当予以清理；对于间接股东存在职工持股会或工会持股情形的，如不涉及发行人实际控制人控制的各级主体，发行人不需要清理，但应予以充分披露；对于工会或职工持股会持有发行人子公司股份，经保荐结构、发行人律师核查后认为不构成发行人重大违法违规的，发行人不需要清理，但应予以充分披露。

所以在当前的证监会审核要求中，对于通过工会或员工持股会持股的，根据其身份及持有主体的区别，是否需要清理要区别对待。

①控股股东或实际控制人。

发行人的控股股东或实际控制人存在职工持股会或工会持股的，在 IPO 前应当予以清理。

②非控股股东或实际控制人。

对于通过员工持股会或工会持股不涉及发行人的控股股东或实际控制人的，在 IPO 前可不予清理，但应当对其充分披露。

③对发行人子公司的持股。

若通过员工持股会或工会持有发行人子公司股份的，若该持股方式不构成发行人重大违法违规的，则不需要清理，但应当对其充分披露。

9. 对三类股东的审核

三类股东持股是指发行人的股东中存在契约性基金、信托计划及资产管理计划持股。上述三类股东依法不需要在工商管理部门或者其他部门办理商事主体登记，而且其资金来源均属于依法向特定对象或不特定对象募集，所以在对股东穿透审查时这三类股东会存在一定的障碍，在确定发行人的真实投资者方面产生一定的阻碍。

二、不同持股方式涉税分析

股东及其所投资企业在经营过程中，特别是在 IPO 前后都会发生多种影响股东税收待遇的事项，而且这种税收待遇往往与股东持有企业股权的方式有关。虽然投资者在确定其持有 IPO 企业股权方式时可能并不以税收作为主要的考量因素，但是作为投资者必须关注持股方式对其税收的影响，本书对此类事项常见情形列举如表 5-1-1 所示。

表 5-1-1　受持股方式影响的涉税事项

涉税事项	说明
股权转让	是指股东将持有的被投资企业的股权转让给其他单位或者个人的行为
股息分配	是指被投资企业将当年度或者累积的未分配利润分配给股东的行为，包括企业以未分配利润等留存收益转增实收资本的股票股息分配
转增股本	是指被投资企业以资本公司转增实收资本或股本从而增加股东持有被投资企业股权的行为
整体变更	是指被投资企业由有限责任公司整体变更为股份有限公司的行为
企业重组	是指被投资企业发生的诸如资产收购、股权收购、企业合并、企业分立、债务重组或划转等符合税收法律法规规定的企业重组行为
解散清算	是指被投资企业因股东会决议或者法律规定的事由依法进行解散清算的行为
转让上市公司股票	是指被投资企业在 IPO 成功后，投资者持将持有的上市公司股票转让的行为

上述事项中股票股息、转增股本和整体变更部分已在专题四进行了分析，股权转让、企业重组的涉税事项将在后续的专题中进行详细分析。

三、利润分配的涉税分析

（一）自然人股东涉税分析

自然人（以下称个人）从被投资企业取得利润分配的，根据个人投资者税收身份的不同及所投资企业性质的不同，其税收待遇有所差异。

1. 居民个人的所得税分析

（1）适用税率

根据《个人所得税法》及其实施条例的规定，个人从被投资企业取得的股息所得应当按照"利息、股息、红利所得"项目，适用 20% 的税率计算缴纳个人所得税，并且由支付股息的企业代扣代缴股东应当缴纳的个人所得税。

（2）所得额计算

《个人所得税法》（2018 年修订）第六条第（六）项规定，个人取得的股息所得，以每次收入额为应纳税所得额。

企业进行利润分配，应当根据实际分配的利润金额作为自然人股东取得的所得。

（3）税款扣缴时间

根据《个人所得税法实施条例》（2018年颁布）第二十四条规定，企业应当在向股东支付利润时依法扣缴个人所得税，按实缴库并专项记载备查。

《国家税务总局关于利息、股息、红利所得征税问题的通知》（国税函〔1997〕656号）规定："扣缴义务人将属于纳税义务人应得的利息、股息、红利收入，通过扣缴义务人的往来会计科目分配到个人名下，收入所有人有权随时提取，在这种情况下，扣缴义务人将利息、股息、红利所得分配到个人名下时，即应认为所得的支付，应按税收法规规定及时扣代缴个人应缴纳的个人所得税。"所以并非企业将应付股利通过股东的往来科目进行核算就产生扣缴义务，还必须满足股东可以有权随时提取的条件。

（4）扣缴义务人

根据《个人所得税法》及其实施条例的规定，个人取得的所得以支付所得的单位和个人为扣缴义务人；根据《征收个人所得税若干问题的规定》（国税发〔1994〕89号）的规定，利息、股息、红利实行源泉扣缴的征管方式，其扣缴义务人是直接向纳税义务人支付利息、股息、红利的单位。所以作出利润分配的企业为股东取得股息红利所得个人所得税的扣缴义务人。

2. 涉外自然人的所得税分析

（1）外籍个人取得股息分配

《财政部　国家税务总局关于个人所得税若干政策问题的通知》（财税字〔1994〕20号）第二条第（八）项规定："外籍个人从外商投资企业取得的股息、红利所得，暂免征收个人所得税。"

所以外商投资企业向外籍个人进行利润分配的，外籍个人取得的股息红利所得可暂免征收个人所得税。

《国务院批转发展改革委等部门关于深化收入分配制度改革若干意见的通知》（国发〔2013〕6号）提出："加强个人所得税调节，取消对外籍个人从外商投资企业取得的股息、红利所得免征个人所得税等税收优惠。"

本书认为，在财税字〔1994〕20号文件中上述条款未明确废止前，对于外籍个人从外商投资企业取得的所得仍然应当免征个人所得税。其一，国发〔2013〕6号仅为国务院转发相关部门的文件，并非对税收政策进行调整或者明确的文件，且其后附的《关于深化收入分配制度改革的若干意见》也仅仅提出"加快健全再分配调节机制"，而并非制定或修改相关的税收政策；其二，国家税务总局定期发布的《减免税政策代码目录》中仍然将"外籍个人从外商投资企业取得的股息红利所得免征个人所得税"视为现行有效的税收优惠政策。

（2）港澳台个人取得的股息分配

财税字〔1994〕20号规定"外籍个人"从外商投资企业取得的股息、红利所得暂免征收个人所得税。根据《国务院关于鼓励华侨和香港澳门同胞投资的规定》（国务院令第64号）第五条和《国务院关于鼓励台湾同胞投资的规定》（国务院令第7号）第五条的规定，港澳投资者和台湾投资者在境内投资举办的全资企业、合资经营企业和合作经营企业，可享受相应的外商投资企业待遇，投资者在境内进行其他形式的投资，以及在境内没有设立经营机构而有来源于境内的股息、利息、租金、特许权使用费和其他所得，也可以参照执行国家有关涉外经济法律法规的规定。

所以港澳台个人取得的上述所得，也可参照适用财税字〔1994〕20号的相关规定，即投资者个人取得的股息、红利所得暂免征收个人所得税。

（3）华侨取得股息分配

《国务院侨务办公室关于印发〈关于界定华侨外籍华人归侨侨眷身份的规定〉的通知》（国侨发〔2009〕5号）第一条规定，华侨是指定居在外国的中国公民。其中"定居"是指中国公民已取得住在国长期或者永久居留权，并已在住在国连续居留两年，两年内累计居留不少于18个月；中国公民虽未取得住在国长期或永久居留权，但已取得住在国连续5年以上（含5年）合法居留资格，5年内在住在国累计居留不少于30个月，视为华侨；中国公民出国留学（包括公派和自费）在外学习期间，或因公务出国（包括外派劳务人员）在外工作期间，均不视为华侨。

根据《国务院关于鼓励华侨和香港澳门同胞投资的规定》（国务院令第64

号）的规定，华侨在境内投资的企业可以享受相应的外商投资企业待遇，而投资者个人则可以参照执行国家有关涉外经济法律法规的规定。《国家税务总局关于具有中国国籍的日本居民李梅取得的股息免征个人所得税问题的批复》（国税函〔1999〕403号）也规定"如李梅能提供其华侨身份和有效证明，可参照执行《财政部 国家税务总局关于个人所得税若干政策问题的通知》（财税字〔1994〕20号）第二条第（八）款的规定，免予征收个人所得税。"

所以华侨从其境内投资设立的企业取得的股息红利所得，可以适用暂免征收个人所得税的税收待遇。

（4）注销国籍后取得的所得

根据《中华人民共和国国籍法》的规定，我国不承认中国公民具有双重国籍，所以若个人取得外国国籍必须先注销中国的国籍，对于原为中国国籍因变更国籍而取得其他国家国籍的人员从其原在中国境内投资的企业取得的股息所得，是否可以适用前述财税字〔1994〕20号关于免征个人所得税的待遇，本书认为是不可以的。

《中华人民共和国外商投资法》（2019年颁布）第二条规定："本法所称外商投资企业，是指全部或者部分由外国投资者投资，依照中国法律在中国境内登记注册设立的企业。"在其之前生效的《中华人民共和国中外合作经营企业法》《中华人民共和国中外合资经营企业法》和《中华人民共和国外资企业法》对于外商投资企业的规定均是外国投资者单独或者与中国的公司、组织或者其他经济组织共同举办的企业。根据《关于外国投资者并购境内企业的规定》（商务部令2009年第6号）的规定，对于外国投资者并购境内企业后，外国投资者并购后的外商投资占注册资本比例高于25%的，享受外商投资企业的待遇。

所以外商投资企业根据其形成的原因包括外国投资者投资设立的外商投资企业和外国投资者并购形成的外商投资企业，且2020年1月1日施行的《外商投资信息报告办法》（商务部 国家市场监督管理总局令2019年第2号）对于外商投资企业提交的初始报告也仅分为设立时的初始报告和并购后的初始报告。投资者个人通过变更国籍的，并不能认定其原在境内投资的企业为外商投资企业，所以其从该投资企业取得的所得不能适用免征个人所得税的待遇。

3. 投资新三板的所得税分析

企业在 IPO 前可能会有在新三板挂牌的过程，企业在挂牌期间投资者从挂牌企业取得的股息红利所得，应当适用《财政部　国家税务总局　证监会关于实施全国中小企业股份转让系统挂牌公司股息红利差别化个人所得税政策有关问题的通知》（财税〔2014〕48 号）和《财政部　税务总局　证监会关于继续实施全国中小企业股份转让系统挂牌公司股息红利差别化个人所得税政策的公告》（财政部　国家税务总局　证监会公告 2019 年第 78 号）的相关政策规定。

根据财税〔2014〕48 号和 2019 年第 78 号公告的规定，从 2014 年 7 月 1 日起，个人投资者从新三板企业取得的股息红利所得，根据其持股期限的不同分别适用不同的税收待遇，具体如表 5-1-2 所示。

表 5-1-2　新三板企业股息税收待遇

持股时间	2014 年 7 月 1 日至 2019 年 6 月 30 日	2019 年 7 月 1 日至 2024 年 6 月 30 日
1 个月以内（含 1 个月）	全额计入应纳税所得额	全额计入应纳税所得额
1 个月以上至 1 年（含 1 年）	暂减按 50% 计入应纳税所得额	暂减按 50% 计入应纳税所得额
超过 1 年	暂减按 25% 计入应纳税所得额	暂免征收个人所得税

新旧政策对于持股期限在 1 年以内的投资者税收待遇并没有发生变化，但是对于持股期限在 1 年以上的，由原来的减按 25% 计入应纳税所得额调整为暂免征收个人所得税。

对于持股期限的计算，财税〔2014〕48 号文件第一条第二款规定："持股期限是指个人取得挂牌公司股票之日至转让交割该股票之日前一日的持有时间。"但由于取得股息并非转让股票，所以 2019 年第 78 号公告将上述持股期限截止日修改为"截至股权登记日"。但对于持股期限中的年（月）计算，财税〔2014〕48 号文件和 2019 年第 78 号公告都作了如下规定："所称年（月）是指自然年（月），即持股一年是指从上一年某月某日至本年同月同日的前一日连续持股，持股一个月是指从上月某日至本月同日的前一日的连续持股。"

4. 限售股的所得税分析

《财政部　国家税务总局　证监会关于实施上市公司股息红利差别化个人所

得税政策有关问题的通知》(财税〔2012〕185号)规定,对个人持有的上市公司限售股,解禁后取得的股息红利,适用差别化个人所得税政策,解禁前取得的股息红利暂减按50%计入应纳税所得额,适用20%的税率计征个人所得税。

5.股票股利的所得税分析

企业以未分配利润转为资本从而向股东派发股票股利的,国家税务总局制定了多个规范性文件对其予以规范,主要如表5-1-3所示。

表5-1-3 盈余公积分配涉税规范

文件	主要内容
《国家税务总局关于印发〈征收个人所得税若干问题的规定〉的通知》(国税发〔1994〕89号)	十一、关于派发红股的征税问题 股份制企业在分配股息、红利时,以股票形式向股东个人支付应得的股息、红利(即派发红利),应以派发红股的股票票面金额为收入额,按利息、股息、红利项目计征个人所得税
《国家税务总局关于股份制企业转增股本和派发红股征免个人所得税的通知》(国税发〔1997〕198号)	二、股份制企业用盈余公积金派发红股属于股息、红利性质的分配,对个人取得的红股数额,应作为个人所得征税
《国家税务总局关于进一步加强高收入者个人所得税征收管理的通知》(国税发〔2010〕54号)	加强股息、红利所得征收管理。重点加强股份有限公司分配股息、红利时的扣缴税款管理,对在境外上市公司分配股息红利,要严格执行现行有关征免个人所得税的规定。加强企业转增注册资本和股本管理,对以未分配利润、盈余公积和除股票溢价发行外的其他资本公积转增注册资本和股本的,要按照"利息、股息、红利所得"项目,依据现行政策规定计征个人所得税
《国家税务总局关于切实加强高收入者个人所得税征管的通知》(国税发〔2011〕50号)	加强企业分配股息、红利的扣缴税款管理,重点关注以未分配利润、盈余公积和资产评估增值转增注册资本和股本的征管,堵塞征管漏洞
《财政部 国家税务总局关于推广中关村国家自主创新示范区税收试点政策有关问题的通知》(财税〔2015〕62号)	示范地区内中小高新技术企业,以未分配利润、盈余公积、资本公积向个人股东转增股本时,个人股东应按照"利息、股息、红利所得"项目,适用20%税率征收个人所得税。个人股东一次性缴纳个人所得税确有困难的,经主管税务机关审核,可分期缴纳,但最长不得超过5年

续表

文件	主要内容
《财政部 国家税务总局关于将国家自主创新示范区有关税收试点政策推广到全国范围实施的通知》(财税〔2015〕116号)	自2016年1月1日起,全国范围内的中小高新技术企业以未分配利润、盈余公积、资本公积向个人股东转增股本时,个人股东一次缴纳个人所得税确有困难的,可根据实际情况自行制定分期缴税计划,在不超过5个公历年度内（含）分期缴纳,并将有关资料报主管税务机关备案
《国家税务总局关于股权奖励和转增股本个人所得税征管问题的公告》(国家税务总局公告2015年第80号)	二、关于转增股本 (一)非上市及未在全国中小企业股份转让系统挂牌的中小高新技术企业以未分配利润、盈余公积、资本公积向个人股东转增股本,并符合财税〔2015〕116号文件有关规定的,纳税人可分期缴纳个人所得税;非上市及未在全国中小企业股份转让系统挂牌的其他企业转增股本,应及时代扣代缴个人所得税。 (二)上市公司或在全国中小企业股份转让系统挂牌的企业转增股本(不含以股票发行溢价形成的资本公积转增股本),按现行有关股息红利差变化政策执行

对个人取得企业股票股息的具体涉税事项可见专题四整体变更中的相关涉税分析。

（二）居民企业涉税分析

1．一般税收待遇

企业在IPO前,一些机构投资者往往采用公司持股的方式投资于企业,部分实际控制人为了便于搭建集团架构也会采用公司持股方式投资于企业,对于股东属于《企业所得税法》规定的居民企业的,企业在作出利润分配时,应根据《企业所得税法》第二十六条第（二）项及《企业所得税法实施条例》第八十三条的规定进行税收待遇的判断。

《企业所得税法》（2018年修订）的二十六条第（二）项规定:"符合条件的居民企业之间的股息、红利等权益性投资收益为免税收入。"《企业所得税法实施条例》（2019年修订）第八十三条规定:"企业所得税法第二十六条第（二）项所称符合条件的居民企业之间的股息、红利等权益性投资收益,是指居民企业直接投资于其他居民企业取得的投资收益;不包括连续持有居民企业公开发行并上市流通的股票不足 12 个月取得的投资收益。"所以对于投资方和被投资方都属于居民企业的情形,若被投资方为非上市公司的,则在作出利润分配时,投资方的居民企业取得的股息红利为免税收入,此时对于投资方的持股期限并没有要求。

《国家税务总局关于印发〈新企业所得税法精神宣传提纲〉的通知》(国税函〔2008〕159 号)第二十四条规定:"原税法规定,内资企业之间的股息红利收入,低税率企业分配给高税率企业要补税率差。"鉴于股息红利是税后利润分配形成的,对居民企业之间的股息红利收入免征企业所得税,是国际上消除法律性双重征税的通行做法,新企业所得税法也采取了这一做法。为更好体现税收优惠意图,保证企业投资充分享受西部大开发、高新技术企业、小型微利企业等实行低税率的好处,实施条例明确不再要求补税率差。《财政部 国家税务总局关于执行企业所得税优惠政策若干问题的通知》(财税〔2009〕69 号)第四条规定:"2008 年 1 月 1 日以后,居民企业之间分配属于 2007 年度及以前年度的累积未分配利润而形成的股息、红利等权益性投资收益,均应按照企业所得税法第二十六条及实施条例第十七条、第八十三条的规定处理。"

所以 2008 年 1 月 1 日以后,居民企业从其他未上市居民企业取得的股息红利等权益性投资收益所得,均属于免税收入,可以免征企业所得税。

2.股票股利的税收待遇

股票股利属于企业利润分配的一种,只是其并不要求企业以支付现金的方式完成股利的分配,而是将被投资企业的未分配利润增加资本,从而将投资方在企业的未分配利润予以资本化,居民企业取得被投资企业股票股利的税收待遇与前述利润分配的一般税收待遇是相同的。

3.优先股股利的税收待遇

中国证监会根据国务院《关于开展优先股试点的指导意见》制定了《优先股试点管理办法》(证监会第 209 号令),《优先股试点管理办法》规定:"本办法所称优先股是指依照《公司法》,在一般规定的普通种类股份之外,另行规定的其他种类股份,其股份持有人优先于普通股股东分配公司利润和剩余财产,但参与公司决策管理等权利受到限制;上市公司可以发行优先股,非上市公众公司可以向特定对象发行优先股。"虽然《优先股试点管理办法》并未明确非上市公众公司外的其他公司是否可以发行优先股,但是由于《公司法》对有限责任公司股东权利更多授权公司自治,所以实务中仍然会存在类似于优先股的"回购股份"。

无论是优先股还是"回购股份"都兼具有权益性和债权性的双重属性,对于此类业务国家税务总局制定了《关于混合性投资业务企业所得税处理问题的公告》(国家税务总局公告2013年第41号)对各方的所得税事项作了规范。

根据国家税务总局公告2013年第41号的规定,符合公告条件的混合性投资,投资方取得的收益应当作为利息收入计入当期的应纳税所得额,而被投资企业支付的金额可作为利息支出按规定在税前扣除;对于被投资企业赎回的投资,投资双方应于赎回时将赎回价与投资成本之间的差额确认为债务重组损益,分别计入当期应纳税所得额。

国家税务总局公告2013年第41号的符合条件的混合性投资是指同时符合以下条件的混合性投资业务:

①被投资企业接受投资后,需要按投资合同或协议约定的利率定期支付利息(或定期支付保底利息、固定利润、固定股息,下同);

②有明确的投资期限或特定的投资条件,并在投资期满或者满足特定投资条件后,被投资企业需要赎回投资或偿还本金;

③投资企业对被投资企业净资产不拥有所有权;

④投资企业不具有选举权和被选举权;

⑤投资企业不参与被投资企业日常生产经营活动。

4. 永续债分配的税收待遇

《财政部 国家税务总局关于永续债企业所得税政策问题的公告》(财政部 税务总局公告2019年第64号)规定:"永续债是指经国家发展改革委员会、中国人民银行、中国银行保险监督管理委员会、中国证券监督管理委员会核准,或经中国银行间市场交易商协会注册、中国证券监督管理委员会授权的证券自律组织备案,依照法定程序发行、附赎回(续期)选择权或无明确到期日的债券,包括可续期企业债、可续期公司债、永续债务融资工具(含永续票据)、无固定期限资本债券等。"

与优先股的"明股实债"性质不同,永续债往往具有"明债实股"的性质,即此类投资形式上属于债权投资,但是由于其约定的条件及投资方所承担的风险,实质上其已经具备了权益性投资的性质。根据财政部 税务总局公告2019年64号的规定,对于投资方取得永续债利息收入可以适用股息、红利企业所得税政策,即若发行方与投资方均为居民企业的,永续债利息收入可以适用企业所得税法规定的居民企业之间的股息、红利等权益性投资收益免征企业所得税规定。

符合条件的永续债是指符合下述条件中5条(含)以上的永续债:①被投资企业对该项投资具有还本义务;②有明确约定的利率和付息频率;③有一定的投资期限;④投资方对被投资企业净资产不拥有所有权;⑤投资方不参与被投资企业日常生产经营活动;⑥被投资企业可以赎回,或满足特定条件后可以赎回;⑦被投资企业将该项投资计入负债;⑧该项投资不承担被投资企业股东同等的经营风险;⑨该项投资的偿还顺序位于被投资企业持有的股份之前。

5.超比例分配的税收待遇

《公司法》(2023年修订)第二百一十六条规定:"公司弥补亏损和提取公积金后所余税后利润,有限责任公司按照股东实缴的出资比例分配利润,全体股东约定不按照出资比例分配利润的除外;股份有限公司按照股东所持有的股份比例分配利润,公司章程另有规定的除外。"

公司法对于有限责任公司和股份有限公司均认可了不按照出资比例分配利润的情况,在利润分配时允许部分股东取得超过其按照出资比例应当取得的利润,即超额利润。对于投资企业取得的超额利润是否可以作为免税收入,《企业所得税法》及其实施条例均未明确,但《企业所得税法》及其实施条例在居民企业之间免税的股息红利应当满足的要件中并未限定按照出资比例取得,本书认为,对于企业取得的超比例分配的利润在满足其他要件时可以作为免税收入。

《国家税务总局关于发布〈中华人民共和国企业所得税年度纳税申报表(A类,2017年版)〉的公告》(国家税务总局公告2017年第54号)在附表A107011《符合条件的居民企业之间的股息、红利等权益性投资收益税收优惠明细表填报说明》中明确"依决定归属于本公司的股息、红利等权益性投资收益金额"填报纳税人按照投资比例或者其他方法计算的,实际归属于本公司的股息、红利等权益性投资收益金额。《国家税务总局关于发布修订后的〈企业所得税优惠政策办理办法〉的公告》（国家税务总局公告2018年第23号）附件《企业所得税优惠事项管理目录（2017年版）》对"符合条件的居民企业之间的股息、红利等权益性投资收益免征企业所得税"主要留存备查资料给予了明确，包括：①被投资企业的最新公司章程；②被投资企业的股东会（或股东大会）利润分配决议或公告、分配表；③被投资企业进行清算所得税处理的，留存被投资企业填报的加盖主管税务机关受理章的《中华人民共和国清算所得税申报表》及附表三《剩余财产计算和分配明细表》复印件；④投资收益、应收股利科目明细账或按月汇总表。

（三）非居民企业涉税分析

1. 境外投资者的一般规定

根据《企业所得税法》第三条、第四条、第十九条、第二十七条及《企业所得税法实施条例》第九十一条的规定，非居民企业从中国居民企业取得的股息红利所得，应当适用10%的税率征收企业所得税，并且应当以取得的收入总额为应纳税所得额。

所以，中国境内的居民企业向境外的投资者分配利润，境外投资者应当根据实际取得的收入总额适用10%的税率计算缴纳企业所得税，并由分配利润的企业代扣代缴。

2. 分配2008年1月1日前的利润

《中华人民共和国外商投资企业和外国企业所得税法》（2008年1月1日起废止）第十九条规定："外国投资者从外商投资企业取得的利润，免征所得税。"《财政部 国家税务总局关于企业所得税若干优惠政策的通知》（财税〔2008〕1号）第四条规定："2008年1月1日之前外商投资企业形成的累积未分配利润，在2008年以后分配给外国投资者的，免征企业所得税；2008年及以后年度外商投资企业新增利润分配给外国投资者的，依法缴纳企业所得税。"

所以，外商投资企业向外国投资者分配其2008年1月1日前的利润，无论分配的时间是在此之前还是在此之后，都可以适用免征企业所得税的优惠政策。

3. 境内非居民企业的股息所得

《企业所得税法》(2018年修订)第二十六条第(三)项规定:"在中国境内设立机构、场所的非居民企业从居民企业取得的与该机构、场所有实际联系的股息、红利等权益性投资收益为免税收入。"

《企业所得税法实施条例》(2019年修订)第八条规定,上述的实际联系,是指非居民企业在中国境内设立的机构、场所拥有据以取得所得的股权、债权,以及拥有、管理、控制据以取得所得的财产等;第八十三条的规定,上述的股息、红利等权益性投资收益,不包括连续持有居民企业公开发行并上市流通的股票不足12个月取得的投资收益。

所以,在中国境内设立机构、场所的非居民企业,其取得的来源于中国境内的股息红利所得,若该所得与其所设机构场所有实际联系的,可免于缴纳企业所得税,否则应当并入到其应纳税所得额中适用25%的税率申报缴纳企业所得税。

4. 利润分配再投资退税

《中华人民共和国外商投资企业和外国企业所得税法》(2008年1月1日起废止)第十条规定:"外商投资企业的外国投资者,将从企业取得的利润直接再投资于该企业,增加注册资本,或者作为资本投资开办其他外商投资企业,经营期不少于5年的,经投资者申请,税务机关批准,退还其再投资部分已缴纳所得税的40%税款,国务院另有优惠规定的,依照国务院的规定办理;再投资不满5年撤出的,应当缴回已退的税款。"

2008年《企业所得税法》实施后,国家税务总局在《关于外商投资企业和外国企业原有若干税收优惠政策取消后有关事项处理的通知》(国税发〔2008〕23号)中对于外资企业外国投资者再投资退税的政策进行了明确:"外国投资者从外商投资企业取得的税后利润直接再投资本企业增加注册资本,或者作为资本投资开办其他外商投资企业,凡在2007年年底以前完成再投资事项,并在国家工商管理部门完成变更或注册登记的,可以按照《中华人民共和国外商投资企业和外国企业所得税法》及其有关规定,给予办理再投资退税。对在2007年年底以前用2007年度预分配利润进行再投资的,不给予退税。"

因此,在2008年《企业所得税法》下,对于外商投资企业的外国投资者以

2007 年以前的利润再进行投资的，不得再享受外商投资企业已缴纳税款的退税政策。

5. 利润分配再投资递延纳税

2008 年《企业所得税法》后，虽然不再有对外国投资者的再投资退税政策，但对外国投资者从外商投资企业取得的利润再投资的，给予了递延缴纳预提所得税的税收待遇，具体可见专题四中对该部分的论述。

6. 税收源泉扣缴

根据《企业所得税法》（2018 年修订）第三十七条的规定，非居民企业在中国境内未设立机构、场所但有来源于中国境内所得的，其应缴纳的所得税实行源泉扣缴，以支付人为扣缴义务人，税款由扣缴义务人在每次支付或者到期应支付时，从支付或者到期应支付的款项中扣除。

《国家税务总局关于非居民企业所得税源泉扣缴有关问题的公告》（国家税务总局公告 2017 年第 37 号）第七条第二款规定，非居民企业取得应源泉扣缴的所得为股息、红利等权益性投资收益的，相关应缴纳税款扣缴义务发生之日为股息、红利等权益性投资收益实际支付之日。

因此，非居民企业取得股息、红利所得应缴纳的预提所得税实行源泉扣缴，由支付股息、红利的企业在实际支付之日扣缴其应缴纳的预提所得税。

7. 税收协定税率

《企业所得税法》（2018 年修订）第五十八条规定："中华人民共和国政府同外国政府订立的有关税收的协定与本法有不同规定的，依照协定的规定办理。"《国家税务总局关于执行税收协定股息条款有关问题的通知》（国税函〔2009〕81 号）规定，如果税收协定规定的税率高于中国国内税收法律规定的税率，则纳税人仍可按中国国内税收法律规定纳税。所以，若按照我国签订的有关税收协定约定的税率计算股息、红利所得税更为优惠的，应当适用优惠税率对非居民企业取得的股息、红利征收预提所得税。

（1）股息协定税率

根据我国与其他国家和地区已签订的双边或多边税收协定，主要国家或地区的股息协定税率如表 5-1-4 所示。

表 5-1-4　股息协定税率情况一览表

税率	国家（地区）协定
5%	国家/地区：科威特、蒙古国、毛里求斯、克罗地亚、斯洛文尼亚、牙买加、塞尔维亚、黑山、苏丹、马其顿、老挝、塞舌尔、巴巴多斯、阿曼、巴林、文莱、墨西哥、沙特阿拉伯 要件：收款人是股息受益所有人
5%	国家/地区：埃塞俄比亚、赞比亚、南非、肯尼亚、博茨瓦纳、厄瓜多尔、加蓬 要件：股息受益所有人是缔约国另一方居民
5%	国家/地区：西班牙、意大利、挪威 要件：受益所有人是公司（合伙企业除外），并且在包括股息支付日在内的 365 天期间均直接持有支付股息的公司至少 25% 资本 其他情况：税率为 10%
5%	国家/地区：法国、丹麦、新加坡、芬兰、荷兰、瑞士、马耳他、乌克兰、亚美尼亚、冰岛、立陶宛、拉脱维亚、爱沙尼亚、卢森堡、韩国、摩尔多瓦、古巴、委内瑞拉、希腊、比利时、阿尔及利亚、塔吉克斯坦、土库曼斯坦、捷克、叙利亚、中国香港特别行政区 要件：受益所有人是公司（合伙企业除外），并直接拥有支付股息的公司至少 25% 资本 其他情况：税率为 10%
5%	国家/地区：爱尔兰、特立尼达和多巴哥、刚果（布） 要件：受益所有人是拥有支付股息公司至少 25% 选举权股份的公司 其他情况：税率为 10%
7.5%	国家/地区：乌干达、卢旺达 要件：股息受益所有人是缔约国另一方居民
8%	国家/地区：埃及、突尼斯 要件：收款人是股息受益所有人
10%	国家/地区：日本、美国、瑞典、捷克斯洛伐克（适用于斯洛伐克）、波兰、南斯拉夫（适用于波斯尼亚和黑塞哥维那）、保加利亚、巴基斯坦、塞浦路斯、匈牙利、印度、白俄罗斯、以色列、越南、土耳其、乌兹别克斯坦、孟加拉国、葡萄牙、卡塔尔、尼泊尔、哈萨克斯坦、印度尼西亚、斯里兰卡、阿尔巴尼亚、中国澳门特别行政区 要件：收款人是该股息受益人
10%	国家/地区：吉尔吉斯斯坦、摩洛哥、阿塞拜疆、智利、柬埔寨 要件：股息受益所有人是缔约国另一方居民
10%	国家/地区：加拿大、菲律宾 要件：受益所有人是拥有支付股息公司至少 10% 选举权股份的公司 其他情况：税率为 15%

340

续表

税率	国家（地区）协定
15%	国家/地区：澳大利亚、巴西、巴布亚新几内亚 要件：收款人是股息受益所有人

特定国家/地区

国家	税率	条件
格鲁吉亚	0%	受益所有人直接或间接拥有支付股息公司至少50%股份，并在该公司投资超过200万欧元
	5%	受益所有人直接或间接拥有支付股息公司至少10%股份，并在该公司投资超过10万欧元
	15%	其他情况
津巴布韦	2.5%	受益所有人是公司，并直接或间接拥有支付股息公司至少25%资本
	7.5%	其他情况
罗马尼亚	3%	股息受益所有人是缔约国另一方居民
安哥拉	5%	受益所有人是公司，并在包括支付股息日在内的365天期间（在计算365天期间时，不应考虑由持股公司或支付股息公司企业重组，如合并重组或分立重组等直接导致的持股情况变化）均直接拥有支付股息的公司至少10%资本
	8%	其他情况
俄罗斯	5%	受益所有人是公司（合伙企业除外），并直接拥有支付股息的公司至少25%资本且持股金额至少达到8万欧元（或等值的其他货币）
	10%	其他情况
英国	5%	受益所有人是公司，并直接或间接拥有支付股息的公司至少25%资本
	15%	据以支付股息的所得或收益由投资工具直接或间接投资于协定第六条所规定的不动产所取得，在该投资工具按年度分配大部分上述所得或收益，且其来自上述不动产的所得或收益免税
	10%	其他情况
德国	5%	受益所有人是公司（合伙企业除外），并直接拥有支付股息的公司至少25%资本
	15%	据以支付股息的所得或收益由投资工具直接或间接从投资于协定第六条所规定的不动产所取得，在该投资工具按年度分配大部分上述所得或收益，且其来自上述不动产的所得或收益免税
	10%	其他情况

续表

税率		国家（地区）协定
新西兰	5%	受益所有人是公司，并在包括支付股息日在内的365天期间（在计算365天期间时，不应考虑由持股公司或支付股息公司企业重组，如合并重组或分立重组等直接导致的持股情况变化）均直接拥有支付股息的公司至少25%资本
	15%	其他情况
阿联酋	7%	收款人是股息受益所有人
奥地利	7%	受益所有人是直接拥有支付股息公司至少25%选举权股份的公司
	10%	其他情况
尼日利亚	7.5%	收款人是股息受益所有人
伊朗	10%	收款人是缔约国另一方居民以及股息受益所有人
马来西亚	10%	股息的受益所有人是马来西亚居民
阿根廷	10%	受益所有人是公司，并在包括支付股息日在内的365天期间（在计算365天期间时，不应考虑由持股公司或支付股息公司企业重组，如合并重组或分立重组等直接导致的持股情况变化）均直接拥有支付股息的公司至少25%资本
	15%	其他情况
泰国	15%	收款人直接拥有支付股息公司至少25%股份
	20%	其他情况

（2）享受税收协定税率的要件

根据国税函〔2009〕81号的规定，非居民纳税人需要享受税收协定待遇的，应当同时符合以下条件。

第一，可享受税收协定待遇的纳税人应是税收协定缔约对方税收居民。该税收居民身份的认定应当由缔约对方税务主管当局或其授权代表签发。

第二，可享受税收协定待遇的纳税人应是相关股息的受益所有人。

第三，可享受税收协定待遇的股息应是按照中国国内税收法律规定确定的股息、红利等权益性投资收益。

第四，国家税务总局规定的其他条件。

如上述有关股息协定税率表格所列明的，对于部分国家或地区的股息协定税率，要求境外投资者持有境内分配股息的企业一定比例的股份，对于存在持股比例要求的境外投资者，享受税收协定股息税率时，除了需要满足上述的一般性要件外，还要同时符合以下条件。

第一，取得股息的该对方税收居民根据税收协定规定应限于公司。对于此类公司的认定应当根据协定对方的民商事法律法规为依据，而并非以我国的公司法为依据认定，若有的国家或地区允许设立无限公司，则该类公司仍然属于满足该项要件的主体。

第二，在该中国居民公司的全部所有者权益和有表决权股份中，该对方税收居民直接拥有的比例均符合规定比例。

第三，该对方税收居民直接拥有该中国居民公司的资本比例，在取得股息前连续12个月以内任何时候均符合税收协定规定的比例。这是对持股比例连续性时间的要求，该要求仅限于股息分配之前，并没有对股息分配后的持股比例有限定。

（3）受益所有人

为了避免国际间的重复征税问题，我国与部分国家或地区签订了双边税收协定，给予税收协定对方居民纳税人以更低税率的税收优惠待遇，同时为了防止企业利用税收协定待遇从事避税行为，各国均会作出纳税人利用税收协定从事避税行为的反避税规则，如国税函〔2009〕81号第四条规定："以获取优惠的税收地位为主要目的的交易或安排不应构成适用税收协定股息条款优惠规定的理由，纳税人因该交易或安排而不当享受税收协定待遇的，主管税务机关有权进行调整。"

纳税人利用税收协定进行避税的常见行为是在与被投资国家签订税收协定的国家或地区设立投资公司，从而享受税收协定待遇，基于此国税函〔2009〕81号要求享受税收协定待遇的纳税人应当是相关股息的受益所有人，因此如何判定受益所有人将成为判定企业是否可以享受税收协定待遇的主要内容之一。

《国家税务总局关于税收协定中"受益所有人"有关问题的公告》（国家税务总局公告2018年第9号）规定，"受益所有人"是指对所得或所得据以产生的权利或财产具有所有权和支配权的人。也就是说，"受益所有人"不仅仅应当是对产生所得的权利或财产拥有所有权的人，还应当是对该权利或财产拥有支配权的人，在这一点上，"受益所有人"类似于公司法中的实际控制人。由于股权持股方式的问题，企业的控股股东并不一定是该企业的实际控制人，所以从被投资企业取得利润的境外非居民企业并不一定就是该股息的受益所有人。

（4）税收协定待遇的管理

非居民企业享受税收协定待遇的管理方式，由原有的审批或备案管理转为自行判断享受并事后管理的模式，其管理的模式变更如表 5-1-5 所示。

表 5-1-5　税收协定待遇纳税管理模式表

文件	主要内容
《国家税务总局关于印发〈非居民享受税收协定待遇管理办法（试行）〉的通知》（国税发〔2009〕124 号）（2015 年 11 月 1 日起废止）	第三条　非居民需要享受税收协定待遇的，应按照本办法规定办理审批或备案手续。凡未办理审批或备案手续的，不得享受有关税收协定待遇。 第七条　非居民需要享受以下税收协定条款规定的税收协定待遇的，应向主管税务机关或者有权审批的税务机关提出享受税收协定待遇审批申请： （一）税收协定股息条款
《国家税务总局关于发布〈非居民纳税人享受税收协定待遇管理办法〉的公告》（国家税务总局公告 2015 年第 60 号）（2020 年 1 月 1 日起废止）	第三条　非居民纳税人符合享受协定待遇条件的，可在纳税申报时，或通过扣缴义务人在扣缴申报时，自行享受协定待遇，并接受税务机关的后续管理
《国家税务总局关于发布〈非居民纳税人享受协定待遇管理办法〉的公告》（国家税务总局公告 2019 年第 35 号）	第三条　非居民纳税人享受协定待遇，采取"自行判断、申报享受、相关资料留存备查"的方式办理。非居民纳税人自行判断符合享受协定待遇条件的，可在纳税申报时，或通过扣缴义务人在扣缴申报时，自行享受协定待遇，同时按照本办法的规定归集和留存相关资料备查，并接受税务机关后续管理

我国对非居民企业享受股息协定税率的税收管理，在 2015 年 11 月 1 日前为事前的审批管理模式，即纳税人应当按照规定向主管税务机关或有权审批的税务机关提交相应的材料，待税务机关审批后方可享受协定股息税率；在 2015 年 11 月 1 日后，对非居民企业取得股息的税收协定税率，由原有的审批变更为纳税人自行判断、税务机关后期管理的模式，2020 年 1 月 1 日后对这种事后管理的模式给予了进一步的放松。

根据国家税务总局公告 2019 年第 35 号的规定，在源泉扣缴情况下，非居民纳税人自行判断符合享受协定待遇条件且需要享受协定待遇的，应当如实填写《非居民纳税人享受协定待遇信息报告表》，主动提交给扣缴义务人，扣缴义务人收到《非居民纳税人享受协定待遇信息报告表》后，确认非居民纳税人填报信息完整的，依国内税收法律规定和协定规定扣缴，并如实将《非居民纳税人享受协定待遇信息报告表》作为扣缴申报的附表报送主管税务机关。对于非居民纳税人未主动提交《非居民纳税人享受协定待遇信息报告表》给扣缴义务人或填报信息不完整的，扣缴义务人依国内税收法律规定扣缴。

（5）备查资料

非居民纳税人享受股息协定税率时，应当按照规定留存以下资料备查：

①由协定缔约对方税务主管当局开具的证明非居民纳税人取得所得的当年度或上一年度税收居民身份的税收居民身份证明；

②与取得相关所得有关的合同、协议、董事会或股东会决议、支付凭证等权属证明资料；

③享受股息、利息、特许权使用费条款协定待遇的，应留存证明"受益所有人"身份的相关资料；

④非居民纳税人认为能够证明其符合享受协定待遇条件的其他资料。

非居民企业享受税收协定股息条款的，根据《国家税务总局关于执行税收协定股息条款有关问题的通知》（国税函〔2009〕81号）的规定，扣缴义务人应当取得并保有下列资料，并按照有关规定及时根据税务机关的要求报告或提供：

①由协定缔约对方税务主管当局或其授权代表签发的税收居民身份证明以及支持该证明的税收协定缔约对方国内法律依据和相关事实证明；

②纳税人在税收协定缔约对方的纳税情况，特别是与取得由中国居民公司支付股息有关的纳税情况；

③纳税人是否构成任一第三方（国家或地区）税收居民；

④纳税人是否构成中国税收居民；

⑤纳税人据以取得中国居民公司所支付股息的相关投资（转让）合同、产权凭证、利润分配决议、支付凭证等权属证明；

⑥纳税人在中国居民公司的持股情况；

⑦其他与执行税收协定股息条款规定有关的信息资料。

（6）境外合伙企业税收协定的享受

此处的合伙企业是指依据外国（地区）法律成立的合伙企业。对于境外合伙企业持有中国境内居民企业股份而取得分配的股息所得的，根据《国家税务总局关于税收协定执行若干问题的公告》（国家税务总局公告2018年第11号）的规定，除税收协定另有规定的以外，只有当该合伙企业是缔约对方居民的情况下，其在中国负有纳税义务的所得才能享受协定待遇；税收协定另有规定的情况是指，税收协定规定，当根据缔约对方国内法，合伙企业取得的所得被视为合伙人取得的所得，则缔约对方居民合伙人应就其从合伙企业取得所得中分得的相应份额享受协定待遇。

所以，若境外合伙企业根据其所在国（地区）法律属于所得税中的居民，则合伙企业可以直接享受税收协定待遇；若其并不能构成所在国的居民，且根据所在国法律其取得的所得视为合伙人取得的所得，则合伙企业的居民合伙人可以适用所在国与我国签订的税收协定待遇。

（四）合伙企业涉税分析

企业在IPO过程中可能会基于员工股权激励而设立合伙企业作为持股平台，一些机构投资者也会采用合伙企业方式投资于IPO企业，以合伙企业作为持股方式，被投资企业作出利润分配决议时，合伙企业也应当进行所得税的纳税申报，但与前述自然人股东及法人股东的纳税申报存在差异。

1. 所得税的纳税义务人

《财政部 国家税务总局关于合伙企业合伙人所得税问题的通知》（财税〔2008〕159号）第二条规定："合伙企业以每一个合伙人为纳税义务人，合伙企业合伙人是自然人的，缴纳个人所得税；合伙人是法人和其他组织的，缴纳企业所得税。"

合伙企业自身并非所得税的纳税义务人，合伙企业取得的经营所得和其他所得以合伙人为纳税义务人，根据合伙人身份的不同适用不同纳税政策，其中自然人合伙人缴纳个人所得税，法人和其他组织缴纳企业所得税，若合伙企业的合伙人为合伙企业的则应由该合伙企业的合伙人缴纳所得税。

2. 合伙人所得额的计算

财税〔2008〕159号第三条规定，合伙企业生产经营所得和其他所得采取"先分后税"的原则；其中生产经营所得和其他所得，包括合伙企业分配给所有合伙人的所得和企业当年留存的所得（利润）。合伙企业采用"先分后税"原则确定各个合伙人的应纳税所得额，其中的"分"并非指资金的分配，而是指当年度所得的"划分"：合伙企业取得的所得按照合伙协议的约定在合伙人之间划分时，其纳税义务即发生，并非需要等到合伙企业将所得实际分配给合伙人时。

根据财税〔2008〕159号第四条的规定，合伙企业的合伙人按照下列原则确定应纳税所得额。

（1）约定分配

合伙企业的生产经营所得和其他所得，首先按照合伙协议约定的分配比例分配给合伙人。

（2）协商分配

合伙企业协议未约定分配比例，或者合伙企业约定的分配比例不明确的，应按照合伙人协商决定的分配比例将合伙企业的经营所得和其他所得分给合伙人。

（3）出资比例分配

合伙人对分配比例协商不成的，按照合伙人实缴出资比例确定合伙人应分得的应纳税所得额。

（4）平均分配

若无法确定各个合伙人的实缴出资比例时，则按照合伙人数量平均核算每个合伙人的应纳税所得额。

同时财税〔2008〕159号要求："合伙协议不得约定将全部利润分配给部分合伙人。"但不同于《中华人民共和国合伙企业法》规定的合伙协议不得约定将全部利润分给部分合伙人或者由部分合伙人承担全部亏损。财税〔2008〕159号之所以不对合伙企业亏损承担作出约定，是由于合伙企业的亏损在所得税上只能由合伙企业自身弥补，不得结转至合伙人弥补。

3. 自然人合伙人取得股息所得的税收待遇

《国家税务总局关于〈关于个人独资企业和合伙企业投资者征收个人所得税

的规定〉执行口径的通知》（国税函〔2001〕84号）规定："个人独资企业和合伙企业对外投资分回的利息或者股息、红利，不并入企业的收入，而应单独作为投资者个人取得的利息、股息、红利所得，按照'利息、股息、红利所得'应税项目计算缴纳个人所得税。"

所以，合伙企业从被投资企业取得分配的股息后，不需要并入合伙企业的"生产经营所得"中，应当按照财税〔2008〕159号划分给合伙人，由自然人合伙人按照"利息、股息、红利所得"项目计算缴纳个人所得税。

4. 法人合伙人取得股息所得的税收待遇

（1）所得属性

法人合伙人从合伙企业取得的股息红利所得，应当并入法人合伙人当年度的应纳税所得额中计算缴纳企业所得税。由于《企业所得税法》及其实施条例规定的免税的股息红利仅限于居民企业"直接投资于"居民企业取得的股息红利，而对于居民企业通过合伙企业投资于其他居民企业的，并不能满足前述免税股息红利的"直接投资"要件，所以法人合伙人通过合伙企业取得的被投资企业分配股息红利所得，不能被作为免税收入。

（2）所得确认

根据财税〔2008〕159号的规定，合伙企业的生产经营所得和其他所得，包括合伙企业分配给所有合伙人的所得和企业当年留存的所得（利润）；所以合伙企业当年度取得的被投资企业的股息红利，即使不分配给法人合伙人，法人合伙人也应当按照财税〔2008〕159号确定的分配方法将应分得的部分计入当年度的应纳税所得额。

（3）非居民企业享受协定待遇的管理

合伙企业的法人合伙人为境外非居民企业的，该非居民企业从合伙企业取得的上述所得是否可以适用税收协定待遇，《国家税务总局关于税收协定执行若干问题的公告》（国家税务总局公告2018年第11号）第五条第（一）款规定："依照中国法律在中国境内成立的合伙企业，其合伙人为税收协定缔约对方居民的，该合伙人在中国负有纳税义务的所得被缔约对方视为其居民的所得的部分，可以在中国享受协定待遇。"

所以当合伙企业的合伙人为境外非居民企业时，若该非居民企业属于缔约对方居民且其从中国取得的所得视为该居民所得的，则其从中国合伙企业取得的所得可以享受协定待遇；若其并非缔约对方的居民或者其取得的所得并不视为该居民所得而是被视为其合伙人的所得，则应当按照上述非居民企业税收协定待遇的规定进行处理。

（五）利润分配的其他税种分析

利润分配事项除了涉及上述股东所得税事项外，还涉及作出利润分配企业的涉税事项，我国没有对企业可供分配限额作出相应的税收规范，所以对作出利润分配的企业而言，其相应的涉税事项主要是实物分配时的税收处理。

1. 增值税

根据《中华人民共和国增值税暂行条例实施细则》（2011年修订）第四条第（七）款及第十六条的规定："将自产、委托加工或者购进的货物分配给股东或者投资者的，视同销售货物，应当按照下列顺序确定销售额：①按纳税人最近时期同类货物的平均销售价格确定；②按其他纳税人最近时期同类货物的平均销售价格确定；③按组成计税价格而确定。"

因此，企业以实物资产作为利润分配给投资者的，应当视同销售缴纳增值税，并且其增值税的销售额应当按照上述条款确定。

2. 企业所得税

《企业所得税法实施条例》第二十五条规定："企业发生非货币性资产交换，以及将货物、财产、劳务用于捐赠、偿债、赞助、集资、广告、样品、职工福利或者利润分配等用途的，应当视同销售货物、转让财产或者提供劳务，但国务院财政、税务主管部门另有规定的除外。"

企业将实物资产作为利润分配给投资者，应当就该分配资产确认相应的资产转让所得或损失，对于资产转让的收入，应根据《国家税务总局关于企业处置资产所得税处理问题的通知》（国税函〔2008〕828号）及《国家税务总局关于企业所得税有关问题的公告》（国家税务总局公告2016年第80号）按照如下的规则确认：2016年前自制资产按企业同类资产同期对外销售价格确定收入，外购资产可按购入时的价格确定销售收入；2016年后无论用于分配的资产是自制还是外购，都应按照资产的公允价值确认收入。

3．土地增值税

《国家税务总局关于房地产开发企业土地增值税清算管理有关问题的通知》（国税发〔2006〕187号）第三条第（一）项规定："房地产开发企业将开发产品用于职工福利、奖励、对外投资、分配给股东或投资人、抵偿债务、换取其他单位和个人的非货币性资产等，发生所有权转移时应视同销售房地产，其收入按下列方法和顺序确认：①按本企业在同一地区、同一年度销售的同类房地产的平均价格确定；②由主管税务机关参照当地当年、同类房地产的市场价格或评估价值确定。"

所以企业以不动产作为利润分配，对于分配的不动产应当视同销售缴纳土地增值税。

四、公司减资的涉税分析

（一）公司减资的所得税待遇分析

1．个人股东的所得税待遇分析

个人股东从其所投资的企业因减资而收回的款项，涉及个人所得税的税收规范性文件主要如表5-1-6所示。

表5-1-6　减资个人所得税主要政策

文件	主要内容
《国家税务总局关于个人终止投资经营收回款项征收个人所得税问题的公告》（国家税务总局公告2011年第41号）	一、个人因各种原因终止投资、联营、经营合作等行为，从被投资企业或合作项目、被投资企业的其他投资者以及合作项目的经营合作人取得股权转让收入、违约金、补偿金、赔偿金以及其他名目收回的款项等，均属于个人所得税应税收入，应按照"财产转让所得"项目适用的规定计算缴纳个人所得税。 应纳税所得额的计算公式如下： 应纳税所得额＝个人取得的股权转让收入、违约金、补偿金、赔偿金以及其他名目收回款项合计数－原实际出资额（投入额）及相关税费

续表

文件	主要内容
《股权转让所得个人所得税管理办法（试行）》（国家税务总局公告2014年第67号）	第三条 本办法所称股权转让是指个人将股权转让给其他个人或法人的行为，包括以下情形： （二）公司回购股权； 第四条 个人转让股权，以股权转让收入减除股权原值和合理费用后的余额为应纳税所得额，按"财产转让所得"缴纳个人所得税。 合理费用是指股权转让时按照规定支付的有关税费

从上面的规定可知，国家税务总局公告2011年第41号解决的是个人终止投资过程中取得款项的所得税处理，对于个人终止投资时取得的所得超过其所放弃股权计税基础的部分作为"股权转让所得"征收个人所得税；国家税务总局公告2014年第67号将公司回购股权的行为视为"股权转让"，无论这种行为是否会导致投资者持有公司股权比例的减少。

我国目前的个人所得税规范将公司减少注册资本而由公司回购股权的行为视为股权转让行为，应当依照国家税务总局公告2014年第67号的规定确定股权转让收入、转让股权的计税基础及应当缴纳的个人所得税等事项。

2. 法人股东的所得税涉税分析

法人股东从被投资企业减资收到的款项，根据其所投资性质的不同，税收待遇也有所不同。

（1）一般情形下的投资

《国家税务总局关于企业所得税若干问题的公告》（国家税务总局公告2011年第34号）第五条规定："投资企业从被投资企业撤回或减少投资，其取得的资产中，相当于初始出资的部分，应确认为投资收回；相当于被投资企业累计未分配利润和累计盈余公积按减少实收资本比例计算的部分，应确认为股息所得；其余部分确认为投资资产转让所得。"

国家税务总局公告2011年第34号并没有区分股东减资的情况，股东完全退出的撤回式减资和部分退出的减少投资均给予相同的税务处理，对于企业从被投资单位取得的减少资本的款项，应当按照如下顺序确认款项的性质：首先是投资成本的收回，其次是利润分配的取得，最后还有剩余的部分应当作为投资资产的转让所得。

国家税务总局公告2011年第34号中"相当于初始出资的部分，应确认为投资收回"，此处的"初始出资的部分"是指减少出资部分所对应的初始出资还是该投资者所对应的全部出资额，国家税务总局公告2011年第34号并没有予以明确，本书认为应当是减少投资部分所对应的初始出资。

（2）混合性投资的赎回

企业存在混合性投资的，往往在取得投资时即已约定好股份赎回的相关条款，对于企业混合性投资的赎回，《国家税务总局关于企业混合性投资业务企业所得税处理问题的公告》（国家税务总局公告2013年第41号）第二条第（二）款规定："对于被投资企业赎回的投资，投资双方应于赎回时将赎价与投资成本之间的差额确认为债务重组损益，分别计入当期应纳税所得额。"

所以，满足条件的混合性投资业务的赎回，在所得税上对于该混合性投资并没有采用形式上股权回购的所得税处理，而是根据该投资的实质将其作为债务处理，混合性投资的赎回价格与投资者原有的投资成本之间的差额应确认为债务重组损益，若存在溢价赎回时，被投资企业应当确认债务重组损失在企业所得税前扣除，投资方企业取得的所得应当确认为债务重组所得。

（二）公司减资的其他税种分析

公司减资是公司将资产交付给股东的一项行为，与利润分配在形式上是相同的，所以与公司减资相关的其他税种同利润分配中的其他税种是相同的。

根据前述利润分配中其他税种的涉税分析可知，在增值税和土地增值税中均采用"分配给股东或者投资者（人）"，而企业所得税则是采用"利润分配"；本书认为由于公司减资和利润分配都是公司与股东之间的一种交易，并且两者都导致了相应资产的所有权由公司转为股东，所以两者在资产交易本质上是相同的，尽管增值税和土地增值税中没有界定分配的性质，但是应当包括企业的减资分配；根据国税函〔2008〕828号的规定，在减资分配中，所分配资产的所有权已经发生变更，所以应当将其作为资产处置确认相应的收入并计入企业收入总额中计算缴纳企业所得税。

五、公司清算的涉税分析

《公司法》(2023年修订)第二百二十九条对公司解散的类型作了规范,根据公司解散的原因,可以将公司解散的类型分为图5-1-2所示的四种类型。

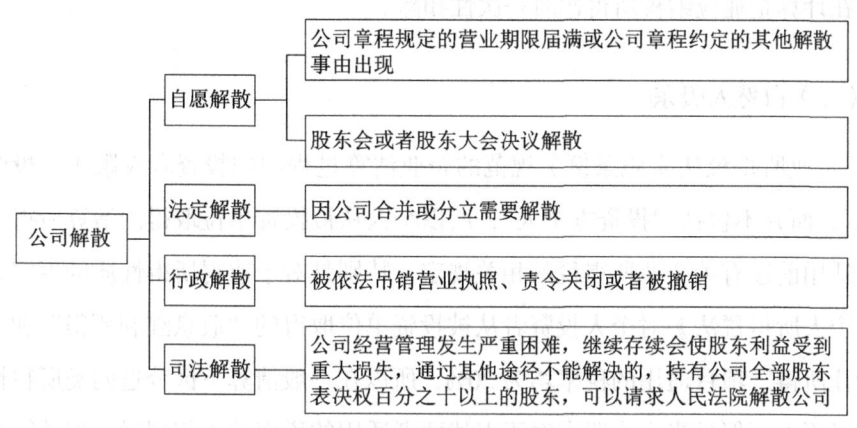

图5-1-2　公司解散的类型

公司依法进行解散的,除因合并或分立解散外,都应当依法成立清算组进行清算,对公司的资产、债权、债务关系进行清理;公司财产在分别支付清算费用、职工的工资、社会保险费和法定补偿金,缴纳所欠税款,清偿公司债务后的剩余财产,有限责任公司按照股东的出资比例分配,股份有限公司按照股东持有的股份比例分配。

对股东从公司清算过程中取得的所得,其税收待遇是有所不同的。

(一)法人股东

《企业所得税法实施条例》(2019年修订)第十一条第二款规定:"投资方企业从被清算企业分得的剩余资产,其中相当于从被清算企业累计未分配利润和累计盈余公积中应当分得的部分,应当确认为股息所得;剩余资产减除上述股息所得后的余额,超过或者低于投资成本的部分,应当确认为投资资产转让所得或者损失。"

法人股东从被清算企业取得的剩余财产分配所得,应当按照"利润分配所得—投资成本—资产转让所得或损失"的顺序予以确认,其中的利润分配所得,如果满足免税收入条件的可以作为投资者的免税收入。

企业清算过程中投资者取得分配所得的公允价值低于初始投资确认的投资损失的，根据《国家税务总局关于企业股权投资损失所得税处理问题的公告》（国家税务总局公告 2010 年第 6 号）的规定，在经确认的损失发生年度，作为企业损失在计算企业应纳税所得额时一次性扣除。

（二）自然人股东

《企业所得税法实施条例》规范的企业清算过程中的投资者仅限于"投资方企业"，而并不包括"投资方个人"，所以个人从被投资单位取得的清算所得无法直接适用前述有关企业所得税的相关规定，特别是对于取得所得性质的界定。由于《个人所得税法》对个人投资者从被投资单位取得的"股息红利所得"和"财产转让所得"项目适用的税率均为 20%，所以在一般清算下区分这两类所得性质的意义不大，但是当个人股东对于上述两者适用的税率并不相同时，如外籍个人从外商投资企业取得的清算分配所得，新三板企业的个人投资者从新三板企业取得的清算所得等，此时准确区分上述两类所得性质将显得较为重要。

《个人所得税法》及其实施条例及税收规范性文件都没有对个人投资者从被投资企业取得的减资分配所得、赎回分配所得及清算分配所得给予明确的区分；《国家税务总局关于个人终止投资经营收回款项征收个人所得税问题的公告》（国家税务总局公告 2011 年第 41 号）规定，对于个人因各种原因终止投资、联营、经营合作等行为，从被投资企业取得的款项，均属于个人所得税应税收入，应按照"财产转让所得"项目适用的规定计算缴纳个人所得税。所以，对于个人投资者从被投资企业清算过程中取得的清算所得，也应当按照国家税务总局公告 2011 年第 41 号的规定计算应纳税所得额，并适用"财产转让所得"项目适用 20% 的税率计算缴纳个人所得税。

（三）合伙企业股东

由于合伙企业并非所得税的纳税主体，根据财税〔2008〕159 号的规定，合伙企业以每一个合伙人为纳税义务人。所以合伙企业从被投资单位取得的清算所得也应当根据其合伙人的不同分别进行所得税处理。

1. 个人合伙人

《国家税务总局关于〈关于个人独资企业和合伙企业投资者征收个人所得税的规定〉执行口径的通知》（国税函〔2001〕84号）第二条规定："个人独资企业和合伙企业对外投资分回的利息或者股息、红利，不并入企业的收入，而应单独作为投资者个人取得的利息、股息、红利所得，按'利息、股息、红利所得'应税项目计算缴纳个人所得税。"

所以，合伙企业的自然人合伙人从合伙企业对外投资取得的"利息、股息、红利所得"可作为单列项目，适用20%的税率计算缴纳个人所得税；而无需并入到"经营所得"项目，适用5%~35%的超额累进税率计算缴纳个人所得税。

《企业所得税法实施条例》（2019年修订）第十一条适用主体为"投资方企业"，对企业类型并未予以限定。本书认为，"投资方企业"应当包括"法人企业"和"非法人企业"，所以合伙企业从被投资企业取得的清算所得可以参照《企业所得税法实施条例》的相关规定，即其中相当于从被清算企业累计未分配利润和累积盈余公积中应当分得的部分，应当确认为股息所得；剩余资产减除上述股息所得后的余额，超过或者低于投资成本的部分，应当确认为投资资产转让所得或者损失。其中确认为"股息所得"的部分，根据国税函〔2001〕84号的规定适用20%的税率；而被界定为"股权转让所得"的部分，则作为个人合伙人取得的"经营所得"项目适用3%~35%的税率计算缴纳个人所得税。

2. 法人合伙人

法人合伙人从合伙企业取得的被投资企业的清算所得，也应当按照前述个人合伙人的方式区分为股息红利所得和财产转让所得，但是对于其中取得的股息红利所得的部分并不能适用"符合条件的居民企业之间的股息红利所得"的免税待遇，具体分析可见前述有关利润分配的相关内容。

六、转让上市公司股票涉税分析

对投资者以不同持股方式转让IPO企业股权的税收待遇在下一专题进行讲

解，此处仅就纳税人转让上市公司股票的税收进行分析。

（一）限售股转让涉税分析

1. 限售股的概念

（1）公司法下限售股概念

《证券法》（2019年修订）第三十六条规定："依法发行的证券，《中华人民共和国公司法》和其他法律对其转让期限有限制性规定的，在限定的期限内不得买卖。"上市公司股票可在证券交易所上市流通交易，但法律法规对股东转让上市公司股票有一定的限制。这类存在转让限制的股票被称为限售股。

根据相关的法律法规，常见的限售股如表5-1-7所示。

表5-1-7 常见限售股法律法规

文件	具体规定
《公司法》	第一百六十条 公司公开发行股份前已发行的股份，自公司股票在证券交易所上市交易之日起一年内不得转让。法律、行政法规或者国务院证券监督管理机构对上市公司的股东、实际控制人转让其所持有的本公司股份另有规定的，从其规定。 公司董事、监事、高级管理人员应当向公司申报所持有的本公司的股份及其变动情况，在就任时确定的任职期间每年转让的股份不得超过其所持有本公司股份总数的百分之二十五；所持本公司股份自公司股票上市交易之日起一年内不得转让。上述人员离职后半年内，不得转让其所持有的本公司股份。公司章程可以对公司董事、监事、高级管理人员转让其所持有的本公司股份作出其他限制性规定
《上市公司重大资产重组管理办法》（证监会令第214号）	第四十六条 特定对象以资产认购而取得的上市公司股份，自股份发行结束之日起十二个月内不得转让；属于下列情形之一的，三十六个月内不得转让： （一）特定对象为上市公司控股股东、实际控制人或者其控制的关联人； （二）特定对象通过认购本次发行的股份取得上市公司的实际控制权； （三）特定对象取得本次发行的股份时，对其用于认购股份的资产持续拥有权益的时间不足十二个月。 属于本办法第十三条第一款规定的交易情形的（即重大资产重组，本书注），上市公司原控股股东、原实际控制人及其控制的关联人，以及在交易过程中从该等主体直接或间接受让该上市公司股份的特定对象应当公开承诺，在本次交易完成后三十六个月内不转让其在该上市公司中拥有权益的股份；除收购人及其关联人以外的特定对象应当公开承诺，其以资产认购而取得的上市公司股份自股份发行结束之日起二十四个月内不得转让

续表

文件	具体规定
《上市公司证券发行管理办法》（证监会令第163号）	第三十八条 上市公司非公开发行股票，应当符合下列规定： （二）本次发行的股份自发行结束之日起，六个月内不得转让；控股股东、实际控制人及其控制的企业认购的股份，十八个月内不得转让
《上市公司非公开发行股票实施细则》（证监会公告〔2017〕5号）	第九条 发行对象属于下列情形之一的，具体发行对象及其定价原则应当由上市公司董事会的非公开发行股票决议确定，并经股东大会批准；认购的股份自发行结束之日起36个月内不得转让： （一）上市公司的控股股东、实际控制人或其控制的关联人； （二）通过认购本次发行的股份取得上市公司实际控制权的投资者； （三）董事会拟引入的境内外战略投资者。 第十条 发行对象属于本细则第九条规定以外的情形的，上市公司应当在取得发行核准批文后，按照本细则的规定以竞价方式确定发行价格和发行对象。发行对象认购的股份自发行结束之日起12个月内不得转让
《监管规则适用指引——关于申请首发上市企业股东信息披露》	三、发行人提交申请前12个月内新增股东的，应当在招股说明书中充分披露新增股东的基本情况、入股原因、入股价格及定价依据，新股东与发行人其他股东、董事、监事、高级管理人员是否存在关联关系，新股东与本次发行的中介机构及其负责人、高级管理人员、经办人员是否存在关联关系，新增股东是否存在股份代持情形。 上述新增股东应当承诺所持新增股份自取得之日起36个月内不得转让

法律法规对股票限售的主要原因是为了保持上市公司股权的稳定性，所以限售主要针对公司首次公开发行前持有的股份及在重大资产重组过程中定向增发持有的股份。

（2）个人所得税限售股概念

为了进一步完善股权分置改革后的相关制度和现行股票转让所得个人所得税政策，发挥税收对高收入者的调节作用，促进资本市场长期稳定发展，堵塞税收漏洞，经国务院批准，2009年12月31日，财政部、国家税务总局和证监会联合下发了《关于个人转让上市公司限售股所得征收个人所得税有关问题的通知》（财税〔2009〕167号），文件规定，自2010年1月1日起，对个人转让限售股取得的所得，按照"财产转让所得"，适用20%的比例税率征收个人所得税，并对限售股的概念作了较为明确的规范，根据财税〔2009〕167号文件的规范，按照"财产转让所得"项目适用20%税率征收个人所得税的限售股主要包括表5-1-8所示的限售股。

表 5-1-8　个人所得税限售股概念

地区	具体规定
股改限售股	上市公司股权分置改革完成后股票复牌日之前股东所持原非流通股股份，以及股票复牌日至解禁日期间由上述股份孳生的送、转股
新股限售股	2006 年股权分置改革新老划断后，首次公开发行股票并上市的公司形成的限售股，以及上市首日至解禁日期间由上述股份孳生的送、转股
承继限售股	指通过特定情形所承继的上述限售股，具体包括： （1）个人从机构或其他个人受让的未解禁限售股； （2）个人因依法继承或家庭财产分割取得的限售股； （3）个人持有的从代办股份转让系统转到主板市场（或中小板、创业板市场）的限售股； （4）上市公司吸收合并中，个人持有的原被合并方公司限售股所转换的合并方公司股份； （5）上市公司分立中，个人持有的被分立公司限售股所转换的分立后公司股份
其他限售股	财政部、税务总局、法制办和证监会共同确定的其他限售股

个人所得税限售股概念的内涵要小于证券法限售股的概念，个人所得税目前明确了两类限售股：股改限售股和新股限售股。除此之外的证券法下的限售股并不属于个人所得税中的限售股，其个人所得税的征收管理并不适用财税〔2009〕167 号文件的规范。

（3）企业所得税限售股概念

《企业所得税法》将企业转让股票、股权取得的所得都纳入收入总额，且适用统一的企业所得税税率，并不会因为股权或者股票性质的不同而给予不同的税收待遇，所以区分限售股的概念对于企业所得税而言并没有意义，所以企业所得税中并没有单独的限售股概念。

（4）增值税限售股概念

自 2016 年 5 月 1 日后，纳税人转让上市公司股票取得的所得应按照《财政部 税务总局关于全面推开营业税改征增值税试点的通知》（财税〔2016〕36 号），按照"金融商品转让"项目缴纳增值税，同时规定金融商品转让，按照卖出价扣除买入价后的余额为销售额。

财税〔2016〕36 号文件将上市公司股票作为金融商品纳入征税范围，但是部分股票并没有类似流通股的买入价，对于这类股票如何确定其买入价是增值税政策需要明确的事项；此类没有明确买入价的股票又常见于证券法的限售股，所以增值税中的限售股概念与证券法中限售股的概念较为接近。根据《国家税务总局关于营改增试点若干征管问题的公告》（国家税务总局公告 2016 年第 53 号）的规定，增值税中的限售股包括表 5-1-9 所示的类型。

表 5-1-9　增值税限售股概念

地区	具体规定
股改限售股	上市公司实施股权分置改革时，在股票复牌之前形成的原非流通股股份，以及股票复牌首日至解禁日期间由上述股份孳生的送、转股
新股限售股	公司首次公开发行股票并上市形成的限售股，以及上市首日至解禁日期间由上述股份孳生的送、转股
重大资产重组限售股	因上市公司实施重大资产重组形成的限售股，以及股票复牌日至解禁日期间由上述股份孳生的送、转股

综合上述《证券法》《个人所得税法》《企业所得税法》和《中华人民共和国增值税法》对限售股概念及类型的限定，限售股在不同法律法规下的具体类型如表 5-1-10 所示。

表 5-1-10　不同法律法规下的限售股类型

限售股类型	证券法	个人所得税	企业所得税	增值税
新股限售股	√	√	√	√
股改限售股	×	√	√	√
重大资产重组限售股	√	×	√	√
非公开发行限售股	√	×	√	×
董监高限售股	√	×	×	×
其他限售股	×	×	√	×

2. 限售股转让的涉税分析

（1）税收待遇分析

不同投资主体转让限售股，在所得税及增值税的税收待遇方面会存在一定的差异，具体如表 5-1-11 所示。

表 5-1-11　不同持股主体的限售股税收分析

持股主体	所得税	增值税
个人	20%	免征
法人主体	25%①	3% 或者 6%②
合伙企业	合伙人缴纳	3% 或者 6%
契约型主体	未明确	3% 或者 6%③

①法人主体转让限售股取得的收入应并入当年度的应纳税所得额计算缴纳企业所得税，其具体适用税率根据企业适用的税收政策予以确定，如小微企业适用 20% 税率，高新技术企业适用 15% 税率。

②法人主体或者合伙企业转让所持有的限售股应当缴纳增值税，转让方为小规模纳税人的适用 3% 的征收率；转让方为一般纳税人的适用 6% 的增值税税率。

③契约型持股主体主要是指资产管理计划，其转让上市公司股票，根据《财政部　国家税务总局关于明确金融 房地产开发 教育辅助服务等增值税政策的通知》（财税〔2016〕140 号）第四条规定：资管产品运营过程中发生的增值税应税行为，以资管产品管理人为增值税纳税人。《财政部　国家税务总局关于资管产品增值税有关问题的通知》（财税〔2017〕56 号）第一条规定：资管产品管理人（以下称管理人）运营资管产品过程中发生的增值税应税行为（以下简称资管产品运营业务），暂适用简易计税方法，按照 3% 的征收率缴纳增值税；第三条规定：管理人应分别核算资管产品运营业务和其他业务的销售额和增值税应纳税额，未分别核算的，资管产品运营业务不得适用本通知第一条规定。

（2）限售股个人所得税计算

财税〔2009〕167 号第三条规定如下。

个人转让限售股，以每次限售股转让收入，减除股票原值和合理税费后的余额，为应纳税所得额。即：

应纳税所得额 = 限售股转让收入 -（限售股原值 + 合理税费）

应纳税额 = 应纳税所得额 × 20%

本通知所称的限售股转让收入，是指转让限售股股票实际取得的收入。限售股原值，是指限售股买入时的买入价及按照规定缴纳的有关费用。合理税费，是指转让限售股过程中发生的印花税、佣金、过户费等与交易相关的税费。

对于限售股转让收入、买入价以及合理税费的具体内容可见财税〔2009〕167 号、财税〔2010〕70 号和财税〔2011〕108 号的规定。

（3）限售股增值税计算

财税〔2016〕36 号文件规定，金融商品转让，按照卖出价扣除买入价后的余额为销售额。增值税中的限售股并非通过"购买"方式取得，所以并不存在买入价，如何确定限售股的买入价是准确计算限售股销售额的主要问题，《国家税务总局关于营改增试点若干征管问题的公告》（国家税务总局公告2016年第53号）、《国家税务总局关于明确中外合作办学等若干增值税征管问题的公告》（国家税务总局公告2018年第42号）、《国家税务总局关于国内旅客运输服务进项税抵扣等增值税征管问题的公告》（国家税务总局公告2019年第31号）及《国家税务总局关于明确二手车经销等若干增值税征管问题的公告》（国家税务总局公告2020年第9号）均对限售股的买入价作了规范，具体如表5-1-12所示。

表5-1-12 限售股买入价的确定方式

限售股类型	买入价
股改限售股	上市公司实施股权分置改革时，在股票复牌之前形成的原非流通股股份，以及股票复牌首日至解禁日期间由上述股份孳生的送、转股，以该上市公司完成股权分置改革后股票复牌首日的开盘价为买入价
新股限售股	公司首次公开发行股票并上市形成的限售股，以及上市首日至解禁日期间由上述股份孳生的送、转股，以该上市公司股票首次公开发行（IPO）的发行价为买入价
重大资产重组限售股	（1）一般规定 因上市公司实施重大资产重组形成的限售股，以及股票复牌日至解禁日期间由上述股份孳生的送、转股，以该上市公司因重大资产重组股票停牌前一交易日的收盘价为买入价。 （2）多次停牌 上市公司因实施重大资产重组多次停牌的，《国家税务总局关于营改增试点若干征管问题的公告》（国家税务总局公告2016年第53号发布，国家税务总局公告2018年第31号修订）第五条第（三）项所称"股票停牌"，是指中国证券监督管理委员会就上市公司重大资产重组申请作出予以核准决定前的最后一次停牌。 （3）暂停上市的 上市公司因实施重大资产重组形成的限售股，以及股票复牌首日至解禁日期间由上述股份孳生的送、转股，因重大资产重组停牌的，按照《国家税务总局关于营改增试点若干征管问题的公告》（国家税务总局公告2016年第53号）第五条第（三）项的规定确定买入价；在重大资产重组前已经暂停上市的，以上市公司完成资产重组后股票恢复上市首日的开盘价为买入价

续表

限售股类型	买入价
股权分置改革和重大资产重组复合限售股	纳税人转让因同时实施股权分置改革和重大资产重组而首次公开发行股票上市形成的限售股，以及上市首日至解禁日期间由上述股份孳生的送、转股，以该上市公司股票上市首日的开盘价为买入价，按照"金融商品转让"缴纳增值税
以实际成本价为买入价	单位将其持有的限售股在解禁流通后对外转让，按照《国家税务总局关于营改增试点若干征管问题的公告》（国家税务总局公告2016年第53号）第五条规定确定的买入价，低于该单位取得限售股的实际成本价的，以实际成本价为买入价计算缴纳增值税

根据上述文件，在确定限售股的买入价时，总体的原则如下。

首先，根据国家税务总局公告2016年第53号确定的股改限售股、新股限售股和重大资产重组限售股购买价的确定原则，对于通过"非购买"方式取得的限售股，若该限售股为首次上市交易，通常以该股票上市交易的开盘价为买入价；若该股票为已经上市交易的，则以该股票前一日的收盘价为买入价。

其次，当纳税人取得限售股的实际成本超过按前述原则确定的限售股买入价时，按照不重复征税的原则，国家税务总局公告2020年第9号规定，此时以实际成本价为买入价计算缴纳增值税。

最后，除上述情形外，纳税人应当以取得限售股的实际成本价为买入价计算缴纳增值税，如上市公司通过定向增发但并不满足重大资产重组交易要件实施的资产重组交易中，被收购方取得限售股的买入价应当以其被收购的资产的公允价值确定。

（二）流通股转让涉税分析

《财政部 国家税务总局关于个人转让股票所得继续暂免征收个人所得税的通知》（财税字〔1998〕61号）规定："为了配合企业改制，促进股票市场的稳健发展，经报国务院批准，从1997年1月1日起，对个人转让上市公司股票取得的所得继续暂免征收个人所得税。"

不同持股主体转让上市公司流通股的涉税分析如表5-1-13所示。

表 5-1-13　不同持股主体转让流通股涉税分析

持股主体	所得税	增值税
个人	免征	免征
法人主体	25%	3% 或者 6%
合伙企业	合伙人缴纳	3% 或者 6%
契约型主体	未明确	3% 或者 6%

七、不同持股主体涉税分析

根据前面的分析，企业在 IPO 过程中投资者常见的持股方式包括自然人直接持股、通过有限公司间接持股及通过合伙企业间接持股三种方式，根据纳税人身份不同又可将其分为居民纳税人（包括居民企业和居民个人）和非居民纳税人（包括非居民企业和非居民个人）。企业在 IPO 前后可能涉及的资本交易或者事项主要包括：股权转让、利息分配（包括以留存收益转增实收资本）、以资本公积转增股本、整体改制、企业重组、上市后的限售股转让及上市后的流通股转让等事项。表 5-1-14 是对不同主体不同交易涉税的简单分析。

表 5-1-14　不同持股方式下的税收待遇分析

	持股主体	股权转让	利润分配	资本公积转增资本	企业重组	限售股转让	流通股转让
个人持股	境内个人	20%	20%	20%[①]	不可享受特殊性税务处理[②]	20%	免税
	境外个人	20%	免税	免税		20%	免税
	天使投资个人	同境内/外个人，可享受投资抵扣应纳税所得额的优惠待遇					
公司持股	居民企业	25%[③]	免税	免税	可享受特殊性税务处理	25%	25%
	非居民企业	10%	10%[④]	免税		10%	10%
	创投居民企业	同居民企业，可享受投资抵扣应纳税所得额优惠待遇					
	上海浦东新区创投企业	同居民企业，但可享受投资抵扣应纳税所得额和股权转让免征企业所得税优惠政策					

续表

持股主体		股权转让	利润分配	资本公积转增资本	企业重组	限售股转让	流通股转让
合伙企业持股	一般合伙企业	由合伙人缴纳[5]			不得享受特殊性税务处理	由合伙人缴纳	
	创投合伙企业	同一般合伙企业，但合伙人可享受投资抵扣应纳税所得额优惠待遇					
	单一核算基金创投企业	同一般合伙企业，但合伙人可享受投资抵扣应纳税所得以及个人合伙人对股权/票转让所得适用20%税率的优惠待遇					

①根据《财政部 国家税务总局关于将国家自主创新示范区有关税收试点政策推广到全国范围实施的通知》（财税〔2015〕116号）规定：自2016年1月1日起，全国范围内的中小高新技术企业以未分配利润、盈余公积、资本公积向个人股东转增股本时，个人股东一次缴纳个人所得税确有困难的，可根据实际情况自行制定分配缴税计划，在不超过5个公历年度内（含）分期缴纳，并将有关资料报主管税务机关备案。

②根据《国家税务总局关于企业重组业务企业所得税征收管理若干问题的公告》（国家税务总局公告2015年第48号）规定：当事各方中的自然人应按个人所得税的相关规定进行税务处理。所以，个人股东不能适用《财政部 国家税务总局关于企业重组业务企业所得税处理若干问题的通知》（财税〔2009〕59号）的特殊性税务处理。

根据《财政部 国家税务总局关于个人非货币性资产投资有关个人所得税政策的通知》（财税〔2015〕41号）规定，个人以非货币性资产参与企业重组改制的可以适用非货币性投资的分期缴税政策。

③居民企业取得的股权转让所得具体适用税率应当根据当年度的具体情况进行判断。

④非居民企业从中国境内居民企业取得的股息红利所得，适用的预提所得税税率为10%，但中国与非居民企业所在国（或地区）存在双边税收协定有优惠税率的，可适用优惠税率。

⑤根据《财政部 国家税务总局关于合伙企业合伙人所得税问题的通知》（财税〔2008〕159号）规定，合伙企业的合伙人为个人的缴纳个人所得税；合伙人为法人和其他组织的，缴纳企业所得税。

企业整体变更中的税收政策与利润分配和资本公积转增股本相同，因此不再对其单独进行分析，上述表格中相关行为的具体涉税事项可参照不同专题的内容。

八、持股方式转换及其涉税分析

（一）持股方式转换方法

持股方式的转换，是指投资者将持有拟IPO企业股份的方式在不同的持股方式之间进行转换的过程,如将个人直接持股转变为公司间接持股或者将公司间接持股转变为个人直接持股等,具体如图5-1-3所示。

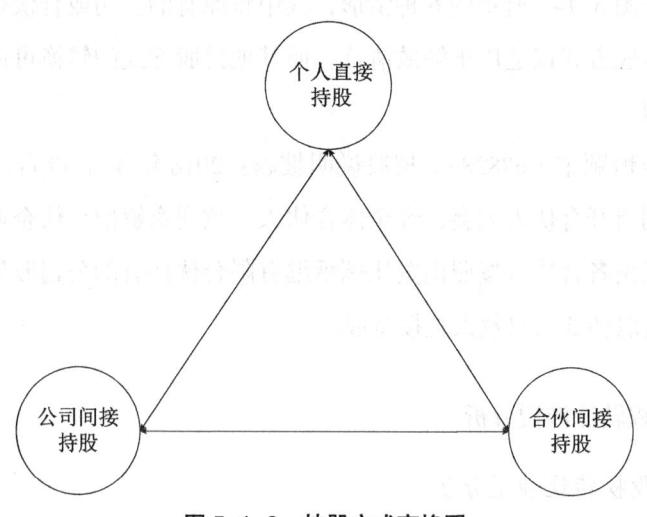

图5-1-3 持股方式变换图

图5-1-3中投资者持有发行人股份转换的方式具体包括如下三种。

1. 股权转让

股权转让是指发行人的股东将持有的发行人股份以约定的价格转让给实际控制人或实际控制人设立的企业。

这种持股方式的转换方法可以适用于图5-1-3中的6种类型,既可以由个人直接持股转变为公司或合伙企业间接持股;也可以由公司或合伙企业间接持股转变为个人直接持股。

2. 非货币投资

非货币投资是指发行人股东将其持有的发行人股份作为出资财产投资到其新设或现存的公司或者合伙企业从而完成对被投资单位的增资。

这种持股方式转换由于涉及投资,所以转换后的持股主体只能是公司或合伙企业,对于将原有的公司或合伙企业间接持股转变为个人直接持股的,不能适用该种方法。

3. 企业重组

企业重组是指通过企业合并、分立、资产收购、股权收购、资产划转或者解散清算等方式来实现投资者持有发行人股份方式转换的一种方法。

此处企业重组概念的内涵要大于财税〔2009〕59号文企业重组的概念，这种方式可应用于图5-1-3所示的6种情形，其中将原有的公司或合伙企业持股转变为个人直接持股方式仅适用于解散清算，而其他持股方式的转换可适用上述重组中的所有类型。

例如，坤恒顺维（688283）招股说明披露：2018年4月30日，顺维管理和君惠管理分别召开合伙人大会，经全体合伙人一致同意解散合伙企业，并通过非交易过户方式由各合伙人按照出资比例承继有限合伙持有的公司股份，从而实现由合伙企业持股转变为自然人直接持股。

（二）股权转让涉税分析

1. 个人股权转让涉税分析

实际控制人在IPO过程中将个人直接持有发行人股份转让给实际控制人设立并控制的有限责任公司或者合伙企业的，属于持股方式转换，如康冠科技（001308）实际控制人凌某将其持有的康冠科技的部分股权转让给实际控制人夫妻设立的深圳市至远投资有限公司；和顺科技（301237）实际控制人范某某、张某将其持有发行人的股份转让给二人设立的杭州一豪股权投资合伙企业（有限合伙）；青木股份（301110）实际控制人孙某某将其持有发行人部分股份转让给其设立的合伙企业。

从上市公司披露的案例来看，个人直接持股转换为间接持股方式时，其股权转让价格一般是以取得股权的实际成本价转让，根据67号公告的规定这种情形属于价格明显偏低的类型之一，而股东持股方式转换并非67号公告所列明的正当理由之一（实务中部分税务机关认为该种持股方式转换属于67号公告第十三条第（四）项所规定的：股权给转让双方能够提供有效证据证明其合理性的其他合理情形），因此在实务中应当关注此类持股方式转换的涉税风险。

具体涉税分析可见"专题二"中关于个人股权转让相关的政策分析。

2. 公司股权转让涉税分析

IPO企业的实际控制人在上市之前将其通过设立公司持有发行人的股份转让

给实际控制人个人，也属于持股方式的转换，如百合股份（603102）、致远新能（300985）、百诚医药（301096）的实际控制人均在IPO前将以有限公司间接持股模式转变为实际控制人个人直接持股的模式。

上市公司实际控制人将持有拟IPO企业股权由有限公司间接持股转变个人直接持股时，股权转让的价格通常远低于股权公允价值。对于公司股权转让过程中的应纳税所得额的调整在"专题二"部分进行了介绍，此处仅结合《企业所得税法》的一般反避税规则对持股方式转换的涉税进行分析。

《企业所得税法》（2018年修正）第四十七条规定："企业实施其他不具有合理商业目的的安排而减少其应纳税收入或者所得额的，税务机关有权按照合理方法调整。"《企业所得税法实施条例》（2019年修订）第一百二十条规定："企业所得税法第四十七条所称不具有合理商业目的，是指以减少、免除或者推迟缴纳税款为主要目的。"

个人直接持有拟IPO公司股份，企业上市后，个人转让上市公司股票属于转让限售股，按照"财产转让所得"项目适用20%的税率缴纳个人所得税；若实际控制人通过有限公司间接持股，公司上市后减持股票，对股票减持所得首先应当缴纳25%的企业所得税，然后税收净所得分配给实际控制人时还需要按照"利息、股息、红利所得"项目适用20%的税率缴纳个人所得税，所以其股票减持所得实际税负率为40%；另外个人直接持股和有限公司间接持股减持股票的增值税也存在差异。

因此，实际控制人将其通过有限公司持有的发行人股份以较低的价格转让给实际控制人个人，若无法满足《企业所得税法》的合理商业目的的要件，存在被税务机关以一般反避税规则进行特别纳税调整的风险。

（三）非货币投资的涉税分析

通过非货币投资转换持股方式的情形限于实际控制人以其持有的发行人股份向现有或者新设的有限公司或者合伙企业进行投资，从而实现实际控制人对发行人的持股方式由个人直接持股转换为通过有限公司或者合伙企业间接持股。

1. 个人非货币投资涉税分析

个人以其持有的发行人股份向有限公司进行投资，根据《个人所得税法》及

67号公告的规定，应当以股权转让收入减除股权原值和合理费用后的余额为应纳税所得额，按"财产转让所得"缴纳个人所得税。同时《财政部 国家税务总局关于个人非货币性资产投资有关个人所得税政策的通知》（财税〔2015〕41号）规定个人以非货币性资产投资，属于个人转让非货币性资产和投资同时发生，应按评估后的公允价值确认非货币性资产转让收入。对于个人以非货币资产投资一次性缴税有困难的，可合理确定分期缴纳计划并报主管税务机关备案后，自发生非货币性投资行为之日起不超过5个公历年度内（含）分期缴纳个人所得税。

对于个人以非货币性资产投资的涉税分析可详见专题一的分析。

2.个人向合伙企业的非货币投资涉税分析

个人以其持有的发行人股份向合伙企业出资，目前的税收规范性文件并未对这种行为下个人所得税的征管进行明确的规范，在实务中对于此类行为有以下两种不同的观点。

（1）缴纳个人所得税

此观点的主要依据是67号公告第三条规定，个人以股权对外投资或进行其他非货币性交易的行为属于股权转让行为。财税〔2015〕41号规定："本通知所称非货币性资产投资，包括以非货币性资产出资设立新企业，以及以非货币性资产出资参与企业增资扩股、定向增发股票、股权置换、重组改制等投资行为。"而与个人非货币资产投资政策相对应的《财政部 国家税务总局关于非货币性资产投资企业所得税政策问题的通知》（财税〔2014〕116号）对非货币性资产投资的定义为："本通知所称非货币性资产投资，限于以非货币性资产出资设立新的居民企业，或将非货币性资产注入现存的居民企业。"

相比于非货币性投资的企业所得税，非货币投资的个人所得税及股权转让个人所得税的税收规范性文件均未限定个人以非货币资产对外投资的目标企业必须为法人企业，所以个人以持有的发行人股份对合伙企业的出资也应当属于非货币性资产投资或者股权转让行为，应当按照"财产转让所得"项目适用20%的税率计算征收个人所得税，同时也可以适用财税〔2015〕41号的5年分期缴税的相关政策。

（2）不缴纳个人所得税

这种观点的主要依据是我国当前的税收规范性文件中并未将个人以非货币资

产向合伙企业出资的行为视为股权转让或者投资行为，而且由于合伙人需要对合伙企业的债务承担无限连带责任（有限合伙人除外），所以个人以非货币资产向合伙企业出资的行为应当采用递延纳税的税收待遇，在出资环节不征收个人所得税，在个人将持有的合伙企业财产份额处置的环节征收个人所得税。

（四）企业重组的涉税分析

实际控股人采用企业重组方式将其持有发行人股份的方式予以转换的，仅限于原来以有限公司或者合伙企业持股方式，通过企业重组将间接持股转变为由实际控制人直接持股，能够实现这种持股方式转换的企业重组主要包括企业分立和解散清算。

由于实务中通过这种方式在IPO过程中转换实际控制人持股方式的情形较少，所以此处不对该部分的涉税展开分析。

第二章 持股方式转换实务案例分析

一、境外持股转换——CY科技公司

（一）企业基本情况

CY科技股份有限公司（以下简称"CY科技公司"）前身为CY科技有限责任公司（以下简称"CY有限公司"），是由开曼CY公司于2006年8月2日投资设立的外商独资企业。

CY科技公司经上海证券交易所科创板股票上市委员会审议通过，并经中国证监会同意注册，于2022年1月在上海证券交易所科创板上市交易。

（二）持股方式转换的路径

1. 转换前的股权结构

CY有限公司设立时为外商独资企业，境外投资者开曼CY公司已在境外完成了A轮、B轮的融资。其中2006年12月开曼CY公司完成了A轮融资分别向投资者发行了普通股和A轮优先股。在开曼CY公司完成A轮融资后，同年开曼CY公司董事会批准通过"2006 STOCK OPTION PLAN"（以下简称"员工持股计划"），根据员工持股计划，2006年12月至2011年5月期间，开曼CY公司共向58名激励对象（包括员工及外部顾问）发放了4 735 500股普通股，截至2011年5月共行权645 616股普通股，尚有2 936 700股因期权持有人未达到行权条件暂未行权，其余部分因在行权有效期内未行权而自动失效归入员工持股计划预留。

2011年5月，开曼CY公司完成了B轮融资，于2011年5月25日，开曼CY有限公司增发14 455 685股B轮优先股；同时员工持股计划股份数额增加9 100 000股普通股。

为了实现在境内上市，CY有限公司需拆除之前的境外架构，从而使得开曼CY公司的股东由间接持有CY有限公司股权转变为直接持有CY有限公司股权。在CY有限公司持股方式转换前，上述股东持有CY有限公司股权的方式如图5-2-1所示。

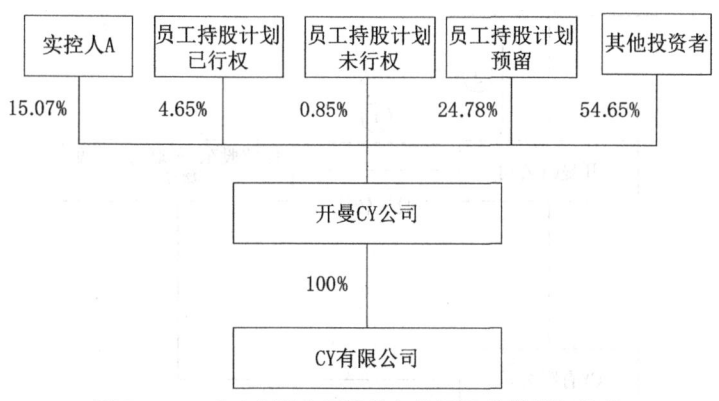

图5-2-1　CY有限公司境外架构拆除前的股权结构

2.股权转换的方式

由于开曼CY公司部分股东决定退出投资，所以CY有限公司上述股东转换持股方式主要分两个阶段完成。

第一阶段，2013年10月，CY有限公司实际控制人YAN TING、CY有限公司时任监事甲、17名当时在职职工乙等、部分外部投资者持有的开曼CY公司的股权平移或下翻至境内，员工持股计划预留部分回转境内企业A分配。其中对于外部的部分投资者由开曼CY公司回购其持有的开曼CY公司股权，并对应向其或境内关联方转让CY有限公司股权，从而使外部投资持有的开曼CY公司股权下翻为CY有限公司股权；对于YAN TING、甲、乙等17名当时在职职工以及员工持股计划预留转回境内部分，开曼CY公司回购相应的股权或终止期权，并将其对应的CY有限公司股权转让给企业A，同时企业A对CY有限公司增资，其中员工持股计划预留部分平移至企业A后对员工进行了分配，通过员工认购企业

A 出资的方式落地。

第二阶段，为实现 AJ 及 HYM 有限公司等股东退出开曼 CY 公司，2017 年 8 月，开曼 CY 公司向企业 A 和企业 B 转让其所持的全部 CY 有限公司股权，转让价款用于回购 AJ 及 HYM 有限公司所持开曼 CY 股权。

所以在拆除境外架构转换持股方式时，无论是针对退出的股东还是针对不退出的股东，其实施的路径选择是相一致的，都如图 5-2-2 所示。

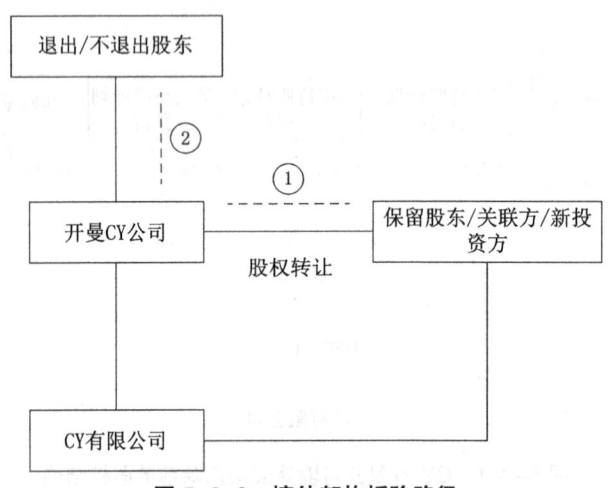

图 5-2-2　境外架构拆除路径

实线为股权流动/持有方向；虚线为资金流动方向。

CY 有限公司转换持股方式和拆除境外架构过程中存在两个行为：一个行为是开曼 CY 公司将持有境内 CY 有限公司的股权转让给拟保留股份的原股东或者其在境内的关联方或者新的投资者并取得股权转让的价款；另一个行为以取得的前述股权转让价款回购开曼 CY 公司股东持有的开曼 CY 公司股份，从而实现股东从通过持有开曼 CY 公司股份间接持有 CY 有限公司的股权转变为直接持有 CY 有限公司的股权。

3.股权转换的具体内容

为实现持股方式转换而拆除上述境外架构，开曼 CY 公司于 2013 年和 2017 年分别将持有 CY 有限公司的股权转让给境内的其他主体，股权转让的主要信息如表 5-2-1 所示。

表 5-2-1 股权转让主要信息表

时间	受让方	受让标的数量	定价依据	总价款	资金及支付	外汇办理
2013年10月	企业C	11.01%	因境外架构拆除发生的股权下翻；作价1美元/1美元注册资本，且股权下翻后持股比例不变	472 773.02美元	自有资金，已全额支付	涉及资金跨境，根据取得业务登记凭证（FDI境内机构转股外转中），企业A、企业C、企业D已经履行了外汇登记程序
	企业D	0.88%		37 602.26美元		
	企业A	38.35%	因境外架构拆除，员工持有的股权平移至境内，且股权平移前后员工间接持股比例不变	1.00美元		
2017年8月	企业A	7.07%	投资者决定退出，根据《评估报告》确定的CY有限公司当时估值，并经交易双方协商确定。	人民币17 665 500.00元的等值美元	自有资金，已全额支付	涉及资金跨境，根据取得业务登记凭证（FDI境内机构外转中），企业A、企业B已履行外汇登记程序
	企业B	25.99%		人民币64 987 250.00元的等值美元		

（三）持股方式转换的涉税分析

1. 涉税信息披露

《CY科技股份有限公司首次公开发行股票并在科创板上市的补充法律意见书（一）》中对CY有限公司在2013年和2017年境外架构拆除过程中的涉税情况进行了披露，具体如表5-2-2所示。

表 5-2-2 境外架构拆除的涉税情况表

时间	受让方	转让价格	涉税信息披露
2013年10月	企业 C	472 773.02 美元	根据《对外支付税务备案表》，受让方已进行税务备案，本次股权转让无溢价，无须纳税。且根据当时有效的《非居民企业所得税源泉扣缴管理暂行办法》规定，实行源泉扣缴，以支付人为扣缴义务人。因此，发行人无扣缴义务
	企业 D	37 602.26 美元	
	企业 A	1.00 美元	
2017年8月	企业 A	人民币 17 665 500.00 元的等值美元	根据《完税证明》，受让方已完成税务扣缴
	企业 B	人民币 64 987 250.00 元的等值美元	根据《完税证明》，受让方已完成税务扣缴

2. 持股方式转换的涉税分析

2017 年 8 月份开曼 CY 公司将其持有的境内 CY 有限公司股权转让给企业 A 和企业 B 主要是投资者拟退出开曼 CY 公司，所以此次股权转让价格以经评估后的公允价格为基础确定，开曼 CY 公司转让股权的行为适用当时有效的《国家税务总局关于加强非居民企业股权转让所得企业所得税管理的通知》（国税函〔2009〕698 号），应当按规定计算预提所得税并由受让方代扣代缴，根据《招股说明书》披露的信息受让方已经完成了税务扣缴。

对于开曼 CY 公司 2013 年 10 月发生的股权转让，依据《企业所得税法》第四十一条的规定存在一定的涉税风险。

（1）转让价格的公允性

法律意见书以本次转让无溢价作为无须纳税的理由并不恰当。《企业所得税法》（2007 年颁布）第四十一条规定："企业与其关联方之间的业务往来，不符合独立交易原则而减少企业或者其关联方应纳税收入或者所得额的，税务机关有权按照合理方法调整。"《企业所得税法实施条例》（2007 年颁布）第一百零九条规定："企业所得税法第四十一条所称关联方，是指与企业有下列关联关系之一的企业、其他组织或者个人：（一）在资金、经营、购销等方面存在直接或间接的控制关系；（二）直接或间接地同为第三者控制；（三）在利益上具有相关联的其他关系。"

在此次股权转让之前，企业 C、企业 D 的股东均为开曼 CY 公司的投资者，所以两者之间存在一定的利益关系。而《企业所得税法实施条例》(2007年颁布)第一百一十条规定:"企业所得税法第四十一条所称独立交易原则,是指没有关联关系的交易各方,按照公平成交价格和营业常规进行业务往来遵循的原则。"因此,此次的股权转让价格虽然是交易双方协商一致的价格,但是由于交易双方之间存在关联关系,致使该交易价格并非独立交易价格。

(2)是否属于避税行为

《企业所得税法》(2007年颁布)第四十七条规定:"企业实施其他不具有合理商业目的的安排而减少其应纳税收入或者所得额的,税务机关有权按照合理方法调整。"《企业所得税法实施条例》(2007年颁布)第一百二十条规定:"企业所得税法第四十七条所称不具有合理商业目的,是指以减少、免除或者推迟缴纳税款为主要目的。"

根据《中华人民共和国企业所得税法实施条例》立法起草小组编写的《中华人民共和国企业所得税法实施条例释义及适用指南》的解释,"不具有合理商业目的"的安排应该满足三个条件:一是必须存在一个安排,是指人为规划的一个或者一系列行动或者交易;二是企业必须从该安排中获取"税收利益",即减少企业的应纳税收入或者所得额,如果没有或者不知道"安排"是否减少其应纳税收入或者所得额的,则认为不能断定其适用本条,进而不能对其进行调整,因此这一条款的目的在于对以获得减少应纳税收入或者所得额的税收利益为唯一或者主要目的安排的调整,而不是侧重于对不具有合理商业目的的安排的调整;三是企业将获取税收利益作为其从事某种安排的唯一或者主要目的。

所以,需要对 CY 有限公司 2013 年 10 月份拆除股权架构的商业目的进行进一步的分析,以判定其是否"不具有合理商业目的"。

二、拆分重组转换持股——RC 股份公司

(一)企业基本情况

RC 生物股份有限公司(以下简称"RC 股份公司")前身为 RC 生物有限公司(以下简称"RC 有限公司"),再前身为 RC 生物工程有限公司(以下简称"RC 工程公司"),成立于 2008 年 7 月,是由 RC 集团与境外个人 A 以美元出资设立的外

商投资企业。

RC 股份公司经上海证券交易所科创板股票上市委员会审议通过,并经中国证监会同意注册,于 2022 年 3 月在上海证券交易所科创板上市交易。

(二)持股方式转换的路径

根据《招股说明书》及《RC 生物股份有限公司首次公开发行境内人民币普通股(A 股)并在科创板上市的补充法律意见书(一)》的披露,随着下属医疗医药资产的不断发展,2019 年发行人实际控制人开始对包括 RC 集团、RC 股份公司等主体的业务定位与发展战略进行更加清晰的划分,并基于对各业务板块未来资本运作规划的重要考虑,进行相应的股权架构调整。2019 年 11 月,为搭建 H 股上市架构,RC 集团作为 RC 有限当时的唯一股东拟对 RC 有限公司进行拆分重组,即将 RC 集团的股东按照各自对 RC 集团的持股比例平移至 RC 有限公司层面持股,其中部分 RC 集团的股东在上述重组过程中将其持有的 RC 有限公司的股权转让给其关联方。

1. 转换前的持股方式

根据 RC 股份公司及 RC 集团的工商登记资料、股东名册,2019 年 12 月 RC 集团分拆重组前,RC 集团直接持有 RC 有限公司 100% 的股权,为 RC 有限公司的直接控股股东,RC 有限公司的股权结构具体如图 5-2-3 所示。

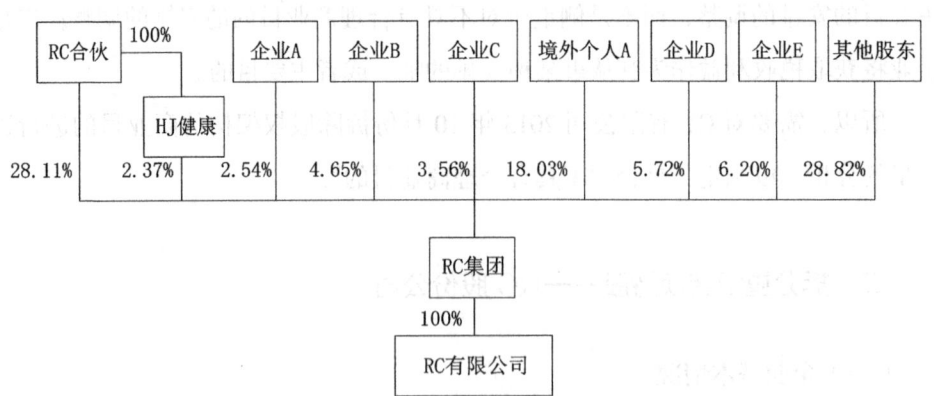

图 5-2-3 RC 有限公司重组前股权架构

RC 有限公司在拆分重组前,其属于法人独资的一人有限责任公司,投资者均是通过 RC 集团间接持有 RC 有限公司的股权。

2. 重组的具体内容

根据《招股说明书》及《补充法律意见书（一）》的披露，本次分拆重组过程中，RC集团与发行人之间的人员、资产、技术转让及持股平台的变动情况主要如下。

（1）人员转让

拆分重组前，发行人不存在与RC集团及其下属主体共用包括研发人员、生产及质量控制等主要人员的情形，但由于发行人此前作为RC集团下属子公司，发行人高级管理人员曾在实际控制人控制的其他企业中兼任除董事、监事以外的其他职务的情形，所以在分拆重组完成后，发行人开始进行相关的人员梳理，逐步进行人员兼职问题的规范与调整。

（2）资产及技术转让

拆分重组过程中，2019年12月发行人自第三方单位受让其前期为第三方单位提供技术研发服务形成的技术资产，本次交易价格参考《评估报告》的评估价值并经双方协商确定。

除上述非专利技术的转让以外，本次拆分重组中不涉及其他资产或技术转让的情形。

（3）持股平台的转换

拆除重组前，部分员工在RC集团的不同持股平台均持有一定比例的份额。为便于管理，本次股权转让中将上述在RC集团的不同持股平台中均持有份额的员工整合至RC有限公司层面的持股平台时进行调整。调整后，上述多数员工仅在RC有限公司的一个持股平台中持有份额。

3. 持股方式转换的路径

RC有限公司进行拆分重组的方式主要是通过股权转让，即RC集团将其持有的RC有限公司的股权通过转让的方式转给RC集团的各个股东，同时在各个股东内部根据之后的协议进行股权的内部转让。RC集团依据RC有限公司的公允价值确定其转让价格，根据资产评估公司于2019年8月出具的《RC生物有限公司拟股权转让涉及的RC集团有限公司股东全部权益价值资产评估报告》，RC有限公司于评估基准日2019年6月30日的股东全部权益价值评估值为680.98万元。基于上述评估金额,在拆分重组过程中确定的 RC 有限公司全部股权对应的转让价格为 725.4104 万元。

根据《招股说明书》的披露,RC 有限公司的拆分重组主要经过了如下三步。

(1)与境外自然人 A 等之间的股权转让

2019 年 11 月,RC 集团分别与境外自然人 A、企业 G、企业 PAH 签署《股权转让协议》,约定 RC 集团将其持有的 RC 有限公司合计 22.16% 的股权(对应 3677.0211 万元注册资本)转让给上述股权受让方。

本次股权转让情况具体如表 5-2-3 所示。

表 5-2-3　第一次股权转让明细表

序号	转让方	受让方	受让方在 RC 集团的相应股东	受让方持有 RC 集团股权比例 /%	转让后持有 RC 有限公司股权比例 /%	对应 RC 有限公司的注册资本 / 万元	转让价格 / 万元
1	RC 集团	企业 G	房某某	18.03	10.85	1 800.0000	78.7002
2		境外个人 A			7.18	1 191.7418	52.1058
3		企业 PAH	企业 PAH	4.13	4.13	685.2793	29.9620
		合计		22.16	22.16	3 677.0211	160.7680

上述股权转让已于 2019 年 12 月完成。

(2)与持股平台、机构股东之间的股权转让

2019 年 12 月,RC 集团分别与持股平台、机构股东签署《股权转让协议》,约定 RC 集团将其持有的 RC 有限公司合计 77.84% 股权(对应 12 914.2724 万元注册资本)以人民币 564.6425 万元转让给上述股权受让方。

上述股权转让已于 2019 年 12 月完成。

(3)持股平台之间、境内机构股东与其关联方之间的股权转让

2019 年 12 月,RC 集团的持股平台之间、境内机构股东与其关联方之间签订了一系列的《股权转让协议》,约定将其持有的 RC 有限公司的股权转让给上述股权受让方。

上述股权转让已于 2019 年 12 月完成。

4. 转换后的持股方式

RC 集团在完成上述拆分重组后,其股东直接持有 RC 有限公司的股权,股

权结构如图 5-2-4 所示。

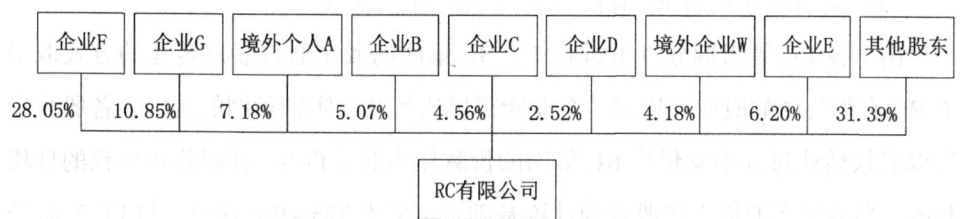

图 5-2-4　拆分重组后的股权结构

（三）持股方式转换的涉税分析

RC 有限公司通过上述拆分重组实现了控股股东 RC 集团层面的股东由间接持有 RC 有限公司的股权转让变为直接持有 RC 有限公司的股权。

1. RC 集团的股权转让所得

根据《招股说明》及《RC 生物股份有限公司首次公开发行境内人民币普通股（A 股）并在科创板上市的律师工作报告》披露，RC 集团取得 RC 有限公司股权的方式及其成本如表 5-2-4 所示。

表 5-2-4　RC 集团股持有股权计税基础明细表

序号	时间	事项	金额	说明
1	2008 年 7 月 4 日	设立出资	10 000 000.00	折合 145.69 万美元
2	2013 年 10 月 30 日	第一次增资	31 074 200.00	债转股
3	2016 年 2 月 1 日	缴纳认缴出资	16 660 000.00	自 RC 科技受让未实缴股权后以债转股方式完成实缴
4	2016 年 3 月 10 日	受让股权	7 000 000.00	自第三方受让股权
5	2016 年 10 月 25 日	受让股权	5 390 000.00	自第三方受让股权
6	2019 年 6 月 28 日	第二次增资	95 912 935.00	债转股
		合计	166 037 135.00	

由于 RC 集团在拆分重组过程中对 RC 有限公司的股权转让作价为 725.4104 万元，低于上述 RC 集团持有的 RC 有限公司股权的计税基础，所以 RC 集团在此次拆分重组过程中转让 RC 有限公司股权并未产生所得，对于转让价格低于计税基础部分的 158 783 031.00 元可作为 RC 集团的财产损失，根据国家税务总局

公告 2010 年第 6 号的规定,在当年度所得税前一次性扣除。

2.RC 集团股东取得 RC 有限公司股权的计税基础

由于在 RC 集团拆分重组过程中,RC 集团的股东通过股权转让的方式取得了 RC 有限公司的股权,依据《企业所得税法》及其实施条例的规定,各股东应当以股权转让过程中支付给 RC 集团的价款作为其取得 RC 有限公司股权的计税基础。所有股东取得上述股权的计税基础总金额为 725.4104 万元,与 RC 有限公司工商登记的注册资本 16 591.2935 万元是不同的。

3.RC 集团拆分重组的其他方案

RC 集团具体为实现股东对 RC 有限公司持股方式的转换,除了前述的股权转让方式外,还存在如下可选方案。

(1)减资分配

减资分配是指由 RC 集团办理减资程序,并将其所持有的 RC 有限公司的股权作为减资对价支付给各个股东,从而实现股东持股方式的改变。

在这种方式下,由于属于股东层面的一项变动,所以与前述的股权转让方案相比,RC 集团并不会产生股权转让损失,同时 RC 集团的股东取得 RC 有限公司股权的计税基础以该股权的公允价值为基础确定。

(2)清算分配

清算分配是指 RC 集团通过解散清算的方式将其持有 RC 有限公司的股权转移至 RC 集团的股东,这种情况下 RC 集团可以确认相应的财产转让损失,而股东取得 RC 有限公司的股权以其公允价值确定。

(3)逆向吸收合并

逆向吸收合并是指由作为全资子公司的 RC 有限公司吸收合并作为母公司的 RC 集团,从而实现股东持股方式的转变。

无论采用上述哪一种方式,都应当考虑其能否实现企业 IPO 过程中的股权结构搭建目的,同时考虑到如何就 RC 集团因持有 RC 有限股权而产生的内在损失的所得税前扣除,避免因交易方式不当而造成的税收利益损失。若在上述拆分重组过程中 RC 集团在当年度或者未来没有足够的应纳税所得额从而使得财产转让损失无法在所得税前扣除,则其所包含的 39 695 757.75 元税收利益将无法得到利用。

专题六

股权转让及红筹拆除的涉税

股东会出于多种原因转让拟 IPO 企业股权，包括通过股权转让获取投资收益、通过股权转让实现投资者持股方式的转换、通过股权转让实现股权代持的解除及因继承等非主观原因发生转让。

受限于境内主体无法在境外资本市场直接融资，所以有境外融资需求的企业会在前期搭建红筹架构，当企业转为在境内资本市场上市时，需要拆除前期搭建的红筹架构，拆除过程中常见的资本运作方式是股权转让，但也存在其他的资本交易事项。

股权转让及红筹架构拆除过程都会涉及交易各方的税收，本专题主要针对企业股权转让涉税事项展开分析，同时对红筹架构拆除过程中的其他涉税事项一并进行分析。

本专题主要包括如下三个部分：

第一章　股权转让及红筹架构的法律规范

第二章　股权转让的涉税分析

第三章　股权转让及红筹拆除实务案例分析

第一章　股权转让及红筹架构的法律规范

一、有限责任公司的股权转让

（一）对内转让

对内转让是指有限责任公司股东将其持有的股权在有限责任公司现有股东之间进行的转让。

《公司法》（2023年修订）第八十四条第一款规定："有限责任公司的股东之间可以相互转让其全部或者部分股权。公司章程对股权转让另有规定的，从其规定。"

所以，有限责任公司股东之间转让股权，除公司章程另有规定外，可以直接进行转让，无需通知其他股东，其他股东对转让的股权也没有优先购买权。

（二）对外转让

对外转让是指有限责任公司股东将其持有的股权转让给有限责任公司现有股东之外的第三方主体的行为。

《公司法》（2023年修正）第八十四条第二款规定："股东向股东以外的人转让股权的，应当将股权转让的数量、价格、支付方式和期限等事项书面通知其他股东，其他股东在同等条件下有优先购买权。股东自接到书面通知之日起三十日内未答复的，视为放弃优先购买权。两个以上股东行使优先购买权的，协商确定各自的购买比例；协商不成的，按照转让时各自的出资比例行使优先购买权。"

股东向现有其他股东以外的主体转让股权的，应当遵循如下原则。

1.半数以上股东同意

转让股东应当以书面方式通知其他股东，只有在其他股东半数以上同意转让时才可以转让股权。具体流程中需要注意，首先，需要书面通知其他股东，对于未书面通知其他股东的则可能导致股权转让协议存在瑕疵；其次，需要取得其他股东过半数同意，此处的过半数是指股东的人数，而非股东所持有的表决权；最后，书面通知其他股东后，若其他股东在规定的期限内未答复的视为同意转让，如果未能过半数同意的，不同意的股东应当购买所转让的股权，否则视为同意转让该股权。

上述具体的流程如图6-1-1所示。

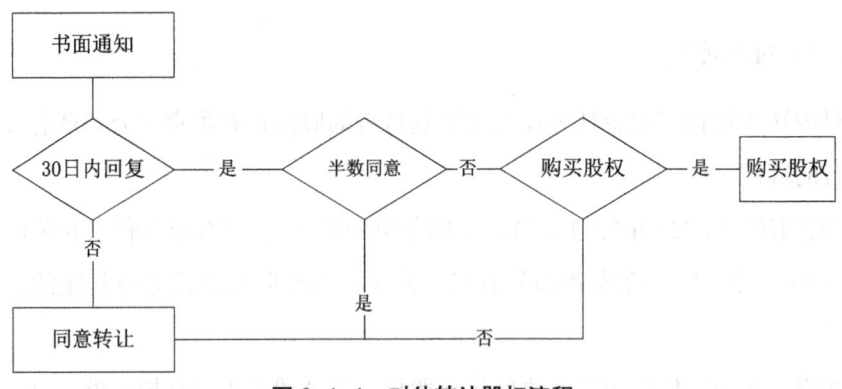

图6-1-1 对外转让股权流程

2.优先购买权

优先购买权是指股东向公司现有股东以外的人转让其持有的公司股权时，其他股东在同等的条件下享有的对转让股权的优先购买权利。

《公司法》（2023年修订）第八十四条第三款对股东自愿转让股权时的优先购买权进行了规范，第八十五条对股权被强制转让时的优先购买权进行了规范。优先购买权的具体行使，《最高人民法院关于适用〈中华人民共和国公司法〉若干问题的规定（四）》（2020年修正）作了更进一步的说明。

（1）股权继承情形下的优先购买权

除公司章程另有规定的外，有限责任公司的自然人股东因继承发生变化时，其他股东不得依据《公司法》第七十一条第三款的规定行使优先购买权。

（2）同意转让股东的优先购买权

经股东同意转让的股权，在同等条件下，转让股东以外的其他股东主张优先购买的，人民法院应当予以支持，但转让股东放弃转让的除外。即在对外转让股权中，其他股东同意转让的，同意转让的股东也享有优先购买权。

（3）同等条件的判断

在判断优先购买权的"同等条件"时，应当考虑所转让股权的数量、价格、支付方式及期限等因素。

（4）优先购买权的行使期限

有限责任公司的股东主张优先购买转让股权的，应当在收到通知后，在公司章程规定的行使期间内提出购买请求。公司章程没有规定行使期间或者规定不明确的，以通知确定的期间为准，通知确定的期间短于三十日或者未明确行使期间的，行使期间为三十日。

（5）优先购买权的保护

有限责任公司的股东向股东以外的人转让股权，未就其股权转让事项征求其他股东意见，或者以欺诈、恶意串通等手段，损害其他股东优先购买权，其他股东主张按照同等条件购买该转让股权的，人民法院应当予以支持，但其他股东自知道或者应当知道行使优先购买权的同等条件之日起三十日内没有主张，或者自股权变更登记之日起超过一年的除外。

（三）未履行出资义务时的股权转让

《公司法》（2023年修订）规定："有限责任公司的注册资本为在公司登记机关登记的全体股东认缴的出资额。全体股东认缴的出资额由股东按照公司章程的规定自公司成立之日起五年内缴足。"

修订后的《公司法》已不再要求有限责任公司的注册资本在设立时一次性缴足，而是由股东在公司章程规定的期限内缴足，这就可能导致股东在转让其持有公司的股权时，其认缴的注册资本尚未缴足，在这种情况下股权是否可以转让及转让股权对应的注册资本认缴义务应当如何进行分配？对该问题予以了明确。

《最高人民法院关于适用〈中华人民共和国公司法〉若干问题的规定

（三）》（2020年修正）第十八条规定："有限责任公司的股东未履行或者未全面履行出资义务即转让股权，受让人对此知道或者应当知道，公司请求该股东履行出资义务、受让人对此承担连带责任的，人民法院应予支持；公司债权人依照本规定第十三条第二款向该股东提起诉讼，同时请求前述受让人对此承担连带责任的，人民法院应予支持。受让人根据前款规定承担责任后，向该未履行或者未全面履行出资义务的股东追偿的，人民法院应予支持。但是，当事人另有约定的除外。"

所以，有限责任公司股东在未全面履行出资义务的情况下将股权转让的，对于该股权所对应的出资义务分为对外义务和对内义务，对外业务是指对公司和债权人的义务，需要由该股权的转让股东和受让股东承担连带责任；对内业务是指转让方和受让方之间的义务，由转让方和受让方按照约定履行。

二、股份有限公司的股权转让

（一）一般规定

《公司法》（2023年修订）第六章第二节对股份有限公司股份转让作了规定，主要如下。

1. 可自由转让

相比有限责任公司的股权转让，股份有限公司股东转让持有的股份，不需要征得其他股东同意，其他股东在同等条件下也不具有优先购买权；所以股份有限公司的股票有着比有限公司股权更好的流通性。

2. 转让方式

股东转让其股份，应当在依法设立的证券交易场所进行或者按照国务院规定的其他方式进行。

根据目前我国资本市场的分层，证券交易场所主要包括上海证券交易所、深圳证券交易所、北京证券交易所、新三板及各地的地方股权交易中心。

3. 记名股票的转让

记名股票是指在所发行的股票票面上记载股东信息的股票，根据《公司法》

的规定，公司向发起人、法人发行的股票，应当为记名股票；公司发行记名股票的，应当置备股东名册，依法登记相应的事项。

记名股票由股东以背书方式或者法律、行政法规规定的其他方式转让；转让后由公司将受让人的姓名或者名称及住所记载于股东名册。

4. 无记名股票

无记名股票是股份有限公司发行的记名股票以外的股票，无记名股票由股东将该股票交付给受让人后即发生转让的效力。

（二）限售股票

限售股票是指转让受到一定限制的股票，关于股票限售的具体规定可见"专题五"的相关概念。

三、国有企业股权转让的特殊规定

国有企业或者国有企业控制企业将持有的 IPO 企业股权转让，除遵循前述《公司法》关于股权转让的一般性规定外，还需要遵循国有资产转让的相关法律法规。

1. 国有股权转让的概念

《中华人民共和国企业国有资产法》（2008 年颁布）第五十一条规定："本法所称国有资产转让，是指依法将国家对企业的出资所形成的权益转移给其他单位或者个人的行为；按照国家规定无偿划转国有资产的除外。"《企业国有资产交易监督管理办法》（2016 年颁布）第三条规定："本办法所称企业国有资产交易行为包括：履行出资人职责的机构、国有及国有控股企业、国有实际控制企业转让其对企业各种形式出资所形成权益的行为（以下称企业产权转让）。"其中国有及国有控股企业、国有实际控制企业包括：①政府部门、机构、事业单位出资设立的国有独资企业（公司），以及上述单位、企业直接或间接合计持股为 100%的国有全资企业；②前述第①款所列单位、企业单独或共同出资，合计拥有产（股）权比例超过 50%，且其中之一为最大股东的企业；③前述第①、②款所列企业对外出资，拥有股权比例超过50%的各级子企业；④政府部门、机构、事业单位、单一国有及国有控股企业直接或间接持股比例未超过50%，但为第一大股东，并且通过股东协议、公司章程、董事会决议或者其他协议安排能够对其实际支配的企业。

所以，只有履行出资人职责的机构、国有企业、国有控股企业及国有实际控制企业对外出资形成的权益性资产转让才适用国有资产交易的相关法律法规。

2.国有股权转让的原则

《中华人民共和国国有资产法》规定："国有资产转让应当遵循等价有偿和公开、公平、公正的原则。除按照国家规定可以直接协议转让的以外，国有资产转让应当在依法设立的产权交易场所公开进行。转让方应当如实披露有关信息，征集受让方；征集产生的受让方为两个以上的，转让应当采用公开竞价的交易方式。"

国有股权转让，除应遵循前述关于公司股权转让的一般规定外，还必须通过依法设立的产权交易场所公开进行转让。

3.国有股权转让的程序

《企业国有资产交易监督管理办法》第二章对企业产权转让的具体流程进行了规范，主要如下。

（1）决策审批

国有资产监管机构负责审核国家出资企业的产权转让事项。其中，因产权转让致使国家不再拥有所出资企业控股权的，须由国有资产监管机构报本级人民政府批准。国家出资企业应当制定其子企业产权转让管理制度，确定审批管理权限。其中，对主业处于关系国家安全、国民经济命脉的重要行业和关键领域，主要承担重大专项任务子企业的产权转让，须由国家出资企业报同级国有资产监管机构批准。转让方为多家国有股东共同持股的企业，由其中持股比例最大的国有股东负责履行相关批准程序；各国有股东持股比例相同的，由相关股东协商后确定其中一家股东负责履行相关审批程序。产权转让应当由转让方按照企业章程和企业内部管理制度进行决策，形成书面决议。

对于国有股权转让，除按照公司法或者相关法律法规由履行出资人职责的机构依法进行决策外，对于所转让股权涉及特定行业或者导致国家不再控股的，还应当报同级人民政府批准。

（2）可行性研究

对于企业国有产权转让，转让方应当按照企业发展战略做好产权转让的可行性研究和方案论证。产权转让涉及职工安置事项的，安置方案应当经职工代表大会或职工大会审议通过；涉及债权债务处置事项的，应当符合国家相关法律法规的规定。

（3）财务审计

产权转让事项经批准后，由转让方委托会计师事务所对转让标的企业进行审计。涉及参股权转让不宜单独进行专项审计的，转让方应当取得转让标的企业最近一期年度审计报告。

（4）资产评估

对按照有关法律法规要求必须进行资产评估的产权转让事项，转让方应当委托具有相应资质的评估机构对转让标的进行资产评估，产权转让价格应以经核准或备案的评估结果为基础确定。

（5）价格确定机制

对于企业国有股权转让，产权转让价格应当以经核准或备案的评估结果为基础确定。

对采用公开方式转让的，产权转让项目首次正式信息披露的转让底价，不得低于经核准或备案的转让标的评估结果。信息披露期间未征集到意向受让方的，可以延期或在降低转让底价、变更受让条件后重新进行信息披露。降低转让定价或变更受让条件后重新披露信息的，披露时间不得少于20个工作日。新的转让底价低于评估结果的90%时，应当经转让行为批准单位书面同意。转让项目自首次正式披露信息之日起超过12个月未征集到合格受让方的，应当重新履行审计、资产评估及信息披露等产权转让工作程序。

采取非公开协议转让方式转让企业产权，转让价格不得低于经核准或备案的评估结果。以下情形按照《公司法》、企业章程履行决策程序后，转让价格可以资产评估报告或最近一期审计报告确认的净资产值为基础确定，且不得低于经评估或审计的净资产值：①同一国家出资企业内部实施重组整合，转让方和受让方为该国家出资企业及其直接或间接全资拥有的子企业；②同一国有控股企业或国有实际控制企业内部实施重组整合，转让方和受让方为该国有控股企业或国有实际控制企业及其直接、间接全资拥有的子企业。

（6）公开或协议转让

产权转让原则上通过产权市场公开进行。转让方可以根据企业实际情况和工作进度安排，采取信息预披露和正式披露相结合的方式，通过产权交易机构网站分阶段对外披露产权转让信息，公开征集受让方。其中正式披露信息时间不得少于20个工作日。因产权转让导致转让标的企业的实际控制权发生转移的，转让方应当在转让行为获批后10个工作日内，通过产权交易机构进行信息预披露，时间不得少于20个工作日。

以下情形的产权转让可以采取非公开协议转让方式：①涉及主业处于关系国家安全、国民经济命脉的重要行业和关键领域企业的重组整合，对受让方有特殊要求，企业产权需要在国有及国有控股企业之间转让的，经国有资产监管机构批准，可以采取非公开协议转让方式；②同一国家出资企业及其各级控股企业或实际控制企业之间因实施内部重组整合进行产权转让的，经该国家出资企业审议决策，可以采取非公开协议转让方式。

（7）价款支付

交易价款原则上应当自合同生效之日起5个工作日内一次性付清。金额较大、一次付清确有困难的，可以采取分期付款方式。采取分期付款方式的，首期付款不得低于总价款的30%，并在合同生效之日起5个工作日内支付；其余款项应当提供转让方认可的合法有效担保，并按同期银行贷款利率支付延期付款期间的利息，付款期限不得超过1年。

例如，康为世纪（688426）在其《招股说明书》中披露了涉及国有股东对外转让发行人股权的信息：2013年10月，经泰州市国有资产监督管理委员会批复同意、泰州恒瑞资产评估事务所有限公司评估及泰州市产权交易中心公开挂牌交易，江苏华创医药研发平台管理有限公司通过公开挂牌征集受让方方式转让其持有的江苏康为世纪生物科技有限公司（康为世纪前身）50%的股权，北京康为世纪生物科技有限公司以750万元受让前述股权，江苏华创医药研发平台管理有限公司未就本次股权转让履行国有资产评估备案程序。对于上述事项，发行人等相关主体已采取规范措施，将事项概况、核查结果和规范措施一并递交泰州市主管部门确认。泰州医药高新区管委会于2020年11月出具并由泰州市国有资产监督管理委员会签章确认的《医药高新区管委会关于江苏康为世纪生物科技股份有限公司历史沿革相关事宜的确认函》，确认江苏康为世纪生物科技有限公司（康为世纪前身）历史上涉及江苏华创医药研发平台管理有限公司入股、股权变动、退出事宜虽然存在未履行相应的国资审批、评估、评估备案程序的情形，但江苏华创医药研发平台管理有限公司退出江苏康为世纪生物科技有限公司（康为世纪前身）投资时取得的转让价款不低于相关评估价值且不低于其入股江苏康为世纪生物科技有限公司（康为世纪前身）时的投资成本，上述事宜未造成国有资产流失，未损害国有资产及国有股东的利益，不存在产权争议或潜在纠纷。

四、外资企业股权转让的特殊规定

外资企业是指由境外投资者独资或者与境内的其他单位、组织合资设立的企业，包括中外合资经营企业、中外合作经营企业和外资企业。2020年1月1日前，外资企业股权转让涉及的法律法规主要为《中华人民共和国中外合资经营企业法》《中华人民共和国中外合作经营企业法》和《中华人民共和国外资企业法》；2020年1月1日，《中华人民共和国外商投资法》实施，以上涉税外商投资企业的法律法规同时废止。

相比内资企业的股权转让，外资企业股权转让的主要特点如下。

1. 内部程序

《中华人民共和国中外合资经营企业法实施条例》规定，合营一方向第三者转让其全部或者部分股权的，须经合营他方同意；合营一方转让其全部或者部分股权时，合营他方有优先购买权；合营一方向第三者转让股权的条件，不得比向合营他方转让的条件优惠。

《中华人民共和国中外合作经营企业法实施细则》规定："合作各方之间相互转让或者合作一方向合作他方以外的他人转让属于其在合作企业合同中全部或者

部分权利的,须经合作他方书面同意,并报审查批准机关批准。"

在 2020 年 1 月 1 日前,外资企业股东转让其持有的外资企业股权,无论是内部转让还是外部转让,都应当经其他合营或合作方同意;2020 年 1 月 1 日后外商投资企业股权转让的内部决策程序应当依照《公司法》的相关规定办理。

2. 外部程序

外商投资企业股权转让,除履行内部决策程序外,还需要履行相应的外部程序,对于外商投资企业股权转让的外部程序经历了如表 6-1-1 所示的三个阶段。

表 6-1-1　外商投资企业股权变更外部程序表

管理方式	时间	具体内容
事先审批	2016 年 10 月 8 日前	《中华人民共和国中外合资经营企业法实施条例》第二十条:合营一方向第三者转让其全部或者部分股权的,需经合营他方同意,并报审批机构批准,向登记管理机构办理变更登记手续。 《中华人民共和国外资企业法实施细则》第二十二条:外资企业注册资本的增加、转让,须经审批机关批准,并向工商行政管理机关办理变更登记。 《中华人民共和国中外合作经营企业法实施细则》第十六条:合作企业注册资本在合作期限内不得减少,但是,因投资总额和生产经营等变化,确需减少的,须经审查批准机关批准
事后备案	2016 年 10 月 8 日至 2019 年 12 月 31 日	《外商投资企业设立及变更备案管理暂行办法》(商务部令第 3 号,于 2017 年 7 月、2018 年 6 月修订)第六条规定,外商投资企业投资者的基本信息属于备案范围,外商投资企业投资者发生变更的,应当由外商投资企业指定的代表和委托的代理人在变更事项发生后 30 日内在综合管理系统在线填报和递交《外商投资企业变更备案申报表》
信息报告	2020 年 1 月 1 日起	《外商投资信息报告办法》(商务部 市场监督管理总局令第 2 号)第二条:外国投资者直接或者间接在中国境内进行投资活动,应由外国投资者或者外商投资企业根据本办法向商务主管部门报送投资信息。 第四条　外国投资者或者外商投资企业应当通过企业登记系统以及国家企业信用信息公示系统向商务主管部门报送投资信息

2020 年 1 月 1 日《公司外商投资法》生效后,外商投资企业外国投资者的变更不再要求审批及事后的备案,而是由外国投资者或者外商投资企业向商务主管部门报送投资信息,并通过企业登记系统及国家企业信用信息公示系统向商务主管部门报送投资信息。《外商投资信息报告办法》将外国投资者或者外商投资

企业的信息报告分为初始报告、变更报告、注销报告和年度报告等，其中初始报告、变更报告和年度报告均包括外商投资企业的投资者及其实际控制人信息。

外商投资企业的初始报告信息发生变更，涉及企业变更登记（备案）的，外商投资企业应当于办理企业变更登记（备案）时通过企业登记系统提交变更报告；不涉及企业变更登记（备案）的，外商投资企业应于变更事项发生后20个工作日内通过企业登记系统提交变更报告。根据企业章程对变更事项作出决议的，以作出决议的时间为变更事项的发生时间；法律法规对变更事项的生效要件另有要求的，以满足相应要求的时间为变更事项的发生时间。

五、红筹搭建及拆除的相关规定

（一）红筹架构的类型及拆除步骤

企业境外上市的模式有两种：一种是由中国境内的企业直接到境外上市；另一种是将中国境内企业的权益注入境外企业，由境外企业到境外的证券交易所上市。后一种模式又被称为红筹模式，具体是指中国境内的企业在境外（常见的为英属维尔京群岛、百慕大群岛、开曼群岛等地）与外资筹建合资公司，然后将境内资产及权益注入境外公司从而实现在境外上市的目的。

1. 红筹架构的模式

根据红筹架构下境内资产与境外上市公司之间的关系，可以将红筹模式分为直接持股模式和VIE控股模式。

直接控股模式是指境外上市主体或者其控股子公司直接持有境内运营主体的股权，具体的股权结构如图6-1-2所示。

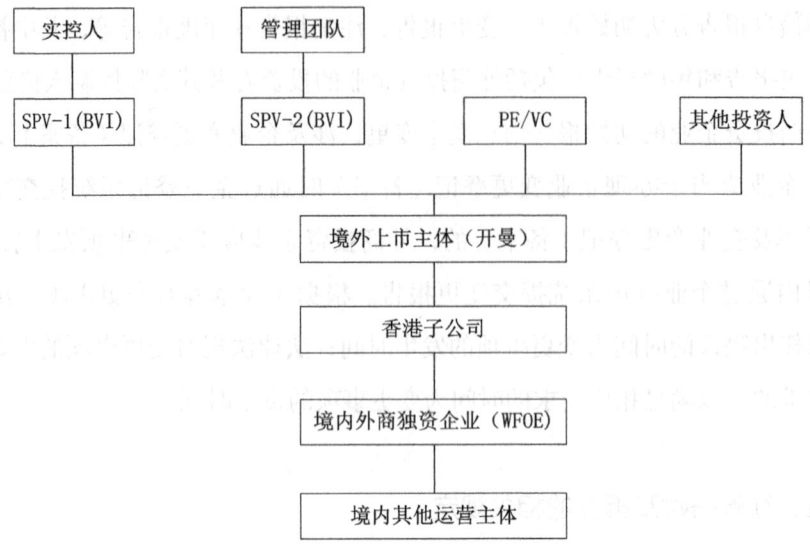

图 6-1-2 红筹架构直接控股模式

VIE 控股模式又被称为"协议控制"模式，是指境外上市实体与境内运营实体之间不具有直接或者间接的股权投资关系，而是由境外上市实体通过非股权投资协议的方式控制境内运营实体，并将其纳入合并报表范围，具体的股权结构及控制协议类型如图 6-1-3 所示。

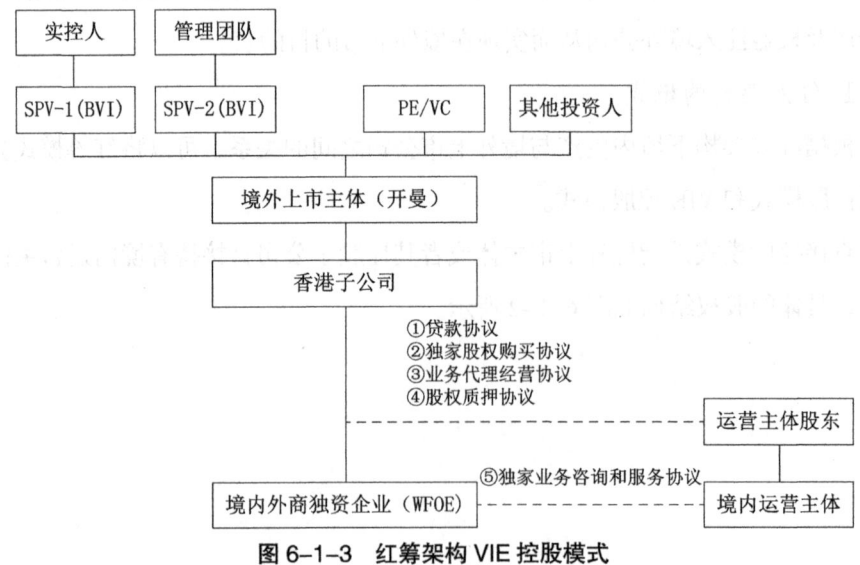

图 6-1-3 红筹架构 VIE 控股模式

在 VIE 控股模式下，为了确保境内运营主体的收益能够被纳入境外上市主体的合并财务报表内，境外上市主体在境内设立的外商独资企业与境内运营主体的股东及境内运营主体会签订如图 6-1-3 所示的一系列协议。

2. 红筹架构拆除过程

企业在境外搭建红筹架构后，若想转回境内证券交易所上市，需要将境外的红筹架构拆除，拆除程序主要分为如下几个过程。

（1）境外上市主体私有化退市

在境外上市主体已经在境外的证券交易所上市的情况下，境外主体私有化是红筹架构拆除的首要环节，即由境外上市主体回购或者境外上市主体的主要股东或主要股东设立的特殊目的公司收购其他投资者持有境外上市主体的股票，并向境外的证券交易所申请退市。

（2）重组改制境内拟上市主体

境外上市主体私有化完成后，需要对境内拟上市主体进行一系列的重组改制，重组改制的主要目的是将境外上市主体保留股东的权益回落至境内上市主体，以及将境外上市主体或其关联方企业的资产、业务及人员回落至境内上市主体，从而纳入境内上述主体的合并财务报表。

（3）保留股东退出境外主体公司

境内拟上市企业股权结构调整完成后，境外主体公司（或为实施境外上市主体私有化而设立的特殊目的公司）不再持有境内企业的权益，原保留股东退出境外主体公司或特殊目的公司。

（4）注销境外特殊目的公司

在保留股东退出境外主体公司权益后，境外主体公司已不具有存在的意义，因此需要将此类的境外主体公司予以注销。

（5）解除 VIE 协议

如果原有的红筹架构采用 VIE 控股模式，在完成前述的各项内容后，还应当解除原有的境内外商独资企业与境内其他运营主体及其股东签订的各项控制协议。

（二）红筹架构拆除的 IPO 披露要求

中国证监会在《关于重大资产重组中标的资产曾拆除 VIE 协议控制架构的信

息披露要求的相关问题与解答》中对"重大资产重组中，如拟购买的标的资产历史上曾拆除 VIE 协议控制架构，有哪些信息披露要求"中对上市公司的信息披露作了如下要求。

上市公司进行重大资产重组，如拟购买的标的资产在预案公告前曾拆除 VIE 协议控制架构，应当在重组报告中对以下事项进行专项披露。

①VIE 协议控制架构搭建和拆除过程，VIE 协议执行情况，以及拆除前后的控制关系结构图。

②标的资产是否曾筹划境外资本市场上市。如是，应当披露筹划上市进展、未上市原因等情况。

③VIE 协议控制架构的搭建和拆除过程是否符合外资、外汇、税收等有关规定，是否存在行政处罚风险。

④VIE 协议控制架构是否彻底拆除，拆除后标的资产股权权属是否清晰，是否存在诉讼等法律风险。

⑤VIE 协议控制结构拆除后，标的资产的生产经营是否符合国家产业政策相关法律法规等规定。

⑥如构成借壳上市，还应当重点说明 VIE 协议控制架构拆除是否导致标的资产近 3 年主营业务和董事、高级管理人员发生重大变化、实际控制人发生变更，是否符合《首次公开发行股票并上市管理办法》第十二条❶的规定。

---

❶ 已被《首发注册管理办法》第十二条替代。

第二章 股权转让的涉税分析

一、自然人股东转让股权涉税分析

(一) 一般规定

除《个人所得税法》及其实施条例外,根据转让标的的不同,税收规范性文件将个人转让公司股权进一步区分为转让一般公司股权或股份、转让新三板挂牌公司股票和转让上市公司股票(包括流通股和限售股)三种情形。与此相关的主要税收规范性文件如表 6-2-1 所示。

表6-2-1 个人转让股权主要税收规范性文件汇总表

标的	主要文件
股权或股份	《国家税务总局关于加强股权转让所得征收个人所得税管理的通知》(国税函〔2009〕285号)(2015年1月1日起废止) 《国家税务总局关于股权转让个人所得税计税依据核定问题的公告》(国家税务总局公告2010年第27号)(2015年1月1日起废止) 《国家税务总局关于发布〈股权转让所得个人所得税管理办法(试行)〉的公告》(国家税务总局公告2014年第67号)
新三板股票	《财政部 国家税务总局 中国证券监督管理委员会关于个人转让全国中小企业股份转让系统挂牌公司股票有关个人所得税政策的通知》(财税〔2018〕137号)
上市公司限售股	《财政部 国家税务总局 中国证券监督管理委员会关于个人转让上市公司限售股所得征收个人所得税有关问题的通知》(财税〔2009〕167号) 《财政部 国家税务总局 中国证券监督管理委员会关于个人转让上市公司限售股所得征收个人所得税有关问题的补充通知》(财税〔2010〕70号)
上市公司流通股	《财政部 国家税务总局关于个人转让股票所得继续暂免征收个人所得税的通知》(财税字〔1998〕61号)

个人转让拟 IPO 企业股权或股票的行为适用 67 号公告的相关规定。

1. 适用纳税人主体范围

67 号公告规定的股权是指自然人股东投资于在中国境内设立的企业或组织（不包括个人独资企业和合伙企业）的股权或股份。67 号公告并未限定自然人纳税人的居民属性，所以居民个人和非居民个人，只要转让标的属于 67 号公告规定范围，都应当依照 67 号的规定计算缴纳股权转让所得的个人所得税。例如，源杰科技（688498）在《招股说明书》披露实际控制人 ZHANG XINGANG 将其持有发行人 140.4197 万股无偿转让给张某颖，其中 ZHANG XINGANG 为美国国籍，张某颖为 ZHANG XINGANG 妹妹，双方的股权转让适用《股权转让所得个人所得税管理办法（试行）》第十三条第（二）项的合理理由，无偿转让无需缴纳个人所得税。

2. 应纳税所得额

个人转让股权，其应纳税所得额应当按照式（6-2-1）计算：

$$应纳税所得额 = 股权转让收入 - 股权原值 - 合理费用 \qquad (6\text{-}2\text{-}1)$$

合理费用是指股权转让时按照规定支付的有关税费。

3. 股权转让收入

股权转让收入是指转让方因股权转让而获得的现金、实物、有价证券和其他形式的经济利益，转让方取得与股权转让相关的各种款项，包括违约金、补偿金以及其他名目的款项、资产、权益等，均应当并入股权转让收入。例如，美腾科技（688420）在《招股说明书》中披露发行人收购天津中新智冠信息技术有限公司股权时，发行人股东通过自愿赠与被收购方天津中新智冠信息技术有限公司股东款项从而完成此次股权收购，对被收购企业股东取得的上述赠与款已缴纳个人所得税。

股权转让过程中，转让方按照双方签订的合同，在满足约定条件后取得的后续收入，也应当作为股权转让收入。

示例 6-1

个人 A 持有某有限责任公司 100% 的股权，2022 年将个人 A 持有的 100% 股权转让给自然人 B，双方在确定股权转让收入时根据有限责任公司股权的评估值确定，其中确定有限责任公司应收账款的评估金额时，双方约定：以应收账款的账面价值作为评估金额，若有限责任公司在股权转让后 2 年内就已经计提坏账准备和已核销的应收款项重新收回的，该收回款项中的 80% 应当支付给股权转让方 A。

根据 67 号公告，自然人 A 在后续过程中从有限责任公司或者 B 取得的按照合同约定已收回的应收款项的，该部分的收入应当并入自然人 A 的股权转让收入总额中申报缴纳个人所得税。

4. 股权转让收入的调整及核定

对个人转让股权取得的股权转让收入价格明显偏低的情形、理由及核定股权转让收入的方法可见"专题二"中的相关内容，在此不再赘述。

5. 转让股权原值

67 号公告采用"股权原值"的概念，其本质上是指所转让股权的计税基础，67 号公告在股权原值的具体确定方法中首次明确了"避免重复征税的原则"，相关的主要条款如表 6-2-2 所示。

表 6-2-2　67 号公告股权转让原值主要条款

项目	主要内容
确定方法	（一）以现金出资方式取得的股权，按照实际支付的价款与取得股权直接相关的合理税费之和确认股权原值； （二）以非货币性资产出资方式取得的股权，按照税务机关认可或核定的投资入股时非货币性资产价格与取得股权直接相关的合理税费之和确认股权原值； （三）通过无偿让渡方式取得股权，具备本办法第十三条第二项所列情形的，按取得股权发生的合理税费与原持有人的股权原值之和确认股权原值； （四）被投资企业以资本公积、盈余公积、未分配利润转增股本，个人股东已依法缴纳个人所得税的，以转增额和相关税费之和确认其新转增股本的股权原值； （五）除以上情形外，由主管税务机关按照避免重复征收个人所得税的原则合理确认股权原值

续表

项目	主要内容
流转方法	对个人多次取得同一被投资企业股权的，转让部分股权时，采用"加权平均法"确定其股权原值
股权原值核定	个人转让股权未提供完整、准确的股权原值凭证，不能正确计算股权原值的，由主管税务机关核定其股权原值
避免重复征税的规范	股权转让人已被主管税务机关核定股权转让收入并依法征收个人所得税的，该股权受让人的股权原值以取得股权时发生的合理税费与股权转让人被主管税务机关核定的股权转让收入之和确认

6.纳税义务发生时间

根据67号公告的规定，个人发生股权转让行为有下列情形之一的，扣缴义务人、纳税人应依法在次月15日内向主管税务机关申报纳税：①受让方已支付或部分支付股权转让价款的；②股权转让协议已签订生效的；③受让方已经实际履行股东职责或者享受股东权益的；④国家有关部门判决、登记或公告生效的；⑤股权被司法或行政强制过户、以股权对外进行投资或非货币性交易、以股权抵偿债务及其他股权转移行为已经完成的；⑥税务机关认定的其他有证据表明股权已发生转移的情形。

7.纳税地点

个人股权转让所得个人所得税以被投资企业所在地税务机关为主管税务机关，纳税人、扣缴义务人应当向主管税务机关办理纳税申报。

8.扣缴义务人

个人发生股权转让的，以股权转让方为纳税人，以受让方为扣缴义务人。

9.股权转让当事方的义务

根据67号公告的规定，个人转让股权，作为股权受让方的扣缴义务人及被投资企业都负有一定的涉税义务，具体如表6-2-3所示。

表6-2-3　个人股权转让相关方的涉税义务

主体	主要内容
受让方	扣缴义务人应于股权转让相关协议签订后5个工作日内，将股权转让的有关情况报告主管税务机关

续表

主体	主要内容
被投资企业	被投资企业应当详细记录股东持有本企业股权的相关成本,如实向税务机关提供与股权转让有关的信息,协助税务机关依法执行公务。 被投资企业应当在董事会或股东会结束后5个工作日内,向主管税务机关报送与股权变动相关的董事会或股东会决议、会议纪要等资料。 被投资企业发生个人股权变动或者个人股东所持股权变动的,应当在次月15日内向主管税务机关报送含有股东变动信息的《个人所得税基础信息表(A表)》及股东变更情况说明

10. 外币折算

转让股权如果以人民币以外的货币结算,《个人所得税法实施条例》及67号公告均对纳税人外币折算的汇率确定作了规范,具体如表6-2-4所示。

表6-2-4 个人所得税外币折算汇率

文件	主要内容
《个人所得税法实施条例》（2011年修订）	第四十三条：依照税法第十条的规定,所得为外国货币的,应当按照填开完税凭证的上一月最后一日人民币汇率中间价,折合成人民币计算应纳税所得额
《个人所得税法实施条例》（2019年修订）	第三十二条：所得为人民币以外货币的,按照办理纳税申报或者扣缴申报的上一月最后一日人民币汇率中间价,折合成人民币计算应纳税所得额
《股权转让所得个人所得税管理办法（试行)》	第二十三条：转让的股权以人民币以外的货币结算的,按照结算当日人民币汇率中间价,折算成人民币计算应纳税所得额

《个人所得税法实施条例》明确以"填开完税凭证"或"办理纳税申报或扣缴申报"上一月最后一日人民币汇率中间价确定折算汇率,但是对于前述的事项是依法应当办理的时间还是事实办理时间并没有明确；而依据67号公告确定的时间,也未能明确是以合同约定的结算日还是实际结算日,特别是交易双方为关联方时可能存在不实际支付价款的情形。

本书认为,在确定具体汇率时应当按照《个人所得税法实施条例》确定折算汇率,且其中的"填开完税凭证""办理纳税申报或扣缴申报"并非事实行为,而是依法应当办理纳税申报或者扣缴申报的时间,由此既可减少税收政策执行的争议，也可以对纳税人的股权转让行为起到规范引导的作用。

11. 转让股权与以股权对外投资的对比分析

根据 67 号公告第三条规定，个人以股权对外投资或进行其他非货币性交易属于股权转让行为，同时《财政部 国家税务总局关于个人非货币性资产投资有关个人所得税政策的通知》（财税〔2015〕41 号）和《国家税务总局关于个人非货币性资产投资有关个人所得税征管问题的公告》（国家税务总局公告 2015 年第 20 号）又对个人以非货币性资产对外投资的税收征管作了特别的规定，其中包括个人以所持有的被投资企业股权进行投资，表 6-2-5 是对两种不同交易方式下相关政策的对比分析。

表 6-2-5　以股权投资的税收政策对比分析表

事项	67 号公告	财税〔2015〕41 号
纳税人	以股权转让方为纳税人	以发生非货币性资产投资行为并取得被投资企业股权的个人为纳税人
扣缴义务人	以受让方为扣缴义务人	无
应纳税所得额	以股权转让收入减除股权原值和合理费用后的余额为应纳税所得额	非货币性资产转让收入减除该资产原值及合理税费后的余额为应纳税所得额
收入	股权转让收入是指转让方因股权转让而获得的现金、实物、有价证券和其他形式的经济利益	个人以非货币性资产投资，应按评估后的公允价值确认非货币性资产转让收入
主管税务机关	以被投资企业所在地税务机关为主管税务机关	纳税人以其持有的企业股权对外投资的，以该企业所在地税务机关为主管税务机关
税款缴纳	一次性	纳税人一次性缴税有困难的，可合理确定分期缴纳计划并报主管税务机关备案后，自发生应税行为之日起不超过 5 个公历年度内（含）分期缴纳个人所得税
税款缴纳	由扣缴义务人代扣代缴	由纳税人向主管税务机关自行申报缴纳

（二）非居民个人股权转让

《个人所得税法》（2018 年修正）根据纳税人的住所以及居住时间标准将个人区分为居民个人和非居民个人，其中"在中国境内无住所又不居住，或者无住所而一个纳税年度内在中国境内居住累计不满一百八十三天的个人，为非居民个人"，不同于居民个人的"完全纳税义务"，对于非居民个人而言，仅需要就其从中国境内取得的所得依照《个人所得税法》的规定缴纳个人所得税。

1. 股权转让所得来源地

由于非居民个人仅就来源于中国境内的所得缴纳个人所得税，所以判定其所得来源地成为判定非居民个人纳税义务的重要前提；非居民个人转让境内居民企业股权，根据67号公告应当在中国境内缴纳个人所得税，但是对于非居民个人通过转让境外企业股权而间接转让境内企业权益的，如何判定其是否属于来源于中国境内的所得，《个人所得税法》及其实施条例并未予以明确。

《财政部　国家税务总局关于境外所得有关个人所得税政策的公告》（财政部　国家税务总局公告2020年第3号）第一条规定，转让中国境外的不动产、转让对中国境外企业以及其他组织投资形成的股票、股权以及其他权益性资产（以下称权益性资产）或者在中国境外转让其他财产取得的所得，属于来源于中国境外的所得。但转让对中国境外企业以及其他组织投资形成的权益性资产，该权益性资产被转让前三年（连续36个公历月份）内的任一时间，被投资企业或其他组织的资产公允价值50%以上直接或间接来自位于中国境内的不动产的，取得的所得为来源于中国境内的所得。

居民个人转让股权所得来源地的判断可参照图6-2-1所示的方法进行判断。

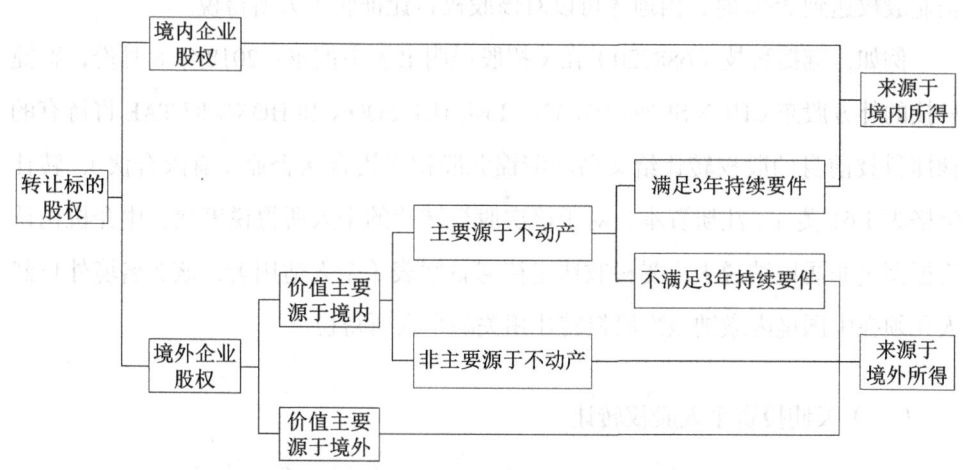

图6-2-1　非居民个人股权转让所得来源地判断标准

例如，创耀科技（688259）在其《招股说明书》中披露，开曼创达特在2020年9月及12月回购李某某等7人与曾某某等5人的股份时，适用财政部 国家税务总局公告2020年第3号的规定，上述人员取得的所得属于来源于中国境内的所得，该等人员应当就取得的上述所得依法申报缴纳个人所得税。

2. 税收协定的规定

《个人所得税法》及实施条例并未明确其与税收协定的适用问题，但根据法律适用的一般原则，当税收协定对个人所得税的相关事项有特殊约定时应当适用税收协定的相关约定。所以当我国与非居民个人所在国签订有双边税收协定时，非居民个人转让境内居民企业股权，应当参照税收协定对相关事项的规定执行。

《内地和香港特别行政区关于对所得避免双重征税和防止偷漏税的安排》第十三条"财产收益"中明确："四、转让一个公司股份取得的收益，而该公司的财产主要直接或者间接由位于一方的不动产所组成，可以在该一方征税；五、转让第四款所述以外的任何股份取得的收益，而该股份相当于一方居民公司至少25%的股权，可以在该一方征税。"这是我国内地与香港地区税收协定对于股权转让所得征税权的划分，根据该税收协定，如果香港居民转让中国境内居民企业股权，若该股权的财产主要由位于中国境内的不动产所构成，那么香港居民个人转让该股权需要在内地依照《个人所得税法》的规定缴纳个人所得税；若该境内居民企业的财产并非主要由境内的不动产构成，那么只有当转让方持有境内居民企业股权达到25%时，内地才可以对该股权转让征收个人所得税。

例如，翱捷科技（688220）在《招股说明书》中披露：2018年8月份，翱捷科技的外方股东CHUN SUNG HWAN、LEE HIE SOOK和HONG KI TAE将持有的翱捷科技前身的股权转让给义乌和谐锦弘股权投资合伙企业（有限合伙），转让价格为1.61美元/注册资本。对于该次股权转让的个人所得税事项，中介机构认为根据《非居民纳税人享受税收协定待遇备案表（个人适用）》，该3名境外自然人无须在中国境内缴纳该次股权转让相关的个人所得税。

（三）天使投资个人股权转让

《财政部 国家税务总局关于创业投资企业和天使投资个人有关税收政策的

通知》(财税〔2018〕55号)规定:"天使投资个人采取股权投资方式直接投资于初创科技型企业满2年的,可以按照投资额的70%抵扣转让该初创科技型企业股权取得的应纳税所得额;当期不足抵扣的,可以在以后转让该初创科技型企业股权的应纳税所得额时结转抵扣。"同时规定初创科技型企业接受天使投资个人投资满2年,在上海证券交易所、深圳证券交易所上市的,天使投资个人转让该企业股票的,按照现行限售股有关规定执行,其尚未抵扣的投资额,在税款清算时一并计算抵扣。

所以天使投资个人投资于拟IPO企业,满足规定要件的,个人在转让企业股权时,其投资额的70%可用于抵扣其应纳税所得额,即:

应纳税所得额 = 股权转让收入 − 转让股权原值 − 相关税费 − 应纳税所得额抵扣额

= 股权转让收入 − 转让股权原值 − 相关税费 − 股权投资额 × 70%

(6-2-2)

根据财税〔2018〕55号文件的要求,天使投资个人享受投资额抵扣应纳税所得额应同时满足如下条件。

1. 直接股权投资

天使投资个人只有直接投资于初创科技型企业才满足该要件,即通过向被投资初创科技型企业直接支付现金方式取得股权,对通过受让方式取得的股权及通过其他非货币性资产交换方式取得的股权,不属于直接股权投资。

2. 初创科技型企业

被投资企业应当属于初创科技型企业,初创科技型企业是指同时满足以下条件的企业。

(1) 企业类型

企业应当为在中国境内(不包括港、澳、台地区)注册成立、实行查账征收的居民企业。对于依据实际管理机构认定的境外注册居民企业及企业所得税实行核定征收的居民企业,不满足该要件。

(2) 企业规模

企业接受投资时,从业人数不超过200人,其中具有大学本科以上学历的从业人数不低于30%;资产总额和年销售收入均不超过3000万元。

从业人数，包括与企业建立劳动关系的职工人员及企业接受的劳务派遣人员。从业人数和资产总额指标，按照企业接受投资前连续 12 个月的平均数计算，不足 12 个月的，按实际月数平均计算。具体计算公式如下：

$$月平均数 =（月初数 + 月末数）÷ 2 \qquad (6-2-3)$$

接受投资前连续 12 个月平均数 = 接受投资前连续 12 个月平均数之和 ÷ 12

$$(6-2-4)$$

销售收入包括主营业务收入与其他业务收入，年销售收入指标，按照企业接受投资前连续 12 个月的累计数计算，不足 12 个月的，按实际月数累计计算。

（3）设立时间

企业接受天使投资个人投资时设立时间不超过 5 年（60 个月）。

（4）投资后企业性质

企业在接受投资时及接受投资后 2 年内未在境内外证券交易所上市。

（5）研发费用占比

企业在接受投资当年及下一纳税年度，研发费用总额占成本费用支出的比例不低于 20%。

研发费用的口径，按照《财政部 国家税务总局 科技部关于完善研究开发费用税前加计扣除政策的通知》（财税〔2015〕119 号）的规定执行。研发费用总额占成本费用支出的比例，是指企业接受投资当年及下一纳税年度的研发费用总额合计占同期成本费用总额合计的比例。成本费用，包括主营业务成本、其他业务成本、销售费用、管理费用和财务费用。

3. 投资期限

享受投资抵扣应纳税所得额，天使投资个人投资于初创科技型企业的时间应满 2 年，具体是指天使投资个人投资于种子期、初创期科技型企业的实缴投资满 2 年（24 个月），投资时间从初创科技型企业接受投资并完成工商变更登记的日期算起。

4. 投资额

天使投资个人的投资额，按照天使投资个人对初创科技型企业的实缴投资额确定。

5. 天使投资个人

享受投资抵扣政策的天使投资个人应当同时符合以下条件。

（1）与被投资企业关系

投资个人不属于被投资初创科技型企业的发起人、雇员或其亲属（包括配偶、父母、子女、祖父母、外祖父母、孙子女、外孙子女、兄弟姐妹，下同），且与被投资初创科技型企业不存在劳务派遣关系。

（2）持股比例

投资后2年内，本人及其近亲属持有被投资初创科技型企业股权比例合计应低于50%。

6. 投资额结转抵扣

天使投资个人投资多个初创科技型企业，对其中办理注销清算的初创科技型企业，天使投资个人对其投资额的70%尚未抵扣完的，可自注销清算之日起36个月内抵扣天使投资个人转让其他初创科技型企业股权取得的应纳税所得额。

对于该可抵扣的初创科技型企业的投资额，是否可以抵扣已经上市的初创科技型企业的限售股所得，财税〔2018〕55号第三条第（五）项并未规范，但是根据《国家税务总局关于创业投资企业和天使投资个人税收政策有关问题的公告》（国家税务总局公告2018年第43号）第二条第（二）项第2点规定："天使投资个人投资初创科技型企业满足投资抵扣税收优惠条件后，初创科技型企业在上海证券交易所、深圳证券交易所上市的，天使投资个人在转让初创科技型企业股票时，有尚未抵扣完毕的投资额的，应向证券机构所在地主管税务机关办理限售股转让税款清算，抵扣尚未抵扣完毕的投资额。清算时，应提供投资初创科技型企业后税务机关受理的《天使投资个人所得税投资抵扣备案表》和《天使投资个人所得税投资抵扣情况表》。"《天使投资个人所得税投资抵扣情况表》在确定"可抵扣投资额合计"数时包括"从已清算企业结转待抵扣投资额"和"本企业可抵扣投资额"两部分，所以，天使投资个人对初创科技型企业的投资额可以在转让上市后初创科技型企业股票的限售股所得中抵扣。

（四）股权转让查验完税凭证

2019年1月1日起实施的《个人所得税法》第十五条第二款规定："个人转让股权办理变更登记的，市场主体登记机关应当查验与该股权交易相关的个人所得税的完税凭证。"即股权转让由原来的"先工商后税务"转变为"先税务后工商"的模式，尽管并未将税收缴纳作为工商变更的前置程序，但是要求市场登记主体查验与该股权交易相关的个人所得税完税凭证，在实务中也有越来越多地区的税务机关和市场登记主管部门对该问题予以细化明确，具体如表6-2-6所示（以发布的先后时间顺序）。

表6-2-6 已明确个人股权转让查验完税凭证的地区

地区	主要内容
青岛市	《中华人民共和国个人所得税法》第十五条规定："个人转让股权办理变更登记的，市场主体登记机关应当查验与该股权交易相关的个人所得税的完税凭证。"根据法律规定，企业登记机关对转让方为自然人股东的股权变更，应依据税务部门开具的《自然人股东股权变更税源监控登记表》（完税凭证）即时办理登记手续。 ——《青岛市财政局 国家税务总局青岛市税务局 青岛市工商行政管理局关于进一步完善股东股权变更税源管理工作的通知》（青财源〔2018〕4号）第二条
东莞市	根据《中华人民共和国个人所得税法》的规定，个人出让股权应到主管税务机关完成个人所得税申报，自2019年12月1日起，市场监督管理部门将通过网络查验个人转让股权完税凭证，未进行个人所得税申报的不予受理股权变更登记。 ——《东莞市市场监督管理局 国家税务总局东莞市税务局关于个人股权变更登记需查验完税凭证的通告》（2019年11月20日）
惠州市	根据《中华人民共和国个人所得税法》的规定，个人转让股权应到主管税务机关完成个人所得税申报。自2020年5月1日起，市场监督管理部门将通过网络查验个人转让股权完税凭证，未取得完税凭证的不予受理股权变更登记。 ——《惠州市市场监督管理局 国家税务总局惠州市税务局关于个人股权变更登记需查验完税凭证的通告》（惠州市市场监督管理局 国家税务总局惠州市税务局通告2020年第10号）
天津市	一、被投资企业发生个人股权转让行为，在向市场监督管理部门办理变更登记手续前，扣缴义务人、纳税人应依法在被投资企业所在地主管税务机关办理纳税申报，报送个人所得税申报表等相关资料。 二、国家税务总局天津市税务局与天津市市场监督管理委员会实行个人股权转让信息自动交互机制。市场监督管理部门在确认个人股权转让行为已经进行纳税申报后，依照相关规定为被投资企业办理股权变更登记。 ——《国家税务总局天津市税务局 天津市市场监督管理委员会关于规范股权转让所得个人所得税管理工作的通告》（2020年5月11日）

续表

地区	主要内容
阳江市	根据《中华人民共和国个人所得税法》的有关规定,个人转让股权应到主管税务机关完成个人所得税申报。自2020年8月1日起,市场监督管理部门将查验个人转让股权相关的个人所得税完税凭证,对未提供完税凭证的不予受理股权变更登记。 ——《国家税务总局阳江市税务局　阳江市市场监督管理局关于个人股权变更登记需查验完税凭证的通告》(国家税务总局阳江市税务局通告2020年第1号)
中山市	根据《中华人民共和国个人所得税法》相关规定,个人转让股权办理变更登记的,市场主体登记机关应当查验与该股权交易相关的个人所得税的完税凭证。市场监督管理部门已依法开展相关查验工作,申请办理股权变更登记的自然人,先前往税务部门办理个人所得税的完税事宜,获取完税凭证后,再到市场监督管理部门申请办理股权变更登记,未取得完税凭证或经查验不实的不予办理相关登记。 ——《中山市市场监督管理局　国家税务总局中山市税务局关于个人股权变更登记需查验完税凭证的通告》(中市监〔2020〕97号)
汕尾市	根据《中华人民共和国个人所得税法》的规定,个人转让股权办理变更登记的,应到主管税务机关完成个人所得税申报。自2020年10月10日起,市场监督管理部门将通过网络电子查验个人转让股权的所得税完税凭证,未取得完税凭证的不予受理股权变更登记。 ——《汕尾市市场监督管理局　国家税务总局汕尾市税务局关于个人转让股权办理变更登记需查验完税凭证的通告》(国家税务总局汕尾市税务局通告2020年第6号)
清远市	根据《中华人民共和国个人所得税法》相关规定,个人转让股权办理变更登记的,市场主体登记机关应当查验与该股权交易相关的个人所得税的完税凭证。自2020年11月1日起,市场监督管理部门在办理个人股权变更登记时,将查验个人转让股权相关的个人所得税完税凭证。请申请办理股权变更登记的自然人,先前往税务部门办理个人所得税的完税事宜,获取完税凭证后,再到市场监督管理部门申请办理股权变更登记,未取得完税凭证或经查验不实的不予办理相关登记。 ——《国家税务总局清远市税务局　清远市市场监督管理局关于个人股权变更登记需查验完税凭证的通告》(2020年10月16日)
江门市	根据《中华人民共和国个人所得税法》第十五条规定,个人转让股权办理变更登记的,市场主体登记机关应当查验与该股权交易相关的个人所得税的完税凭证。自2020年12月1日起,市场监督管理部门为个人转让股权办理变更登记时,将通过政务信息共享方式等查验个人转让股权完税凭证。 ——《国家税务总局江门市税务局　江门市市场监督管理局关于个人股权转让变更登记查验完税凭证的通告》(国家税务总局江门市税务局　江门市市场监督管理局通告〔2020〕1号)

续表

地区	主要内容
横琴新区	根据《中华人民共和国个人所得税法》规定，个人转让股权办理变更登记的，市场主体登记机关应当查验与该股权交易相关的个人所得税的完税凭证。 自 2020 年 11 月 16 日起，横琴新区登记的公司拟办理股权变更登记，涉及个人股权转让变更的，应先到横琴新区税务局完成相关个人所得税申报后，再向横琴新区工商局申请办理公司股权变更登记。办理涉及个人股权转让的公司变更登记业务时，横琴新区工商局将查验个人转让股权相关的个人所得税完税凭证，查验符合要求的，予以办理公司股权变更登记。对未依法完成相关纳税申报、查验不符合要求的，横琴新区工商局不予办理公司股权变更登记。 ——《国家税务总局珠海市横琴新区税务局　珠海市横琴新区工商行政管理局关于个人股权变更登记需查验完税凭证的通告》（2020 年 11 月 12 日）
云浮市	为加强我市个人转让股权的个人所得税征收管理，根据 2018 年 8 月 31 日修订的《中华人民共和国个人所得税法》以及国家税务总局《股权转让所得个人所得税管理办法（试行）》的有关规定，经国家税务总局云浮市税务局和云浮市市场监督管理局共同研究，决定自 2021 年 1 月 1 日起在全市范围内开展个人转让股权变更登记查验工作，现就有关事项公告如下： 一、个人股权转让应当自股权转让协议签订之日起 30 日内办理股权变更手续。发生个人股权转让业务的纳税人，应先到主管税务机关办理纳税申报，缴纳应纳税费，取得完税凭证后，再向市场监督管理部门申请办理股权变更的注册登记，市场监督管理部门应先查验完税凭证后方可受理业务申请，未能提供完税凭证的，市场监督管理部门将不予受理股权转让的业务申请。 二、办理股权转让纳税申报需要提供如下资料： （一）纳税申报表； （二）股权转让合同（协议）； （三）股权转让双方身份证明； （四）按规定需要进行资产评估的，需提供具有法定资质中介机构出具的净资产或土地房产等资产价值评估报告； （五）计税依据明显偏低但有正当理由的证明材料； （六）主管税务机关要求报送的其他材料。 三、税务机关将对股权转让的涉税事项进行审核并对发现的问题依法进行处理，纳税人、扣缴义务人应当积极配合税务机关开展相关工作。 ——《云浮市关于开展个人转让股权变更登记查验工作的公告》（国家税务总局云浮市税务局　云浮市市场监督管理局公告 2020 年第 5 号）
贵港市	根据《中华人民共和国个人所得税法》相关规定，个人转让股权办理变更登记的，市场主体登记机关应当查验与该股权交易相关的个人所得税的完税凭证。市场监督管理部门已依法开展相关查验工作，请申请办理股权变更登记的自然人，先前往税务部门办理个人所得税的完税事宜，获取完税凭证后，再到市场监督管理部门申请办理股权变更登记。 ——《国家税务总局贵港市税务局关于个人股权变更登记需查验完税凭证的通告》（国家税务总局贵港市税务局通告 2021 年第 1 号）

续表

地区	主要内容
茂名市	根据《中华人民共和国个人所得税法》第十五条第二款规定：个人转让股权办理变更登记的，市场主体登记机关应当查验与该股权交易相关的个人所得税的完税凭证。自2021年3月1日起，市场监督管理部门在办理股东变更登记时，将查验与该股权转让相关的个人所得税完税证明，对未进行个人所得税纳税申报的不予受理股权变更登记。 ——《国家税务总局茂名市税务局 茂名市市场监督管理局关于个人股权变更登记需查验完税证明的通告》（国家税务总局茂名市税务局 茂名市市场监督管理局通告2021年第1号）
广州市	根据《中华人民共和国个人所得税法》及其实施条例相关规定，国家税务总局广州市税务局与广州市市场监督管理局对个人股权转让实施联合管理，现将有关事项通告如下： 一、个人转让股权办理股东变更登记的，应先到税务机关办理个人所得税纳税申报，市场主体登记机关应当查验与该股权交易相关的个人所得税的完税凭证。 二、国家税务总局广州市税务局与广州市市场监督管理局实行个人股权转让信息交互机制。市场主体登记机关根据税务机关共享的《自然人股东股权变更完税情况表》（完税凭证）办理股权变更登记。 三、本通告自2021年4月1日起施行。 ——《国家税务总局广州市税务局 广州市市场监督管理局关于个人股权变更登记需查验完税凭证的通告》（国家税务总局广州市税务局 广州市市场监督管理局通告2021年第2号）
广西壮族自治区	根据《中华人民共和国个人所得税法》及其实施条例、《中华人民共和国税收征收管理法》及其实施细则和《广西壮族自治区税收保障条例》等相关规定，国家税务总局广西壮族自治区税务局与广西壮族自治区市场监督管理局对个人股权转让实施联合管理。现将有关事项通告如下： 一、被投资企业发生个人股权转让行为，扣缴义务人（或纳税人）应依法在被投资企业所在地主管税务机关办理纳税申报，报送个人所得税申报表及相关资料（附件1）；被投资企业应当向主管税务机关报送与股权变动事项相关的资料（附件2）。 二、个人转让股权办理变更登记的，市场主体登记机关应当在查验与该股权交易相关的个人所得税完税凭证（附件3）后即时办理变更登记手续。 三、本通告自2021年6月1日起施行。 ——《国家税务总局广西壮族自治区税务局 广西壮族自治区市场监督管理局关于规范股权转让个人所得税管理工作的通告》（国家税务总局广西壮族自治区税务局 广西壮族自治区市场监督管理局通告2021年第5号）

续表

地区	主要内容
广东省	根据《中华人民共和国个人所得税法》及相关规定，在我省登记注册的企业涉及个人转让股权的，国家税务总局广东省税务局与广东省市场监督管理局对有关事项通告如下： 一、企业自然人股东发生股权转让行为的，在向市场主体登记机关申请办理相关变更登记前，股权转让个人所得税的扣缴义务人、纳税人应先到税务机关办理个人所得税纳税申报。 二、企业自然人股东转让股权办理变更登记时，市场主体登记机关应当查验与该股权交易相关的个人所得税完税凭证，并依法办理变更登记。 本通告自 2021 年 7 月 1 日起施行。 ——《国家税务总局广东省税务局 广东省市场监督管理局关于个人转让股权有关事项的通告》（国家税务总局广东省税务局 广东省市场监督管理局通告 2021 年第 6 号）
深圳市	根据《中华人民共和国个人所得税法》及其实施条例、《中华人民共和国税收征收管理法》及其实施细则，国家税务总局深圳市税务局与深圳市市场监督管理局对个人转让股权个人所得税实施联合管理，现将有关事项通告如下： 一、个人转让股权办理股东变更登记的，在向市场监督管理部门办理变更登记前，扣缴义务人、纳税人应依法在被投资企业所在地主管税务机关办理纳税申报。 二、国家税务总局深圳市税务局与深圳市市场监督管理局实行个人股权转让信息自动交互机制。市场监督管理部门确认个人转让股权行为已完成纳税申报后，依照相关规定为被投资企业办理股权变更登记。 三、纳税申报信息交换需 3 个自然日，请扣缴义务人、纳税人提前办理纳税申报，以免影响股权变更登记。如股权转让相关个人所得税已申报完成，但因信息交互原因影响办理变更登记的，请扣缴义务人、纳税人联系主管税务机关。 四、本通告自 2021 年 6 月 18 日起施行。 ——《国家税务总局深圳市税务局 深圳市市场监督管理局关于进一步规范个人转让股权办理变更登记工作的通告》（国家税务总局深圳市税务局 深圳市市场监督管理局通告 2021 年第 7 号）
湖南省	根据《中华人民共和国个人所得税法》及其实施条例、《中华人民共和国税收征收管理法》及其实施细则、《湖南省税收保障办法》相关规定，国家税务总局湖南省税务局与湖南省市场监督管理局对个人股权转让实施联合管理，现将有关事项通告如下： 一、个人股东发生股权转让行为的，扣缴义务人（股权受让方）或纳税人（股权出让方）应当依法向被投资企业所在地主管税务机关办理股权转让扣缴（纳税）申报，报送个人所得税申报表及相关资料（附件 1）。 二、个人转让股权办理变更登记的，市场主体登记机关应当查验由税务机关提供的与该股权交易相关的完税情况（个人股东股权转让信息表）（附件 2）。 三、本通告自 2021 年 7 月 1 日起施行。 ——《国家税务总局湖南省税务局 湖南省市场监督管理局关于加强股权转让个人所得税管理工作的通告》（国家税务总局湖南省税务局 湖南省市场监督管理局通告 2021 年第 3 号）

续表

地区	主要内容
潮州市	根据《中华人民共和国个人所得税法》及其实施条例以及《国家税务总局广东省税务局 广东省市场监督管理局关于个人转让股权有关事项的通告》（2021年第6号）的规定，国家税务总局潮州市税务局与潮州市市场监督管理局对个人股权转让实施联合管理，现将有关事项通告如下： 一、企业自然人股东发生股权转让行为的，在向市场主体登记机关申请办理相关变更登记前，股权转让个人所得税的扣缴义务人、纳税人应先到税务机关办理个人所得税纳税申报，并取得税务机关开具的《自然人股东股权变更完税情况表》（完税凭证）。 二、市场主体登记机关在办理股权变更登记时，应当查验与该股权交易相关的个人所得税完税凭证，并依法办理变更登记。 本通告自2021年7月1日起施行。 ——《国家税务总局潮州市税务局 潮州市市场监督管理局关于个人转让股权有关事项的通告》（国家税务总局潮州市税务局 潮州市市场监督管理局通告2021年1号）
合肥市	根据《中华人民共和国个人所得税法》及其实施条例、《中华人民共和国税收征收管理法》及其实施细则、《安徽省税收保障办法》（安徽省人民政府令第283号）《股权转让所得个人所得税管理办法（试行）》（国家税务总局公告2014年第67号）等相关规定，国家税务总局合肥市税务局与合肥市市场监督管理局对个人转让股权办理变更登记实施联合管理，现将有关事项通告如下： 一、自然人股东（以下简称"个人"）发生股权转让行为，在向市场监督管理部门办理变更登记手续前，扣缴义务人、纳税人应依法在被投资企业所在地主管税务机关办理纳税申报，报送个人所得税申报表等相关资料。个人股权转让所得个人所得税，以股权转让方为纳税人，以受让方为扣缴义务人。 二、国家税务总局合肥市税务局与合肥市市场监督管理局实行个人股权转让信息实时自动交互机制，合肥市各级市场监督管理部门通过网络"无纸化"查验与该股权转让相关的个人所得税纳税申报信息后，依照有关规定为被投资企业办理股东变更登记。 三、本通告自2021年7月1日起施行。其中：2021年7月1日起，在蜀山区、巢湖市、新站开发区局开展试运行工作；2021年8月1日起，在全市范围内全面施行。 ——《国家税务总局合肥市税务局 合肥市市场监督管理局关于规范股权转让个人所得税管理的通告》（国家税务总局合肥市税务局 合肥市市场监督管理局通告2021年第1号）

续表

地区	主要内容
呼伦贝尔	根据《中华人民共和国个人所得税法》及其实施条例、《中华人民共和国税收征收管理法》及其实施细则、《股权转让所得个人所得税管理办法（试行）》（国家税务总局公告2014年第67号）相关规定，国家税务总局呼伦贝尔市税务局与呼伦贝尔市市场监督管理局对个人股权转让实施联合管理，现将有关事项通告如下： 一、被投资企业发生个人股权转让行为，在向市场监督管理部门办理变更登记手续前，扣缴义务人、纳税人应依法在被投资企业所在地主管税务机关办理纳税申报，报送个人所得税申报表等相关资料。 二、国家税务总局呼伦贝尔市税务局与呼伦贝尔市市场监督管理局实行个人股权转让信息交互机制。市场监督管理部门在确认个人股权转让行为已经进行纳税申报后，依照相关规定为被投资企业办理股权变更登记。 三、本通告自发布之日起施行。 ——《国家税务总局呼伦贝尔市税务局 呼伦贝尔市市场监督管理局关于规范股权转让个人所得税管理工作的通告》（国家税务总局呼伦贝尔市税务局 呼伦贝尔市市场监督管理局通告2021年第1号）
北京市	根据《中华人民共和国个人所得税法》及其实施条例、《中华人民共和国税收征收管理法》及其实施细则、《股权转让所得个人所得税管理办法（试行）》（国家税务总局公告2014年第67号）相关规定，国家税务总局北京市税务局与北京市市场监督管理局对个人股权转让有关事项通告如下： 一、公司制企业、集体所有制（股份合作）企业（以下简称"被投资企业"）的股东转让股权申请变更登记时，转让方为自然人的，适用本通告。 二、个人转让股权办理变更登记的，应先持相关资料到被投资企业所在地的主管税务机关办理纳税申报，再到市场监管部门办理股权变更登记。 三、国家税务总局北京市税务局与北京市市场监督管理局实行个人股权转让信息交互机制。经查验已完成税款缴纳（纳税申报）的，市场主体登记机关依法为其办理股权变更登记。 四、本通告自2021年9月1日起施行。 ——《国家税务总局北京市税务局 北京市市场监督管理局关于股权转让所得个人所得税管理有关工作的通告》（国家税务总局北京市税务局通告2021年第3号）

续表

地区	主要内容
黄山市	根据《中华人民共和国个人所得税法》及其实施条例、《中华人民共和国税收征收管理法》及其实施细则、《安徽省税收保障办法》（安徽省人民政府令第283号）、《股权转让所得个人所得税管理办法（试行）》（国家税务总局公告2014年第67号）等相关规定，国家税务总局黄山市税务局与黄山市市场监督管理局对个人转让股权办理变更登记实施联合管理，现将有关事项通告如下： 一、自然人股东（以下简称"个人"）发生股权转让行为，在向市场监督管理部门办理变更登记手续前，扣缴义务人、纳税人应依法在被投资企业所在地主管税务机关办理纳税申报，报送个人所得税申报表等相关资料。个人股权转让所得个人所得税，以股权转让方为纳税人，以受让方为扣缴义务人。 二、国家税务总局黄山市税务局与黄山市市场监督管理局实行个人股权转让信息实时自动交互机制，黄山市各级市场监督管理部门通过网络"无纸化"查验与该股权转让相关的个人所得税纳税申报信息后，依照有关规定为被投资企业办理股东变更登记。 三、本通告自2021年9月1日起施行。其中：2021年9月1日起，在屯溪区、高新区开展试运行工作；2021年10月1日起，在全市范围内全面施行。 ——《国家税务总局黄山市税务局 黄山市市场监督管理局关于规范股权转让个人所得税管理的通告》（国家税务总局黄山市税务局 黄山市市场监督管理局通告2021年第5号）
湖北省	根据《中华人民共和国个人所得税法》及其实施条例、《中华人民共和国税收征收管理法》及其实施细则、《股权转让所得个人所得税管理办法（试行）》（国家税务总局公告2014年第67号）相关规定，国家税务总局湖北省税务局与湖北省市场监督管理局对个人转让股权有关事项通告如下： 一、个人股东发生股权转让行为的，在向市场主体登记机关申请办理相关变更登记前，扣缴义务人或纳税人应依法在被投资企业所在地主管税务机关办理个人所得税纳税申报。 二、国家税务总局湖北省税务局与湖北省市场监督管理局实行个人股权转让信息交互机制。市场主体登记机关应当在办理股权变更登记中查验相关个人所得税完税凭证。 三、本通告自2021年10月1日起施行。 ——《国家税务总局湖北省税务局 湖北省市场监督管理局关于进一步规范个人转让股权有关事项的通告》（国家税务总局湖北省税务局 湖北省市场监督管理局公告2021年第3号）

续表

地区	主要内容
淄博市	根据《中华人民共和国个人所得税法》及相关规定，国家税务总局淄博市税务局、淄博市行政审批服务局、淄博市市场监督管理局对在我市登记注册的企业涉及个人转让股权的有关事项通告如下： 一、企业自然人股东发生股权转让行为的，在向市场主体登记机关申请办理相关变更登记前，股权转让个人所得税的扣缴义务人、纳税人应先到被投资企业所在地主管税务机关办理个人所得税纳税申报。 二、企业自然人股东转让股权办理变更登记时，市场主体登记机关应当查验与该股权交易相关的个人所得税的完税凭证，并依法办理变更登记。 ——《国家税务总局淄博市税务局 淄博市行政审批服务局 淄博市市场监督管理局关于股权转让个人所得税管理有关事项的通告》（国家税务总局淄博市税务局 淄博市行政审批服务局 淄博市市场监督管理局通告2021年第1号）
安徽省	根据《中华人民共和国个人所得税法》《股权转让所得个人所得税管理办法（试行）》（国家税务总局公告2014年第67号）《中共安徽省委办公厅 安徽省人民政府办公厅印发〈关于进一步深化税收征管改革的实施方案〉的通知》（皖办发〔2021〕23号）等相关规定，国家税务总局安徽省税务局与安徽省市场监督管理局对自然人股东（以下统称"个人"）股权转让实施联合管理。现将有关事项通告如下： 一、个人发生股权转让行为，在向市场监督管理部门办理变更登记手续前，应依法在被投资企业所在地主管税务机关办理纳税申报。个人股权转让所得个人所得税以股权转让方为纳税人，以受让方为扣缴义务人。 二、个人转让股权办理变更登记的，市场监督管理部门应当查验由申请人提供的与该股权交易相关的完税情况（《个人转让股权完税信息表》）（详见附件），经查验已完成税款缴纳（纳税申报）的，市场监督管理部门依法为其办理股权变更登记。 三、国家税务总局安徽省税务局与安徽省市场监督管理局实行个人股权转让信息交互机制。 ——《国家税务总局安徽省税务局 安徽省市场监督管理局关于规范股权转让所得个人所得税管理工作的通告》（2021年10月25日）
上饶市	根据《中华人民共和国个人所得税法》及其实施条例,《中华人民共和国税收征收管理法》及其实施细则、《股权转让所得个人所得税管理办法（试行）》（国家税务总局公告2014年第67号）相关规定，国家税务总局上饶市税务局与上饶市市场监督管理局对个人股权转让有关事项通告如下： 一、自然人股东发生股权转让行为的，扣缴义务人（股权受让方）或纳税人（股权出让方）应当依法向被投资企业所在地主管税务机关办理股权转让扣缴（纳税）申报，办理地点为市政务服务中心市场监管和税务部门"股权转让联办窗口"； 二、自然人股东转让股权已完成税款缴纳（纳税申报）的，市场主体登记机关依法为其办理股权变更登记。 本通告自2021年11月1日起施行。 ——《国家税务总局上饶市税务局 上饶市市场监督管理局关于个人转让股权有关事项的通告》（国家税务总局上饶市税务局 上饶市市场监督管理局通告2021年第1号）

续表

地区	主要内容
兰州市	根据《中华人民共和国个人所得税法》及其实施条例、《中华人民共和国税收征收管理法》及其实施细则、《股权转让所得个人所得税管理办法（试行）》（国家税务总局公告2014年第67号）相关规定，国家税务总局兰州市税务局与兰州市市场监督管理局对个人股权转让有关事项通告如下： 一、公司制企业、集体所有制（股份合作）企业（以下简称"被投资企业"）的股东转让股权申请变更登记时，转让方为自然人的，适用本通告。 二、个人转让股权办理变更登记的，应先持相关资料到被投资企业所在地的主管税务机关办理纳税申报，再到市场监管部门办理股权变更登记。 三、各级市场监督管理部门在办理变更登记时，经查验与该项股权转让相关的税款缴纳（纳税申报）已完成的，市场主体登记机关依法为其办理股权变更登记。 四、国家税务总局兰州市税务局与兰州市市场监督管理局实行个人股权转让信息交换机制，切实为纳税人提供便捷高效的服务。 五、本通告自2021年12月1日起施行。 ——《国家税务总局兰州市税务局 兰州市市场监督管理局关于规范股权转让所得个人所得税管理工作的通告》（国家税务总局兰州市税务局通告2021年第2号）
四川省	根据《中华人民共和国个人所得税法》及其实施条例、《中华人民共和国税收征收管理法》及其实施细则等相关规定，现对个人股权转让有关事项通告如下： 一、个人转让股权办理变更登记的，在向市场主体登记机关办理变更登记前，应先持相关资料到被投资企业所在地主管税务机关办理税款缴纳（纳税申报）。 二、国家税务总局四川省税务局与四川省市场监督管理局、国家税务总局重庆市税务局与重庆市市场监督管理局实行个人股权转让信息交互机制。市场主体登记机关在确认个人股权转让已完成税款缴纳（纳税申报）后，依法办理股权变更登记。 三、本通告自2022年1月1日起施行。 ——《国家税务总局四川省税务局 四川省市场监督管理局 国家税务总局重庆市税务局 重庆市市场监督管理局关于股权转让个人所得税管理有关事项的通告》（国家税务总局四川省税务局通告2021年第1号）
海南省	根据《中华人民共和国个人所得税法》及相关规定，国家税务总局海南省税务局和海南省市场监督管理局对个人转让股权，办理变更登记开展联合服务，现将有关事项通告如下： 一、个人转让股权，向市场主体登记机关申请办理变更登记前，扣缴义务人、纳税人应先持相关资料到被投资企业所在地主管税务机关办理个人所得税纳税申报。 二、2023年6月30日前，扣缴义务人、纳税人办理申报取得税务机关发放的《个人转让股权完税信息表》（见附件）后，再向省市场监督管理部门申请办理股权变更登记，并提交《个人转让股权完税信息表》供省级市场监督管理部门查验。2023年7月1日起，国家税务总局海南省税务局和海南省市场监督管理局实行个人转让股权完税信息线上查验机制，经线上查验通过的，省级市场监督管理部门依法办理变更登记。 三、本通告自2022年12月1日起施行。 ——《国家税务总局海南省税务局 海南省市场监督管理局关于做好股权变更登记个人所得税服务工作的通告》

续表

地区	主要内容
上海市	根据《中华人民共和国个人所得税法》及其实施条例、《中华人民共和国税收征收管理法》及其实施细则、《国家税务总局关于发布〈股权转让所得个人所得税管理办法（试行）〉的公告》（国家税务总局公告2014年第67号）相关规定，国家税务总局上海市税务局与上海市市场监督管理局对个人转让股权个人所得税实施联合管理，现将有关事项通告如下。 一、个人转让股权办理股东变更登记的，在向市场监督管理部门办理变更登记前，扣缴义务人、纳税人应依法在被投资企业所在地主管税务机关办理纳税申报。 二、国家税务总局上海市税务局与上海市市场监督管理局实行个人股权转让信息自动交互机制。市场主体登记机关根据税务机关提供的《自然人股东股权变更完税情况表》办理股权变更登记。 三、本通告自2022年12月20日起施行。 ——《国家税务总局上海市税务局　上海市市场监督管理局关于进一步做好股权变更登记个人所得税完税凭证查验服务工作的通告》（国家税务总局上海市税务局　上海市市场监督管理局通告2022年第3号）
贵州省	根据《中华人民共和国个人所得税法》及其实施条例、《中华人民共和国税收征收管理法》及其实施细则、《股权转让所得个人所得税管理办法（试行）》（国家税务总局公告2014年第67号发布）、《国务院关于支持贵州在新时代西部大开发上闯新路的意见》（国发〔2022〕2号）、《省人民政府办公厅关于印发贵州省进一步深化税收征管改革的实施方案的通知》（黔府办发〔2021〕18号）等相关规定，为进一步优化营商环境，便利纳税人（申请人）依法办理股权变更登记业务，提供更加便利、快捷的服务，国家税务总局贵州省税务局、贵州省市场监督管理局对个人股权转让实施联合服务管理，现将有关事项通告如下： 一、个人转让股权办理变更登记的，在向市场主体登记机关申请办理变更登记前，扣缴义务人（股权受让方）或纳税人（股权转让方）应当依法向被投资企业所在地主管税务机关办理股权转让扣缴（纳税）申报。 个人转让股权办理变更登记的，市场主体登记机关应当查验与该股权交易相关的个人所得税的完税凭证。 二、国家税务总局贵州省税务局与贵州省市场监督管理局实行股权变更登记个人所得税完税凭证线上便捷查验机制。 市场主体登记机关线上查验到个人股权转让行为相关完税凭证信息的，依照相关规定办理股权变更登记；未查验到信息或信息异常的，由市场主体登记机关告知申请人应依法申报缴纳个人所得税，并将相关信息反馈税务部门。 为避免信息查验异常，建议扣缴义务人或纳税人向被投资企业所在地主管税务机关依法如实办理股权转让扣缴（纳税）申报3个工作日后再向市场主体登记机关申请办理股权变更登记。 三、纳税人（申请人）对相关信息及凭证的真实性、准确性和完整性负责。 纳税人（申请人）对股权变更登记个人所得税完税凭证查验有关服务事项可拨打我省纳税缴费服务热线12366咨询。 四、本通告自发布之日起施行。 ——《国家税务总局贵州省税务局　贵州省市场监督管理局关于做好股权变更登记个人所得税完税凭证查验有关服务工作的通告》（国家税务总局贵州省税务局　贵州省市场监督管理局通告2022年第9号）

（五）个人转让新三板企业股票

部分企业在 IPO 之前曾经在新三板挂牌交易，对于在新三板挂牌期间发生的股份转让适用《财政部 国家税务总局 中国证券监督管理委员会关于个人转让全国中小企业股份转让系统挂牌公司股票有关个人所得税政策的通知》（财税〔2018〕137 号）的规定。

1. 原始股转让

财税〔2018〕137 号规定，新三板公司的原始股是指个人在新三板挂牌公司挂牌前取得的股票，以及在该公司挂牌前和挂牌后由上述股票孳生的送、转股。个人转让新三板公司的原始股，个人所得税政策的主要内容如表 6-2-7 所示。

表 6-2-7 新三板原始股个人所得税政策

项目	主要内容	
所得性质	财产转让所得	
适用税率	20%	
应纳税所得额	以转让财产的收入额减除财产原值和合理费用后的余额，为应纳税所得额	
税收申报方式	2019 年 9 月 1 日前	以股票受让方为扣缴义务人
	2019 年 9 月 1 日（含）后	以股票托管的证券机构为扣缴义务人
主管税务机关	2019 年 9 月 1 日前	被投资企业所在地主管税务机关
	2019 年 9 月 1 日（含）后	股票托管的证券机构所在地主管税务机关

新三板企业在挂牌期间发生的股份转让行为，与个人转让非上市公司股权所得税管理较为相似，不同的是自 2019 年 9 月 1 日起个人所得税的征收管理模式有所变化，扣缴义务人不再是股票受让方，而是由股票托管的证券机构为个人所得税的扣缴义务人，并且个人所得税的主管税务机关也不再是被投资企业所在地，而是股票托管的证券服务机构所在地。

2. 非原始股转让

财税〔2018〕137 号规定，非原始股是指个人在新三板挂牌公司挂牌后取得的股票，以及由上述股票孳生的送、转股。

由于原始股和非原始股是以挂牌公司挂牌时间为基础对股票进行的划分,所以挂牌后通过各种方式取得的股票均属于非原始股,如通过依法继承或者家庭财产分割、企业合并、分立及被司法扣划等方式取得的股票均属于非原始股。

个人转让新三板挂牌公司非原始股的个人所得税政策如表 6-2-8 所示。

表 6-2-8　新三板非原始股个人所得税政策

项目		主要内容
2018 年 11 月 1 日前	尚未处理的	按财税〔2018〕137 号的规定执行
	已处理的	不再进行税收调整
2018 年 11 月 1 日（含）后		暂免征收个人所得税

综上,个人转让新三板公司原始股取得的所得,需要按照"财产转让所得项目"适用 20% 的税率征收个人所得税,而个人转让新三板公司非原始股取得的所得,暂免征收个人所得税。

二、法人股东转让股权涉税分析

（一）一般规定

《企业所得税法》（2018 年修正）第六条第（三）项规定,财产转让收入属于企业的收入总额;《企业所得税法实施条例》（2019 年修订）第十六条规定:"企业所得税法第六条第（三）项所称财产转让收入,是指企业转让固定资产、生物资产、无形资产、股权、债权等财产取得的收入。"

1. 股权转让收入的确认

《国家税务总局关于贯彻落实企业所得税法若干税收问题的通知》（国税函〔2010〕79 号）第三条规定:"企业转让股权收入,应于转让协议生效、且完成股权变更手续时,确认收入的实现。"

所以,企业转让股权确认转让收入的时间与个人转让股权收入的确认时间是相类似的,都是以外部登记变更完成为收入确认的时间。

2.股权转让收入／所得计量

国税函〔2010〕79号规定:"转让股权收入扣除为取得该股权所发生的成本后,为股权转让所得。企业在计算股权转让所得时,不得扣除被投资企业未分配利润等股东留存收益中按该项股权所可能分配的金额。"

根据国税函〔2010〕79号文件,股权转让所得的计量公式如下:

股权转让所得＝股权转让收入－转让股权的计税基础　　　（6-2-5）

这里的股权转让所得并不能扣除转让方按照持股比例或者公司章程约定的从被投资企业累计留存收益中应分得的金额。

3.股权转让所得的确认

《国家税务总局关于企业取得财产转让所得企业所得税处理问题的公告》（国家税务总局公告2010年第19号）规定:"企业取得财产（包括各类资产、股权、债权等）转让收入、债务重组收入、接受捐赠收入、无法偿付的应付款收入等,不论是以货币形式、还是非货币形式体现,除另有规定外,均应一次性计入确认收入的年度计算缴纳企业所得税。"《国家税务总局关于企业股权投资损失所得税处理问题的公告》（国家税务总局公告2010年第6号）规定:"企业对外进行权益性（以下简称股权）投资所发生的损失,在经确认的损失发生年度,作为企业损失在计算应纳税所得额时一次性扣除。"

对于企业转让股权所实现的损益,除另有规定外,无论是股权转让收益还是股权转让损失,均一次性计入当年度的应纳税所得额计算缴纳企业所得税。对股权转让损失无需再分期扣除,对股权转让所得也不能分期确认。目前的税收规范性文件规定,股权转让所得一次性确认的例外情形主要是:企业以股权进行非货币性资产投资所得的分期确认及在企业重组过程中对股权处置所得的递延确认等。

（二）创业投资型企业转让股权

1.投资未上市中小高新技术企业

《企业所得税法》（2018年修正）第三十一条规定:"创业投资企业从事国家需要重点扶持和鼓励的创业投资,可以按投资额的一定比例抵扣应纳税所得额。"《企业所得税法实施条例》（2019年修订）第九十七条规定:"企业所得税法第三十一条所称抵扣应纳税所得额，是指创业投资企业采取股权投资方式投资于未上市的中小高新技术企业2年以上的，可以按照其投资额的70%在股权持有满2年的当年抵扣该创业投资企业的应纳税所得额；当年不足抵扣的，可以在以后纳税年度结转抵扣。"

所以，为鼓励创业投资，对于创业投资企业投资于未上市的中小高新技术企业，在满足投资方式和投资期限的条件下，其投资额的70%可用于抵扣创业投资企业的应纳税所得额。这种应纳税所得额抵扣的效果相当于创业投资企业取得投资收益未超过其投资额70%的部分可免于缴纳企业所得税，只有在投资收益超过投资额70%的部分才计算征收企业所得税。

2.投资初创科技型企业

《财政部 国家税务总局关于创业投资企业和天使投资个人有关税收政策的通知》（财税〔2018〕55号）规定："公司制创业投资企业采取股权投资方式直接投资于种子期、初创期科技型企业（以下简称初创科技型企业）满2年（24个月，下同）的，可以按照投资额的70%在股权持有满2年的当年抵扣该公司制创业投资企业的应纳税所得额；当年不足抵扣的，可以在以后纳税年度结转抵扣。"

所以，公司制创业投资企业投资于初创科技型企业，其税收待遇与投资于未上市中小高新技术企业的税收待遇相类似，对其投资额的70%都可以抵扣应纳税所得额，对投资抵扣的具体要件规范可见前述天使投资个人投资初创科技型企业的相关税收规范。

3.创业投资企业的政策对比

国家对创业投资企业投资于未上市中小高新技术企业和投资于初创科技型企业都给予了所得税上的税收优惠，但是两者在政策的具体应用上存在表6-2-9所示的差异。

表6-2-9　创业投资企业投资抵扣应税所得税收政策对比分析表

事项	投资未上市中小高新技术企业	投资初创科技型企业
投资主体	创业投资企业是指依照《创业投资企业管理暂行办法》（国家发展和改革委员会等10部委令2005年第39号）和《外商投资创业投资企业管理规定》（商务部等5部委令2003年第2号）在中华人民共和国境内设立的专门从事创业投资活动的企业或其他经济组织。符合以下条件： 1. 经营范围符合《创业投资企业管理暂行办法》规定，且工商登记为"创业投资有限责任公司""创业投资股份有限公司"等专业性法人创业投资企业。 2. 按照《创业投资企业管理暂行办法》规定的条件和程序完成备案，经备案管理部门年度检查核实，投资运作符合《创业投资企业管理暂行办法》的有关规定	享受本通知规定税收政策的创业投资企业，应同时符合以下条件： 1. 在中国境内（不含港、澳、台地区）注册成立、实行查账征收的居民企业或合伙创投企业，且不属于被投资初创科技型企业的发起人。 2. 符合《创业投资企业管理暂行办法》规定或者《私募投资基金监督管理暂行办法》（中国证券监督管理委员会令第105号）关于创业投资基金的特别规定，按照上述规定完成备案且规范运作。 3. 投资后2年内，创业投资企业及其关联方持有被投资初创科技型企业的股权比例合计应低于50%
投资对象	1. 中小高新技术企业，除应按照科部、财政部、国家税务总局《高新技术企业认定管理办法》（国科发火〔2016〕32号）和《高新技术企业认定管理工作指引》（国科发火〔2008〕362号）的规定，通过高新技术企业认定外，还应符合职工人数不超过500人，年销售（营业）额不超过2亿元，资产总额不超过2亿元的条件。 2. 期限内中小企业接受创业投资后，企业规模超过中小企业标准，但仍符合高新技术企业标准的，不影响创业投资企业享受有关税收优惠	初创科技型企业，应同时符合以下条件： 1. 在中国境内（不包括港、澳、台地区）注册成立、实行查账征收的居民企业； 2. 接受投资时，从业人数不超过200人，其中具有大学本科以上学历的从业人员不低于30%；资产总额和年销售收入均不超过3000万元； 3. 接受投资时设立时间不超过5年（60个月）； 4. 接受投资时以及接受投资后2年内未在境内外证券交易所上市； 5. 接受投资当年及下一纳税年度，研发费用总额占成本费用支出比例不低于20%
投资方式	采取股权投资方式	1. 采取股权投资方式； 2. 限于通过向被投资初创科技型企业直接支付现金方式取得的股权投资，不包括受让其他股东的存量股权
投资时间	1. 2年（24个月）以上。 2. 中小企业接受创业投资之后，经认定符合高新技术企业标准的，应自其被认定为高新技术企业的年度起，计算创业投资企业的投资年限	股权持有满2年（24个月）
投资额		按照创业投资企业对初创科技型企业的实缴投资额确定

续表

事项	投资未上市中小高新技术企业	投资初创科技型企业
抵扣额	投资额的70%	投资额的70%
不足抵扣的结转	当年不足抵扣的，可以在以后纳税年度结转抵扣	当年不足抵扣的，可以在以后纳税年度结转抵扣

（三）特定地区创投企业税收优惠

《财政部 税务总局 发展改革委 证监会关于中关村国家自主创新示范区公司型创业投资企业有关企业所得税试点政策的通知》（财税〔2020〕63号）、《财政部 税务总局 发展改革委 证监会关于上海市浦东新区特定区域公司型创业投资企业有关企业所得税试点政策的通知》（财税〔2021〕53号）、《财政部 税务总局 发展改革委 证监会关于雄安新区公司型创业投资企业有关企业所得税试点政策的通知》（财税〔2023〕40号）分别对中关村自主创新示范区、上海浦东新区特定区域及雄安新区的创业投资企业所得税政策做了规定：转让持有3年以上股权的所得占年度股权转让所得总额的比例超过50%的，按照年末个人股东持股比例减半征收当年企业所得税；转让持有5年以上股权的所得占年度股权转让所得总额的比例超过50%的，按照年末个人股东持股比例免征当年企业所得税。

1.税收政策要件

上述文件是我国所得税制度中首次提出避免个人所得税和企业所得税双重征税的税收规范性文件，对于该政策的适用应当满足表6-2-10所示的条件。

表6-2-10 特定地区创投企业税收优惠政策要件

要件	具体内容
投资主体	公司型创业投资企业，应同时符合以下条件： （1）在规定区域内注册成立，实行查账征收的居民企业； （2）符合《创业投资企业管理暂行办法》（发展改革委等10部门令第39号）或者《私募股权基金监督管理暂行办法》（证监会令第105号）要求，并按照规定完成备案且规范运作。

续表

要件	具体内容
区域要求	在如下区域注册成立： （1）北京市中关村国家自主创新示范区。 （2）上海市浦东新区特定区域：是指中国（上海）自由贸易试验区、中国（上海）自由贸易试验区临港新片区浦东部分和张江科学城。其中：中国（上海）自由贸易试验区，按照《国务院关于印发进一步深化中国（上海）自由贸易试验区改革开放方案的通知》（国发〔2015〕21号）规定的地理范围执行；中国（上海）自由贸易试验区临港新片区浦东部分，按照《国务院关于印发中国（上海）自由贸易试验区临港新片区总体方案的通知》（国发〔2019〕15号）规定的地理范围中位于浦东的部分执行；张江科学城，按照《上海市人民政府关于印发<上海市张江科学城发展"十四五"规划>的通知》（沪府发〔2021〕11号）规定的地理范围执行。 （3）雄安新区。

2. 免税额的计算

创投企业满足上述条件的，按照如下规定计算可免征的企业所得税税额。

①转让持有 3 年以上股份的所得占年度股权转让所得总额的比例超过 50% 的企业所得税免征额 = 年末个人股东持股比例 × 本年度企业所得税应纳税额 ÷ 2

（6-2-6）

②转让持有 5 年以上股权的所得占年度股权转让所得总额的比例超过 50% 的企业所得税免征额 = 年末个人股东持股比例 × 本年度企业所得税应纳税额

（6-2-7）

在计算确定当年度可以免征的企业所得税税额时，并不仅限于股权转让所得对应的税额，还包括创业投资企业根据合同收取的其他所得，如收取的管理费所得，因提供创业投资服务而收取的服务费所得等。

3. 股东的个人所得税

上述文件规定：个人股东从公司型创业投资企业取得的股息红利，按照规定缴纳个人所得税。

所以上述文件仅解决了同一项所得在企业层面和个人股东层面重复征税的问题，对于个人股东从公司型创投企业取得的股息红利所得，仍然应当缴纳股息红利个人所得税。

三、合伙企业股东转让股权涉税分析

（一）一般规定

1. 纳税义务人

《财政部 国家税务总局关于合伙企业合伙人所得税问题的通知》（财税〔2008〕159号）规定："合伙企业以每一个合伙人为纳税义务人；合伙企业合伙人是自然人的，缴纳个人所得税；合伙人是法人和其他组织的，缴纳企业所得税。合伙企业生产经营所得和其他所得采取"先分后税"的原则。前款所称生产经营所得和其他所得，包括合伙企业分配给所有合伙人的所得和企业当年留存的所得（利润）。"

所以，合伙企业自身并不是所得税的纳税主体，合伙企业取得的所得应当划分至合伙人后由合伙人申报缴纳所得税；并且合伙人的所得并不以合伙企业作出分配为前提，合伙企业当年度确认的经营所得和其他所得，即使未分配给合伙人，合伙人也应当就其按照规定划分的部分申报缴纳所得税。

2. 法人合伙人的税收待遇

法人合伙人取得合伙企业的生产经营所得和其他所得应当并入其当年度的收入总额申报缴纳企业所得税。

3. 自然人合伙人的税率

对自然人合伙人从合伙企业取得的合伙企业转让对外投资股权的所得，应当按照"财产转让所得"适用20%的税率还是按照"经营所得"适用5%~35%的税率计算缴纳个人所得税，在实务中争议较大。部分地区针对合伙企业的不同的合伙人给予或曾经给予了不同的税收待遇，具体如表6-2-11所示。

表6-2-11 合伙企业个人合伙人税收待遇表

地区	具体规定
北京市	合伙制股权基金中个人合伙人取得的收益，按照"利息、股息、红利所得"或者"财产转让所得"项目征收个人所得税，税率为20%。 ——《北京市金融服务工作领导小组办公室 北京市财政局 北京市国家税务局 北京市地方税务局 北京市工商行政管理局关于促进股权投资基金业发展意见的通知》（京金融办〔2009〕5号）

续表

地区	具体规定
上海市	以有限合伙形式设立的股权投资企业和股权投资管理企业的经营所得和其他所得，按照国家有关税收规定，由合伙人分别缴纳所得税。其中，执行有限合伙企业合伙事务的自然人普通合伙人，按照《中华人民共和国个人所得税法》及其实施条例的规定，按"个体工商户的生产经营所得"应税项目，适用5%~35%的五级超额累进税率，计算征收个人所得税。不执行有限合伙企业合伙事务的自然人有限合伙人，其从有限合伙企业取得的股权投资收益，按照《中华人民共和国个人所得税法》及其实施条例的规定，按"利息、股息、红利所得"应税项目，依20%税率计算缴纳个人所得税。 ——《上海市金融服务办公室 上海市工商行政管理局 上海市国家税务局 上海市地方税务局关于本市股权投资企业工商登记等事项的通知》（沪金融办通〔2008〕3号） 以合伙企业形式设立的股权投资企业和股权投资管理企业的生产经营所得及其他所得，按照国家有关税收规定，由合伙人作为纳税人，按照"先分后税"原则，分别缴纳所得税。 ——《上海市金融服务办公室 上海市工商行政管理局 上海市财政局 上海市地方税务局关于本市股权投资企业工商登记等事项的通知》（沪金融办通〔2011〕10号）
天津市	以有限合伙制设立的合伙制股权投资基金中，自然人有限合伙人，依据国家有关规定，按照"利息、股息、红利所得"或"财产转让所得"项目征收个人所得税，税率适用20%；自然人普通合伙人，既执行合伙业务又为基金的出资人的，取得的所得能划分清楚时，对其中的投资收益或股权转让收益部分，税率适用20%。 ——《天津市发展和改革委员会 天津市人民政府金融服务办公室 天津市商务委员会 天津市财政局 天津市地方税务局 天津市工商行政管理局关于印发〈天津市促进股权投资基金业发展办法〉的通知》（津政发〔2009〕45号）
重庆市	合伙人应缴纳的个人所得税由投资者向合伙企业实际经营管理所在地主管税务机关申报缴纳。其中，不执行企业合伙事务的自然人有限合伙人，其从有限合伙企业中取得的股权投资收益，按照《中华人民共和国个人所得税法》及其实施条例的规定，按"利息、股息、红利所得"应税项目，适用20%的税率计算缴纳个人所得税。 ——《重庆市人民政府办公厅关于印发〈重庆市进一步促进股权投资类企业发展实施办法〉的通知》（渝办发〔2012〕307号）
广州市	个人独资企业和合伙企业投资者转让其在企业财产份额，应以其转让收入减除财产原值和合理费用后的余额为应纳税所得额，按照"财产转让所得"项目适用20%税率缴纳个人所得税；对合伙企业投资者退伙时分得的财产份额，比照前款规定征"财产转让所得"项目个人所得税，但在计算投资者应纳税所得额时，可扣除被投资企业未分配利润等投资者留存收益中所分配金额。 ——《广州市地方税务局关于印发〈个人所得税若干征税业务指引（2010年）〉的通知》（穗地税函〔2010〕141号）
深圳市	对合伙制的股权投资基金企业，在2014年度个人所得税生产经营所得汇算清缴时，应对股权投资收益并入合伙企业应税收入，按照"个体工商户的生产经营所得"项目，适用5%~35%的五级超额累进税率计征个人所得税。 ——《深圳市地方税务局关于合伙制股权投资基金企业停止执行地方性所得税优惠政策的温馨提示》

续表

地区	具体规定
杭州市	以有限合伙形式设立的股权投资企业、股权投资管理企业可采取"先分后税"的方式，其经营所得和其他所得，按照国家有关税收规定，由合伙人分别缴纳所得税。其中，执行有限合伙企业合伙事务的自然人普通合伙人，按照《中华人民共和国个人所得税法》及其实施条例的规定，按"个体工商户的生产经营所得"应税项目，适用5%~35%的五级超额累进税率，在合伙企业注册地税局计算征收个人所得税。不执行有限合伙企业合伙事务的自然人有限合伙人，其从有限合伙企业取得的股权投资收益，按杭金融办〔2008〕38号的规定计算缴纳个人所得税。 ——《杭州市人民政府办公厅关于印发〈促进我市股权投资业发展实施办法〉的通知》（杭政办〔2010〕11号）
新疆维吾尔自治区	合伙制股权投资类企业的合伙人为自然人的，合伙人的投资收益，按照"利息、股息、红利所得"或者"财产转让所得"项目征收个人所得税，税率为20%。 ——《新疆维吾尔自治区促进股权投资类企业发展暂行办法》（新政办发〔2010〕187号）

注：上述表格的相关内容整理自网络资料，在具体应用时对其有效性应当与当地主管税务机关进行沟通确认。

虽然部分地区的政策对合伙企业转让其所投资企业股份的所得，个人合伙人可以按照"财产转让所得"项目适用20%税率计算缴纳个人所得税，但本书认为《个人所得税法》等法律法规并未对个人取得的合伙企业财产转让所得可以穿透适用所得性质，所以合伙企业将其持有被投资企业股权转让时，个人合伙人取得的所得应当按照"经营所得"应税项目适用5%~35%的税率计算缴纳个人所得税，主要的理由如下。

首先，《个人所得税法》及其实施条例规定，经营所得是指个体工商户从事生产、经营活动取得的所得，个人独资企业投资人、合伙企业的个人合伙人来源于境内注册的个人独资企业、合伙企业生产、经营的所得；经营所得，适用百分之五至百分之三十五的超额累进税率。所以《个人所得税法》及其实施条例已明确了个人合伙人从合伙企业取得经营所得的适用税率。

其次，《国家税务总局关于〈关于个人独资企业和合伙企业投资者征收个人所得税的规定〉执行口径的通知》（国税函〔2001〕84号）第二条规定："个人独资企业和合伙企业对外投资分回的利息或者股息、红利，不并入企业的收入，而应单独作为投资者个人取得的利息、股息、红利所得，按'利息、股息、红利所得'应税项目计算缴纳个人所得税。"对于合伙企业的个人投资者从合伙企业取得的部分所得可以作为单列项目计算缴纳个人所得税,而无需并入"经营所得"项目中计算缴纳个人所得税,其中明确的单列项目仅包括合伙企业对外投资取得的"利息、股息、红利所得",并不包括合伙企业财产转让所得。

再次,《国家税务总局关于切实加强高收入者个人所得税征管的通知》(国税发〔2011〕50号)第二条第(三)项第2点规定:"对个人独资企业和合伙企业从事股权(票)、期货、基金、债券、外汇、贵重金属、资源开采及其他投资品交易取得的所得,应全部纳入生产经营所得,依法征收个人所得税。"

《国家税务总局稽查局关于2018年股权转让检查工作的指导意见》(税总稽便函〔2018〕88号)在"关于合伙企业转让股票收入分配给自然人合伙人(有限合伙)征收个人所得税的意见"中明确:"检查中发现有些地方政府为发展地方经济,引进投资类企业,自行规定投资类合伙企业的自然人合伙人,按照'利息、股息、红利所得'或'财产转让所得'项目征收个人所得税,税率适用20%。现行个人所得税法规定,合伙企业的投资者为其纳税人,合伙企业转让股票所得,应按照"先分后税"的原则,按照合伙企业的全部生产经营所得和合伙协议约定的分配比例确定合伙企业投资者的应纳税所得额,比照'个体工商户生产经营所得'项目,适用5%~35%的超额累进税率征税。地方政府的规定违背了《征管法》第三条的规定,应予以纠正。"

所以,国家税务总局的税收规范性文件及国家税务总局稽查局的税收规范性文件中都明确将合伙企业转让股权、股票等所得并入生产经营所得中,而并未参照国税函〔2001〕84号的"利息、股息、红利所得"项目采用单列方式予以征税。

最后,《财政部 国家税务总局 国家发展和改革委员会 中国证券监督管理委员会关于创业投资企业个人合伙人所得税政策问题的通知》(财税〔2019〕8号)规定:"创投企业选择单一投资基金核算的,其个人合伙人从该基金分得的股权转让所得和股息红利所得,按照20%税率计算缴纳个人所得税。创投企业选择按年度所得整体核算的,其个人合伙人应从创投企业取得的所得,按照"经营所得"项目、5%~35%的超额累进税率计算缴纳个人所得税。"与国税函〔2001〕84号的规定相类似,财税〔2019〕8号将采用单一投资基金核算的合伙企业个人合伙人取得的所得也采用了单列申报的方法,即不再并入合伙企业的

"经营所得"中申报缴纳个人所得税,这也从另一个角度说明除此之外的其他情形均应当将合伙企业转让股权、股票所得作为经营所得计算缴纳个人所得税。

综上,目前国务院财政、税务主管部门对于个人合伙人从合伙企业取得的所得区分了两类的单列项目计算缴纳个人所得税,个人投资者取得这两类所得可不并入其从合伙企业取得的经营所得中,而是将其作为个人合伙人单独的项目计算缴纳个人所得税,除单列项目之外的所得都应当适用5%~35%的超额累进税率计算缴纳个人所得税。

(二)合伙制创业投资企业的投资抵扣

财税〔2018〕55号规定:"有限合伙制创业投资企业(以下简称合伙创投企业)采取股权投资方式直接投资于初创科技型企业满2年的,该合伙创投企业的合伙人分别按以下方式处理:1.法人合伙人可以按照对初创科技型企业投资额的70%抵扣法人合伙人从合伙创投企业分得的所得;当年不足抵扣的,可以在以后纳税年度结转抵扣;2.个人合伙人可以按照对初创科技型企业投资额的70%抵扣个人合伙人从合伙创投企业分得的经营所得;当年不足抵扣的,可以在以后纳税年度结转。"

所以个人或者公司通过合伙制创投企业对初创科技型企业进行投资的,仍然可以享受投资额抵扣的税收政策;其中合伙创投企业的合伙人对初创科技型企业的投资额,按照合伙创投企业对初创科技型企业的实缴投资额和合伙协议约定的合伙人占合伙创投企业的出资比例计算确定。合伙人从合伙创投企业分得的所得,按照《财政部 国家税务总局关于合伙企业合伙人所得税问题的通知》(财税〔2008〕159号)规定计算,其他内容与前述天使投资人或者创业投资企业的政策适用相同。

(三)单一基金核算的合伙制创业投资企业

《财政部 国家税务总局 国家发展和改革委员会 中国证券监督管理委员会关于创业投资企业个人合伙人所得税政策问题的通知》(财税〔2019〕8号)规定,自2019年1月1日至2023年12月31日,创业投资企业选择单一投资基金核算的,其个人合伙人从该基金应分得的股权转让所得和股息红利所得,按照20%税率计算缴纳个人所得税。创业投资企业选择按年度所得整体核算的,其个人合伙人应从创业投资企业取得的所得，按照"经营所得"项目、5%~35%的超额累进税率计算缴纳个人所得税。所以，个人合伙人从合伙制创业投资企业取得的部分所得，在满足特定条件时可以适用20%的税率计算缴纳个人所得税，否则应当按照"经营所得"项目适用5%~35%的超额累进税率计算缴纳个人所得税。

根据财税〔2019〕8号的要求，个人合伙人适用20%税率计算缴纳个人所得税的创业投资企业应当满足如下要件。

1. 投资主体

适格投资主体是指符合《创业投资企业管理暂行办法》（国家发展和改革委员会等10部门令第39号）或者《私募投资基金监督管理暂行办法》（中国证券监督管理委员会令第105号）关于创业投资企业（基金）的有关规定，并按照上述规定完成备案且规范运作的合伙制创业投资企业（基金）。

2. 核算方法

创投企业的基金核算包括单一核算和年度所得整体核算两种。单一核算是指单一投资基金（包括不以基金名义设立的创投企业）在一个纳税年度内从不同创业投资项目取得的股权转让所得和股息红利所得分别核算纳税。年度所得整体核算是指将创投企业每一纳税年度的收入总额减除成本、费用及损失后，计算分配给个人合伙人的所得。根据财税〔2019〕8号的规定，只有采用单一核算方法时，基金的个人合伙人才可以适用20%的税率计算缴纳个人所得税。

单一核算基金需要满足"两个单一"要件，其一是要满足"基金"的单一，即只能核算个人合伙人从某个基金中取得的股权转让所得；其二是"项目"的单一，当单一基金投资多个创业投资项目时，对于不同的创业投资项目也应当予以单独核算，即存在如图6-2-2所示的基金与项目对应关系时，应当对每一基金的每个项目分别进行核算。

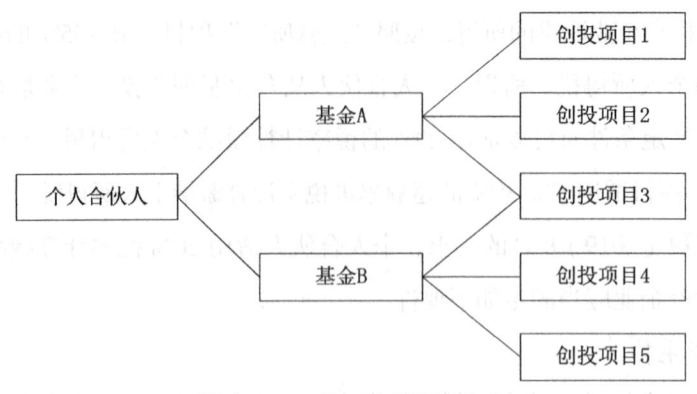

图6-2-2 单一基金核算关系

在图6-2-2的核算模式下，个人合伙人从基金 A 与基金 B 取得的所得要单独进行核算，基金 A 所投资的创投项目 1、创投项目 2 和创投项目 3 的所得也要单独核算；通过基金 B 投资项目的核算与前述相同；此时对于个人合伙人，其从创投项目 3 中取得的所得，应当区分基金 A 和基金 B 分别进行核算。

3. 股权转让应纳税所得额计算

单一投资基金，单个投资项目的股权转让所得，按年度股权转让收入扣除对应股权原值和转让环节合理费用后的余额计算，股权原值和转让环节合理费用的确定方法，按照股权转让所得个人所得税有关政策规定执行；单一投资基金的股权转让所得，按一个纳税年度内不同投资项目的所得和损失相互抵减后的余额计算，余额大于或等于零的，即确认为该基金的年度股权转让所得；余额小于零的，该基金年度股权转让所得按零计算且不能跨年结转。除前述可以扣除的成本、费用之外，单一投资基金发生的包括投资基金管理人的费用和业绩报酬在内的其他支出，不得在核算时扣除。

创投企业选择按照单一投资基金核算的，在核算应纳税所得额时，与年度整体核算相比存在如下两个方面的差异。

其一，在计算所得的扣除项目时，仅允许扣除转让股权的原值和转让环节合理费用，除此之外的其他费用，包括投资基金管理人的费用及投资基金管理人计算的业绩报酬均不得在所得中扣除，该类费用在年度整体核算基金中可扣除。

其二，单一核算方式下，单个项目的股权转让所得为亏损的，该亏损可以在其他选择单一核算的股权转让所得中扣除，但未能抵扣完的亏损不得在以后纳税年度结转扣除；而年度整体核算时，当年度发生的股权转让损失可以在以后纳税年度结转扣除。

4. 核算方法备案

创业投资企业选择按单一投资基金核算的，合伙制创投企业按照《创业投资企业管理暂行办法》或《私募投资基金监督管理暂行办法》的规定在基金业协会完成备案后的30日内应向主管税务机关进行备案，未按规定进行备案的，视同按创投企业年度所得整体核算。创投企业选择一种核算方式满3年需要调整的，应当在满3年的次年1月31日前，重新向主管税务机关备案。

四、非居民企业转让股权涉税分析

（一）一般规定

《企业所得税法》（2018年修正）规定："本法所称非居民企业，是指依照外国（地区）法律成立且实际管理机构不在中国境内，但在中国境内设立机构、场所的，或者在中国境内未设立机构、场所，但有来源于中国境内所得的企业。非居民企业在中国境内未设立机构、场所的，或者虽设立机构、场所但取得的所得与其所设机构、场所没有实际联系的，应当就其来源于中国境内的所得缴纳企业所得税。"

1. 所得来源地判定

《企业所得税法实施条例》（2019年修订）第七条第（三）项规定，企业所得税法所称来源于中国境内、境外的所得，按照以下原则确定：权益性投资资产转让所得按照被投资企业所在地确定。

非居民企业转让境内居民企业股权，按照上述规定属于来源于中国境内的所得，应当依法缴纳企业所得税。

2. 股权转让所得适用税率

《企业所得税法》（2018年修正）第四条规定："非居民企业取得本法第三条第三款规定的所得，适用税率为20%。"《企业所得税法实施条例》（2019年修订)第九十一条规定,非居民企业取得企业所得税法第三条第三款规定的所得,减按10%的税率征收企业所得税。

所以,非居民企业转让境内居民企业股权取得的所得,实际适用税率为10%。

3. 应纳税所得额

《企业所得税法》(2018年修正)第十九条规定:"财产转让所得,以收入全额减除财产净值后的余额为应纳税所得额。"《企业所得税法实施条例》(2019年修订)第七十四条规定:"企业所得税法第十六条所称资产的净值和第十九条所称财产净值,是指有关资产、财产的计税基础减除已经按照规定扣除的折旧、折耗、摊销、准备金等后的余额。"

《国家税务总局关于非居民企业所得税源泉扣缴有关问题的公告》(国家税务总局公告2017年第37号)对非居民企业股权转让应纳税所得额作了更为详尽的规定。根据规定,非居民企业转让境内居民企业股权应纳税所得额的计算公式为

$$应纳税所得额 = 股权转让收入 - 股权净值 \qquad (6-2-8)$$

其中,股权转让收入是指股权转让人转让股权所取得的对价,包括货币形式和非货币形式的各种收入;股权净值是指取得该股权的计税基础。

股权的计税基础是股权转让人投资入股时实际支付的成本,或购买股权时实际支付的股权受让成本。股权在持有期间发生的减值或者增值,按照国务院财政、税务主管部门规定可以确认损益的,股权净值应进行相应调整,否则股权净值不得进行调整。企业在计算股权转让所得时,不得扣除被投资企业未分配利润等股东留存收益中按该项股权所可能分配的金额。非居民企业多次投资或受让同一股权但部分转让的,应按照转让比例计算确定被转让股权对应的成本。

4. 外币折算

《企业所得税法》(2018年修正)第五十六条规定:"依照本法缴纳的企业所得税,以人民币计算,所得以人民币以外的货币计算的,应当折合成人民币计算并缴纳税款。"

非居民企业股权转让收入或者股权净值存在外币计价时,应当将其折算为人民币。在确定外币折算时,国家税务总局公告2017年第37号和《国家税务总局

关于加强非居民企业股权转让所得企业所得税管理的通知》(国税函〔2009〕698号)有不同的方式,两者的比较如表 6-2-12 所示。

表 6-2-12　非居民企业股权转让外币折算方法对比表

事项	国税函〔2019〕698 号	国家税务总局公告 2017 年第 37 号
文件名称	国家税务总局关于加强非居民企业股权转让所得企业所得税管理的通知	国家税务总局关于非居民企业所得税源泉扣缴有关问题的公告
生效时间	2008 年 1 月 1 日至 2017 年 11 月 30 日	2017 年 12 月 1 日起施行
折算思路	首先,将股权转让收入折算为首次取得所转让股权时的币种; 其次,按照首次取得股权时的币种计算非居民企业股权转让的应纳税所得额; 最后,将按照上述方法计算的应纳税所得额折算为人民币。即: 股权转让收入的币种→首次取得投资时的币种→人民币	将股权转让收入、取得股权时的外币按照相同的汇率折算为人民币,并直接计算股权转让应纳税所得额。即: 股权转让收入币种/股权净值币种→人民币
具体规定	四、在计算股权转让所得时,以非居民企业向被转让股权的中国居民企业投资时或向原投资方购买该股权时的币种计算股权转让价和股权转让成本价。如果同一非居民企业存在多次投资的,以首次投入资本时的币种计算股权转让价和股权成本价,以加权平均法计算股权成本价;多次投资时币种不一致的,则应按照每次投入资本当日的汇率换算成首次投资时的币种	五、财产转让收入或财产净值以人民币以外的货币计价的,分扣缴义务人扣缴税款、纳税人自行申报缴纳税款和主管税务机关责令限期缴纳税款三种情形,先将以非人民币计价项目金额比照本公告第四条规定折合成人民币金额;再按企业所得税法第十九条第二项及相关规定计算非居民企业财产转让所得应纳税所得额。 财产净值或财产转让收入的计价货币按照取得或转让财产时实际支付或收取的计价币种确定。原计价币种停止流通并启用新币种的,按照新旧货币市场转换比例转换为新币种后进行计算
优劣比较	1. 存在多次的外币折算,加大了外币折算的工作量; 2. 当股权转让收入以人民币计算时,需要先折算为外币,再选择汇率折算为人民币,汇率选择的差异可能导致应纳税所得额的计算与实际币种计量不相符; 3. 财税函〔2009〕698 号并未明确汇率的选择,在实务中易造成税企之间的争议	1. 直接将股权转让收入和股权净值采用相同汇率折算为人民币,既降低了工作量,又使得股权转让所得的计算较为符合实际情况,受汇率影响较小。 2. 只有在股权净值或股权转让支付或收取的币种停止流通时,才需要进行两次换算,但新旧币种之间的换算并非外币折算,所以在汇率选择上仍然是只有一次换算

从上表可知,相比国税函〔2009〕698 号,国家税务总局公告 2017 年第 37

企业 IPO 资本运营税收政策与实务案例分析

号对汇率折算的规定更为简洁，而且在汇率的选择上国家税务总局公告 2017 年第 37 号根据税款缴纳方式的不同作了不同的规范，具体如表 6-2-13 所示。

表 6-2-13　非居民企业股权转让汇率选择表

事项	扣缴义务人扣缴	纳税人自行申报	税务机关限期缴纳
说明	是指扣缴义务人自扣缴义务发生之日起 7 日内向扣缴义务人所在地主管税务机关申报和代扣代缴税款	是指扣缴义务人未依法扣缴或者无法履行扣缴义务的，取得所得的非居民企业向所得发生地主管税务机关申报缴纳未扣缴的税款	是指非居民企业未依法申报缴纳税款的，税务机关可以责令限期缴纳
汇率	扣缴义务人扣缴企业所得税的，应当按照扣缴义务发生之日人民币汇率中间价折合成人民币，计算非居民企业应纳税所得额。扣缴义务发生之日为相关款项实际支付或者到期应支付之日	取得收入的非居民企业在主管税务机关责令限期缴纳税款前自行申报缴纳应源泉扣缴税款的，应当按照填开税收缴款书之日前一日人民币汇率中间价折合成人民币，计算非居民企业应纳税所得额	主管税务机关责令取得收入的非居民企业限期缴纳应源泉扣缴税款的，应当按照主管税务机关作出限期缴税决定之日前一日人民币汇率中间价折合成人民币，计算非居民企业应纳税所得额

5. 分期收款税额扣缴

企业在签订股权转让合同时可能约定股权受让方分期支付股权转让价款，国家税务总局公告 2017 年第 37 号规定非居民企业采取分期收款方式取得应源泉扣缴所得税的同一项转让财产所得的，其分期收取的款项可先视为收回以前投资财产的成本，待成本全部收回后，再计算并扣缴相应税款。

在分期收取股权转让款时，股权转让收入的确认采用的是类似于收付实现制的计算方式，这不同于居民企业或者居民个人股权转让中股权转让收入采用权责发生制；但是对于分期收到的款项超过所转让股权的计税基础后，应先用于扣缴全部应当扣缴的所得税还是分期计算股权转让所得并分期扣缴所得税，国家税务总局公告 2017 年第 37 号并没有规定得很明确，其仅规定"再计算并扣缴相应税款"；但是《国家税务总局关于发布〈中华人民共和国非居民企业所得税预缴申报表（2019 年版）〉等报表的公告》（国家税务总局公告 2019 年第 16 号）在附件《中华人民共和国扣缴企业所得税报告表（2019 年版）》中关于当期应扣缴企业所得税的计算方法中明确了先计算分期支付股权转让价款下的股权转让所得，再就当期计算的股权转让所得扣缴企业所得税，而非将超过所转让股权计税基础的部分全部用于缴纳非居民企业的所得税。

6. 税款缴纳

非居民企业转让境内居民企业股权，根据税款缴纳方式的不同，在税款计算、缴纳期限、缴纳地点及法律责任方面也是有所不同的，具体如表6-2-14所示。

表6-2-14 非居民企业股权转让税款缴纳明细表

事项	扣缴义务人扣缴	纳税人自行申报	税务机关限期缴纳
含税额换算	扣缴义务人与非居民企业签订非居民企业转让境内居民企业的业务合同时，若合同中约定由扣缴义务人实际承担应纳税款的，应将非居民企业取得的不含税所得换算为含税所得计算并解缴应扣税款		
申报缴纳期限	1. 扣缴义务人应当自扣缴义务发生之日起7日内向扣缴义务人所在地主管税务机关申报和解缴税款。 2. 非居民企业采取分期收款方式取得应源泉扣缴所得税的同一项转让财产所得的，其分期收取的款项可视为先收回以前投资财产的成本，待成本全部收回后，再计算并扣缴相应税款。 3. 扣缴义务发生之日为相关款项实际支付或到期应支付之日	1. 扣缴义务人未依法扣缴或者无法履行扣缴义务的，取得所得的非居民企业应当按照企业所得税法第三十九条规定，向所得发生地主管税务机关申报缴纳未扣缴税款。 2. 非居民企业在税务机关责令限期缴纳前自行申报缴纳税款的，视为已按期缴纳税款	非居民企业未按照企业所得税法第三十九条规定申报缴纳税款的，税务机关可以责令限期缴纳
第三方付款	支付人自行委托代理人或指定其他第三方代为支付相关款项，或者因担保合同或法律规定等原因由第三方保证人或担保人支付相关款项的，仍由委托人、指定人或被保证人、被担保人承担扣缴义务		
纳税地点	扣缴义务人所在地主管税务机关——扣缴义务人所得税主管税务机关	所得发生地主管税务机关——被投资企业的所得税主管税务机关	

续表

事项	扣缴义务人扣缴	纳税人自行申报	税务机关限期缴纳
法律责任	1.扣缴义务人应扣未扣税款的,由扣缴义务人所在地主管税务机关依照《中华人民共和国行政处罚法》第二十三条规定责令扣缴义务人补扣税款,并依法追究扣缴义务人责任;需要向纳税人追缴税款的,由所得发生地主管税务机关依法执行。2.已扣未解缴的情形:(1)扣缴义务人已明确告知收款人已代扣税款的;(2)已在财务会计处理中单独列示应扣税款的;(3)已在其纳税申报中单独扣除或开始单独摊销扣除应扣税款的;(4)其他证据证明已代扣税款的	追缴非居民企业应纳税款时,可以采取以下措施:1.责令该非居民企业限期申报缴纳应纳税款。2.收集、查实该非居民企业在中国境内其他收入项目及其支付人的相关信息,并向该其他项目支付人发出《税务事项通知书》,从该非居民企业其他收入项目款项中依照法定程序追缴欠缴税款及应缴的滞纳金	

7. 到期应付未付款项的处理

国家税务总局公告2017年第37号公告规定:"扣缴义务人应当自扣缴义务发生之日起7日内向扣缴义务人所在地主管税务机关申报和解缴代扣税款。扣缴义务人发生到期应付而未支付情形,应按照《国家税务总局关于非居民企业所得税管理若干问题的公告》(国家税务总局公告2011年第24号)第一条规定进行税务处理。"

国家税务总局公告2011年第24号公告第一条规定:"中国境内企业(以下称为企业)和非居民企业签订与利息、租金、特许权使用费等所得有关的合同或协议,如果未按照合同或协议约定的日期支付上述所得款项,或者变更或修改合同或协议延期支付,但已计入企业当期成本、费用,并在企业所得税年度纳税申报中作税前扣除的,应在企业所得税年度纳税申报时按照企业所得税法有关规定代扣代缴企业所得税。如果企业上述到期未支付的所得款项,不是一次性计入当期成本、费用,而是计入相应资产原价或企业筹办费,在该类资产投入使用或开始生产经营后分期摊入成本、费用,分年度在企业所得税前扣除的,应在企业计入相关资产的年度纳税申报时就上述所得全额代扣代缴企业所得税。"

虽然国家税务总局公告2011年第24号公告并未对非居民企业转让境内居民企业股权的行为发生到期应付未付的情形予以规范,但是由于其在确定支付人的扣缴时间时采用的是权责发生制,即支付人在自身的财务报表中计入成本费用的时间或者确认为资产的时间,所以对于非居民企业转让境内居民企业股权支付人到期应付未付款项的,应当以到期应付时间作为扣缴义务时间并依法扣缴企业所得税。

(二)间接转让股权

间接转让股权是相对于直接转让股权而言的,直接转让股权是指非居民企业将其直接持有的境内居民企业股权转让的行为,如图 6-2-3 所示。

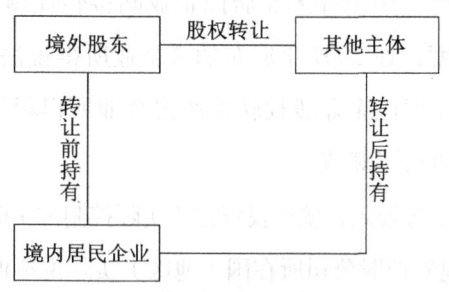

图 6-2-3　直接股权转让示意

《国家税务总局关于非居民企业间接转让财产企业所得税若干问题的公告》(国家税务总局公告 2015 年第 7 号)规定,间接转让中国境内居民企业股权,是指非居民企业通过转让其直接或间接持有中国境内居民企业股权的境外企业(不含境外注册中国居民企业)股权及其他类似权益,产生与直接转让中国境内居民企业股权相同或相近实质结果的交易,包括非居民企业重组引起境外企业股东发生变化的情形。具体的转让路径如图 6-2-4 所示。

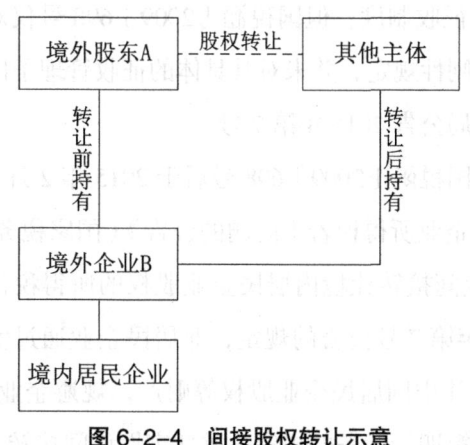

图 6-2-4　间接股权转让示意

在直接转让股权情形下，境内居民企业的股东发生了变化；而在间接转让股权时，境内居民企业的股东并未发生变化。对于境外企业间接转让中国境内企业股权由于其转让方和转让标的股权均不在中国境内，所以判定其是否在中国境内有纳税义务是企业所得税管理的重点。

1. 基本规定

（1）国税函〔2009〕698号

2008年1月1日前，中国并无非居民企业间接转让境内居民企业股权征收预提所得税的相关制度，在2007年颁布的《企业所得税法》实施后，国家税务总局通过《关于加强非居民企业股权转让所得企业所得税管理的通知》（国税函〔2009〕698号）对此进行了规范。

国税函〔2009〕698号规定，境外投资方（实际控制方）间接转让中国居民企业股权，如果被转让的境外控股公司所在国（地区）实际税负低于12.5%或者对其居民境外所得不征所得税的，应自股权转让合同签订之日起30日内，向被转让股权的中国居民企业所在地主管税务机关提供相关资料。境外投资方（实际控制方）通过滥用组织形式等安排间接转让中国居民企业股权，且不具有合理的商业目的，规避企业所得税纳税义务的，主管税务机关层报税务总局审核后可以按照经济实质对该股权转让交易重新定性，否定被用作税收安排的境外控股公司的存在。

虽然国税函〔2009〕698号是2009年12月10日发布，但其执行时间为2008年1月1日，所以2007年颁布的《企业所得税法》建立了间接转让境内居民企业股权所得税的征收制度，但国税涵〔2009〕698号仅对间接转让股权所得税的征收管理作了原则性规定，并未对其具体的征收管理予以明确。

（2）国家税务总局公告2015年第7号

国家税务总局在国税函〔2009〕698号后于2015年2月3发布了《关于非居民企业间接转让财产企业所得税若干问题的公告》（国家税务总局公告2015年第7号），对非居民企业间接转让境内居民企业股权的所得税作了规范。根据国家税务总局公告2015年第7号公告的规定，非居民企业通过实施不具有合理商业目的的安排，间接转让中国居民企业股权等财产，规避企业所得税纳税义务的，应按照企业所得税法第四十七条的规定，重新定性该间接转让交易，确认为直接转让中国居民企业股权等财产。

根据国家税务总局公告2015年第7号公告的规定，并非所有的间接转让均需要在中国境内缴纳企业所得税，仅对那些通过不具有合理商业目的的安排规避企业所得税纳税义务的间接转让股权才需要对股权转让交易重新进行定性，从而准确判断转让方的纳税义务。

2. 所得来源地判断

国家税务总局公告2015年第7号第二条规定，境外股权转让方取得的转让境外企业股权所得归属于中国居民企业的权益性投资资产的数额（间接转让股权所得），应作为来源于中国境内的权益性投资资产转让所得，按照企业所得税法第三条第三款规定征税。

对于境外非居民企业间接转让境内居民企业权益性资产的所得，仅对其中来源于中国境内的所得，根据《企业所得税法》的规定在中国境内缴纳企业所得税。

3. 合理商业目的判断

在间接转让股权交易下，虽然直接交易的标的并不是境内企业的权益，但是由于交易双方可能存在通过间接转让的方式实现直接转让的目的进而规避在我国的税纳税义务，所以对于该交易应当以一般反避税规则进行审查，所以判断企业交易的合理商业目的成为重点，根据国家税务总局公告2015年第7号的规定，判断合理商业目的应整体考虑与间接转让中国应税财产交易相关的所有安排，结合实际情况综合分析见表6-2-15所示的因素。

表6-2-15 间接转让股权合理商业目的的考量因素

序号	考量标准	具体内容
1	价值标准	是指境外企业股权主要价值是否直接或间接来源于中国应税财产
2	资产或收入标准	境外企业的资产是否主要由直接或间接在中国境内的投资构成，或其取得的收入是否主要直接或间接来源于中国境内
3	企业架构经济实质标准	境外企业及直接或间接持有中国应税财产的下属企业实际履行的功能和承担的风险是否能够证实企业架构具有经济实质
4	存续时间标准	境外企业股东、业务模式及相关组织架构的存续时间
5	境外税收标准	间接转让中国应税财产在境外应缴纳所得税情况
6	协议安排	间接转让中国应税财产所得在中国可适用的税收协定或安排情况
7	其他	其他相关因素

4. 安全港规则

安全港规则是指境外非居民企业间接转让境内居民企业权益资产，在满足既定要件的情况下不予征收预提所得税。本书将国家税务总局公告2015年第7号规范的安全港规则分为两类：一类是由于交易本身的特殊性致使交易自身不适用国家税务总局公告2015年第7号的间接转让财产的税收规则；另一类是由于交易的结构使得交易自身具有合理商业目的，从而也可以不视为转让境内应税财产。

此部分仅对不适用间接转让应税财产的规则予以介绍，合理商业目的将在下一部分予以介绍。

（1）上市企业股权

上市企业股权是指非居民企业在公开市场买入并卖出同一上市境外企业股权取得间接转让中国应税财产所得。

首先，适用该条款的非居民企业所转让的标的为境外上市企业的股权；其次，非居民企业取得该上市境外企业股权是买入的，而非该上市境外企业的原始股或者通过继承等方式取得；最后，非居民企业取得该股权是通过公开市场买入的，并非通过非公开的协议方式买入。

（2）可免税规则

可免税规则具体是指非居民企业直接持有并转让中国应税财产，按照可适用的税收协定或安排的规定，该项财产转让所得在中国可免于缴纳企业所得税。

由于在直接转让中国应税财产时根据可适用的税收协定或安排可免于缴纳企业所得税，那么在间接转让的情况下则不存在以规避我国的企业所得税为主要目的的情况，因此可免于适用国家税务总局公告2015年第7号的间接转让规则。

5. 合乎合理商业目的情形

间接转让中国境内居民企业股权，不能满足不适用情形的交易，若具有合理商业目的时也可不视为转让我国的应税财产行为。国家税务总局公告2015年第7号对合理商业目的的判断应考虑的因素予以了规范，规定同时满足以下条件的，应认定为具有合理商业目的。

（1）交易双方的持股关系

交易双方的持股关系可以确保在间接转让应税财产的情况下双方的利益可以

得以连续，为此国家税务总局公告2015年第7号采用了80%或100%的股权比例规则，即在一般交易的情况下应当满足如下的80%股权比例规则：股权转让方直接或间接拥有股权受让方80%以上的股权；或者股权受让方直接或间接拥有股权转让方80%以上的股权；又或者股权转让方和股权受让方被同一方直接或间接拥有80%以上的股权。但是当境外企业50%以上（不含50%）价值直接或间接来自中国境内不动产的，前述的持股比例应为100%。

在计算间接持股比例的情况下，按照持股链中各企业的持股比例乘积计算。

（2）后续交易税收负担

在满足前述的股权比例后，本次间接转让后可能再次发生的间接转让交易相比在未发生本次间接转让交易情况下的相同或类似间接转让交易，其中国所得税负担不会减少。

这一要件可以确保此次间接转让中国应税财产不予征收企业所得税后并不会导致中国税源的流失，即并不会在下一次的间接转让被适用转让应税财产而予以征收企业所得税时，其所得税负担相比本次直接适用低，这主要是为了防止在间接转让后利用税收协定等减轻或逃避非居民企业在我国的纳税义务。

（3）股权支付标准

为了使得整个间接转让交易更具有经济实质，国家税务总局公告2015年第7号对于交易支付标准采用了企业重组特殊性税务处理下的股东利益连续规则的标准，即股权受让方全部以本企业或与其具有控股关系的企业的股权（不含上市企业股权）支付股权交易对价。

首先，此处的股权支付比例标准不同于企业重组中的股权支付比例标准，此处要求股权支付比例为100%；其次，用于股权交易对价的股权可以是股权受让方企业的股权，也可以是与其具有控股关系的企业股权，此处的与其具有控股关系并未作进一步的解释，所以既可以是与其具有控股关系的母公司的股权，也可以是与其具有控股关系的子公司的股权。

6. 不具有合理商业目的的情形

国家税务总局公告2015年第7号也对间接转让股权不具有合理商业目的的情形作了列举规范：若与间接转让中国应税财产相关的整体安排同时符合以下情

形的,除满足前述安全港规则中的不予适用规则和合理商业目的情形外,无需再对其合理商业目的进行判断,而应直接认定为该交易不具有合理商业目的。

(1)价值构成

境外企业股权75%以上价值直接或间接来自中国应税财产。

这里的境外企业股权是指被直接转让的境外企业的股权,此处的价值应当是指所转让股权的公允价值。

(2)前一年的资产和收入构成

间接转让中国应税财产交易发生前一年内任一时点,境外企业资产总额(不含现金)的90%以上直接或间接由在中国境内的投资构成,或间接转让中国应税财产交易发生前一年内,境外企业取得收入的90%以上直接或间接来源于中国境内。

这一标准更多是用于判断境外企业是否具有实际的经营,因此从其财务状况和经营情况予以判断。首先,适用这一要件的时间应当是交易发生前一年内任一时点,这里的前一年应当是指会计年度,而非连续12个月;其次,这里资产的价值应当采用账面价值,而非公允价值;再次,判断资产和收入的比例标准为90%;最后,只要资产或者收入两个要素中任意一个满足了前述的比例要件,则视为满足本要件。

(3)功能和风险判断

境外企业直接或间接持有中国应税财产的下属企业虽在所在国家(地区)登记注册,以满足法律所要求的组织形式,但实际履行的功能及承担的风险有限,不足以证实其具有经济实质。

(4)税负标准

间接转让中国应税财产交易在境外应缴所得税税负低于直接转让中国应税财产交易在中国的可能税负。

这里在境外应缴所得税税负是指依据被转让境外企业所在国(地区)的所得税法律法规应当缴纳的所得税。

7. 税收征管

非居民企业间接转让中国应税财产需要缴纳企业所得税的,应当按照表

6-2-16所示的内容进行税收管理。

表6-2-16 间接转让境内居民企业股权税收管理

项目	内容
缴纳方式	间接转让股权所得应缴纳企业所得税的，依照有关法律规定或者合同约定对股权转让方直接负有支付相关款项义务的单位或者个人为扣缴义务人
纳税义务发生之日	是指股权转让合同或协议生效，且境外企业完成股权变更之日
主管税务机关	是指中国应税财产被非居民企业直接持有并转让的情况下，财产转让所得应纳企业所得税税款的主管税务机关，具体为：扣缴义务人所在地主管税务机关或者被投资企业所得税主管税务机关
同时转让两项以上中国应税财产	按规定应予征收企业所得税的，涉及两个以上主管税务机关的，股权转让方应分别到所涉主管税务机关申报缴纳企业所得税。 各主管税务机关应相互告知税款计算方法，取得一致意见后组织税款入库；如不能取得一致意见的，应报其共同上一级税务机关协调
提交资料	间接转让中国应税财产的交易双方和筹划方，以及被间接转让股权的中国居民企业，应按照主管税务机关的要求提供以下资料： （1）股权转让合同或协议（为外文文本的需同时附送中文译本，下同）； （2）股权转让前后的企业股权架构图； （3）境外企业及直接或间接持有中国应税财产的下属企业上两个年度财务、会计报表； （4）间接转让中国应税财产交易不适用国家税务总局公告2015年第7号的理由； （5）有关间接转让中国应税财产交易整体安排的决策或执行过程信息； （6）境外企业及直接或间接持有中国应税财产的下属企业在生产经营、人员、账务、财产等方面的信息，以及内外部审计情况； （7）用以确定境外股权转让价款的评估报告及其他作价依据； （8）间接转让中国应税财产交易在境外缴纳所得税情况； （9）间接转让中国应税财产具有不适用或者具有合理商业目的的有关证据信息； （10）其他相关资料
法律责任	1. 股权转让方未按期或未足额申报缴纳间接转让中国应税财产所得应纳税款，扣缴义务人也未扣缴税款的，除追缴应纳税款外，还应按照《企业所得税法实施条例》（2019年修订）第一百二十一、一百二十二条规定对股权转让方按日加收利息。 2. 股权转让方自签订境外股权转让合同或协议之日起30日内提供国家税务总局公告2015年第7号规定的资料的，按照《企业所得税法实施条例》（2019年修订）第一百二十二条规定的基准利率计算利息；未按规定提供资料或申报缴纳税款的，按基准利率加5个百分点计算利息

第三章　股权转让及红筹拆除实务案例分析

一、新三板股权转让——KH 股份公司

（一）企业基本情况

KH 科技股份有限公司（以下简称"KH 股份公司"）前身为 KH 科技有限公司，于 2010 年 7 月 14 日设立，主要从事高端无线电测试仿真仪器仪表研发、生产和销售。

2016 年 7 月 25 日，KH 股份公司取得了全国中小企业股份转让系统有限责任公司出具的《关于同意 KH 科技股份有限公司股票在全国中小企业股份转让系统挂牌的函》，公司股票于 2016 年 8 月 8 日起在新三板挂牌公开转让。

KH 股份公司经上海证券交易所科创板上市委员会审议通过，经证监会许可同意注册，于 2022 年 2 月在上海证券交易所科创板上市。

（二）股权转让基本情况

根据 KH 股份公司《招股说明书》披露，KH 股份公司在报告期内发生过两次股权转让。

第一次股权转让发生在 2019 年 3 月 12 日，股东个人 A 因个人原因需要资金，通过股转系统转让其持有的 38 523 股公司股份，受让方为公司董事、副总经理个人 B，交易价格为每股 6.37 元。

第二次股权转让发生在 2019 年 4 月，股东个人 C 从公司离职，基于个人考虑和资金需求，2019 年 5 月 24 日，股东个人 C 通过股转系统转让其持有的

19 262 股公司股份，公司董事、副总经理个人 B 受让 11 262 股，交易价格为每股 5.30 元；个人 D 受让 8 000 股，交易价格为每股 5.30 元。

上述股权转让的基本信息如表 6-3-1 所示。

表 6-3-1　股权转让基本信息表

项目	转让方	受让方	股份数量/股	成交金额/元	交易价格/（元/股）
第一次股权转让	个人 A	个人 B	38 523	245 400.00	6.37
第二次股权转让	个人 C	个人 B	11 262	59 688.60	5.30
		个人 D	8000	42 400.00	5.30

（三）股权转让涉税分析

1. 转让股份类型

根据《招股说明书》披露，KH 股份公司于 2016 年 8 月 8 日起在新三板挂牌公开转让，所以应当以 2016 年 8 月 8 日作为区分原始股和非原始股的时间。

转让方个人 A、个人 C 所转让股份均是在 KH 股份公司报告期内第一次增资时获得的：2018 年 1 月 14 日，KH 股份公司召开 2018 年第一次临时股东大会，会议审议通过增资相关议案；KH 股份公司该次向 12 名自然人共计发行 87 000 股，发行价格 36.50 元/股；2018 年 1 月 31 日，会计师事务所出具了《验资报告》，确认上述出资已实缴完毕；2018 年 3 月 15 日，新三板确认了公司该次股票发行的备案申请；2018 年 5 月 4 日，公司完成了该次变更的工商登记。

尽管财税〔2018〕137 号文件并未对个人取得新三板挂牌公司股票的具体时间作出明确规范，但无论根据上述哪一个时点作为股票取得的时间，股东个人 A 和个人 C 所转让股票均属于在公司挂牌后取得，即其转让的股票属于非原始股。

2. 应纳税所得额

根据《个人所得税法》及其实施条例的规定，财产转让所得以转让财产收入额减除财产原值和合理费用后的余额，为应纳税所得额，其中合理税费是指卖出财产时按照规定支付的有关税费。在上述股权转让过程中，计算股权转让应纳税所得额的各项要素具体如下。

(1) 股票转让收入

根据招股说明的披露,第一次股权转让过程中转让方取得的股权转让收入总金额为 245 400.00 元;第二次股权转让过程中转让方取得的股权转让收入总金额为 102 088.60 元。

(2) 转让股票原值

转让股票原值是指所转让股票的计税基础,根据《招股说明书》披露,上述纳税人所转让股票的计税基础计算过程如表 6-3-2 所示。

表 6-3-2 转让股票的计税基础

事项	个人 A	个人 C
取得时	204 400.00①	102 200.00②
送股	22 668.23③	11 334.11⑤
转股	0.00④	0.00⑥
合计	227 068.23	113 534.11

注:① 2018 年增资时,发行价为 36.50 元/股,个人 A 持股数量为 5600 股,所以计税基础为 204 400.00 元。

② 2018 年增资时,发行价为 36.50 元/股,个人 C 持股数量为 2800 股,所以计税基础为 102 200.00 元。

③ 2018 年 5 月 14 日,公司召开 2017 年年度股东大会,同意以未分配利润向全体股东每 10 股分派现金股利 7.04 元,每 10 股送股 40.478975 股,每股面值 1 元,根据《个人所得税法》及其实施条例及《国家税务总局关于印发〈征收个人所得税若干问题的规定〉的通知》(国税函〔1994〕89 号)第十一条规定:股份制企业在分配股息、红利时,以股票形式向股东个人支付应得的股息、红利(即派发红股),应以派发红股的股票票面金额为收入额,按利息、股息、红利项目征收个人所得税。个人 A 因此确认的股息红利性质的所得金额为 22 668.23 元,应调整增加其持有股票的计税基础。

④ 2018 年 5 月 14 日,公司召开 2017 年年度股东大会,同意以资本公积向全体股东每 10 股转增 18.313050 股,每股面值 1 元。根据《国家税务总局关于股份制企业转增股本和派发红股征免个人所得税的通知》(国税发〔1997〕198 号)第一条规定:股份制企业用资本公积金转增股本不属于股息、红利性质的分配,对个人取得的转增股本数额,不作为个人所得,不征收个人所得税;《国家税务总局关于原城市信用社在转制为城市合作银行过程中个人股增值所得应纳个人所得税的批复》(国税函发〔1998〕289 号)规定:"资本公积金"是指股份制企业股票溢价发行收入所形成的资本公积金。对于该部分的资本公积转增股本若未确认为股东的所得则不应当增加其计税基础,该部分内容将在后续的利润分配涉税专题进行进一步的分析。

⑤ 具体分析同注③。

⑥ 具体分析同注④。

（3）转让税费

根据《财政部 国家税务总局关于在全国中小企业股份转让系统转让股票有关证券（股票）交易印花税政策的通知》（财税〔2014〕47号）的规定，在新三板买卖、继承、赠与股票所书立的产权转让书据，以书立时实际成交金额，由出让方按1‰的税率计算缴纳证券（股票）交易印花税。

所以，个人A转让股票应缴纳的印花税金额为245.40元，个人C转让股票应缴纳的印花税金额为102.09元。

（4）应纳税所得额

根据上述计算，个人A和个人C因转让其所持有的新三板股票应确认的应纳税所得额计算过程如表6-3-3所示。

表6-3-3 应纳税所得额计算表

项目	个人A/元	个人C/元
股票转让收入	245 400.00	102 088.60
股票计税基础	227 068.23	113 534.11
股票转让税费	245.40	102.09
应纳税所得额	18 086.37	-11 547.60

3. 应纳个人所得税额

根据财税〔2018〕137号文件的规定，纳税人转让新三板挂牌公司非原始股取得的所得，暂免征收个人所得税。

因此，对于个人A转让其股票而确认的18 086.37元的应纳税所得额可免于征收个人所得税。

二、外籍个人转让股权——RD科技公司

（一）案例基本情况

1. 企业基本情况

RD科技股份有限公司（以下简称RD科技公司）前身为RD科技有限公司

（以下简称 RD 有限公司），是由 SHRD 科技有限公司和境外个人 GU YIN 共同出资设立的中外合资公司，是一家专注于 RNA 恒温扩增技术和产品的声明科学企业。

RD 科技公司经上海证券交易所科创板上市委员会审议通过，经中国证监会许可同意注册，于 2022 年 3 月在上海证券交易所科创板上市。

2. 股权转让基本情况

根据 RD 科技公司《招股说明》及《法律意见书》的披露，RD 有限公司 2013 年 10 月 12 日，经公司董事会决议、股权转让协议和修改后的公司章程规定，同意股东 GU YIN 将公司 1.43%（对应注册资本 8.7008 万元）、3.13%（对应注册资本 19.0856 万元）和 0.44%（对应注册资本 2.6664 万元）股权分别以人民币 285.7143 万元、626.7281 万元和 87.5576 万元溢价转让给本公司股东 A 股权投资合伙企业（有限合伙）（以下简称 A 企业）、CENTER CHEEF LIMITED、NOMEL PRASE LIMITED。

上述股权转让方为外籍个人 GU YIN，其取得所转让股权的情况如表 6-3-4 所示。

表 6-3-4　股权成本计算表

序号	日期	方式	金额/元	说明
1	2007 年 6 月 13 日	设立投资	1 700 000.00	以专有技术投资
2	2011 年 11 月 1 日	股权转让	875 200.00	从仁达生物受让
3	2013 年 3 月 20 日	股权转让	12 000 000.00	从纽仕达受让
4	2013 年 3 月 25 日	增资	10 000 000.00	以货币方式增资
	合计		24 575 200.00	持股比例为 43.78%

3. 涉税披露

RD 科技公司在其《招股说明书》中对于上述股权转让的涉税事项作了披露：对外籍个人 GU YIN 转让给 A 股权投资合伙企业（有限合伙）的涉税披露为"股东已履行所得税缴纳义务"。对转让给 CENTER CHEEF LIMITED、NOMEL

PRASE LIMITED 的股权披露信息为股权转让双方均为境外企业与境外自然人，GU YIN 未在中国境内缴纳个人所得税。股权转让方 GU YIN 为美籍自然人，受让方 CENTER CHEEF、NOMEL PRASE 为境外企业，GU YIN 未在中国境内缴纳个人所得税；GU YIN 已就上述股权转让对应的税收缴纳情况出具《说明与承诺函》，"因本人为美国国籍，在该次股权转让年份已按照美国税法要求向美国税务征管机关申报并缴纳个人所得税；如根据中国相关法律法规、税收征管规定或税收征管机关的要求，需就该次股权转让缴纳相关税费的，本人将及时、足额地履行相关纳税义务"。根据当时有效的《中华人民共和国个人所得税法》（2011 年修正），个人所得税以所得人为纳税义务人，以支付所得的单位个人为扣缴义务人，因此，该交易不涉及发行人的代扣代缴义务。

（二）股权转让涉税分析

1. 政策适用

上述股权转让发生于 2013 年 10 月 12 日，所以适用 2011 年 6 月 30 日修正的《个人所得税法》及其实施条例，同时由于交易双方为境外的个人或企业，若我国与美国签订有双边税收协定对其有特别规定的还应当遵循其特别规定。

（1）个人所得税法的规定

《个人所得税法》（2011 年修正）第一条规定："在中国境内有住所，或者无住所而在境内居住满一年的个人，从中国境内和境外取得的所得，依照本法规定缴纳个人所得税。在中国境内无住所又不居住或者无住所而在境内居住不满一年的个人，从中国境内取得的所得，依照本法规定缴纳个人所得税。"《个人所得税法实施条例》（2011 年修订）第五条规定："转让中国境内的建筑物、土地使用权等财产或者在中国境内转让其他财产取得的所得，不论支付地点是否在中国境内，均为来源于中国境内的所得。"

《个人所得税法》及其实施条例中并未就个人股权转让所得来源地加以明确，国家税务总局在《关于加强股权转让所得征收个人所得税管理的通知》（国税函〔2009〕285 号）第三条中明确："个人股东股权转让所得个人所得税以发生股权变更企业所在地地税机关为主管税务机关。纳税人或扣缴义务人应到主管税务机关办理纳税申报和税款入库手续。"所以尽管《个人所得税法》及其实施条例未明确股权转让所得的来源地的判定方法，但是从《个人所得税法实施条例》第五条中的"其他财产权利"及国家税务总局的规范性文件可以推导出，境外自然人转让中国境内企业股权的，应当在我国缴纳个人所得税，这一点在2015年1月1日起施行的67号公告第二条中也给予了明确。

《招股说明书》未披露转让方GU YIN是否构成我国的居民纳税人，但是无论其是否属于我国的居民纳税人，根据前述的相关规定，都应当就其转让股权取得的所得在中国境内缴纳个人所得税。

（2）税收协定的规定

《中华人民共和国政府和美利坚合众国政府关于对所得避免双重征税和防止偷漏税的协定》（以下简称《税收协定》）第四条关于居民的规定为："本协定中'缔约国一方居民'一语是指按照该缔约国法律，由于住所、居所、总机构、注册所在地，或者其他类似的标准，在该缔约国负有纳税义务的人。由于第一款的规定，同时为缔约国双方居民的个人，双方主管当局应协商确定该人为本协定中缔约国一方的居民。"

对于个人转让缔约国另一方居民企业股份的征税权分配，《税收协定》第十二条规定，转让一个公司股本的股票取得的收益，该公司的财产又主要直接或者间接由位于缔约国一方的不动产所组成，可以在该缔约国征税；转让前述所述以外的其他股票取得的收益，该项股票又相当关于参与缔约国一方居民公司的股权的25%，可以在该缔约国征税。但是对于25%的具体应用《税收协定》并未予以明确，参照《内地和香港特别行政区关于对所得避免双重征税和防止偷漏税的安排》第二议定书对中国与香港地区税收协定中原有的25%的规定用如下的规则替代："除第四款外，一方居民转让其在另一方居民公司资本中的股份或其他权利取得的收益，如果该收益人在转让行为前的十二个月内，曾经直接或间接参与该公司至少百分之二十五的资本，可以在该另一方征税。"

对于转让股份的征税权，《中华人民共和国政府和美利坚合众国政府关于对所得避免双重征税和防止偷漏税的协定的议定书》第二条规定："虽有本协议规定，美国可以对其公民征税。除本协定第八条第二款、第十七条第二款、第十八条、第十九条、第二十条、第二十二条、第二十三条、第二十四条和第二十六条规定外，美国可以对其居民（根据第四条确定）征税。"

所以，美籍个人转让其在中国境内居民企业中持有的股份，若其在转让之前的十二个月内持有的股份数量超过25%的，虽然中国具有征税权，但是美国对其也享有优先征税权。

2. 应纳税所得额计算

本案例中 GU YIN 转让其持有 RD 有限公司股权的行为，若我国对其行使征税权，应纳税所得额的计算应当依据《个人所得税法》（2011年修正）第六条第（五）项规定："财产转让所得，以转让财产的收入额减除财产原值和合理费用后的余额，为应纳税所得额。"同时第十条规定："各项所得的计算，以人民币为单位。所得为外国货币的，按照国家外汇管理机关规定的外汇牌价折合成人民币缴纳税款。"

《个人所得税法》（2011年修正）及其实施条例对财产转让过程中的外币折算汇率以及资产成本结转方法均未明确，所以，本案例在计算外籍个人的应纳税所得额时参照非居民企业财产转让应纳税所得额的计算方法；同时参照67号公告第十八条的规定，按照"加权平均法"确定所转让股权的计税基础。

若基于上述的规范，本案例中 GU YIN 转让其持有 RD 有限公司股权的计税基础总额为人民币 24 575 200.00 元，持股比例为 43.78%。转让股权应纳税所得额及应纳税额的计算（不考虑印花税的影响）如表 6-3-5 所示。

表 6-3-5 股权转让应纳税额计算表

单位：元

扣缴义务人	转让收入	计税基础	应纳税所得额	应纳税额
A 企业	2 857 143.00	802 707.54	2 054 435.46	410 887.09
CENTER CHEEF	6 267 281.00	1 756 975.24	4 510 305.76	902 061.15
NOMEL PRASE	875 576.00	246 986.93	628 589.07	125 717.82
合计	10 000 000.00	2 806 669.71	7 193 330.29	1 438 666.06

上述税款应当由款项支付机构依法代扣代缴，但是对于境外单位或者个人代扣代缴的税款如何进行纳税申报，《个人所得税法》及其实施条例及相应的税收规范性文件未予以明确，本书认为可参照非居民企业预提所得税代扣代缴管理办法进行扣缴申报。

三、境外间接转让——JL 电子公司

（一）企业基本情况

JL 电子科技股份有限公司（以下简称"JL 电子公司"）前身为 JL 电子科技有限公司（以下简称"JL 有限公司"），是由 JLJM 电子投资有限公司（CAME HYT TECHNOLOGIES INVESTMENT LIMITED，一家成立于 BVI 的公司，以下简称"JL 投资公司"）于 2006 年 10 月 19 日投资设立的外商独资企业，公司主要从事印制电路板（PCB）的研发、生产和销售。JL 有限公司于 2019 年 8 月整体变更为股份有限公司 JL 电子公司。

JL 电子公司首次公开发行股票注册的申请已获中国证监会核准，于 2022 年 8 月在深圳证券交易所创业板上市。

（二）境外间接转让基本情况

JL 有限公司设立时为外商投资企业，于 2017 年 9 月通过股权转让方式实现了外资转内资，在 JL 有限公司为外资企业阶段，其股东 JL 投资公司发生了多次境外股权转让，《招股说明书》及《法律意见书》对 JL 投资公司境外股权转让的交易及涉税作了详细的披露。

JL 投资公司于 2005 年在英属维尔京群岛设立，设立时发行 10 股股份，其中 ACTION TELL INTERNATIONAL LTD（AT 公司）持有 7 股股份；FIRST WELL INVESTMENT DEVELOPMENT LTD（FWD 公司）持有 3 股股份。

2006 年 JL 投资公司设立 JL 有限公司，持股比例为 100%，设立时 JL 投资公司的股权结构如图 6-3-1 所示。

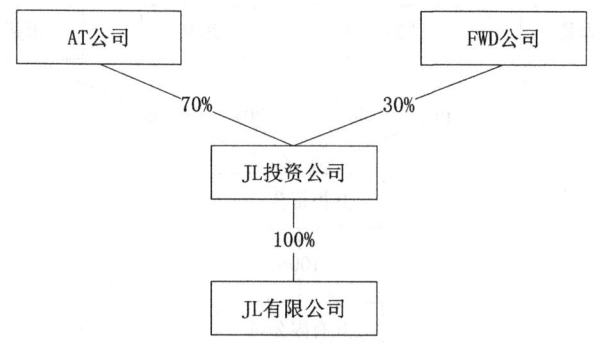

图 6-3-1　JL 有限公司设立时股权结构

2007 年 8 月 17 日，AT 公司将其所持有 JL 投资公司 7 股股份（持股比例为 70%）转让给境外自然人文某。

2011 年 6 月 21 日，文某、FWD 公司与李某、禾某签署系列协议，约定将其所持有的 JL 投资公司全部 10 股股份（合计持股比例 100%）以人民币 2800.00 万元转让给李某与禾某。

2012 年 5 月 29 日，文某、FWD 公司与李某、禾某签订协议，约定李某、禾某授权文某、FWD 公司将 JL 投资公司 10 股股份作以下分配安排：李某分配 4 股、钟某分配 3 股、迈某分配 2 股、禾某分配 1 股。同日，JL 投资公司董事会决议，同意上述股权分配安排，并同意再发行并分配 36 股给李某、25 股给钟某、20 股给迈某、9 股给禾某。上述股份分配完成后，JL 投资公司股权结构如图 6-3-2 所示。

2014 年，由于禾某在与赵某的业务合作中对赵某有 500 多万元的负债，并因资金周转问题未能及时清偿，经双方协商一致，同意禾某以其所持有的 JL 投资公司 10% 股权作价 500 万元转让给赵某以抵偿上述负债，具体为：2014 年 1 月 1 日，JL 投资公司唯一董事李某根据该公司章程作出决定，同意禾某将其持有的 JL 投资公司 10% 股权转让给赵某；同日，禾某与赵某签订《股权转让协议》。

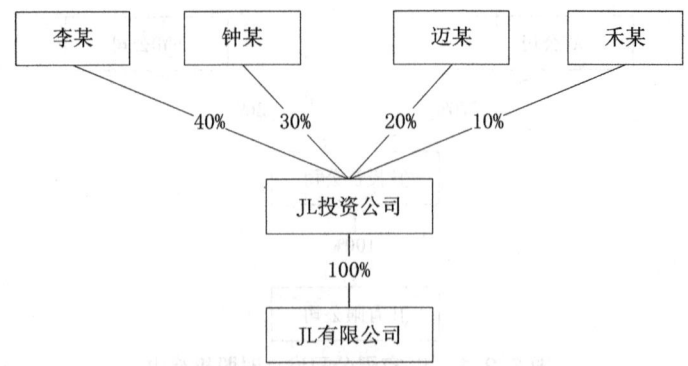

图 6-3-2 股权变更后股权结构

此次股权转让后，JL 投资公司的股权结构如图 6-3-3 所示。

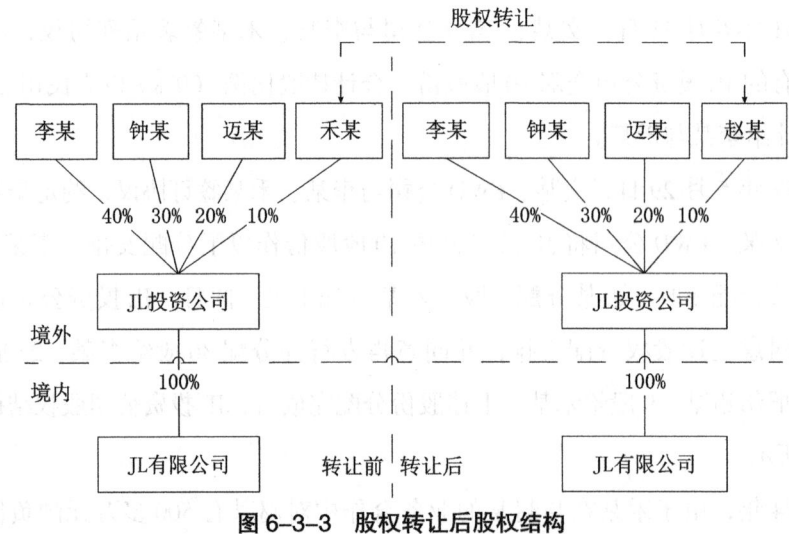

图 6-3-3 股权转让后股权结构

（三）境外间接转让涉税分析

1. 境外间接转让涉税披露

《关于 JL 电子科技股份有限公司首次公开发行股票并在创业板上市的补充法律意见书（一）》对 2014 年禾某将 JL 投资公司 10% 的股权转让给赵某的涉税披露如下。

经核查，本次股权转让发生时，JL 投资公司为境外企业，并持有境内企业 JL 有限公司 100% 股权；禾某转让其持有 JL 投资公司的股权将导致其通过 JL 投资公司间接持有 JL 有限公司的权益随之转让，因此其作为《个人所得税法》规定在中国境内有住所的"居民个人"，根据《个人所得税法》关于"居民个人从中国境内和境外取得的所得，依照本法规定缴纳个人所得税"的规定，以及《个人所得税法实施条例》关于"转让中国境内的不动产等财产或者在中国境内转让其他财产权取得的所得"均为来源于中国境内的所得的规定，其本次股权转让所得属于来源于中国境内所得，应以财产转让应纳税所得额（以转让财产的收入额减除财产原值和合理费用后的余额）适用 20% 的个人所得税税率纳税，即禾某取得 JL 投资公司 10% 股权的对价为 280.00 万元，股权转让作价 500.00 万元，股权转让应纳税所得额为 220.00 万元，应缴纳税款 44.00 万元。

根据律师访谈，由于禾某认为该次转让的是境外公司的股权，并根据境外律师的要求办理了相关股权变更手续，其不清楚有在境内纳税的义务，同时该次股权转让系用于抵债未有实际款项的支付，因此其未就本次股权转让所得在境内缴纳个人所得税；赵某作为受让方因无实际支付款项义务亦未按照《个人所得税法》的相关规定履行代扣代缴义务。

律师认为，该次股权转让所得来源于中国境内企业，应根据股权转让的应纳税所得额承担纳税义务。赵某作为股权受让方，依据当时适用的《个人所得税法》《个人所得税法实施条例》《国家税务总局关于加强股权转让所得征收个人所得税管理的通知》（国税函〔2009〕285 号）等法律法规，均未明确股权抵债的受让方是否需要履行代扣代缴义务及如何履行代扣代缴义务。

同时，因该次股权转让行为完成已超过五年，根据《税收征收管理法》（2015 年修正）第八十六条关于"违反税收法律、行政法规应当给予行政处罚的行为，在五年内未被发现的，不再给予行政处罚"的规定，上述股权转让双方未能申报纳税的行为被税务部门行政处罚的风险较小。

2.境外间接转让股权个人所得税分析

在本案例中，禾某将其持有的 JL 投资公司 10% 的股权转让给赵某的行为，由于其所转让的标的为 JL 投资公司，而 JL 投资公司持有 JL 有限公司 100% 的股权，所以该股权转让行为属于间接转让中国境内应税财产。

对案例中禾某转让 JL 投资公司股权的行为是否应当征收个人所得税，可以有两种分析的角度。

第一种，从纳税人身份角度分析。

根据当时有效的《个人所得税法》（2011年修正）第一条的规定，在中国境内有住所的个人，从中国境内和境外取得的所得，均应当在中国申报缴纳个人所得税。根据《招股说明书》的披露，禾某为在中国境内有"住所"的个人，其属于《个人所得税法》中的居民个人，应当就其来源于中国境内和境外的所得缴纳个人所得税，同时对于其来源于中国境外的所得在境外已经实际缴纳的个人所得税可以在中国应纳个人所得税额中予以抵扣，在这种角度下并不再需要分析该股权转让所得的来源地问题，而是要判定其是否已在境外缴纳个人所得税及如何进行抵扣。

第二种，从所得来源地进行分析。

根据《个人所得税法》（2011年修正）的规定，无论纳税人是否在中国境内有住所，其取得的来源于中国境内的所得均应当在中国申报缴纳个人所得税。

《个人所得税法实施条例》（2011年修订）第五条规定，下列所得，不论支付地点是否在中国境内，均为来源于中国境内的所得：转让中国境内的建筑物、土地使用权等财产或者在中国境内转让其他财产取得的所得。由于当时个人所得税并未建立类似企业所得税中的间接转让中国应税财产的规则，所以对于间接转让中国应税财产是否属于《个人所得税法实施条例》（2011年修订）第五条所说的"转让"，在财政部和国家税务总局的税收政策法规库中并没有明确的税收规范性文件，因此本书认为利用所得来源地来判定此次转让的纳税义务并没有十分明确的政策依据。

四、红筹回归——GL 信息公司

（一）企业基本情况

GL 信息技术股份有限公司（以下简称"GL 信息公司"）前身为 GL 信息技术有限公司（以下简称"GL 有限公司"），成立于 2013 年 8 月 16 日，由 GL（香港）科技有限公司（以下简称"香港 GL 公司"）出资设立。

GL 信息公司首次公开发行股票申请经上海证券交易所科创板股票上市委员

会审核通过，并经中国证监会同意注册，于 2022 年 3 月在上海证券交易所科创板上市。

（二）红筹架构搭建过程

根据《招股说明书》披露，2013 年 4 月，GL International Limited（以下简称"开曼 GL 公司"）由 GL Limited（以下简称"维京 GL 公司"）在开曼群岛投资设立，维京 GL 公司为 GL 信息公司实际控制人周某的全资持股平台；同月，开曼 GL 公司投资设立香港 GL 公司；2013 年 8 月，香港 GL 公司投资设立 GL 有限公司。

GL 有限公司设立时的红筹架构如图 6-3-4 所示。

GL 信息公司搭建的红筹架构为典型的红筹架构模式，在整个架构中包括了英属维尔京群岛、开曼、香港及境内四层的主体。其中实际控制人在英属维尔京群岛设立持股主体的主要原因是当地主体设立的灵活性、对投资者信息的隐私保护程度较高及税收成本较低；在开曼设立主体的主要原因是由于英属维尔京群岛对股东隐私保护导致部分地区通常不接受其主体作为上市主体，因此需要在开曼设立上市主体；在香港地区设立投资主体的主要目的是开曼与我国并未签订税收协定，而香港地区与内地签订了相应的税收协定，所以通过香港地区公司在境内进行投资的可以享受税收协定待遇。

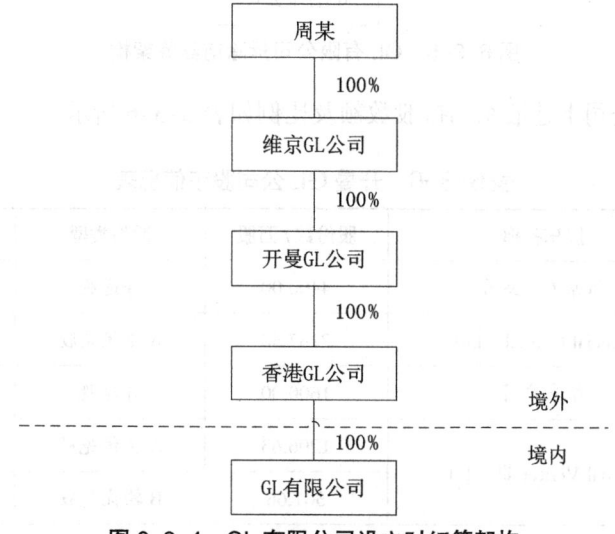

图 6-3-4　GL 有限公司设立时红筹架构

（三）红筹架构拆除前的融资

根据《招股说明书》的披露，GL 信息公司未在境外直接上市融资，但是在谋求境内科创板上市前通过境外主体在境外也进行了非公开的增发融资，主要有：2013 年 5 月设立境外员工持股计划预留股份用于员工股权激励；2013 年 8 月、2014 年 6 月进行了 A 轮、B 轮的融资；2014 年 6 月对时任高级管理人员李某某的持股平台维京广月进行股权激励。

在红筹架构拆除前，开曼 GL 公司的股权结构如图 6-3-5 所示。

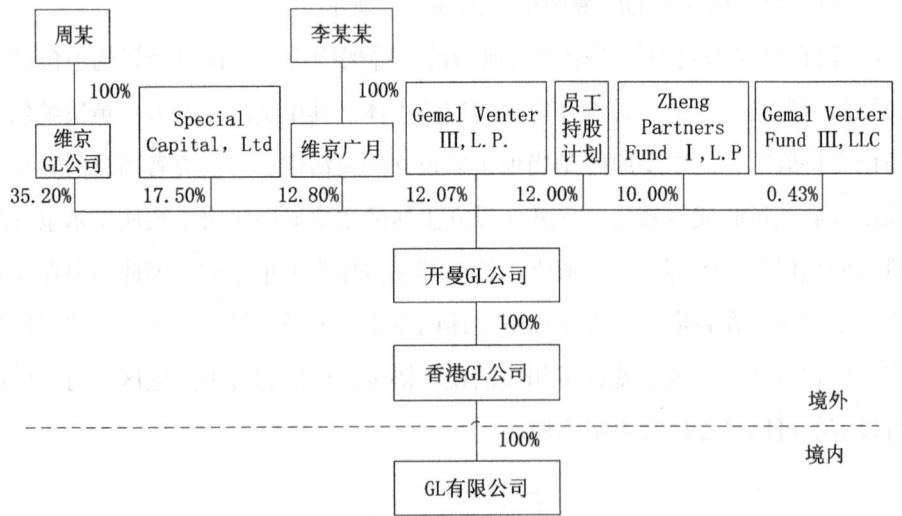

图 6-3-5　GL 有限公司拆除前红筹架构

开曼 GL 公司上述股东的持股数额及比例如表 6-3-6 所示。

表 6-3-6　开曼 GL 公司股东信息表

序号	股东名称	股份数/万股	股份类型	持股比例/%
1	维京 GL 公司	4400.00	普通股	35.20
2	Special Capital，Ltd	2187.50	B 轮优先股	17.50
3	维京广月	1600.00	普通股	12.80
4	Gemal Venter Ⅲ，L.P	1206.63	A 轮优先股	9.65
		301.66	B 轮优先股	2.41

续表

序号	股东名称	股份数/万股	股份类型	持股比例/%
5	员工持股计划	1500.00	普通股	12.00
6	Zheng Partners Fund Ⅰ，L.P	1250.00	A轮优先股	10.00
7	Gemal Venter Fund Ⅲ，LLC	43.38	A轮优先股	0.35
		10.84	B轮优先股	0.09
	合计	12 500.00		100.00

（四）红筹架构拆除过程

1.GL有限公司的股权重组

由于GL信息公司在境内IPO前并未在境外的证券交易所上市融资，因此其拆除红筹架构过程中并不需要进行境外主体的私有化，而只要将境外持股关系进行转变即可。

根据《招股说明书》的披露，2017年4月，经全体股东协商一致，GL有限公司决定拆除海外红筹架构，其拆除的方式为将开曼GL公司的股东所持有的开曼GL公司股份回落至GL有限公司的层面。具体为开曼GL公司股东通过其关联主体受让香港GL公司所持GL有限公司股权完成，在香港GL公司转让GL有限公司股权的过程中，受让方与开曼GL公司的股东之间的对应关系如表6-3-7所示。

表6-3-7　GL有限公司红筹架构拆除前后股东关系表

序号	开曼GL公司（红筹架构拆除前）			GL有限公司（红筹架构拆除后）		
	股东名册	股份/万股	比例/%	股东名称	出资额/万美元	比例/%
1	维京GL公司	4400.00	35.20	维尔信息	677.76	38.40
2	Special Capital, LET	2187.50	17.50	宏木资本	308.88	17.50
3	Gemal Venter Ⅲ，L.P	1508.28	12.07	竹水创投	220.63	12.50
	Gemal Venter Fund Ⅲ，LLC	54.22	0.43			

续表

序号	开曼 GL 公司（红筹架构拆除前）			GL 有限公司（红筹架构拆除后）		
	股东名册	股份/万股	比例/%	股东名称	出资额/万美元	比例/%
4	员工持股计划	1500.00	12.00	众人企业	211.80	12.00
5	维京广月	1600.00	12.80	广月深宁	169.44	9.60
6	Zheng Partners Fund Ⅰ, L.P	1250.00	10.00	郑维基金Ⅰ	176.50	10.00
	合计	12 500.00	100.00		1765.00	100.00

在上述股权转让过程中，由于开曼 GL 公司对李某某进行股权激励时设置了自 2013 年 8 月入职后 4 年的服务期要求，在拆除海外红筹架构时李某某已离职且未达到 4 年服务期要求，因此，对李某某的境外持股平台维京广月持有的开曼 GL 公司的股权作了如下的分配：其中 1/4 在拆除红筹架构时由周某控制的维尔信息收回；3/4 转让给李某某的境内持股平台广月深宁。

完成上述的股权重组后，GL 有限公司的股权结构如图 6-3-6 所示。

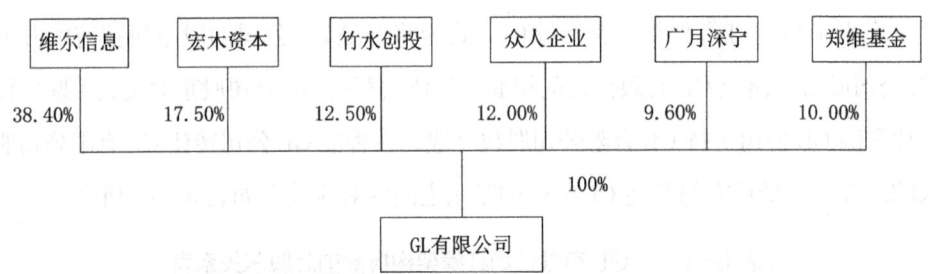

图 6-3-6　GL 有限公司红筹架构拆除后股权架构

至此，GL 有限公司的境外红筹架构拆除完毕。

2.境外主体注销

根据《招股说明书》的披露，GL 有限公司红筹架构拆除后，对于境外主体均已启动了注销程序，截至《招股说明书》披露日，香港 GL 公司已于 2021 年 6 月 18 日解散，开曼 GL 公司尚在办理注销手续。而境外主体的实际控制人周某、李某某也分别出具承诺，如红筹架构相关境外主体全部注销完毕后，将及时办理境外投资境内居民外汇注销登记手续。

（五）红筹架构拆除的涉税分析

1.GL有限公司股权重组涉税分析

由于 GL 有限公司搭建的红筹架构并未在境外资本市场融资，所以与已在境外资本市场公开上市的红筹架构相比无需对其境外股份实施私有化。对于 GL 有限公司而言其境外红筹架构拆除主要是将境外开曼 GL 公司的各股东持有的股份回落至境内拟上市主体 GL 有限公司，这一目的也主要是通过 GL 有限公司的股东香港 GL 公司将其持有 GL 有限公司的股权通过股权转让的方式转让给开曼 GL 公司股东成立的关联收购主体。

根据《招股说明书》披露，在红筹架构拆除过程中，香港 GL 公司将所持 GL 有限公司 100% 的股权转让给境外投资人的关联投资主体、周某及李某某的境内持股平台及作为员工持股平台的合伙企业，相应的定价依据及税款缴纳等情况如表 6-3-8 所示。

表 6-3-8 GL有限公司股权转让信息表

序号	股东名称	对应开曼 GL 股东	出资人/万美元	转让价格/万美元	境内纳税情况
1	维尔信息公司	维京 GL 公司	667.760	0.0001	无须缴税
2	众人企业	员工持股计划（预留股份）	211.800	0.0001	无须缴税
3	竹水创投	Gemal Venter Ⅲ，L.P Gemal Venter Fund Ⅲ，LLC	220.625	262.50	已缴纳税款人民币 454 204.02 元
4	郑维基金Ⅰ	Zheng Partners Fund Ⅰ，L.P	176.500	50	无须缴税
5	广月深宁	维京广月	169.440	0.0001	无须缴税
6	宏木资本	Special Capital，Ltd	308.875	367.5	已缴纳税款人民币 635 885.63 元

其中除宏木资本受让香港 GL 公司股权的转让价格是参照竹水创投受让的每股价格确定之外，其他交易双方在确定股权转让价格时均是以对应的开曼 GL 公司股东的投资成本确定的。而且仅 Gemal Venter Ⅲ，L.P、Gemal Venter Fund Ⅲ，LLC 和 Special Capital，Ltd 在股权转让过程申报缴纳了企业所得税，其他股东由

于无所得未申报缴纳企业所得税。

《企业所得税法》(2018年修正)第四十一条规定:"企业与其关联方之间的业务往来,不符合独立交易原则而减少企业或者其关联方应纳税收入或者所得额的,税务机关有权按照合理方法调整。"

所以在 GL 有限公司境外红筹架构拆除过程中,香港 GL 公司转让持有的 GL 有限公司股权的收入以开曼 GL 公司各股东的投资成本确定并不符合独立交易原则,存在着被主管税务机关依据《企业所得税法》及其实施条例中有关特别纳税调整条款进行纳税调整的风险。

2. 境外主体注销的涉税分析

境外主体在 GL 有限公司境外红筹架构拆除后注销回购各股东持有的股份,由于此时境外主体已不再持有境内主体的股权,因此并不适用《企业所得税法》的相关规定,其取得的所得也无需缴纳企业所得税。

五、红筹回归分步交易一次纳税——YX 安全公司

(一)企业基本情况

YX 安全科技股份有限公司(以下简称"YX 安全公司")前身为 YX 安全科技有限公司(以下简称"YX 有限公司"),成立于 2014 年 11 月 25 日,由 YX 科技(香港)有限公司(以下简称"YX 香港公司")出资设立,初始注册资本为 3800 万元。

YX 安全公司首次公开发行股票申请经上海证券交易所科创板股票上市委员会审核通过,并经证监会同意注册,于 2022 年 2 月在上海证券交易所科创板上市。

(二)红筹架构搭建过程

1993 年,丁某及田某等在美国设立了 Siano Holdings;2000 年,Siano Holdings 成为首批在纳斯达克上市的中国高科技企业;2014 年,信和资本控股有限公司旗下的基金邀请 Siano Holdings 联合创始人丁某完成 Siano Holdings 的私有化并从纳斯达克退市。退市后,Siano Holdings 的间接控股股东 Wipper Holdings

Limited 进行了新的战略规划部署，对 Siano Holdings 业务和产品线进行了梳理，将成熟业务、成长性业务和创新业务进行分拆，并针对不同业务板块成立了不同的事业群，以针对细分客户需求作出敏捷反应，更好地抓住市场机遇。其中，从事网络安全业务的板块为"网络安全事业群"。

基于上述业务分拆，Wipper Holdings Limited 相应调整了法律架构，在其子公司 Wipper Limited 下逐层设立了 YX 开曼公司、YX BVI 公司和 YX 香港公司，并由 YX 香港公司于 2014 年 11 月 25 日设立了 YX 有限公司。

由于 Wipper Holdings Limited 为境外设立的公司，Siano Holdings 的境外架构系早期为在纳斯达克上市而搭建的，而 YX 有限公司系 Wipper Holdings Limited 于中国境内设立、拟用于承接网络安全业务板块的主体，因此 YX 有限公司在设立时即存在红筹架构。

YX 有限公司搭建红筹架构的主要过程图见表 6-3-9。

表 6-3-9　YX 有限公司红筹架构搭建过程

时间	事项
2014 年 5 月	2014 年 5 月 5 日，Sharon PIERSON（注册代理机构代表）在开曼注册成立 YX 开曼公司，对 YX 开曼公司出资 0.01 美元，持股数量为 1 股，持股比例为 100%，并于当日将 100% 持股转让予 Wipper Limited
2014 年 7 月	2014 年 7 月 11 日，YX 开曼公司在英属维京群岛投资设立 YX BVI，设立日，YX 开曼公司对 YX BVI 公司出资 1 美元，持股数量为 1 股，持股比例为 100%
2014 年 7 月	2014 年 7 月 25 日，YX BVI 公司出资 1 港元在香港投资设立全资子公司 YX 香港公司，持股数量为 1 股，持股比例为 100%
2014 年 11 月	2014 年 11 月，YX 香港公司出资设立 YX 有限公司

因此，YX 有限公司在设立时的股权结构如图 6-3-7 所示。

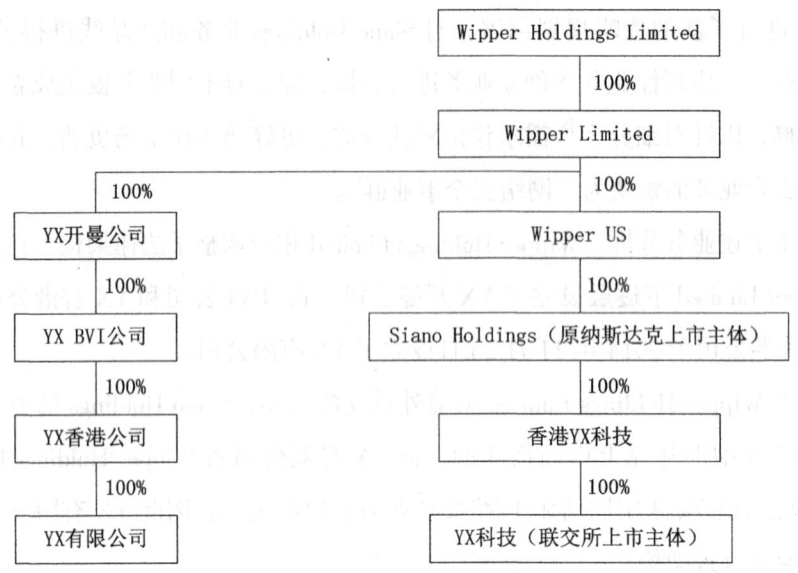

图 6-3-7　YX 有限公司设立时的股权结构

（三）红筹架构拆除过程

1.拆除前的股权结构

YX 有限公司设立后，进行了境内的一系列股权转让，包括 2015 年 11 月 5 日，YX BVI 公司向 YX 开曼公司新发行 6999 股，向执力科技股份有限公司（以下简称"执力科技"）新发行 3000 股，2017 年 9 月因实施第一次股权激励，YX 香港公司将 YX 有限公司 20% 的股权转让给员工持股平台（YX 安、YX 融、YX 宸、YX 铭、YX 宇）；2017 年 12 月 YX 香港公司将 YX 有限公司 5.7736% 的股权转让给员工持股平台 YX 创。

YX 有限公司在经过上述一系列的股权重组后红筹架构拆除前的股权结构如图 6-3-8 所示。

专题六　股权转让及红筹拆除的涉税

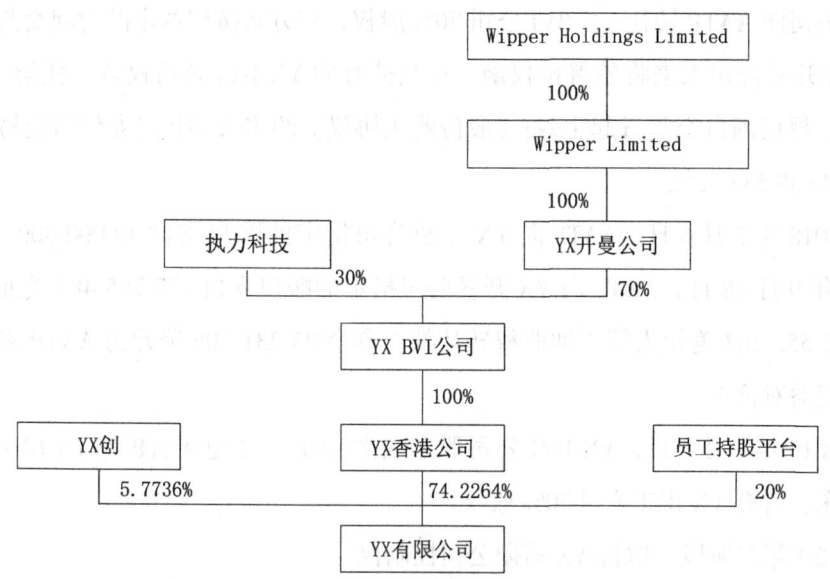

图6-3-8　YX有限公司红筹拆除前的股权结构

2.红筹架构拆除过程

随着国家对信息安全领域监管的不断加强，YX有限公司原有的红筹及外资架构对公司后续业务发展的制约逐渐体现；同时伴随着YX有限公司业务的高速增长，后续发展需要长期稳定的资金投入及相对稳定的股权结构，并且YX有限公司也拟启动境内上市计划，基于上述的原因，YX有限公司决定对其股权结构进行调整同时拆除红筹架构。

为拆除YX有限公司红筹股权架构，丁某分别通过境外和境内两个阶段取得了YX有限公司的控制权，两个阶段实质为一次交易，目的是由丁某取得调整后YX有限公司的控股权，由境外持股回归境内持股。

（1）第一阶段：取得YX BVI公司控制权

YX有限公司系YX香港公司控股子公司，YX香港公司系YX BVI公司全资子公司。2018年7月前，YX开曼公司持有YX BVI公司70%股权，执力科技持有YX BVI公司30%的股权。本次收购由丁某通过其境外控制的公司AATP购买YX开曼公司持有的YX BVI公司70%股权，从而达到间接控制YX有限公司的目的。该次的股权收购主要步骤如下。

2018年7月4日，AATP与YX开曼公司签署《股份购买协议》，约定：YX

467

开曼公司向 AATP 转让 YX BVI 公司 70% 股权，双方将按照约定的时间交割，同时 YX 开曼公司未来将签署授权函，将其持有的 YX BVI 公司权益委托给 AATP 行使，授权函自交割日起生效；《股份购买协议》约定 AATP 应支付的交易价格为 213 948 537 美元。

2018 年 7 月 6 日，AATP 向 YX 开曼公司指定的账户支付 40 000 000 美元，2018 年 9 月 18 日，AATP 向 YX 开曼公司指定的账户支付 177 785 489 美元（其中 152 553 683 美元为第二期股权转让款，剩余 25 231 806 美元为 AATP 支付的债权权益对价）。

2019 年 7 月 3 日，YX BVI 公司股东名册变更，登记 AATP 为 YX BVI 公司的股东，持有 YX BVI 公司 70% 股权。

（2）第二阶段：取得 YX 有限公司控制权

为达到由丁某在境外取得 YX 有限公司的控制权后将控制权调整到境内持股平台的目的，YX 香港公司将其持有的 YX 有限公司 50.2264% 股权转让给丁某控制的主体。该次股权转让的主要步骤如下。

2019 年 6 月 28 日，YX 香港公司与 YX 远、YX 信签署《股权转让协议》，约定将其持有的 30.2264% 及 20% 股份分别转让给 YX 远、YX 信，交易价格分别为 128 754 879.08 美元及 85 193 657.92 美元。YX 远和 YX 信股权转让款系对等于 2018 年 7 月 YX 开曼公司股权转让对价，实际为完成境外股权转让相应境内股权变更。

2019 年 6 月 28 日，YX 有限公司股东会、董事会作出决议，同意 YX 远、YX 信与 YX 香港公司之间的股权转让。

2019 年 7 月 2 日，主管市场监督管理局出具《准予变更登记通知书》，同意境内股权转让。

在经过上述两个步骤后，YX 有限公司的股权结构如图 6-3-9 所示。

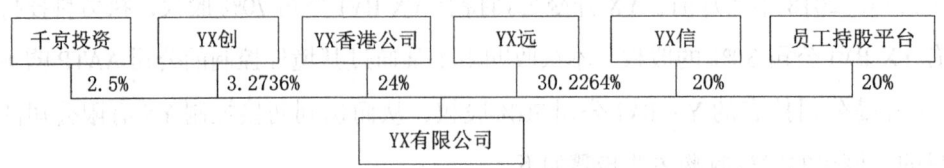

图 6-3-9 红筹架构拆除后股权架构

3. 红筹架构拆除过程中的外汇进出境

YX 有限公司在拆除红筹架构过程中，第一阶段的 AATP 收购 YX 开曼公司持有 YX BVI 公司 70% 的股权出资系 AATP 有限合伙人的自有资金，丁某持有 AATP50% 的合伙企业份额出资来源为境外出资，且股权转让对价系支付给 YX 开曼公司，所以并不涉及跨境支付行为。

在第二阶段丁某控制的 YX 远、YX 信分别收购 YX 香港公司持有的 YX 有限公司 30.2264%、20% 股权时，YX 远、YX 信为中国境内注册的主体，YX 香港公司为在中国香港地区注册的主体，涉及资金出境，资金支付境外过程均已办理了外汇登记。

（四）红筹架构拆除的涉税分析

1. 涉税信息披露

根据《招股说明书》和《法律意见书及补充法律意见书》的披露：YX 有限公司红筹架构拆除的交易分为境外和境内两个步骤，两步的安排属于同一项交易。经与相关税务部门沟通，上述两笔股权转让的本质为同一次交易，YX 开曼公司及 YX 香港公司均就股权转让进行了税务申报，但仅需要就 YX 香港公司直接转让 YX 有限公司股权缴纳企业所得税，相关所得税由境内受让方 YX 远及 YX 信代扣代缴。

YX 信于 2019 年 7 月 9 日填报《扣缴企业所得税合同备案登记表》及《扣缴企业所得税报告表》，申报的实际应缴纳的企业所得税额为 5757.08 万元，主管税务机关于 2019 年 7 月 9 日出具《税收完税证明》，证明 YX 信实缴税款 5757.08 万元。YX 远于 2019 年 7 月 9 日填报《扣缴企业所得税合同备案登记表》及《扣缴企业所得税报告表》，申报的实际应缴纳的企业所得税额为 8700.80 万元，主管税务机关于 2019 年 7 月 9 日出具《税收完税证明》，证明 YX 远实缴税款 8700.80 万元。

2. 涉税分析

YX 有限公司在拆除红筹架构过程中经历了境外和境内两个环节的股权转让。

（1）境外股权转让的涉税分析

根据《招股说明书》的披露，YX 有限公司在拆除红筹架构中，境外的股权转让是 2018 年 YX 开曼公司将其持有的 YX BVI 公司 70% 的股权转让给 AATP，而 YX BVI 公司及其全资子公司 YX 香港公司都是设立境内的 YX 有限公司而成立，所以并无实际经营业务，并且根据信息披露，此次股权转让的主要目的是境内 YX 有限公司的股权转让，所以属于非居民企业间接转让境内股权的交易。

根据《国家税务总局关于非居民企业间接转让财产企业所得税若干问题的通知》（国家税务总局公告 2015 年第 7 号）的规定："非居民企业通过实施不具有合理商业目的的安排，间接转让中国居民企业股权等财产，规避企业所得税纳税义务的，应按照企业所得税法第四十七条的规定，重新定性该间接转让交易，确认为直接转让中国居民企业股权等财产。"

对于非居民企业间接转让财产合理商业目的的判断标准，国家税务总局公告 2015 年第 7 号在第三条给予了明确，由于境外 YX BVI 公司股权在转让后的不足 12 个月内由境外股权的受让方所控制的企业完成了境内企业的股权转让，且此次股权转让的主要目的是拆除 YX 有限公司的红筹架构，应当是基于其他的商业目的而将整体的交易拆分成了两个步骤，而两个步骤的最终结果是实现 YX 有限公司境外持股转变为境内持股，虽然国家税务总局公告 2015 年第 7 号未像财税〔2009〕59 号文件提及分步交易的规则，但是根据整体交易的实质，此次的间接股权转让并未征收企业所得税。

（2）境内股权转让的涉税分析

2019 年 YX 香港公司将其持有的 YX 有限公司股权转让给丁某控制的境内主体时，根据《企业所得税法》及其实施条例的规定应当在我国缴纳企业所得税。同时根据《国家税务总局关于非居民企业所得税源泉扣缴有关问题的公告》（国家税务总局公告 2017 年第 37 号）的规定，该次股权转让所得税计算应当注意如下问题。

第一，扣缴义务人为实际支付价款的境内企业 YX 远和 YX 信。

第二，扣缴的预提所得税申报地点为扣缴义务人所在地，而非 YX 有限公司所在地。

第三，由于股权转让价款以美元计价，所以在折算为人民币时其汇率应以股权转让价款实际支付或者到期应支付之日的汇率确定。

第四，由于 YX 有限公司的注册资本为人民币，且取得方式均为设立时的出资以及后期的增资，所以 YX 香港公司股持有股权的计税基础为人民币 6680.376 万元。

第五，若在实际支付股权价款过程中存在分期支付的，对于前期支付的价款可先视为投资成本的收回，待成本全部收回后再计算应纳税所得额。

六、红筹回归——WT 科技公司

（一）企业基本情况

WT 科技股份有限公司（以下简称"WT 科技公司"）前身为 WT 科技有限公司（以下简称"WT 有限公司"），是由荣金工具有限公司（以下简称"荣金有限公司"）于 2016 年 8 月 16 日投资设立的有限责任公司，公司致力于研究和发展适应复杂应用环境的纳米材料技术，主要从事高性能、多功能纳米薄膜的研发和设备，于 2020 年 12 月 25 日整体变更设立股份有限公司。

WT 科技公司首次公开发行人民币普通股的申请经中国证监会核准，于 2022 年 8 月在上海证券交易所科创板上市。

根据《招股说明书》披露，WT 科技公司曾考虑在境外融资及筹划在境外资本市场上市，WT 科技公司的实际控制人自 2019 年起搭建了境外持股架构，此后由于 WT 科技公司选择在境内资本市场申报首次公开发行并上市，因此又对其境外持股架构进行了调整。

（二）境外架构搭建过程

WT 有限公司在搭建境外架构之前的股东为仁甲、仁乙和周某，其股权结构如图 6-3-10 所示。

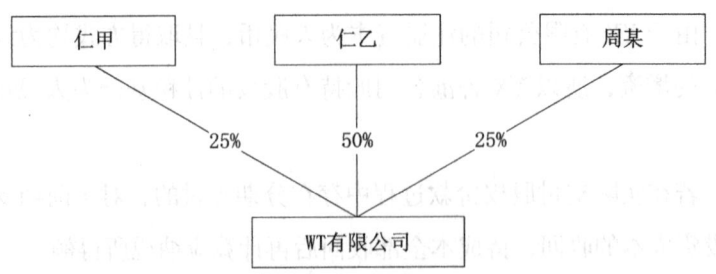

图 6-3-10 搭建前的股权结构

WT 有限公司搭建境外架构的主要过程如下。

1. Nor Capital 向 WT 有限公司增资

2019 年 1 月 31 日，WT 有限公司召开股东会，同意公司注册资本由 1000 万元增加至 1111 万元，同意 Nor Capital 以美元折合 111 万元人民币认购新增注册资本。2019 年 2 月 18 日，WT 有限公司就本次增资换领《营业执照》；2019 年 2 月 22 日，WT 有限公司就本次增资取得了《外商投资企业设立备案回执》；2019 年 3 月 13 日，WT 有限公司就本次增资办理完成外汇登记手续并取得了《业务登记凭证》。

在完成此过程后，WT 有限公司的股权结构如图 6-3-11 所示。

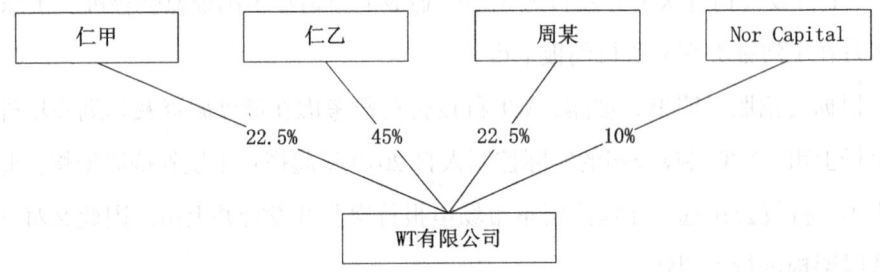

图 6-3-11 第一次增资后的股权结构

2. 搭建美国公司架构

为了完成境外架构的搭建，WT 有限公司实际控制人搭建了一系列的美国公司架构。

（1）设立 Fame Capital

2019 年 2 月 26 日，Fame Capital 在美国爱达荷州注册成立，Fame Capital 是 WT 科技公司的实际控制人仁甲、周某设立的境外持股平台。2019 年 3 月 8 日，Fame Capital 向仁甲发行 250 000 股，每股面值 0.001 美元；向周某发行 750 000

股，每股面值 0.001 美元。设立后的股权结构如图 6-3-12 所示。

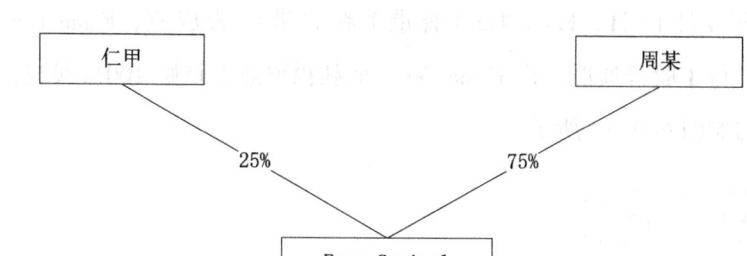

图 6-3-12　Fame Capital 股权结构

对于在境外设立投资主体，2019 年 6 月，仁甲、周某根据《国家外汇管理局关于境内居民通过特殊目的公司境外投融资及返程投资外汇管理有关问题的通知》(汇发〔2014〕37 号)的规定就其向 Fame Capital 的出资办理完成境内居民个人境外投资外汇登记并取得了《境内居民个人境外投资外汇登记表》及《业务登记凭证》。

(2)设立 Fame Tec(加利福尼亚)

2019 年 3 月 20 日，Fame Tec(加利福尼亚)在美国加利福尼亚州注册成立，拟作为 WT 科技公司境外股权融资及公开发行上市的主体。2019 年 3 月 25 日，Fame Capital 以 950 美元的对价取得了 Fame Tec(加利福尼亚)95% 的股份，ZHEN WEN 及其家族信托 The Arw Men 2019 Trust、The Any Men 2019 Trust 以共计 50 美元的对价取得了 Fame Tec(加利福尼亚)5% 的股份。此时其股权结构如图 6-3-13 所示。

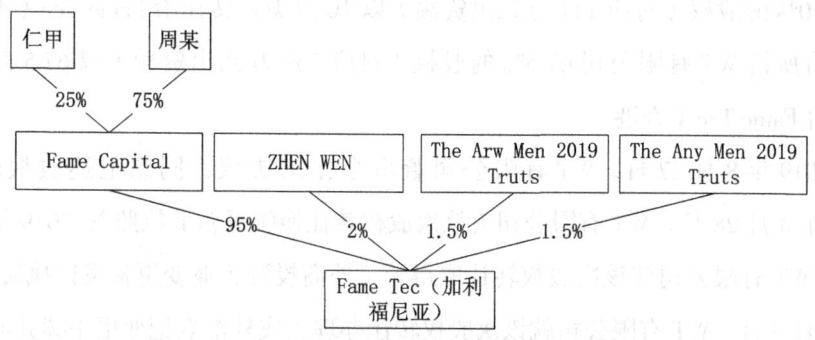

图 6-3-13　Fame Tec(加利福尼亚)股权架构

（3）设立 Fame Tec（香港）

2019 年 4 月 12 日，Fame Tec（香港）在香港注册成立，Fame Tec（香港）成立时共发行 1 股普通股，由 Fame Tec（加利福尼亚）认购 100% 股权，设立后的股权结构如图 6-3-14 所示。

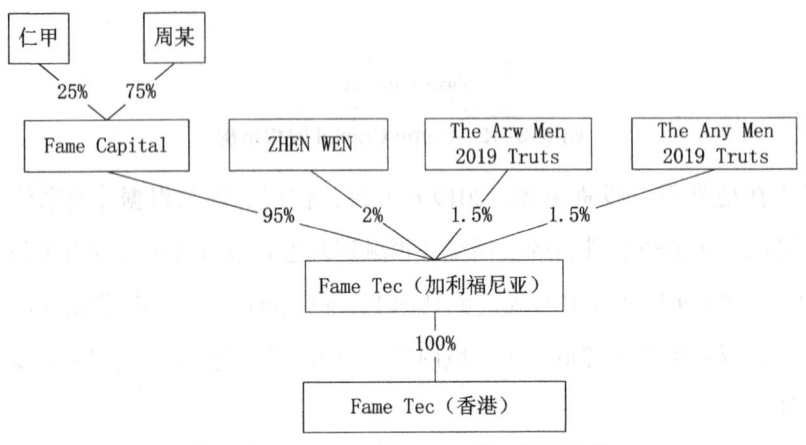

图 6-3-14 Fame Tec（香港）股权结构

至此，WT 有限公司实际控制人的美国公司架构搭建完成。

3. 收购 WT 有限公司股权

2019 年 2 月，仁乙将其持有的 WT 有限公司 45% 股权（对应 500 万元出资）转让给周某，转让价格为 0 元。

2019 年 8 月，仁甲将其持有的 WT 有限公司 22.5% 股权（对应 250 万元出资额）以 22.5 万美元转让给 Fame Tec（香港）；Nor Capital 将所持有的 WT 有限公司 10% 的股权（对应 111 万元出资额）以 10 万美元转让给 Fame Tec（香港）；周某将所持 WT 有限公司 67.5% 的股权（对应 750 万元出资额）以 67.5 万美元转让给 Fame Tec（香港）。

2019 年 8 月 27 日，WT 有限公司董事会作出决议，同意上述股权转让。2019 年 8 月 28 日，WT 有限公司就该次股权转让换领《营业执照》；2019 年 9 月 2 日，WT 有限公司就该次股权转让取得了《外商投资企业变更备案回执》；2019 年 10 月 9 日，WT 有限公司就该次股权转让办理完成外汇登记变更手续并取得了《业务登记凭证》，此时，WT 有限公司的股权结构如图 6-3-15 所示。

专题六　股权转让及红筹拆除的涉税

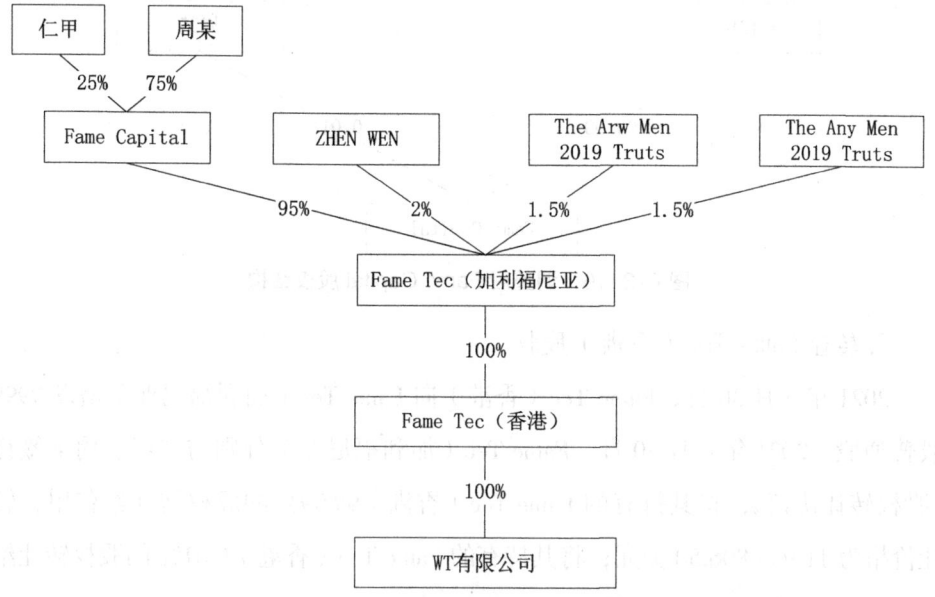

图 6-3-15　收购后 WT 有限公司股权结构

至此，WT 有限公司的境外股权结构搭建完成。

（三）境外架构调整过程

由于 WT 科技公司选择在境内资本市场申报首次公开发行并上市且 Fame Tec（加利福尼亚）与 WT 美国公司业务重组后不再开展经营活动，因此 WT 科技公司的实际控制人决定对上述境外控制架构进行调整。但是由于 WT 有限公司于 2020 年 12 月 25 日整体变更为股份有限公司，而《公司法》第一百四十一条规定，发起人持有的本公司股份，自公司成立之日起一年内不得转让，所以发行人在调整境外架构时保留了控股股东 Fame Tec（香港），拆除了其他境外架构，具体如下。

1. 调整 Fame Capital 股权

2021 年 3 月 2 日，周某将其持有的 Fame Capital 74.99% 的股权无偿转让给仁甲，本次股权转让后，Fame Capital 的股权结构调整为如图 6-3-16 所示。

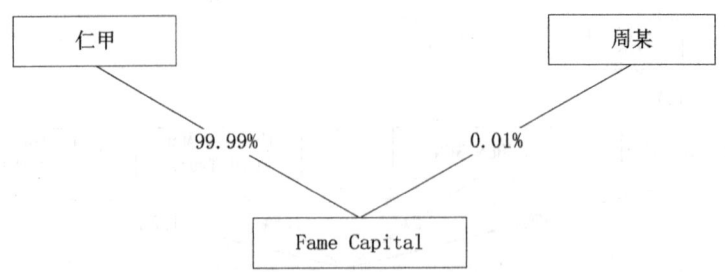

图 6-3-16 调整后 Fame Capital 股权结构

2. 转让 Fame Tec（香港）股权

2021 年 6 月 30 日，Fame Tec（香港）向 Fame Tec（加利福尼亚）增发 9999 股普通股。2021 年 6 月 30 日，Fame Tec（加利福尼亚）分别与仁甲、周某签订《股权转让协议》，将其持有的 Fame Tec（香港）99.99% 的股权转让给仁甲，转让价格为 11 933 806.50 美元；将其持有的 Fame Tec（香港）0.01% 的股权转让给周某，转让价格为 1193.50 美元。

2021 年 8 月，仁甲、周某就其在 Fame Tec（香港）的持股情况根据汇发〔2014〕37 号完成了境内居民个人境外投资外汇变更登记并取得了《境内居民个人境外投资外汇登记表》及《业务登记凭证》。

此次转让完成后，WT 有限公司在调整前后的股权结构如图 6-3-17 所示。

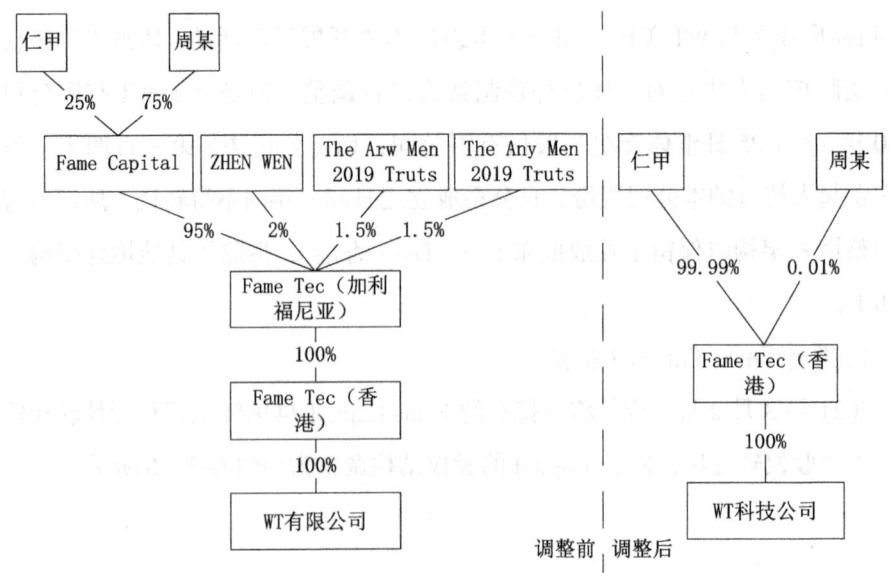

图 6-3-17 调整前后股权结构

3. 美国公司注销

由于 WT 科技公司上市地与原有计划存在较大变化，ZHEN WEN 及其关联方通过 WT 科技公司控股股东层面持股，在境内完成上市后需满足至少 36 个月锁定期要求，因此 ZHEN WEN 及其关联方提前退出其在 Fame Tec（加利福尼亚）层面的持股。

2021 年 8 月，ZHEN WEN 及其家族信托 The Arw Men 2019 Trust 和 The Any Men 2019 Trust 将其所持 Fame Tec（加利福尼亚）共计 5% 的股份以 800 万美元的价格转让给 Fame Capital。

在 ZHEN WEN 退出 Fame Tec（加利福尼亚）后，Fame Capital 和 Fame Tec（加利福尼亚）分别于 2021 年 9 月 25 日和 2021 年 10 月 25 日办理注销并取得了注销证明。

至此，WT 科技公司的境外架构调整完成。

（四）涉税分析

1. 涉税披露

《WT 科技股份有限公司首次公开发行 A 股股票并在科创板上市的补充法律意见书（一）》（以下简称《法律意见书》）对 WT 科技公司境外架构搭建以及调整过程中的税收缴纳事项做了披露，具体如表 6-3-10 所示。

表 6-3-10　涉税事项披露信息表

时间	事项	税费缴纳情况
2019 年 2 月	Nor Capital 向 WT 有限公司增资	无须缴纳税款
2019 年 2 月	设立 Fame Capital	无须缴纳税款
2019 年 3 月	设立 Fame Tec（加利福尼亚）	无须缴纳税款
2019 年 4 月	设立 Fame Tec（香港）	无须缴纳税款
2019 年 8 月	Fame Tec（香港）收购 WT 有限公司股权	仁甲、周某和 Nor Capital 已就本次股权转让向中国境内主管税务机关申报缴纳相关税款

续表

时间	事项	税费缴纳情况
2021年3月	周某向仁甲转让Fame Capital股权	（1）根据税务代理机构MT Accountancy出具的《关于股份转让等事项与美国税务有关部分的说明》，周某无需就该等股权转让向美国主管税务机关缴纳任何形式的个人所得税。 （2）根据《股权转让所得个人所得税管理办法（试行）》第十三条的规定，继承或者将股权转让给能提供具有法律效力身份关系证明的配偶、父母、子女、祖父母、外祖父母、孙子女、外孙子女、兄弟姐妹以及对转让人承担直接抚养或者赡养义务的抚养人或者赡养人，视为其股权转让收入明显偏低有正当理由，主管税务机关不需核定股权转让收入，因此周某无需就上述股权转让向中国境内主管税务机关缴纳个人所得税
2021年6月	Fame Tec（加利福尼亚）向仁甲和周某转让Fame Tec（香港）股权	（1）根据税务咨询机构Arrow LLP出具的书面说明，由于根据美国相关法规，Fame Tec（加利福尼亚）所持Fame Tec（香港）股权的计税基础超过了其在本次股权转让中的收益，Fame Tec（加利福尼亚）无需就本次股权转让在美国缴纳税款。 （2）Fame Tec（加利福尼亚）已根据《关于非居民企业间接转让财产企业所得税若干问题的公告》就本次股权转让向中国境内主管税务机关缴纳企业所得税
2021年8月	ZHEN WEN及其家族信托向Fame Capital转让Fame Tec（加利福尼亚）股权	（1）根据税务代理机构MT Accountancy出具的《关于股份转让等事项与美国税务有关部分的说明》，根据美国税法，ZHEN WEN及其家族信托退出、出售股份应根据收益自行报税，Fame Tec（加利福尼亚）没有代缴义务。 （2）根据ZHEN WEN的书面说明及其提供的流水证明，ZHEN WEN已就本次股权转让预缴部分相关税款，鉴于个人年度法定报税时点尚未截止，其承诺将依据美国法律在个人年度报税时限届满前及时履行纳税申报及缴税义务

2. 涉税分析

WT科技公司在《招股说明书》及《法律意见书》中对其境外架构搭建和调整过程中的涉税事项进行了详细的披露，下面对其中部分涉税事项进行分析。

（1）Fame Tec（香港）收购 WT 有限公司股权

2019 年 8 月，Fame Tec（香港）收购 WT 有限公司股权，WT 有限公司的股东为仁甲、周某和 Nor Capital，其股权转让的具体情况如表 6-3-11 所示。

表 6-3-11　WT 有限公司股权转让明细表

转让方	受让方	股权成本	转让收入	说明
仁甲	Fame Tec（香港）	250.00	22.50	股权成本单位：万元人民币；转让收入单位：万美元
周某		750.00	67.50	
Nor Capital		111.10	10.00	
合计		1111.00	100.00	

注：①仁甲持有股权的成本主要为：2017 年 9 月 30 日自荣金有限公司以人民币 100 万元受让，2018 年 12 月 10 日将其中 75% 的股权转让给周某和仁乙，后 2019 年 1 月 7 日又以未分配利润 1125 万元进行分配，其中 900 万元计入实收资本，225 万元由 WT 有限公司代扣代缴个人所得税。所以仁甲持有股权的计税基础为 100×25%+900×25%=250.00，因此其取得股权的计税基础为 250.00 万元。

②周某持有股权计税基础构成为：2018 年 12 月 10 日自仁甲无偿受让其持有 25%WT 有限公司股权；2019 年 1 月 7 日以未分配利润转增实收资本；2019 年 2 月 20 日自仁乙无偿受让其持有 WT 有限公司 45% 股权（对应 500 万元出资额，实收出资额 500 万元）。根据国家税务总局公告 2014 年第 67 号第十五条第（三）项的规定，其自仁甲、仁乙无偿取得股权成本以仁甲和仁乙原有的计税基础确定，因此其股权计税基础为 100×25%+900×25%+500=750.00 万元。

③Nor Capital 股权成本系其增资金额，实际增资金额为 1 111 069.61 元，其中 1 110 000.00 元计入实收资本，剩余 1069.61 元计入资本公积。

根据《招股说明书》披露，由于该次股权转让为公司搭建境外控制架构的步骤之一，且该次股权转让后转让方仍间接持有公司股权，所以各方协商确定该次转让公司股权的总价为 100 万美元，且资产评估有限公司于 2019 年 7 月 8 日出具《关于 WT 科技有限公司股权全部权益价值的评估报告》，截至 2019 年 6 月 30 日，公司股东全部股权的评估价值为 1128.18 元，与实收资本基本一致，因此股权转让收入按实收资本确定。

（2）周某向仁甲转让股权

WT 科技公司在调整境外架构过程中，第一步是周某将其持有的美国 Fame

Capital 74.99% 的股权无偿转让给仁甲。

对于该股权转让行为,根据《法律意见书》的披露,周某无需向美国主管税务机关缴纳任何形式的个人所得税;由于仁甲与周某为夫妻关系,根据 67 号公告第十三条的规定,属于股权转让收入明显偏低的正当理由,也无需向中国境内主管税务机关缴纳个人所得税。

本书认为,67 号公告第二条规定:"本办法所称股权是指自然人股东(以下简称个人)投资于中国境内成立的企业或组织(以下统称被投资企业,不包括个人独资企业和合伙企业)的股权或股份。"而周某向仁甲转让的股权为在美国成立的企业,所以其并不属于 67 号公告规范的内容,且当时个人所得税相关法律法规并无对股权转让价格进行特别纳税调整的内容,因此无需向中国的主管税务机关申报缴纳个人所得税。

(3) Fame Tec(加利福尼亚)转让 Fame Tec(香港)股权

2021 年 6 月,Fame Tec(加利福尼亚)向仁甲、周某转让其持有的 Fame Tec(香港)的股权,此次股权转让的基本情况如表 6-3-12 所示。

表 6-3-12　股权转让明细信息表

转让方	受让方	股权成本	转让收入	说明
Fame Tec(加利福尼亚)	仁甲	0.99	11 933 806.50	股权成本单位:港元
	周某	0.01	1193.50	转让收入单位:美元

由于 Fame Tec(香港)由 Fame Tec(加利福尼亚)于 2019 年 4 月 12 日在香港注册成立,成立时共发行 1 股普通股,股本为 1 港元,所以 Fame Tec(加利福尼亚)持有 Fame Tec(香港)股权的计税基础为 1 港元。

《国家税务总局关于非居民企业间接转让财产企业所得税若干问题的公告》(国家税务总局公告 2015 年第 7 号)规定:"非居民企业通过实施不具有合理商业目的的安排,间接转让中国居民企业股权等财产,规避企业所得税纳税义务的,应按照企业所得税法第四十七条的规定,重新定性该间接转让交易,确认为直接转让中国居民企业股权等财产。其中对于转让归属于在中国居民企业的权益性投资资产的数额(间接转让股权所得),应作为来源于中国境内的权益性投资资产转让所得，按照企业所得税法第三条第三款规定征税。"

由于 Fame Tec（香港）仅持有 WT 有限公司股权，所以 Fame Tec（加利福尼亚）转让 Fame Tec（香港）股权应当适用国家税务总局公告 2015 年第 7 号，但国家税务总局公告 2015 年第 7 号仅对非居民企业间接转让境内财产所得税的征管程序性事项进行了规范，对于如何计算非居民企业间接转让中国应税财产应纳税所得额则没有予以规范，而 WT 科技公司的《招股说明书》对此也并未予以披露。

本书认为，若依据国家税务总局公告 2015 年第 7 号计算 Fame Tec（加利福尼亚）向仁甲和周某转让 Fame Tec（香港）股权应缴纳的预提所得税，不能简单按照上述表格中的收入金额减去表格中的股权成本金额，因为 Fame Tec（加利福尼亚）设立 Fame Tec（香港）时的股本金额仅为 1 港元，但是 Fame Tec（香港）自原有股东受让 WT 有限公司股权时的作价为 1111.00 万元，所以存在 Fame Tec（香港）以借款出资的事项，因此在计算非居民企业间接转让股权时，应当考虑此类借款对股权转让所得的影响。

七、红筹回归——SW 科技公司

（一）企业基本情况

SW 电子科技股份有限公司（以下简称"SW 科技公司"）前身为 SW 电子科技有限公司（以下简称"SW 有限公司"），是由余某、西某、林某等于 2017 年 4 月投资设立的有限责任公司，公司的主营业务为高性能 CMOS 图像传感器芯片的研发、设计和销售，于 2020 年 12 月 21 日整体变更为股份有限公司。

SW 科技公司首次公开发行股票注册的申请已获中国证监会核准，于 2022 年 5 月在上海证券交易所科创板上市。

（二）境外架构拆除过程

根据《招股说明书》的披露，为了引进外部投资人、支撑公司业务发展，SW 科技公司曾于 2017 年 6 月开始搭建红筹架构，构建 SMART TECHNOLOGY

（CAYMAN）CO., LIMITED（以下简称"开曼SW公司"）作为境外融资及持股平台，以ZW电子科技（香港）有限公司（以下简称"香港ZW公司"）、SW有限公司作为核心业务经营主体的红筹架构。在红筹架构拆除前的股权结构如图6-3-18所示。

为了实施回归境内A股发行上市的计划，2020年6月，开曼SW公司及其股东启动红筹架构拆

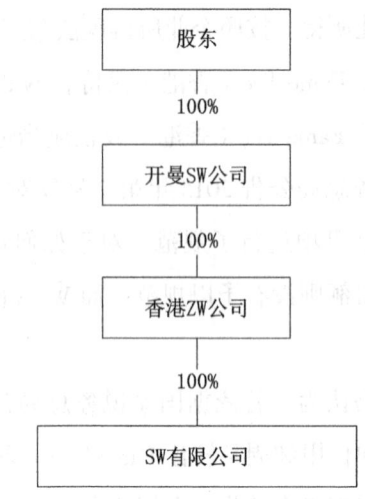

图6-3-18 红筹架构拆除前SW有限公司股权结构

除事宜，并于2020年6月30日由开曼SW公司、香港ZW公司、SW有限公司、余某及相关主体签署了《关于SW电子科技有限公司之重组协议》，为SW有限公司首次公开发行股票并在中国境内证券交易所上市的目的，各方同意对相关主体的股权、业务及资产进行重组，并于2020年9月完成红筹架构拆除，其拆除的具体步骤主要如下。

1. 开曼SW公司股东收购SW有限公司股权

为实现股东从开曼SW公司层面平移回落境内SW有限公司，使股东各自持有SW有限公司的股权比例与在开曼SW公司权益比例相同，2020年7月，开曼SW公司的股东决定收购SW有限公司的股权。

基于该次收购，2020年7月2日，资产评估公司出具《资产评估报告》，SW有限公司股东全部权益在评估基准日2020年2月29日的评估值为8402.00万元。

2020年7月，开曼SW公司股东或其承继主体与香港ZW公司签订《股权转让协议》，约定香港ZW公司向各股东或其承继主体转让持有SW有限公司100%股权，转让价格为1200.00万美元，该次变更于2020年7月31日在市场监督管理局完成了变更登记。

此次变更前后，SW有限公司的股权结构如图6-3-19所示。

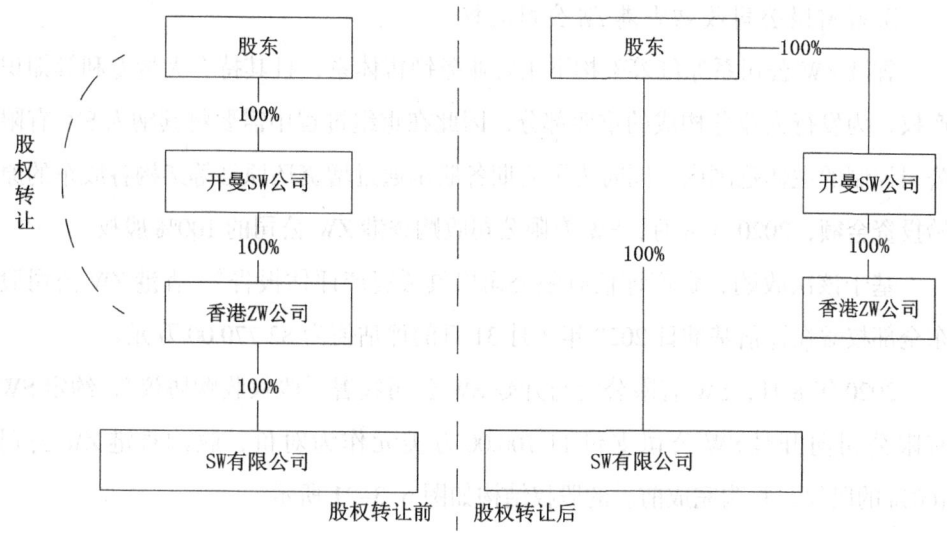

图 6-3-19　第一步股权转让前后股权结构

2. 开曼SW公司向股东回购股权

开曼SW公司股东平移回落境内SW有限公司后，须从开曼SW公司完成退出，同时为完成向SW有限公司增资的方式还原红筹架构投资者的实际原始出资额，开曼SW公司将相应资金通过回购方式支付给该等投资者股东。

此次回购金额的确定系参考各股东在开曼SW公司的原始投资金额，回购前后的股权结构图如6-3-20所示。

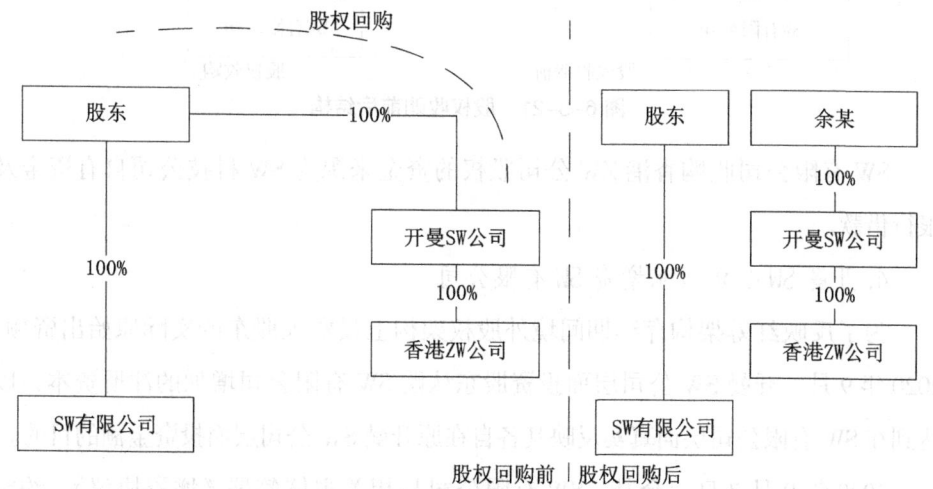

图 6-3-20　股权回购前后股权结构

483

3. SW 有限公司收购香港 ZW 公司股权

香港 ZW 公司系原红筹架构下主要业务销售体系，且其持有大量专利等知识产权，为发行人业务构成的重要部分，因此在重组过程中需要将其纳入 SW 有限公司控制的主体范围内，同时为了后期各股东通过增资还原红筹架构各股东的原始投资金额，2020 年 8 月，SW 有限公司收购香港 ZW 公司的 100% 股权。

基于该次收购，资产评估有限公司出具《资产评估报告》，香港 ZW 公司股东全部权益在评估基准日 2020 年 3 月 31 日的评估值为 82 770.00 万元。

2020 年 8 月，SW 有限公司与开曼 SW 公司签署《股权收购协议》，约定 SW 有限公司向开曼 SW 公司支付 11 700.00 万美元作为对价，收购香港 ZW 公司 100% 的股权。收购完成前后的股权结构如图 6-3-21 所示。

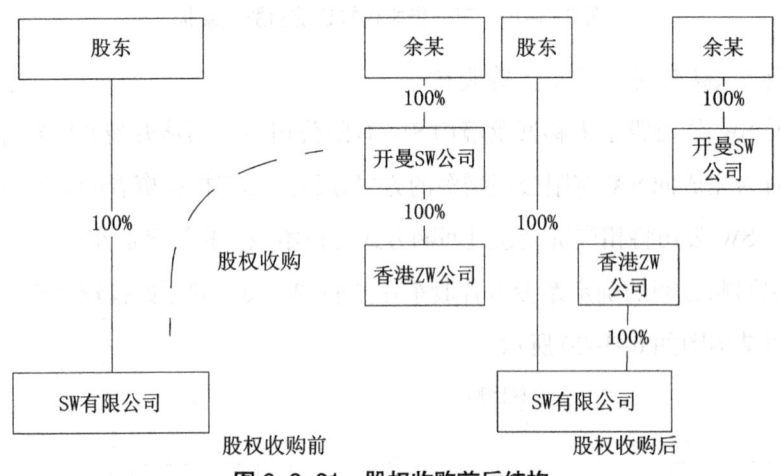

图 6-3-21 股权收购前后结构

SW 有限公司收购香港 ZW 公司股权的资金来源为 SW 科技公司自有资金及银行借款。

4. 开曼 SW 公司股东增资 SW 有限公司

为了反映红筹架构存续期间境外股权架构上投资人股东的实际原始出资额，2020 年 9 月，开曼 SW 公司层面投资股东认购 SW 有限公司增加的注册资本，以达到在 SW 有限公司层面真实反映其各自在原开曼 SW 公司层面投资金额的目的。

2020 年 9 月 7 日，余某、SW 有限公司与相关主体签署《增资协议》，约定投资人股东及境内持股平台向 SW 有限公司合计增资 78 792.43 万元。2020 年 9

月 14 日，市场监督管理局向 SW 有限公司核发《营业执照》。

该次变更完成后，SW 有限公司红筹架构已完成拆除。

（三）涉税分析

1. 涉税披露

SW 科技公司在其《招股说明书》中对其红筹架构拆除过程中各个交易环节的涉税事项进行了披露，具体如表 6-3-13 所示。

表 6-3-13　红筹架构拆除涉税信息披露表

序号	事项	涉税披露
1	开曼 SW 公司股东收购 SW 有限公司股权	该次股权转让过程中，香港 ZW 公司为股权转出方，香港 ZW 公司该次股权转让金额较原始出资金额增值 200.00 万美元，因此，香港 ZW 公司应缴纳该次转让财产所得的 10%，即 20 万美元企业所得税。该次股权转让香港 ZW 公司已完成上述税款的缴纳（或通过受让方代扣代缴）[①]
2	开曼 SW 公司向股东回购股权	该次回购时，开曼 SW 公司已不再间接持有境内 SW 有限公司股权，不适用国家税务总局公告 2015 年第 7 号中有关非居民企业间接转让中国居民企业股权的情形，因此对非居民企业的回购不涉及中国所得税的缴纳；回购股东中境内居民个人已依法在境内申报并全额缴纳回购所得的所得税
3	SW 有限公司收购香港 ZW 公司股权	该次收购中，SW 有限公司为收购方，香港 ZW 公司为标的公司，不涉及《企业所得税法》及实施条例规定下应缴纳企业所得税的情形。 同时，该次收购中，香港 ZW 公司已不再持有境内 SW 有限公司股权，不适用国家税务总局公告 2015 年第 7 号中有关非居民企业间接转让中国居民企业股权的情形，不涉及因国家税务总局公告 2015 年第 7 号产生的中国所得税缴纳义务。 根据香港《公司条例》，转让股份时，转让文件必须加盖香港印花税部门的印花税印章，并缴纳一定比例的印花税。该次收购时，交易各方合计应缴纳交易金额合计 0.2% 的印花税。经核查，香港印花税署于 2021 年 1 月 25 日在转让文件上盖章确认，交易方已缴纳本次股权转让所涉及的全部印花税 1 807 182 港元
4	开曼 SW 公司股东增资 SW 有限公司	该次增资不涉及所得税的缴纳

注：①根据《补充法律意见书》的披露，在该次股权转让过程中，香港 ZW 公司或其代扣代缴义务人已申报缴纳了所得税，具体如表 6-3-14 所示。

表 6-3-14 SW 有限公司股权转让税款缴纳明细表

序号	缴纳/代扣代缴主体	主管税务局	缴纳时间	缴纳金额/万美元
1	香港 ZW 公司	国家税务总局上海市浦东新区税务局第一税务所	2020 年 10 月 26 日	854 615.43
2	香港 ZW 公司	国家税务总局上海市浦东新区税务局第一税务所	2020 年 10 月 26 日	293 509.79
3	安吉 JY 公司	国家税务总局安吉县税务局开发区税务所	2020 年 10 月 28 日	34 234.49
4	XD 投资公司	国家税务总局北京经济技术开发区税务局第一税务所	2020 年 11 月 26 日	43 618.82
5	LX 科技公司	国家税务总局武汉东湖新技术开发区税务局	2020 年 10 月 26 日	14 679.50
6	共青城 SW 公司	国家税务总局九江共青城开发区税务局第一税务所	2020 年 12 月 24 日	33 833.17
7	共青城 SWT 公司	国家税务总局九江共青城开发区税务局第一税务所	2020 年 12 月 24 日	783.78
8	共青城 SWJ 公司	国家税务总局九江共青城开发区税务局第一税务所	2020 年 12 月 24 日	15 936.86
9	共青城 SWS 公司	国家税务总局九江共青城开发区税务局第一税务所	2020 年 12 月 24 日	5 355.83
10	共青城 SWZ 公司	国家税务总局九江共青城开发区税务局第一税务所	2020 年 12 月 23 日	34 878.21
		合计		1 331 445.88

2. 涉税分析

（1）纳税地点

国家税务总局公告 2017 年第 37 号规定，非居民企业转让境内居民企业股权的，应当由支付方作为扣缴义务人代扣代缴预提所得税，并应当自扣缴义务发生之日起 7 日内向扣缴义务人所在地主管税务机关申报和解缴代扣税款；扣缴义务人未依法扣缴或者无法履行扣缴义务的，取得所得的非居民企业应当按照企业所得税法第三十九条规定，向所得发生地主管税务机关申报缴纳未扣缴税款。

香港 ZW 公司转让持有的 SW 有限公司股权，受让方包括境内的主体（如前述的安吉 JY 公司、共青城 SWZ 公司等主体）、境内的个人（如余某等人）、境外的机构（Soma SweBVI、Wrisen Holdings 等），对于境内主体已在所在地代扣代缴了预提所得税，对于境内的个人及境外机构，由于无法履行代扣代缴义务，所以由转让方香港 ZW 公司在所得发生地主管税务机关申报缴纳了未扣缴的税款。

（2）交易路径

在该次红筹架构拆除过程中，不同于前面案例的先境外再境内的拆除，而是先拆除境内居民企业的架构，然后再拆除境外企业的架构，境外企业架构拆除的方式包括股权转让及股权回购。

这种处理路径可以使得在拆除境外架构时，由于境外主体已不再持有境内主体的权益，所以无需再适用国家税务总局公告 2015 年第 7 号有关非居民企业间接转让财产的所得税管理制度。

（3）自然人境外所得

SW 科技公司在拆除境外红筹架构过程中，开曼 SW 公司股东退出方式是由开曼 SW 公司回购股东所持有的股权，对于该项股权回购交易不能适用 67 号公告关于转让股权的规定，因为 67 号公告所适用的股权仅为在中国境内成立的企业或组织的股权或股份。

根据《个人所得税法》及其实施条例的规定，居民个人应当就其境外所得和境内所得在中国缴纳个人所得税，所以在开曼 SW 公司股权回购交易过程中存在境内居民个人的，居民个人取得的股权回购所得也应在境内履行纳税申报义务。

（4）价格问询

在红筹架构回归过程中，香港 SW 公司转让 SW 有限公司股权的对价为 1200.00 万美元，而 SW 有限公司收购香港 ZW 公司股权的对价则为 11 700.00 万美元，两者披露的财务数据对比并无如此大差异（SW 有限公司截至 2019 年 12 月 31 日资产总额为香港 ZW 公司的 51.15%，营业收入为 64.34%），对于收购价格差异，《招股说明书》披露如下。

2020 年 7 月 2 日，资产评估有限公司出具《资产评估报告》，SW 有限公司股东全部权益在评估基准日 2020 年 2 月 29 日采用资产基础法的评估结果为

8402.00万元。资产评估有限公司出具《资产评估报告》，香港 ZW 公司股东全部权益在评估基准日 2020 年 3 月 31 日采用收益法的评估结果为 82 770.00 万元。

所以，两者评估价值差异的主要原因是评估方法的不同，前者采用了成本法中的资产基础法，而后者则采用了收益法。

八、海外上市回归——HP 科技公司

（一）企业基本情况

HP 科技股份有限公司（以下简称"HP 科技公司"）前身为 HP 科技有限公司（以下简称"HP 有限公司"），是由余某、梁某、郭某、魏某于 2002 年 10 月 8 日投资设立的有限责任公司，公司的主营业务为锂电子电池、镍氢电池的研发、设计、制造和销售，于 2020 年 12 月 15 日整体变更设立股份有限公司。

HP 科技公司首次公开发行股票的申请已获证监会核准，于 2022 年 9 月在深圳证券交易所上市。

（二）海外上市过程

HP 科技公司在境内上市前曾在美国证券交易所发行上市，后通过私有化退市后在中国境内申请 IPO，《招股说明书》对 HP 科技公司境外上市及私有化过程作了较为详尽的说明。

1. 搭建境外红筹架构

2005 年 11 月 14 日，HP 有限公司召开股东会，同意股东余某、梁某、郭某、魏某将其合计持有 HP 有限公司 100% 股权以港币 1825 万元价格转让给香港 HP 科技公司，转让后的 HP 有限公司股东出资情况为香港 HP 科技公司出资人民币 2000 万元，占注册资本的 100%，同意 HP 有限公司的企业类型变更为"外资企业"。

此次变更后 HP 有限公司的股权结构如图 6-3-22 所示。

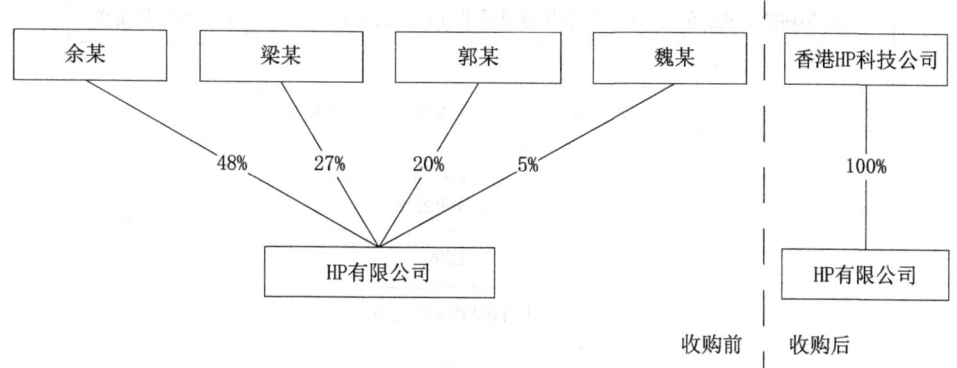

图 6-3-22 股权收购前后股权架构

2. 设立美国 HP

为了搭建境外上市主体,SKP25,Inc. 于 2006 年 1 月 3 日在美国爱达荷州注册成立,系一家为并购目的而设立的空白支票公司(Blank Check Company,即壳公司),无实际业务。SRKP 25,Inc. 于 2007 年 11 月更名为 HONG KONG HP TECHNOLOGY INC,后于 2010 年 10 月更名为 HP INTERNATIONAL INC.(以下统称"美国 HP 公司")。

3. 换股收购香港 HP 科技

2007 年 10 月 20 日,美国 HP 公司与香港 HP 科技公司及香港 HP 科技公司的全体股东签署了《股份交换协议》,香港 HP 科技公司股东将其所持有的香港 HP 科技公司股权转让给美国 HP 公司,用以换取美国 HP 公司发行的股份。根据该协议,美国 HP 公司同意发行总计 14 798 328 股普通股以换取香港 HP 科技公司的所有股份,该次交易于 2007 年 11 月 2 日完成。同时,原持有美国 HP 公司股份的股东同意注销他们所持有的 2 556 602 股普通股。

通过实施换股,香港 HP 科技公司成为美国 HP 公司的全资子公司,而美国 HP 公司通过香港 HP 科技公司间接控制 HP 有限公司股权。同时,美国 HP 公司与部分投资者于 2007 年 11 月 2 日签署了《认购协议》,以 1.10 美元 / 股的价格总计发行了 2 836 364 股普通股。

换股后 HP 有限公司的股权结构如图 6-3-23 所示。

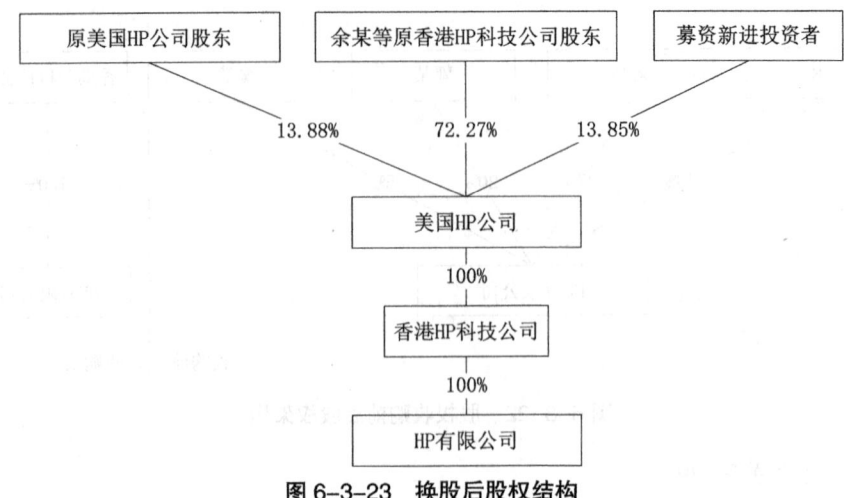

图 6-3-23 换股后股权结构

4. 海外上市

在完成上述换股收购后,2007 年 11 月 13 日,美国 HP 公司向美国证券交易委员会(SEC)提交了 FORM-1,申请股在美国证券交易所(AMEX)上市;2008 年 6 月 18 日,美国 HP 公司获准在 AMEX 上市;2009 年 12 月 18 日,美国 HP 公司股票在 AMEX 摘牌,同日,美国纳斯达克证券交易所(NASDAQ)向 SEC 发出书面通知,同意美国 HP 公司在 NASDAQ 上市;2009 年 12 月 21 日,美国 HP 公司的普通股在纳斯达克证券交易所开始交易。

(三)私有化过程

美国 HP 公司在私有化前的股权结构如表 6-3-15 所示。

表 6-3-15 私有化前的股权结构表

股东名称	持股数量/股	持股比例 %
余某(含由其 100% 持股的 JH 国际公司)	3 092 773	17.91
梁某	1 501 117	9.57
Rena Technologies LLC	1 047 299	6.67
魏某	456 367	2.91
其他公众股东	9 593 049	61.14
合计	15 690 605	100.00

1. 成立买方团

2018年6月2日,美国HP公司董事会接到来自余某提出的初步非约束性私有化要约,拟通过债务或股权融资的方式收购美国HP公司已发行但未由其本人直接或间接持有的全部在外流通股,现金对价为每股4.8美元。

2019年3月13日,余某、梁某、魏某与XA国际金控(香港)(以下合称"买方团")签署了《买方团协议》,根据协议,买方团拟成立一家新的控股公司,该控股公司将成立一家子公司用以与美国HP公司合并(美国HP公司将作为合并后的存续公司)。

2. 搭建私有化实施主体

为实施私有化,买方团于2019年6月3日在开曼群岛设立Pement,2019年6月12日,HP Merger Sub Corp(以下简称"Sub")于美国爱达荷州设立;同日,Pement与Sub签署了《普通股购买协议》,Pement购买了Sub发行的所有股份,成为其全资股东。

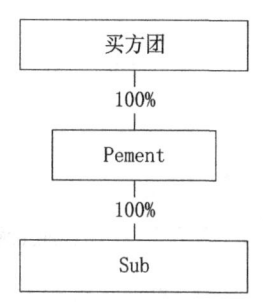

图6-3-24 实施主体股权架构

该实施主体的股权结构如图6-3-24所示。

3. 私有化合并协议签署

2019年6月27日,美国HP公司董事会审议通过《合并协议》,6月28日,美国HP公司、Pement和Sub签署《合并协议》,根据协议在合并生效后:除余某(含由其100%持股的JH国际公司)、梁某、魏某外,美国HP公司公众股东所持的已发行在外的流通股将以每股4.8美元的现金对价注销;余某(含由其100%持股的JH国际公司)、梁某、魏某持有的流通股将以零对价注销,并用于换取同样数量的Pement股份;届时,Sub将与美国HP公司进行合并,美国HP公司将作为合并后的存续主体,成为Pement的全资子公司。

2019年10月31日,Pement向支付代理公司及美国HP公司汇入合计5107.37万美元用于支付私有化相关费用;同日,爱达荷州政府出具证明,Sub被美国HP公司吸收合并,完成注销,美国HP公司作为合并后的存续主体。

2019年11月12日,美国HP公司向SEC报备Form 15,终止了美国HP公司作为NASDAQ上市公司向SEC提交报告的义务,至此美国HP公司摘牌退市。

退市后,美国 HP 公司及其主要子公司的股权架构如图 6-3-25 所示。

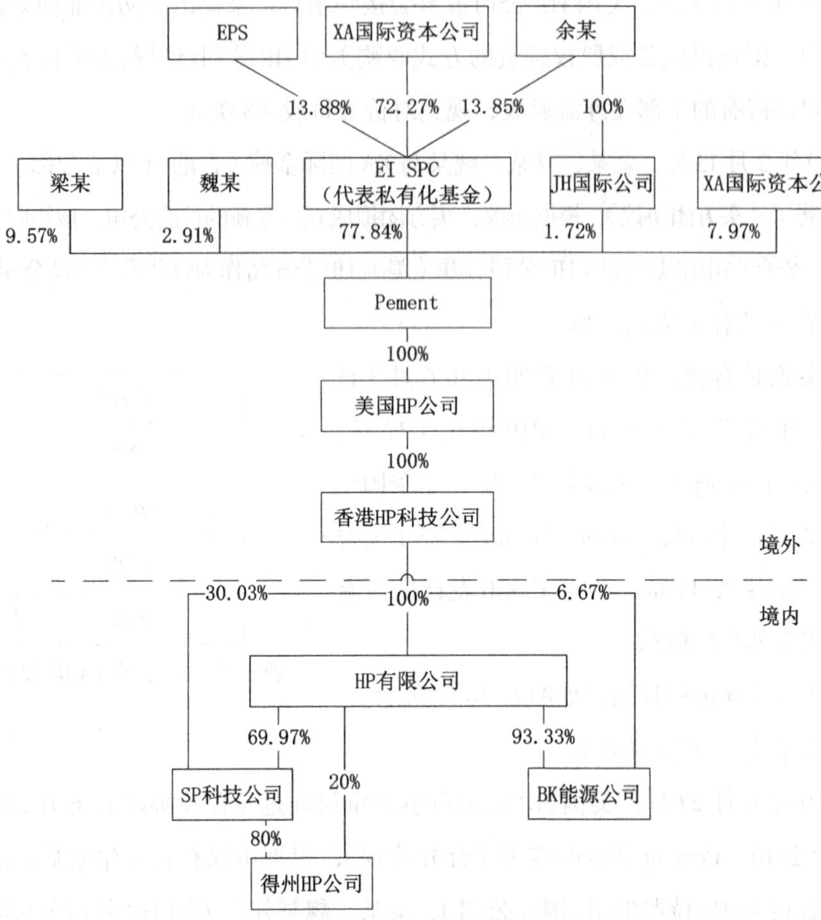

图 6-3-25　私有化后的股权结构

注:根据《开曼公司法》,SPC(Segregated Portfolio Company,又称"独立投资组合公司"),是一种较为特殊的公司,其作为一个单一独立法律实体可以设立一个或多个 SP(Segregatd Portfolio,又称"独立投资组合",非法律实体)。EI SPC 为 XA 国际金控(香港)公司所控制的开曼群岛 SPC 公司。EI Growth Company Fund SP(简称私有化基金)是 EIAPS SPC 设立的一个 SP,其权益认购方为余某、XA 国际资本公司及 EPS。

(四)境外架构拆除过程

在美国 HP 公司实现私有化后,HP 有限公司为实施境内 IPO,对其境外红筹架构予以了拆除。

1. 调整HP有限子公司架构

2020年6月30日，HP有限公司子公司SP科技公司董事会会议作出决议，同意香港HP科技公司将其所持SP科技公司30.03%股权作价450.45万美元转让给HP有限公司；同日香港HP科技公司与HP有限公司签署《SP科技有限公司股权转让协议》；同日经股东决定，SP科技公司注册资本由1500万美元折算为人民币9 377.082529万元；SP科技公司变为HP有限公司的全资子公司。

2020年6月30日，BK能源公司董事会会议作出决议，同意香港HP科技公司将其所持BK能源公司6.67%股权作价100万美元转让给HP有限公司，同日香港HP科技公司与HP有限公司签署《BK能源系统有限公司股权转让协议》；同日经股东决定，BK能源公司注册资本由1500万美元折算为人民币9881.66万元；BK能源公司变为HP有限公司的全资子公司。

2020年7月，香港HP国际公司在中国香港注册成立，HP有限公司持有其100%股权。

通过上述股权重组，HP有限公司及其子公司股权结构如图6-3-26所示。

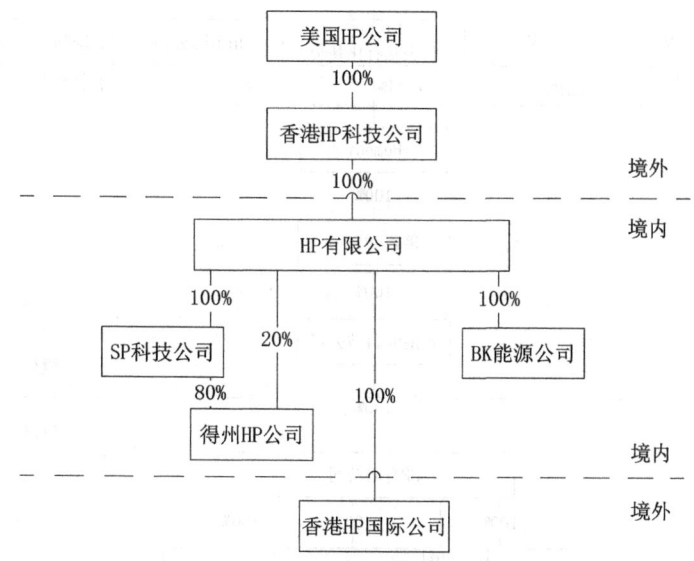

图6-3-26 HP有限子公司股权架构

2. 私有化基金权益调整

2020年7月31日，EI SPC（代表私有化基金）、XA国际资本公司、XA国际金控（香港）公司、HP Asset、余某、EPS 及 HP 有限公司等相关方签署了《关于股份回购及相关交易安排的协议》，各方同意如下的关于私有化基金股份回购安排及其他交易安排：①由 EI SPC（代表私有化基金）向 XA 国际资本公司回购所有 C2 类股份，相应的交易对价成为 EI SPC（代表私有化基金）对 XA 国际资本公司的债务，XA 国际资本公司不再持有私有化基金的任何权益；②上述全部 C2 类股份回购后，私有化基金的所有权益由 C1 类股份的实际所有者（即余某）持有；③余某对上述 EI SPC 所欠 XA 国际资本公司债务负有担保责任。

为确保 XA 国际资本公司的债权得以实现，各方同意 HP 有限公司的红筹架构拆除后，由 EI SPC 直接持有 HP 有限公司 30% 股权，并将处置该等股权的所得价款优先用于偿还其所欠 XA 国际资本公司的上述债务，债务清偿后，由 EI SPC 将其所持 HP 有限公司的剩余股权转让给余某。

上述私有化基金权益调整后，HP 有限公司的股权结构如图 6-3-27 所示。

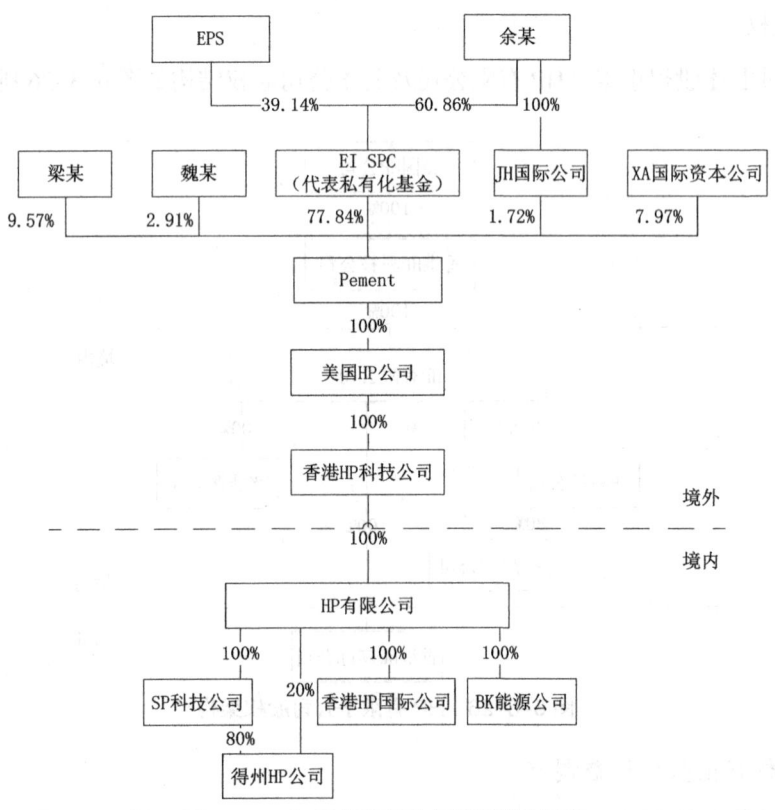

图 6-3-27　私有化基金权益调整后架构

3. 红筹架构拆除

为完成 HP 有限公司红筹架构拆除工作、股权下翻并调整境内上市持股架构，2020 年 8 月 29 日，HP 有限公司股东香港 HP 科技公司作出股东决定，同意将其所持 HP 有限公司 43.5579%、30%、9.5670%、7.9666%、6% 和 2.9085% 的股权均以 1 美元的名义价格分别转让给余某、EI SPC、梁某、XA 国际资本公司、HP 控股公司和魏某六方。

转让前后，各股东的持股比例保持一致，具体如表 6-3-16 所示。

表 6-3-16　红筹架构拆除前后股权结构表

序号	最终持股方	红筹拆除前		红筹拆除后	
		持股方式	间接持股比例	持股方式	直接持股比例
1	余某	通过 EI SPC 和 Pement 间接持股	77.84%	通过 EI SPC 间接持股	30.00%
		通过 JH 国际公司和 Pement 间接持股	1.72%	直接持股	43.56%
				通过 HP 控股公司间接持股	6.00%
2	梁某	通过 Pement 间接持股	9.57%	直接持股	9.57%
3	XA 国际资本公司		7.97%	直接持股	7.97%
4	魏某		2.91%	直接持股	2.91%
	合计		100.00%		100.00%

HP 有限公司在通过股权转让方式拆除境外红筹架构后，其股权结构如图 6-3-28 所示。

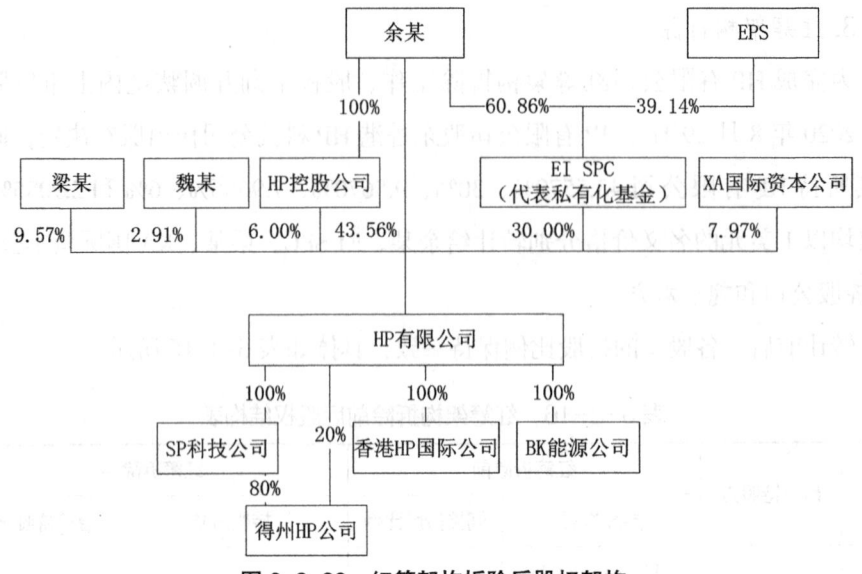

图 6-3-28 红筹架构拆除后股权架构

（五）涉税披露

1. 红筹架构搭建过程中的涉税披露

根据《招股说明书》的披露，HP有限公司红筹架构搭建过程主要包括2005年香港HP有限公司收购HP有限公司100%的股权从而致使HP有限公司由内资企业转为外资企业、美国HP公司换股收购香港HP科技公司从而搭建完境外上市主体架构，《招股说明书》对其涉税事项披露如表6-3-17所示。

表6-3-17 红筹搭建涉税披露

涉税事项	涉税披露
香港HP科技公司收购HP有限公司100%股权	2006年2月，香港HP科技公司收购HP有限公司100%股权，其以会计师事务所出具的《资产评估报告》为参考，交易作价为1825万港元。HP有限公司股东对公司的实际投入即实收资本为2000万元，未产生纳税义务
美国HP公司换股收购香港HP科技公司	未披露其涉税事项

2. 私有化前的涉税披露

根据《招股说明书》的披露，HP有限公司境外上市主体私有化前，其主要的涉税事项是 HP 有限公司对境外进行的利润分配、个人股东在境外取得的股息红利所得及美国 HP 公司因实施股权激励而产生的涉税事项；《招股说明书》对其作了较为详尽的披露，具体如表 6-3-18 所示。

表 6-3-18　私有化前涉税信息披露表

涉税事项	涉税披露
HP 有限公司利润分配	2007 年，HP 有限公司向香港 HP 科技公司进行利润分配；根据当时适用的《中华人民共和国外商投资企业和外国企业所得税法》（主席令 1991 年第 45 号）第十九条，外国投资者从外商投资企业取得的利润，免征所得税。 HP 有限公司于 2010 年作出董事会决议向香港 HP 科技公司分配 2008 年之前形成的累积未分配利润，根据《财政部　国家税务总局关于企业所得税若干优惠政策的通知》"2008 年 1 月 1 日之前外商投资企业形成的累积未分配利润，在 2008 年以后分配给外国投资者的，免征企业所得税"，因此 HP 有限公司对 2008 年之前形成的累积未分配利润进行分配免征企业所得税，并取得了主管税务机关扣缴企业所得税合同备案登记表项目免税通知书
境外股东取得的股息红利	红筹架构拆除过程中，HP 有限公司、SP 科技公司、BK 能源公司向香港 HP 科技公司实施分红，并最终向上分红至 XA 国际资本公司、EI SPC、梁某、魏某和 JH 国际公司。梁某、魏某、余某已分别就其所得境外分红收入履行纳税义务并取得完税凭证
股权激励	美国 HP 公司曾对余某、梁某及其他核心员工以授予限制性股票或股票期权的方式进行激励；除余某、梁某外，所涉境内仍在职员工人数合计 29 人，其中 1 人在行权时已履行纳税义务，另外 28 人于当时未履行纳税义务；但该 28 人就获得的股权激励已补缴个人所得税
减持美国 HP 公司股票	梁某、魏某已就二级市场减持美国 HP 公司股票补缴个人所得税

3. 红筹架构拆除中的涉税披露

HP 有限公司境外红筹架构的拆除，主要包括调整 HP 有限公司子公司架构过程中香港 HP 科技公司转让 SP 科技公司、BK 能源公司股权；香港 HP 科技公司转让 HP 有限公司股权；为实施私有化基金权益调整过程中回购各股东股权而实施的 HP 有限公司、SP 科技公司、BK 能源公司对境外的利润分配，《招股说明书》对于上述事项的涉税信息作了披露，具体如表 6-3-19 所示。

表 6-3-19　红筹架构拆除过程中涉税披露

涉税事项	涉税披露
子公司股权架构调整	为调整股权架构，HP 有限公司曾收购香港 HP 科技公司持有 SP 科技公司、BK 能源公司的股权，其已履行纳税义务并取得完税凭证
拆除红筹架构	为拆除红筹架构，香港 HP 科技公司向余某、EI SPC、梁某、XA 国际资本公司、HP 控股公司和魏某六方转让其所持 HP 有限公司 100% 股权，香港 HP 科技公司就该次股权转让事项已履行纳税义务并取得完税凭证
利润分配	HP 有限公司、BK 能源公司和 SP 科技公司曾分别向香港 HP 科技公司进行现金分红 28 897.15 万元、1165.92 万元和 6936.93 万元，其均已按规定履行纳税义务并取得完税凭证

（六）涉税分析

HP 科技公司在《招股说明书》中对红筹架构搭建、境外上市主体私有化及红筹架构拆除的过程及过程中的涉税事项作了较为详尽的披露，本书对其中如下两个交易的涉税事项进行进一步的分析。

1. 美国 HP 公司换股收购香港 HP 科技公司

为了搭建 HP 有限公司境外上市主体，2007 年 10 月，美国 HP 公司通过增发普通股的方式换股受让了香港 HP 科技公司 100% 的股权，从而实现了收购香港 HP 科技公司的目的。对于该股权收购过程中，香港 HP 科技公司的股东在内地是否负有纳税义务，《招股说明书》并未予以说明和披露。

本书认为，对于香港 HP 科技公司的法人股东，尽管其通过转让香港 HP 科技公司股权的方式实现了转让 HP 有限公司的股权，但是其并不负有内地的纳税义务，其主要理由在于：①企业所得税法中关于非居民企业间接转让境内居民企业股权征税的规范性文件最早的是《国家税务总局关于加强非居民企业股权转让所得企业所得税管理的通知》(国税函〔2009〕698 号)，该文件的适用时间为 2008 年 1 月 1 日至 2017 年 12 月 1 日，本案例发生在该文件生效之前，所以并不适用该文件；②即使依据国税函〔2009〕698 号和《国家税务总局关于非居民企业间接转让财产企业所得税若干问题的公告》(国家税务总局公告 2015 年第 7 号)的规定，对于间接转让中国境内财产的行为也仅限于其不具有合理商业目的安排，而本案例中，美国 HP 公司收购香港 HP 科技公司股权其并非出于避税目的，所以不应当对其适用间接转让财产征收企业所得税的规定。

对于香港 HP 公司的个人股东，我国的《个人所得税法》及其实施条例并未对间接转让中国境内应税财产的行为做出明确规范，所以对于个人股东也不应当予以征收个人所得税。

2. 红筹架构拆除

为了拆除 HP 有限公司的红筹架构，2020 年 9 月香港 HP 科技公司将其持有的 HP 有限公司股权以 6 美元的名义价格转让给了余某、EI SPC、梁某、XA 国际资本公司、HP 控股公司和魏某六方。

HP 有限公司在拆除红筹架构过程中，境外控股股东转让境内居民企业股权时的作价并未以评估后的公允价值确定，而是以名义价格转让，对于该种转让价格容易导致如下的税收问题。

首先，存在非居民企业被重新核定应纳税所得额的涉税风险，《招股说明书》披露了红筹架构拆除过程中香港 HP 科技公司就该次股权转让事项已履行纳税义务并取得完税凭证，但并未就其纳税的具体情况予以披露，因此对其是否已被主管税务机关核定应纳税所得额不得而知。

其次，由于香港 HP 科技公司以名义价格 1 美元转让其持有的股权，因此受让者也只能以 1 美元作为其持有 HP 有限公司股权的计税基础，这容易导致 HP 有限公司的受让方股东在转让 HP 有限公司股权或者转让上市后 HP 科技公司股票时存在多缴纳所得税的情况发生。

最后，若在第一环节香港 HP 科技公司被核定征收非居民企业所得税的情况下，受让方是否可以根据其核定的金额调整其持有 HP 有限公司股权的计税基础，在目前的税收规范性文件中并没有明确的规定。67 号公告第十六条规定："股权转让人已被主管税务机关核定股权转让收入并依法征收个人所得税的，该股权受让人的股权原值以取得股权时发生的合理税费与股权转让人被主管税务机关核定的股权转让收入之和确认。"但该文件仅用于规范个人所得税，并且其上一环节被核定征收的为个人所得税，在本案例中征收的为企业所得税，所以是否可以据此调整收购方持有股权的计税基础，仍然存在一定的税收争议。

企业 IPO 资本运营税收政策与实务案例分析

九、红筹 VIE 拆除回归——BX 传媒公司

（一）企业基本情况

BX 传媒集团股份有限公司（以下简称"BX 传媒公司"）前身为 BX 传媒有限公司（以下简称"BX 有限公司"），是由春华（化名）、秋实（化名）于 2003 年 10 月投资设立的有限责任公司，公司的主营业务为电影的投资、发行、院线及影院业务。BX 有限公司于 2017 年 3 月整体变更设立 BX 传媒公司。

BX 传媒公司首次公开发行股票的申请已获中国证监会核准，于 2022 年 8 月在深圳证券交易所科创板上市。

（二）境外架构搭建及拆除过程

BX 传媒公司在境内 IPO 前，曾经通过 VIE 架构在美国纳斯达克证券交易所发行存托凭证（ADS）上市交易，之后又拆除 VIE 架构在境内 A 股上市。

1. 境内 VIE 实体设立

为实现境外的 VIE 架构，BX 传媒公司实际控制人在境内设立了多个 VIE 实体。

2004 年 8 月 1 日，春华和秋实在北京设立 BX 有限公司，截至 2007 年 7 月 VIE 协议签署时，春华和秋实分别持有 BX 有限公司 97% 和 3% 的股权。

2004 年 11 月 8 日，春华、王山（化名）、春梅（化名）、西园文化有限公司在北京设立海纳文化公司，截至 2007 年 7 月 VIE 协议签署时，BX 有限公司、西园文化有限公司、春华、春梅分别持有海纳文化公司 80.4%、10%、8.6%、1% 的股权。

2006 年 4 月 28 日，春华和郑山（化名）设立 BX 广告公司，截至 2007 年 7 月 VIE 协议签署时，春华、郑山分别持有 BX 广告公司 70%、30% 的股权。

上述 VIE 实体的股权架构如图 6-3-29 所示。

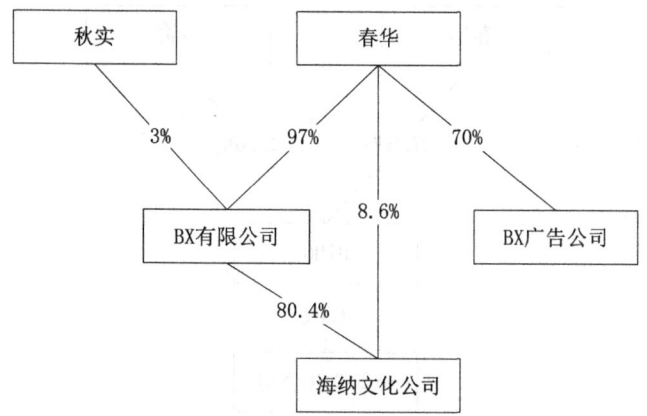

图 6-3-29　境内 VIE 实体股权结构

2.VIE 架构搭建过程

2006 年 12 月 31 日，香港籍自然人 XINGWEN WEI 在英属维尔京群岛设立 BIMG（BX International Media Group Limited），持股数为 1 股；2007 年 7 月 9 日，XINGWEN WEI 将其持有的 BIMG 全部股份转让给 BX 传媒公司实际控制人春华；同日 BIMG 分别向春华、春梅增发 932 499 股、22 500 股，发行后，春华、春梅分别持有 BIMG 股权比例为 97.64%、2.36%，股权结构如图 6-3-30 所示。

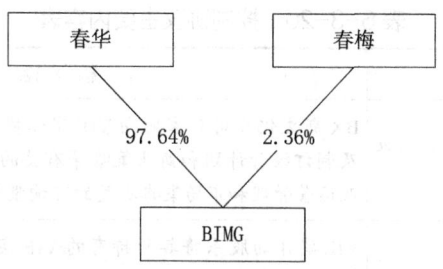

图 6-3-30　BIMG 股权结构

2007 年，BIMG 在中国境内返程投资设立了外商独资企业 BX 新文化公司，于 2007 年 6 月取得《企业法人营业执照》，设立时的注册资本为 150.00 万美元，此时的股权结构如图 6-3-31 所示。

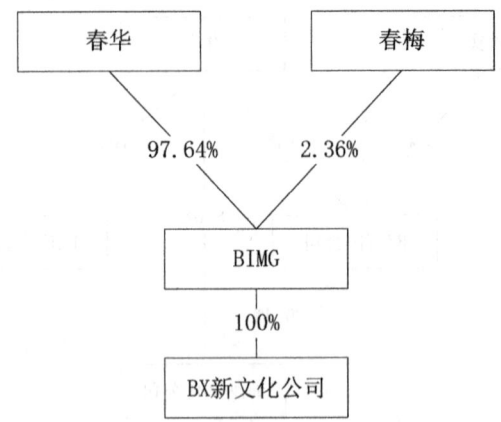

图 6-3-31 BX 新文化公司股权结构

2007 年 7 月，BX 新文化公司与前述三家 VIE 实体及其各自股东签订了《独家技术支持和咨询服务协议》《股权质押合同》《股权投票权授权及股权购买权合同》（以下统称"控制协议"）。根据控制协议，三家 VIE 实体实际由 BX 新文化公司控制，因此 BIMG 可通过 BX 新文化公司将三家 VIE 实体的业绩纳入 BIMG 的合并财务报表。

VIE 控制协议的主要内容如表 6-3-20 所示。

表 6-3-20 控制协议主要内容表

序号	协议名称	核心内容
1	独家技术支持和咨询服务协议	BX 新文化公司独家地向 VIE 实体提供市场研究、计划和开发及制订经营计划和商业策略等有关的技术咨询和技术支持，以及运营管理和市场策略有关的咨询服务
2	股权质押合同	VIE 实体的股东将其所持有的 VIE 实体的股权全部质押给 BX 新文化公司，作为 VIE 实体履行《独家技术支持和咨询服务协议》的担保
3	股权表决权授权及股权购买权合同	VIE 实体的股东不可撤销地授权 BX 新文化公司或 BX 新文化公司指定的任何人行使 VIE 实体的股东表决权，不可撤销地授予 BIMG 独家股权购买权，在满足法律规定前提下以法律允许最低价格购买 VIE 实体的全部或部分股权

在上述 VIE 架构搭建完成后，BIMG 经历了 A 轮、B-1 轮、B-2 轮、B-3 轮融资及股份分拆，截至 2010 年股份置换前，BIMG 的股份数量为 332 884 009 股，每股面值为 0.0001 美元。

3. 美国上市架构搭建

2008年8月18日，BX传媒公司实际控制人春华在英属维尔京群岛设立其全资子公司Skipper（Skipper Limited），持股总额为1股；2010年7月8日，Skipper在开曼群岛设立其全资子公司BMG（BX Media Group Limited），拟作为境外上市主体。

为境外上市之目的，2010年11月8日，BIMG全体股东与BMG签署了《股份置换协议》，BMG同意向BIMG股东购买其各自持有的全部BIMG股份，对价为BIMG每16股置换BMG的1股。置换完成后，BIMG成为BMG的全资子公司。

置换前后的股权结构如图6-3-32所示。

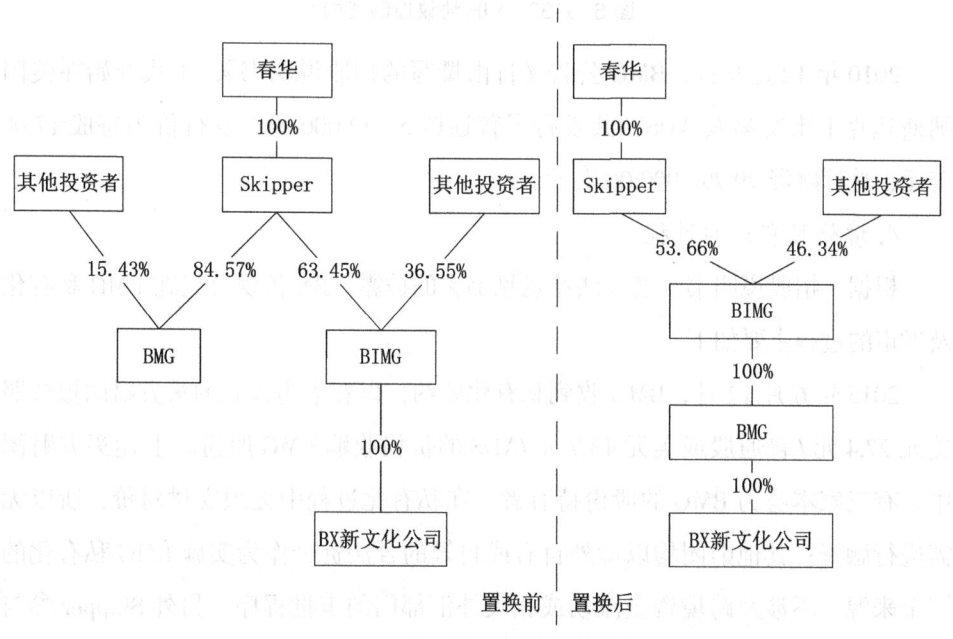

图6-3-32 股权置换前后架构

注：①《招股说明书》并未披露置换前BMG的股权结构，图6-3-32中BMG的股权结构是由置换前后Skipper持有的股权结构比例确定的。

②BMG中的其他投资者，包括为实施股权激励而给予的持股平台的投资者。

因此，在美国纳斯达克证券交易所上市之前，BMG通过红筹VIE架构控制境内公司的情况如图 6-3-33 所示。

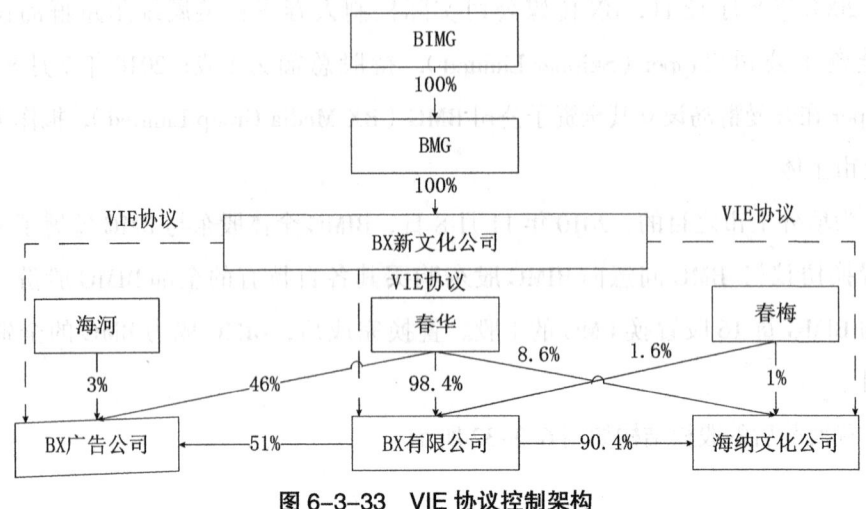

图 6-3-33　VIE 协议控制架构

2010 年 12 月 9 日，BMG 公告《自由撰写的招股说明书》，正式开始在美国纳斯达克上市交易其 ADS，共发行了普通股 5 870 000 股，发行价为每股 17.00 美元，总计融资 99 790 000.00 美元。

4. 境外私有化的过程

根据《招股说明书》及《法律意见书》的披露，BX 传媒公司在 BMG 私有化及退市的过程主要如下。

2015 年 6 月 12 日，BMG 收到私有化要约，以春华为代表的买方财团拟按照美元 27.4 元/普通股或美元 13.7 元/ADS 的价格收购 BMG 股份。上述买方财团中，有三家本身为 BMG 的股份持有者，在私有化过程中无须支付对价，所以无需进行融资；其他财团均以境外自有或自筹的合法资金作为实施 BMG 私有化的资金来源，不涉及跨境资金流动或相关外汇部门的审批程序。另外 Skipper 参与私有化资金为境外借款，该借款通过 VIE 架构拆除过程中因收购境外股权而汇往境外的股权收购款支付。

为进行私有化及退市，BX 传媒公司实际控制人春华于 2015 年 12 月 4 日在开曼群岛设立 Foreign Lion International Limit（以下简称"FL"），并由 FL 于同日在开曼群岛设立其全资子公司 Foreign Lion Limited（以下简称"FL 子公司"）。

2015年12月15日，BMG宣布按照私有化要约价格与FL子公司就私有化签署合并协议；根据该合并协议，买方财团将以开曼群岛法律下的法定合并形式完成私有化交易，在私有化交易完成后，BMG将作为法定合并后的存续主体，成为FL的全资子公司，BMG的原公众股东退出。

2016年4月8日，BMG宣布完成私有化，同时停止其ADS在纳斯达克的交易，正式从纳斯达克退市，私有化交易中买方财团应该对境外公众股股东支付的全部对价亦已支付完毕，至此私有化交易已正式完成。

在私有化交易完成后，BMG的股权结构如图6-3-34所示。

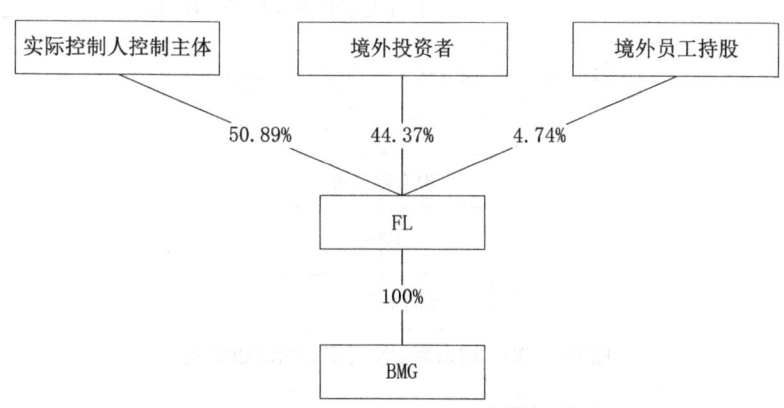

图6-3-34　私有化后BMG股权结构

5.红筹VIE架构拆除过程

（1）签署重组框架协议

在私有化完成后，为完成BX传媒公司境内上市，2016年5月15日，BX新文化公司、BX有限公司、春华及其境外实体、春梅、BIMG、BMG、FL及其境外投资人股东、境内新投资者等相关各方就拆除红筹VIE架构并购进行境内外重组事宜签署了《关于BX传媒集团有限公司之重组框架协议》，并于2017年6月9日就该重组框架协议签署了补充协议，对VIE架构拆除事项作了明确的约定。

（2）境外投资者持股平移BX有限公司

基于前述的《重组框架协议》，2016年5月15日，BX有限公司、春华、春梅、员工持股平台、传媒基地及相关投资人签署《BX传媒集团有限公司增资协议》，约定如下：

作为员工持股平台的 BX 合伙企业向 BX 有限公司增资，使 BX 有限公司的注册资本由 50 000 000.00 元增加至 56 793 340.00 元，从而实现境外员工持股部分平移至境内 BX 有限公司。

DY 至秦公司、夕月投资公司、木之投资公司等分别对 BX 有限公司进行增资，使 BX 有限公司的注册资本由 56 793 340.00 元增加至 143 179 061.00 元，实现境外投资的股权平移至境内 BX 有限公司。

在完成此次增资后，BX 有限公司的股权结构如图 6-3-35 所示。

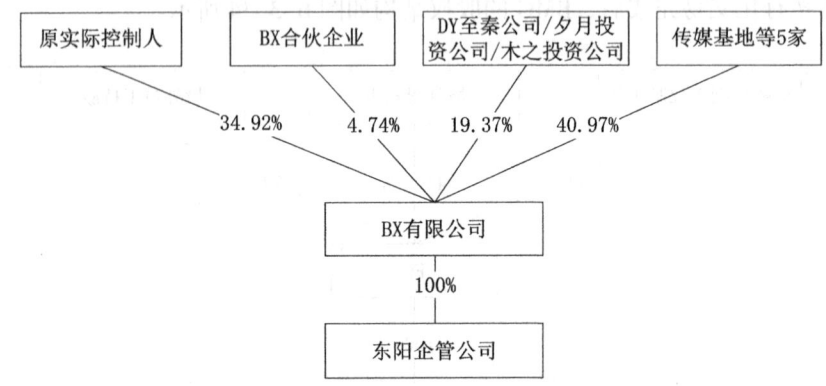

图 6-3-35　增资后 BX 有限公司股权结构

（3）收购 BX 新文化公司股权

为实现境外投资者在境外投资主体中的退出，2016 年 11 月 3 日，BIMG 与 BX 有限公司全资子公司东阳企管公司签署《关于 BX 新文化媒体科技有限公司股权的转让协议》，BING 将其所持 BX 新文化公司 100% 股权，对应 BX 新文化公司注册资本为 150 万美元，全部股权转让给东阳企管公司。

基于资产评估机构出具的评估报告，经过双方协商确定 BX 新文化公司 100% 股权转让价格为 4 572 920 019.00 元。上述股权转让已于 2016 年 11 月 8 日完成商务委员会变更备案，于 2016 年 11 月 28 日完成工商变更登记手续。

东阳企管公司收购 BX 新文化公司股权的资金全部来自上述境外投资者平移境内时的投资资金。

（4）收购原有的 VIE 实体股权

为将原有 VIE 境内实体的相关业务纳入 BX 传媒公司的财务报表，2016 年 5

月 15 日，春华、海河、BX 有限公司和 BX 广告公司签署《关于 BX 广告有限公司股权的转让协议》；春华、春梅、BX 有限公司和海纳文化公司签署《关于海纳文化股权的转让协议》。在股权收购后 BX 有限公司持有 BX 广告公司和海纳文化公司 100% 股权。

（5）终止 VIE 协议

2016 年 5 月 15 日，BX 新文化公司、春华、春梅、海河、BX 有限公司、BX 广告公司、海纳文化公司与 BIMG 签署《终止协议书》。《终止协议书》在 BX 有限公司就《重组框架协议》项下的相关增资完成工商变更登记后，于《重组框架协议》项下的境外投资人按照《重组框架协议》的约定收到境外回购款项之日或 2016 年 6 月 30 日（以较早发生的日期为准）起生效。于《终止协议书》生效之日，各方在上述全部 VIE 控制协议中的权利义务关系立即无条件且不可撤销地解除；各方之间，不承担基于上述全部 VIE 控制协议产生的任何权利、义务和责任。

（6）境外主体注销

根据《重组框架协议》的约定，在完成 VIE 架构拆除后，FL 应向其全部股东回购其各自所持有的 FL 股份，该等回购完成后，FL、BMG、BIMG、Skipper 及除 BX 娱乐公司及 AM 以外的 BX 有限公司其他境外主体的股东应在 BX 有限公司提交上市申请前分别通过相应的注销决议并注销该等公司实体。

在上述 VIE 架构拆除后，BX 有限公司的股权结构如图 6-3-36 所示。

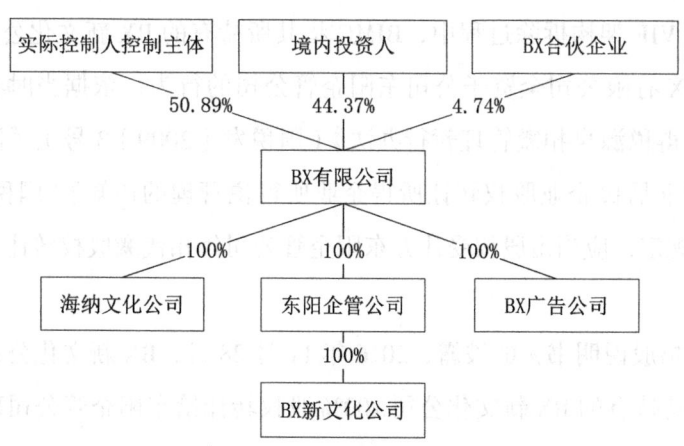

图 6-3-36　VIE 拆除后的股权结构

注：图 6-3-36 中境内投资人是指：点石投资公司、夕月投资公司、木之投资公司等；所以，BX 有限公司的股权结构与图 6-3-35 中的结构不同。

（三）VIE 架构拆除的涉税分析

BX 有限公司在红筹 VIE 架构拆除过程中，主要的步骤为境外上市主体私有化、境外投资者在境外的投资通过投资的方式平移至境内 BX 有限公司、BIMG 持有的 BX 新文化公司股权转让及境外私有化实施主体股权的回购及注销等行为。

1. 境外上市主体私有化涉税分析

境外上市主体 BMG 在私有化过程中回购其公开发行股份的行为，根据《国家税务总局关于非居民企业间接转让财产企业所得税若干问题的公告》（国家税务总局公告 2015 年第 7 号）第五条的规定，非居民企业在公开市场买入并卖出同一上市境外企业股权取得间接转让中国应税财产所得，不适用间接转让中国应税财产的相关规定。所以私有化过程中非居民企业取得的所得并不属于间接转让中国应税财产行为，不在我国负有缴纳税款的义务。

2. 境外投资者平移境内涉税分析

由于投资行为不属于企业的应税行为，所以对于员工持股平台及境外其他投资者或者其关联方通过向 BX 有限公司增资实现其股权平移至境内发行人主体的行为，对交易各方而言并不是应税行为，无须缴纳企业所得税。

3. 转让 BX 新文化公司股权涉税分析

在红筹 VIE 架构拆除过程中，BIMG 将其所持有的 BX 新文化公司 100% 股权转让给 BX 有限公司全资子公司东阳企管公司的行为，依据当时有效的《非居民企业所得税源泉扣缴管理暂行办法》（国税发〔2009〕3 号）、《国家税务总局关于加强非居民企业股权转让所得企业所得税管理的通知》（国税函〔2009〕698 号）的规定，应当由股权受让方东阳企管公司代扣代缴股权转让非居民企业所得税。

根据《招股说明书》的披露，2016 年 11 月 28 日，BX 新文化公司就其原股东 BIMG 将其持有的 BX 新文化公司 100% 股权转让给东阳企管公司事宜完成工商变更登记。该次股权转让应缴纳预提所得税金额合计 456 254 481.90 元，东阳企管公司已分别于 2016 年 11 月 25 日和 2016 年 11 月 29 日向其所在地地方税务局申报缴纳了预提所得税，缴纳金额分别为 250 000 000.00 元和 206 254 481.90 元。

4.FL 股权回购涉税分析

在上述红筹 VIE 架构拆除完毕后，境外的 FL 回购股东股权，由于此时 BIMG 已不再持有中国境内的资产，所以该股权回购行为并不构成间接转让中国应税财产而应当缴纳税款的情形。

十、红筹 VIE 拆除回归——RT 动力公司

（一）企业基本情况

RT 动力股份有限公司（以下简称"RT 动力公司"）前身为 RT 动力技术有限公司（以下简称"RT 有限公司"），成立于 2006 年 11 月 4 日。RT 动力公司首次公开发行股票申请经深圳证券交易所创业板上市委员会审议通过，并经中国证监会同意注册，于 2022 年 3 月在深圳证券交易所创业板上市。

（二）红筹架构搭建过程

根据《招股说明书》的披露，RT 动力公司在境内上市前曾搭建红筹架构在纽约证券交易所上市交易，其红筹架构搭建的具体过程如下。

1.设立境外上市主体

在设立境外上市主体 RT 开曼公司之前，张化、陈艳、柯文、WeiWen、吴勇、谢立（以上均为化名）在 BVI 设立特殊目的主体 Benture Limited；马山、叶禾、赵月、李欢（以上均为化名）在 BVI 设立特殊目的主体 United Innovation。

2005 年 9 月 7 日，RT 开曼公司由 Offshore Incorporations（Cayman）Limited 作为注册代理人在开曼群岛注册成立，成立时 RT 开曼公司共发行 1 股普通股，同日，Benture Limited 向 Offshore Incorporations（Cayman）Limited 购买了 RT 开曼公司 1 股股份。

2005 年 11 月 16 日，RT 开曼公司将 1 股股份拆细为 10 000 股，同时以每股 0.0001 美元的价格向 Benture Limited 增发 85 719 750 股普通股，向 United

Innovation 增发 31 604 561 股普通股；考虑到自 RT 开曼公司设立以来，Benture Limited 和 United Innovation 对 RT 开曼公司的开办、协助融资等事项的相关贡献，RT 开曼公司董事会同意 Benture Limited 和 United Innovation 以前述贡献作为增发股份对价并视为已完全支付，因此，Benture Limited 和 United Innovation 的出资不涉及资金交付，亦不涉及境内自然人股东换汇出境。

在设立境外上市主体后，RT 开曼公司的股权结构如图 6-3-37 所示。

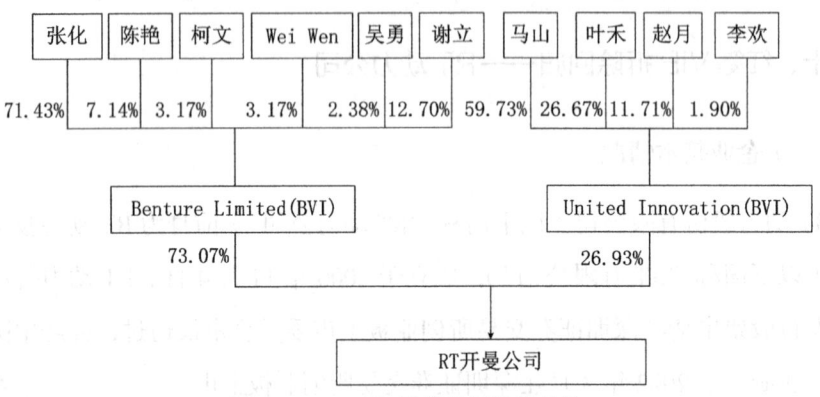

图 6-3-37　RT 开曼公司股权结构

2.设立外商独资企业

2005 年 11 月 4 日，RT 开曼公司在中国境内设立全资子公司 RT 有限公司。

根据 Benture Limited 和 United Innovation 自然人股东的个人境外投资外汇登记文件，张化、马山等境内自然人已根据当时有效的《国家外汇管理局关于境内居民通过特殊目的公司融资及返程投资外汇管理有关问题的通知》（汇发〔2005〕75 号）的相关规定，于 2007 年 11 月就其分别通过 Benture Limited 和 United Innovation 持股 RT 开曼公司并返程投资 RT 有限公司的事实，在国家外汇管理局北京分局办理了境内居民个人境外投资外汇初始登记。

RT 有限公司设立时的股权结构如图 6-3-38 所示。

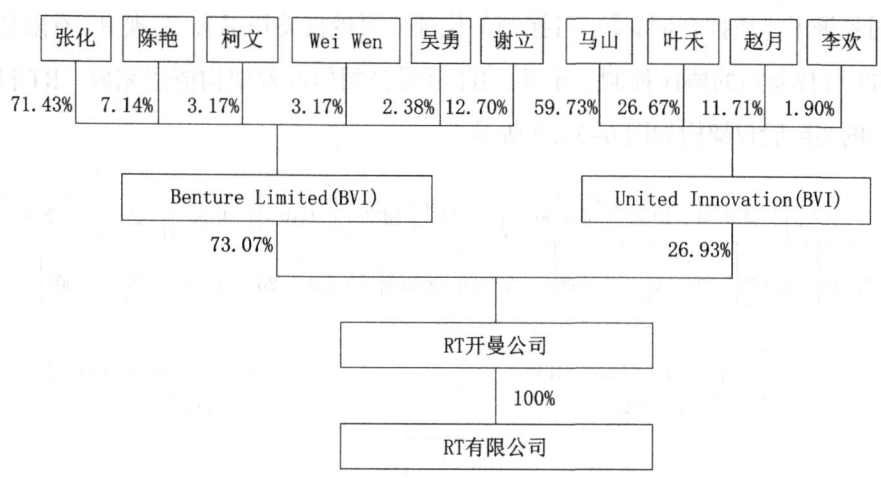

图 6-3-38　RT 有限公司股权结构

3. 签署 VIE 协议

RT 开曼公司在纽约证券交易所上市时，境内的运营主体为 RT 科技公司，RT 科技公司成立于 2001 年 10 月 12 日，实际控制人为张化，其股权结构如表 6-3-21 所示。

表 6-3-21　RT 科技公司注册资本结构表

序号	股东姓名/名称	认缴出资额/万元	持股比例/%
1	张化	264.00	39.70
2	陈艳	60.00	9.02
3	TK 创业投资有限公司	50.00	7.52
4	ZG 高科技产业促进中心	15.00	2.26
5	谢立	48.00	7.22
6	赵国强	228.00	34.29
	合计	665.00	100.00

2005 年 11 月 16 日，RT 有限公司与 RT 科技公司签署了《独家技术咨询和管理服务协议》《商标软件使用许可合同》《专属转包协议》等 VIE 协议，将 RT 科技公司自前述协议签署日起前述的所有商业合同（包括但不限于与软件开发及应用和服务相关的合同）所产生的收益以专属转包、独家咨询和服务、商标软件使用许可等形式转移至 RT 有限公司。同时，RT 科技公司的主要股东与 RT 有限

公司签署了《质押合同》《不可撤销的代理投票授权委托书》，实现 RT 有限公司对 RT 科技公司的协议控制。至此，RT 开曼公司的红筹架构搭建完成，RT 科技公司的实际股权架构如图 6-3-39 所示。

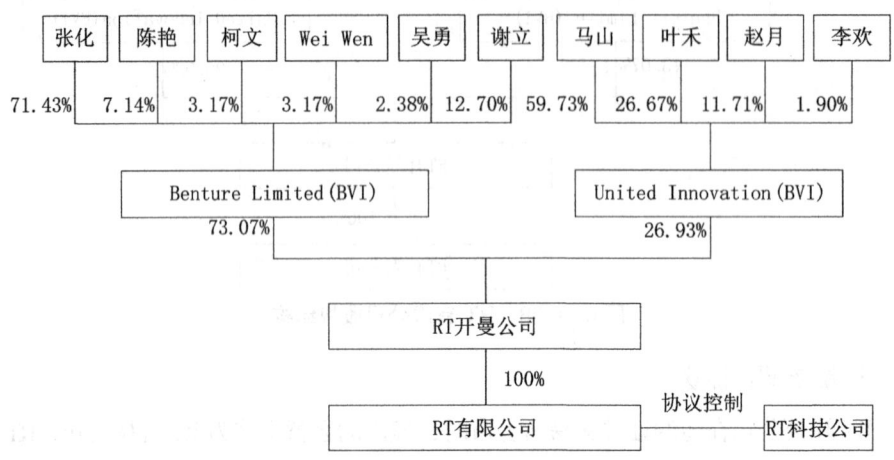

图 6-3-39　RT 科技公司实际股权结构

上述 VIE 协议的主要内容如表 6-3-22 所示。

表 6-3-22　VIE 协议的主要内容

协议名称	签署方	主要内容
RT 科技有限公司独家技术咨询和管理服务协议	RT 有限公司、RT 科技公司	RT 有限公司为 RT 科技公司提供独家技术咨询和相关管理服务，后者相应支付对价
RT 科技有限公司商标软件使用许可合同	RT 有限公司、RT 科技公司	RT 有限公司将符合约定的商标、软件著作权、域名许可 RT 科技公司使用，后者相应支付对价
RT 科技有限公司专属转包协议	RT 有限公司、RT 科技公司	RT 科技公司将符合条件的商业合同转包给 RT 有限公司，前者相应支付对价
RT 科技有限公司质押协议	RT 有限公司、张化、陈艳、赵国强、谢立	张化等将其持有的 RT 科技公司股权质押给 RT 有限公司，用于担保上述协议有关债务的履行
RT 科技有限公司不可撤销的代理投票授权书	RT 有限公司、张化、陈艳、赵国强、谢立	张化等将其对 RT 科技公司的股东投票权不可撤销地授予 RT 有限公司行使

（三）红筹架构拆除前的融资

RT 开曼公司在拆除红筹架构前通过 A、B、C 轮的融资、股权激励及公开发行等方式发行证券，具体如下。

1.境外上市前的融资

RT 开曼公司在境外上市前曾经历三轮的外部融资，具体信息如表 6-3-23 所示。

表 6-3-23　境外上市前外部融资信息表

	投资人	股份数量/股	股份类型	交易时间	交易对价/美元	单价/(美元/股)
A轮	Bina Invest	53 872 055	优先股	2005 年 11 月 16 日	8 000 000.00	0.1485
		3 367 003		2006 年 4 月 28 日	500 000.00	
		26 936 026		2007 年 3 月 13 日	4 000 000.00	
	Intech Cayman	11 111 111		2005 年 11 月 16 日	1 649 999.98	
B轮	Fide Ventures	44 772 421	优先股	2007 年 3 月 16 日	10 604 550.00	0.2369
	Fide Prince	1 669 590			395 450.00	
	Mit Venture	9 449 502			2 250 000.00	
	Bina Invest	15 832 504			3 750 000.00	
	Intech Pacific	12 666 003			3 000 000.00	
	Fide Ventures	44 772 421	优先股	2008 年 2 月 22 日	13 255 687.41	0.2961
	Fide Prince	1 669 590	优先股	2008 年 2 月 22 日	494 312.41	
	Mit Venture	9 449 502			2 812 499.89	
	Bina Invest	15 832 504			4 687 500.01	
	Intech Pacific	12 666 003			3 749 999.95	
C轮	Special Fund.LP		RT 开曼公司向 C 轮投资者发行可转换票据 RT 开曼公司在境外上市后全部可转换票据转换为相应数量的普通股	2009 年 12 月 23 日	7 500 000.00	0.2961
	Sea Fune Ⅱ .LP				7 500 000.00	
	FML Limited				7 125 664.00	
	Bina Invest		可转换票据		4 453 539.00	
	Intech Pacific				1 630 797.00	
	Mit Ventures				790 000.00	
	JINYUAN				4 000 000.00	
	Hua Yi CO.Led			2010 年 4 月 22 日	5 000 000.00	

在 RT 开曼公司在境外上市前，A 轮、B 轮及 C 轮的投资者不存在退出的情况。

2.境外上市前的股权激励

RT 开曼公司为进一步激励高级管理人员和核心员工，在境外上市前实施了 3 期股权激励计划，主要情况如表 6-3-24 所示。

表 6-3-24　股权激励主要信息表

序号	计划	授予日期	授予人数 / 人	实际授予激励性权益股数 / 股
1	2008 股权激励计划	2008 年 4 月至 2009 年 9 月	290	38 519 363
2	2009 股权激励计划	2009 年 12 月至 2010 年 11 月	633	46 450 297
3	2010 股权激励计划	2011 年 4 月至 2014 年 8 月	1860	58 828 412

3.境外上市融资

RT 开曼公司于 2010 年 12 月 14 日，在纽约证券交易所发行存托股份（ADS），每份存托凭证的发行价格为 12 美元，共发行 10 833 334 份美国存托股份，即共发行 108 333 340 股普通股（1 份 ADS=10 股普通股）。

（四）红筹架构拆除过程

受国内外政治经济和资本市场发展影响，加之维持境外上市成本较高且不便利，所以 RT 开曼公司的控股股东决定回归中国境内上市，从而需要拆除原已有的红筹架构。

1.RT 开曼公司的私有化

RT 开曼公司在私有化过程中，需要回购拟退出 RT 开曼公司的股东所持有的 RT 开曼公司的证券（包括普通股、优先股及存托凭证等），同时需要解决私有化的资金来源，因此 RT 开曼公司整个的私有化过程如下。

（1）签署非约束性私有化的要约

在私有化之前，RT 开曼公司及其控股股东由于没有足够的资金用于 RT 开曼公司的私有化，所以需要与外部的投资者签订一系列的协议以确保私有化过程中的资金来源，2014年2月28日，张化与境外财团签订《财团协议》，重新组成买方财团，以促成RT开曼公司私有化交易。2014年4月4日，RT开曼公司董事会任命的独立审查委员会与买方财团就RT开曼公司股份对价进行协商，2014年4月18日，各方最终确定每股RT开曼公司股份价格为0.57美元（即每份ADS的价格为5.7美元）。

（2）私有化实施主体架构搭建

RT开曼公司在私有化过程中，其现有的股东可能会有部分的保留，为了确保RT开曼公司私有化后的股权结构清晰，需要搭建实施私有化的主体，为此2013年10月17日，New Benture在英属维尔京群岛注册成立，向张化发行1股普通股，其后为搭建私有化实施架构成立了一系列特殊目的公司，私有化实施架构搭建完毕时的股权结构如图6-3-40所示。

其中，New Benture设立时为张化及管理层和员工的持股平台，为后续私有化时操作方便，仅由张化一人登记、持股。

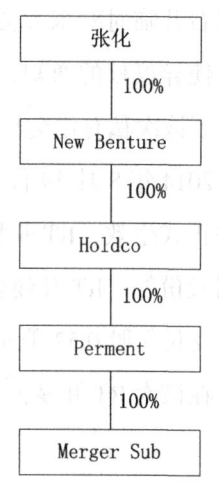

图6-3-40 私有化实施架构

（3）签署私有化协议、境外退市

在完成私有化实施架构及买方财团确定了私有化要约价格后，RT开曼公司与Perment、Merger Sub签署了《合并协议》，RT开曼公司与Merger Sub合并后，RT开曼公司作为合并后的唯一存续主体，将成为Perment的全资子公司；而Merger Sub作为被吸收合并的主体，其所发行的股份（即Perment持有的Merger Sub 1股股份）转为存续主体RT开曼公司的股份。

RT开曼公司在实施私有化过程中的原股份按照如下的方式处理：

首先，对于私有化过程中除下述的排除股份外，所有普通股将以每股0.57美元（每份ADS为5.7美元）的现金对价注销。

其次，对于排除股份将予以保留，排除股份是指在RT开曼公司私有化过程中将予以保留的股份，主要为合并协议中的新股东（Holdco、Perment和Merger Sub）、翻转股东和异议股东。

再次，翻转股东是指以 0 对价注销其持有 RT 开曼公司股份，并拟上翻至 Holdco 持股的 RT 开曼公司股东，即在 RT 开曼公司私有化过程中保留其股份的部分原有股东，主要为张化、马山、柯文等持有 RT 开曼公司普通股股份及激励性权益的 RT 有限公司员工，Bena Group，JINYUAN，Benz，境外财团主体；对于翻转股东所持有的 RT 开曼公司的股份将通过股份翻转的方式上翻至 Holdco 股份。

根据美国证券交易委员会网站披露的公告文件，2014 年 8 月 25 日，RT 开曼公司召开临时股东大会，在该临时股东大会投票前，RT 开曼公司未收到任何股东行使异议权的通知，会议中出席股东审议并通过了《合并协议》及相关交易，批准了该次私有化交易的实施。

2014 年 8 月 29 日，RT 开曼公司向开曼群岛注册登记处提交《合并协议》，合并正式生效，RT 开曼公司成为 Perment 全资子公司，除 Perment 所持 RT 开曼公司股份外，RT 开曼公司的其他股份全部注销，并向除排除股份之外的普通股股东支付每股 0.57 美元（每份 ADS 为 5.7 美元）的对价。

在该次 RT 开曼公司私有化的过程中，其私有化的相关交易安排如图 6-3-41 所示。

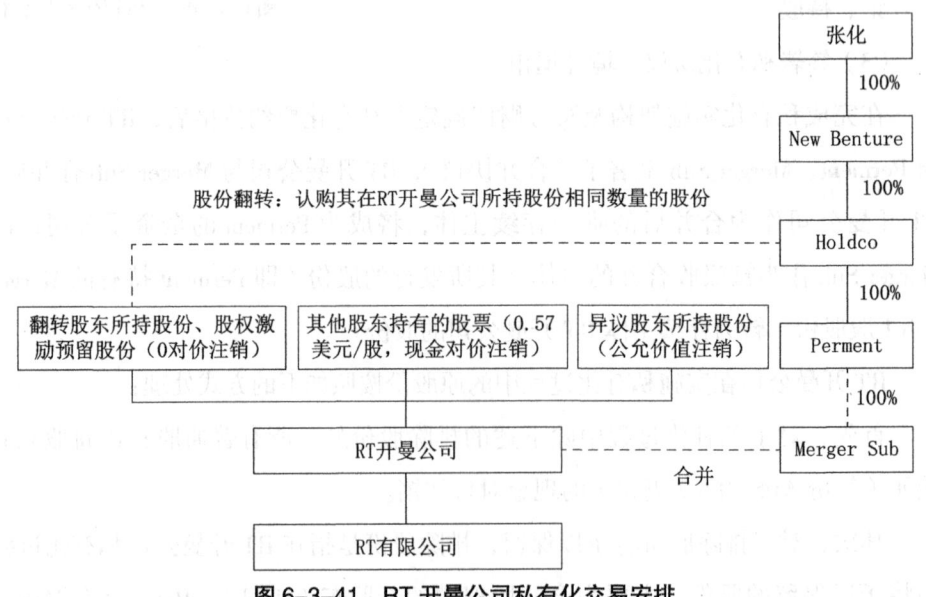

图 6-3-41 RT 开曼公司私有化交易安排

(4) 股份翻转

2014年4月18日，Holdco 与翻转股东、RT 开曼公司、RT 有限公司签署《支持协议》。根据《支持协议》，上述合并生效后，翻转股东将上翻成为 Holdco 股东，其所持有的 RT 开曼公司的股份将全部注销；同时约定私有化完成后，ESOP Soft Tech 有权取得 Holdco 已发行股本的 44.21% 的优先股。

2014年8月15日，New Benture（作为张化等持有 RT 开曼公司普通股股份或激励性权益的 RT 有限公司管理层及员工的持股主体）、ESOP Soft Tech、Benz、Bena Group 和 JINYUAN 分别认购 Holdco 321 613 064 股、281 415 993 股、5 310 670 股、4 427 700 股和 3 772 783 股普通股，具体如表 6-3-25 所示。

表 6-3-25 股份翻转明细表

股东名称	认购 Holdco 股数/股			持股比例/%	现金对价/美元
	翻转股数	增加股数	合计股数		
New Benture	77 944 055	263 669 009	341 613 064	53.67	22 510 116
ESOP Sotf Tech	36 731 389	244 684 604	281 415 993	44.21	105 000 000
Bena Group	4 427 700	0	4 427 700	0.70	0
JINYUAN	3 772 783	0	3 772 783	0.59	0
Benz	5 235 670	75 000	5 310 670	0.83	0
合计	128 111 597	508 428 613	636 540 210	100.00	127 510 116

在股份翻转过程中，除上述股东原有的翻转股份外，各主体增持 Holdco 股数的原因如下。

New Benture 实际为 RT 有限公司管理层和员工持股主体，私有化时，管理层及员工已获授的激励性权益均为加速行权或提前转化为普通股，部分员工所持加速行权及转化后的普通股翻转至 Holdco，增加共计 77 695 260 股普通股；张化已支付 22 510 116 美元至 Holdco 指定账户，实际用于私有化交易，因此各方协商同意其上翻至 Holdco 后增加 185 973 749 股股份。

ESOP Soft Tech 实际支付 1.05 亿美元对价至 Holdco 指定账户，实际用于 RT 开曼公司私有化交易，因此各方经协商同意其上翻至 Holdco 后增加共计 244 684 604

股股份。

私有化时，Benz 已获授的 7.5 万股激励性权益转化为普通股，翻转至 Holdco 后增加 7.5 万股普通股。

翻转股东上翻为 Holdco 股东后，就翻转的股份（包括翻转股东原持有 RT 开曼公司的普通股股份及部分管理层、员工所持激励性权益加速行权、提前转化为 RT 开曼公司的普通股股份），翻转股东持有的 RT 开曼公司权益份额在翻转前后保持一致，除翻转股份外，New Benture 及 ESOP Soft Tech 新增的股份均为实际出资 Holdco 并将出资款项用于私有化交易，经各方协商后确定所增加的股份。2014 年 9 月 5 日，Holdco 重新划分股权类别，ESOP Soft Tech 认购的 281 415 993 股普通股重新划分为 281 415 993 股优先股，其他已发行的普通股性质不变；2014 年 11 月 30 日，JINYUAN 将其所持有的 Holdco 的全部股份转让给 Bena Group，此时，Holdco 的股权结构如表 6-3-26 所示。

表 6-3-26　RT 开曼公司私有化后 Holdco 股权明细表

序号	股东名称	股份性质	持股数额/股	持股比例/%
1	New Benture	普通股	341 613 064	53.67
2	ESOP Soft Tech	普通股	281 415 993	44.21
3	Benz	普通股	5 310 670	0.83
4	Bena Group	普通股	8 200 483	1.29
	合计		636 540 210	100.00

私有化后，RT 开曼公司的股权结构如图 6-3-42 所示。

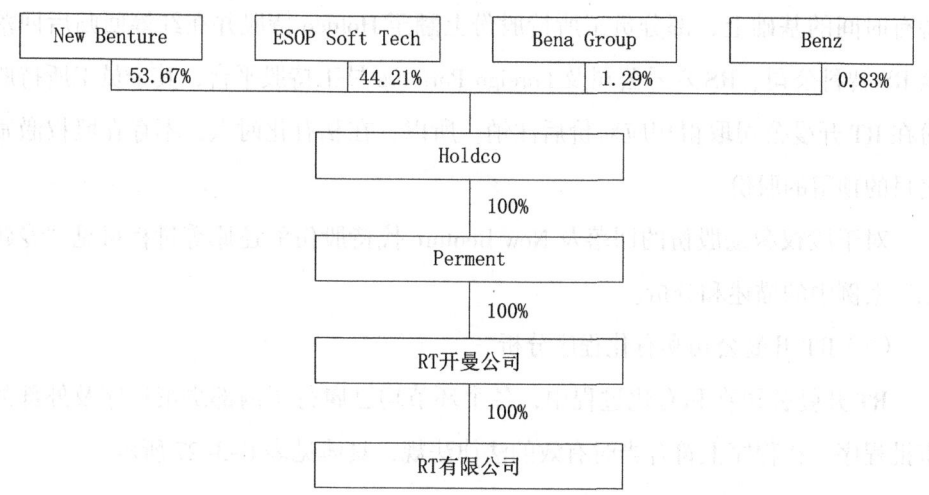

图 6-3-42　RT 开曼公司私有化后的股权结构

（5）私有化资金来源

RT 开曼公司在红筹架构私有化过程中，其回购注销已发行股份的资金主要源自如下三部分。

首先，境外财团主体出资的 105 000 000 美元，其资金来源为自有及合法自筹资金，该部分资金已作为境外财团主体对 Holdco 的投资增发了相应的股份。

其次，张化对 Holdco 的出资 22 510 116 美元，该部分的出资也由 Holdco 对 New Benture 的增发股份完成。

最后，Perment 于 2014 年 8 月 25 日向银行贷款 130 000 000 美元，该部分贷款已通过 RT 开曼公司收取 RT 有限公司减资款及 RT 开曼公司将其子公司股权转让给 RT 有限公司香港子公司收取的股权转让价款偿还。

最终，RT 开曼公司自有资金 3 318 332 美元。

（6）吸收合并时未行权股权激励的处理

在 RT 开曼公司私有化时，RT 有限公司已决定拆除红筹架构。对于已授予员工但未满足行权或转化条件的期权、限制性股票、限制性股票单位等激励性权益，出于加快私有化进度、拆除红筹架构后境内外股权平移操作便利性、平移至境内持股的股东不超过 200 人的考量，在未满足相应条件的情况下，该等激励性权益提前行权或转化为普通股，并在综合考虑员工意愿、工作年限、激励性权益持有时间的基础上,部分员工所持股份上翻至 Holdco 持股并在红筹回归后回落至 RS 智科公司、RS 六号公司及 Foreign Partners 员工持股平台,其余员工所持股份在 RT 开曼公司取得相应对价后注销。所以,在私有化时点,不存在股权激励之目的预留的股份。

对于股权激励股份的回落及 New Benture 代持股份的还原等过程可见"专题二"案例中的描述和分析。

（7） RT 开曼公司私有化程序分析

RT 开曼公司在私有化过程中,各个环节均已履行了内部决策程序及外部的审批程序,在程序上符合当时有效的法律法规,具体见表 6-3-27 所示。

表 6-3-27　RT 开曼公司私有化时间表

时间	主要事项
2013 年 6 月 6 日	张化、HX 资本公司组成的买方财团向 RT 开曼公司董事会发出关于以每股 0.585 美元（或每份 ADS5.85 美元）的价格收购 RT 开曼公司已发行股份的初步非约束性私有化要约
2013 年 6 月 10 日	RT 开曼公司的董事会任命合格的独立董事组成独立审查委员会
2013 年 6 月 25 日	买方财团聘请财务顾问
2013 年 6 月 29 日	独立审查委员会聘请法律顾问及财务顾问
2013 年 11 月 2 日	独立审查委员会收到买方财团修订后的要约,修订后的要约将收购价格由 0.585 美元每股（或每份 ADS5.85 美元）下调至 0.545 美元每股（或每份 ADS5.45 美元）
2013 年 11 月 4 日	RT 开曼公司发布新闻公告修订后的要约
2014 年 4 月 4 日	独立审查委员会与新组成的买方财团就 RT 开曼公司股份对价进一步协商。2014 年 4 月,各方最终确定每股 RT 开曼公司股份价格为 0.57 美元（即每份 ADS 价格为 5.7 美元）。独立审查委员会建议董事会审议通过此次合并,RT 开曼公司董事会（张化回避表决）不记名投票决定,批准签署及履行《合并协议》及交易协议,并建议股东以特别决议的方式授权批准前述《合并协议》、合并计划及此次合并
2014 年 4 月 18 日	RT 开曼公司与 Perment、Merger Sub 签署《合并协议》,RT 开曼公司发布新闻公告签署合并协议及附属文件
2014 年 6 月 14 日	RT 开曼公司向美国证券交易委员会提交 Schedule13E-3 及代表股东批准交易的委托书。美国证券交易委员会分别于 2014 年 6 月 13 日、7 月 7 日及 7 月 23 日就 Schedule13E03 发表意见

续表

时间	主要事项
2014年8月25日	RT开曼公司召开临时股东大会，会议出席股东审议并通过RT开曼公司与Perment、Merger Sub签署的《合并协议》及相关交易
2014年8月29日	RT开曼公司向美国证券交易委员会提交修订后的Schedule13E-3
2014年8月29日	开曼公司注册处核发了《Certificate Of Merger》，RT开曼公司公告完成与Merger Sub的合并
2014年9月2日	纽约证券交易所向美国证券交易委员会提交了FORM25，通知SEC将RT开曼公司ADS从纽交所退市并注销登记证券
2014年9月15日	RT开曼公司向美国证券交易委员会报备FORM15，根据美国相关的证券法律，RT开曼公司有效终止了其作为纽约证券交易交所上市公司向SEC提交报告的义务

2. RT有限公司的股权重组

在完成RT开曼公司私有化后，RT开曼公司的控股股东为New Benture等股东，RT开曼公司除持有RT有限公司100%股权外，还持有RT香港公司、SoftTech Inc、SoftTech TC、SoftTech Japan、盐城RT公司、CM信息公司、RT大连公司等境内外子公司100%的股权，上述公司以2015年5月31日为基准日的财务状况如表6-3-28所示。

表6-3-28 RT开曼公司境内外子公司财务状况表

单位：万元

主体名称	资产总额	净资产	营业收入	利润
RT香港公司	6 612.20	-1 564.67	209.10	-93.31
SoftTech Japan	3 834.55	1 695.16	850.76	-66.87
SoftTech TC	352.98	-64.38	60.46	-8.51
SoftTech Inc	23 974.60	6 295.17	13 018.54	27.21
CM信息公司	17 599.69	16 152.69	—	-1.36
盐城RT公司	6 398.83	5 307.66	—	1.91
RT大连公司	12 087.38	8 269.62	1 242.35	-263.58

RT 开曼公司在拆除红筹架构前股权结构及子公司情况如图 6-3-43 所示。

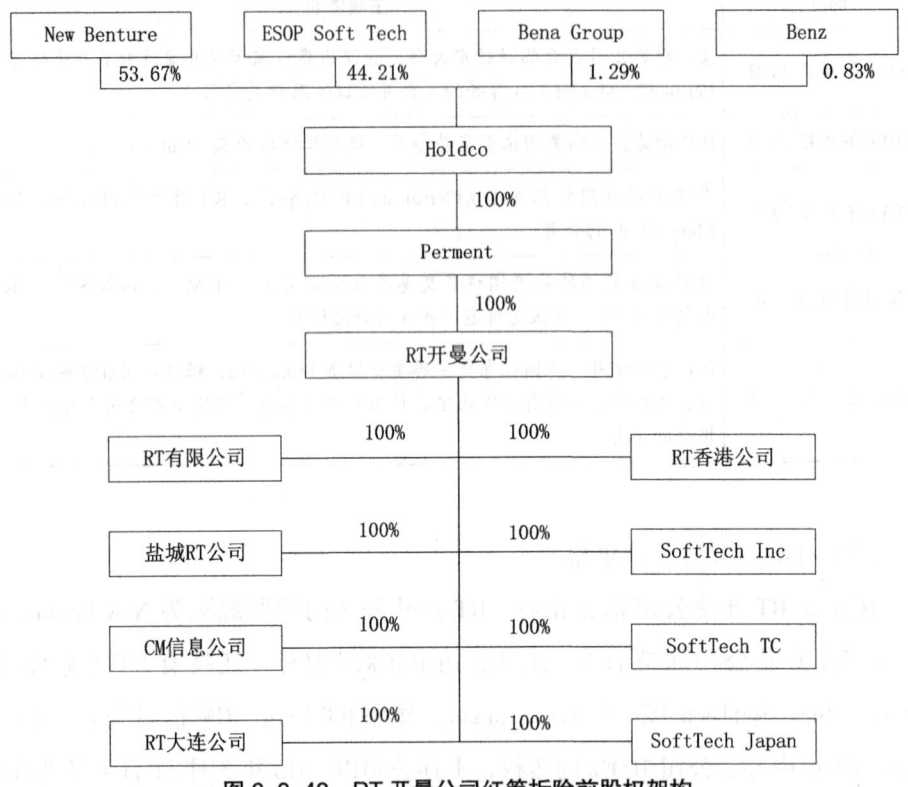

图 6-3-43　RT 开曼公司红筹拆除前股权架构

（1）设立收购主体公司

为了便于收购 RT 开曼公司直接持股的境内外子公司，将该等主要业务公司整合至 RT 有限公司，2015 年 5 月至 6 月，RT 有限公司成立全资子公司香港信息技术公司、香港软件公司和香港网络技术公司，以作为后期收购 RT 开曼公司境内外子公司的收购主体及持股平台。

在设立上述特殊目的公司（SPV）后，RT 开曼公司层面的股权结构如图 6-3-44 所示。

专题六　股权转让及红筹拆除的涉税

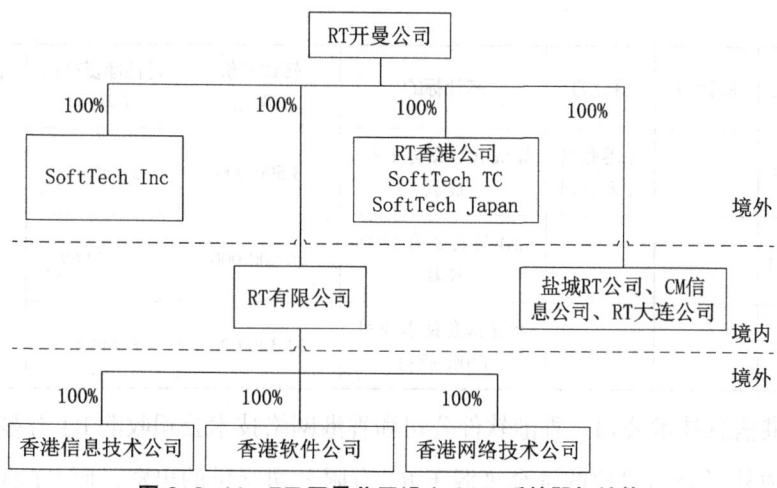

图 6-3-44　RT 开曼公司设立 SPV 后的股权结构

（2）运营主体转移至 RT 有限公司

为将 RT 开曼公司持有的境内外子公司转移至 RT 有限公司设立的收购主体公司内，2015 年 8 月至 9 月，RT 开曼公司与 RT 有限公司设立的收购主体公司签署了一系列的股权转让协议，将 RT 开曼公司持有主体的 100% 股权转移至 RT 有限公司的收购公司内，RT 有限公司三家全资子公司收购 RT 开曼公司境内外子公司的定价均依据该等境内外子公司经评估的净资产值，其交易的具体情况如表 6-3-29 所示。

表 6-3-29　RT 开曼公司运营子公司转让信息表

转让时间	转让方	受让方	转让标的	转让对价 / 美元	评估净资产值 / 万元	资金支付
2015/7/23	RT 开曼公司	香港软件公司	RT 香港公司 100% 股权	1	−1564.73	—
2015/7/31			SoftTech TC 100% 股权	1	−64.38	—
2015/7/31			SoftTech Japan 100% 股权	2 700 000	1 700.59	已支付
2015/7/31		香港网络技术公司	SoftTech Inc 100% 股权	10 500 000	6 884.49	已支付

523

续表

转让时间	转让方	受让方	转让标的	转让对价/美元	评估净资产值/万元	资金支付
2015/8/7		香港信息技术公司	盐城RT公司100%股权	8 500 000	5 307.66	已支付
2015/8/31			CM信息公司100%股权	26 000 000	16 152.69	已支付
2015/9/8			大连信息技术公司100%股权	13 300 000	8 280.41	已支付

香港信息技术公司、香港软件公司和香港网络技术公司收购RT开曼公司持有的境内外子公司股权的资金来源于RT有限公司交付的出资；而RT有限公司的上述资金来源于其自有资金及境内合法自筹资金；RT开曼公司将取得的上述股权转让对价全部用于偿还RT开曼公司私有化时的借款。

3.VIE协议的解除

2012年12月15日，RT有限公司与RT科技公司签署《终止协议书》，确认双方于2005年11月16日所签署的《独家技术咨询和管理服务协议》《商标软件使用许可合同》《专属转包协议》等一系列VIE协议项下的业务项目已执行完毕，该等协议于2012年12月31日自动终止。

2016年3月11日，RT科技公司的主要股东向RT有限公司质押的RT科技公司股权解除了股权质押。至此，RT有限公司的VIE架构已解除。

4.RT有限红筹架构拆除

在经过RT开曼公司私有化及RT有限公司股权重组后，RT开曼公司的股权结构如图6-3-45所示。

专题六　股权转让及红筹拆除的涉税

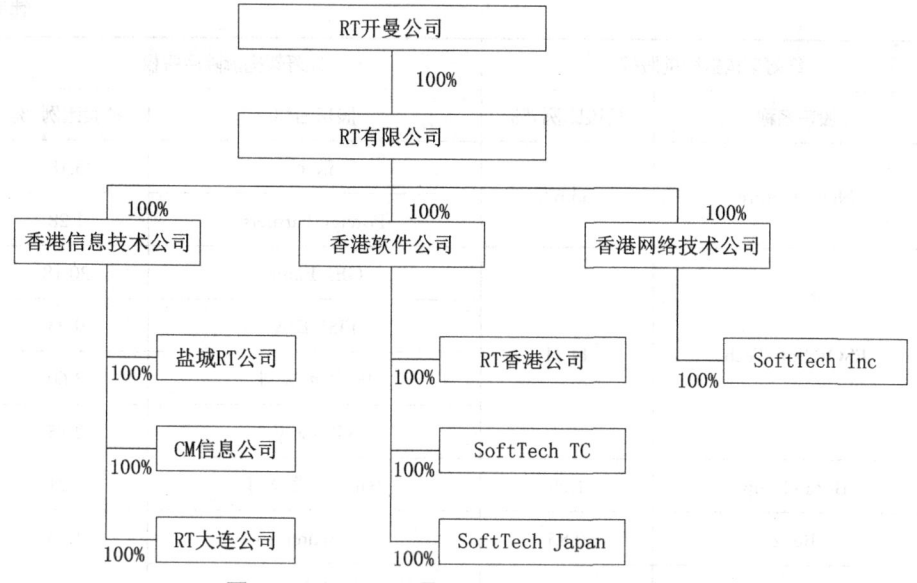

图 6-3-45　RT 开曼公司红筹拆除前股权架构

2015年10月18日，RT 有限公司的股东作出决定，同意 RT 开曼公司将其持有的 RT 有限公司全部出资 2815 万美元，以 41.1012 元每 1 美元出资额的价格转让给张化、GE Banos、FISF Easy、JH 国际公司、RS 智科公司、RS 六号公司、RM 香港公司、张兴、GE Cery、Foreign Partners、Bano 香港公司、Benter，同日 RT 开曼公司分别与前述的 12 名受让方签署《RS 信息技术（集团）有限公司转让协议》，将其所持有的 RS 有限公司 100% 的股权转至上述 12 方，受让方中除张化、张兴、RS 智科公司、RS 六号公司外，其他受让方均已支付股权转让对价，资金来源均为各受让方自有或合法自筹资金。此次股权转让所对应的关系如表 6-3-30 所示。

表 6-3-30　RS 有限公司红筹架构拆除前后股权关系表

红筹架构拆除前股权		红筹架构拆除后股权	
股东名称	持股比例 /%	股东名称	持股比例 /%
New Benture	53.67	张化	35.00
		RS 智科公司	8.42
		RS 六号公司	4.75
		RM 香港公司	3.47

525

续表

红筹架构拆除前股权		红筹架构拆除后股权	
股东名称	持股比例 /%	股东名称	持股比例 /%
New Benture	53.67	张化	3.18
		Foreign Partners	1.28
ESOP Soft Tech	44.21	GEL Banos	20.18
		FISF Easy	9.93
		JH 国际公司	8.60
		GE Cery	2.85
Bena Group	1.29	Bano 香港公司	1.21
Benz	0.83	Benter	1.13
合计	100.00	合计	100.00

红筹架构拆除后，New Benture 所对应的股东直接持有 RT 有限公司的股权比例较 RT 开曼公司私有化时持有 Holdco 的比例增加 2.43%，财团主体持股比例减少 2.65%，Foreign Partners 持股比例减少 0.08%，Benz 所对应的股东持股比例增加 0.3%，原因为私有化完成后至红筹架构拆除前，为向张化、林成、林水、张兴、Benz 等 RT 有限公司管理层及私有化过程中有较大贡献的人员进行激励，所以 Holdco 曾向 New Benture 及 Benz 增发股份用于实施激励。

红筹架构拆除后 RT 有限公司的股权结构如图 6-3-46 所示。

2015 年 11 月 3 日，RT 有限公司取得变更后的《营业执照》，企业类型由外资企业变更为中外合资企业。

至此，RT 有限公司的红筹架构已拆除。

专题六　股权转让及红筹拆除的涉税

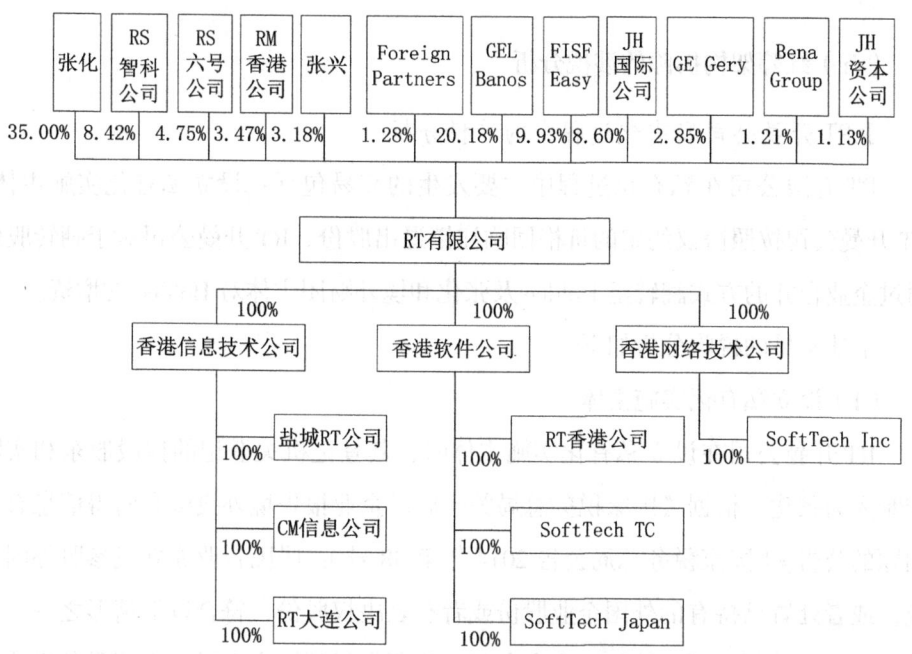

图 6-3-46　RT 有限公司红筹架构拆除后的股权结构

5.境外主体的注销

根据《招股说明书》的披露，在 RT 开曼公司红筹架构拆除后其境外的主体也均已启动相应的清理事项，截至招股说明披露之日，境外相关主体的清理进程如表 6-3-31 所示。

表 6-3-31　境外主体清理进程表

公司名称	注册地	注销启动时间
Benture Limited	BVI	已注销
United Innovation	BVI	不再缴纳年费，已被登记处除名，除名期限届满后自动注销
New Benture	BVI	已启动注销
Holdco	BVI	注销流程中
Perment	BVI	已注销
RT 开曼公司	开曼群岛	已取得开曼群岛公司登记处出具的《Certificate of Dissolution》，将于 2021 年 12 月 6 日正式注销

527

（五）红筹架构拆除的涉税分析

1.RT开曼公司私有化过程中的涉税分析

RT有限公司在私有化过程中主要发生的交易包括：设立私有化实施主体、RT开曼公司按照协议约定的价格回购注销退出股份、RT开曼公司对于翻转股份通过企业合并的方式翻转至Holdco及张化和境外财团主体对Holdco的增资。

上述交易的税收分析如下。

（1）设立私有化实施主体

RT开曼公司在设立私有化实施主体时，其登记机关登记的控股股东和实际控制人为张化。根据《国家税务总局关于居民企业报告境外投资和所得信息有关问题的公告》（国家税务总局公告2014年第38号）：居民企业成立或参股外国企业，或者处置已持有的外国企业股份或者有表决权股份，符合以下情形之一，且按照中国会计制度可确认的，应在办理企业所得税预缴申报时向主管税务机关填报《居民企业参股外国企业信息报告表》。

由于张化并不满足国家税务总局公告2014年第38号的相关主体要件，因此无需就相关的投资事项履行报告义务，同时其设立下属公司的行为并不构成我国的应税行为，因此无需缴纳相应的税收。

（2）回购注销股份

根据国家税务总局公告2015年第7号第五条的规定："非居民企业在公开市场买入并卖出同一上市境外企业股权取得间接转让中国应税财产所得不确认为间接转让中国居民企业股权等财产。"

所以RT开曼公司在私有化过程中对于已公开发行的股份按照协议价格0.57美元回购注销其股份，对于股份持有方为境外非居民企业的，并不需要按照间接转让中国应税财产缴纳企业所得税。对于转让方为个人的，由于《个人所得税法》及其实施条例并未对非居民个人间接转让中国应税财产的个人所得税予以规定，因此也无需缴纳个人所得税。

（3）RT有限公司减资

根据《招股说明书》的披露，RT开曼公司在私有化过程中，支付私有化款项中有 6900 万元是源自 RT 有限公司的减资。

《国家税务总局关于企业所得税若干问题的公告》(国家税务总局公告 2011 年第 34 号)第五条规定:"投资企业从被投资企业撤回或减少投资,其取得的资产中,相当于初始出资的部分,应确认为投资收回;相当于被投资企业累计未分配利润和累计盈余公积按减少实收资本比例计算的部分,应确认为股息所得;其余部分确认为投资资产转让所得。"

由于 RT 有限公司减资的金额未超过其实收资本,因此对于 RT 开曼公司取得 RT 有限公司减资款也不涉及所得税。

(4)股份翻转

股份翻转是指在 RT 开曼公司私有化过程中,对于保留持有 RT 开曼公司的股东所持有的 RT 开曼公司的股权通过合并的方式转换为私有化实施主体 Holdco 的股份。

在企业合并交易过程中,由于作为合并方的 Merger Sub 予以消灭,而被合并方 RT 开曼公司保留,其交易前后的股权结构如图 6-3-47 所示。

由于在合并交易中合并方为 Merger Sub,而合并后存续主体为 RT 开曼公司,且 RT 开曼公司的翻转股东转换为持有合并方上层公司 Holdco 股份,所以这属于典型的反向三角合并的交易类型,在交易过程中 RT 开曼公司的股东通过放弃持有 RT 开曼公司的翻转股份从而交换持有 Holdco 的股份,并进而间接持有 RT 开曼公司的股权,在这一交易过程中,是否应当按照国家税务总局公告 2015 年第 7 号的规定视为间接转让中国应税财产?

首先,反向三角合并的股权交易路径如图 6-3-48 所示,从图中可知在反向三角合并中,翻转股东持有的 RT 开曼公司的股份已通过股权转让的方式实现了交换。

其次,根据国家税务总局公告 2015 年第 7 号第六条关于合理商业目的的规定,RT 开曼公司的翻转股东在上述的股份翻转过程中并不符合其规定的持股比例要件,所以并不能适用第六条关于合理商业目的的规范。

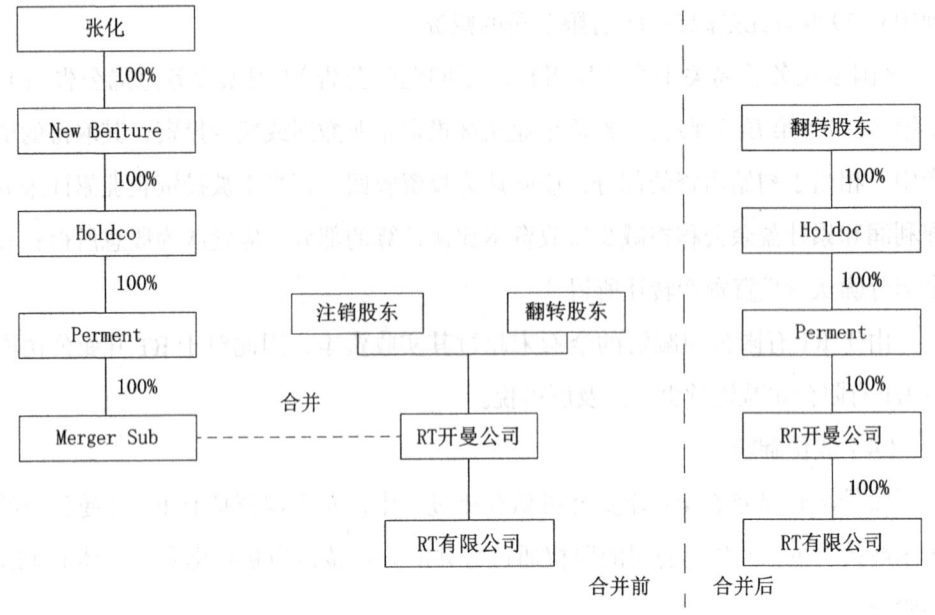

图 6-3-47 合并前后股权结构

再次，根据国家税务总局公告 2015 年第 7 号的规定，只有非居民企业在公开市场买入并卖出同一上市境外企业股权取得间接转让中国应税财产的交易才不适用国家税务总局公告 2015 年第 7 号的相关规定，虽然 RT 开曼公司的股份翻转并不属于公开市场的卖出交易，但是由于 RT 开曼公司私有化过程中相关的交易仍然是在符合纽约证券交易所相关交易规则下进行的，因此其应当属于公开交易的一种；并且从另一个角度而言，国家税务总局公告 2015 年第 7 号公告提及的间接转让是否应当包括企业合并这一交易类型，文件并未予以明确。虽然国家税务总局在《国家税务总局关于非居民企业股权转让适用特殊性税务处理有关问题的公告》（国家税务总局公告 2013 年第 72 号）第一条规定，财税〔2009〕59 号文件中第七条第（一）项规定的情形包括因境外企业分立、合并导致中国居民企业股权被转让的情形，但其仅适用于企业重组交易中的非居民企业转让居民企业的情形，并不能直接适用于该案例的情形。

所以，综上所述，本书认为 RT 开曼公司在私有化过程中的股份翻转行为并不适用非居民企业间接转让中国应税财产的税收规范。

专题六　股权转让及红筹拆除的涉税

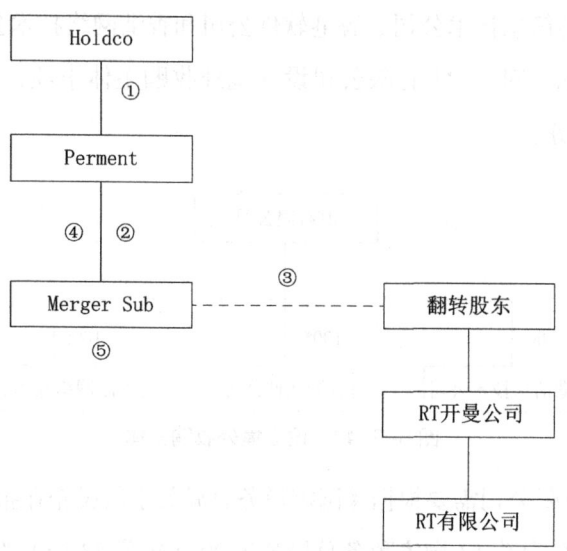

图 6-3-48　反向三角兼并交易路径

注：①作为收购方的 Holdco 将其自身的股份支付给中间公司 Perment，同时增加其持有 Perment 股权的计税基础。

②中间公司 Perment 将收到的支付对价支付给 Merger Sub，同时增加其持有 Merger Sub 股权的计税基础。

③收购公司 Merger Sub 将其收到的 Holdco 股份支付给 RT 开曼公司的翻转股东，用于换取翻转股东持有的 RT 开曼公司的股份。

④收购公司 Merger Sub 将取得的 RT 开曼公司的股份向上交换 Perment 持有的收购公司 Merger Sub 所有的股权，交易完成后收购公司 Merger Sub 只持有自身的股份。

⑤由于收购公司 Merger Sub 在交易完成后仅持有自身的股份，其办理注销手续。

（5）投资 Holdco

在 RT 开曼公司私有化过程中，境外财团主体及 New Benture 均以货币方式对 Holdco 进行增资并取得 Holdco 增发的普通股，对于该增资行为并非应税行为，因此无需缴纳企业所得税。

2.RT 有限公司股权重组中的涉税分析

在 RT 开曼公司完成私有化后，RT 开曼公司进行了一系列的股权重组，包括：RT 有限公司设立境外的持股主体、新设立的境外持股主体收购 RT 开曼公司其他营运子公司、RT 开曼公司将持有 RT 有限公司的股权转让给原有的反转股东。

（1）设立境外收购主体

为了完成 RT 开曼公司私有化后的红筹架构拆除，RT 有限公司在香港设立了

100%持股的香港信息技术公司、香港软件公司和香港网络技术公司等收购主体，如图6-3-49所示。对于RT有限公司设立境外收购主体事项，相关主体需要履行如下的报告义务。

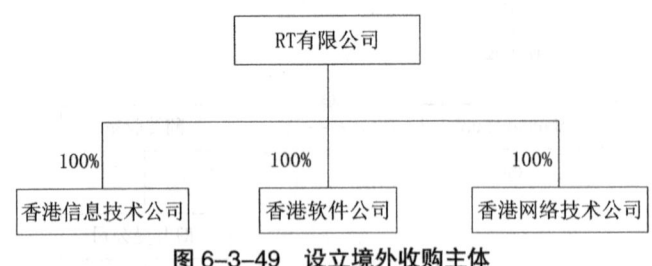

图6-3-49 设立境外收购主体

首先，RT有限公司需要根据《国家税务总局关于居民企业报告境外投资和所得信息有关问题的公告》（国家税务总局公告2014年第38号）的规定在办理企业所得税预缴申报时向主管税务机关填报《居民企业参股外国企业信息报告表》。

其次，RT有限公司需要根据《国家税务总局关于境外注册中资控股企业依据实际管理机构标准认定为居民企业有关问题的通知》（国税发〔2009〕82号）和《境外注册中资控股居民企业所得税管理办法（试行）》（国家税务总局公告2011年第45号）的规定，判定其所投资设立的境外收购主体是否构成居民企业。

根据国税发〔2009〕82号的规定，境外中资企业同时符合以下条件的，根据企业所得税法第二条第二款和实施条例第四条的规定，应判定其为实际管理机构在中国境内的居民企业：①企业负责实施日常生产经营管理运作的高层管理人员及其高层管理部门履行职责的场所主要位于中国境内；②企业的财务决策（如借款、放款、融资、财务风险管理等）和人事决策（如任命、解聘和薪酬等）由位于中国境内的机构或人员决定，或需要得到位于中国境内的机构或人员批准；③企业的主要财产、会计账簿、公司印章、董事会和股东会议纪要档案等位于或存放于中国境内；④企业1/2（含1/2）以上有投票权的董事或高层管理人员经常居住于中国境内。

（2）收购RT开曼公司境内外子公司

RT有限公司在设立境外收购主体后，以境外收购主体为收购方收购RT开曼公司在境内外设立的其他子公司100%股权，其交易路径如图6-3-50和图

6-3-51所示。

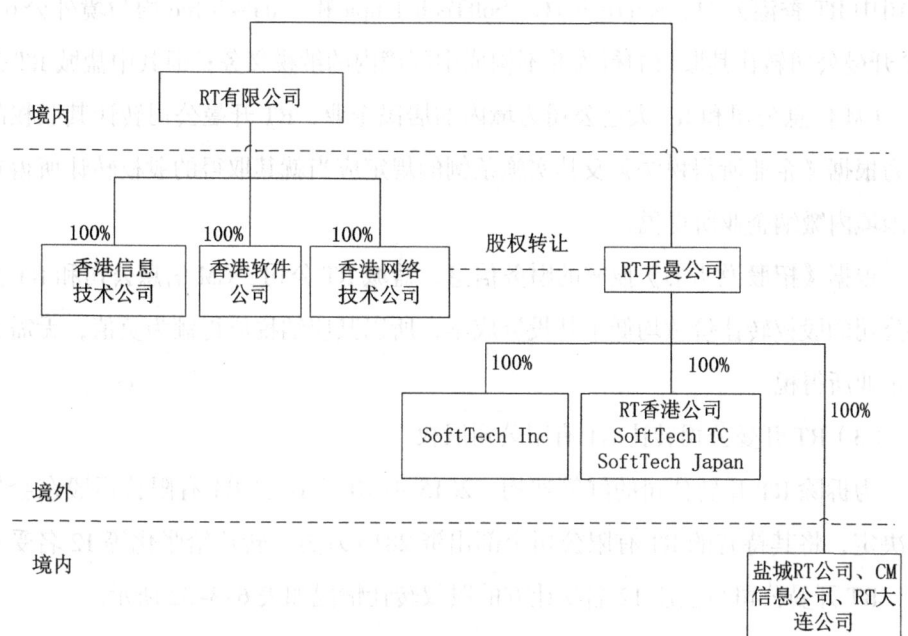

图 6-3-50 重组前的股权结构

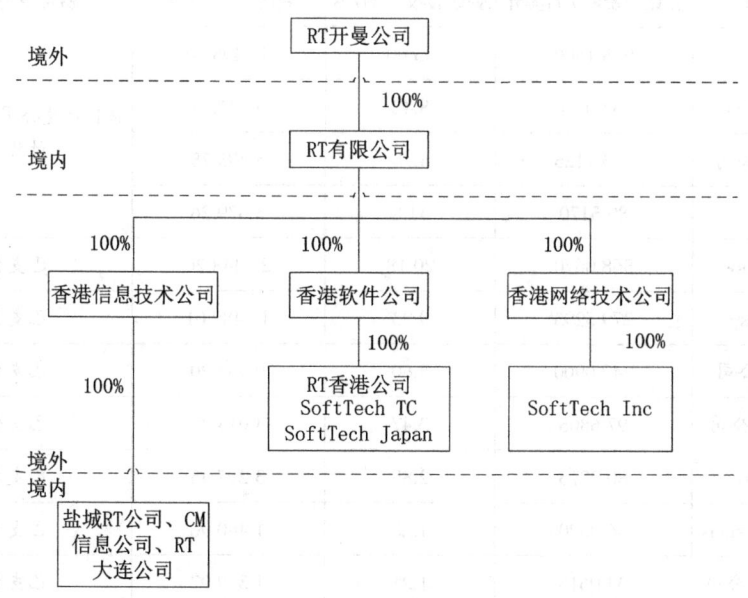

图 6-3-51 重组后的股权结构

从上述交易可知,RT开曼公司在将境内外运营子公司的股权转让给RT有限公司设立的收购主体时,其交易均在境外发生,其中 RT 开曼公司转让的标的公司中 RT 香港公司、SoftTech TC、SoftTech Janpa 和 SoftTech Inc 均为境外公司,RT 开曼公司转让其股权的行为并不构成中国境内的纳税义务;但其中盐城 RT 公司、CM 信息公司和 RT 大连公司为境内的居民企业,RT 开曼公司转让其股权的行为根据《企业所得税法》及其实施条例的规定应当就其取得的股权转让所得在中国境内缴纳企业所得税。

根据《招股说明书》披露的财务信息,盐城 RT 公司、CM 信息公司和 RT 大连公司的股权转让价款均低于其投资成本,所以其应纳税所得额为负值,无需缴纳企业所得税。

(3) RT 开曼公司转让 RT 有限公司股权

为拆除 RT 开曼公司的红筹架构,2015 年 10 月 18 日 RT 有限公司股东会作出决定,将其持有的 RT 有限公司全部出资 2815 万美元转让给张化等 12 名受让方,RT 开曼公司与上述 12 名受让方的股权转让情况如表 6-3-32 所示。

表 6-3-32　RT 开曼公司股权转让信息表

受让方	受让出资额/万美元	受让股权比例/%	受让价款/万元	资金支付情况
张化	985.1500	35.00	40 495.00	RT 开曼公司已豁免支付义务
RS 智科公司	237.0230	8.42	9 741.94	
RS 六号公司	133.7125	4.75	5 495.75	
张兴	89.5170	31.8	3 679.26	
GEL Banos	568.0670	20.18	23 348.26	已支付
FISF Easy	279.5295	9.93	11 489.01	已支付
JH 国际公司	242.0900	8.60	9 950.20	已支付
RM 香港公司	97.6805	3.47	4 014.79	已支付
GE Gery	80.2275	2.85	3 297.45	已支付
Foreign Partners	36.0320	1.28	1 480.96	已支付
Bano 香港公司	34.0615	1.21	1 399.97	已支付
Benter	31.8095	1.13	1 307.41	已支付

RT开曼公司转让境内居民企业股权依据《企业所得税法》及其实施条例的规定，应当就其取得的所得申报缴纳企业所得税，根据《招股说明书》的披露，RT开曼公司已足额缴纳上述股权转让所涉及的所得税及印花税等所有税款。

3.RT有限外商投资企业税收优惠分析

《招股说明书》对RT有限公司红筹架构拆除及RT有限公司股东变更对其外商投资企业税收优惠待遇作了充分的分析和披露：

RT有限公司自2005年成立，根据当时有效的《中华人民共和国外商投资企业和外国企业所得税法》及其实施细则等法律法规的规定，RT有限公司作为外商投资企业享受企业所得税的税收优惠。根据对外贸易经济合作部、国家税务总局、国家工商行政管理总局、国家外汇管理局《关于加强外商投资企业审批、登记、"外汇及税收管理有关问题的通知》（外经贸法发〔2002〕575号）第三条的规定："外国投资者出资比例低于25%的外商投资企业，除法律、行政法规另有规定外，其投资总额项下进口自用设备、物品不享受税收减免待遇，其他税收不享受外商投资企业待遇。"《国家税务总局关于外商投资企业和外国企业原有若干税收优惠政策取消后有关事项处理的通知》（国税发〔2008〕23号）第三条规定："外商投资企业按照《中华人民共和国外商投资企业和外国企业所得税法》规定享受定期减免税优惠，2008年后，企业生产经营业务性质或经营期发生变化，导致其不符合《中华人民共和国外商投资企业和外国企业所得税法》规定条件的，仍应依据《中华人民共和国外商投资企业和外国企业所得税法》规定补缴其此前（包括在优惠过渡期内）已经享受的定期减免税税款。"

RT有限公司设立及历次变动中，始终为外商投资企业，且其外商投资的比例始终在25%以上，因此不需要补缴已享受企业所得税优惠的税款。

参考文献

[1] 中华人民共和国财政部会计司编写组.企业会计准则讲解（2010）[M].北京：人民出版社,2010.

[2] 中国证券监督管理委员会会计部.上市公司执行企业会计准则案例解析（2020）[M].北京：中国财政经济出版社,2020.

[3] 中华人民共和国财政部.股份支付准则应用案例——实际控制人受让股份是否构成新的股份支付[EB/OL].（2021-05-18）[2023-02-10].http://kjs.mof.gov.cn/zt/kjzzss/srzzzq/gfzfyyal/202105/t20210518_3704086.htm.pdf.

[4] 施天涛.公司法论（第三版）[M].北京：法律出版社,2015.

[5] 雷霆.公司法实务应用全书（第二版）[M].北京：法律出版社,2018.

[6] 徐强胜,王少禹.公司法原理精要与实务指南[M].北京：人民法院出版社,2008.

[7] 孔令政.公司分配法律制度研究[M].北京：法律出版社,2021.

[8] 张国峰.企业上市尽职调查与疑难问题剖析[M].北京：法律出版社,2013.

[9] 赫琳琳.信托所得课税法律问题研究[M].北京：法律出版社,2013.

[10] 高健智.境外融资——20家企业上市路径解读[M].北京：清华大学出版社,2017.

[11] 高金平.特殊行业和特定业务的税务与会计[M].北京：中国财政经济出版社,2017.

[12] 高金平.资产重组的会计与税务问题[M].北京：中国财政经济出版社,2014.